5, 23, 28, 33, 41, 58, 74, 109, 160.

HANS OTTO BRÄUTIGAM

Ständige Vertretung

Meine Jahre in Ost-Berlin

| Hoffmann und Campe |

2. Auflage 2009
Copyright © 2009 by Hoffmann und Campe Verlag, Hamburg
www.hoca.de
Satz: Rafaela Nimmesgern, Hamburg
Gesetzt aus der Minion
Druck und Bindung: GGP Media GmbH, Pößneck
Printed in Germany
ISBN 978-3-455-50099-8

HOFFMANN
UND CAMPE

Ein Unternehmen der
GANSKE VERLAGSGRUPPE

Meinen ehemaligen
Mitarbeiterinnen und Mitarbeitern
in der Ständigen Vertretung

Inhalt

Einführung 11

TEIL 1
Die neue Ostpolitik

Im Auswärtigen Amt 21
Regierungswechsel in Bonn: die sozialliberale Koalition 27
Es begann in Moskau 32
Der Warschauer Vertrag 40
Das Viermächteabkommen: das Ende der Berlin-Krisen 43
Eine ungewöhnliche deutsche Übersetzung 51
Die Sicherung der Zugangswege nach Berlin 53
Das Ringen um das deutsch-deutsche Sonderverhältnis 59
Der Grundlagenvertrag 63
Ein Hindernislauf: die Errichtung der Ständigen Vertretungen 78

TEIL 2
Ost-Berlin (1974–1977)

Das Vorauskommando 91
Die Anfänge der Ständigen Vertretung 99
Geheime Treffen 108
Ein unbotmäßiger Dichter 123
Trauer um einen »teuren Genossen« 129
Am Liepnitzsee 131
Der Soldatenfriedhof in Halbe 132
Flugzeugabsturz bei Leipzig 135
Tischgespräche 140

Das Gartenhaus   145
Eine Reise in die Lausitz   148
Der IX. Parteitag der SED   156
Ein heißer Sommer   160
Die Biermann-Krise   165
Reiner Kunze verlässt seine Heimat   171
Der unerschrockene Reporter   174
Droht eine Krise?   180
Das Ende der Sprachlosigkeit   183
Ein Abend im Deutschen Theater   190
Rudolf Bahro: ein sozialistischer Dissident   193
Wehmütiger Abschied   196

TEIL 3
In der Regierungszentrale (1977–1982)

Der Arbeitsstab Deutschlandpolitik im Bundeskanzleramt   203
Kirche im Sozialismus   211
Ein Sprung nach vorn   216
Die Raketenkrise   220
Der lange Weg zum Werbellinsee   224
Zwischenstation im Auswärtigen Amt   232
Das Gipfeltreffen   238

TEIL 4
Ost-Berlin (1982–1988)

Die Berufung   253
Ein neuer Anfang   259
Der Sportplatz in Wilhelmsruh   270
Eine Verhandlungsrunde mit Schalck-Golodkowski   272
Leipziger Messen   276
Das Ende der Ära Helmut Schmidt   286
Bundeskanzler Helmut Kohl: Die Losung heißt Kontinuität   291

Ein Milliardenkredit 303

Das Lutherjahr 318

Die Stationierung 322

Botschaftsflüchtlinge 326

Herbert Häber: der Sturz eines hohen Funktionärs 344

Eine Disziplinierung des SED-Generalsekretärs 352

Die Friedensbewegung in der DDR 357

Der vierzigste Jahrestag der Zerstörung Dresdens 367

Respekt und Liebe: Loriot in seiner Heimatstadt Brandenburg 370

Stasi-Geschichten 373

Auseinandersetzung mit einem Friedhofsgärtner 376

Zwei deutsche Physiker – aus Ost und West 379

Willy Brandt in Ost-Berlin 383

Eine Verschwörung 387

750 Jahre Berlin – getrennte Feiern 389

Kirchentage 396

Demokratische Streitkultur: ein SPD/SED-Papier 398

Besuch beim Klassenfeind: Honecker in der Bundesrepublik 404

Die desperate Wirtschaftslage in der DDR 419

Die »Antragsteller« 422

Die Opposition formiert sich 426

Perestroika in der DDR? 431

Eine Reise nach Hiddensee 434

9. November 1988: Gedenken an die Reichspogromnacht 436

Abschied wider Willen 440

Nachwort: Blick von außen auf die deutsche Einheit 449

Zeittafel 459

Literatur 470

Personenregister 473

Bildnachweis 480

Einführung

Als ich am 6. Januar 1989 meinen Posten als Ständiger Vertreter der Bundesrepublik Deutschland in Ost-Berlin verließ, um mein neues Amt als Botschafter bei den Vereinten Nationen in New York anzutreten, lagen fast zwanzig Jahre intensiver Beschäftigung mit den Problemen der deutschen Teilung hinter mir. Dass nur zehn Monate später die Mauer fallen würde, ahnte ich trotz der schweren Krise, in der sich die DDR befand, nicht.

Die Teilung Deutschlands war eine Folge des Zweiten Weltkriegs, den ich als Kind noch miterlebt hatte. Meine Familie wohnte damals in Wetzlar an der Lahn, einer kleinen Industriestadt in Hessen, wo mein Vater die chemische Abteilung der Stahlwerke Röchling-Buderus leitete. Eigentlich aber stamme ich aus Westfalen. Meine Mutter war in einer Fabrikantenfamilie im Sauerland aufgewachsen. Mein Vater wurde als Sohn eines Richters in Lüdenscheid geboren. Er war zunächst Seeoffizier. Nach dem Ersten Weltkrieg verließ er die kaiserliche Marine und wurde Chemiker. In der Zeit der großen Wirtschaftskrise war er in einem Stahlwerk in Völklingen an der Saar tätig, wo ich 1931 zur Welt kam. Damals schloss sich mein Vater, ein national gesinnter Konservativer, der »Deutschen Front« an, die für die Wiedereingliederung des Saargebiets in das Deutsche Reich eintrat. Über diese Organisation kam er zur NSDAP, mit der er sich zwar nicht in jeder Hinsicht identifizierte, deren außenpolitische Ziele er jedoch billigte. Vor allem die Forderung nach einer Revision des Versailler Friedensvertrages unterstützte er nachdrücklich. Er war indessen alles andere als kriegsbegeistert, denn er hatte die Schrecken des Krieges im Ersten Weltkrieg kennengelernt. Den Überfall auf Polen, der Frankreich und Großbritannien veranlasste, Hitler-Deutschland den Krieg zu erklären, und dann den Krieg gegen die Sowjetunion hielt er für verhängnisvolle Fehlentscheidungen.

Mit zehn Jahren trat ich, was damals Pflicht war, in das Jungvolk der Hitlerjugend ein. Daneben betätigte ich mich aktiv in einer Jugendgruppe der katholischen Gemeinde, der meine Eltern angehörten. Seit 1943 war Wetzlar immer wieder das Ziel von Bombenangriffen der Alliierten. Es gab Tote und Verletzte. Viele wurden »ausgebombt«, wie man damals sagte. Doch wir kamen mit dem Schrecken davon; unser Haus wurde nicht getroffen. Nach dem Krieg wurde das Stahlwerk, in dem mein Vater tätig war, von der amerikanischen Besatzungsmacht geschlossen und demontiert. Danach sah er für sich in Wetzlar keine beruflichen Perspektiven mehr. 1946 siedelte die Familie in das Dorf im Sauerland über, aus dem meine Mutter stammte. Ihr Bruder hatte meinem Vater angeboten, dort, angelehnt an das Familienunternehmen, einen Betrieb zur Produktion von Polierpasten für industrielle Zwecke zu gründen. Nicht gerade leichten Herzens ging er darauf ein. Es war die letzte Station in seinem Berufsleben, das durch die beiden Weltkriege geprägt worden war.

Im Sauerland besuchten meine Schwester und ich ein Benediktinergymnasium in der nahegelegenen Kreisstadt Meschede. Für die Familie begann nun wieder ein geregeltes Leben. »Ordnung ist das halbe Leben«, pflegte meine Mutter zu sagen. 1950 bestand ich an dem Gymnasium das Abitur. Ich habe diese katholische Schule in guter Erinnerung. Von religiöser Indoktrination habe ich nie etwas gespürt. Im Gegenteil, die Schule war von einem liberalen Geist, von Offenheit und Toleranz geprägt. Auch unsere evangelischen Mitschüler haben das so empfunden.

Nach dem Abitur hatte ich das starke Bedürfnis, so schnell wie möglich der Enge des dörflichen Lebens im Sauerland zu entkommen. Ich war fest entschlossen, Rechtswissenschaften zu studieren. Auch die Tradition in meiner väterlichen Familie bestärkte mich darin. Doch da ich mit 19 Jahren noch nicht mit einem Studienplatz rechnen konnte – Kriegsteilnehmer hatten damals den Vorrang –, begann ich zunächst eine Banklehre in Münster in Westfalen, die ich indessen sofort wieder abbrach, als ich ein Jahr später an der Universität München zum Studium zugelassen wurde.

Das großstädtische Leben in der bayrischen Metropole genoss ich in vollen Zügen. Nach einigen Semestern war ich mit dem Jurastudium vertraut, hatte einen Überblick gewonnen und wusste, worauf es ankam. Doch in München gab es einfach zu viel Ablenkung: Theater und Konzerte, für die es billige Studentenkarten gab, Segeln auf dem Ammersee, Ausflüge ins Gebirge und vor allem Freundinnen und Freunde. So wechselte ich im Sommersemester 1953 an die Universität Bonn, um mich dort ganz auf das Studium zu konzentrieren. Nach sechs Semestern bestand ich das Referendarsexamen mit einem ordentlichen Ergebnis. Unmittelbar danach wurde mir an der Universität eine Stelle als Hilfsassistent angeboten, die ich kurz entschlossen annahm. Zwei Semester lang betreute ich nun hundertzwanzig Studenten in einer Übung für Öffentliches Recht und korrigierte ihre schriftlichen Arbeiten. Eine wenig inspirierende Tätigkeit, wie ich fand. Nach dieser Erfahrung setzte ich das Studium an der Universität Paris und dann mit einem Stipendium an der Harvard Law School in den USA fort. In diesen beiden Studienjahren im Ausland widmete ich mich vor allem dem Völkerrecht, arbeitete an meiner Dissertation über die ständige Neutralität Österreichs und lebte in einer internationalen Studentengemeinschaft. All dies hat meinen Horizont ganz wesentlich erweitert. Zugleich wurde mir aber auch das schwere Erbe der jüngeren deutschen Vergangenheit immer stärker bewusst und die daraus resultierende Verantwortung für meine und künftige Generationen. Es waren erfüllte Jahre, die meinen weiteren Lebensweg entscheidend bestimmt haben.

Im Herbst 1957 war ich wieder zurück in Deutschland und begann sofort mit der Referendarsausbildung an einem Amtsgericht im Münsterland, wo schon einige meiner Vorfahren als Stadt- und Landrichter tätig gewesen waren. An den Abenden und den Wochenenden brachte ich endlich auch meine Doktorarbeit zum Abschluss. Ursprünglich hatte ich gedacht, ein Neutralitätsstatus könne auch ein Weg zur Lösung der deutschen Frage sein. Doch bald wurde mir klar, dass dieser Weg für Deutschland nicht in Betracht kam, vor allem aus geopolitischen Gründen, weil zu befürchten war, dass die Neutralität eines wiedervereinigten Deutschland zu einer Machtverschiebung in Europa zugunsten der Sowjetunion führen würde. Es war das erste Mal, dass ich mich eingehend mit der deutschen Frage beschäftigte.

Ende April 1958 reichte ich die Dissertation bei meinem Doktorvater in Bonn ein, gerade noch rechtzeitig, um kurz darauf unbeschwert eine Assistentenstelle am Max-Planck-Institut für ausländisches öffentliches Recht und Völkerrecht in Heidelberg antreten zu können. Das Institut wurde von Professor Hermann Mosler geleitet, einem liberalkonservativen Juristen und engagierten Befürworter der europäischen Integration. Mein Arbeitsgebiet im Institut umfasste die mit der Rechtslage Deutschlands zusammenhängenden Fragen und speziell die Berlin-Probleme. Neben der Tätigkeit im Institut setzte ich meine Referendarsausbildung in Heidelberg fort.

Während meiner Zeit am Max-Planck-Institut kam es zu einer krisenhaften Entwicklung in der Deutschland- und Berlin-Politik. Im November 1958 übermittelte die sowjetische Führung den West-Alliierten eine Note, die im Westen als das »Chruschtschow-Ultimatum« bekannt wurde. Darin forderte Moskau seine früheren Verbündeten auf, einer Umwandlung West-Berlins in eine »Freie Stadt« zuzustimmen. Für den Fall einer Weigerung kündigte die Sowjetunion eine einseitige Beendigung des Viermächtestatus Berlins an. Bereits im Januar 1959 schlug die Sowjetunion eine Friedenskonferenz vor. In einem Friedensvertrag sollten die beiden deutschen Staaten verpflichtet werden, künftig keinem Militärbündnis mehr anzugehören und auf die deutschen Gebiete östlich der Oder und Neiße endgültig zu verzichten. West-Berlin sollte bis zur Wiederherstellung der deutschen Einheit (die aber im sowjetischen Entwurf für einen Friedensvertrag gar nicht vorgesehen war) den Status einer entmilitarisierten »Freien Stadt« erhalten. Die West-Alliierten waren jedoch nicht bereit, sich darauf einzulassen.

In dieser Zeit bat die Bundesregierung den Direktor des Max-Planck-Instituts um ein Gutachten zur Rechtslage Deutschlands, bei der ich ihm zuarbeitete. Darin ging Mosler weiterhin von der Kontinuität des deutschen Gesamtstaates aus. Die DDR war aus seiner Sicht nur eine Teilordnung innerhalb dieses Gesamtstaates. Dabei handelte es sich, so Mosler, um den Versuch einer Abspaltung. Ich teilte diese Auffassung, war aber sehr skeptisch, ob es angesichts der bestehenden Machtverhältnisse in Europa noch gelingen könnte, die internationale Anerkennung der DDR als ein souveräner, unabhängiger Staat zu verhindern. Die Einheit Deutschlands schien jedenfalls in weite Ferne gerückt.

Im Sommer 1961 drohte die Sowjetunion, einen separaten Friedensvertrag mit der DDR abzuschließen und dieser auch die Kontrolle über die Zugangswege von und nach Berlin zu übertragen. Präsident Kennedy war in höchstem Maße beunruhigt. Zugleich schwoll der Flüchtlingsstrom von Ost- nach West-Berlin weiter an. Im Juli verließen 30 000 Menschen die DDR. Am 13. August errichtete dann die DDR in Absprache mit der sowjetischen Führung die Berliner Mauer, die den Ostsektor Berlins von den westlichen Sektoren hermetisch abriegelte. Diese brutale Absperrung bedeutete einen tiefen Einschnitt in der Nachkriegsentwicklung in Deutschland. Die Teilung wurde buchstäblich zementiert, und die Hoffnung auf eine Wiedervereinigung schwand immer mehr dahin.

Wenige Wochen nach dem Bau der Mauer heiratete ich Hilla Becker, eine Medizinstudentin und Professorentochter aus Heidelberg. Kurz darauf reichte ich meine Bewerbung für den auswärtigen Dienst ein. Ich absolvierte die Aufnahmeprüfung und erhielt bald die Mitteilung, dass ich angenommen worden sei. Die Ausbildung dauerte für sogenannte Volljuristen zwei Jahre, einschließlich eines Praktikums, das ich an der Ständigen Vertretung der Bundesrepublik bei der NATO absolvierte. In dieser Zeit brach die Kuba-Krise aus, die beinahe zu einem militärischen Konflikt der beiden Großmächte geführt hätte. Damals befand sich die Welt am Rand eines Atomkriegs. Mit der Beilegung dieser weltpolitischen Krise im September 1962 war auch die Gefahr gebannt, die West-Berlin drohte.

Nach der Abschlussprüfung für den auswärtigen Dienst wurde ich zum Legationssekretär ernannt und in das Büro des Außenministers Gerhard Schröder versetzt. Der CDU-Politiker galt als Exponent der sogenannten Atlantiker, die eine enge Partnerschaft mit den Vereinigten Staaten befürworteten und der von General de Gaulle vertretenen Großmachtpolitik, die darauf abzielte, die Dominanz der USA in Europa aufzuheben, äußerst kritisch gegenüberstanden. Meine Hauptaufgabe im Ministerbüro bestand darin, Auftritte und Reden des Ministers vorzubereiten und ihn bei seinen Reisen im Inland zu begleiten. Hier kam ich zum ersten Mal mit der eigentlichen Politik in Berührung und konnte wichtige außen- und innenpolitische Vorgänge aus der Nähe beobachten.

Die beiden Jahre im Ministerbüro waren für mich eine wichtige Erfahrung. Die Nähe zur Politik und der Umgang mit internationalen Konflikten hatten mich fasziniert. Zudem schätzte ich den Minister, auch wenn ich manche seiner Auffassungen nicht teilte. Das galt insbesondere für die von Schröder hartnäckig betriebene Isolierung der DDR, die ich für den falschen Weg hielt, aber auch für die von ihm angestrebte Beteiligung der Bundesrepublik an der Nuklearstrategie der NATO, für die ich kein Verständnis aufbringen konnte.

Im Sommer 1966 verließ ich das Ministerbüro und wurde an die Botschaft der Bundesrepublik in London versetzt. Dort arbeitete ich drei Jahre, die ich als eine interessante diplomatische Lehrzeit erlebt habe. Mein wichtigstes Arbeitsgebiet, die britische Überseepolitik, war für mich weitgehend Neuland. Doch gerade deshalb reizte es mich, die inzwischen weit fortgeschrittene Entkolonialisierung im britischen Empire zu beobachten. Das wichtigste außenpolitische Ereignis in meiner Londoner Zeit aber war der folgenreiche »Sechstagekrieg« im Nahen Osten, den Israel im Juni 1967 gegen seine arabischen Nachbarn führte. In einem fulminanten Siegeszug besetzten die israelischen Truppen das Westjordanland, die Sinai-Halbinsel, den Gazastreifen und die Golanhöhen.

Auch die Deutschlandpolitik verlor ich in meiner Londoner Zeit nicht aus den Augen. Allerdings gab es damals während der Großen Koalition nur sehr bescheidene Ansätze, die festgefahrene Situation im Verhältnis der beiden deutschen Staaten zu überwinden. Bundeskanzler Kiesinger hielt strikt an der Nichtanerkennung der DDR fest, während sein Außenminister Willy Brandt vorsichtig nach neuen Wegen zu einer Entspannung in Europa suchte.

Mit großem Interesse, aber auch wachsender Besorgnis verfolgte ich von London aus die Studentenunruhen in der Bundesrepublik. Zunächst stand dabei wie auch in Großbritannien der Protest gegen den Vietnamkrieg der Amerikaner im Vordergrund. Doch schon bald zeigte sich, dass es den revoltierenden Studenten um weit mehr ging. Mit zunehmender Schärfe forderten sie eine offene und schonungslose Auseinandersetzung mit der nationalsozialistischen Vergangenheit, die von der Generation ihrer Väter in der Adenauer-Ära weitgehend verdrängt worden war. Darüber hinaus richtete sich der Protest aber ganz allgemein gegen die autoritären Strukturen in Staat und Gesellschaft, vor allem die Beherrschung der Universitäten durch die Professoren. Ihren Höhepunkt erreichten die Unruhen am Gründonnerstag 1968, als Rudi Dutschke, der führende Kopf und Agitator der Studentenbewegung, von einem Anhänger der extremen Rechten niedergeschossen und lebensgefährlich verletzt wurde. Das Attentat löste in Deutschland einen Schock aus. Unmittelbar danach kam es in vielen Städten zu spontanen Demonstrationen und schweren Ausschreitungen. Ich stand dem stark sozialistisch geprägten Aufruhr der Studenten sehr skeptisch gegenüber. Vor allem störte mich die autoritäre Anmaßung, die darin zum Ausdruck kam. Glücklicherweise ist das politische System der Bundesrepublik nicht wirklich erschüttert worden. Lediglich eine kleine Randgruppe, die sogenannte Rote-Armee-Fraktion (RAF), glitt in den Terrorismus ab. Die Arbeiterschaft hielt sich von der Studentenbewegung fern. Und die große Mehrheit der Bevölkerung hatte ohnehin nur wenig Verständnis für die rebellierenden Studenten.

Was von »1968« blieb, war indessen eine tiefgehende Veränderung der politischen Kultur in der Bundesrepublik. Die Forderungen der Studenten nach Emanzipation, Partizipation und Transparenz in Staat und Gesellschaft taten ihre Wirkung und wurden in den folgenden Jahren von den politischen Parteien, insbesondere den Sozialdemokraten und dann auch der neuen Partei der »Grünen«, aufgenommen. Die Studentenbewegung war nicht umsonst gewesen. Sie hat dem gesellschaftlichen Wandel, der bald darauf einsetzte, den Boden bereitet.

Im sowjetisch beherrschten Osten Europas verlief die Entwicklung in die entgegengesetzte Richtung. Am 21. August 1968 marschierten sowjetische Truppen in die Tschechoslowakei ein und setzten dem Streben der Reformkommunisten nach einem »Sozialismus mit menschlichem Antlitz« ein Ende. Für mich als Befürworter einer neuen Ostpolitik war die sowjetische Intervention eine schwere Enttäuschung.

Im März 1969 erreichte mich in London ein Anruf von Wilhelm Lücking, dem stellvertretenden Leiter des Referats Deutschland- und Berlin-Politik im Auswärtigen Amt. Er fragte, ob ich interessiert sei, in dieses Referat zu wechseln. Nach drei Jahren Dienst in London kam mir das sehr gelegen. Ich hatte inzwischen ein großes Bedürfnis, meinen Beobachtungsposten an der Botschaft zu verlassen und mich konkret Fragen unserer eigenen Außenpolitik zuzuwenden. Und was mich mehr als alles andere interessierte, war die Ost- und Deutschlandpolitik. Hier würde bald die Musik spielen, vermutete ich.

TEIL 1

Die neue Ostpolitik

Im Auswärtigen Amt

Im April 1969 trat ich im Auswärtigen Amt meinen Dienst im Referat für Deutschland- und Berlin-Politik an, wenig später Referat 210 genannt. Meine Frau mit unseren beiden Kindern blieb noch bis zu den Sommerferien in London, damit die Kinder dort ihr Schuljahr beenden konnten. Ich bezog für die Übergangszeit eine kleine möblierte Wohnung in Bad Godesberg, in Rheinnähe gelegen, sehr günstig für Spaziergänge am Rheinufer, die ich schon in meiner Bonner Studentenzeit gern unternommen hatte.

Das Referat befand sich im sechsten Stock des Auswärtigen Amtes. Mein Zimmer hatte gerade mal Platz für den Schreibtisch, einen Schrank und eine Sitzecke mit zwei ziemlich abgenutzten Sesseln. Doch ich fühlte mich dort nicht eingeengt, der Blick auf den Rhein mit den ruhig dahinziehenden Schiffen war mir wichtiger als die Einrichtung des Büros.

Leiter des Referats 210 war damals der »Vortragende Legationsrat 1. Klasse« Günter van Well. Als ich mich bei ihm vorstellte, hatte er wenig Zeit und sagte nur: »Kümmern Sie sich um Berlin, da wird es in nächster Zeit einiges zu tun geben.« Wie ich bald feststellte, erging sich van Well nie in langen Reden oder weitschweifigen Analysen. Er hatte immer die aktuelle Situation mit ihren jeweiligen, auch den innenpolitischen Erfordernissen im Auge. Doktrinäres Denken war ihm fremd. Seine Stärke war es, sich rasch auf neue, unvorhergesehene Entwicklungen einzustellen und auch in Krisenlagen die Ruhe und Übersicht zu behalten. Seine Anweisungen für die tägliche Referatsarbeit waren knapp, er bestimmte die Linie, und wenn es wichtig war, telefonierte er kurz mit dem Abteilungsleiter, damals Ulrich Sahm, oder Staatssekretär Paul Frank. Die Umsetzung war dann Sache der Mitarbeiter. Seinem Arbeitsstil merkte man an, dass er im Zweiten Weltkrieg noch Soldat gewesen war, Fallschirmjäger, wie er einmal bemerkte.

Mit Ehefrau Hilla in den siebziger Jahren

Als ich 1969 in das Referat kam, stand die Verhinderung einer diplomatischen Anerkennung der DDR noch immer im Vordergrund der Deutschlandpolitik. Um diese Aufgabe kümmerte sich in erster Linie der stellvertretende Referatsleiter Wilhelm Lücking, den ich aus London kannte. Wenn irgendwo auf der Welt ein Einbruch in die Abwehrfront drohte, hängte er sich ans Telefon und beschwor die jeweilige Botschaft, sofort bei der Regierung zu intervenieren. Nahezu täglich schickte er Weisungen an die Auslandsvertretungen, bat, wenn nötig, die drei Alliierten mit einer besonderen Verantwortung für die deutsche Frage und Berlin (USA, Großbritannien und Frankreich) um Unterstützung, die in der Regel auch gewährt wurde, und prüfte mit den Kollegen der Wirtschaftsabteilung des Amtes die Möglichkeiten wirtschaftlicher Gegenmaßnahmen.

In diesem diplomatischen Grabenkampf hatte der Druck weiter zugenommen. Immer häufiger konnte die Abwehrfront nur noch mit knapper Not gehalten werden. Lücking und van Well waren sich im Klaren darüber, dass die Zeit der »Hallstein-Doktrin«, der Nichtanerkennungspolitik, ablief. Gegenüber dem Außenminister und den Staatssekretären drängten sie darauf, rechtzeitig grundlegende Änderungen der Deutschlandpolitik einzuleiten, um eine schwere politische Niederlage abzuwenden.

Ich war im Referat 210 für Berlin-Fragen zuständig. Als ich meine Arbeit aufnahm, sagte mir van Well: »Machen Sie sich rasch mit den aktuellen Problemen vertraut und sehen Sie auch die Eventualfallplanung für eine Berlin-Krise an. Wer weiß, ob wir sie nicht in nächster Zeit brauchen werden.« Es handelte sich um Planungspapiere, die nach dem Bau der Mauer ausgearbeitet worden waren, um auf eine Berlin-Krise vorbereitet zu sein. Es ging darin in erster Linie um die Frage, wie sich die Alliierten und die Bundesregierung verhalten sollten, wenn die Zugangswege von Westdeutschland nach West-Berlin – die Achillesferse der Stadt – für West-Berliner, Bundesdeutsche oder sogar für alliiertes Personal gesperrt werden sollten. Auch für ernste Störungen der von den Alliierten benutzten Luftkorridore nach Berlin gab es eine Planung. Insgesamt handelte es sich um einen differenzierten Maßnahmenkatalog. Ich sah in den nächsten Wochen die Papiere durch. Einige waren nach wie vor wichtig, andere dagegen

Claudia (Kaschi)
und Robert Bräutigam
in Schuluniform in
London (1968)

überholt, unpraktikabel oder nebensächlich. In nahezu allen Fällen war unklar, welchen Status die Papiere der »Eventualplanung« hatten. Waren sie seinerzeit von den Regierungen gebilligt worden? Konnten sie im Krisenfall schnell in Weisungen umgesetzt werden? Wie standen die Alliierten, die an der Ausarbeitung maßgeblich beteiligt gewesen waren, heute dazu? Das Fazit meiner Prüfung war: Für den Fall einer Berlin-Krise, insbesondere der Sperrung der Zugangswege für West-Berliner und Bundesdeutsche, bestand große Unsicherheit, wie darauf reagiert werden sollte. Über diese Einschätzung unterrichtete ich van Well, der davon nicht überrascht war.

In den Jahren zuvor hatten die Studentenunruhen viele West-Berliner tief verunsichert. Die Wanderungsbilanz war inzwischen eindeutig negativ geworden. Immer mehr Menschen entschlossen sich, nach Westdeutschland zu gehen, um dort zu arbeiten oder jedenfalls auf der sicheren Seite zu sein. Andere besorgten sich »für alle Fälle« einen Zweitwohnsitz im Westen und ließen sich einen Bundespass ausstellen, der zudem noch den Vorteil hatte, dass man damit leichter zu einem

Tagesaufenthalt nach Ost-Berlin fahren konnte. Auch der West-Berliner Wirtschaft ging es nicht gut. Die Investitionen in West-Berlin hatten einen Tiefstand erreicht. Neue Industrieansiedlungen, die die Stadt dringend brauchte, gab es kaum noch. Einige Großunternehmen verlegten Teile ihrer Produktion in den Westen und begründeten einen – ganz ungewöhnlichen – Doppelsitz in Berlin und Westdeutschland.

Noch besorgniserregender war die Lage auf den Zugangswegen. Hier betrieben die Grenzkontrolleure der DDR eine Politik der Nadelstiche und Pressionen. In bestimmten Situationen, zum Beispiel bei Sitzungen des Deutschen Bundestages in West-Berlin, die die DDR als illegal bezeichnete, wurde die Abfertigung an den Grenzübergängen demonstrativ verzögert, manchmal für Stunden unterbrochen. Beim Warenverkehr war es fast noch schlimmer: Hier nahm die Abfertigung häufig eine unkalkulierbar lange Zeit in Anspruch. Bestimmte Warengruppen wurden, weil sie angeblich für Rüstungszwecke geeignet seien, unter Hinweis auf die Demilitarisierungsbestimmungen in Berlin von den Zugangswegen ausgeschlossen. Insgesamt schätzten wir im Referat die Lage als höchst besorgniserregend ein. Ein schleichender Aushöhlungsprozess war im Gange, und es schien uns unerlässlich, die Lebensfähigkeit West-Berlins durch Vereinbarungen der Vier Mächte zu sichern.

Im Frühjahr 1969 erreichte der Nervenkrieg der DDR bei der Wahl des Bundespräsidenten in West-Berlin einen neuen Höhepunkt. Die DDR und die Sowjetunion verurteilten sie als eine schwerwiegende Verletzung des Viermächtestatus Berlins. Doch es gelang ihnen nicht, die Wahl zu verhindern. Zwar gab es Kontakte der Vier Mächte in dieser Frage, aber die Gespräche hatten kein Ergebnis. Die DDR war nicht bereit, als Gegenleistung für eine Beschränkung der Bundesaktivitäten in West-Berlin von den bis dahin praktizierten Behinderungen des Zugangs Abstand zu nehmen und entsprechende Zusicherungen zu machen.

Zu den wichtigsten Aufgaben des Referats 210 gehörten die Konsultationen in der Bonner Vierergruppe über Fragen, die Berlin und Deutschland als Ganzes, also die deutsche Frage (Wiedervereinigung und Grenzen), betrafen. Aktuelle Themen waren die Behinderungen auf den Zugangswegen, Zwischenfälle in den Luftkorridoren, die

Besuche von West-Berlinern in Ost-Berlin (»Passierscheinregelun-gen«), die Verlegung von Bundesbehörden nach West-Berlin (»Bun-despräsenz«), Sitzungen des Bundestags und seiner Ausschüsse in West-Berlin (»Bundesaktivitäten«), die Übernahme von Bundesrecht in West-Berlin und die Einbeziehung West-Berlins in die internatio-nalen Verträge der Bundesrepublik (»Berlinklausel«). Deutscher Spre-cher in der Vierergruppe war der Referatsleiter 210, damals Günter van Well, außerdem nahmen Joachim Graf Schirnding, ein Kollege, mit dem ich mich bald anfreundete, und ich regelmäßig an den Sit-zungen teil. Die Alliierten waren durch ihre politischen Botschafts-räte Jonathan Dean (USA), Christopher Audland (Großbritannien) und Réné Lustig (Frankreich) vertreten, außerordentlich kompetente und erfahrene Diplomaten, die ebenfalls von Mitarbeitern unterstützt wurden. Der Vorsitz in der Vierergruppe rotierte monatlich zwischen den Sprechern. Durch die ständigen Kontakte, die es natürlich auch bilateral gab, entwickelte sich rasch ein enges persönliches Vertrau-ensverhältnis zwischen den beteiligten Diplomaten.

Als die sozialliberale Koalition im Herbst 1969 die neue Ostpolitik einleitete, entwickelte sich in der Vierergruppe eine intensive Zusam-menarbeit. Sie trat nun einmal wöchentlich zusammen und, wenn es drängte, auch häufiger. Die Mitglieder unterrichteten sich fortlaufend über die Meinungsbildung in ihren Regierungen und erörterten in großer Offenheit die Probleme und Schwierigkeiten bei der Ausarbei-tung einer gemeinsamen Berlin-Politik, insbesondere im Hinblick auf die anstehenden Gespräche der Vier Mächte über Verbesserungen der Lage Berlins.

Wie schon erwähnt, betrafen die Konsultationen in der Vierergrup-pe zum größten Teil Gegenstände, die den Vorbehaltsrechten der Vier Mächte in Bezug auf »Deutschland als Ganzes und Berlin« unterlagen. Die Bundesregierung hatte in den sechziger Jahren mühsam und in kleinen Schritten ein volles Mitspracherecht in diesem Bereich er-langt, ein Mitentscheidungsrecht aber hatte sie nicht, jedenfalls nicht in formalrechtlicher Hinsicht. Ganz offensichtlich war das in West-Berlin, wo die drei Alliierten die oberste Gewalt ausübten und auch im Umgang mit dem Senat und der Bundesregierung daran keinen Zweifel aufkommen ließen. Sie waren damit in der Lage, Initiativen in

Bezug auf Berlin inhaltlich zu bestimmen und notfalls auch zu blockieren. Berlin-Politik war letztlich ihre Verantwortung, die sie weder der Bundesregierung noch dem Senat überlassen wollten. Dabei verloren sie nie aus dem Auge, dass sie zu gegebener Zeit auch bei einer Regelung der deutschen Frage ein entscheidendes Wort mitzureden hatten. Diese Grundkonstellation wurde auf deutscher Seite selbstverständlich nicht in Frage gestellt. Denn es konnte ja kein Zweifel bestehen, dass die Sicherheit West-Berlins auf der Verantwortung und dem Engagement der drei Alliierten beruhte.

Am 28. September 1969 fanden in der Bundesrepunblik Bundestagswahlen statt. Die CDU, geführt von Bundeskanzler Kiesinger, blieb zusammen mit ihrer Schwesterpartei CSU stärkste Partei, aber SPD und FDP erreichten zusammen eine knappe Mehrheit. Bis in die Nacht hinein wähnte sich Kiesinger als Wahlsieger. Ihm schien es selbstverständlich, dass die Große Koalition fortgesetzt würde. Herbert Wehner, im bisherigen Kabinett Bundesminister für innerdeutsche Beziehungen, der wenig Neigung zu einer Koalition mit der FDP hatte, und Helmut Schmidt, der Fraktionsvorsitzende der SPD im Bundestag, dürften ihn darin bestärkt haben. Doch es kam anders. Tatsächlich bahnte sich eine sozialliberale Koalition mit Willy Brandt als Bundeskanzler und Walter Scheel als Außenminister an. Arnulf Baring hat diese Wende in der Nachkriegspolitik der Bundesrepublik als »Machtwechsel« beschrieben. Ob es wirklich mehr als ein Regierungswechsel war, sei dahingestellt. Jedenfalls sollten die Weichen in der Außenpolitik schon bald anders gestellt werden.

Regierungswechsel in Bonn: die sozialliberale Koalition

Nur wenige im Auswärtigen Amt wussten, dass Egon Bahr und seine engsten Mitarbeiter im Planungsstab des Amtes in den Jahren der Großen Koalition intensiv an Konzepten für eine neue Ostpolitik gearbeitet hatten. Im Referat 210 hatten wir das durchaus wahrgenommen, aber die Schlussfolgerungen des Planungsstabs und seine Empfehlungen waren uns nicht bekannt.

Der neue Bundeskanzler Willy Brandt hatte als Außenminister der Großen Koalition hohes Ansehen erworben, vor allem im westlichen Ausland und in der Dritten Welt. Die meisten Beobachter gingen davon aus, dass er auch als Bundeskanzler einen bestimmenden Einfluss auf die Außenpolitik der Bundesregierung nehmen würde, so wie es auch Adenauer und Kiesinger getan hatten.

Anders als Willy Brandt war Walter Scheel in der Außenpolitik ein unbeschriebenes Blatt. Einige Kollegen waren ihm in den frühen sechziger Jahren begegnet, als er in der Regierung Erhard Minister für wirtschaftliche Zusammenarbeit war. Sein optimistisches Auftreten und seine heitere Gelassenheit hatten ihm in dieser Zeit viele Sympathien eingebracht. Aber die Frage war, wie viel politisches Gewicht ein in der Außenpolitik wenig erfahrener Politiker neben Willy Brandt haben würde, zumal er eine seit den Wahlen angeschlagene Partei repräsentierte. Würde mit ihm der Einfluss der Diplomatie auf die Außenpolitik der Bundesrepublik zurückgehen? Solche Befürchtungen gab es; doch sie sollten sich schon bald als grundlos erweisen. Scheels freundliches und zuvorkommendes Auftreten verdeckte den harten Kern seiner Persönlichkeit. Er hatte feste Überzeugungen, war bei aller Beweglichkeit in taktischen Fragen standfest und arbeitete sich rasch in die komplizierten Sachverhalte unserer Außenpolitik ein.

Scheels kritische Haltung zur Hallstein-Doktrin war bekannt, als er sein Amt antrat. Viele, vor allem jüngere Kollegen hatten dafür volles Verständnis. Sie waren der Auffassung, dass die defensive und starre Deutschlandpolitik unsere Bewegungsmöglichkeiten stark einengte und bei unseren Freunden in der westlichen Welt zunehmend auf Unverständnis stieß. Auch ich hielt es für dringlich, ein neues Konzept für unser Vorgehen in der deutschen Frage zu definieren.

Nicht alle im Auswärtigen Amt dachten so. Eine Gruppe nationalkonservativer Kollegen wandte sich in internen Diskussionen mit einer bis dahin nicht gekannten Schärfe gegen jede Aufweichung unserer Positionen gegenüber dem kommunistischen Block. In der Öffnung unserer Außenpolitik nach Osten, die sich abzeichnete, sahen sie nicht nur eine Lockerung der Westbindungen der Bundesrepublik, sondern sogar den ersten entscheidenden Schritt zu einer Preisgabe unseres Anspruchs auf Wiederherstellung der deutschen Einheit. Sie befürchteten zudem, dass unsere nationalen Ziele im Rahmen der neuen Ostpolitik im Westen nicht mehr die gleiche Unterstützung finden würden wie bisher.

Die internen Auseinandersetzungen über eine Neuorientierung unserer Deutschlandpolitik sollten in den nächsten Jahren noch härter und emotionaler werden. Sie wirkten auf mich wie ein Streit in Glaubensfragen. Was mich irritierte, war der tiefe ideologische Riss, der durch das Amt ging. Ich ließ mich jedoch nicht in meiner Überzeugung beirren, dass wir zunächst einmal die Feindbilder, Konfrontationen und Spannungen abbauen müssten, um Ansatzpunkte für eine neue Politik zu entwickeln. Im Übrigen schien es mir unrealistisch, schon jetzt konkrete Konzepte für die Wiedervereinigung auszuarbeiten. Worauf es ankam, war die Bereitschaft, Chancen zu nutzen, die sich früher oder später – wir dachten, eher später – im Zuge einer Auflockerung des Ost-West-Verhältnisses ergeben mochten.

Für die Koalitionsverhandlungen nach den Wahlen waren im Auswärtigen Amt, wie das üblich war, Papiere ausgearbeitet worden, die auch Formulierungsvorschläge für eine Regierungserklärung enthielten. Das Referat 210 hatte dazu einen Beitrag geleistet, in der Erwartung, dass die bisherige Öffnungspolitik gegenüber den osteuropäischen Staaten fortgeführt werden sollte. Konkret hieß das: Austausch von Gewaltverzichtserklärungen, jetzt allerdings bezogen auf die bestehenden Grenzen und Demarkationslinien; keine völkerrechtliche Anerkennung der DDR, aber Zusammenarbeit mit ihr auf der Grundlage der Gleichberechtigung. In der Regierungserklärung, die der Bundeskanzler am 28. Oktober abgeben wollte, stand der Satz: »Auch wenn zwei Staaten in Deutschland existieren, sind sie doch füreinander nicht Ausland. Ihre Beziehungen zueinander können nur von besonderer Art sein.«

Diese Formulierung ging nicht auf Egon Bahr zurück, obwohl sie ihm manchmal zugeschrieben worden ist. Wie wir aus seinen Memoiren wissen, war er der Meinung, dass ein Entgegenkommen in der Anerkennungsfrage nicht vorzeitig angekündigt werden sollte. Es war offenbar Willy Brandt, der meinte, man müsse, um nach den jahrelangen Verhärtung zu ernsthaften Verhandlungen zu kommen, jetzt ein

Signal setzen, das in der Öffentlichkeit Aufsehen erregte. Außenminister Scheel scheint den Bundeskanzler darin bestärkt zu haben. Dann wurde unter Mitwirkung Bahrs die obenzitierte Formel gefunden. Sie ist in der Tat in Moskau und anderen osteuropäischen Hauptstädten als wichtiger Ausgangspunkt für kommende Verhandlungen verstanden worden.

Als diese Formel bekannt wurde, läuteten vor allem in der Rechtsabteilung des Auswärtigen Amtes die Alarmglocken. Zum ersten Mal wurde in einer offiziellen Erklärung der Bundesregierung die Staatsqualität der DDR anerkannt. Zwar war die Aussage dadurch qualifiziert, dass von zwei Staaten in Deutschland die Rede war, die füreinander nicht Ausland seien. Eine völkerrechtliche Anerkennung der DDR durch die Bundesrepublik Deutschland war damit wohl ausgeschlossen. Aber konnte mit der Anerkennung der Staatsqualität der DDR die Aufnahme diplomatischer Beziehungen zwischen der DDR und dritten Staaten noch weiter in Frage gestellt werden? Vermutlich nicht, jedenfalls nicht mehr für eine längere Zeit. Die Aussage in der Regierungserklärung bedeutete tatsächlich den Anfang vom Ende der Nichtanerkennungspolitik.

Auch der Begriff »Deutschland« war rechtlich und politisch interpretationsbedürftig. War damit die »Einheit der Nation«, die in zwei verschiedenen Staaten lebte, gemeint? Oder etwa der Fortbestand des handlungsunfähigen Deutschen Reiches bis zum Abschluss eines Friedensvertrags? Oder war der Begriff gleichbedeutend mit »Deutschland als Ganzes«, auf das sich die Vorbehaltsrechte der vier Siegermächte bezogen? Wie immer das auch zu verstehen war, die griffige Formel »zwei Staaten in Deutschland« hatte eine hohe politische Attraktivität und beschäftigte die Phantasie der politisch interessierten Öffentlichkeit.

Wie nicht anders zu erwarten war, wurde die Aussage der neuen Bundesregierung zur Rechtslage Deutschlands von der Opposition heftig kritisiert. Die aber hatte nichts anderes anzubieten als die verbrauchten Formeln der Nichtanerkennungspolitik. Das hielt sie allerdings Jahre später, als die CDU/CSU wieder die Regierung übernahm, nicht davon ab, ebenfalls von »zwei Staaten in Deutschland« zu sprechen, was 1982 als eine Wiederbesinnung auf die Einheit der Nation empfunden wurde. So vieldeutig diese Formel auch sein mochte, als politische Zustandsbeschreibung behielt sie bis zur Wiedervereinigung ihre Gültigkeit.

Auch bei einer Minderheit in der FDP stieß die Aussage auf heftigen Widerspruch. Die nationalliberalen Abgeordneten um Erich Mende lehnten eine Anerkennung der Staatlichkeit der DDR und ein Abrücken von der Hallstein-Doktrin kategorisch ab. Doch auch sie hatten keine neuen Ideen. Bedeutsam war ihr Widerspruch nur deshalb, weil sich damit schon jetzt das Abbröckeln der Mehrheit der sozialliberalen Koalition andeutete.

Nach der Regierungserklärung unterrichtete das Auswärtige Amt die Auslandsvertretungen über die neuen Akzente in der Deutschlandpolitik und die dahinterstehenden Überlegungen. Sie wurden angewiesen, zunächst weiterhin allen Bestrebungen zu einer Anerkennung der DDR entgegenzutreten, verbunden mit der Bitte an die Regierungen, die Aufnahme diplomatischer Beziehungen zur DDR so lange zurückzustellen, bis die beiden deutschen Staaten ihre besonderen Beziehungen geregelt hätten. Das klang immer noch sehr restriktiv, zeigte aber die taktische Linie an, die die neue Bundesregierung zu verfolgen gedachte.

Die DDR reagierte empört auf die Aufrechterhaltung der diplomatischen Blockade. Das von der Bundesregierung geforderte Sonderverhältnis der beiden deutschen Staaten lehnte sie kategorisch ab. Sie sah darin nicht das geringste Entgegenkommen, sondern geradezu eine Verhärtung der bisherigen Linie. So war es keine Überraschung, als der Vorsitzende des Ministerrats der DDR, Willi Stoph, die Bundesregierung einmal mehr aufforderte, ihre Einmischung in die inneren Angelegenheiten der DDR unverzüglich aufzugeben. Die Bundesregierung berührte das nicht. Ihr Ziel war es, zunächst mit Moskau und dann mit Warschau in ein ernsthaftes Gespräch zu kommen. Das Kapitel DDR sollte erst in einem späteren Stadium aufgenommen werden.

Im innenpolitischen Teil spiegelte die Regierungserklärung die Aufbruchsstimmung im Land wider. Willy Brandts Reformwille, seine Offenheit und Sensibilität sprachen viele Menschen, vor allem die Jüngeren, an. Auch mir ging es so. Der Appell, mehr Demokratie zu wagen, hatte eine tiefer gehende Wirkung, als vielen Zuhörern bewusst war. Die sozialliberale Bundesregierung unter dem ersten sozialdemokratischen Kanzler seit 1930 war angetreten, zu neuen Ufern aufzubrechen.

Es begann in Moskau

Am 4. Dezember 1969 erneuerten die Warschauer-Pakt-Staaten ihren Vorschlag für eine europäische Sicherheitskonferenz mit dem Ziel, die nach dem Krieg etablierte Ordnung anstelle eines Friedensvertrags festzuschreiben. Wenige Tage später begannen in Moskau Gespräche zwischen der sowjetischen Regierung und dem deutschen Botschafter in Moskau, Helmut Allardt. Sein Gegenüber war kein Geringerer als der sowjetische Außenminister Andrej Gromyko. Noch im Dezember folgten drei weitere Gespräche, doch der Außenminister und der Botschafter blieben hartnäckig bei ihren Ausgangspositionen.

Wenig später unterbreiteten die drei Westmächte in einer Note an die Sowjetunion konkrete Vorschläge für einen Meinungsaustausch über Berlin. Sie schlugen vor, dass die Gespräche abwechselnd in West- und Ost-Berlin stattfinden und möglichst bald beginnen sollten. Kurz darauf verständigten sich die Außenminister der NATO-Staaten in Brüssel darauf, die von den Warschauer-Pakt-Staaten geforderte Sicherheitskonferenz von Fortschritten in den Verhandlungen der Bundesregierung mit der Sowjetunion, den Sondierungen der drei Westmächte über Berlin und den SALT-Gesprächen zur Begrenzung strategischer Rüstungen (*Strategic Arms Limitation Talks*) abhängig zu machen. Hier wurde zum ersten Mal ein Junktim hergestellt, eine Methode, die in den Ost-West-Verhandlungen der nächsten Jahre eine wichtige Rolle spielen sollte.

Am 18. Dezember erschienen zwei DDR-Emissäre in Bonn. Sie übergaben einen Brief des DDR-Staatsratsvorsitzenden Ulbricht an Bundespräsident Heinemann, dem ein Vertragsentwurf für die Aufnahme diplomatischer Beziehungen zwischen den beiden deutschen Staaten beigefügt war. Schon am nächsten Tag bestätigte der Bundespräsident den Empfang des Schreibens mit dem lapidaren Hinweis, dass er das Schreiben zuständigkeitshalber an die Bundesregierung weitergeleitet habe. Brandt antwortete am 22. Januar 1970 dem Vorsitzenden des DDR-Ministerrats, Stoph. Er schlug Verhandlungen über einen Gewaltverzicht vor, womit implizit abgelehnt wurde, den Vertragsentwurf der DDR zum Gegenstand von Verhandlungen zu machen.

Ende Januar übernahm Staatssekretär Bahr die bisher von Allardt geführten Gespräche mit dem sowjetischen Außenminister Gromyko. Der Bundesaußenminister hatte dem Wechsel zugestimmt. Auch Scheel war der Meinung, dass diese politisch hochkomplizierten Verhandlungen von einem Mann geführt werden sollten, der mit dem ostpolitischen Konzept der neuen Bundesregierung in allen Einzelheiten vertraut war und auch persönlich das Vertrauen des Bundeskanzlers besaß.

Auch Bahr musste in seinen ersten Gesprächen mit Gromyko feststellen, dass die sowjetische Regierung eisern an ihrem altbekannten Forderungskatalog festhielt. Dieser lief auf nichts weniger als eine Anerkennung des Status quo in Europa hinaus, wie er sich nach dem Zweiten Weltkrieg herausgebildet hatte. Im Einzelnen forderte die Sowjetunion: Anerkennung der Unantastbarkeit – also der Unabänderlichkeit – der Oder-Neiße Grenze, der Westgrenze der Tschechoslowakei und der innerdeutschen Grenze. Zweitens verlangte sie die völkerrechtliche Anerkennung der DDR, verbunden mit einem Verzicht der Bundesrepublik auf die Wiedervereinigung, sowie ihre Zustimmung zur selbständigen politischen Einheit West-Berlin. Drittens sollte das Münchner Abkommen von 1938, mit dem das Sudetenland in das Deutsche Reich eingegliedert worden war, als von Anfang an nichtig erklärt werden. Und viertens wurde die Bundesregierung aufgefordert, ein für alle Mal auf Nuklearwaffen zu verzichten.

Bahr stellte dem sowjetischen Forderungskatalog das Gesamtkonzept der neuen Bundesregierung entgegen. Beharrlich und ohne Polemik versuchte er Gromyko verständlich zu machen, dass die Bundesregierung die in der Nachkriegszeit entstandenen Gegebenheiten nicht in Frage stelle, jedoch die Forderungen der Sowjetunion nicht erfüllen könne. Diese berührten nämlich die Vorbehaltsrechte der vier Siegermächte für Deutschland als Ganzes und Berlin, die der Disposition der Bundesrepublik Deutschland entzogen seien. Sie könne deswegen nicht einseitig mit der Sowjetunion Elemente eines Friedensvertrags vereinbaren, über die die vier Siegermächte gemeinsam zu entscheiden hätten. Eine völkerrechtliche Anerkennung der DDR komme deshalb für die Bundesregierung ebenso wenig in Betracht wie eine Zustimmung zur selbständigen politischen Einheit West-Berlin. Über fünfzig Stunden sprachen Bahr und Gromyko in dieser ersten Gesprächsrunde miteinander, teilweise unter Beteiligung ihrer Delegationen, aber auch unter vier Augen. Erst nach längeren Auseinandersetzungen begann Gromyko sich zu bewegen. Wie Bahr in seinen Memoiren berichtet, war Gromyko nicht unbeeindruckt von seinem Argument, dass die Erfüllung der von Gromyko erhobenen Forderungen das Ende des sowjetischen Mitspracherechts in den deutschen Angelegenheiten bedeuten würde.

Noch vor dem Ende der ersten Gesprächsrunde Bahr/Gromyko schrieb Stoph dem Bundeskanzler einen Brief, in dem er ihn geradezu ultimativ aufforderte, unverzüglich über die Forderungen der DDR Verhandlungen aufzunehmen. Brandt ging auch jetzt nicht darauf ein, griff aber in seiner Antwort den Vorschlag Stophs zu einem Treffen der beiden Regierungschefs auf. Noch im Februar begannen in Bonn die Vorbereitungen. Anfang März fand in Ost-Berlin ein erstes Gespräch über technische und organisatorische Fragen statt.

Mehr Aufmerksamkeit fanden die Botschafter der Vier Mächte, als sie am 26. März zu ihrem ersten Gespräch im Kontrollratsgebäude in West-Berlin zusammentrafen. Zweiunddreißig weitere Gespräche bis zur Unterzeichnung des Berlin-Abkommens sollten folgen.

Fast unbemerkt in der deutschen Öffentlichkeit blieb in diesen Tagen ein anderes wichtiges Ereignis. Am 16. März begannen in Helsinki die Gespräche der USA und der Sowjetunion über eine Begrenzung der strategischen Nuklearwaffen. Es war wohl nicht ganz zufällig, dass sie fast zur gleichen Zeit wie die Viermächteverhandlungen über Berlin aufgenommen wurden, auch wenn kein sachlicher Zusammenhang bestand.

In Bonn gab es im Frühjahr 1970 unterschiedliche Meinungen über die Opportunität politischer Kontakte mit der DDR. Bahr wollte zunächst die wichtigsten politischen Grundfragen mit der sowjetischen

Führung klären, da es ihm ohne Unterstützung durch die östliche Führungsmacht aussichtslos erschien, den Widerstand Ulbrichts gegen ein deutsch-deutsches Sonderverhältnis aufzubrechen. Brandt teilte diese Einschätzung, meinte aber, die DDR solle aus den Verhandlungsinitiativen der Bundesregierung gegenüber den osteuropäischen Staaten nicht ausgeklammert werden.

Das Treffen von Willy Brandt und Willi Stoph fand in Erfurt statt. Bei der Ankunft Brandts im Erfurter Hof wurden die beiden Regierungschefs von der auf dem Bahnhofsvorplatz wartenden Menschenmenge mit Rufen – »Willy, Willi!« – empfangen. Es war eine bewegende Szene. Von seinem Hotelfenster aus versuchte der Bundeskanzler die Emotionen der Menschen zu dämpfen. Er wusste, dass man noch einen langen, mühsamen Weg bis zu einem Miteinander der beiden deutschen Staaten vor sich hatte.

Das Treffen in Erfurt wurde von den deutschen und internationalen Medien mit größter Aufmerksamkeit verfolgt. Beide Regierungschefs gaben längere Grundsatzerklärungen ab. Der Ton war sachlich, aber es gab keine Annäherung der gegensätzlichen Positionen. Am Ende der Gespräche bezeichneten Brandt und Stoph den Meinungsaustausch als nützlich und vereinbarten eine Fortsetzung am 21. Mai in Kassel.

Zwei Tage nach dem Gipfeltreffen in Erfurt schloss Bahr seine zweite Gesprächsrunde mit Gromyko in Moskau ab. Er hatte wesentliche Fortschritte erzielt. In einem gemeinsamen Papier wurde die politische Gesamtkonzeption für eine »Normalisierung der Lage in Europa« umschrieben.

Am 12. Mai begann Bahr seine dritte und letzte Gesprächsrunde mit Gromyko. Sie dauerte zehn Tage. Einen Tag vor dem Abschluss dieser Gespräche in Moskau, am 21. Mai, trafen Brandt und Stoph in Kassel zu ihrem zweiten Gipfeltreffen zusammen. Diese Begegnung stand unter keinem guten Stern. Vor Beginn der Gespräche rissen NPD-Demonstranten die DDR-Fahne herunter und verbrannten sie. Stoph fühlte sich provoziert, fuhr zu seinem Sonderzug zurück und telefonierte mit Ost-Berlin. Die Sitzung begann dann mit erheblicher Verspätung. Die Atmosphäre war gespannt. Doch Brandt ließ sich nicht beirren und legte in seiner Erklärung zwanzig Punkte dar, die

21. Mai 1970: nach dem Treffen von Willy Brandt und Willi Stoph in Kassel

nach Auffassung der Bundesregierung in einem deutsch-deutschen Grundvertrag berücksichtigt werden müssten. Stoph blieb bei seinen Positionen. Ein neuer Termin zur Fortsetzung der Gespräche wurde nicht vereinbart. Man verständigte sich vage auf eine »Denkpause«. Willy Brandt dürfte über diesen Ausgang nicht unglücklich gewesen sein. Zunächst sollten nun die Moskauer Verhandlungen zum Abschluss gebracht und dort die rechtlichen und politischen Rahmenbedingungen auch für das deutsch-deutsche Verhältnis, so weit wie möglich, vorgeklärt werden.

Am nächsten Tag gingen in Moskau die Bahr/Gromyko-Gespräche zu Ende. Eine Woche zuvor hatte der sowjetische Außenminister in Ost-Berlin mit der DDR-Führung gesprochen. Seinen Bemühungen, deren Zustimmung zu dem sich abzeichnenden Ergebnis der Moskauer Gespräche zu erreichen, schien kein voller Erfolg beschieden gewesen zu sein. Nach seiner Rückkehr aus Ost-Berlin kam Gromyko gegenüber Bahr noch einmal auf seine ursprünglichen Maximalforderungen zurück. Ein letzter Versuch, den Gromyko vermutlich seinen Gesprächspartnern in Ost-Berlin zugesagt hatte. Bahr ließ sich nicht beeindrucken. Als er Anstalten machte, die Gespräche zu unterbrechen und nach Bonn »zur Berichterstattung« zurückzufliegen, lenkte Gromyko ein. Man verständigte sich auf ein Papier, in dem die Elemente für einen Gewaltverzichtsvertrag zwischen den beiden deutschen Staaten formuliert waren. Außerdem enthielt es verschiedene Absichtserklärungen der beiden Regierungen, die bei Vertragsunterzeichnung formalisiert werden sollten. Das war das sogenannte Bahr-Papier, das allerdings von Bahr und Falin gemeinsam formuliert worden war. Es hatte keine rechtliche Verbindlichkeit, denn Vertragsverhandlungen waren ja noch gar nicht geführt worden. Es sollte vielmehr als Unterlage für den Bericht der beiden Delegationsleiter an ihre Regierungen dienen. Aber da es bereits ausformulierte Kompromissmöglichkeiten in den Grundfragen aufzeigte, hatte es große politische Bedeutung. Als die Gespräche am 22. Mai beendet waren, schickte Bahr folgenden Text an das Auswärtige Amt: »Geschafft. Telegramm folgt.«

In den Absichtserklärungen des Bahr-Papiers waren alle für das Verhältnis der Bundesrepublik Deutschland zu den östlichen Nachbarn entscheidenden Eckpunkte aufgeführt. Bahr hatte damit den Anspruch der Sowjetunion anerkannt, als Führungsmacht der östlichen Staatengruppe auch für ihre Verbündeten politisch verbindliche Festlegungen zu treffen. Die Empfindlichkeiten in Warschau waren ihm durchaus bewusst, und erst recht die in Ost-Berlin. Er nahm sie in Kauf, weil er davon ausgehen musste, dass nur mit Unterstützung Moskaus das Sonderverhältnis der beiden deutschen Staaten gegen den erbitterten Widerstand Ost-Berlins durchzusetzen war.

Wenige Tage nachdem die zweite Gesprächsrunde zwischen Bahr und Gromyko in Moskau zu Ende gegangen war, wurden im Gebäude des ehemaligen Kontrollrats in Berlin-Schöneberg die Gespräche der vier Botschafter über Berlin eröffnet. In der deutschen und internationalen Öffentlichkeit fand das Ereignis große Beachtung. Schon der Ort der Gespräche war bemerkenswert. In dem imposanten Gebäude hatte bis zum Kriegsende das preußische Kammergericht seinen Sitz gehabt, und in dem großen Sitzungssaal, in dem jetzt die Botschafter zusammentraten, hatten die Prozesse des Volksgerichtshofs gegen die Verschwörer des 20. Juli 1944 stattgefunden. Nach Kriegsende war der

Alliierte Kontrollrat der vier Siegermächte in das nur wenig beschädigte Gebäude eingezogen und hatte dort seine Sitzungen abgehalten, bis er 1947 auseinanderbrach. Seitdem stand das Gebäude weitgehend leer. Nur die Büros der Luftsicherheitszentrale befanden sich noch dort, neben dem Spandauer Kriegsverbrechergefängnis die letzte noch funktionierende Viermächteinstitution in Berlin.

Die Eröffnungssitzung der vier Botschafter brachte erwartungsgemäß kein Ergebnis. Der Verlauf schien den Skeptikern recht zu geben, die es vor allem in Washington gab, aber nicht nur dort. Die Botschafter konnten sich nicht einmal über den Gegenstand ihres Meinungsaustausches einigen. Die unterschiedlichen Rechtsauffassungen prallten hart aufeinander. Der sowjetische Botschafter Pjotr Andrejewitsch Abrassimow betonte, allein West-Berlin könne Gegenstand der Diskussion sein. Ost-Berlin sei seit langem in die Deutsche Demokratische Republik integriert. Über die Hauptstadt und das Territorium dieses souveränen Staates gebe es zwischen den Vier Mächten nichts zu verhandeln. Thema der Botschaftergespräche könne nur die Beendigung der unrechtmäßigen Aktivitäten der BRD und die ebenso unrechtmäßige Präsenz bundesdeutscher Behörden in West-Berlin sein. Diese Argumentation entsprach im Kern der Linie, die zunächst auch Gromyko in Moskau gegenüber Bahr vertreten hatte.

Die Botschafter der drei Westmächte ließen sich von diesem ersten Auftritt ihres sowjetischen Kollegen nicht beeindrucken. In ihren Eingangserklärungen stellten sie klar, der Viermächtestatus Berlins habe unverändert für die ganze Stadt Gültigkeit. Gegenstand des Meinungsaustausches könnten nur praktische Verbesserungen der Lage Berlins auf der Grundlage des Viermächtestatus sein.

Bis zum 1. Juli 1970 fanden fünf weitere Botschaftergespräche im ehemaligen Kontrollratsgebäude statt, ohne dass in den Sachfragen Bewegung erkennbar wurde. Beide Seiten beharrten auf ihren Ausgangspositionen. Ganz nutzlos dürfte diese Konfrontation in der ersten Phase der Berlin-Gespräche dennoch nicht gewesen sein. Die sowjetischen Verhandlungsführer werden erkannt haben, dass die Statusdiskussion in der Berlin-Frage nicht weiterführte. Zudem wussten sie aus den Gesprächen mit Bahr, dass der Gewaltverzichtsvertrag mit der Bundesrepublik nur bei substanziellen Fortschritten in den

Berlin-Gesprächen ratifiziert werden würde. Auch Botschafter Rush hatte seinen sowjetischen Kollegen darauf hingewiesen, dass er diese Einschätzung teile. Die Berlin-Gespräche waren daher im Juli 1970 an einem Wendepunkt angelangt. Das veranlasste die drei westlichen Botschafter, ihrem sowjetischen Kollegen ein Papier mit Elementen für ein Berlin-Abkommen mit in den Urlaub zu geben. Ein deutliches Signal, dass die drei Westmächte ernsthaft an einem Abkommen mit praktischen Verbesserungen interessiert waren.

Im Juli 1970 wurden in Moskau förmliche Verhandlungen zwischen der Bundesregierung und der sowjetischen Regierung aufgenommen. Die Leitung der deutschen Delegation hatte diesmal Außenminister Scheel persönlich übernommen. Viel war allerdings nicht mehr zu verhandeln. Es gelang Scheel, sich mit Gromyko über die endgültige Fassung des »Briefs zur deutschen Einheit« zu verständigen, der im Zusammenhang mit der Unterzeichnung des Vertrags der sowjetischen Seite förmlich übermittelt werden sollte. Damit stellte die Bundesregierung klar, dass sie auch weiterhin an ihrem politischen Ziel der Wiedervereinigung festhalten werde. Scheel wies Gromyko darauf hin, dass der Deutsche Bundestag den Moskauer Vertrag erst ratifizieren werde, wenn eine befriedigende Berlin-Regelung der Vier Mächte vorliege. Gromyko reagierte darauf sichtlich verärgert mit einem »Gegenjunktim«, indem er erklärte, dass die Sowjetunion ein Berlin-Abkommen erst nach der Ratifizierung des Moskauer Vertrags in Kraft setzen werde.

Der »Moskauer Vertrag« wurde am 12. August in Moskau von Bundeskanzler Brandt und Außenminister Scheel unterzeichnet. Die Sowjetunion hatte damit ihr wichtigstes Ziel weitgehend erreicht: Die »wirkliche Lage« in Europa – und das hieß in erster Linie die sowjetische Herrschaft über Ost- und Mitteleuropa – wurde von der Bundesregierung nicht mehr in Frage gestellt. Der Bundesregierung aber war es gelungen, die deutsche Frage offenzuhalten, und zwar durch den »Brief zur deutschen Einheit« und die Berufung auf den noch ausstehenden Friedensvertrag in einem Briefwechsel mit den drei Westmächten, dem die Sowjetunion nicht widersprach. Welche politische Bedeutung das eines Tages haben würde, konnte damals niemand sicher beurteilen. Immerhin hatte die Bundesregierung politisch und rechtlich ihre Position in der deutschen Frage gewahrt und zugleich die Voraussetzungen für humanitäre Erleichterungen und eine gute Zusammenarbeit mit den östlichen Nachbarn auf der Grundlage voller Gleichberechtigung geschaffen. Ein Ende der zur Last gewordenen Hallstein-Doktrin war in Sicht, das Tor für eine aktive Politik in Osteuropa aufgestoßen.

Im Auswärtigen Amt waren die Meinungen zum Moskauer Vertrag geteilt. Die konservativ eingestellten Kollegen sahen darin eine Aufweichung unserer Rechtspositionen, die einer »Verzichtspolitik« in der deutschen Frage sehr nahe komme. Bei den liberal eingestellten jüngeren Kollegen, zu denen ich mich zählte, überwog dagegen die Zustimmung, auch wenn manche den subtilen Kompromissformeln und einseitigen Vorbehalten wenig abgewinnen konnten. Aber grundsätzlich hielten wir den mit dem Moskauer Vertrag beschrittenen Weg für richtig. Den Verzicht auf die bisherigen, nicht durchsetzbaren Rechtspositionen empfanden wir als einen Akt der Befreiung.

Der Warschauer Vertrag

Der zweite Akt der Ostpolitik fand in Warschau statt. Im Mittelpunkt der Verhandlungen stand die Anerkennung der Oder-Neiße-Grenze als Westgrenze Polens, für die polnische Regierung eine Frage von geradezu existenzieller Bedeutung, denn in den ehemals deutschen Ostgebieten lebten nun Millionen Polen, die nach dem Krieg aus ihrer Heimat in der Westukraine und Litauen dorthin umgesiedelt worden waren. Auf beiden Seiten wühlte die Grenzfrage noch immer tiefe Emotionen auf. In der polnischen Bevölkerung bestand nach wie vor große Unsicherheit, ob Polen die ehemals deutschen Ostgebiete auf Dauer würde behalten können, zumal es keinen Friedensvertrag gab. Auf der deutschen Seite forderten die Vertriebenen eine Rückgabe des Landes, von dem sie nach 1945 – unrechtmäßig – vertrieben worden waren. Doch es ging nicht nur um eine Anerkennung der Grenze. Die deutsch-polnischen Verhandlungen hatten zugleich eine moralische Dimension. Beide Seiten hatten den Wunsch, einen Aussöhnungsprozess zwischen Deutschen und Polen in Gang zu setzen, im Bewusstsein der schlimmen Verbrechen, die von Deutschen während der Besetzung Polens im Zweiten Weltkrieg begangen worden waren, aber auch im Hinblick auf die Vertreibung der Deutschen nach 1945 aus den Gebieten östlich von Oder und Neiße. Niemand war für diese wahrlich historische Aufgabe besser geeignet als Ferdinand Duckwitz, der als deutscher Diplomat während des Krieges Widerstand gegen das Hitlerregime geleistet hatte. Den Polen war dies bekannt, und sie begegneten dem deutschen Staatssekretär und Freund Willy Brandts mit großem Respekt.

Dass Bahr mit Gromyko über die Oder-Neiße-Grenze verhandelt hatte, hatte die Polen unangenehm berührt. Nicht so sehr, weil die in den Moskauer Vertrag aufgenommene Grenzformel für sie nicht akzeptabel gewesen wäre, sondern weil sie eine deutsch-sowjetische Absprache über ihre Westgrenze als unerträglich empfanden. Bahr war das bei seinen Gesprächen mit Gromyko durchaus bewusst gewesen. Ihm ging es aber vor allem darum, mit den Sowjets die Rahmenbedingungen für das Verhältnis der Bundesrepublik Deutschland zu ihren osteuropäischen Nachbarn festzulegen. Polen glaubte er davon nicht ausnehmen zu können.

Um der Empfindlichkeit der Polen Rechnung zu tragen, wurde die Grenzfeststellung im Warschauer Vertrag in den ersten Artikel aufgenommen. Erst im zweiten Artikel folgte der Gewaltverzicht. Mit dieser Reihenfolge sollte deutlich gemacht werden, dass die Respektierung der Grenze nicht nur eine Folge des Gewaltverzichts war, sondern unabhängig davon Geltung hatte. Heute mag uns das als eine unwichtige Nuance erscheinen; damals aber wurde das als Hinweis auf die überragende Bedeutung verstanden, die der Grenzfrage im Verhältnis zwischen den beiden Staaten zukam.

Ihr Ziel, die Westgrenze als endgültig festzuschreiben, insbesondere für den Fall einer Wiedervereinigung Deutschlands, haben die Polen mit dem Warschauer Vertrag nicht erreichen können. Die Bundesregierung sah sich aus rechtlichen wie auch aus innenpolitischen Gründen nicht in der Lage, ein wiedervereinigtes Deutschland in der Grenzfrage festzulegen. Für sie war in der damaligen Situation entscheidend, dass sie unter keinen Umständen ein wichtiges Element eines Friedensvertrags vorab regeln wollte. Vor allem aus Gründen der Wiedervereinigung sollte die deutsche Frage in jeder Hinsicht offengehalten werden. Darum bestand sie auf einem Briefwechsel mit den drei Mächten, in dem klargestellt wurde, dass die Rechte und Verantwortlichkeiten der Siegermächte durch den Warschauer Vertrag nicht berührt würden und auch nicht berührt werden könnten. Die Polen haben diese Erklärung ziemlich unwillig zur Kenntnis genommen und beteiligten sich nicht an diesem Vorgang. Einen Friedensvertragsvorbehalt im Vertrag lehnten sie ab.

Die so mühsame deutsch-polnische Verständigung ist durch diesen Rechtsvorbehalt der Bundesregierung nicht erleichtert worden. Bei den Polen blieben Zweifel, ob die Oder-Neiße-Grenze auch im Fall einer Wiedervereinigung (die sie nie ausgeschlossen haben) Bestand haben würde. Umso wichtiger war es für sie, dass das wiedervereinigte Deutschland die endgültige Anerkennung der deutsch-polnischen Nachkriegsgrenzen nachholte, wie es dann auch im Grenzvertrag von 1991 geschehen ist.

Nach einer intensiven Schlussverhandlung auf der Ebene der Außenminister wurde der Warschauer Vertrag am 7. Dezember 1970 in Warschau durch den Bundeskanzler und den polnischen Ministerpräsidenten Cyrankiewicz sowie die beiden Außenminister unterzeichnet. In den Reden der Regierungschefs wurde die historische Bedeutung des Vertrags vor dem Hintergrund der leidvollen Geschichte der beiden Völker hervorgehoben. Der »Kniefall« Willy Brandts bei einer Kranzniederlegung am Mahnmal für das Warschauer Ghetto fand weit über Polen und Deutschland hinaus große Beachtung. Ein Journalist schrieb damals: »Da kniet einer, der es nicht nötig hat, für viele, die es nötig haben, aber nicht knien …«

Niemand hatte eine solche Geste erwartet. Willy Brandt hatte sie, wie er in seinen Erinnerungen schreibt, nicht geplant, auch mit niemandem vorher besprochen, ein »Ausdruck des Gedenkens an die Millionen Ermordeter, wenn die Sprache versagt«.

Das Viermächteabkommen:
das Ende der Berlin-Krisen

Seit Beginn des Kalten Krieges war Berlin ein besonderer Krisenherd in der Mitte Europas. Die West-Berliner lebten in der ständigen Furcht, die Spannungen zwischen Ost und West könnten sich weiter zuspitzen und auch ihre Lebensbedingungen in Mitleidenschaft ziehen. Unausgesprochen breitete sich die Sorge aus, der freie Teil Berlins habe wegen seiner Insellage inmitten des sowjetischen Herrschaftsbereichs keine Zukunft. Besonders besorgniserregend war die Lage auf den Zugangswegen. Immer häufiger wurden die Ampeln an den Grenzübergangsstellen aus diesem oder jenem Anlass auf Rot gestellt. Manche Berliner befürchteten sogar, die Blockade von 1948 könne sich wiederholen und das Wirtschaftsleben der Stadt lahmlegen.

In den Botschaftergesprächen über Berlin war die Ausgangslage für die West-Alliierten schwierig. Sie hatten drei Hauptforderungen, von denen sie nicht abzugehen bereit waren. Erstens verlangten sie sowjetische Garantien für einen unbehinderten Verkehr auf den Zugangswegen zwischen West-Berlin und dem Bundesgebiet. Zweitens forderten sie Besuchsmöglichkeiten für West-Berliner in Ost-Berlin und der DDR mindestens zu den gleichen Bedingungen, wie sie für Einwohner der Bundesrepublik galten, und drittens wünschten sie die Anerkennung des Rechts der Bundesrepublik Deutschland, die Interessen West-Berlins im Ausland zu vertreten, und zwar auch in den Warschauer-Pakt-Staaten. Anzubieten hatten die Westmächte dafür wenig, außer einer gewissen Beschränkung der »Bundesaktivitäten« und der »Bundespräsenz« in West-Berlin.

Die Sowjets lehnten in diesem Stadium Verhandlungen über den Ostteil der Stadt, die Hauptstadt der DDR, rundweg ab. Botschafter Abrassimow beharrte darauf, dass nur West-Berlin, eine selbständige politische Einheit, Gegenstand der Verhandlungen sein könne. Dort seien Truppen der Westmächte stationiert. Ihre Kompetenzen beschränkten sich demgemäß auf West-Berlin. Für den Zivilverkehr auf den Zugangswegen nach West-Berlin sei allein die DDR zuständig.

Bis zur Sommerpause 1970 gab es in den Botschaftergesprächen keine Bewegung. Erst mit der Unterzeichnung des Moskauer Vertrags änderte sich die Lage. Obwohl Abrassimow jeden Zusammenhang zwischen den Viermächteverhandlungen und dem Moskauer Vertrag bestritt, hatten die Sowjets inzwischen verstanden, dass dieser für sie entscheidend wichtige Vertrag nur bei substanziellen Verbesserungen in Berlin im Deutschen Bundestag eine Mehrheit finden würde. Damit waren die Ostpolitik der sozialliberalen Koalition wie auch die Westpolitik der Sowjetunion vom Ausgang der Viermächteverhandlungen abhängig geworden.

Ende September 1970 kamen die Botschafter überein, dass künftig ihre Berater die Sitzungen vorbereiten sollten. Auf der westlichen Seite waren das die Botschaftsräte Dean, Audland und Lustig, auf der sowjetischen Seite Kwizinski vom Außenministerium in Moskau, der allem Anschein nach seine Weisungen unmittelbar von Außenminister Gromyko erhielt. Die neue Verhandlungsstruktur erwies sich schon bald als außerordentlich produktiv. Die informellen Kontakte der Berater brachten eine größere Flexibilität in die Verhandlungen. Sie wurde von beiden Seiten genutzt, um neue Überlegungen zu testen, Kompromissmöglichkeiten auszuloten oder Verhärtungen, die auf der Botschafterebene eingetreten waren, zu überwinden. Vor allem Kwizinski war, wie wir hörten, sehr geschickt darin, die manchmal sehr schroffe Gesprächsführung seines Botschafters auf der Arbeitsebene auszugleichen. Im weiteren Verlauf der Verhandlungen fanden auf dieser Ebene auch die eigentlichen Textverhandlungen statt.

In der zweiten Verhandlungsphase, die im Herbst 1970 begonnen hatte, hielten die Sowjets weiterhin an ihrer Position fest, dass die Vier Mächte keine Zuständigkeit für die Zugangswege von und nach Berlin hätten. Verbesserungen in den Abfertigungsverfahren seien, so ließen sie durchblicken, denkbar, aber diese müssten auf der Ebene der beiden deutschen Staaten ausgehandelt und vereinbart werden. In den nächsten Monaten wurde immer deutlicher, dass die Sowjets auf diesem Wege die durch den Moskauer Vertrag und das Bahr-Papier schon arg strapazierte DDR ins Spiel zu bringen versuchten. Offenbar hatte es Ulbricht in Moskau verstanden, das Interesse der DDR an einer Demonstration ihrer Souveränität in der eigenen Hauptstadt und auf den Zugangswegen nachdrücklich zur Geltung zu bringen.

Am 29. Oktober 1970 erschienen im Bundeskanzleramt in Bonn zwei Emissäre der DDR, die den Auftrag hatten, dem Bundeskanzler persönlich eine mündliche Botschaft des Vorsitzenden des DDR-Ministerrats zu überbringen. Sie enthielt den Vorschlag, den in Erfurt und Kassel begonnenen Meinungsaustausch wieder aufzunehmen. Der Bundeskanzler reagierte positiv. Denn die DDR sollte ja nicht aus dem Netz der Gewaltverzichtsverhandlungen herausgehalten werden. Die »Denkpause«, auf die sich die Regierungschefs bei ihrer Begegnung in Kassel verständigt hatten, war damit zu Ende.

Mit der Leitung dieser Gespräche wurde Egon Bahr beauftragt. Ende November traf er in Ost-Berlin zu einem ersten Kontakt mit seinem Gesprächspartner Michael Kohl zusammen. Kohl, ein gelernter Jurist, hatte früher an der Universität Jena Staats- und Völkerrecht gelehrt und war dann in den sechziger Jahren in das Ministerium für Auswärtige Angelegenheiten übergewechselt. Seit 1965 war er, mindestens nach außen hin, als Staatssekretär dem Ministerrat zugeordnet. Mit seiner Ernennung zum Verhandlungsführer hatte die DDR stillschweigend akzeptiert, dass das Außenministerium der DDR als Verhandlungspartner für die Bundesregierung nicht in Betracht kam.

Der Beginn der Bahr/Kohl-Gespräche parallel zu den Viermächteverhandlungen stellte das Auswärtige Amt vor nicht geringe Probleme. Es hatte die Alliierten in allen Fragen, die ihre Rechte und Verantwortlichkeiten berührten, zu informieren und zu konsultieren. Das Amt konnte diese Aufgabe aber nur dann richtig wahrnehmen, wenn es selbst über alle relevanten Vorgänge umfassend unterrichtet wurde. In letzter Zeit hatte es da gelegentliche Defizite gegeben.

So wurde ich ab Januar 1971 Mitglied der Bahr-Delegation für die Gespräche mit der DDR. Mein Auftrag bestand darin, auf die genaue Berücksichtigung der Viermächteverhandlungen hinzuwirken und die Alliierten in der Vierergruppe so umfassend wie möglich über die Bahr/Kohl-Gespräche zu unterrichten. Wie sich in den kommenden Monaten zeigen sollte, war das eine Gratwanderung. Die Hauptschwierigkeit lag darin, den Alliierten und dem Auswärtigen Amt die jeweilige Gesprächslage wie auch die Strategie und Taktik des Verhandlungsführers der Bundesregierung verständlich zu machen. Das war schon deshalb nicht einfach, weil Bahr – wie schon in Moskau –

wichtige Fragen in Vieraugengesprächen mit Kohl behandelte, über die die Delegation meist nur in groben Zügen unterrichtet wurde. Unbequem war die Mission in beiden Richtungen: Die Alliierten und erst recht das eigene Amt bis hin zum Minister gingen mit mir, dem Mitarbeiter, dem sie vertrauten, sehr offen um, hielten mit Kritik am Vorgehen Bahrs nicht hinterm Berg und erwarteten, dass ich davon gegenüber Bahr und der Delegation den rechten Gebrauch machen würde. Bahr und einige Delegationsmitglieder waren nicht weniger kritisch, wenn auch in anderer Weise. Sie verhehlten nicht ihren Argwohn, dass die Alliierten die Viermächteverhandlungen bewusst verzögerten, überzogene Forderungen an die Sowjets stellten und am Ende, willentlich oder unwillentlich, sogar das ganze Unternehmen Ostpolitik gefährden könnten. Ich hatte also an beiden Fronten gegen das Misstrauen anzukämpfen, das sich zeitweilig im Verhältnis zwischen Bahr und den Alliierten ausbreitete.

Im Januar 1971 nahm ich zum ersten Mal an einer Delegationssitzung im Rahmen der Bahr/Kohl-Gespräche in Ost-Berlin teil. Es war ein bitterkalter Tag. Wir reisten aus West-Berlin ein, wo wir übernachtet hatten. Die Kontrolle am Übergang Heinrich-Heine-Straße verlief kurz und reibungslos. Von dort fuhren wir durch fast menschenleere Straßen zum Gebäude des DDR-Ministerrats, dem früheren Stadthaus an der Jüdenstraße. Auf dem Vorplatz stand ein Volkspolizist, der salutierte und uns einwies. Sonst war niemand zu sehen. Wir stiegen aus, gingen zur Eingangstür. Die aber war geschlossen. Wir warteten und froren. Es dauerte eine sehr lange Minute, bis sich die Tür öffnete. Es kam aber niemand heraus, um uns zu begrüßen. Bahr ignorierte den unfreundlichen Empfang, ließ sich nichts anmerken, betrat das Haus und stieg die wenigen Treppenstufen hinauf. Oben empfing uns ein Mann mittleren Alters, ohne uns anzusehen. Es war Karl Seidel, der Vertreter des Delegationsleiters Kohl und, wie wir bald erfuhren, Leiter der Abteilung BRD im Außenministerium der DDR. Ich sollte noch viel mit ihm zu tun bekommen.

Die Bahr/Kohl-Gespräche fanden zunächst im Abstand von zwei Wochen, später auch häufiger, abwechselnd in Ost-Berlin und Bonn statt. Die Atmosphäre war angespannt. In den oft langen Pausen und bei den obligaten Mittagessen sprachen wir anfangs nur über nebensächliche Dinge, über das Wetter, das Klima oder bestimmte Orte. Die Themen waren schnell erschöpft. Wir lernten, miteinander zu schweigen. Privates kam in diesen ersten Gesprächen selbstverständlich nicht vor. Erst ganz allmählich entspannte sich unser Verhältnis. Wir fingen vorsichtig an, uns nach dem normalen Leben in der DDR zu erkundigen. Und wir bemühten uns, nicht demonstrativ, aber für die DDR-Kollegen deutlich wahrnehmbar, um einen normalen Umgang miteinander. An ein Rahmenprogramm war in dieser ersten Zeit allerdings noch nicht zu denken. Erst später boten wir der DDR-Delegation Besichtigungen in Bonn und Köln an, wenn die Gespräche turnusmäßig bei uns stattfanden. Die Angebote wurden später auch angenommen; nur legten unsere Gäste größten Wert darauf, bei solchen Ausflügen nicht von unserer Presse gesehen zu werden; und Begleitung durch uns, die westdeutschen Gastgeber, wollten sie auch nicht. Zu große Nähe der Delegationen hätte ja bei ihnen zu Hause missverstanden werden können. Es sollte über ein Jahr dauern, bis die beiden Delegationen zum ersten Mal in Ost-Berlin einen gemeinsamen Ausflug auf dem Müggelsee unternahmen.

In den Delegationsgesprächen wurde sehr bald deutlich, was die DDR mit ihrer Verhandlungsinitiative bezweckte. Seit dem Bahr-Papier in Moskau war sie aufs äußerste besorgt, dass die Sowjets nun auch in Bezug auf Berlin die Souveränitätsinteressen der DDR aufs Spiel setzen würden. Darum war sie auf den Gedanken verfallen, mit der Bundesrepublik einen Verkehrsvertrag abzuschließen, in den auch der Berlin-Verkehr ohne jede Besonderheit oder Privilegierung einbezogen werden sollte. Damit wollte sie demonstrieren, dass die Zugangswege allein ihrer Souveränität unterstanden. Die Sowjets gaben diesem Versuch auf der Viermächteebene Flankenschutz und verweigerten deshalb weiterhin jede Verhandlung über die Zugangswege.

Bahr war an sich nicht abgeneigt, sich auf Verhandlungen über einen Verkehrsvertrag einzulassen, zumal das Aussichten auf Verbesserungen im Reiseverkehr eröffnete. Außerdem, so meinte er, könnten vielleicht in diesem Zusammenhang auch einige Grundfragen des deutsch-deutschen Verhältnisses geklärt werden. Aber er bestand auf einem Mandat der Vier Mächte, um ihrer übergeordneten Verantwortung Rechnung zu tragen und die Verhandlungen über den Berlin-

Verkehr nicht zu unterlaufen. Davon wollte Kohl nun gar nichts wissen. An dieser Kontroverse hakten sich die Gespräche eine Zeitlang fest, und man bewegte sich im Kreis. Bahr, der es früher mit der DDR überhaupt nicht eilig gehabt hatte, wurde zunehmend unruhiger. Er fürchtete, die DDR könnte die Gespräche abbrechen, und dann würden die gerade richtig in Gang gekommenen Viermächteverhandlungen wieder ins Stocken geraten. Auffallend war auch, dass die Sowjets jetzt keine Gelegenheit ausließen, sich über die harte und unbewegliche Verhandlungsführung der Amerikaner zu beschweren. Wenn man in den Viermächteverhandlungen nicht weiterkomme, so warnten sie, könne das schwerwiegende Konsequenzen für die sowjetische Westpolitik insgesamt haben. Diese Taktik verfehlte ihre Wirkung nicht. Brandt und Bahr, zunehmend besorgt, die gesamte Ostpolitik könnte steckenbleiben, drängten nun die West-Alliierten zur Eile. Ende Dezember schlug Brandt in Briefen an die Staats- und Regierungschefs der West-Alliierten vor, die Vier Mächte sollten jetzt zu konferenzartigen Verhandlungen übergehen und diese baldmöglichst zum Abschluss bringen. Doch die Alliierten waren nicht bereit, sich von den ungeduldigen Deutschen unter Druck setzen zu lassen.

Das brachte Bahr einige Wochen später auf einen kühnen Gedanken: Um bei den Durchführungsverhandlungen zu einem Viermächteabkommen auf der deutsch-deutschen Ebene, die früher oder später in jedem Fall geführt werden mussten, Zeit zu sparen, wollte er schon jetzt, also parallel zu den Viermächteverhandlungen, mit Kohl über ein »Modell« für ein Transitabkommen sprechen. Es gehe dabei nicht, so argumentierte er, um formelle Verhandlungen – die könnten nur mit einem Mandat der Vier Mächte geführt werden –, sondern um eine unverbindliche Vorklärung der Probleme. Auf diesem Wege wollte Bahr durch eine frühzeitige Beteiligung der beiden deutschen Regierungen den Verhandlungsprozess über den toten Punkt hinwegbringen.

Der neue Vorstoß Bahrs steigerte die Irritation der Alliierten noch. Sie hatten die Bahr/Kohl-Gespräche von Anfang an mit Misstrauen verfolgt. Jetzt waren sie alarmiert, dass deutsch-deutsche Parallelverhandlungen die von ihnen geforderte sowjetische Garantie eines ungehinderten Berlin-Zugangs zunichtemachen könnten. Unter Berufung auf ihre Rechte und Verantwortlichkeiten in Berlin untersagten sie dem Staatssekretär, seine Ideen weiterzuverfolgen. Bahr blieb nichts anderes übrig, als diese Intervention zur Kenntnis zu nehmen. Er ließ sich aber nicht davon abhalten, weiter nach Mitteln und Wegen für eine Beschleunigung der Viermächteverhandlungen zu suchen.

Inzwischen war in der Bonner Viergruppe intensiv an einem Gesamtentwurf für ein Viermächteabkommen gearbeitet worden. Ende Januar 1971 lag der Entwurf vor. Aus den Hauptstädten der Alliierten wurde umgehend Zustimmung signalisiert – offenbar war das Drängen Bahrs doch nicht ganz ohne Wirkung geblieben –, und auch die Bundesregierung, deren Wünsche weitgehend berücksichtigt worden waren, erklärte ihr Einverständnis. Am 5. Februar übergaben die alliierten Botschaftsräte den Entwurf ihrem sowjetischen Kollegen. Die Viermächteverhandlungen traten damit in ihre dritte, die entscheidende Phase ein.

Etwa zur gleichen Zeit schaltete sich der Sicherheitsberater des amerikanischen Präsidenten, Henry Kissinger, in die Verhandlungen ein. Ohne Wissen des State Department verabredete er mit Botschafter Rush, dem amerikanischen Verhandlungsführer in den Viermächteverhandlungen, und Staatssekretär Bahr, mit dem er bereits mehrere Male in den USA zusammengetroffen war, einen sogenannten Kanal, eine geheime Nachrichtenverbindung, die über einen amerikanischen Marineoffizier in Frankfurt am Main lief. Dieser leitete die vertraulichen Mitteilungen unmittelbar an die jeweiligen Adressaten weiter. In Washington nahm Kissinger – ebenfalls ohne Wissen des State Department – Kontakt mit dem sowjetischen Botschafter Dobrynin auf und führte mit ihm ein erstes Gespräch über den kurz zuvor übergebenen Entwurf der Alliierten. Bald darauf kam es in Bonn zu Gesprächen in einer Dreierrunde zwischen Rush, Bahr und dem neuen sowjetischen Botschafter Falin, den Bahr aus seinen Gesprächen in Moskau sehr gut kannte. Über diese Geheimkontakte entwickelte sich so eine zweite informelle Verhandlungsebene neben den offiziellen Botschaftergesprächen in Berlin. In bilateralen Gesprächen wie auch in der Dreierrunde wurden von Mai bis Juli die Hauptstreitpunkte der Viermächteverhandlungen vorbesprochen, Lösungen entwickelt und eine Einigung in den offiziellen Botschaftergesprächen vorbereitet.

Weder das State Department, dem Rush unterstand, noch der britische und der französische Botschafter waren daran beteiligt. Wichtiger noch war der Umstand, dass Abrassimow von den Geheimgesprächen, die in der Regel in Bonn, manchmal auch in Berlin stattfanden, ausgeschlossen war. Die inoffizielle Verhandlungsführung auf der sowjetischen Seite war damit praktisch auf Falin übergegangen, der in unmittelbarem Kontakt mit Gromyko stand. Zugleich wurde der Einfluss der DDR auf die Verhandlungen weitgehend neutralisiert.

Die Schlüsselfiguren in diesem diplomatischen Verwirrspiel waren Bahr und Rush. Bahr nutzte seine engen Kontakte zu Falin, um die Sowjets zu Kompromissen in den Kernfragen der Verhandlungen zu bewegen. Er war darin umso erfolgreicher, als Falin bemüht war, mit allen ihm zur Verfügung stehenden Mitteln die Chancen für die Ratifizierung des Moskauer Vertrags zu verbessern. Dieses politische Ziel hatte für die Sowjets Priorität, und damit konnte das Berlin-Junktim seine volle Wirksamkeit entfalten.

Botschafter Rush sorgte in der Dreierrunde dafür, dass sich die dort erörterten Lösungen an den in der Vierergruppe ausgearbeiteten Konzepten orientierten. Er wurde darin von Botschaftsrat Dean, den er ins Vertrauen gezogen hatte, tatkräftig und umsichtig unterstützt. In den offiziellen Verhandlungen blieb es Rush und Dean vorbehalten, ihre britischen und französischen Kollegen mitzuziehen.

Im Rückblick gesehen ist es fast ein Wunder, dass diese höchst ungewöhnliche Verhandlungsmethode nicht in einem Desaster endete. Dazu trug nicht zuletzt die enge Zusammenarbeit in der Vierergruppe bei. Sie war ein Musterbeispiel für eine erfolgreiche multilaterale Diplomatie in einer sehr schwierigen Situation. Vor allem aber verstand es Bahr, den komplizierten Verhandlungsmechanismus für seine Ziele zu nutzen. Allerdings bezeichnete auch er die Verhandlungsmethode in seinen Memoiren als »halsbrecherisch«, ähnlich wie Kissinger, dem die Risiken durchaus bewusst waren. Entscheidend aber bleibt, dass die Akteure außerordentlich erfolgreich waren. Es gelang ihnen, Bewegung in die damals ziemlich festgefahrenen Verhandlungen zu bringen und ohne Einengung durch bürokratische Abläufe in relativ kurzer Zeit praktische Lösungen für die komplizierten Probleme zu finden. Auch im Rückblick bleibt das Berlin-abkommen eine große Leistung in der Ost-West-Diplomatie nach dem Zweiten Weltkrieg. Wäre dieses ehrgeizige Unternehmen misslungen – und danach sah es zeitweilig aus –, hätte das die gesamte Ostpolitik der sozialliberalen Koalition in Frage gestellt.

Eine ungewöhnliche deutsche Übersetzung

Um ein Haar wäre die Unterzeichnung des Viermächteabkommens noch in letzter Minute gescheitert. Der Streit entzündete sich an erheblichen Divergenzen zwischen der englischen und der russischen Fassung des Abkommens. Wie konnte es dazu kommen?

Die Botschaftsräte hatten die Verhandlungen in deutscher Sprache geführt, die alle vier gut beherrschten. Den Abkommenstext hatten sie dagegen in englischer Sprache formuliert, während die russische Fassung intern von der sowjetischen Seite angefertigt worden war. Als diese den westlichen Botschaftsräten nach Abschluss der Verhandlungen zugeleitet wurde, stellten sie eine größere Zahl von zum Teil gravierenden Differenzen zwischen den beiden Fassungen fest. Offenbar hatte die sowjetische Seite versucht, bestimmte sowjetische Zugeständnisse durch ungenaue oder eindeutig falsche Übersetzungen aus der authentischen englischen Fassung abzumildern. Doch die Bemühungen der drei westlichen Botschaftsräte, den russischen Text der englischen Fassung anzugleichen, blieben erfolglos. Der sowjetische Botschaftsrat Kwizinski lehnte jede Änderung der russischen Fassung ab, nachdem diese, wie er sagte, bereits von der politischen Führung gebilligt worden sei. Als Ausweg schlug er vor, beide Fassungen und auch die noch zu erstellende französische für verbindlich zu erklären, was angesichts der bestehenden Divergenzen für die westliche Seite nicht akzeptabel war. Schließlich kam man wenige Tage vor der geplanten Unterzeichnung des Abkommens auf die Idee, Vertreter der beiden deutschen Regierungen zu beauftragen, eine abgestimmte deutsche Übersetzung zu erarbeiten, in der die Divergenzen zwischen der englischen und der russischen Fassung so weit wie möglich ausgeräumt werden sollten. Eine äußerst komplizierte und heikle Aufgabe.

Ich wurde von Staatssekretär Bahr gebeten, unsere Delegation für die Übersetzungsverhandlungen zu leiten. Mein Verhandlungspartner aufseiten der DDR war der uns aus den Bahr/Kohl-Gesprächen gut bekannte Karl Seidel. Wir wurden durch die Rechtsexperten Hermann von Richthofen und Gunter Görner sowie vorzügliche Dolmetscher auf beiden Seiten unterstützt. Die Verhandlungen standen unter einem enormen Zeitdruck. Die internationale Öffentlichkeit wartete mit Spannung auf die Unterzeichnung des Abkommens, mit dem die jahrelangen Spannungen in der Berlin-Frage endgültig überwunden werden sollten. Unter diesem Druck verhandelten wir mit Unterbrechungen zwei lange Tage, insgesamt etwa fünfzehn Stunden. Hauptstreitpunkt waren Formulierungen im Abkommen zum Status von West-Berlin, insbesondere zum Verhältnis zwischen West-Berlin und der Bundesrepublik Deutschland. Ein Kompromiss kam buchstäblich in letzter Minute, nämlich zwei Stunden vor dem geplanten Unterzeichnungstermin, zustande, jedenfalls schien es so.

Am 3. September 1971 um 13 Uhr wurde das Viermächteabkommen im Kontrollratsgebäude von den vier Botschaftern unterzeichnet und anschließend in der englischen Fassung veröffentlicht. Noch am selben Nachmittag erreichte mich ein aufgeregter Anruf aus Bonn: Die DDR verbreite über die Agenturen eine deutsche Übersetzung des Viermächteabkommens, in der die abgestimmten Formulierungen zum Verhältnis West-Berlin–Bundesrepublik Deutschland nicht berücksichtigt worden seien. Vielmehr habe die DDR ihre ursprüngliche Version (die auf der russischen Fassung beruhte) beibehalten. Ich war entsetzt. An unserer Einigung in den beiden letzten Streitpunkten konnte nicht der leiseste Zweifel bestehen. Hätte ich vielleicht versuchen müssen, ein von beiden Seiten unterschriebenes Protokoll über die abgestimmte deutsche Übersetzung zu erreichen?, fragte ich mich. Da es sich aber um eine inoffizielle Übersetzung handelte, hätten wir damit wahrscheinlich das ganze Unternehmen wieder in Frage gestellt.

Am nächsten Tag begründete Seidel in einem Fernschreiben an mich das merkwürdige Vorgehen der DDR. Die westdeutsche Presseagentur dpa habe noch vor der Unterzeichnung des Abkommens eine deutsche Übersetzung veröffentlicht, in der die Formulierungsvorschläge der Bundesrepublik zu den beiden letzten Streitpunkten als offen gekennzeichnet worden seien. Das sei ein Bruch der Vertraulichkeit, den die Bundesregierung zu verantworten habe. Die DDR fühle sich daher an die abgestimmte Fassung in diesen beiden Punkten nicht mehr gebunden.

Der Vorgang löste eine heftige Auseinandersetzung aller Beteiligten aus. Nur die Franzosen hielten sich heraus. Sie erachteten den ganzen Streit über die deutsche Übersetzung, die ohnehin nicht verbindlich sei, als nutzlos. Die Amerikaner rieten uns dagegen, in dieser Frage hart zu bleiben und die Verhandlungen über das deutsch-deutsche Transitabkommen erst aufzunehmen, wenn die DDR die zwischen uns abgestimmte deutsche Fassung akzeptiert habe. Bahr versuchte das auch in mehreren Gesprächen mit Kohl, aber die DDR blieb, offensichtlich mit sowjetischer Unterstützung, bei ihrer Weigerung. Schließlich verständigten sie sich darauf, die Sache für erledigt zu erklären, und zwar mit der Formel, dass allein die englische, die russische und die französische Fassung verbindlich seien.

Ich war sehr unglücklich über diesen Ausgang. Die Abstimmung der deutschen Übersetzung des Viermächteabkommens war die erste Verhandlung mit der DDR, die ich selbst geführt hatte. Alles schien zunächst gut gelaufen zu sein. Dass der Kompromiss in den beiden Streitpunkten zum Verhältnis West-Berlin–Bundesrepublik Deutschland dann doch noch gescheitert war, hatte ich nicht verhindern können. Das Verhalten der DDR in dieser Sache war nicht in Ordnung. Dahinter stand wohl der Anspruch der DDR auf das ganze Berlin, den sie nicht aufgeben wollte.

Die Sicherung der Zugangswege nach Berlin

Die wahrscheinlich wichtigste Bestimmung des Viermächteabkommens bezog sich auf die Gewährung eines freien Zugangs nach West-Berlin. In Artikel II A des Abkommens wurde festgelegt, dass »der Transitverkehr von zivilen Personen und Gütern zwischen den Westsektoren Berlins und der Bundesrepublik Deutschland auf Straßen, Schienen und Wasserwegen durch das Territorium der Deutschen

Demokratischen Republik ohne Behinderung sein wird«. Die beiden deutschen Regierungen wurden beauftragt, dieses grundlegende Prinzip durch konkrete Einzelbestimmungen auszufüllen. Dabei waren außerordentlich komplizierte Probleme rechtlicher und politischer Art zu lösen. Was ihnen auch gelungen ist. Der so gewährleistete freie Zugang hat ganz entscheidend dazu beigetragen, dass die West-Berliner schon bald wieder Vertrauen in die Zukunft ihrer Stadt gewannen.

Als Bahr und Kohl im September 1971 mit den Verhandlungen über den Transitverkehr beginnen konnten, war das Klima wegen des Übersetzungsstreits auf dem Nullpunkt. Die DDR hatte sich offenbar vorgenommen, ihre Interessen gegenüber der Bundesrepublik offensiv und hartnäckig zu verteidigen. In den Viermächteverhandlungen waren die Sowjets wie schon beim Moskauer Vertrag über wichtige Interessen der DDR hinweggegangen. Das sollte ihr, da sie nun selbst am Verhandlungstisch saß, nicht mehr passieren.

Kohl eröffnete die Verhandlungen mit der Forderung, dass die Bundesregierung nur legitimiert sei, über den Transitverkehr der »BRD-Bürger« zu verhandeln. Für den Transitverkehr der West-Berliner Bürger habe sie keine Zuständigkeit. Deshalb müsse es zwei Transitabkommen geben, das eine mit der Bundesrepublik und das andere mit West-Berlin, die inhaltlich ähnlich, vielleicht sogar identisch sein könnten, wie er großzügig zu verstehen gab. Als Bahr bemerkte, dass auch Ausländer die Transitstrecken benutzen würden, wiegelte er ab. Diese Relation des Transitverkehrs zu regeln sei allein Sache der DDR und gehe die Bundesrepublik rein gar nichts an. Das war eine polemische Eröffnung, die nichts Gutes verhieß. Zudem war sie völlig unrealistisch, denn die Sowjetunion hatte ja gerade im Viermächteabkommen das Recht der Bundesrepublik Deutschland förmlich anerkannt, West-Berlin nach außen zu vertreten und in ihre Verträge einzubeziehen. Außerdem war die Bundesregierung von den drei West-Alliierten offiziell ersucht worden, die Verhandlungen zur Durchführung des Transitverkehrs auch für den Senat zu führen. Kohl aber zeigte sich davon völlig unbeeindruckt, jedenfalls schien es so.

Angesichts dieser Schwierigkeiten sprach Bundeskanzler Brandt die deutsch-deutschen Verhandlungen bei einem Treffen mit Generalsekretär Breschnew an, das Mitte September 1971 in Oreanda auf der Krim stattfand. Auch Staatssekretär Bahr nahm daran teil. Breschnew hörte aufmerksam zu, was ihm seine Gesprächspartner zu sagen hatten, ließ aber nicht erkennen, ob die Sowjets auf ihren Verbündeten DDR einwirken würden. In der nächsten Verhandlungsrunde in Ost-Berlin eine Woche später zeigte sich Kohl in der Berlin-Frage unverändert hartnäckig. Auch sonst gab es kaum Fortschritte. Ähnlich war die Lage in den parallel geführten Verhandlungen zwischen dem Senat und der DDR über den Reise- und Besucherverkehr in Berlin.

Als die Transitverhandlungen im Oktober noch immer nicht in Bewegung gekommen waren, wurde Bahr unruhig. Er hatte sich mit dem Blick auf das Ratifikationsverfahren zum Moskauer Vertrag das Ziel gesetzt, bis zum Jahresende mit den Transitverhandlungen zum Viermächteabkommen fertig zu sein. Viel Zeit blieb ihm dafür nicht mehr. Am 30. Oktober 1971 machte Breschnew auf dem Rückweg von einem Staatsbesuch in Frankreich in Ost-Berlin Station. Wie wir hörten, soll er bei diesem Aufenthalt die DDR-Führung massiv gedrängt haben, die sich dahinschleppenden Verhandlungen mit der Bundesrepublik so schnell wie möglich zum Abschluss zu bringen. Kurz danach erklärte SED-Parteichef Honecker öffentlich, dass die Verhandlungen bei gutem Willen beider Seiten in wenigen Wochen abgeschlossen werden könnten.

Damit kam endlich Bewegung in die Verhandlungen. Deren Schlüsselproblem war: Wie kann gewährleistet werden, dass nicht ganze Personenkategorien von der Benutzung der Transitstrecken ausgeschlossen oder einzelne Reisende aus politischen Gründen bei der Fahrt durch die DDR festgenommen würden? Wir dachten dabei an die zahllosen »Republikflüchtlinge«, die vor dem Bau der Mauer die DDR illegal verlassen hatten und von ihr noch immer als ihre Staatsbürger in Anspruch genommen wurden. Wir dachten auch an die Teilnehmer politischer Veranstaltungen in West-Berlin, die sich gegen die DDR richteten. Und wir dachten an die Journalisten und Politiker, die für ihre feindselige Kritik an der DDR bekannt waren. Würden sie alle unbehindert die Transitstrecken benutzen können? Wenn sich herausstellen sollte, dass diese Personen vom Transitverkehr ausgeschlossen blieben, wäre das Viermächteabkommen in einem ganz entscheidenden Punkt entwertet worden. Es stand also viel auf dem Spiel.

Die sogenannte Missbrauchsklausel in Artikel 16 des Transitabkommens ist erst nach langen, äußerst schwierigen und ermüdenden Verhandlungen zustande gekommen. Zunächst wurde klargestellt, dass ein Missbrauch nur bei Benutzung der Transitstrecken möglich sei. Ein Verhalten vor Antritt der Reise oder nach Beendigung der Reise war daher nicht relevant. Typische Fälle eines Missbrauchs waren die Aufnahme von Flüchtlingen, die Verteilung von Propagandamaterialien oder das Begehen von Straftaten auf den Transitstrecken. Bei hinreichendem Verdacht, dass ein solcher Missbrauch beabsichtigt war, konnten Personen an den Grenzübergangsstellen zurückgewiesen, ihr Fahrzeug und Gepäck durchsucht und in besonders schweren Fällen sogar festgenommen werden.

Besonders heikel war die Frage, ob Personen, die früher in der DDR schwere Straftaten begangen hatten, bei der Benutzung der Transitstrecken festgenommen und bestraft werden könnten. Grundsätzlich kann Staaten ein solches Recht nicht bestritten werden. Aber im Transitverkehr zwischen der Bundesrepublik und West-Berlin wäre dann auch im Hinblick auf die politischen Straftatbestände in der DDR eine nicht geringe Zahl von Personen gefährdet gewesen. In dieser hochempfindlichen Frage gelang es schließlich, eine Zusicherung der DDR zu erhalten, dass Personen, die auf ihrem Gebiet Straftaten gegen das Leben, die körperliche Unversehrtheit von Menschen oder schwere Straftaten gegen Eigentum oder Vermögen begangen hatten – alles klar definierte Straftatbestände des DDR-Strafgesetzbuches –, an den Grenzübergangsstellen nicht festgenommen, sondern nur zurückgewiesen werden durften.

Die Regelungen des Artikels 16 sind mit der größtmöglichen Sorgfalt ausgearbeitet worden. Trotz anfänglicher Unsicherheit haben sich die vereinbarten Regelungen bewährt. Insgesamt hat der Transitverkehr bis zum Ende der DDR bemerkenswert gut funktioniert. Strittige Fälle, die es natürlich gab, wurden in der deutsch-deutschen Transitkommission, die aufgrund des Abkommens gebildet worden war, geklärt.

Anfang Dezember 1971 wurden die Transitverhandlungen nach einem Verhandlungsmarathon abgeschlossen. Bahr wartete jedoch mit der Paraphierung, bis auch die Vereinbarungstexte Senat/DDR über den Reise- und Besucherverkehr der West-Berliner fertiggestellt waren. Diese Verhandlungen zogen sich hin, weil die DDR mit allen Mitteln versuchte, den erwarteten Besucherandrang aus West-Berlin einzudämmen. Schließlich wurde auch in dieser Frage ein Kompromiss gefunden: West-Berliner erhielten das Recht, einmal oder mehrmals im Jahr bis zu einer Dauer von dreißig Tagen Ost-Berlin beziehungsweise die DDR zu besuchen. Außerdem wurden für die Erteilung der Reisegenehmigungen in West-Berlin besondere (Ost-Berliner) Büros eingerichtet.

Ebenso wie im Transitverkehr stellte sich auch im Reise- und Besucherverkehr die Frage, wie von der DDR gesuchte Straftäter zu behandeln seien. Im Abkommen selbst konnte diese Frage nicht geregelt werden. Der Senat erhielt jedoch eine Zusage, dass jeder, der einreise, auch wieder ausreisen könne; ausgenommen davon waren nur jene Fälle, in denen eine Person während der Reise eine schwere Straftat gegen das Leben begangen hatte.

Am 11. Dezember wurden sämtliche Vereinbarungstexte zur Durchführung des Viermächteabkommens paraphiert, anschließend den drei West-Alliierten zugeleitet und kurz darauf von ihnen genehmigt.

Zur Paraphierung des Transitabkommens im Gebäude des Ministerrats der DDR war ein Heer von Journalisten, auch aus dem Ausland, eingereist. Es war das erste deutsch-deutsche Abkommen, das auf Regierungsebene abgeschlossen wurde. Die DDR genoss das Rampenlicht in vollen Zügen. Zum ersten Mal stand sie gleichberechtigt mit der Bundesrepublik auf der politischen Bühne.

Die Unterzeichnung erfolgte bereits wenige Tage später, am 17. Dezember 1971, in Bonn. Ein weiteres wichtiges Kapitel der Ostpolitik war damit abgeschlossen. Bahr war zufrieden, dass er seinen ehrgeizigen Zeitplan eingehalten hatte. Das Inkrafttreten des Viermächteabkommens und der Durchführungsvereinbarungen ließ allerdings noch auf sich warten. Erst nachdem der Bundestag dem Moskauer und dem Warschauer Vertrag zugestimmt hatte, wurde am 3. Juni 1972 das Schlussprotokoll zum Viermächteabkommen von den Außenministern der Vier Mächte in Berlin unterzeichnet. Damit trat dieses Abkommen zusammen mit den Vereinbarungen der deutschen Beteiligten in Kraft.

Damit ging die Zeit der Berlin-Krisen in der Nachkriegszeit zu Ende. Der eingeleitete Stabilisierungsprozess wurde ein voller Erfolg. Die West-Berliner fassten wieder Mut, und die schleichende Abwanderung hörte auf. West-Berlin wurde für viele Westdeutsche, vor allem Jüngere, attraktiv. Und es lohnte sich, dort zu investieren, was die Bundesregierung zielstrebig unterstützte. Die Reisen nach Westdeutschland verloren ihren Schrecken. Die Wartezeiten an den Grenzübergangsstellen hörten auf, es gab sie allenfalls noch in der Ferienzeit wie an anderen Orten auch. Das Leben im westlichen Berlin normalisierte sich. Auch wenn die Stadt geteilt blieb, die neuen Möglichkeiten, nach Ost-Berlin und in die DDR zu fahren, trugen dazu bei, den West-Berlinern das Gefühl des Eingeschlossenseins zu nehmen.

Auch die Ost-Berliner profitierten von dem Reise- und Besucherverkehr. Sie konnten endlich wieder Verwandtschaftsbesuche aus West-Berlin und Westdeutschland empfangen; sie konnten telefonieren, wenn auch zunächst nur mit längeren Wartezeiten. Aber in den Westen reisen konnten nur Rentner und jene, die nach einer Vereinbarung von 1972 bei sogenannten dringenden Familienangelegenheiten eine Reisegenehmigung erhielten. Die bis kurz vor dem Ende der DDR bestehenden Reisebeschränkungen blieben für alle Deutschen, besonders aber die Ostdeutschen, eine schwere Belastung.

Während der Transitverhandlungen waren die Delegationen buchstäblich Tage und Nächte zusammen. Dabei lösten sich manche Fronten auf, die bis dahin bestanden hatten. Aus dem Gegeneinander wurde unmerklich ein gemeinsames Ringen um die zweckmäßigsten Lösungen. Beide Delegationen, Bahr ohnehin und allmählich auch Kohl, entwickelten Verständnis für die Interessen der anderen Seite und bezogen sie in ihre eigenen Überlegungen mit ein. So wurden die Transitverhandlungen zu einer Schule des politischen Realismus, der auch für die kommenden Jahre bedeutsam bleiben sollte.

Für private Gespräche am Rande der Verhandlungen hatten wir im Herbst 1971 kaum Zeit. Wenn wir nicht arbeiteten, waren wir erschöpft und versuchten etwas Ruhe zu finden. Doch durch die Arbeit, die gemeinsamen Mahlzeiten und auch durch die Erschöpfung, die für alle gleich war, kamen wir uns menschlich näher. Tono Eitel, der persönliche Referent von Staatssekretär Bahr und von Anfang an mit von der

Partie, verstand es besonders gut, durch ironische Bemerkungen und Anekdoten die Fronten aufzulockern. Einmal erzählte er in einer Verhandlungspause eine (wahre) Begebenheit. Der Botschafter der Bundesrepublik in der Schweiz hatte in den vergangenen Jahren häufig im Außenministerium Protest einlegen müssen, wenn bei einer internationalen Sportveranstaltung wieder einmal DDR-Sportler auf dem Siegerpodest standen und die DDR-Nationalflagge gehisst (im Westen häufig die »Spalterflagge« genannt) und die DDR-Nationalhymne (für die Bundesrepublik die »Becherhymne«) gespielt wurde. Der Botschafter hatte pflichtgemäß dem Auswärtigen Amt über den Vorgang berichtet, am Ende seines Telegramms aber hinzugefügt: »Bei der Siegerehrung regnete es. Die Flagge der DDR konnte sich nicht entfalten.« Diese wahre Geschichte fanden inzwischen auch unsere ostdeutschen Kollegen komisch. Sie lachten, was sie einige Monate zuvor noch nicht getan hätten.

Auch Bahr und Kohl kamen sich in diesem Verhandlungsmarathon näher. In den ersten Monaten ihrer Gespräche waren sich beide mit gegenseitiger Abneigung begegnet und kräftig auf die Nerven gegangen. Kohl argumentierte mit Vorliebe formal und abstrakt. Er benutzte gern juristische Begriffe, die Bahr nicht verstand oder nicht verstehen wollte. Bahr dagegen entwickelte seine Vorstellungen konkret, mit schönen, oft zugespitzten Beispielen, manchmal bewusst provozierend, aber nie verletzend. Er brauste nicht auf, wenn ihm etwas missfiel, er blieb gelassen und ließ sein Gegenüber ausreden. Manchmal fand er auch Gefallen daran, seinen Gesprächspartner in fast kunstvoller Weise hinzuhalten. Dann wurde die Verhandlung für ihn zum Spiel, das er sichtlich genoss.

Das Ringen um das deutsch-deutsche Sonderverhältnis

Schon im Januar 1972 nahmen Bahr und Kohl ihre Gespräche wieder auf. Der DDR ging es jetzt wieder um einen Verkehrsvertrag, der im Jahr zuvor wegen des vordringlichen Transitabkommens zurückgestellt worden war. Die DDR war dabei nicht in erster Linie an den technischen Verkehrsfragen (grenzüberschreitender Eisenbahn-, Straßen- und Schiffsverkehr) interessiert, so wichtig diese auch waren, sondern an der Anerkennung ihrer Eigenstaatlichkeit, die von der Bundesrepublik so lange bestritten worden war. Vielleicht hoffte sie auch, mit Hilfe eines formgerechten »Staatsvertrags« mit dem anderen deutschen Staat eine Anerkennungswelle auszulösen, die sie endlich aus der diplomatischen Quarantäne befreien würde.

Bahr verfolgte andere Ziele. Er wollte die DDR ganz allmählich an den Gedanken eines Grundlagenvertrags gewöhnen, gegen den sie sich zu diesem Zeitpunkt immer noch sträubte – aus Angst vor einem innerdeutschen Sonderverhältnis, das die Bundesregierung seit ihrem Amtsantritt im Herbst 1969 forderte. Außerdem hoffte er, im Rahmen eines Verkehrsvertrags Reiseerleichterungen durchsetzen zu können, die die Menschen auf beiden Seiten dringend wünschten. Beide Ziele hat Bahr mit einer umsichtigen Verhandlungsführung erreicht. Er ließ frühzeitig erkennen, wo er meinte, der DDR entgegenkommen zu können. Er akzeptierte ohne langes Hin und Her die Forderung der DDR nach einem echten »Staatsvertrag« mit der international üblichen Ratifikationsklausel. Er erhob keine Bedenken gegen einen Beitritt der DDR zu den internationalen Verkehrskonventionen, den die Bundesregierung bisher verhindert hatte. Und bei den technischen Verkehrsfragen sprach er sich für praktische Lösungen aus, die auch im Interesse der DDR lagen.

Ganz bewusst gönnte er Kohl möglichst viele kleine Erfolge. Doch wenn in den Verhandlungen Grundsatzfragen des deutsch-deutschen Verhältnisses berührt wurden, wie zum Beispiel bei der Anerkennung der Reisepässe von DDR-Bürgern oder dem umstrittenen Grenzverlauf in der Elbe, ließ Bahr nicht mit sich reden. Diese Fragen, erklärte er, könnten nur in dem noch ausstehenden Grundvertrag geklärt werden. Als besonders schwierig erwies sich die Einbeziehung West-Berlins in den Verkehrsvertrag – ein wichtiger Präzedenzfall für künftige Abkommen. Für die Bundesregierung war eine solche Klausel unverzichtbar, die auch in dem Berlin-Abkommen der Vier Mächte ausdrücklich vorgesehen war. Kohl lehnte das zunächst kategorisch ab, akzeptierte aber doch zu guter Letzt mündliche Erklärungen beider Seiten, den Vertrag in Übereinstimmung mit dem Viermächteabkommen auf West-Berlin anzuwenden.

Inzwischen hatte sich die innenpolitische Lage weiter zugespitzt. Bei den Landtagswahlen im April in Baden-Württemberg behauptete die CDU ihre absolute Mehrheit. Das stärkte ihr Selbstbewusstsein und ermutigte sie, jetzt alles daranzusetzen, die angeschlagene Regierungskoalition im Bund zu Fall zu bringen. Auch die FDP erzielte in Baden-Württemberg ein achtbares Ergebnis. Die Partei schien stabilisiert. Doch schon am nächsten Tag verließ ein weiterer FDP-Abgeordneter die Bundestagsfraktion. Damit hatte die sozialliberale Koalition ihre Mehrheit im Bundestag verloren. »Jetzt beginnt«, so notierte ich in meinem Tagebuch, »die offene Feldschlacht.« Am 24. April beschloss die CDU/CSU-Bundestagsfraktion, in der bevorstehenden Haushaltsdebatte einen Misstrauensantrag gegen Bundeskanzler Willy Brandt einzubringen, verbunden mit dem Vorschlag, wie es das Grundgesetz vorschreibt, den Abgeordneten Rainer Barzel zum Bundeskanzler zu wählen. Die Abstimmung darüber war für den 27. April vorgesehen.

Zwei Tage vor dieser Abstimmung fuhr Bahr nach Ost-Berlin und verhandelte mit Kohl bis tief in die Nacht hinein. Als die Delegation am nächsten Morgen zu dem vorgesehenen Verhandlungstermin eintraf, erfuhren wir, dass die Verhandlungen bis auf redaktionelle Fragen bereits abgeschlossen waren. Die beiden Verhandlungsführer hatten sich in der Nacht über alle noch offenen Fragen verständigt. Nachdem der Text abgestimmt und die Bundesregierung ihre Zustimmung gegeben hatte, verkündeten Bahr und Kohl am Abend vor der Presse in Ost-Berlin das Ergebnis. Auch die Reiseerleichterungen, die die DDR zugestanden hatte, konnten sich sehen lassen. Sie waren in der Tat ein Durchbruch auf diesem besonders schwierigen Feld.

Am nächsten Morgen flogen wir nach Bonn zurück. Im Bundeskanzleramt ging ich zu Carl Werner Sanne und fragte ihn: »Heute wird ja über das Misstrauensvotum abgestimmt. Wie steht es?« Er sagte: »Zwei FDP-Abgeordnete, Kienbaum und Kühlmann-Stumm, werden für Barzel stimmen. Die Partie ist verloren. Wir packen. Die Nachfolger werden hier schon bald einziehen wollen.« Wir schauten uns an und waren sehr traurig.

Dann sahen wir im Fernsehen die Debatte vor der Abstimmung über den Misstrauensantrag. Erst sprach Wehner, der SPD-Fraktionsvorsitzende, fast elegisch mit einem Hauch von Melancholie. Scheel, der Außenminister, war enttäuscht und bitter und redete mit dem Pathos des Untergehenden. Brandts Rede wirkte wie ein Abschied. Alle Redner standen offenbar unter dem Eindruck, dass die sozialliberale Koalition am Ende war. Dann begann die namentliche Abstimmung. Die große Spannung war auch im Fernsehen deutlich zu spüren. Es dauerte einige Zeit, bis die Stimmen ausgezählt waren. Plötzlich entstand Unruhe. Der Bundestagspräsident verkündete das Ergebnis der Abstimmung: Barzel hatte nicht die Mehrheit der Mitglieder des Bundestages erhalten. Ihm fehlten zwei Stimmen. Er war betroffen, denn er hatte fest mit seiner Wahl zum Bundeskanzler gerechnet. Nun saß er wie versteinert auf seinem Platz in der ersten Reihe des Plenarsaals. In der SPD-Fraktion und dann, etwas zögerlich zwar, auch in der FDP-Fraktion brach Jubel aus. Die Abgeordneten der Koalition gratulierten dem Bundeskanzler und dem Außenminister. Langsam löste sich die Spannung. Doch Willy Brandt konnte sich nicht wirklich freuen. Er wusste, die Abstimmung war eine Niederlage für Barzel, aber kein Sieg für ihn. Denn die Regierung hatte keine Mehrheit mehr im Bundestag.

In den nächsten Tagen kam es zu hektischen Beratungen zwischen den Fraktionen und der Bundesregierung über die jetzt anstehende Ratifikation der Ostverträge im Bundestag. Würde Barzel, der angeschlagen war, seine Fraktion dazu bringen können, die Ostverträge passieren zu lassen? Würde er es überhaupt noch wollen?

Am 12. Mai wurde der Verkehrsvertrag von Bahr und Kohl im Gobelinsaal des Palais Schaumburg paraphiert. Viel Presse und das Fernsehen waren da. Nach dem feierlichen Abschluss der Verhandlungen in Ost-Berlin wirkte das Zeremoniell jetzt etwas abgestanden. Nur Kohl merkte man die Nervosität an. Große Auftritte in der westdeutschen Öffentlichkeit waren nicht seine Sache. Wenige Tage später hörten wir, dass zahlreiche Abgeordnete der Opposition im Bundestag für den Moskauer und den Warschauer Vertrag stimmen wollten. Doch diese Stimmung schlug bald wieder um, nachdem Franz Josef Strauß die CDU/CSU-Fraktion zu einem entschiedenen Nein aufgefordert hatte. Auch mein früherer Minister Gerhard Schröder war ablehnend, was mich enttäuschte. Schließlich war er in seiner Amtszeit ein Protagonist für eine Öffnung unserer Außenpolitik nach Osten gewesen.

Kurz vor der Abstimmung entschied sich die CDU/CSU-Fraktion für Enthaltung bei den Ostverträgen und für Zustimmung zu der gemeinsamen Entschließung, die aus der Sicht der meisten Abgeordneten eine restriktive Interpretation des Moskauer Vertrags enthielt. Der sowjetische Botschafter Falin hatte maßgeblichen Anteil an der Formulierung dieser Entschließung.

Alle Befürworter der neuen Ostpolitik, darunter viele Berliner, waren erleichtert, dass die Ostverträge und damit indirekt auch das Berlin-Abkommen der Vier Mächte die erforderliche Zustimmung des Parlaments erhalten hatten. Enttäuschend war nur die Stimmenthaltung der Christdemokraten. In einer Schicksalsfrage der Nation hatten sie sich nicht zu einer klaren und dezidierten Aussage durchringen können.

Ein dramatisches und spannungsvolles Kapitel unserer Außenpolitik war damit zu Ende gegangen. Trotzdem konnte niemand so recht froh werden. Die innenpolitische Situation war verworren. Nachdem die sozialliberale Koalition ihre Mehrheit im Bundestag verloren hatte, waren Neuwahlen in Sicht. Aber was würden sie bringen? An einen Sieg der beiden Koalitionsparteien wollte niemand so recht glauben.

Der Grundlagenvertrag

Am 3. Juni 1972 unterzeichneten die vier Außenminister im Kontrollratsgebäude in West-Berlin das Schlussprotokoll zum Viermächteabkommen. Es trat am gleichen Tag zusammen mit dem Moskauer Vertrag und dem Warschauer Vertrag in Kraft. Ein wichtiger Abschnitt der neuen Ostpolitik war damit abgeschlossen. Nach der Unterzeichnungszeremonie fuhr Gromyko nach Ost-Berlin, wohl zur Seelenmassage der DDR-Genossen, denen in den letzten beiden Jahren viel zugemutet worden war.

Offen war jetzt noch die Regelung des Verhältnisses zwischen den beiden deutschen Staaten, abgesehen von einem Vertrag mit der Tschechoslowakei, über den ernsthafte Verhandlungen noch nicht in Gang gekommen waren. Über das deutsch-deutsche Verhältnis hatten Bahr und Gromyko bereits im Frühjahr 1970 in Moskau eingehend gesprochen und dann in dem »Bahr-Papier« verschiedene Eckpunkte formuliert, die weit hinter den Forderungen der DDR zurückblieben. Diese Bevormundung durch den »großen Bruder« hatte die DDR-Führung auch nach zwei Jahren noch nicht verwunden. So war es für Honecker, der ein Jahr zuvor die Nachfolge Ulbrichts als Erster Sekretär der SED angetreten hatte, keineswegs selbstverständlich, sich auf eine Regelung einzulassen, die nach Lage der Dinge nur auf ein »Sonderverhältnis« zwischen den beiden deutschen Staaten hinauslaufen konnte. Genau das wollte die DDR verhindern, was immer Bahr und Gromyko in Moskau verabredet hatten.

Aber die Zwangslage, in der sie sich befand, bestand fort. Auch jetzt erwartete die sowjetische Führungsmacht Rücksichtnahme auf ihre eigenen Interessen. Die Regierung Brandt/Scheel sollte wegen der bevorstehenden Wahlen weiterhin unterstützt werden. Botschafter Falin stand damals mit Bahr in ständigem Kontakt, und es liegt nahe, zu vermuten, dass die Sowjets die DDR zu Verhandlungen über einen Grundvertrag noch vor den Wahlen in der Bundesrepublik drängten. Allerdings hatte die DDR auch eigene Gründe, einen solchen Schritt ernsthaft zu erwägen. Denn trotz des Transitabkommens und des Verkehrsvertrags – immerhin unbestritten ein völkerrechtlicher Staatsvertrag – war es ihr bisher nicht gelungen, aus der diplomatischen Quarantäne auszubrechen. Erst im Mai hatte die Weltgesundheitsorganisation, eine Sonderorganisation der Vereinten Nationen, den Beitrittsantrag der DDR erneut vertagt. Auch die Hoffnungen auf einen Durchbruch im bilateralen Bereich, etwa durch Aufnahme diplomatischer Beziehungen mit Indien und Finnland, hatten sich bisher nicht erfüllt. Ohne Einigung mit der Bundesrepublik war die internationale Anerkennung weiterhin nicht in Sicht.

Am 26. April 1972, unmittelbar vor dem Abschluss der Verkehrsverhandlungen, erklärte Honecker in seinem ersten Gespräch mit Bahr, die DDR sei bereit, in einen Meinungsaustausch über einen Grundvertrag einzutreten. Das war ein wichtiger Hinweis, wenn auch noch kein sicheres Indiz für eine ernsthafte Verhandlungsbereitschaft der DDR. Die Unsicherheit über das weitere Vorgehen der DDR hielt noch bis zum Sommer an. Wir nutzten die Zeit, um in Ressortbesprechungen Klarheit über die Verhandlungsziele der Bundesregierung zu schaffen. Wichtig war für uns vor allem die Berücksichtigung der »besonderen Lage in Deutschland« durch ein Bekenntnis zur deutschen Nation und das Fortbestehen der Rechte und Verantwortlichkeiten der vier Siegermächte bis zum Abschluss eines Friedensvertrags. Wir wollten amtliche, aber keine diplomatischen Beziehungen, die Mitgliedschaft der beiden deutschen Staaten in den Vereinten Nationen auf der Grundlage einer Erklärung der Vier Mächte, die Vertretung der Interessen West-Berlins durch die Bundesregierung und »last, not least« weitere menschliche Erleichterungen und fachliche Zusammenarbeit auf breiter Front. Das war ein ehrgeiziger, fast schon maximalistischer Forderungskatalog.

Der Meinungsaustausch über eine grundsätzliche Regelung des Verhältnisses der beiden deutschen Staaten begann am 15. Juni 1972 in Ost-Berlin. Verhandlungsführer waren wieder die Staatssekretäre Egon Bahr und Michael Kohl. Zu unserer Überraschung legte Kohl sogleich einen Vertragsentwurf auf den Tisch, der, wie er sagte, vom Ministerrat der DDR gebilligt worden sei. Das war kein ermutigender Auftakt, zumal damit die Forderung nach sofortiger Aufnahme diplomatischer Beziehungen verknüpft war. Auch der UN-Beitritt der beiden deutschen Staaten sollte noch in diesem Jahr vollzogen werden. Der Vorgang wirkte geradezu wie eine Wiederholung der Ulbricht-Initiative vom November 1969 unmittelbar nach dem Amtsantritt der Regierung Brandt/Scheel.

Kohl präsentierte diese nicht gerade originellen Vorschläge mit einer Offensive der Freundlichkeit. Er lächelte unentwegt und meinte, die Normalisierung des Verhältnisses sei im Grunde doch ganz einfach. Man müsse sich nur von der Vorstellung frei machen, das Verhältnis zwischen der »BRD und der DDR« sei etwas Besonderes. Auch mit den angeblichen Rechten der ehemaligen Besatzungsmächte habe die Normalisierung nichts zu tun, sagte er.

Bahr reagierte ganz kühl. Er skizzierte in groben Zügen unsere Position, ohne ein Papier zu übergeben. Kohl blieb natürlich bei seinen Vorschlägen, und damit war die erste Runde des Meinungsaustausches auch schon zu Ende. Am Nachmittag lud uns Kohl zu einer Dampferfahrt auf den Ost-Berliner Gewässern ein. Bei schönem sommerlichem Wetter bestiegen wir in Grünau eine kleine elegante Regierungsyacht. An Bord gab es Kaffee und Kuchen. Das Schiff glitt leise über das Wasser. In Köpenick waren die Ufer der Spree von kleinen Grundstücken gesäumt, auf denen dicht an dicht liebevoll gepflegte Wochenendhäuser standen. Immer wieder winkten uns aus den Gärten Leute zu, wenn sie Bahr und Kohl erkannten. Kohl grüßte zurück, sichtlich geschmeichelt. Bahr hielt sich zurück. Er gönnte seinem Partner die Sympathiebekundungen in den heimischen Gewässern, wohl wissend, dass sie auch ihm galten.

Eine Woche später, in der zweiten Gesprächsrunde, die diesmal in Bonn stattfand, war es mit der Offensive der Freundlichkeit schon wieder vorbei. Nachdem Bahr und Kohl wie üblich ein erstes Vieraugengespräch geführt hatten, herrschte eine gespannte Atmosphäre. Der Ton war schroff. Kohl erregte sich über die anhaltende Diskriminierung der DDR im Ausland (was den Tatsachen entsprach). Wir hatten das schon früher von ihm gehört, aber diesmal wirkte es nicht wie eine Pflichtübung. Die Empörung war echt und hatte wahrscheinlich damit zu tun, dass die DDR auch in diesem Jahr nicht in die Weltgesundheitsorganisation aufgenommen worden war. Bei der Erörterung der Sachfragen kam Kohl immer wieder auf diesen Punkt zurück. Der anhaltende Druck der Bundesregierung zeigte Wirkung. Davon abgesehen wirkte Kohl in dieser Sitzung ziemlich lustlos. Wie ein Agitator hämmerte er uns seine Leitsätze ein: Die Rechte der Vier Mächte berührten uns nicht in diesen Verhandlungen, Friedensvertrag und Wiedervereinigung seien von der Geschichte längst überholt. Was in der Verfassung der DDR zur Nation stehe (woran Bahr ihn erinnert hatte), sei zeitbedingt und habe heute keine Gültigkeit mehr.

Bahr zeigte sich in seiner Erwiderung völlig ungerührt. Er bekräftigte unsere Grundpositionen in knappen Hauptsätzen: Die Rechte der Siegermächte seien zu respektieren. Eine Regelung des deutschdeutschen Verhältnisses sei in jedem Fall vorläufig und könne nur bis zu einem Friedensvertrag gelten. Die Bundesregierung halte an dem Ziel der deutschen Einheit fest. So stehe es im Grundgesetz, das bei uns niemand ändern wolle. Kohl wurde jetzt fast heftig, rückte kein Jota von seinen Maximalpositionen ab. Offensichtlich war in dieser Runde kein Weiterkommen. Bahr regte deshalb an, den Meinungsaustausch vorzeitig zu beenden. Das aber wollte Kohl auch wieder nicht. So bewegte man sich einige Zeit im Kreis. Nach der Abreise der DDR-Delegation sagte Bahr, in der DDR-Führung gebe es einflussreiche Leute, die jetzt kein Ergebnis der Verhandlungen wollten. Diese Leute meinten offenbar, es bringe doch nichts, mit einer Regierung zu verhandeln, die wahrscheinlich in wenigen Monaten nicht mehr im Amt sei.

Doch der Verhandlungsprozess kam nicht ins Stocken. Am nächsten Tag nahmen die Botschafter der Vier Mächte im ehemaligen Kontrollratsgebäude in West-Berlin Gespräche über die Modalitäten eines UN-Beitritts der beiden deutschen Staaten auf. Dies war ein wichtiges Signal. Auch die Sowjets wollten offenbar möglichst bald ein Verhandlungsergebnis. Man ahnte das Zusammenspiel Bahr/Falin im Hintergrund.

Eine Woche später fand die dritte Runde des Meinungsaustausches statt. Kohl war jetzt wieder demonstrativ freundlich. Er schlug vor, den Meinungsaustausch sofort in Verhandlungen überzuleiten. Er drängte nicht mehr auf eine sofortige Aufnahme diplomatischer Beziehungen. Offenbar hatte sich der Wind gedreht. Wie es schien, wollte jetzt auch die DDR-Führung die Verhandlungen über einen Grundvertrag möglichst rasch zum Abschluss bringen, also noch vor den für den Herbst erwarteten Bundestagswahlen.

Bahr ging auf das Angebot Kohls, sosehr es ihm auch entgegenkam, nicht sofort ein. Er hatte noch kein Mandat der Bundesregierung für die Aufnahme von Verhandlungen. Eigentlich wollte er lieber ohne Richtlinien des Kabinetts verhandeln, mit denen »die Wachhunde« in der Regierung ihn doch nur an die Kette legen wollten, wie er in kleinem Kreis bemerkte. Damit meinte er vor allem Helmut Schmidt, damals noch Verteidigungsminister, und Innenminister Hans-Dietrich Genscher. So kam man auch in dieser Gesprächsrunde nicht weiter. Bahr hielt deshalb einen längeren Vortrag über die Haltung der SED zur Frage der Nation. Er warnte die DDR, nicht von ihrem Bekenntnis zur deutschen Nation abzurücken, das nach wie vor in der geltenden Verfassung der DDR enthalten war. Das würde die Bevölkerung in beiden Staaten nicht verstehen, betonte er. Man merkte Bahr an, wie sehr ihm dieses Thema am Herzen lag. Kohl wirkte dagegen fast hilflos. Das helfe doch alles nicht weiter, sagte er. Er verhandle auf der Grundlage der Beschlüsse des VIII. Parteitages der SED. Dann bat er um ein Vieraugengespräch, bei dem es aber auch nicht zu einer Annäherung kam. Dieser Diskurs war keineswegs ein theoretisches Streitgespräch, sondern hier ging es um die Kernfrage der Verhandlungen.

Am Nachmittag sahen wir vom Balkon des Kronprinzenpalais aus die »Große Wachablösung« vor der Neuen Wache Unter den Linden. Zahlreiche Passanten, darunter auch Touristen aus dem Westen, schauten zu und waren offenbar beeindruckt von dem militärischen Schauspiel. Niemand beherrschte so perfekt den preußischen »Stechschritt« wie diese jungen Offiziere der Nationalen Volksarmee der DDR. Bahr sah ausdruckslos zu. Auch in früheren Zeiten hatte es ein solches Zeremoniell Unter den Linden gegeben, vielleicht würdiger, aber kaum zackiger. Ich dachte bei mir, damit solle man in Deutschland besser aufhören. Briten und Franzosen können es besser. Sie haben nicht zwei Weltkriege verloren, und Paraden sind etwas für Sieger.

Nach der Sommerpause nahmen Bahr und Kohl ihren Meinungsaustausch wieder auf. Kohl war enttäuscht, als er hörte, dass Bahr immer noch kein Verhandlungsmandat hatte. In der Delegationssitzung vermied er aber jede Schärfe und ging über die schwierigen Punkte schnell hinweg. Er wollte an diesem Tag offenbar keine Konfrontation, um dem Bundeskabinett nicht einen Vorwand für strenge Auflagen zu liefern.

Am Nachmittag unternahmen die beiden Delegationen auf Einladung Bahrs eine Bootsfahrt auf dem Rhein. Es war unsere Gegeneinladung zu dem Ausflug in den Berliner Gewässern, zu dem uns Kohl im Juni eingeladen hatte. Am Mast der »MS Mainz« wehten die Bundesflagge und die DDR-Flagge mit Hammer und Sichel nebeneinander. Das hatte es bisher nicht gegeben. Einige Passanten erkannten Bahr und Kohl, die den westdeutschen Fernsehzuschauern inzwischen bestens bekannt waren. Aber kaum jemand grüßte. Die meisten beachteten die beiden deutschen Beauftragten nicht. Worüber sie verhandelten, ging vielen Westdeutschen nicht an den Nerv. Die Ostpolitik mochte ihnen richtig erscheinen oder auch nicht. Sie war jedenfalls kein Thema, das sie wirklich berührte. Welch ein Kontrast zu dem freundlichen, erwartungsvollen Interesse, das wir im Juni in

Ost-Berlin beobachtet hatten. Wenn man nach dem Augenschein ging, war die Idee einer deutschen Nation in Ostdeutschland noch lebendig. Und in Westdeutschland? Da gab es Zweifel.

Am 8. August billigte die Bundesregierung die Aufnahme der Verhandlungen mit der DDR und beschloss auf Drängen der FDP Verhandlungsrichtlinien. Bahr war davon wenig erbaut, doch im Grunde handelte es sich dabei um Selbstverständlichkeiten, die Bahr nicht einengten: keine völkerrechtliche Anerkennung der DDR, keine Einschränkung der (gesamt)deutschen Staatsangehörigkeit, Festhalten an dem Ziel der Wiedervereinigung.

Eine Woche später kamen Bahr und Kohl in Ost-Berlin zu ihrer fünfzigsten Gesprächsrunde zusammen. Kohl legte sogleich einen neuen, überarbeiteten Vertragsentwurf vor. Er legte wie immer Wert darauf, die Verhandlungen auf der Grundlage eines eigenen Entwurfs zu führen. Bahr hatte nie viel von dieser Methode gehalten und konnte deshalb auch flexibler reagieren, je nach den Erfordernissen der Situation. Er ließ Kohl auch wissen, dass die Bundestagswahl voraussichtlich am 19. November stattfinden würde. Er zog Kohl bewusst ins Vertrauen. Dieser sollte wissen, in welchem Zeitrahmen die Verhandlungen möglichst abgeschlossen werden sollten. Bahr strebte an, bis Oktober fertig zu werden, um das Verhandlungsergebnis noch im Wahlkampf nutzen zu können.

Danach ging es in den Verhandlungen zügig voran. Bei den weniger empfindlichen Punkten kamen wir erstaunlich schnell zu abgestimmten Formulierungen. Doch gleichzeitig verstärkte sich die Tendenz, dass die beiden Verhandlungsführer alle wichtigen Fragen zunächst unter »vier Augen« verhandelten. Nur gelegentlich wurden einige Mitarbeiter hinzugezogen. Dieses Procedere wurde für mich zu einem größeren Problem. Ich erfuhr zwar noch die Ergebnisse, konnte mich aber kaum noch an dem Verhandlungsgang beteiligen. In der Verhandlungsrunde Mitte September fand zum Beispiel zu Beginn eine Delegationssitzung statt, die eine halbe Stunde dauerte. Dann sprachen Bahr und Kohl zehn Stunden miteinander. Als wir am Abend nach West-Berlin zurückfuhren, hörte ich, dass an diesem Tag eine ganze Reihe von Vertragsbestimmungen fest abgestimmt worden war. In den Grundsatzfragen gab es allerdings weiterhin keine Bewegung.

Offenbar versuchte Kohl, durch Zugeständnisse in den praktischen Fragen unsere Grundsatzforderungen »wegzudrücken«.

Inzwischen war das Auswärtige Amt über den Verlauf der Verhandlungen hochgradig irritiert. Es gab nun sogar Vorbehalte gegen die Verhandlungen überhaupt, jedenfalls zum augenblicklichen Zeitpunkt. Staatssekretär Frank war offenbar der Auffassung, die Bundesregierung solle nach dem Verlust der Mehrheit im Bundestag keine vollendeten Tatsachen schaffen. Andere befürchteten sogar – ohne es allerdings offen auszusprechen –, dass die Bundesrepublik mit den Ostverträgen auf den Weg einer faktischen Neutralisierung gerate. Doch Außenminister Scheel machte sich diese Bedenken nicht zu eigen. Die Verhandlungen mit der DDR sollten, entschied er, zu Ende geführt, der Grundvertrag, wenn er zustande komme, aber nicht mehr vor den Wahlen unterzeichnet werden. Um auf den Verhandlungsführer der Bundesregierung besser einwirken zu können, sollte der von uns früher im Referat 210 erarbeitete Vertragsentwurf dem jetzigen Stand der Verhandlungen angepasst und Staatssekretär Bahr offiziell übermittelt werden. Diese Ministerentscheidung wurde auch sogleich umgesetzt.

Bahr, Sanne und Weichert waren über den Entwurf des Auswärtigen Amtes verärgert. Sie fürchteten Indiskretionen, die die Verhandlungen Bahrs erheblich erschweren würden. Um die Verstimmung auszuräumen, gingen van Well und ich wenige Tage später zu Bahr. Van Well bemühte sich nach allen Regeln der Kunst, den ganzen Vorgang so überzeugend wie nur irgend möglich darzustellen. Auch im Auswärtigen Amt wisse man, dass nicht alles, was gut und teuer sei, durchgesetzt werden könne. Für den Außenminister sei entscheidend, dass das Ziel der deutschen Einheit durch den Vertrag nicht beeinträchtigt werde. Van Well rückte dabei vorsichtig von einem Friedensvertragsvorbehalt im Vertrag ab, was Bahr aufmerksam registrierte.

Ende September waren etwa 80 Prozent des Vertragstextes fertig. Offen waren aber noch die Kernfragen sowie der Komplex »menschliche Erleichterungen«, also Familienzusammenführung und Reiseerleichterungen. Vor allem in der Frage der Nation war Kohl völlig unzugänglich. Als Bahr ihn »unter vier Augen« unmissverständlich darauf hinwies, dass für die Bundesregierung der ganze Vertrag daran hänge, erwiderte Kohl, die DDR habe alles auf den Tisch gelegt, was sie zu bieten habe. Weiter könne sie nicht gehen. »Unsere Seligkeit hängt nicht an diesem Vertrag.«

Am 9. Oktober flog Bahr nach Moskau. Sein Hauptgesprächspartner dort war Außenminister Gromyko. Alle Welt sprach davon, dass er sowjetische Unterstützung für seine Verhandlungen mit der DDR suchte. Genau darum ging es ihm auch. Am zweiten Tag seines Moskau-Aufenthalts wurde Bahr von Generalsekretär Breschnew zu einem persönlichen Gespräch empfangen, an dem sonst nur noch die Dolmetscher teilnahmen. Im Fernsehen sah man danach einen sehr selbstbewussten Bahr.

Er kam am 10. Oktober mit Verspätung aus Moskau zurück. Kohl, der zu der vereinbarten Verhandlungsrunde nach Bonn gekommen war, musste eine Stunde auf ihn warten. Bahr hatte Weichert gebeten, Kohl bis zu seinem Eintreffen im Hotel Tulpenfeld »zu unterhalten«. Sehr unterhaltsam schien dieses Gespräch nicht gewesen zu sein. Kohl ließ Weichert seine Verärgerung spüren. Er ahnte wohl, dass die Moskau-Reise Bahrs für ihn nichts Gutes bedeutete. Die Vieraugengespräche und die Delegationssitzung brachten denn auch keinen Fortschritt. Alles schien blockiert. Kohl gab sich keine Mühe, die Dinge voranzubringen. Er wollte offenbar erst einmal abwarten, wie stark der Druck aus Moskau tatsächlich war.

In der nächsten Verhandlungsrunde ging es dann wieder voran. Beide Seiten waren kompromissbereit. Am Ende dieser Sitzung waren wesentliche Teile des Vertragstextes fertig. Offen waren aber weiterhin die Kernfragen. Wir waren jetzt in der Schlussphase. Entweder kam der Durchbruch bald, dann würde alles ganz schnell gehen. Oder die Verhandlungen würden scheitern.

Am 2. November waren wir wieder in Ost-Berlin. Der Wahlkampf lief jetzt auf Hochtouren. Bis zum Wahltag waren es nur noch gut zwei Wochen. Zu Beginn der Sitzung wurden für die noch nicht fertigen Komplexe Arbeitsgruppen eingesetzt. Das betraf insbesondere die deutsche Staatsangehörigkeit, die Einbeziehung Berlins in die deutsch-deutsche Zusammenarbeit, die Aufgaben der zu errichtenden Grenzkommission und die Arbeitsmöglichkeiten der Journalis-

ten. Die in den Arbeitsgruppen nicht gelösten Probleme wurden fortlaufend von den Verhandlungsführern besprochen. Doch vor allem
ging es jetzt um die politischen Kernfragen. Zur Nation schlug Kohl
jetzt vor, in der Präambel auf die »unterschiedlichen Auffassungen der
Bundesrepublik Deutschland und der Deutschen Demokratischen
Republik zu grundsätzlichen Fragen, darunter zur nationalen Frage«,
hinzuweisen. Bahr nahm den Gedanken auf, wollte aber den ausstehenden Friedensvertrag in diesen Präambelsatz einbeziehen. Kohl war
befremdet, dass Bahr immer noch daran festhielt, obwohl die Sowjets
eine Friedensvertragsklausel ablehnten. Als Kohl sich sperrte, schlug
Bahr eine Erwähnung der Viermächterechte in der Präambel vor. Das
fand Kohl genauso schlimm. Bahr blieb aber dabei, jedenfalls zunächst. Er wollte eine Formulierung im Vertrag, die keinen Zweifel
daran ließ, dass die deutsche Frage weiterhin offen war.

Zwei Tage später kam in den Gesprächen der vier Botschafter eine
Einigung zustande. In ihrer Erklärung zum Beitritt der beiden deutschen Staaten zu den Vereinten Nationen bekräftigten sie ihre fortbestehenden Rechte und Verantwortlichkeiten und bestätigten damit
indirekt die Offenheit der deutschen Frage. Dabei war uns freilich
bewusst, dass aus der Sicht der vier Siegermächte die Wiedervereinigung nicht unbedingt der Zweck dieser Rechte war.

In der nächsten Bahr/Kohl-Runde zeigte sich die DDR weit flexibler als bisher. Sie gestand eine ganze Reihe »menschlicher Erleichterungen« zu, die heute bescheiden erscheinen mögen, damals aber für
viele tausend Menschen auf beiden Seiten von größter Bedeutung waren. In der wichtigen Staatsangehörigkeitsfrage war die DDR bereit,
eine Erklärung der Bundesregierung zur Kenntnis zu nehmen, dass
»Staatsangehörigkeitsfragen durch den Vertrag nicht geregelt worden
sind« und damit aus ihrer Sicht die Ostdeutschen weiterhin die deutsche Staatsangehörigkeit besitzen. Allerdings akzeptierte die DDR
diese Position nicht und brachte in ihrer Erklärung die Erwartung
zum Ausdruck, dass »der Vertrag eine Regelung der Staatsangehörigkeitsfragen erleichtern wird«.

Trotz der Fortschritte wurden wir auch in dieser Runde nicht fertig.
Offen waren immer noch die Kernfragen. Immerhin schien Bahr jetzt
eine ziemlich genaue Vorstellung zu haben, welche Lösungen möglich

sein würden. Dafür brauchte er eine politische Absicherung. Nach der Rückkehr aus Ost-Berlin unterrichtete ich am Sonntagmorgen – es war der 6. November – in Abwesenheit des Außenministers, der im Wahlkampf war, die Staatssekretäre im Auswärtigen Amt über den Verhandlungsstand. Wie nicht anders zu erwarten, wurden erhebliche Bedenken geltend gemacht. Der Leiter der Rechtsabteilung, Dedo von Schenck, wies noch einmal warnend darauf hin, dass der Vertrag einer völkerrechtlichen Anerkennung der DDR sehr nahe komme. Deshalb gebe es auch verfassungsrechtliche Risiken. Aus anderen Gründen wurde die Abrüstungsbestimmung kritisiert. Staatssekretär Frank meinte, wir sollten uns noch einmal um eine Streichung der ganzen Bestimmung bemühen, obwohl wir diese längst akzeptiert hatten.

Ich verteidigte das Konzept des Vertrags. Die Deutschlandpolitik könne auf Dauer nicht in erster Linie mit Rechtsvorbehalten betrieben werden. Der Vertrag werde zum ersten Mal seit langer Zeit die Möglichkeit eröffnen, den Zusammenhalt der Deutschen wieder zu festigen, vor allem durch Familienkontakte, Reiseverkehr, fachliche Zusammenarbeit und nicht zuletzt die Berichterstattung in den Medien. Das stieß auf keinen Widerspruch; die meisten Kollegen aber waren skeptisch, ob das angesichts der strikten Abgrenzung gelingen könne. Im Übrigen stimmte Frank dem Verzicht auf den Friedensvertragsvorbehalt ausdrücklich zu und war mit der Bekräftigung der Viermächterechte außerhalb des Vertrags einverstanden.

Am Sonntagnachmittag fand ein Ministergespräch beim Bundeskanzler statt, bei dem Bahr mit seinen Vorstellungen weitgehend Zustimmung fand. Am Montagmorgen – es war der 7. November – flogen wir zurück nach Ost-Berlin. Bahr war schon eine Stunde vor uns da und sprach bereits mit Kohl »unter vier Augen«. Mittags war alles fertig. Kohl akzeptierte in der Präambel die Formulierung: »Ausgehend von den historischen Gegebenheiten und unbeschadet der unterschiedlichen Auffassungen der Bundesrepublik Deutschland und der Deutschen Demokratischen Republik zu grundsätzlichen Fragen, darunter zur nationalen Frage.«

Dies war ein etwas umständlicher Text, aber der Inhalt war eindeutig: Es gab weiterhin eine nationale Frage, nämlich die der deutschen Einheit; beide deutschen Staaten hielten an ihren Auffassungen fest.

Um an ihrem politischen Ziel der Wiedervereinigung keinen Zweifel aufkommen zu lassen, beabsichtigte die Bundesregierung, noch vor der Unterzeichnung des Vertrags der Regierung der DDR einen förmlichen Brief zu übergeben, den »Brief zur deutschen Einheit«, in dem sie ihr politisches Ziel bekräftigte. Mehr war aus meiner Sicht nicht zu erreichen. Hätten wir auf einem gemeinsamen Bekenntnis zur Einheit der Nation bestanden, wäre der Vertrag nicht zustande gekommen.

Wir verzichteten außerdem auf eine Friedensvertragsklausel und erklärten uns mit der Bekräftigung der Rechte und Verantwortlichkeiten der Vier Mächte einverstanden. Endlich gab die DDR auch ihre bis zuletzt erhobene Forderung nach einem Verzicht auf Gebietsansprüche auf. Die Wiedervereinigung war für uns zwar keine territoriale Frage, aber man hätte daraus doch ein Hindernis für eine spätere Vereinigung konstruieren können. Auch für die Einbeziehung West-Berlins in fachliche Abkommen mit der DDR sowie für die Wahrnehmung West-Berliner Interessen durch die Ständige Vertretung war eine befriedigende Regelung gefunden worden.

Insgesamt war das ein gutes Ergebnis, das unsere Erwartungen erheblich übertraf. Wir hatten oft genug gezweifelt, ob wir es überhaupt schaffen würden. Die Verhandlungskunst Bahrs hatte mich einmal mehr beeindruckt, und dies umso mehr, als sich die DDR nicht als Verlierer vorkam. Wir hatten eine tragfähige Grundlage für die Entwicklung der deutsch-deutschen Beziehungen erreicht.

Nach einem gemeinsamen Abendessen traten Bahr und Kohl vor die Presse und verkündeten das Ergebnis ihrer Verhandlungen. Beide waren erleichtert, dass sie es geschafft hatten, und Bahr sagte: »Ich bin müde, aber fröhlich, dass wir unsere Pflicht getan haben.« Ein sehr Bahr'scher Satz, an den ich mich in den kommenden Jahren bei meiner eigenen Arbeit immer wieder erinnern sollte.

Auf dem Rückflug von Schönefeld nach Bonn in einer Bundeswehrmaschine war Bahr entspannt, vergnügt und herzlich, wie ich ihn noch nie erlebt hatte. Ganz unvermittelt fragte er mich, ob ich eine Aufgabe in der künftigen Ständigen Vertretung übernehmen wolle. Ich war völlig überrascht, sagte dann aber, ich könne mir das sehr gut vorstellen, müsse aber noch einmal darüber nachdenken und

20. August 1973: Egon Bahr und Michael Kohl nach dem Notenaustausch zum
Grundlagenvertrag im Gobelinsaal des Bundeskanzleramts in Bonn

mit meiner Frau sprechen. Ich ahnte noch nicht, dass mein Leben
bald in neue Bahnen gelenkt würde.

Am 8. November stimmte das Bundeskabinett dem Grundlagenvertrag zu. Am Tag darauf wurde der Vertrag im Gobelinsaal des
Palais Schaumburg in Bonn paraphiert. Unser Protokoll sorgte dafür,
dass die Zeremonie wie eine Unterzeichnung wirkte. Das Medienauf-
gebot war entsprechend groß. Wir hörten staatsmännische Erklärungen, in denen sich die hohen Repräsentanten der beiden Regierungen
zu den hehren Zielen der europäischen Sicherheit und Zusammenarbeit bekannten.

Danach ging ich vom Palais Schaumburg zu Fuß am Rhein entlang
in mein Büro und fühlte eine große Leere in mir. Ein wichtiges und
spannendes Kapitel meines beruflichen Lebens lag hinter mir.

Aus den Bundestagswahlen am 19. November ging die Koalition als
klarer Sieger hervor. Die SPD war zum ersten Mal seit Bestehen der

Bundesrepublik stärkste Partei geworden und stellte mit 45,8 Prozent der Stimmen 230 Abgeordnete. Die Koalition verfügte damit über eine gesicherte und komfortable Mehrheit, die sie in erster Linie der erfolgreichen Ostpolitik verdankte. Die FDP hatte ihre Krise überwunden. Sie war deutlich stabilisiert und stand jetzt eindeutig links der Mitte. Die Fortsetzung der sozialliberalen Koalition unter Führung von Willy Brandt und Walter Scheel war nach dem klaren Wählervotum nicht mehr umstritten, und das galt auch für ihre Ostpolitik.

Egon Bahr wurde am 19. November als Abgeordneter der schleswig-holsteinischen SPD in den Bundestag gewählt und trat als Bundesminister für besondere Aufgaben in das neue Bundeskabinett ein. Er war jetzt auch formell Politiker geworden. Mit der Unterzeichnung des Grundlagenvertrags hatte es die neue Bundesregierung jetzt nicht mehr so eilig. Sie sollte am 21. Dezember in Ost-Berlin stattfinden. Zunächst war daran gedacht worden, dass die Regierungschefs den Vertrag unterzeichnen, wie das auch bei dem Moskauer und dem Warschauer Vertrag der Fall gewesen war. Doch nach den Bundestagswahlen zeigte die DDR-Führung kein Interesse mehr daran. Fürchtete sie, dass die Ost-Berliner Willy Brandt einen allzu begeisterten Empfang bereiten würden? Bahr bestand nicht auf der Ebene der Regierungschefs. Er spürte die Verunsicherung der DDR-Führung und sah keinen Sinn darin, sie noch weiter zu strapazieren.

Am 21. Dezember flogen wir mit einer Bundeswehrmaschine in die »Hauptstadt der DDR«. Kohl erwartete uns am Flughafen, wo für den gerade ernannten Bundesminister und seine Delegation ein roter Teppich ausgerollt worden war. Das erlebten wir zum ersten Mal. Die beiden Verhandlungsführer gaben auf dem Flugfeld kurze Erklärungen für die anwesenden Journalisten ab. Dann fuhren sie gemeinsam in einer riesigen Limousine sowjetischer Bauart zum Schloss Niederschönhausen, das uns anlässlich der Unterzeichnung als »Residenz« zur Verfügung stand. Die Delegationsmitglieder folgten in einer Wagenkolonne. Geleitet von Polizeiwagen, ging es in schneller Fahrt durch die abgesperrten Straßen. Auf den Trottoirs waren im Abstand von etwa hundert Metern jeweils zwei Volkspolizisten postiert. Sie sollten offenbar dafür sorgen, dass es nicht zu unerwünschten Sympathiebekundungen oder Demonstrationen kam. Die Passanten verstanden den Sinn der Postenkette genau. Sie blickten nur kurz auf, ohne stehen zu bleiben, als die Kolonne vorbeifuhr. Ich sah niemanden winken.

Im Schloss Niederschönhausen gab es »Drinks«, ganz im Stil eines Diplomatenempfangs. Nach einem nur kurzen Aufenthalt fuhren wir zum Gebäude des Ministerrats am Molkenmarkt, wo auch die Verhandlungen stattgefunden hatten. Dort fand im »Großen Saal« die Unterzeichnung statt, mit einem großen Aufgebot an Journalisten aus Ost und West. Die Zeremonie verlief protokollgerecht. Von einer Hochstimmung war nichts zu spüren. Alle Beteiligten wussten, dass in den deutsch-deutschen Beziehungen nun der graue Alltag begann, mit unzähligen Schwierigkeiten, mit Bürokratie im Übermaß und weiterhin strikter Abgrenzung. Dass nun ein neuer Abschnitt in der deutschen Nachkriegsgeschichte anfing, war uns bewusst, aber das Gefühl, dies sei ein historischer Augenblick, wollte nicht so recht aufkommen.

Nach der Unterzeichnung fuhren wir zurück nach Niederschönhausen, wo uns eine kurze Ruhepause verordnet wurde, ehe wir zum Mittagessen ins Kronprinzenpalais Unter den Linden aufbrachen. Die Tischreden waren kurz und auffallend kühl. Der deutsch-deutsche Alltag warf seine Schatten voraus. Am Nachmittag unternahmen wir einen Ausflug zum Fernsehturm, wo es für die hungrigen Gäste Kaffee und Kuchen gab. Wir genossen in der rotierenden Kuppel den Blick auf die ganze, scheinbar ungeteilte Stadt. Görner berichtete mit großer Befriedigung von den Verhandlungen mit den Schweden über die Aufnahme diplomatischer Beziehungen. Sie seien sehr nett gewesen, sagte er. Für die DDR begann nun nach dem Ende der Hallstein-Doktrin die Zeit der diplomatischen Erfolgserlebnisse, auf die sie so lange gewartet hatte.

Ein Hindernislauf:
die Errichtung der Ständigen Vertretungen

Anfang 1973 nahm ich meine normale Arbeit im Deutschlandreferat des Auswärtigen Amtes wieder auf. Nach der spannungsvollen Zeit der Verhandlungen fiel es mir schwer, mich an die tägliche Referatsroutine zu gewöhnen. Während ich mich früher auf Berlin-Fragen konzentriert hatte, widmete ich mich nun in erster Linie den DDR-Angelegenheiten, die seit dem Grundlagenvertrag auch für das Auswärtige Amt wichtig geworden waren. Nach dem Ende der Nichtanerkennungspolitik mussten wir uns klar darüber werden, wie wir mit dem anderen deutschen Staat im internationalen Bereich umgehen wollten. Hier stellten sich grundsätzliche, aber auch ganz praktische Fragen. Auf alle Fälle wollten wir keine Rivalität und schon gar nicht einen ständigen Austausch von Gehässigkeiten. Berührungsängste gegenüber den Kollegen aus der DDR wollten wir möglichst rasch überwinden. Das erforderte zunächst einmal Überzeugungsarbeit in unserem eigenen auswärtigen Dienst. Wie wir bald feststellen konnten, waren die meisten Kollegen gegenüber der neuen Linie sehr aufgeschlossen. Sie waren vor allem neugierig auf die »anderen« Deutschen.

Egon Bahr war nun Bundesminister und zugleich Bundesabgeordneter. Seine ersten Auftritte im Plenum des Bundestages waren nicht sehr glücklich. Er wirkte im Parlament merkwürdig befangen. Offenbar irritierte ihn die seit dem Streit über die Ostpolitik noch immer aufgeheizte Atmosphäre. Im März erlitt er einen Kreislaufkollaps. Ich rief in seinem Büro an und erfuhr, der Arzt habe ihm strenge Ruhe verordnet. Die enorme, ununterbrochene Anspannung in den letzten Jahren verlangte ihren Tribut.

Bereits im Januar 1973 hatte die neue Bundesregierung das parlamentarische Ratifizierungsverfahren zum Grundlagenvertrag eingeleitet. Alle Beteiligten waren optimistisch, dass mit der sicheren Mehrheit der Koalition im Bundestag nun alles glattgehen würde. Um keine Zeit zu verlieren, wurden die ersten im Grundlagenvertrag vorgesehenen Folgeverhandlungen noch vor Inkrafttreten des Vertrags aufgenommen. Im Januar trat die Grenzkommission zu ihrer ersten Sitzung zusammen und begann gleich mit der praktischen Arbeit, nämlich die Markierung der innerdeutschen Grenze zu überprüfen, Dokumentationen über den Grenzverlauf zu erarbeiten und Regelungen über die mit dem Grenzverlauf zusammenhängenden praktischen Probleme vorzubereiten.

Der Auftakt war verheißungsvoll. Doch die Hoffnung auf eine erste Schönwetterperiode in den Beziehungen der beiden deutschen Staaten trog. Noch vor Inkrafttreten des Grundlagenvertrags kam es zu einer Reihe schwerer Störungen aus ganz unterschiedlichen Gründen. Es begann in dem empfindlichsten Bereich der Beziehungen, den sogenannten humanitären Fragen. Bahr hatte bereits am Ende der Verhandlungen über den Grundlagenvertrag die Frage aufgeworfen, ob es nicht an der Zeit sei, Familienzusammenführung und Häftlingsfreikauf künftig nicht mehr über die Anwaltskontakte, sondern auf der staatlichen Ebene zu behandeln. Auch die finanzielle Seite sollte, so Bahr, überprüft werden. Die bisherige Praxis sei schließlich für keine Seite angenehm.

Michael Kohl, weiterhin der Gesprächspartner Egon Bahrs, war von diesem Ansinnen völlig überrascht. Er hatte bisher mit diesen Fragen nichts zu tun gehabt und reagierte ausweichend. Als Herbert Wehner von dieser mit niemandem abgestimmten Initiative Bahrs erfuhr, »explodierte« er. Diese Idee sei, so Wehner, ein schwerer Fehler und könne zu einem Scheitern der laufenden, für die Bundesregierung sehr wichtigen Aktionen führen. Kurz darauf teilte Kohl mit, seine Seite stehe dem Vorschlag positiv gegenüber. Über Einzelheiten könne man bei der nächsten Zusammenkunft sprechen. Doch bevor es dazu kam, sagte Kohl den Termin ohne Begründung ab. Er war offenbar angewiesen worden, das Thema mit Bahr nicht mehr zu erörtern.

Wenig später wurden die laufenden Aktionen im Rahmen der Familienzusammenführung gestoppt. Die betroffenen Menschen, die bereits eine Ausreisezusage erhalten hatten, warteten ungeduldig. Sie saßen buchstäblich auf gepackten Koffern, daher der damals unter Eingeweihten benutzte Begriff der »Kofferfälle«. Nicht nur Bahr, auch die Bundesregierung war über diesen Vorgang verärgert. Bahr zog sich zurück und sprach die Angelegenheit gegenüber Kohl nicht mehr an. Der Bundeskanzler bat Wehner, sich der Sache anzunehmen. Jedenfalls blieb es bei dem bisherigen Verfahren, und Wehner konnte über seine Kontakte mit Rechtsanwalt Vogel und Honecker weiterhin auf diese Fragen Einfluss nehmen.

Ende Mai traf überraschend der SPD-Fraktionsvorsitzende Herbert Wehner mit SED-Chef Erich Honecker zusammen. Beide kannten sich gut aus der illegalen Tätigkeit für die KPD in den dreißiger Jahren. Sie sprachen über Fragen der Familienzusammenführung, die Wehner besonders am Herzen lagen, aber auch über die vielen anderen Schwierigkeiten, die sich seit der Unterzeichnung des Grundlagenvertrags ergeben hatten. Am Nachmittag kam auf Wunsch Wehners Wolfgang Mischnick, der FDP-Fraktionsvorsitzende, dazu, der wie Wehner aus Dresden stammte und sich wohl nicht ganz zufällig zur gleichen Zeit in der DDR aufhielt. Das vorher nicht angekündigte Treffen erregte in der Öffentlichkeit großes Aufsehen. Kündigte sich hier ein hochrangiger politischer Kontakt neben der Regierungsebene an? Jedenfalls wurde zum ersten Mal erkennbar, dass der mächtige SPD-Fraktionsvorsitzende im Hintergrund eine wichtige Rolle in den deutsch-deutschen Beziehungen zu spielen gedachte.

Eine weitere Störung in den Beziehungen wurde im Februar ausgelöst durch eine Verordnung der DDR-Regierung über »die Tätigkeit von Publikationsorganen anderer Staaten und ihrer Korrespondenten in der DDR«. Sie war wesentlich restriktiver formuliert als die entsprechende Vereinbarung im Briefwechsel der Staatssekretäre Bahr und Kohl vom 8. November 1972. Während dort die DDR den westdeutschen und West-Berliner Journalisten das Recht zur »Ausübung ihrer beruflichen Tätigkeit und der freien Information und Berichterstattung im Rahmen ihrer geltenden Rechtsordnung« gewährt hatte, wurde es nun den Korrespondenten zur Pflicht gemacht, »Verleumdungen und Diffamierungen der DDR und ihrer führenden Persönlichkeiten zu unterlassen« sowie »wahrheitsgetreu, sachlich und korrekt zu berichten«. Bei Zuwiderhandlungen konnte die Akkreditierung des Korrespondenten beendet und auch die Schließung des Büros eines Publikationsorgans angeordnet werden.

Erst jetzt wurde der Bundesregierung klar, was unter der im Briefwechsel benutzten Formel »im Rahmen ihrer Rechtsordnung« konkret zu verstehen war. Formal gesehen stand es der DDR wohl frei, ihr

Recht so auszugestalten, wie es ihren Vorstellungen und ihrem politischen System entsprach, aber tatsächlich wurde damit das Recht der »freien Information und Berichterstattung« ausgehöhlt. Hier wurde ein tiefgreifender Interessenkonflikt sichtbar, der bis zum Ende der DDR nicht wirklich beigelegt werden konnte. Vor allem in den siebziger Jahren kam es immer wieder zu ärgerlichen Konfrontationen, wenn westdeutsche Journalisten über heikle Vorgänge in der DDR offen und kritisch berichteten. Die Folge waren Verwarnungen und Ausweisungen von Korrespondenten sowie die Schließung von Redaktionsbüros, die die deutsch-deutschen Beziehungen erheblich belasteten.

Die Irritationen zwischen Bonn und Ost-Berlin verschärften sich noch, als im Sommer 1973 ein Vorschlag Bahrs an den Bundesinnenminister bekannt wurde, das geplante Bundesamt für Umweltfragen in West-Berlin zu errichten. Genscher nahm den Gedanken bereitwillig auf. Was Bahr zu dieser Initiative bewogen hat, ist mir immer noch unklar. Jedenfalls löste die Errichtung des Bundesamtes in West-Berlin schärfste Proteste der DDR wie auch der Sowjetunion aus. Die West-Alliierten traten dem, wenn auch etwas widerwillig, entgegen. Sie erklärten, die Absicht der Bundesregierung verletze nicht das Viermächteabkommen, doch insgeheim hielten sie den Vorstoß Bahrs für einen politischen Fehler. Auch Bahr mag im Nachhinein Zweifel bekommen haben. Jedenfalls ruderte er bald zurück und versuchte die West-Alliierten zu veranlassen, die Errichtung des Bundesamtes in West-Berlin zu untersagen. Dieses Spiel missfiel allerdings erst recht den Amerikanern und Briten. Sie wollten sich nicht vor den Karren der Deutschen spannen lassen und blieben bei ihrer Position, die Errichtung des Umweltbundesamtes nicht zu beanstanden. Auch die Bundesregierung konnte nun nicht mehr zurück.

Der Konflikt zwischen den Vier Mächten und den beiden deutschen Regierungen schwelte weiter und führte zeitweilig sogar zur Zurückweisung von Mitarbeitern des Bundesamtes, wenn diese die Transitstrecken benutzen wollten. Nach einiger Zeit nahm die DDR das von ihr bekämpfte Amt schließlich hin, weil eine Dauerkrise nicht in ihrem Interesse lag. Auf der westlichen Seite blieb der Konflikt allerdings nicht ohne Folgen: Das Umweltbundesamt war praktisch die letzte Bundesbehörde, die in der Zeit der Teilung in West-Berlin errichtet wurde. Die West-Alliierten sahen nach dieser Erfahrung keinen Nutzen darin, in der hochsensiblen Frage der Bundespräsenz in West-Berlin die Belastbarkeit des Viermächteabkommens zu testen.

Die Irritationen zwischen Bonn und Ost-Berlin erreichten schließlich ihren Höhepunkt mit dem Urteil des Bundesverfassungsgerichts zum Grundlagenvertrag, das am 31. Juli 1973 verkündet wurde. Das höchste Gericht der Bundesrepublik bestätigte die Verfassungsmäßigkeit des Vertrags, knüpfte diese Entscheidung aber an eine für die Bundesregierung verbindliche Auslegung, die auf den heftigsten Widerspruch der DDR stieß. In den Urteilsgründen stellte das Bundesverfassungsgericht fest, dass das Deutsche Reich in der Bundesrepublik fortbestehe. Deshalb könne die DDR, obwohl ein Staat im Sinne des Völkerrechts, für die Bundesrepublik nicht Ausland sein. Die Grenze zwischen den beiden deutschen Staaten sei demgemäß keine völkerrechtliche, sondern eine staatsrechtliche Grenze wie die zwischen Bundesländern. Die (gesamt)deutsche Staatsangehörigkeit dürfe weder eingeschränkt noch in Frage gestellt werden. Und die Bundesrepublik bleibe aufgrund ihrer Verfassung verpflichtet, alles ihr Mögliche zu tun, damit das deutsche Volk seine staatliche Einheit wiedererlangt.

Auf die DDR-Führung wirkten diese Thesen des Bundesverfassungsgerichts wie ein Schlag ins Gesicht. Es kam ihr so vor, als sollte die DDR um die Früchte ihrer Politik gebracht werden, für die sie, wie sie meinte, vor allem in der Berlin-Frage viele Zugeständnisse gemacht hatte. Gewiss, sie hatte die diplomatische Anerkennung erreicht, und im September 1973 wurde sie gleichberechtigt mit der Bundesrepublik in die Vereinten Nationen aufgenommen. Beides stärkte ihr Selbstbewusstsein. Aber die Frage blieb offen, ob sich die DDR mit dem Grundlagenvertrag endgültig aus dem gesamtdeutschen Staatsverband gelöst habe. In der Führung der DDR und auch in Moskau wurden Zweifel wach, ob die deutsche Frage wirklich gelöst sei. Die Verstimmung der DDR war demgemäß tief und anhaltend. Die Gespräche über die Ständigen Vertretungen wurden unterbrochen.

Bereits im Frühjahr war ich von der Personalabteilung des Auswärtigen Amtes gefragt worden, ob ich interessiert sei, als Botschaftsrat und Vertreter des Botschafters nach Bukarest zu gehen. Das war kein schlechtes Angebot. Meine Frau zog es allerdings nicht auf den Balkan. Doch sie erhob keine Einwände. Im Juni wurde die Versetzung nach Bukarest definitiv, und wir stellten uns auf einen Umzug in der Sommerpause ein.

Kurz darauf rief Günter Gaus an und bat mich um ein Gespräch. Der ehemalige Chefredakteur des *Spiegel* war seit kurzem Staatssekretär im Bundeskanzleramt und bereitete sich darauf vor, der erste Ständige Vertreter der Bundesrepublik Deutschland in der DDR zu werden. Als ich in sein Büro kam, fragte er mich ohne Umschweife, ob ich bereit sei, in der Vertretung die Leitung der Politischen Abteilung zu übernehmen. Bahr habe mich für diese Aufgabe empfohlen. Wegen der vorgesehenen Versetzung nach Bukarest bat ich um etwas Bedenkzeit. Nach dem Gespräch fuhr ich gleich nach Hause. Hilla war geradezu erleichtert. »Berlin ist das Richtige für uns«, sagte sie spontan. Auch ich hatte nicht den geringsten Zweifel: Ost-Berlin interessierte mich mehr als jeder andere diplomatische Posten. Am nächsten Tag sprach ich mit dem Leiter des Personalreferats im Auswärtigen Amt, der Verständnis für meinen Wunsch hatte. Ich bestellte den Möbelwagen wieder ab und sagte Gaus zu.

Im August 1973 trat ich meinen Dienst im Bundeskanzleramt an. Dort gab es bereits einen kleinen Arbeitsstab für den Aufbau der Ständigen Vertretung, der in einer alten Villa in der Adenauerallee, unweit des Auswärtigen Amtes, untergebracht war. In den nächsten Monaten beschäftigten wir uns eingehend mit den rechtlichen und organisatorischen Fragen der Ständigen Vertretung: Wie viele Mitarbeiter braucht die Vertretung? Welche Stelle sollte ermächtigt werden, der Vertretung Weisungen zu erteilen? Das Bundeskanzleramt oder das Bundesministerium für innerdeutsche Beziehungen oder beide gemeinsam? Wie könnten wir sicherstellen, dass kein DDR-Bürger, der in die Vertretung kommen will, daran gehindert wird? Wie sollten sich die Mitarbeiter verhalten, wenn ein DDR-Bürger um Unterstützung bei seinen Ausreisebemühungen bittet? Sollte die Vertretung selbst mit DDR-Stellen darüber verhandeln, oder sollte sie entsprechende Anträge nur entgegennehmen und an die mit der Familienzusammenführung befassten Stellen der Bundesregierung weiterleiten?

Ein besonders heikles Problem stellte die Ausstellung von Pässen der Bundesrepublik Deutschland an DDR-Bürger dar. Hatte nicht jeder deutsche Staatsangehörige, also auch DDR-Bürger, Anspruch auf einen Bundespass? Eine solche Praxis hätte jedoch zwangsläufig zu schweren Spannungen mit der DDR geführt und Folgen für den freien Zugang zur Vertretung haben können.

Eine Reihe dieser Fragen war in den Verhandlungen mit der DDR über die Ständigen Vertretungen zu klären. Andere eigneten sich dafür aber nicht, hier mussten wir vernünftige Verhaltensweisen für die Mitarbeiter der Vertretung entwickeln. Je länger wir uns mit diesen Fragen beschäftigten, desto klarer wurde uns, dass es entscheidend auf die fachliche und charakterliche Qualität der Mitarbeiter, ihre politische Umsicht und vor allem auf ihr Einfühlungsvermögen in die Situation der hilfesuchenden DDR-Bürger ankam.

Die rechtlichen Rahmenbedingungen für die Ständigen Vertretungen waren im Grundlagenvertrag einer Zusatzvereinbarung vorbehalten worden. Bahr hatte die DDR in den Verhandlungen allerdings nicht im Unklaren darüber gelassen, dass die Bundesrepublik wegen der besonderen Rechtslage in Deutschland keine normalen diplomatischen Beziehungen im Rechtssinne mit ihr aufnehmen könne, wie es die DDR von Anfang an verlangt hatte. Die DDR hatte gleichwohl ihre Forderung aufrechterhalten und lediglich auf eine entsprechende Klausel im Grundlagenvertrag verzichtet. Der Rechtsstatus der Vertretungen war also offengeblieben.

Aus Sicht der DDR umfasste der im Grundlagenvertrag verwendete Begriff der »ständigen Vertretungen« (kleingeschrieben!) sowohl Botschaften als auch Vertretungen anderer Art. Als Bahr und Kohl Anfang 1973 ihre Gespräche wieder aufnahmen, war der Verhandlungsführer der DDR nur bereit, über die Bezeichnung der Vertretungen mit sich reden zu lassen, nicht jedoch über ihren diplomatischen Status. Der Leiter der Rechtsabteilung im DDR-Außenministerium, Dr. Herbert Süß, brachte es auf den Nenner: Wir wollen diplomatische Beziehungen, ohne sie so zu nennen. Bahr war über die Hartnäckigkeit der DDR ziemlich verärgert. Schließlich meinte er bereits 1970 in Moskau den sowjetischen Außenminister Gromyko davon überzeugt zu haben, dass jedenfalls bis zu einem Friedensvertrag Beziehungen zwischen den deutschen Staaten von besonderer Art sein würden. Das war von Anfang an eine der Prämissen der neuen Ostpolitik, die aus Sicht der Bundesregierung nicht zur Disposition standen. Doch Kohl hielt unbeirrt an seinem Standpunkt fest.

Im Oktober 1973 unterrichtete Bahr seinen langjährigen Verhandlungspartner von der Absicht der Bundesregierung, die Verhandlungsführung auf den neuen Staatssekretär Gaus zu übertragen. Diese Mitteilung traf Michael Kohl wie ein Schlag. Zuerst wollte er die Gespräche sofort abbrechen und zurückfliegen, beriet sich dann aber doch mit seiner Delegation bei einem Spaziergang im Park des Bundeskanzleramtes. Wie es der Zufall wollte, wurde die Gruppe dabei von Beamten des Bundesgrenzschutzes kontrolliert, die wissen wollten, was diese Leute aus der DDR dort wohl zu suchen hätten. Auch dieses Erlebnis dürfte die Stimmung Kohls nicht gerade gehoben haben. Bei der Wiederaufnahme des Vieraugengesprächs mit Bahr kündigte er an, er werde zunächst seiner Regierung über die neue Lage berichten. Er war offensichtlich sehr unglücklich über die Ankündigung Bahrs und schien unter dem Eindruck zu stehen, dass die Gespräche über die Ständigen Vertretungen, und damit auch er selbst, auf eine niedrigere Ebene heruntergestuft werden sollten, obwohl er gerade aus Gründen der Ebenbürtigkeit mit dem neuen Bundesminister Bahr von seiner Regierung zum »Minister« (welcher Art auch immer) ernannt worden war. Das Treffen endete mit einem Missklang. Das nächste Gespräch zwischen Bahr und Kohl brachte in der Sache keine Bewegung. Am Ende teilte Kohl mit, dass er ab jetzt für die Verhandlungen mit der Bundesregierung nicht mehr zur Verfügung stehe. Ein unschönes Ende einer Serie von, wenn ich richtig gezählt habe, 78 Treffen seit 1970, die Geschichte gemacht haben.

Zu allem Unglück kam es im Herbst 1973 zu einer weiteren schweren Belastung der Beziehungen. Am 5. November 1973 verdoppelte die DDR die Mindestumtauschsätze für Westdeutsche und West-Berliner bei Reisen in die DDR und erstreckte die Neuregelung auch auf Rentner, die bisher vom Mindestumtausch freigestellt waren. Die Absicht dahinter war offenkundig: Der Reiseverkehr sollte gedrosselt, die Einnahmen der DDR aber trotzdem gesteigert werden. Diesmal war es die Bundesregierung, die sich vor den Kopf gestoßen fühlte. Sie empfand die Neuregelung als einen unfreundlichen Akt, der, wenn auch nicht gegen den Buchstaben, so doch gegen den Geist des Grundlagenvertrags verstieß. Denn darin hatten die Vertragspartner eine Verbesserung des Reiseverkehrs vereinbart. Mit der massiven Erhöhung der Mindestumtauschsätze trat aber genau das Gegenteil ein. Die Bundesregierung war so empört darüber, dass sich Bundeskanzler Brandt bei dem sowjetischen Generalsekretär über das Verhalten der DDR beschwerte.

Im Herbst 1973 waren die Beziehungen zwischen den beiden deutschen Staaten auf einem Tiefpunkt angelangt. In den Gesprächen zwischen Bahr und Kohl hatte es seit längerer Zeit kaum noch Fortschritte gegeben, und auch die inzwischen begonnenen Fachverhandlungen traten auf der Stelle. In dieser festgefahrenen Situation rang sich die DDR-Führung endlich dazu durch, ein positives Zeichen zu setzen, und schlug vor, die unterbrochenen Gespräche über die Ständigen Vertretungen wieder aufzunehmen. In den Kontakten zwischen Wehner und Honecker gab es bald erste Anzeichen für eine größere Kompromissbereitschaft der DDR in der umstrittenen Statusfrage.

Am 28. November führte der neue Verhandlungsführer Günter Gaus sein erstes Gespräch mit dem stellvertretenden Außenminister Kurt Nier, der an die Stelle von Michael Kohl getreten war. In den nächsten Wochen fanden auf dieser Ebene wie auch in den Delegationssitzungen intensive Gespräche statt, die dann im Februar 1974 zu einer Einigung führten. Beide Seiten verständigten sich auf folgende Regelungen:

1. Die amtliche Bezeichnung lautet »Ständige Vertretungen« (jetzt großgeschrieben!). Die Leiter führen die Amtsbezeichnung »Der Leiter der Ständigen Vertretung« (also nicht Botschafter).
2. Die Leiter der Ständigen Vertretungen werden bei den Staatsoberhäuptern akkreditiert. (Das entspricht der Praxis bei Botschaftern.)
3. Für die Ständigen Vertretungen, ihre Mitglieder und Familienangehörigen sowie private Hausangestellte gilt die Wiener Konvention über diplomatische Beziehungen »entsprechend«.
4. Die Ständige Vertretung der Bundesrepublik Deutschland wird die Interessen von Berlin (West) wahrnehmen.

Das waren die wesentlichen Elemente des Kompromisses, mit dem wir zufrieden sein konnten. In der Statusfrage hatten wir durchgesetzt, dass die Wiener Konvention (über diplomatische Beziehungen) nicht unmittelbar Anwendung fand, denn das hätte das Bestehen diplomatischer Beziehungen impliziert, vielmehr galt die Konvention nur »entsprechend«. Gewiss ein sehr fein gesponnener juristischer Formelkompromiss. Immerhin hatten damit die Auseinandersetzungen über den Rechtsstatus der Vertretungen ein Ende. In der Praxis hat es mit dieser Formel dann keine Schwierigkeiten mehr gegeben.

Die letzte Verhandlungsrunde fand nicht, wie ursprünglich vorgesehen, im Bundeskanzleramt statt, sondern in dem eleganten Rahmen von Schloss Gymnich, dem Gästehaus der Bundesregierung für hohe ausländische Staatsgäste. Die DDR-Delegation war von dieser Geste sehr angetan. Außerdem wollte Gaus als Gastgeber damit der Bonner Weiberfastnacht entgehen. Dem munteren und zügellosen Treiben, das an diesem Tag in den Bonner Ministerien herrschte, wäre, so fürchtete Gaus, der protokollbewusste stellvertretende Außenminister Nier vielleicht nicht gewachsen gewesen. In Gymnich war die Atmosphäre dann sehr aufgelockert, eine schwierige Aufgabe war erfolgreich gelöst worden, und man ging mit dem angenehmen Gefühl auseinander, nun sei alles auf gutem Wege für eine baldige Eröffnung der Ständigen Vertretungen. Diese Zuversicht war allerdings etwas verfrüht, wie sich bald zeigen sollte.

TEIL 2

Ost-Berlin (1974–1977)

Das Vorauskommando

Am 23. April 1974, eine gute Woche vor der geplanten Eröffnung der beiden Ständigen Vertretungen, war in Bonn der »Kanzlerspion« Günter Guillaume »enttarnt« und festgenommen worden. Er selbst hatte bei seiner Festnahme bekannt, »Offizier der Nationalen Volksarmee der DDR« zu sein. Seitdem herrschte in der sozialliberalen Koalition und vor allem im Bundeskanzleramt große Unruhe und Nervosität. Bald kamen erste Gerüchte auf, Bundeskanzler Willy Brandt werde zurücktreten, denn er selbst und die Leitung des Bundeskanzleramtes seien seit längerem von dem Verdacht gegen Guillaume unterrichtet gewesen, hätten aber die gebotenen Vorsichtsmaßnahmen weitgehend unterlassen.

Bald darauf gab es im Bundeskanzleramt Überlegungen, die für den 2. Mai geplante Eröffnung der beiden Ständigen Vertretungen abzusagen. Besorgt fragte man sich, wie die Öffentlichkeit reagieren würde, wenn gerade jetzt, im Schatten der Guillaume-Affäre, offizielle Beziehungen zwischen den beiden Staaten aufgenommen würden, so als wäre nichts geschehen. Und musste die DDR nicht den Eindruck gewinnen, Bonn wolle den Vorgang Guillaume herunterspielen und zur Tagesordnung übergehen?

Dennoch wurde entschieden, den mit der DDR vereinbarten Termin einzuhalten. Die Aufnahme der offiziellen Beziehungen und damit der Vollzug des Grundlagenvertrags sollten nicht gefährdet werden. Ich teilte diese Meinung. Allerdings sollte dabei nicht von der Eröffnung der Vertretungen gesprochen werden. Stattdessen war jetzt von einem »Vorauskommando« die Rede, das nach Ost-Berlin entsandt wurde, um technische Aufgaben zu erledigen. Die Akkreditierung des Leiters der Ständigen Vertretung, des Staatssekretärs Gaus, sollte offenbleiben und die Note, mit der das sogenannte Agrément für Gaus einzuholen war, zunächst nicht übergeben werden.

Ich wurde beauftragt, das »Vorauskommando« zu leiten. Ihm gehörten zunächst acht Mitarbeiter an. Am 1. Mai, einem Sonntag, traten wir mit Dienstwagen des Bundeskanzleramtes die Reise nach Ost-Berlin an. Dort hatten wir telefonisch Zimmer im Hotel Unter den Linden bestellt, damals das »erste Haus am Platz«. Ein ordentliches Hotel, aber ohne Luxus. Am Eingang erwartete uns Lothar Loewe, der ARD-Fernsehkorrespondent, und stellte mir vor laufender Kamera lauter unangenehme Fragen. »Nehmen Sie jetzt«, fragte er, »ungeachtet der Guillaume-Affäre, Ihre Arbeit auf, als wäre nichts geschehen? Wann wird Staatssekretär Gaus akkreditiert? Werden Sie in Sachen Guillaume Protest bei der DDR-Regierung einlegen?« Ich antwortete so knapp und ausweichend wie nur möglich. »Wir sind ein technisches Vorauskommando«, sagte ich, »und haben keinen Auftrag, politische Fragen anzusprechen. Wann Staatssekretär Gaus sein Amt antritt, wird später entschieden.« Das kurze Interview war mein erster Fernsehauftritt und nicht besonders angenehm.

Im Hotel Unter den Linden wurden wir höflich empfangen. Wir gaben zur Registrierung unsere Pässe ab und füllten die Anmeldeformulare aus. Ein Hotelangestellter nahm mir den Koffer ab und brachte mich auf mein Zimmer, in dem ich die nächsten Wochen oder sogar Monate wohnen sollte. Vor der Tür saß ein nicht uniformierter Wachmann. Ich grüßte ihn mit einem freundlichen »Guten Abend«. Er stand weder auf, noch erwiderte er meinen Gruß. Aha, dachte ich, die Staatssicherheit ist da.

Am nächsten Morgen empfing ich in einem Hotelzimmer, das uns als Büro und Besprechungsraum diente, Herrn Martin, den stellvertretenden Protokollchef der DDR, der mich über die Praxis bei der Errichtung diplomatischer Missionen ins Bild setzte. Noch am gleichen Tag stattete ich dem stellvertretenden Außenminister Nier einen Besuch ab. Er begrüßte mich mit der ihm eigenen, etwas steifen Freundlichkeit als »amtierenden Leiter der Ständigen Vertretung«, was mich zu dem Hinweis veranlasste, als Leiter des »Vorauskommandos« sei ich beauftragt, die Akkreditierung des Leiters der Ständigen Vertretung vorzubereiten. Obwohl ich Nier schon länger kannte und wir kollegial miteinander umgingen, gab ich mich diesmal betont förmlich und kühl. Doch das Problem Guillaume brachte ich, wie in Bonn abgesprochen, nicht zur Sprache. Der entscheidende politische

Akzent lag darin, dass ich entgegen der früher getroffenen Absprache keine Note überreichte und die Bundesregierung damit noch nicht um das Agrément für den ersten Leiter der Ständigen Vertretung nachsuchte. Es blieb also offen, wann Gaus sein Amt antreten würde. Nier registrierte das, kommentierte es aber nicht.

Am Dienstag meldete ich im Dienstleistungsamt, das in der DDR für die Betreuung diplomatischer Missionen zuständig war, eine Besichtigung des Gebäudes in der Hannoverschen Straße an, das für die Ständige Vertretung vorgesehen war. Zunächst wurde mir gesagt, dafür sei es noch zu früh, die Umbaumaßnahmen seien noch nicht abgeschlossen. Dennoch bestand ich darauf, das Gebäude in seinem augenblicklichen Zustand zu sehen, um mir ein Bild von dem Stand der Arbeiten zu machen. Etwas widerwillig stimmte das Dienstleistungsamt zu. Ich unterrichtete dann Lothar Loewe, den ARD-Fernsehkorrespondenten, denn ich legte Wert auf einige Bilder im Fernsehen, denen man entnehmen konnte, dass wir unsere Arbeit aufgenommen hatten.

Lothar Loewe erwartete mich in der Hannoverschen Straße. Ich betrat das Gebäude, Loewe und sein Kameramann folgten mir. Als ich den Leiter des Dienstleistungsamtes, Herrn Löffler, begrüßen wollte, unterbrach er mich und erklärte barsch, das Fernsehen sei bei diesem Termin nicht zugelassen. Er forderte Lothar Loewe auf, das Haus zu verlassen. Das wollte ich mir jedoch nicht bieten lassen. Ganz ruhig redete ich dem Funktionär zu. Es sei doch verständlich, dass das westdeutsche Fernsehen über unseren ersten Besuch in dem künftigen Haus der Ständigen Vertretung berichten möchte. »Was können Sie denn dagegen einzuwenden haben? Sie haben doch nichts zu verbergen?« Es kam zu einem heftigen Wortwechsel. Erst jetzt bemerkte Herr Löffler, dass der Kameramann diese deutsch-deutsche Szene bereits filmte. Nun gab er nach. Ihm war klargeworden, dass die DDR sich nur selbst schaden würde, wenn er etwa versucht hätte, die Fernsehleute mit Hilfe der Volkspolizei vor die Tür zu setzen. Diese Auseinandersetzung war für mich eine erste Bewährungsprobe.

Am Donnerstag – es war der 5. Mai – flog ich abends vom Flughafen Tempelhof in West-Berlin nach Bonn, um mit Gaus die Lage zu besprechen. Doch zunächst war ich mit Jürgen Weichert im Bundesministerium für innerdeutsche Beziehungen verabredet. Ich hatte gerade begonnen, ihm den schwierigen Anfang in Ost-Berlin zu schildern, als die Sekretärin von Gaus anrief und mich bat, doch umgehend ins Bundeskanzleramt zu kommen. Ich machte mich gleich auf den Weg. Als ich in sein Büro kam, sagte Gaus mit tonloser Stimme: »Der Bundeskanzler wird noch heute zurücktreten.« Er habe den seit dem letzten Jahr bestehenden Verdacht gegen Guillaume nicht ernst genug genommen. Die Ermittlungen hätten ergeben, dass Guillaume während eines Sommerurlaubs des Bundeskanzlers in Norwegen, bei dem er ihn begleitet habe, von wichtigen geheimen Dokumenten Kenntnis erhalten habe. Außerdem gebe es noch andere Vorgänge, die den Bundeskanzler befürchten ließen, er könne erpresst werden. Worum es sich dabei handelte, wusste ich nicht. Gaus ließ durchblicken, Willy Brandt könne das Opfer einer Intrige geworden sein.

Ich war fassungslos. Den Rücktrittsgerüchten, die schon seit Tagen herumschwirrten, hatte ich keinen Glauben geschenkt. In diesem Augenblick dachte ich, ein solcher Abgang Willy Brandts könne eine Zäsur in der Geschichte der Bundesrepublik werden. Es kam mir vor, als wäre eine große Stille im Land eingetreten, wie eine Schweigeminute in Erinnerung an einen bedeutenden Staatsmann, der nun unter denkbar unglücklichen Umständen abtrat.

Am Sonntagabend flog ich nach Berlin zurück. Wieder saß ein Wachmann vor der Tür meines Hotelzimmers. Als er mich sah, tat er so, als sähe er mich nicht. Diesmal sprach ich ihn direkt an und sagte, nicht gerade befehlend, aber doch im Ton einer Zurechtweisung: »Sagen Sie bitte Ihren Vorgesetzten, morgens und abends einen Gruß auszutauschen sei überall in der Welt üblich und ich würde empfehlen, das auch in der Hauptstadt der DDR zu tun.« Auch darauf reagierte er nicht. Doch zwei Tage später erwiderte der diensthabende Wachmann plötzlich meinen Gruß.

Am nächsten Morgen suchte ich den Leiter der Hauptabteilung BRD im Außenministerium, Karl Seidel, auf, den ich aus den Bahr/ Kohl- Verhandlungen gut kannte. Wir sprachen zunächst über einige technische und rechtliche Fragen. Seidel stellte mir eine Antwort schon in den nächsten Tagen in Aussicht. Ihm ging es vor allem darum, zu erfahren, wann wir um das Agrément für Gaus nachsuchen würden oder ob es etwa nach dem Rücktritt des Bundeskanzlers andere Pläne gebe. Diese Frage konnte ich nicht beantworten. Als mich Seidel nach dem Gespräch zum Eingang begleitete, wies ich ihn auf die schwere Belastung hin, die durch die Guillaume-Affäre entstanden sei. Für die Bundesregierung sei es unverständlich, dass sich der Staatssicherheitsdienst eine so abenteuerliche Operation mit hohen politischen Risiken erlaubt habe. Seidel zuckte nur die Achseln. Doch war ihm anzumerken, dass ihm der Fall Guillaume peinlich war. Auch später habe ich gelegentlich mit Seidel beim Hinausgehen über heikle Fragen gesprochen. Wir hatten dann keine Zuhörer, während bei Gesprächen in seinem Büro stets ein Protokollant anwesend war.

In dieser Woche kamen auch die ersten Besucher in unser provisorisches Büro im Hotel Unter den Linden. Zunächst stellte ich mit Erleichterung fest, dass die Besucher offenbar nicht daran gehindert wurden, uns im Hotel aufzusuchen. Dass wir dort waren, hatten sie wohl über das westdeutsche Fernsehen erfahren. Der erste Besucher war ein Mann mittleren Alters. Er war sichtlich erregt. »Ich bin Bundesbürger«, sagte er mit lauter Stimme. »Als ich vor einigen Jahren einer Frau wegen in die DDR gekommen bin, hat man mir meinen Pass abgenommen und einen DDR-Personalausweis gegeben, den ich gar nicht haben wollte. Ich will hier raus. Stellen Sie mir bitte sofort einen Pass der Bundesrepublik aus. Ich habe einen Anspruch darauf.«

Ich versuchte den Mann zu beruhigen. Wir hätten Verständnis für seinen Wunsch, sagte ich, der sei aber nicht einfach zu verwirklichen. Denn er brauche, um aus der DDR ausreisen zu können, eine Ausreisegenehmigung. Ein Bundespass helfe da nicht weiter. Meine Empfehlung sei, bei den zuständigen Stellen der DDR eine Ausreisegenehmigung zu beantragen. Wir würden ihn dabei, im Rahmen unserer Möglichkeiten, unterstützen, und ich notierte seinen Namen. Der Besucher war mit dieser Auskunft natürlich nicht zufrieden. Aber was hatte er erwartet? Dann bat ich meinen Mitarbeiter Reimar Surrer, den Mann nach draußen zu begleiten. Ich wollte sicher sein, dass er nicht vor dem Hotel festgenommen wurde.

Die zweite Besucherin in unserem Hotelbüro war eine junge Frau. Sie war vielleicht 18 Jahre alt und trug einen schicken Jeansanzug nach der neuesten Westmode. Ich dachte, die kommt sicher aus dem Westen. Doch das war ein Irrtum. Die junge Frau wollte ebenfalls ausreisen, und zwar zu ihren Eltern, die dreizehn Jahre zuvor, nämlich 1961 kurz vor dem Mauerbau, illegal in den Westen gegangen waren. Die damals fünfjährige Tochter hatten sie bei den Großeltern zurückgelassen, um sich zunächst einmal in der Bundesrepublik zu etablieren. Dann wollten sie das Kind nachholen. Doch kurz darauf war die Mauer gebaut worden, und die Tochter saß fest. Dreizehn Jahre hatte sie vergeblich darauf gewartet, zu ihren Eltern fahren zu können. Die litten schwer darunter und hatten versucht, der Tochter durch schöne Geschenke aus dem Westen über die lange Wartezeit hinwegzuhelfen.

Die Frau war sehr aufgeregt. Sie war, als ich sie nach ihrer Geschichte fragte, den Tränen nahe. Ich sagte ihr, wir würden uns kümmern. Es werde wohl nicht mehr lange dauern, bis sie zu ihren Eltern fahren könne. Nachdem sie sich etwas beruhigt hatte, brachte sie der Mitarbeiter nach draußen.

Ihr Schicksal ging mir damals sehr nahe. Ich hatte zum ersten Mal eine Vorstellung davon bekommen, was uns in der Ständigen Vertretung erwartete: nämlich auf Menschen zu treffen, die durch die brutale Teilung Deutschlands schwer getroffen waren.

Am 16. Mai 1974 wählte der Deutsche Bundestag Helmut Schmidt zum Bundeskanzler. Noch am gleichen Tag wurden die Mitglieder des neuen Kabinetts berufen. Ungeachtet der angespannten Beziehungen zur DDR, entschied sich der neue Bundeskanzler sofort für eine Fortsetzung der Deutschlandpolitik seines Vorgängers. Das entsprach seinem rationalen Politikverständnis. Er orientierte sich an den objektiven Interessen der Bundesrepublik, statt emotional auf eine dreiste Unverschämtheit des Staatssicherheitsdienstes zu reagieren. Das war auch im Sinne Herbert Wehners, dem nun dank seiner persönlichen Kontakte zu Honecker für eine gewisse Zeit in der deutsch-deutschen Politik eine Schlüsselrolle zukam. Kurz nach der Regierungsübernahme bestätigte der Bundeskanzler die Ernennung von Staatssekretär Gaus zum Leiter unserer Ständigen Vertretung, nicht jedoch dessen Stellung als Staatssekretär im Bundeskanzleramt, was Gaus schmerzte.

Anfang Juni 1974, noch vor der Akkreditierung von Gaus, wurde uns in Ost-Berlin das Haus für die Ständige Vertretung in der Hannoverschen Straße übergeben. Es hatte einige Mühe gekostet, der DDR das ansehnliche Gebäude mit fünf Stockwerken abzuringen. Sie hätte uns am liebsten irgendwo in einer Randlage Berlins oder in einem Neubauviertel untergebracht. Wir bestanden aber auf einem größeren Haus in zentraler Lage, das auch für auswärtige Besucher, die mit der Bahn anreisten, gut erreichbar sein würde. Nach einigem Hin und Her bot uns das Außenministerium schließlich das Gebäude an, in dem früher die Bauakademie der DDR ihren Sitz hatte. Mit einigen baulichen Veränderungen entsprach es weitgehend unseren Wünschen. Es gab zudem einen größeren Hof, den wir für einen Anbau mit Empfangsräumen nutzen wollten. Damit konnten wir nun in eigener Regie beginnen. Ein gutes Jahr später wurde das »Gartenhaus«, wie wir es bald nannten, eingeweiht.

Zur Übergabe des Gebäudes hatte Herr Löffler, der Leiter des Dienstleistungsamtes, in dem Warteraum am Eingang einen Tisch mit zwei Sesseln hinstellen lassen. Dort hielt er eine kurze Ansprache, auf die ich ebenso kurz antwortete. Das Ganze wirkte ziemlich steif. Freundlichkeiten wurden nicht ausgetauscht. Das hätte auch nicht dem frostigen Klima entsprochen, das nun schon seit einiger Zeit zwischen den deutschen Regierungen herrschte.

In den folgenden Wochen wurde die Ständige Vertretung eingerichtet. Das Mobiliar und die technische Ausstattung kamen selbstverständlich aus dem Westen. Außerdem wurde im vierten Stock ein abhörsicherer Raum installiert, den wir bald »die Laube« nannten. Ob er wirklich abhörsicher war, sei dahingestellt. Jedenfalls glaubten wir daran. Dort fanden dann tagtäglich interne Besprechungen statt.

Mit der Akkreditierung des Leiters der Ständigen Vertretung hatte es die neue Bundesregierung nicht besonders eilig. Der Fall Guillaume hatte die Gemüter aufgewühlt, und eine gewisse Abkühlung schien deshalb angezeigt. Erst Anfang Juni suchte die Bundesregierung mit einer Note, die ich im Außenministerium übergab, um das Agrément für Staatssekretär Gaus nach, das schon nach wenigen Tagen erteilt wurde. Gaus reiste an und bezog mit seiner Frau die inzwischen fertiggestellte »Residenz« in der Kuckhoffstraße in Niederschönhausen. Am 20. Juni, knapp sechs Wochen nach dem Rücktritt Willy Brandts, übergab Gaus das Beglaubigungsschreiben des Bun-

Günter Gaus beim Abschreiten einer Ehrenformation

despräsidenten dem Staatsratsvorsitzenden der DDR, Willi Stoph. Am selben Tag erfolgte in Bonn die Akkreditierung des Ständigen Vertreters der DDR, Michael Kohl, des früheren Verhandlungsführers.

Der Ablauf der Zeremonie in Ost-Berlin war vorher mit dem Protokoll des Außenministeriums in allen Einzelheiten abgestimmt worden. Die DDR legte größten Wert darauf, den offiziellen Vertreter der Bundesrepublik auf Schritt und Tritt wie einen Botschafter zu behandeln. Wir nahmen das gelassen hin, denn die für uns wichtigen Besonderheiten im deutsch-deutschen Verhältnis waren ja im Grundlagenvertrag beziehungsweise im Protokoll über die Ständigen Vertretungen festgelegt worden. Gaus war eben formal nicht Botschafter, sondern hatte den Rang eines Staatssekretärs der Bundesregierung, und die Beziehungen zwischen den beiden deutschen Staaten waren für uns keine auswärtigen, sondern innerdeutsche Angelegenheiten.

Die DDR sah das anders, aber dieser Dissens war gewissermaßen Teil der »Geschäftsgrundlage« unserer Beziehungen. Gleichwohl waren die Ähnlichkeiten der Ständigen Vertretung mit einer Botschaft gar nicht zu übersehen. Gaus ließ die diplomatische Zeremonie, die mit dem Abschreiten einer Ehrenformation des Wachregiments Felix

Dserschinski und dem Gruß der DDR-Fahne auf dem Hof hinter dem Staatsratsgebäude begann, mit kühlem Blick über sich ergehen. Anschließend begab er sich mit seiner Begleitung, zu der auch ich gehörte, in das Staatsratsgebäude, wo ihn der Staatratsvorsitzende erwartete. Gaus verlas im Stehen – so verlangte es das Protokoll – das Beglaubigungsschreiben des Bundespräsidenten und überreichte es Stoph. Daran schloss sich ein kurzes förmliches Gespräch an. Die gesamte Zeremonie dauerte nicht länger als eine Viertelstunde. Damit begann der lange Weg zu einer Normalisierung der Beziehungen, die im Grundlagenvertrag vorgesehen war.

Die Anfänge der Ständigen Vertretung

Als Günter Gaus am 20. Juni 1974 akkreditiert wurde, wohnte ich noch im Hotel Unter den Linden. Wenn ich mich recht erinnere, wurde nun der Wachposten vor meiner Tür abgezogen. Dieser besondere Schutz war offenbar den Missionschefs vorbehalten. Ich nahm diese Herunterstufung mit Befriedigung zur Kenntnis. Doch des Lebens im Hotel war ich längst überdrüssig. Anfang August war es endlich so weit: Ich holte die Familie in Bonn ab, wir fuhren im eigenen Wagen nach Berlin und übernachteten im Hotel Unter den Linden. Am nächsten Morgen fuhr der Möbelwagen in der Friedrich-Engels-Straße 78 vor, wo wir in den nächsten Jahren wohnen sollten; der DDR-Zoll nahm die Inventarlisten in Empfang, überwachte das Ausladen, und am Abend waren wir eingezogen. In den folgenden Tagen wurden die Kisten ausgepackt, woran sich die Kinder mit Vergnügen beteiligten.

Das Einfamilienhaus, das wohl aus den zwanziger Jahren stammte, war unauffällig und nicht besonders ansehnlich. Wer früher dort gewohnt hatte, wussten wir nicht. Es war uns vom Dienstleistungsamt zugewiesen worden und hatte genügend Platz für unsere drei Kinder, die das Stockwerk unter dem Dach bewohnten. Aus ihren Fenstern konnten sie das im Westteil der Stadt gelegene Märkische Viertel sehen. Es lag nur etwa zwei Kilometer Luftlinie von unserer Straße entfernt, war aber wegen der Mauer nur über lange Umwege zu erreichen.

Das Wohnhaus in Niederschönhausen

Hinter dem Haus befand sich ein kleiner anspruchsloser Garten, den Hilla mit viel Liebe und nur wenig Unterstützung durch einen lustlosen Gärtner, den uns das Dienstleistungsamt zur Verfügung gestellt hatte, allmählich etwas freundlicher gestaltete.

Im Nachbarhaus auf der rechten Seite wohnte der belgische Gesandte Adolf Criel mit seiner Familie, mit der wir uns rasch anfreundeten. Im Haus links von uns lebte eine DDR-Familie, ein älteres Ehepaar mit Tochter, Schwiegersohn und Enkelsohn Uwe. Sie waren zunächst sehr zurückhaltend, hatten vielleicht auch den Auftrag, das Kommen und Gehen bei den neuen Nachbarn zu beobachten, doch im Lauf der Zeit wurden sie zutraulicher. Der Schwiegersohn, ein tüchtiger Handwerker, der in einem staatlichen Baubetrieb arbeitete, reparierte in seiner Freizeit Westautos, die Diplomaten und anderen Ausländern gehörten, und ließ sich dafür mit dem begehrten Westgeld, genannt Valutamark, bezahlen. Mit ihm kam ich bald ins Gespräch und nahm gelegentlich auch seine Dienste in Anspruch. Der Kontakt mit Diplomaten, den ausländischen wie den westdeutschen, schien ihm keine Probleme zu bereiten. Er wusste, was seine Arbeit wert war.

100

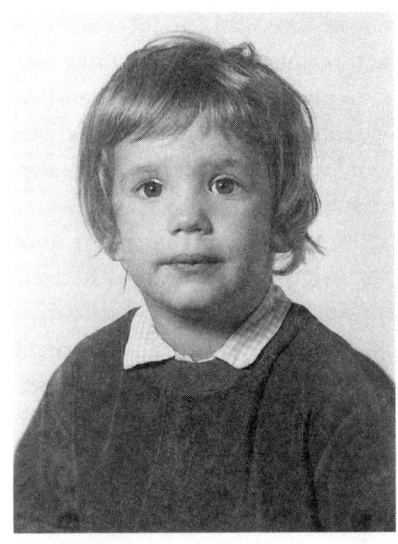

Henry Bräutigam

Wie alle Mitarbeiter der Ständigen Vertretung mit Kindern im schul-
pflichtigen Alter schickten wir unsere beiden älteren Kinder, Claudia,
genannt Kaschi, und Robert, zwölf und zehn Jahre alt, in gut erreich-
bare West-Berliner Gymnasien. Der dreijährige Henry ging in einen
kirchlichen Kindergarten in der Nähe, in dem er gut betreut, aber nie
so recht heimisch wurde. Als er fünf wurde, schickten wir ihn in einen
West-Berliner Kindergarten, um ihn auf die Schule vorzubereiten. Damit hatte er endlich die Gleichberechtigung mit den älteren Geschwis-
tern erreicht. Er bekam nun ebenfalls den begehrten Kinderausweis für
den Grenzübertritt nach West-Berlin, in dem anstelle der eigenhändi-
gen Unterschrift »des Schreibens unkundig« vermerkt war.

Der tägliche Schulweg durch die Mauer nach West-Berlin und
nachmittags zurück stellte uns vor einige Probleme. Wir organisierten
zunächst Fahrgemeinschaften mit Kollegen, die in unserer Nähe
wohnten, doch bald stellte uns die Bundesregierung einen Schulbus
zur Verfügung, der die Kinder der Ständigen Vertretung und befreun-
deter Botschaften morgens einsammelte und am frühen Nachmittag
wieder zurückbrachte. Die DDR-Stellen hatten damit keine Schwierigkeiten. Sie legten offenkundig keinen Wert darauf, westdeutsche

und andere Kinder aus dem Westen in ihre Schulen aufzunehmen, wozu sie nach ihren eigenen Gesetzen verpflichtet waren. Einige Ausnahmen gab es allerdings, vor allem bei Erst- und Zweitklässlern, denen die Eltern den langen Schulweg von Ost nach West und wieder zurück ersparen wollten. Sie wurden in den ostdeutschen Schulen, wie wir hörten, zuvorkommend behandelt und auch nicht indoktriniert. Aber was sollten die Eltern aus dem Westen tun, wenn ihre sechs-, sieben- oder achtjährigen Sprösslinge wie ihre DDR-Klassenkameraden zu den Pionieren wollten? Auch nur in einen ostdeutschen Sportverein einzutreten war für Westkinder schwierig, wenn nicht unmöglich, die DDR mochte das nicht. Ostdeutsche Schulbücher waren ebenfalls ein Problem, denn sie waren durchsetzt von antiwestlicher Propaganda. Der Westen und der Osten waren, gerade auch für Kinder, getrennte Welten.

Ich war anfangs besorgt, wie die täglichen Fahrten durch die Mauer auf unsere Kinder wirken würden. Mussten sie nicht den Eindruck bekommen, die Mauer sei doch ganz harmlos? Wenn man nur den richtigen Ausweis hatte, wurde man von den sich freundlich gebenden Grenzposten auf der Diplomatenspur bevorzugt abgefertigt. Wartezeiten gab es so gut wie nie. Doch meine Sorge erwies sich als grundlos. Tatsächlich reagierten die Kinder ganz anders. Sie konnten überhaupt nicht verstehen, warum es diese schreckliche Mauer gab. Von den Stiefmütterchen, mit denen die Betonblöcke an den Sektorenübergängen bepflanzt worden waren, um bei den Passanten einen friedlichen Eindruck zu erwecken, ließen sie sich nicht täuschen. Sie fanden es einfach widerlich, dass ihre Schulfreunde aus dem Westteil der Stadt sie nur unter großen Schwierigkeiten besuchen konnten. Und es gab da auch noch eine andere unerfreuliche Seite: Manchmal wurden die (West-)Kinder aus dem Osten in West-Berliner Schulen so behandelt, als hätten sie eine ansteckende Krankheit, eben die Ostkrankheit. Man könne es doch riechen, sagten die echten West-Kinder und meinten dabei den penetranten Lysolgeruch, den Westbesucher bei Besuchen im Ostsektor wahrnahmen. Gott sei Dank verschwanden diese Vorurteile bald, nachdem sich die Kinder besser kennengelernt hatten.

Unseren älteren Kindern fiel es nicht ganz leicht, sich an den langen Schulweg durch die Mauer zu gewöhnen. Sie litten darunter, dass außerhalb der Schule ihre Kontakte zu Mitschülern und Freunden im Westteil der Stadt so umständlich waren. Sie waren immer auf ein Auto der Eltern angewiesen, denn mit öffentlichen Verkehrsmitteln waren die langen Wege zwischen Ost und West nur schwer zu bewältigen. Gottlob fanden unsere Kinder bald Spielgefährten aus den westlichen Diplomatenfamilien, die in der Nähe wohnten. Zudem gab es in unserer Gegend einen etwas verfallenen Sportplatz, der den Kindern gerade recht war. Dort konnten sie herumtoben, wie es ihnen gerade in den Sinn kam. Wir hörten zwar, es sei geplant, dort einen Sport- und Freizeitklub für Diplomaten einzurichten. Es wurden auch regelmäßig Materialien für dieses Bauvorhaben angeliefert, die aber von unsichtbarer Hand immer schnell wieder verschwanden. Offenbar gab es dafür in unserer Gegend, wo viel privat gebaut wurde, großen Bedarf. Wir waren freilich gar nicht traurig darüber, dass der Sport- und Freizeitklub, in dem die Diplomaten gut abgeschirmt unter sich bleiben sollten, auf sich warten ließ. Für meine Dauerläufe am Wochenende war der alte Platz genau richtig. Und auch die Kinder liebten die Unordnung, die dort herrschte, und dass man dort tun und lassen konnte, was man wollte.

In unserem Haus in Niederschönhausen lebten wir uns rasch ein. Wir hatten genug Platz, jedes Kind hatte sein eigenes Reich, in das es sich zurückziehen konnte. In den Wohnräumen im untersten Stock fühlten wir uns anfangs etwas eingeengt, aber daran gewöhnten wir uns. Wir legten keinen Wert auf ein auffallendes, elegantes Ambiente, sondern wollten ein »normales Haus« führen und DDR-Besuchern nicht ein westliches Leben im Überfluss vorführen. Im Sommer nutzten wir bei gutem Wetter den Garten. Das taten auch unsere rückwärtigen Nachbarn, deren Grundstück an unseren Garten grenzte. Wir kannten sie nicht. Sie waren durch eine Mauer und Sträucher so von uns abgeschirmt, dass wir sie eigentlich nie zu Gesicht bekamen. Aber ungewollt hörten wir ihre Gespräche mit, wenn sie an den Wochenenden mit Verwandten und Freunden Grillpartys veranstalteten, manchmal bis tief in die Nacht hinein. Trotz der Nähe des »Klassenfeindes« gaben sie sich ganz unbefangen. Sie sprachen meist über private Dinge und scheuten sich nicht, aus lautgestellten Radios Nachrichten, Sportsendungen und vor allem natürlich Musik aus dem Westen zu hören.

Ost-Berlin in den siebziger Jahren

Natürlich konnten wir in Niederschönhausen kein wirklich normales Leben führen. Alle Häuser, in denen westliche Diplomaten wohnten, wurden Tag und Nacht überwacht. Darauf waren wir vorbereitet, und wir beschwerten uns nicht darüber. Aber kaum hatten wir uns an die Wachposten vor unserem Haus gewöhnt – wir kannten sie vom Ansehen her, und sie grüßten uns freundlich –, wurden sie abgezogen, weil die ständige Anwesenheit eines Wachpostens vor der Tür den Botschafterresidenzen vorbehalten war. Diese Statusminderung konnten wir freilich gut ertragen, zumal für unseren Schutz, wie wir bald bemerkten, anderweitig gesorgt war. Die Überwachung erfolgte jetzt von einem uns gegenüberliegenden Haus aus. Die bisherigen Bewohner waren ausgezogen, und nun hatte dort eine Dienststelle der Staatssicherheit für die Kontrolle der in unserem Viertel lebenden Diplomaten ihren Sitz.

Im Herbst erschienen bei uns vom Dienstleistungsamt bestellte Bedienstete, die im Schichtdienst die Heizung versorgten. Sie waren uns natürlich sehr willkommen, auch wenn wir ahnten, dass sie neben der Heizung wohl noch andere Aufgaben hatten. Ohne uns zu behelligen, betraten sie den Heizungskeller durch eine Außentür. Die Innentür, durch die man über die Kellertreppe in die Wohnräume gelangen konnte, war verschlossen. Nur die Heizer hatten wohl einen Schlüssel zu dieser Tür, wir nicht. Als wir uns danach erkundigten, bekamen wir keine Antwort. Einen besonderen Grund zur Besorgnis sahen wir darin aber nicht. Es erschien uns sinnlos, die Überwachung des uns von der DDR gestellten Hauses verhindern zu wollen. Den Zugang hatten sie allemal, und wir hatten nichts zu verbergen. Zudem waren wir dank der Aufmerksamkeit der Staatssicherheit für »private« Einbrecher, die es ja auch im Sozialismus gab, kein geeignetes Objekt. Kurz, wir wehrten uns nicht gegen die offenkundige Überwachung und nahmen sie unter den gegebenen Umständen als unvermeidlich hin.

Einmal kam sie uns sogar zustatten. Wir hatten uns angewöhnt, manchmal die Tür nicht abzuschließen, wenn wir für kurze Zeit das Haus verließen. Wir sagten uns, die Stasi klaut nicht, und hatten ja bisher in dieser Hinsicht auch keine schlechten Erfahrungen gemacht. Als wir eines Abends von einer Einladung zurückkamen, stellten wir fest, dass unsere Haustür verschlossen war. Wir hatten sie wohl nicht abgeschlossen und leider auch den Schlüssel im Haus gelassen. Unsere älteren Kinder waren nicht da. Sie übernachteten bei Freunden in West-Berlin und hatten wahrscheinlich die Haustür abgeschlossen, als sie gingen, während Henry, der Jüngste, offenbar fest schlief und sich auch durch längeres Läuten nicht aufwecken ließ. Was tun? Nach West-Berlin fahren und dort übernachten oder unsere älteren Kinder bei ihren Freunden aufstöbern? Beides passte uns nicht. So entschied ich mich für den kürzesten Weg, ging in die gegenüberliegende Stasi-Zentrale, klingelte und bat den sogleich erscheinenden Wachhabenden mit freundlichen Worten, uns doch bitte mit ihrem Schlüssel zu unserem Haus auszuhelfen.

Der aber fand es provozierend, ihm zu unterstellen, er habe einen Schlüssel zu unserem Haus. Ich brauchte einige Zeit und meine ganze Überredungskunst, um ihm klarzumachen, dass es um nichts anderes gehe als Nachbarschaftshilfe. Wir seien doch, gewiss aus Unachtsamkeit, in einer Notlage, und natürlich, so sagte ich, bleibe die Angelegenheit unter uns. Die Nichteinhaltung seiner Dienstpflichten würde ich gewiss nicht beanstanden. Der Wachhabende zögerte einen Augenblick, dann ging er ins Haus zurück, wohl um zu telefonieren. Es dauerte einige Minuten. Als er zurückkam, sagte er nur: »Kommen Sie«, ging zu unserem Haus hinüber und schloss die Tür auf. Ich hatte ein Tabu gebrochen – und gewonnen. Spätere Auseinandersetzungen mit der Staatssicherheit sollten freilich weit weniger angenehm verlaufen.

Auch sonst bemühten wir uns, so gut es eben ging, Normalität zu praktizieren. Als einer der Heizer uns stolz von der Geburt einer Tochter berichtete, besorgte meine Frau ein schönes Jäckchen für das Neugeborene, natürlich aus dem Westen. Doch der Heizer wollte es nicht annehmen. Er sprach plötzlich ganz leise und sagte meiner Frau, es tue ihm sehr leid, aber er dürfe von uns keine Geschenke annehmen. So seien nun einmal die Dienstvorschriften. Indes wollte meine Frau das so nicht hinnehmen. Sie ging mit ihm zurück in den Heizungskeller, versicherte ihm hoch und heilig, niemand werde von dem Geschenk für die Tochter etwas erfahren, außerdem könne es seine Frau doch sicher gut gebrauchen. Noch einmal zögerte der gute

Mann, dann nahm er das Päckchen und ließ es in seiner Aktentasche verschwinden.

Wenn ich heute gelernten DDR-Bürgern solche belanglosen Geschichten erzähle, reagieren sie meist mit Unverständnis. Ja, meinen sie, das waren eure Stasi-Geschichten, wir haben ganz andere erlebt, über die man nicht lachen kann. Da haben sie natürlich recht. Uns konnte die Stasi tatsächlich nicht viel anhaben. Aber auch die Ständige Vertretung hat in anderen Zusammenhängen »böse« Stasi-Geschichten erlebt, auf die ich noch zurückkommen werde.

Als Henry stolzer Besitzer eines Kinderfahrrads war, machten wir im Sommer kleine Radtouren in die nähere Umgebung. Unser bevorzugtes Ziel war Rosenthal, ein kleines, noch zu Berlin gehörendes Dorf, das unmittelbar an der Sektorengrenze lag. Am Ortsrand gab es einen Friedhof, von dem aus man die sich nach Norden über eine Anhöhe hinziehende Mauer sehr gut überblicken konnte. Sie durchquerte hier Wiesen und Äcker und durchschnitt eine stillgelegte Eisenbahnstrecke, auf der früher, in »Friedenszeiten«, die Heidekrautbahn nach Wandlitz verkehrt hatte. Eingebettet in eine idyllische Landschaft, wirkte die Mauer an dieser Stelle friedlicher als anderswo. Nur der Wachturm am südlichen Ende des Friedhofs störte das Bild und gemahnte uns an die brutale Wirklichkeit. Nach dem Friedhofsbesuch fuhren wir zurück ins Dorf und kehrten im Rosenthaler Hof, einem privaten Gasthof, ein. Wir setzten uns an die Theke, Henry bestellte eine Brause und ich einen »Jus«, wie es auf DDR-Deutsch hieß, und wir beobachteten die Gäste, die an ihren Tischen auf das gute Mittagessen warteten.

Wir lebten drei Jahre in der Friedrich-Engels-Straße. An die altmodische, quietschende Straßenbahn hatten wir uns bald gewöhnt. Unsere Kinder fuhren damit gelegentlich in die Schönhauser Allee, um im Kaufhaus Fix kleine Einkäufe zu machen: preiswerte Schreibwaren, Scheren, Bürsten und Ähnliches mehr. Solche Ausflüge liebten sie sehr.

Wenn meine Frau und ich am Abend in unserem Viertel oder im nahegelegenen Wilhelmsruh einen Spaziergang unternahmen, konnten wir beobachten, wie die Bewohner ihre Einfamilienhäuser und Gärten mit Liebe und praktischem Sinn in Ordnung hielten, auch wenn der graubraune Putz an manchen Stellen bröckelte. Wie überall in der DDR gab man sich nach außen bescheiden. Auffälligen Wohlstand zu zeigen war nicht ratsam. In der DDR-Gesellschaft gehörte sich das nicht.

Allmählich wurden wir in unserer näheren Umgebung bekannt. Kleidung und Sprache verrieten uns als Westdeutsche. Auf der Straße wurden wir nur selten angesprochen, das erschien erfahrenen DDR-Bürgern wohl nicht opportun. Doch der eine oder andere der Passanten grüßte uns leise. Wir waren Zugezogene, fühlten uns aber nicht als Fremde und waren hier nun zu Hause.

Zu den Vorzügen unserer Berliner Existenz gehörte es, dass wir uns in beiden Teilen der Stadt ungehindert bewegen konnten. Bei unseren täglichen Fahrten von der einen Stadthälfte in die andere wurden wir zwar kontrolliert, konnten aber aufgrund unseres Diplomatenstatus eine besondere Abfertigungsspur benutzen und wurden so gut wie nie aufgehalten. So war es für uns ein Leichtes, am kulturellen und gesellschaftlichen Leben in beiden Teilen Berlins teilzunehmen. Unsere Einkäufe besorgten wir freilich größtenteils im Westen, nicht so sehr, weil wir verwöhnt waren – das waren wir auch –, sondern weil es einfacher war. Im Osten wussten wir nie, was man wo zu welcher Zeit bekommen konnte. Und wir wollten in den Geschäften im Osten auch keine Vorzugsbehandlung, wenngleich das mit etwas Westgeld leicht zu erreichen gewesen wäre.

Das Leben in der geteilten Metropole fanden wir ebenso spannend wie unruhig. Mit dem Westen waren wir vertraut, aber Niederschönhausen im Osten wurde bald der Mittelpunkt unseres Lebens in Berlin. Je länger wir dort wohnten, desto mehr freuten wir uns, am Abend nach einem langen, arbeitsreichen, oft hektischen Tag nach Hause zu kommen.

Geheime Treffen

Am 10. Juli 1974 schickte der Bundeskanzler über den Kanal Herbert Wehner/Rechtsanwalt Vogel eine Mitteilung an Erich Honecker, in der er eine Bestandsaufnahme zu aktuellen Fragen in den deutsch-deutschen Beziehungen vorschlug. Es ging dabei um die Zusammenarbeit in Wissenschaft und Technik, im Post- und Fernmeldewesen, im Umweltschutz, der Kultur und auf anderen Gebieten, um so die Normalisierung in Gang zu bringen. Für die Abstimmung der Interessenschwerpunkte, wie er es nannte, sollten beide Seiten persönliche Beauftragte ernennen. Die Zustimmung Honeckers ließ nicht lange auf sich warten, und schon Ende Juli kam es zu einem ersten Gespräch zwischen Staatssekretär Pöhl, einem Vertrauten des Bundeskanzlers aus dem Bundesfinanzministerium, und dem stellvertretenden Minister für Außenhandel der DDR, Alexander Schalck-Golodkowski. Das geradezu konspirativ anmutende Geheimtreffen war von Herbert Wehner arrangiert worden und fand in einem Haus der schwedischen lutherischen Kirche in West-Berlin statt. Wie Schalck in seinen »Deutsch-deutschen Erinnerungen« schreibt, war das sein erster Auftritt in den Kontakten zwischen den beiden deutschen Staaten.

Im August 1974 trafen sich Pöhl und Schalck mehrere Male und stimmten die Interessenschwerpunkte beider Seiten ab. Dabei wurde erstmals das Grundkonzept erkennbar, das bis zum Ende der DDR die deutsch-deutschen Verhandlungen bestimmen sollte. Der Bundesregierung ging es in erster Linie um das, was man damals »menschliche Erleichterungen« nannte, also um Fragen der Familienzusammenführung und des Reiseverkehrs sowie um Maßnahmen zur Stabilisierung der Lage West-Berlins, während für die DDR Transferzahlungen und andere materielle Vorteile im Vordergrund standen, besonders ein zinsloser Überziehungskredit für Einfuhren aus der Bundesrepublik – der sogenannte »Swing« –, die Transitpauschale, Straßenbenutzungsgebühren und Einnahmen aus der Grunderneuerung und dem Neubau von Autobahnen.

Das Ergebnis der Sondierungen wurde in einem Briefwechsel zwischen Helmut Schmidt und Erich Honecker festgehalten. In seinem Brief vom 6. September 1974 wertete Schmidt das Ergebnis positiv. Er sehe nun die Möglichkeit, »die Beziehungen zwischen den beiden deutschen Staaten über das schon erreichte Maß hinaus zu normalisieren und mit gutem Willen auf beiden Seiten auch wirklich zu verbessern«. Zum Schluss merkte er allerdings an, er sei von dem Ergebnis der Sondierungen noch nicht voll befriedigt. Das gelte in erster Linie für die Neuregelung des Mindestumtausches beim Besuch Ost-Berlins und der DDR und die von ihm gewünschte Herabsetzung der Altersgrenze für Reisen von DDR-Bürgern in die Bundesrepublik. Honecker antwortete am 10. September. Die Beauftragten hätten Fortschritte erzielt, schrieb er. Nun sollten offizielle Schritte unternommen werden, um die im Grundlagenvertrag vorgesehene Normalisierung zu verwirklichen. Als Verhandlungsführer wurden in dem Briefwechsel Günter Gaus und der Abteilungsleiter im Bundeskanzleramt, Carl Werner Sanne, für die Bundesrepublik, der stellvertretende Außenminister Nier für die DDR benannt.

Wenige Tage später wurde Gaus von Generalsekretär Honecker zu einem Vieraugengespräch im Gebäude des Zentralkomitees – dem »Großen Haus«, wie es in der DDR hieß – gebeten, über das anschließend in der DDR-Presse berichtet wurde. Schon die Tatsache eines Vieraugengesprächs war ungewöhnlich. Normalerweise führten die Spitzenfunktionäre offizielle Gespräche in Anwesenheit eines Mitarbeiters, der Notizen machte und die Gesprächsaufzeichnung anzufertigen hatte. Das entsprach dem internen Protokoll, diente aber auch einer gewissen Kontrolle. Diesmal wollte Honecker aber nicht nur die uns bereits bekannten Vorschläge für die anstehenden Verhandlungen übergeben, sondern auch einen vertraulichen Gesprächskontakt zwischen ihm und Gaus verabreden. Als Gaus aus dem Zentralkomitee zurückkam, war er hochzufrieden. Der direkte Zugang zu dem SED-Generalsekretär war nicht nur ein Ausdruck des Respekts, der ihm von der SED-Führung schon nach kurzer Zeit entgegengebracht wurde. Dieses Privileg stärkte auch seine Position als Verhandlungsführer gegenüber den Bonner Stellen. Nach meinem Eindruck hatte Wehner im Hintergrund geholfen, um Gaus eine Schlüsselrolle in den deutsch-deutschen Verhandlungen zu verschaffen.

Am 7. Oktober 974 wurde in Ost-Berlin das fünfundzwanzigjährige Bestehen der DDR mit großem Aufwand gefeiert. Die Partei- und Staatsführung war sichtlich stolz auf das, was sie in den letzten Jahren erreicht hatte, vor allem auf die weltweite diplomatische Anerkennung, die Mitgliedschaft in den Vereinten Nationen und nicht zuletzt die Gleichberechtigung mit dem großen Nachbarn Bundesrepublik. Die DDR-Führung sah darin einen großen Durchbruch bei ihrer Politik, die auf die endgültige Regelung der deutschen Frage auf der Grundlage der Zweistaatlichkeit und die Stabilisierung ihres politischen Systems ausgerichtet war. Zugleich hatte sich bei den Deutschen auf beiden Seiten die Vorstellung gebildet, aufgrund der bestehenden Machtverhältnisse in Europa werde es in der vorhersehbaren Zukunft eine Wiedervereinigung nicht geben. Die meisten DDR-Deutschen hatten sich mit den Verhältnissen abgefunden, auch jene, die mit dem Sozialismus nach sowjetischem Muster wenig im Sinn hatten. Die Teilung Deutschlands schien sich dauerhaft gefestigt zu haben.

Zu dem großen Jubiläum erschien in Ost-Berlin eine sowjetische Delegation mit Generalsekretär Breschnew an der Spitze. Bereits zwei Tage vor dem Staatsfeiertag hielt der »große Bruder« feierlich Einzug. Die Delegation wurde auf dem Flughafen Schönefeld von dem fast vollzählig versammelten SED-Politbüro begrüßt. Von dort fuhren Breschnew und Honecker in einem offenen Wagen zweieinhalb Stunden lang durch ein Spalier jubelnder Menschen zur offiziellen Residenz der Delegation im Schloss Niederschönhausen. Ich hatte mich aus Neugier in Pankow unter die Leute gemischt. An dieser Stelle war der Jubel nicht gerade überschäumend. Das Publikum war durch das lange Warten schon etwas müde, die Kinder ungeduldig. Als schließlich die beiden kommunistischen Großfürsten in ihrer Staatskarosse auftauchten – auch sie waren durch die lange Fahrt im Stehen sichtlich abgekämpft –, wurden wie auf Kommando Hochrufe ausgebracht, und die Kinder schwenkten ihre Fähnchen. Der Jubel dauerte aber nur einen Augenblick. Dann war die Delegation durch, und das Spalier löste sich auf.

Am Abend fand an der Schinkel-Wache Unter den Linden ein großer Zapfenstreich statt, den wir im Fernsehen beobachten konnten. Die Soldaten, meist junge Offiziere der NVA, waren bestens gedrillt für diese Zeremonie. Ihr Stechschritt war perfekt, und das Ganze wirkte so zackig, dass sie damit auch in früheren Zeiten der deutschen Geschichte Eindruck gemacht hätten.

Am Sonntagvormittag gab es drei Kranzniederlegungen: am Mahnmal für die Opfer des Faschismus und des Militarismus in der Schinkel-Wache, auf dem sowjetischen Ehrenfriedhof in Treptow und in der Gedenkstätte der Sozialisten, wo alljährlich der ermordeten Führer Karl Liebknecht und Rosa Luxemburg gedacht wurde und wo im Jahr zuvor auch Walter Ulbricht seine letzte Ruhestätte gefunden hatte.

Am Sonntagnachmittag versammelte sich die SED-Prominenz mit den ausländischen Ehrengästen zu einem großen Festakt in der Staatsoper. Die Festrede hielt der Erste Sekretär der SED – damals noch nicht Generalsekretär –, Erich Honecker. Er trat sehr selbstbewusst auf, rühmte in einem fast hymnischen Ton die Traditionen der deutschen Arbeiterbewegung und beschwor die humanistischen Ideale in der deutschen Geistesgeschichte, die in den Werken von Lessing, Goethe, Schiller und Heine wie auch in den großen Leistungen deutscher Wissenschaftler ihren Ausdruck gefunden hätten. Die nationalen Akzente in Honeckers Rede waren unüberhörbar, und er erhielt großen Beifall, von der Regie offenbar geplant.

Nach Einbruch der Dunkelheit gingen an diesem Tag die Feierlichkeiten mit einem Fackelzug der FDJ und der Jungen Pioniere zu Ende. In einem Meer von Fahnen zogen sie an der Ehrentribüne auf dem Marx-Engels-Platz – dem früheren Schlossplatz – vorbei, wo der jugendbewegte Erich Honecker und der FDJ-Vorsitzende Egon Krenz die Hochrufe der jungen Leute entgegennahmen. Ich hatte mich auch hier unter die Leute gemischt und sah viele Zuschauer, die von dem feierlichen Vorbeimarsch der Jugend sichtlich beeindruckt waren.

Am Montag, dem eigentlichen Staatsfeiertag, erreichten die Feierlichkeiten mit einer großen Militärparade der Nationalen Volksarmee ihren Höhepunkt.

Im Vorfeld des Jahrestags war noch ein anderer Vorgang zu verzeichnen, der das deutsch-deutsche Verhältnis berührte, jedoch in der Öffentlichkeit weniger Beachtung fand. Mit Wirkung vom 7. Oktober 1974 verabschiedete die Volkskammer ein Verfassungsgesetz, mit dem alle Bezüge auf die deutsche Nation und eine spätere Wiedervereinigung aus der Verfassung getilgt wurden. Die bisherige Bezeichnung der DDR als »sozialistischer Staat deutscher Nation« wurde ersetzt durch die Formel »sozialistischer Staat der Arbeiter und Bauern«. In der Präambel wurde der Hinweis auf die »ganze deutsche Nation« und in Artikel 8 die Aussage von der »schrittweisen Annäherung der beiden deutschen Staaten bis zu einer Vereinigung auf der Grundlage von Demokratie und Sozialismus« gestrichen. Der Bundeskanzler beklagte sich in einem Gespräch mit Rechtsanwalt Vogel und Herbert Wehner darüber, dass die Änderungen der Bundesregierung nicht vorher angekündigt worden waren. Aber die Verärgerung im Westen hielt sich in Grenzen, denn im Grunde hatte die DDR diese deutschlandpolitischen Positionen aus der Nachkriegszeit schon lange zuvor aufgegeben. In Wahrheit war die Verfassungslage nur an die tatsächlich bestehende Lage angepasst worden.

In den folgenden Wochen wurden die Verhandlungen zwischen den beiden Regierungen intensiv fortgesetzt. Schon bald traten allerdings Schwierigkeiten auf. Die DDR war nicht bereit, die Altersgrenze für Reisen ihrer eigenen Bürger in die Bundesrepublik und nach West-Berlin herabzusetzen, und sie wollte auch nicht auf den im letzten Jahr eingeführten Mindestumtausch für westdeutsche und West-Berliner Rentner bei Einreisen in die DDR verzichten, beides Reizthemen für die Bundesregierung und den West-Berliner Senat. Der Bundeskanzler verlangte nun mit noch größerem Nachdruck die Freistellung der Rentner und bot dafür eine Erhöhung des »Swing« auf 850 Millionen Verrechnungseinheiten (= D-Mark) für die Dauer von sechs Jahren an. Hier wurde erneut das Grundmuster in den deutschdeutschen Verhandlungen erkennbar: »menschliche Erleichterungen« gegen geldwerte Vorteile.

Auf dieser Grundlage kam dann Anfang Dezember eine Einigung zustande. Der Mindestumtausch wurde auf 13 D-Mark pro Tag für Westdeutsche und 6,50 D-Mark für West-Berliner ermäßigt, bei Freistellung der Rentner; der »Swing« wurde auf 850 Millionen VE für sechs Jahre festgesetzt. Außerdem sollten Verhandlungen über den Ausbau der Verkehrswege zwischen dem Bundesgebiet und West-Berlin aufgenommen werden; davon getrennt Verhandlungen zwischen dem Senat und der DDR über die Öffnung des Teltow-Kanals von Westen her sowie Verhandlungen über den grenzüberschreitenden Abbau von Braunkohle im Bereich Harbke. Schließlich sollte der Bau eines Kernkraftwerks in der DDR durch westdeutsche Unternehmen, das mit Stromlieferungen aus der DDR nach West-Berlin zu bezahlen wäre, geprüft werden. Dieses ehrgeizige Projekt scheiterte später an sowjetischen Einwendungen. Aber auch die West-Alliierten fanden daran wenig Gefallen. Sie fürchteten eine Abhängigkeit West-Berlins von Energielieferungen aus dem Osten. Insgesamt gesehen war das unter den damaligen Verhältnissen ein »großes Paket« und ein ausgewogener Kompromiss. Keine Seite hatte alles erreicht, was sie sich gewünscht hatte, aber beide kamen mit für sie wichtigen Projekten ein gutes Stück voran. Zum ersten Mal wurden Elemente eines Interessenverbunds der beiden deutschen Staaten erkennbar.

Für Gaus waren diese Vereinbarungen der erste sichtbare Erfolg seiner Arbeit in Ost-Berlin. Sie stärkten seine Position gegenüber dem Bundeskanzler, der ihm seit langem sehr distanziert gegenüberstand.

In Moskau fand man weniger Gefallen an dem Verhandlungsergebnis. Vor allem der geplante Neubau der Autobahn Berlin–Hamburg stieß auf Ablehnung bei den sowjetischen Stellen, die darin offenbar eine Rollbahn für westliche Streitkräfte in Richtung Osten sahen. Interessanterweise gab es bei den NATO-Verbündeten ähnliche Bedenken. Als Honecker von den sowjetischen Bedenken erfuhr, bekräftigte er, dass die DDR die Sicherheitsinteressen der Verbündeten nicht aus den Augen verlieren würde.

Am Heiligen Abend 1974 – unserem ersten Weihnachten in der DDR – gingen Hilla und ich mit den Kindern in die überfüllte Marienkirche in Ost-Berlin. Der dreijährige Henry nannte sie »Mariechenkirche«. Das gefiel uns so gut, dass wir bis heute bei diesem Namen geblieben sind. Den Gottesdienst hielt Bischof Albrecht Schönherr. In seiner Predigt sprach er von einem sinnerfüllten Leben in einer christlichen Gemeinde, die unabhängig von der politischen Ordnung Bestand habe.

Als wir zu Beginn des neuen Jahres mit den Mitarbeitern der Vertretung eine vorläufige Bilanz unserer Arbeit zogen, waren wir ganz zufrieden. Wir hatten uns eingelebt. Die Ständige Vertretung war etabliert und arbeitsfähig. Die Lage der Vertretung im Zentrum Berlins hatte sich als günstig erwiesen. Trotz der auffälligen Bewachung durch die Volkspolizei kamen immer mehr DDR-Bürger in die Vertretung und trugen uns ihre Probleme und Wünsche vor. Die Mitarbeiter hatten gelernt, den Besuchern zuzuhören – das war zunächst einmal das Wichtigste –, sie zu beruhigen, wenn sie erregt waren, ihnen keine fal-

In der Ständigen Vertretung

Die Ständige Vertretung in der Hannoverschen Straße

schen Hoffnungen zu machen, aber doch zu vermitteln, dass sich die Bundesregierung um ihre berechtigten Anliegen kümmern werde.

Die seit 1973 aufgetretenen Irritationen zwischen den beiden deutschen Staaten waren freilich nicht ausgeräumt. Das politische Klima war immer noch frostig. Beide Regierungen reagierten überempfindlich, wenn irgendetwas passierte. Erst allmählich lernten sie, mit den bestehenden Gegensätzen zurechtzukommen und sich auf die praktischen Interessen zu konzentrieren. Die bisherigen Ergebnisse der von Gaus geführten Verhandlungen waren dafür ein ermutigendes Zeichen.

Unsere Arbeit hatte konkrete Auswirkungen. Die Bilanz des Reiseverkehrs besserte sich. 1974 reisten knapp zwei Millionen Westdeutsche in die DDR. Dazu kamen 1,4 Millionen Tagesaufenthalte von Westdeutschen in Ost-Berlin sowie 2,5 Millionen Besuche von West-Berlinern in Ost-Berlin beziehungsweise der DDR. Aus der DDR reisten 1974 1,3 Millionen Rentner in die Bundesrepublik beziehungsweise nach West-Berlin, während die Zahl der privaten Reisen von DDR-Bürgern unterhalb des Rentenalters in die Bundesrepublik und nach West-Berlin mit knapp 39 000 sehr niedrig blieb. Nach der Reduzierung der Mindestumtauschsätze als Ergebnis der Verhandlungen war bereits zu Weihnachten 1974 und dann im gesamten Jahr 1975 eine deutliche Steigerung des Reiseverkehrs in die DDR zu verzeichnen. Das war die eigentliche Bewährungsprobe unserer Politik.

Auch bei der Familienzusammenführung hatte es 1974 Fortschritte gegeben. Fast alle Kinder, die von ihren Eltern in der DDR zurückgelassen worden waren, und viele der getrennten Ehegatten – die sogenannten Kofferfälle – waren inzwischen ausgereist. Die Gesamtzahl der Übersiedler aus der DDR in die Bundesrepublik war allerdings immer noch bescheiden.

Im neuen Jahr erlebten wir zunächst das typische Auf und Ab in den deutsch-deutschen Beziehungen. Wahrscheinlich brauchte die DDR nach einer dynamischen Verhandlungsphase eine Pause, um dem immer wachen Misstrauen in Moskau entgegenzuwirken, aber auch um zu große Erwartungen in der eigenen Bevölkerung zu dämpfen. Jedenfalls kamen die Verhandlungen zwischen Gaus und Nier erst wieder in Gang, nachdem der Bundeskanzler und der SED-Generalsekretär im August 1975 in Helsinki am Rande der KSZE-Konferenz zwei längere Gespräche geführt hatten. Die Initiative dazu war von Helmut Schmidt ausgegangen. Es war das erste Treffen deutscher Spitzenpolitiker seit den Begegnungen 1970 in Erfurt und Kassel. Beide Gesprächspartner waren gut vorbereitet, und es entwickelte sich rasch ein sachlicher, unpolemischer und zunehmend offener Gedankenaustausch. Das wichtigste Ergebnis war: Die Verhandlungen auf der Ebene Gaus/Nier sollten im September wieder aufgenommen werden. Als Themen wurden die Erhöhung der Transitpauschale und die Grunderneuerung der Autobahn Berlin–Marienborn festgelegt.

Die Gespräche in Helsinki sind von beiden Politikern positiv bewertet worden. Der Umgang war normaler geworden. Helmut Schmidt kam es nicht nur darauf an, die stockenden Verhandlungen wieder in Gang zu bringen, sondern auch bessere Voraussetzungen für direkte, möglichst informelle Kontakte in der Zukunft zu schaffen. Das hatte er erreicht.

Zur Überraschung vieler Beobachter wurde die KSZE-Schlussakte von Helsinki im *Neuen Deutschland* in vollem Wortlaut veröffentlicht. Gleichzeitig bemühte sie sich mit großem propagandistischem Aufwand, die Schlussakte als eine Besiegelung der politischen und territorialen Ergebnisse des Zweiten Weltkriegs darzustellen, gewissermaßen als eine Art Ersatzfriedensvertrag. Niemand konnte damals freilich voraussehen, welche langfristigen Wirkungen der KSZE-Prozess haben würde. Viele im Westen waren skeptisch. Doch sie haben sich gründlich getäuscht. Tatsächlich sind in Osteuropa die Kräfte gestärkt worden, die mehr politische Eigenständigkeit, die Achtung der Menschenrechte und größere Freiräume für die einzelnen Menschen forderten. Das war schon nach wenigen Jahren nirgendwo deutlicher zu erkennen als in Polen.

Im November 1975 wurde Alexander Schalck-Golodkowski Verhandlungsführer der DDR. Er sollte sich vor allem der finanziellen Fragen annehmen. Die deutsch-deutschen Verhandlungen hatten fast immer auch mit Geld zu tun. Honecker ging es wohl auch darum, persönlich stärker auf die Verhandlungen Einfluss zu nehmen. Denn Schalck scheint seine Weisungen, anders als Nier, direkt von Honecker bekommen zu haben. Er werde, wie er Gaus einmal sagte, von Honecker persönlich »eingestellt« und stehe in ständigem Kontakt mit dem »großen Chef«. Der »kleine Chef« – aber auch noch ziemlich groß – war für ihn Günter Mittag. Dass Schalck daneben als »Offizier in besonderem Einsatz« auch noch dem Minister für Staatssicherheit unterstand, war uns damals nicht bekannt und scheint auch kaum praktische Bedeutung gehabt zu haben.

Schalck hatte einen völlig anderen Verhandlungsstil als der überaus vorsichtige Nier. Oberstes Gebot war für Ersteren die strikte Geheimhaltung. Er war peinlich darauf bedacht, dass seine Beteiligung an den Verhandlungen nicht bekannt wurde. Deshalb bestand er darauf, grundsätzlich »unter vier Augen« zu verhandeln; nur in der Schlussphase wurden einige wenige Experten für die Formulierung von Detailfragen hinzugezogen. Aus dem gleichen Grund wollte er nicht in einem Büro verhandeln, weder in seinem eigenen noch in der Ständigen Vertretung. So einigte man sich auf die Residenz des Ständigen Vertreters als Verhandlungsort. Gaus nahm an den konspirativen Neigungen seines Verhandlungspartners keinen Anstoß. Im Gegenteil, es amüsierte ihn, wenn Schalck am Telefon nie seinen Namen nannte, sondern sich stets als der »gute Bekannte« meldete. Gaus und Schalck haben Jahre später dieses Procedere höchst vergnüglich beschrieben.

Ich habe an den Gesprächen von Gaus und Schalck, von Ausnahmen abgesehen, nicht teilgenommen. Gaus hielt mich auf dem Laufenden, er zog mich häufig zurate, wir waren bald vertraut miteinander, und aus meiner Sicht hätte die Zusammenarbeit nicht besser sein können. Wichtiger aber war: Das neue Procedere in den Verhandlungen erwies sich als außerordentlich effektiv. Schalck bekam sehr schnell Weisungen, wann immer er sie brauchte. Er verfügte über einen erheblich größeren Spielraum als die anderen DDR-Unterhändler, mit denen wir bisher zu tun gehabt hatten. Er sagte lapidar, was für die DDR möglich war und was nicht. Auf seine Zusagen war Verlass. Der größte Vorteil für unsere Seite aber war: Schalck ging es in erster Linie um zusätzliche Einnahmen, die die DDR offenbar dringend brauchte. Er machte daraus auch gar kein Hehl. Die politische Bedeutung der Statusfragen und anderer Rechtsfragen war ihm zwar durchaus bewusst – dafür sorgte schon Karl Seidel im DDR-Außenministerium, mit dem Schalck, wie wir wussten, engen Kontakt hielt –, sie waren ihm aber nicht ganz so wichtig, und er wollte für überzogene Rechtspositionen der DDR möglichst keine finanziellen Einbußen hinnehmen. Das war eine günstige Ausgangsposition für praktische Lösungen, die Gaus zu nutzen verstand.

Mit dem Erscheinen von Schalck war Nier praktisch aus den Verhandlungen ausgeschieden. Er beschränkte sich ab jetzt darauf, die formalen Unterzeichnungsakte in der Öffentlichkeit zu vollziehen, während der eigentliche Chefunterhändler im Hintergrund blieb. Auch die Ebene Sanne/Schalck hatte seitdem keine Bedeutung mehr.

Im November 1975 kam es zu einer Verhandlungskrise, die diesmal von der Bundesregierung ausging. Gaus war vom Bundeskanzleramt angewiesen worden, an unserer Forderung nach neuen Übergängen für West-Berlin, vor allem im Süden und im Norden der Stadt, unbedingt festzuhalten und die DDR aufzufordern, ihre, wie die Bundesregierung meinte, überhöhten Kostenansätze für die Grunderneuerung zu überprüfen. Schalck reagierte darauf betont kühl. Schon am nächsten Tag teilte er mit, er könne die Gespräche erst dann weiterführen, wenn die Bundesregierung ihre Positionen überprüfe. Gaus flog noch am gleichen Tag nach Bonn, sprach dort mit Sanne und Weichert und forderte einen realistischen, mit dem Bundeskanzler abgestimmten Verhandlungsrahmen. Der Bundeskanzler war jedoch zu diesem Zeitpunkt nicht in Bonn. Als Gaus ohne abgestimmten Verhandlungsrahmen aus Bonn zurückkam, fragten wir uns: Welche Seite wird jetzt zuerst nervös werden? Erst nach Tagen kam das Gespräch zwischen Gaus und dem Bundeskanzler zustande. Doch der konnte sich noch nicht zu einer klaren Weisung für seinen Unterhändler durchringen. Gaus war enttäuscht. Er hielt es für einen Fehler, jetzt noch Maximalpositionen aufrechtzuerhalten und ein Scheitern der Verhandlungen zu riskieren. Eine weitere Verzögerung werde die Verhandlungslage, so meinte er, nicht zu unseren Gunsten verändern.

Eine Woche später ging endlich die Weisung aus Bonn ein. Gaus konnte mit einem erfolgversprechenden Mandat weiterverhandeln. Seine Hartnäckigkeit gegenüber Bonn hatte Erfolg gehabt. Er war nun voller Erwartungen und fieberte geradezu danach, die Sache »durchzubeißen«, wie er sagte. Am nächsten Tag ging aus Bonn ein Papier ein, das Honecker übermittelt werden sollte. »Ein gutes Papier«, sagte

Gaus mit einem vielsagenden Lächeln. Er hatte selbst an der Ausarbeitung mitgewirkt.

Ausgerechnet an diesem Tag ging der Fall unseres Mitarbeiters R. durch die Presse. Er hatte nach seinem Umzug in die Leipziger Straße, wo inzwischen die meisten unserer Mitarbeiter wohnten, einen Packer zurück nach West-Berlin gefahren und war dort offensichtlich »versumpft«. Als die beiden Kumpane um ein Uhr nachts, aus einer Kneipe kommend, wieder losfuhren, wurde R. wegen seiner schlingernden Fahrweise von einer West-Berliner Funkstreife angehalten. Noch ehe die Polizisten ihn befragen konnten, raste er auf den nahen Übergang an der Invalidenstraße zu, ließ kurz vorher den Packer aussteigen und verschwand hinter der »rettenden« Mauer. Der Packer, der ziemlich betrunken war, wurde festgenommen und entpuppte sich als ein vorbestrafter Einbrecher. Keine gute Gesellschaft für unseren Fernschreiber, der in der Ständigen Vertretung einer der wichtigsten Geheimnisträger war. Die Sauftour wurde natürlich über die Presse bekannt. Solche Eskapaden eines Mitarbeiters schadeten uns sehr, in der westdeutschen Öffentlichkeit und in West-Berlin, wo unsere Kontakte zur DDR-Regierung ohnehin mit Misstrauen beobachtet wurden, aber auch in der DDR.

Am 14. Dezember 1975 erreichte Gaus in mehreren hektischen Sitzungen mit seinem »guten Bekannten« die Einigung. Das Ergebnis: Die Gesamtkosten der Grunderneuerung der Autobahn Berlin–Marienborn wurden auf 259 Millionen D-Mark veranschlagt. Davon übernahm die Bundesrepublik 65 Prozent. Den Rest hatte die DDR zu bezahlen, die ja ebenfalls von der Grunderneuerung profitierte. Gleichzeitig wurde die Transitpauschale auf jährlich 400 Millionen D-Mark festgesetzt, eine stolze Summe. Außerdem wurden Instandsetzungsarbeiten an den Eisenbahnstrecken und Binnenschifffahrtsstraßen vereinbart.

Zwei Tage später billigte eine Bonner Ministerrunde das Verhandlungsergebnis und beglückwünschte den anwesenden Unterhändler. Auch das Bundeskabinett stimmte förmlich zu und ermächtigte Gaus, die Vereinbarungen zu unterzeichnen.

Ende gut, alles gut? Es wäre zu schön gewesen. Am 15. Dezember berichtete der *Spiegel* über zwei Fälle von Zwangsadoption, gestützt

auf Hinweise der Eltern und der Anwälte Stange (West) und de Maizière (Ost). Es handelte sich um Fälle, in denen die Eltern entweder
aus der DDR geflüchtet oder wegen versuchter Republikflucht zu einer Gefängnisstrafe verurteilt und dann »freigekauft« worden waren.
In beiden Fällen hatten die Eltern wohl die begründete Hoffnung gehabt, ihre noch kleinen Kinder auf dem Wege der Familienzusammenführung kurzfristig nachholen zu können. Aber die Hoffnung
trog. Die DDR-Behörden entzogen den Eltern das Sorge- und Erzie-
hungsrecht für ihre zurückgelassenen Kinder und wiesen sie in ein
Heim ein. Aufgrund der Übertragung des Sorgerechts auf den Staat
wurden sie dann zur Adoption freigegeben. Nach DDR-Recht war
eine solche Adoption ohne Zustimmung der leiblichen Eltern, sogar
gegen ihren Willen, zulässig. Ohne Zweifel ein rechtlich fragwürdiges,
moralisch verwerfliches Verfahren.

In der Bundesrepublik löste der *Spiegel*-Artikel helles Entsetzen
aus. Der bayrische Ministerpräsident Goppel lud auf der Stelle den
Ständigen Vertreter der DDR, der just an diesem Tag zu einem Antrittsbesuch in München angemeldet war, wieder aus und schrieb ihm
dazu noch einen bösen Brief, den er sogleich der Presse übergab. »Seit
Himmler hat es das in Deutschland nicht mehr gegeben«, hieß es darin. Kohl wies natürlich den »verleumderischen Brief« mit Schärfe
zurück, sah sich aber nicht in der Lage, die Adoption der beiden Kinder zu dementieren. Die Affäre kam nun richtig in Schwung. Am
nächsten Tag beschloss das Politbüro die Ausweisung des Ost-Berliner
Spiegel-Korrespondenten Jörg Mettke, der vermutlich den Artikel ver-
fasst hatte. Er wurde ins Außenministerium einbestellt, wo ihm in
einem »fensterlosen Kernraum«, wie er berichtete, wegen »Verleum-
dung der DDR« die Akkreditierung entzogen und er angewiesen wurde, die DDR binnen achtundvierzig Stunden zu verlassen. Eine Beru-
fungsmöglichkeit gegen die Entscheidung wurde nicht gewährt.

Als ich in der Ständigen Vertretung von der Ausweisung Mettkes
erfuhr, rief ich sofort im Bundeskanzleramt an und bat darum, die
Meldung umgehend an Gaus weiterzuleiten, der zu dieser Zeit noch
an der Ministersitzung teilnahm. Ich wollte sicher sein, dass die Entscheidung über die Verkehrsvereinbarungen in Kenntnis der Ausweisung Mettkes getroffen wurde. Dann meldete ich mich im Außenmi-

nisterium an, um gegen die Ausweisung zu protestieren und eine Begründung zu verlangen, die Mettke nicht erhalten hatte. Das war am späten Nachmittag. Doch einen Termin bekam ich an diesem Tag nicht mehr. Ich war darüber so verärgert, dass ich den Bereitschaftsdienst im Außenministerium anfuhr: »Hören bei Ihnen diplomatische Beziehungen bei Dienstschluss auf?«

Gaus kam noch am Abend aus Bonn zurück. Die Ministerrunde hatte sich nicht irritieren lassen und die Verkehrsvereinbarungen gebilligt. Am nächsten Morgen verlangte er mit allem Nachdruck einen Termin im Außenministerium, der ihm schließlich bei dem stellvertretenden Leiter der BRD-Abteilung, Hans Schindler, auch gewährt wurde – eine für den Leiter der Ständigen Vertretung demonstrativ niedrige Ebene. Auf Bitte von Gaus begleitete ich ihn. Gaus protestierte in gehöriger Form, ließ sich aber nicht zu übermäßiger Schärfe hinreißen. Natürlich dachte er dabei an »seine Vereinbarungen« und wollte die bevorstehende Unterzeichnung nicht gefährden. Schindler verlas eine vorbereitete Antwort, mit der der Protest zurückgewiesen wurde. Auf unsere Frage erklärte er, in beiden Fällen habe es keine Adoption gegeben und ein entsprechendes Verfahren sei auch nicht anhängig. Das erschien uns allerdings nicht glaubwürdig. Der *Spiegel*-Artikel war sehr konkret und beruhte auf seriösen Quellen.

Am 18. Dezember protestierte Gaus noch einmal bei dem stellvertretenden Außenminister Nier. Der wies den Protest in schärfster Form zurück, mit drohendem Unterton an die Adresse der Ständigen Vertretung, die sich mit der »verleumderischen Kampagne« gegen die DDR solidarisiert habe. Er verstieg sich sogar dazu, die beiden Fernsehkorrespondenten Loewe und Wiesner, die natürlich über den Fall berichtet hatten, als Wortführer der Kampagne zu bezeichnen. Das war eine Reaktion ohne Maß und Sensibilität, für die auch die meisten DDR-Bürger kein Verständnis gehabt haben dürften. Zudem unternahm Nier noch den Versuch, die Adoptionen prinzipiell zu rechtfertigen (nachdem Schindler sie am Tag zuvor abgestritten hatte). Eltern, die die DDR illegal verlassen oder aus der Haft freigekauft würden, verletzten, so erklärte er, die Pflicht zur sozialistischen Erziehung ihres Kindes. In solchen Fällen habe der Staat das Recht und sogar die Pflicht, die Erziehung selbst in die Hand zu nehmen. Und

dann fügte er noch hinzu: Die DDR brauche nicht nur junge Sozialisten, sondern auch Soldaten. Als wir diesen Unsinn hörten, verschlug
es uns fast die Sprache. »Hier scheiden sich die Geister«, notierte ich
in meinem Tagebuch.

Trotz der öffentlichen Erregung über die Zwangsadoptionen ließ
sich die Bundesregierung nicht aus der Fassung bringen. Der Kabi-
nettsbeschluss zu den Verkehrsvereinbarungen wurde nicht in Frage
gestellt. Am nächsten Tag, es war der 19. Dezember 1975, unterzeichneten Gaus und Nier die Vereinbarungen.

Gaus war erleichtert. Allmählich lösten sich auch die Spannungen.
Noch vor Weihnachten ließ Rechtsanwalt Vogel den evangelischen Bischof Scharf in West-Berlin, der sich über die Zwangsadoptionen beschwert hatte, wissen, »die Fehlentscheidungen« der DDR-Stellen
würden korrigiert. So geschah es dann auch. Die Kinder konnten zu
ihren Eltern ausreisen. Die Proteste waren also nicht ohne Wirkung
geblieben. Meines Wissens haben sich solche Zwangsadoptionen mit
einem politischen Hintergrund nicht wiederholt.

Ein unbotmäßiger Dichter

Zum ersten Mal war ich Reiner Kunze bei einer Lesung im Dezember
1973 im Rheinischen Landesmuseum in Bonn begegnet. Der Dichter
hatte keine Einführung gewünscht und auch selbst auf eine Vorstellung verzichtet. Eine Diskussion mit Fragen aus dem Publikum hatte
er ebenfalls abgelehnt. Er wollte allein durch die Gedichte, die er vortrug, wirken: Es waren knappe, präzise Texte, gelegentlich mit ver-
schlüsselten Botschaften, ohne Pathos, manchmal tieftraurig, andere
heiter. Ein Gedicht mit dem Titel »Nocturne« las er zweimal:

Schlaf du kommst nicht

Auch du
hast angst

In meinen gedanken erblickst du
den traum deinen
mörder

Kunzes Gedichte gingen mir nahe. In den nächsten Wochen las ich alle Gedichtbände Kunzes, die im Westen erschienen waren, gewissermaßen als Vorbereitung auf meine bevorstehende Mission in der DDR.

Reiner Kunze stammt aus dem Erzgebirge, sein Vater war Bergarbeiter, seine Mutter Heimarbeiterin für eine Strumpffabrik. Nach dem Krieg wurden seine Lehrer auf den begabten Schüler aufmerksam und förderten ihn. Nach dem Abitur studierte er in Leipzig Philosophie und Journalismus, wurde dort wissenschaftlicher Assistent und erhielt bald einen Lehrauftrag. 1959 sah er sich zum ersten Mal politischen Angriffen ausgesetzt und musste seine Lehrtätigkeit aufgeben. Zur Promotion wurde er nicht mehr zugelassen. Zeitweilig war er Hilfsarbeiter.

Eine schwere Krankheit veranlasste ihn zu längeren Kuraufenthalten in der Tschechoslowakei. Er lernte Tschechisch und kam bald mit den Wegbereitern des »Prager Frühlings« in Berührung. 1962 heiratete er eine tschechische Ärztin. Als am 21. August 1968 sowjetische Streitkräfte, unterstützt von Truppen der Warschauer-Pakt-Staaten, in der Tschechoslowakei einmarschierten, protestierte Kunze und trat aus der SED aus. Auch wenn er sich weiterhin zum Sozialismus bekannte, war das der endgültige Bruch mit dem SED-Regime und den kommunistischen Utopien. Er wurde ein glühender Kritiker der marxistisch-leninistischen Ideologie, ein Konvertit zum Glauben an die geistige Freiheit des Menschen. Von den Verlagen der DDR erhielt er bald darauf die Mitteilung, seine Gedichte würden künftig in der DDR nicht mehr gedruckt, bestehende Verträge wurden annulliert. Auch seine Übersetzungen tschechischer Lyrik und Nachdichtungen konnten nicht mehr erscheinen.

Ein Jahr später veröffentlichte Reiner Kunze den Gedichtband »Sensible Wege« im Rowohlt Verlag in Hamburg. Er sah sich nun scharfen Angriffen ausgesetzt. Der Vizepräsident des DDR-Schriftstellerverbandes, Max Walter Schulz, verunglimpfte Kunze in einer Rede vor dem Schriftstellerkongress.

Nach dieser offiziellen Verurteilung war die Lage Kunzes in der DDR höchst prekär geworden. Doch er arbeitete unerschrocken weiter und veröffentlichte seine Gedichte im Westen. In der DDR wurden

Abschriften seiner Texte von Hand zu Hand weitergegeben, er las in Kirchengemeinden und privaten Zirkeln. Seine Ausstrahlung, vor allem auf junge Leute, war ungebrochen.

1972 erschien im S. Fischer Verlag in Frankfurt am Main ein neuer Gedichtband Kunzes, »Zimmerlautstärke«. Ein Gedicht widmete Kunze seinem Freund, dem Dichter Peter Huchel, der im Jahr zuvor nach jahrelanger Isolation aufgrund einer persönlichen Intervention Heinrich Bölls hatte ausreisen können:

Peter Huchel verließ die Deutsche Demokratische
Republik (Nachricht aus Frankreich)
Er ging
Die Zeitungen meldeten keinen Verlust.

Nach der Veröffentlichung der »Zimmerlautstärke« wurde Reiner Kunze, wie zuvor schon Peter Huchel, von den Parteistellen als »Staatsfeind« geächtet. Umso größer war die Überraschung, als Kunze im Juli 1973 mit Genehmigung des DDR-Kulturministeriums den Literaturpreis der Bayerischen Akademie der Künste entgegennehmen konnte. Kurz darauf erschien in der Reclam-Bibliothek Leipzig eine Auswahl seiner Gedichte unter dem Titel »Brief mit blauem Siegel«. Der schmale Band mit einer Auflage von 15 000 Exemplaren zum Preis von 1,50 Ost-Mark war innerhalb weniger Tage vergriffen. Dieser Vorgang schien eine größere Offenheit der offiziellen Kulturpolitik anzuzeigen, wie sie zuvor schon von SED-Chef Honecker in einer Sitzung des Zentralkomitees angekündigt worden war. Vielleicht war die Veröffentlichung auch als Tribut an die Entspannungspolitik gedacht, die damals im Vorfeld der Konferenz über Sicherheit und Zusammenarbeit in Europa für die DDR-Führung eine hohe Priorität hatte. So jedenfalls wirkte die Veröffentlichung von »Brief mit blauem Siegel« nach außen. Oder hatte der Dichter sogar einflussreiche Fürsprecher in den höheren Rängen der SED?

Was immer die Gründe gewesen sein mögen, hinter den Kulissen sah es ganz anders aus, wie mir Reiner Kunze später erzählte. Nach der Veröffentlichung von »Brief mit blauem Siegel« hätten sich seine Schwierigkeiten noch verschärft. Die Kulturfunktionäre auf der unteren und mittleren Ebene seien ihm geradezu feindselig begegnet. Sie hätten in ihm weiterhin einen gefährlichen Gegner gesehen. Viel schlimmer aber sei die staatliche Anordnung, dass seine Tochter vor dem Abitur trotz ihrer guten Noten die Schule in Greiz habe verlassen müssen. Sie arbeite jetzt in einem kirchlichen Heim für behinderte Kinder in Berlin und sei sehr unglücklich.

Im Juni 1974 wurde Reiner Kunze zum ordentlichen Mitglied der Bayerischen Akademie der Schönen Künste gewählt. Das passte den DDR-Kulturpolitikern gar nicht ins Konzept. Denn nach der Satzung konnten nur Deutsche ordentliche Mitglieder der Akademie werden, während für Ausländer eine außerordentliche Mitgliedschaft vorgesehen war. Nach dem Beschluss der Bayerischen Akademie lud Kulturminister Hoffmann Kunze zu einem Gespräch ins Ministerium ein. Das Gespräch habe über drei Stunden gedauert, erzählte mir Kunze später. Der Minister habe ihn zu überreden versucht, die Berufung in die Bayerische Akademie abzulehnen. Aber er sei standhaft geblieben. Als der Minister schließlich einsehen musste, dass seine Lockungen und Drohungen vergeblich waren, habe er ihn angeschrien: »Eine Reisegenehmigung werden Sie nicht bekommen. Dann müssen Sie eben die Urkunde in der Botschaft der BRD in Empfang nehmen.«

Im Herbst trat der Generalsekretär der Bayerischen Akademie der Schönen Künste, Graf Podewils, mit der Bitte an Gaus heran, Reiner Kunze die Urkunde über die Mitgliedschaft in der Ständigen Vertretung übergeben zu können. Gaus zögerte nicht, zuzustimmen. Wir sprachen über die möglichen Komplikationen, die für Reiner Kunze, aber auch für die Vertretung daraus entstehen könnten. Doch in einer solchen Frage durften wir keine Unsicherheit zeigen. Ganz förmlich unterrichteten wir das Außenministerium der DDR von unserer Absicht, dem Dichter die Urkunde in der Vertretung zu überreichen. Es dauerte Wochen, bis wir eine Antwort erhielten. Sie klang sehr widerwillig, war aber in der Sache eindeutig: Die DDR werde keine Einwände erheben, aber diesen Akt nicht öffentlich zur Kenntnis nehmen.

Ende November fuhr ich zu Reiner Kunze nach Greiz, um mit ihm den Ablauf der Urkundenübergabe in der Ständigen Vertretung zu besprechen. Das Gespräch mit ihm und seiner Frau Elisabeth dauerte vier Stunden. Die beiden empfingen mich höflich, waren aber doch etwas nervös. Sie schienen sich unter einem westdeutschen Diplomaten einen soignierten, etwas steifen und schon älteren Herrn vorgestellt zu haben. Dieser Erwartung wurde ich offensichtlich nicht gerecht. Erst allmählich wurden sie zutraulicher. Sie spürten, dass ich mit ihnen nicht nur das Protokoll der Zeremonie in der Ständigen Vertretung besprechen wollte – das war schnell erledigt –, sondern daran interessiert war, sie kennenzulernen. Es wurde ein langes, für mich geradezu beglückendes Gespräch. Ich versuchte ihnen zu erklären, was wir in der DDR taten, worum es uns ging, wie wir lebten.

Dann erzählten Reiner und Elisabeth Kunze aus ihrem Leben. Seit den sechziger Jahren arbeite er als freier Schriftsteller, dem nur zeitweilig die Gunst der staatlichen Behörden zuteilgeworden sei, berichtete er. Dem politischen Regime der DDR stehe er sehr kritisch gegenüber. Daraus seien für ihn und seine Familie große Schwierigkeiten entstanden, aber ihren tschechischen Freunden gehe es heute viel schlechter als ihnen. Sie könnten nicht mehr publizieren und arbeiteten als Nachtportier oder in ähnlichen Stellungen. Ich spürte, beide waren durch das Erlebnis des »Prager Frühlings« geprägt worden. Elisabeth Kunze war nun als Ärztin in Greiz tätig. Sie ernähre die Familie, sagte der Dichter. Er trage gelegentlich durch Literaturpreise zum Unterhalt der Familie bei. Zum Abschied gab mir Reiner Kunze das kleine Reclam-Bändchen, in dem seine letzten Gedichte in der DDR veröffentlicht worden waren, mit einer persönlichen Widmung für Hilla und mich. Es ging mir nahe, was beiden widerfahren war und wie sie in der DDR mit ihren festen Überzeugungen lebten.

Am Abend fuhr ich mit dem Wagen nach Dresden. Als ich das Haus verließ, sah ich vor dem Eingang einen auffällig herumstehenden Mann mit einem Aktenkoffer. Er beobachtete offenkundig meine Abfahrt.

In Dresden war ich am nächsten Tag mit dem Vorsitzenden des Verbandes der jüdischen Gemeinden in der DDR, Helmut Aris, verabredet. Es war schwierig gewesen, den Termin zu vereinbaren. Offenbar lag ihm wenig an einem Kontakt mit der Ständigen Vertretung. Ich hatte aber auf einen Antrittsbesuch bestanden. Im Büro empfing mich eine Sekretärin und teilte mir lapidar mit, der Vorsitzende habe plötzlich einen anderen Termin wahrnehmen müssen und könne mich nicht empfangen. Meine Frage, ob das Gespräch am Nachmittag möglich sei, verneinte sie. Ich registrierte die Absicht und war verstimmt.

Als ich zum Parkplatz zurückkam, sah ich dort neben meinem Wagen einen jüngeren Mann warten. Er beachtete mich nicht, sondern las, angelehnt an das nächststehende Auto, in einer Zeitung. Obwohl in diesen Dingen völlig unerfahren, hatte ich keinen Zweifel: Ich wurde überwacht, und ich sollte es merken. Auch bei einem Spaziergang auf der Brühl'schen Terrasse folgte mir wieder ein junger Mann mit Aktentasche. Ich war nun im Bilde. Mein Besuch bei Reiner Kunze in Greiz war unerwünscht gewesen und wirkte nach.

Am 6. Dezember, dem Nikolaustag, überreichte der Generalsekretär der Bayerischen Akademie der Schönen Künste, Graf Podewils, Reiner Kunze im Dienstzimmer des Leiters der Ständigen Vertretung die Urkunde über seine Mitgliedschaft. Gaus begrüßte als Hausherr seine Gäste. Was hier vor sich gehe, sagte er, sei kein politischer Akt, schon gar nicht eine Provokation, sondern eine Art »Familienfest«.

Nachdem Graf Podewils ebenfalls sehr kurz das literarische Werk des neuen Akademiemitglieds gewürdigt hatte, bedankte sich Reiner Kunze in artigen Worten: »Ich danke dem Generalsekretär, dass er mir die Urkunde über meine Wahl zum ordentlichen Mitglied der Bayerischen Akademie bis Preußen entgegengebracht hat. Ich freue mich. Bitte haben Sie Verständnis, wenn ich es bei dem Ausdruck der Freude belasse. Ich möchte sie möglichst untrübbar mit an meinen Schreibtisch nehmen. Freude, wissen wir, beflügelt.« Damit endete die Zeremonie, und wir fuhren in die Residenz zum Mittagessen, zu dem auch Frau Gaus und Hilla kamen.

In den nächsten Wochen kümmerten wir uns ein wenig um die Tochter der Kunzes, eine junge Frau mit einem unbändigen Freiheitsdrang. Als wir sie eines Abends aus ihrem kirchlichen Heim zu uns holten, saß sie zunächst eine Weile zusammengekauert in ihrer Sofaecke, wie geblendet von der westlichen Welt, die sie in unserem Wohnzimmer zu sehen meinte. Dann erst löste sie sich, was vor allem einem persönlichen Mitarbeiter von Günter Gaus zu danken war, den wir dazugebeten hatten und der es verstand, sie aufzumuntern. Sie arbeitete zu dieser Zeit in einer kirchlichen Einrichtung für behinderte Kinder und tat sich schwer dort, hatte sie doch in ihrer schwierigen Lebenssituation Mühe genug, mit ihren eigenen Problemen fertigzuwerden. Sich anderen Hilfsbedürftigen zu widmen, ging einfach über ihre Kräfte. Sie war in der DDR zu Hause, liebte das Land und seine Menschen, hasste aber den Staat. An jenem Abend im Dezember träumte sie von einer Reise nach Polen im Schnee. »Dort ist alles freier«, sagte sie.

Trauer um einen »teuren Genossen«

Im März 1975 starb Herbert Warnke, langjähriger Vorsitzender des Freien Deutschen Gewerkschaftsbundes in der DDR (FDGB), Mitglied des SED-Politbüros seit 1958 und Träger der höchsten Auszeichnungen, die die DDR zu vergeben hatte: des »Vaterländischen Verdienstordens in Gold« und des Karl-Marx-Ordens. Ich war Warnke nicht persönlich begegnet, hatte aber gehört, dass ihm in und außerhalb der Partei weithin Respekt entgegengebracht wurde.

Warnke stammte aus Hamburg. Er hatte eine Lehre als Nieter in der Schiffswerft Blohm & Voß gemacht, war mit 22 Jahren in die KPD eingetreten und schon in jungen Jahren Betriebsratsvorsitzender in der Werft geworden. Anfang der dreißiger Jahre schloss er sich der Revolutionären (kommunistischen) Gewerkschaftsopposition an. Nach 1933 arbeitete er illegal für die KPD, 1936 emigrierte er nach Dänemark, dann nach Schweden, wo er während des Krieges interniert wurde. 1945 kehrte er nach Deutschland zurück, baute in Mecklenburg die FDGB-Organisation auf und stieg in wenigen Jahren in die SED-Führung auf – eine kommunistische Bilderbuchkarriere.

Zu meiner Überraschung erhielt die Ständige Vertretung eine Einladung zur Trauerfeier für den verstorbenen Genossen, vielleicht weil es sich um ein Staatsbegräbnis im protokollarischen Sinn handelte. An sich hatten wir keine Veranlassung, daran teilzunehmen. Einen Gesprächskontakt hatten wir nicht gehabt, und die KPD, der Warnke früher angehört hatte, war in der Bundesrepublik noch immer verboten. Dennoch entschloss ich mich hinzugehen. Ein Gewerkschaftler aus Hamburg, der die Nationalsozialisten von Anfang an bekämpft hatte – gehörte er nicht zum nationalen Erbe, das wir ungeachtet aller politischen und ideologischen Gegensätze mit der DDR teilten? Ich meldete mich an und ging hin, mein erster Besuch im »Großen Haus«, dem Sitz des Zentralkomitees der Sozialistischen Einheitspartei Deutschlands, in dem sich heute der »Weltsaal« des Auswärtigen Amtes befindet.

Die Trauerfeier für das Mitglied des Politbüros aus der Gründergeneration der SED fand mit großem Gepränge statt. Die gesamte Führungselite der Partei, des Staatsapparats und der Massenorganisationen war anwesend. In der ersten Reihe hatten die Familie und die Angehörigen Platz genommen. An dem aufgebahrten Sarg, bedeckt mit der Nationalflagge der DDR, hielten Obristen der Nationalen Volksarmee die Ehrenwache. Nach jeder Ansprache fand eine Wachablösung statt, die der Trauerfeier ein stark militärisches Gepräge gab. Die Hauptrede hielt Erich Honecker. Er würdigte den Lebensweg des Verstorbenen, seine Verdienste um den Aufbau der DDR, seine sozialistische Pflichterfüllung und sprach am Schluss den Angehörigen das Beileid der Partei aus. Doch seine Worte, die einem strengen Ritual folgten, gingen nicht ans Herz. Ein Gefühl wirklicher Trauer um den Freund und Genossen, eine innere Bewegung war in dieser Trauergemeinde nicht zu spüren. Tränen waren im Protokoll der SED nicht vorgesehen. Ein vorbildlicher Genosse hatte seine Pflicht getan, nun war er abgetreten.

Zum Schluss sang der Chor des Wachregiments »Felix Dserschinski« die Arbeiterhymne »Brüder, zur Sonne, zur Freiheit«. Dann wurde der Sarg von den Obristen aus dem Saal getragen und draußen vor dem Gebäude auf einer Lafette aufgebahrt. Unter den Klängen eines Trauermarschs, begleitet von einer Ehrenformation der Nationalen Volksarmee, setzte sich der Trauerzug in Bewegung, um dem Arbeiterführer aus Hamburg auf dem Weg zur »Gedenkstätte der Sozialisten«, wo er beigesetzt wurde, die letzte Ehre zu erweisen. Jemand in meiner Nähe zitierte Aragon: »Man stirbt nicht, denn es gibt die anderen.«

Am Liepnitzsee

An den Wochenenden fuhren wir mit unseren Kindern häufig zu dem nördlich von Berlin, nahe Wandlitz gelegenen Liepnitzsee, einem beliebten Ausflugsort, der mit dem Auto von Niederschönhausen in einer guten halben Stunde zu erreichen ist. Der See ist von einem schönen Buchenwald umgeben, mit einer Insel, genannt »Großer Werder«, in der Mitte.

In der warmen Sommerzeit gingen wir dort zum Baden. Meist schwammen wir mit den Kindern zum »Großen Werder«. Henry, der bei dieser Passage noch nicht mithalten konnte, rüsteten wir mit Schwimmflügeln aus, setzten ihn in ein Schlauchboot und zogen ihn hinter uns her. Am Westufer der Insel befand sich ein Sandstrand mit einem seichten Zugang zum See. Hier konnten die Kinder nach Herzenslust herumtollen, während wir etwas gelangweilt zuschauten. Der weiter östlich gelegene Teil der Insel war, wie wir bald entdeckten, fest in der Hand von FKK-Anhängern. Auf uns wirkte die Freikörperkultur in der DDR wie ein Befreiungskult, der sich offenkundig bei Jung und Alt großer Beliebtheit erfreute und auch von den sonst eher prüden Tugendwächtern der Partei keineswegs als anstößig empfunden wurde. Wir zogen es allerdings vor, uns von dem ungenierten FKK-Treiben fernzuhalten.

Im Winter war der Liepnitzsee bei längeren Kälteperioden zugefroren und bot ideale Bedingungen zum Eislaufen, das ich in meiner Kindheit mit Leidenschaft betrieben hatte. Kurz entschlossen erwarb ich für die ganze Familie Schlittschuhe. Und siehe da: Ich hatte diese winterliche Art der Fortbewegung nicht verlernt. Zum großen Erstaunen der Kinder bewegte ich mich mühelos auf dem Eis und entwickelte bald den Ehrgeiz, den »Großen Werder« in schnellem Lauf zu umrunden. Die großen Kinder folgten meinem Beispiel, und selbst Hilla, gänzlich ungeübt im Schlittschuhlaufen, wagte sich auf das glatte Eis.

Auch auf manchen Rotarmisten übte der winterliche Liepnitzsee eine große Anziehungskraft aus. Sie kamen aus ihrer nahegelegenen Garnison mit dem Fahrrad zum See, bohrten ein Loch in das Eis, legten eine Angel an und ließen sich in ihren warmen Uniformmänteln auf dem Eis nieder. Manchmal schauten wir ihnen zu und beglückwünschten sie durch Gesten zu ihrem Fang. Leider konnten wir uns ohne Russischkenntnisse nicht mit ihnen verständigen. Auch die DDR-Bürger sprachen die Sowjetsoldaten nicht an. Spontane Kontakte mit »den Freunden« waren offenbar nicht erwünscht.

Ein Bereich am Nordufer des Sees war abgesperrt und wurde von NVA-Posten bewacht. Hier befand sich ein Schwimmbad mit einer Liegewiese, das offensichtlich Privilegierten vorbehalten war. Wir vermuteten, dass es für die Bewohner der nahegelegenen Waldsiedlung bestimmt war, in der die Mitglieder des Politbüros mit ihren Familien lebten.

Diese Waldsiedlung war ähnlich den sowjetischen Kasernen von einer Mauer umgeben und streng bewacht. Ich habe sie zu DDR-Zeiten nie zu Gesicht bekommen. Westliche Diplomaten wurden nicht dorthin eingeladen. Ich habe mich manchmal gefragt, was die DDR-Führung seit den sechziger Jahren eigentlich zu dieser auffälligen Absonderung von der übrigen Bevölkerung veranlasst hat. Vermutlich hatte das seinen Grund in dem übermäßig stark entwickelten Sicherheitsbedürfnis der SED-Führung. Die Älteren von ihnen hatten ja den Arbeiteraufstand am 17. Juni 1953 miterlebt, als das SED-Regime mit Ulbricht und Grotewohl an der Spitze durch sowjetische Panzer vor einem jähen Fall bewahrt worden war. Das muss für sie eine traumatische Erfahrung gewesen sein. Ob allerdings die Führungsmitglieder das Zusammenleben in der Waldsiedlung schätzten, möchte ich bezweifeln. Hier wurde jedes Kommen und Gehen genau kontrolliert. Normale Kontakte mit Freunden und Verwandten werden kaum möglich gewesen sein. Jedenfalls trugen die merkwürdigen Wohnverhältnisse zur Isolierung der Parteioberen von der Bevölkerung bei, die von vielen DDR-Bürgern als ärgerlich empfunden wurde.

Der Soldatenfriedhof in Halbe

Anfang Mai 1975 erhielt die Ständige Vertretung über das Protokoll des Außenministeriums eine Einladung, am 8. Mai, »dem Tag der Befreiung«, an der feierlichen Kranzniederlegung zum Gedenken an die im Kampf um Berlin gefallenen Sowjetsoldaten teilzunehmen. Diese Zeremonie fand alljährlich am sowjetischen Ehrenmal in Treptow statt.

Es gab zunächst Bedenken. Die amerikanische, britische und französische Botschaft in Ost-Berlin nahmen wegen der Anwesenheit einer Einheit der Nationalen Volksarmee nicht an der Kranzniederlegung teil. Die West-Alliierten hielten aus Statusgründen daran fest, dass in ganz Berlin keine anderen Truppen als die der vier Besatzungsmächte auftreten dürften. Wir respektierten diese Rechtsauffassung, sahen aber für uns keinen Hinderungsgrund, an einer Veranstaltung teilzunehmen, zu der nicht die NVA, sondern die Regierung der DDR eingeladen hatte. Auch bei anderen Gelegenheiten, wie etwa den Empfängen der Sowjetischen Botschaft in Ost-Berlin, verließen wir ja nicht den Saal, wenn dort hohe Offiziere der NVA in Uniform auftauchten. Doch entscheidend war für uns der politische Aspekt. Einer Ehrung Sowjetischer Gefallener auf deutschem Boden wollten wir nicht fernbleiben.

Der in der Schlacht um Berlin gefallenen deutschen Soldaten wurde am 8. Mai nicht gedacht. Die DDR lehnte es generell ab, deutsche Soldaten des Zweiten Weltkriegs zu ehren, die an dem verbrecherischen Angriffskrieg Hitler-Deutschlands gegen die Sowjetunion beteiligt gewesen waren. Diese Toten hatten aus ihrer Sicht keinen Anspruch auf ein ehrendes Gedenken. Ohnehin gab es auf DDR-Gebiet nur wenige Soldatenfriedhöfe für die deutschen Gefallenen im Zweiten Weltkrieg.

Einer davon befindet sich in Halbe, einem märkischen Dorf südlich von Berlin. Hier sind über 22 000 deutsche Soldaten bestattet, die 1945 in der Kesselschlacht um Berlin gefallen sind. Außerdem liegen hier in Sammelgräbern 4500 deutsche Zivilinternierte, die nach dem Krieg in dem sowjetischen »Speziallager« Ketchendorf gestorben sind. Ihre Namen sind nicht bekannt. In den fünfziger Jahren waren sie als unbekannte Soldaten bestattet worden, weil über die sowjetischen Speziallager nicht gesprochen werden durfte. Schließlich befinden sich auf dem Friedhof noch die Gräber von achtunddreißig sowjetischen Zwangsarbeitern, überwiegend junge Frauen und einige Kinder. Sie waren in der nahegelegenen Landesheilanstalt Teupitz eingesetzt und dort kurz vor Kriegsende an einer Diphtherie-Epidemie gestorben. Die Rote Armee hat diesen Gräbern ihrer Landsleute zu DDR-Zeiten keine Beachtung geschenkt. Sie galten als Kollaborateure, obwohl die meisten von ihnen nicht freiwillig nach Deutschland gekommen waren.

Der Friedhof in Halbe wurde in der ersten Hälfte der fünfziger Jahre angelegt. Der dortige evangelische Pfarrer Teichmann hatte die Behörden immer wieder gedrängt, die in den Wäldern liegenden Gebeine der toten Soldaten zu bergen und hier zu bestatten. Er hatte die Behörden schließlich davon überzeugen können, dass die DDR durch eine internationale Konvention zur Bestattung der gefallenen Soldaten und zur Pflege der Gräber verpflichtet war. Der Volksbund deutsche Kriegsgräberfürsorge in Kassel, der in der DDR nicht offiziell tätig werden durfte, hatte, wie wir hörten, ganz diskret bei der Anlegung des Friedhofs geholfen.

1975 entschlossen wir uns in der Ständigen Vertretung, jeweils am 8. Mai und am Volkstrauertag einen Kranz zu Ehren aller auf dem Friedhof bestatteten Kriegstoten niederzulegen. Wir wollten damit das Gedenken an alle Toten des Zweiten Weltkriegs deutlich machen: die Soldaten und Zwangsarbeiter, die Kriegsgegner, die deutschen Soldaten und auch die deutschen Zivilinternierten. Die Kranzniederlegung wurde von den DDR-Behörden nicht gern gesehen und fand auch in der DDR-Öffentlichkeit keine Erwähnung. Keine Amtsperson der DDR oder der Gemeinde Halbe nahm teil, im Hintergrund konnte man freilich einige auffällige Gestalten in Zivil sehen, die die Zeremonie beobachteten.

Am Volkstrauertag legten wir auch einen Kranz in der Gedenkstätte eines ehemaligen Konzentrationslagers nieder, im Wechsel in Buchenwald, Sachsenhausen oder Ravensbrück. Bei diesen Zeremonien waren stets offizielle Vertreter der DDR auf der örtlichen Ebene zugegen.

In den achtziger Jahren setzten wir noch einen weiteren Akzent. Begleitet von meiner Mitarbeiterin Maria von Moltke, legte ich am 20. Juli am Mahnmal der Gedenkstätte Sachsenhausen einen Kranz nieder. In diesem Konzentrationslager waren nach dem Attentat Teilnehmer der Widerstandsgruppe des 20. Juli und auch Angehörige von ihnen zeitweilig inhaftiert. Mir kam es darauf an, auf das verpflichtende Erbe des Widerstands für beide deutsche Staaten aufmerksam zu machen. In der DDR hatte es bereits Jahre zuvor eine Debatte über die historische Bewertung des 20. Juli 1944 gegeben. Doch hatte man diesem Widerstandskreis in der DDR eine offizielle Anerkennung versagt. Auch die Ehrung durch die Ständige Vertretung wurde zunächst nicht zur Kenntnis genommen. Doch dann änderte sich plötzlich die Haltung – es war, wenn ich mich recht erinnere, 1988. Als ich an diesem 20. Juli, wie immer begleitet von Maria von Moltke, am Mahnmal in Sachsenhausen erschien, bemerkte ich, dass bereits vor mir ein Kranz niedergelegt worden war. Ich konnte auch die Inschrift der Kranzschleife erkennen: Es war ein Kranz der Regierung der DDR. Das erfüllte mich mit Genugtuung.

Nach der Wiedervereinigung geriet der Soldatenfriedhof in Halbe wiederholt in die Schlagzeilen. Rechtsextremistische Gruppen versammelten sich dort an einem Novembersonntag, um mit einem Aufmarsch die »deutschen Helden des Zweiten Weltkriegs« zu ehren. Erst einige Jahre später wurden solche Demonstrationen, die Unruhe auslösten, von der Polizei unterbunden.

Flugzeugabsturz bei Leipzig

In den Morgenstunden des 1. September 1975 stürzte eine Chartermaschine der Interflug beim Anflug auf den Flughafen Leipzig ab. An Bord der Unglücksmaschine, die aus Stuttgart kam, waren achtundzwanzig Passagiere, sämtlich aus der Bundesrepublik. Dreiundzwanzig Passagiere waren tot, fünf hatten, meist schwer verletzt, überlebt, von den sechs Besatzungsmitgliedern konnten drei, ebenfalls schwer verletzt, geborgen werden.

Noch am Vormittag unterrichtete mich das DDR-Außenministerium über das Unglück. Ich machte mich sofort mit einem Mitarbeiter auf den Weg nach Leipzig.

Am Nachmittag sprach ich mit Rolf Opitz, dem Vorsitzenden des Rates des Bezirks Leipzig, der den Vorsitz einer Katastrophenkommission übernommen hatte. Er war auch persönlich tief betroffen und

sagte mir jede nur mögliche Hilfe bei der Betreuung der Überlebenden und der Klärung der praktischen Fragen zu.

Nach diesem ermutigenden Gespräch fuhr ich in das St.-Georgs-
Krankenhaus am Rand der Stadt, wo die fünf Überlebenden auf der
Intensivstation versorgt wurden. Ich sprach mit Professor Rhode,
dem leitenden Chirurg, und den anderen behandelnden Ärzten. Sie
versicherten mir, es werde alles in ihrer Macht Stehende getan, um
eine bestmögliche Versorgung der Überlebenden zu gewährleisten,
das Personal sei hoch qualifiziert und die technische Ausstattung der
Intensivstation voll ausreichend. Und der Chefarzt fügte hinzu: Sollten irgendwelche bürokratischen Schwierigkeiten auftreten, werde er
sie persönlich aus dem Weg räumen. Wenn es um Leben oder Tod
gehe, müsse sich die Politik heraushalten. Solche Aussagen gegenüber
dem Vertreter eines nicht gerade befreundeten Staates hatte ich in der
DDR bisher nicht gehört. Und tatsächlich erfuhr ich in den nächsten
Tagen jede erdenkliche Hilfe.

Ich bekam dann einen weißen Kittel und folgte dem Chefarzt
auf die Intensivstation. Keiner der Überlebenden war ansprechbar.
Einige hatten schwere Brandverletzungen, andere Knochenbrü-
che und innere Verletzungen davongetragen. Nicht alle würden
überleben, sagten die Ärzte, einige schwebten in akuter Lebens-
gefahr. Ich erkundigte mich auch nach den überlebenden Besatzungsmitgliedern. Sie befanden sich jedoch nicht im St.-Georgs-
Krankenhaus. Über ihren Zustand konnten die Ärzte keine Auskunft
geben.

Es war schon spät, als ich im Hotel Stadt Leipzig die westdeutschen
Journalisten unterrichtete, die sich aus Anlass der Messe in Leipzig
aufhielten. Sie stellten sehr kritische Fragen. Werde denn in diesem
– sie sagten nicht unterentwickelten, meinten das aber – Land eine
Versorgung nach westlichem Standard überhaupt möglich sein? Der
Unterton des Zweifels war unüberhörbar. Meine Antwort war nicht
ohne Schärfe: Nach meiner festen Überzeugung würden die Ärzte,
Schwestern und Pfleger im St.-Georgs-Krankenhaus alles Menschen-
mögliche tun. Sie leisteten eine aufopferungsvolle Arbeit, die niemand, aus welchen Vorurteilen heraus auch immer, in Zweifel ziehen
sollte. Im Übrigen hätten sich die Behörden in vorbildlicher Weise

kooperativ gezeigt, nicht anders, wie es auch im Westen geschehen wäre. Das war gewiss nicht das, was die angereisten Journalisten hören wollten. Sie hatten von mir eine kritische Stellungnahme zur Versorgung der Überlebenden erwartet. Einige forderten ihre sofortige Verlegung in die Bundesrepublik.

Unsere nächste Aufgabe bestand darin, die sofortige Einreise der Angehörigen aus der Bundesrepublik zu ermöglichen. Ich sprach darüber mit Opitz in Leipzig und ein Mitarbeiter der Ständigen Vertretung mit dem DDR-Außenministerium in Berlin. Binnen weniger Stunden wurde die Einreise praktisch ohne Nachweis des Verwandtschaftsverhältnisses ermöglicht. Die Angehörigen erhielten am Grenzübergang, wenn sie ihr Anliegen erklärten, sofort eine Aufenthaltsgenehmigung. So hilfsbereit und unbürokratisch hatte ich die DDR-Behörden noch nie erlebt.

Die nächste Frage, die sich uns stellte, lautete: Wie können wir die unangemeldeten Besucher in dem zur Messezeit völlig überfüllten Leipzig unterbringen? Darüber sprach ich zunächst mit der Leitung des Hotels Stadt Leipzig, wo auch wir wohnten. Hier erlebten wir das zweite Wunder: Auf einmal gab es Platz. Und wenn der nicht ausreichen sollte, werde man, so wurde uns versichert, die zu jeder Tages- und Nachtzeit anreisenden Angehörigen in anderen Hotels unterbringen. Was dann auch geschah. Noch heute empfinde ich ein Gefühl der Dankbarkeit, wenn ich an das Hotel Stadt Leipzig denke. In der Stunde der Not wurde uns eine Hilfe zuteil, an die in normalen Zeiten in der DDR nicht zu denken gewesen wäre.

Im Hotel richteten wir auch unseren Krisenstab ein, mit weiteren Mitarbeitern, die wir aus der Vertretung nach Leipzig beordert hatten. Ihnen oblag es, die in Leipzig eintreffenden Angehörigen zu betreuen, Besuche im Krankenhaus zu ermöglichen und überhaupt für alle Fragen Tag und Nacht zur Verfügung zu stehen. Sie haben diese Aufgabe in beispielhafter Weise erfüllt.

Schon am ersten Abend wurde mir klar, wo das Hauptproblem bei der Betreuung der Angehörigen lag. Inzwischen hatte uns das Reisebüro in Stuttgart die Passagierliste des abgestürzten Flugzeugs übermittelt. Von den fünf überlebenden Passagieren wurden bis zum nächsten Tag vier identifiziert. Nur der Name des fünften Überlebenden, eines Mannes, der infolge seiner schweren Brandverletzungen nicht ansprechbar war, konnte auch am zweiten Tag noch nicht ermittelt werden. In dieser Lage hatten die anreisenden Angehörigen die leise Hoffnung, der eine noch unbekannte Überlebende könnte vielleicht ihr Vater, Sohn oder Bruder sein. Der Krisenstab konnte naturgemäß die bangen Fragen der Angehörigen nicht beantworten. Es blieb keine andere Möglichkeit, als die Angehörigen in die Klinik zu begleiten, wo sie den unbekannten Überlebenden in Augenschein nehmen durften. Eine bedrückende Prozedur. Immer wieder mussten die Ärzte, das Pflegepersonal und unser Mitarbeiter mit ansehen, wie die letzte Hoffnung eines Angehörigen auf der Intensivstation zerbrach. Es war dann vor allem die Aufgabe des Mitarbeiters, die Angehörigen in dieser traumatischen Lebenssituation zu stützen.

Die bedrückende Ungewissheit bezüglich des unbekannten Überlebenden endete nach zwei sehr, sehr langen Tagen, als die Ehefrau ihren Mann erkannte. Er stammte aus Sachsen und betrieb, seit er seine Heimat verlassen hatte, einen kleinen Handel mit Spielzeug aus dem Erzgebirge. Damit ernährte er seine Familie, aber der Spielzeughandel war auch Ausdruck seiner Heimatverbundenheit.

Am dritten Tag nach dem Unglück führte ich ein Gespräch mit dem stellvertretenden Verkehrsminister Dr. Klaus Henkes, dem Vorsitzenden der von der Regierung eingesetzten Untersuchungskommission, die die Ursachen des Absturzes zu klären hatte. Henkes, »im Nebenberuf« Generalmajor der Luftstreitkräfte in der Nationalen Volksarmee, erläuterte mir knapp und sachlich seinen Auftrag. Dem Ergebnis der Untersuchung wolle er nicht vorgreifen, sagte er, menschliches Versagen könne aber nicht ausgeschlossen werden. Das sollte sich später bestätigen. Zur Haftungsfrage erklärte Henkes, das könne mit der Staatlichen Versicherung der DDR geklärt werden. Das war eine wichtige Mitteilung. Auch dieses Gespräch bestärkte mich in dem Eindruck, dass die DDR auf allen Ebenen um eine rasche und ordnungsgemäße Klärung bemüht war. Ich bin Henkes auch später gelegentlich begegnet. Er war kein politischer Funktionär, sondern gehörte zu den kompetenten und praktisch denkenden Fachleuten, denen ich in der DDR an vielen Stellen unterhalb der politischen Ebene begegnet bin. 1978 wurde er zusätzlich zu seinen bisherigen Aufgaben mit der Leitung der Interflug betraut.

Inzwischen war auch die schwierige und langwierige Identifizierung der toten Passagiere in Gang gekommen. Die DDR hatte damit ein Expertenteam des gerichtsmedizinischen Instituts in Leipzig beauftragt. Zu ihrer Unterstützung hatte das Landeskriminalamt Stuttgart zwei Experten entsandt, die sich vor allem um die Beschaffung von Informationen von den Angehörigen kümmerten. Auch auf dieser Ebene verlief die Zusammenarbeit weitgehend reibungslos. Wie sich auch hier zeigte, können sich gute Fachleute oft leichter verständigen als Politiker oder Diplomaten.

Die schwierigsten Partner in diesen Tagen waren westdeutsche Journalisten oder, genauer gesagt, ihre Redaktionen zu Hause. Einige Zeitungen forderten die sofortige Überführung der Überlebenden in die Bundesrepublik, »damit wirklich nichts versäumt wird«. Das war unsachgemäß und unverantwortlich, und die DDR reagierte darauf, wie immer, wenn sie angegriffen wurde, überempfindlich. Ich verwahrte mich öffentlich gegen das unbegründete Misstrauen, für das es, sagte ich, nicht den geringsten Anlass gebe. Die kompetente und aufopferungsvolle Arbeit der Ärzte und des Pflegepersonals möge doch bitte von niemandem in Frage gestellt werden. Fast hätte ich an die Adresse der Westdeutschen gesagt: Vertraut doch einmal den Landsleuten in der DDR. Sie sind genauso tüchtig und verantwortungsbewusst wie ihre Kollegen im Westen, allenfalls ein bisschen altmodischer.

Am Abend des vierten Tages fuhr ich nach Ost-Berlin zurück, übermüdet, erschöpft und noch mitgenommen von den traumatischen Erfahrungen nach der Katastrophe. Doch zugleich war ich auch zufrieden. Wir hatten getan, was in unseren Kräften stand, und in der Stunde der Not hatten die Deutschen in Ost und West zusammengestanden und ihre Pflicht getan.

Tischgespräche

21. Dezember 1975: Drei Jahre zuvor war der Grundlagenvertrag unterzeichnet worden. Nach Feiern war uns nicht zumute. Die ersten Jahre nach der Aufnahme der Beziehungen waren schwierig gewesen. Egon Bahr hatte mit seiner Bemerkung nach der Unterzeichnung recht behalten: Bisher hatten wir keine Beziehungen, jetzt hatten wir schlechte. Wie schon berichtet, hatte es Irritationen am laufenden Band gegeben. Das gegenseitige Misstrauen bestand fort. Manche Erklärungen hüben wie drüben hatten immer noch einen feindseligen Ton. Trotz der wichtigen Vereinbarungen, die wenige Tage zuvor, am 19. Dezember, unterzeichnet worden waren, konnte von »normalen und gutnachbarlichen Beziehungen« im Sinne des Grundlagenvertrags noch keine Rede sein. Bis dahin hatten wir noch einen langen, mühsamen Weg zurückzulegen.

Dennoch nahm ich den Jahrestag der Unterzeichnung des Grundlagenvertrags zum Anlass, einige Mitglieder der DDR-Verhandlungsdelegation, nämlich Karl Seidel mit seiner Frau, Gunter Görner und Gerhard Breitbarth, zu einem Abendessen nach Hause einzuladen. Aus der Vertretung hatte ich Jürgen Lehmann, Hermann von Richthofen und Irmgard von Rottenburg dazugebeten. Sie hatten direkt oder indirekt mit den Verhandlungen zu tun gehabt und waren mit dem vielschichtigen deutsch-deutschen Verhältnis bestens vertraut.

Beim Essen sagte ich nur einige Worte zur Begrüßung: Es gebe keinen Grund zu feiern, aber es freue uns, wieder einmal mit den Kollegen von der »anderen Seite« zusammen zu sein. Karl Seidel bedankte sich artig für die Einladung. Auch er legte keinen Wert auf einen Austausch von Erklärungen. Bald entwickelte sich ein freundliches, zwangloses Gespräch. Wir waren trotz aller Schwierigkeiten vertraut miteinander und erinnerten uns, manchmal mit einem Gefühl von Nostalgie, manchmal auch mit ironischen Bemerkungen, an die endlosen Vieraugengespräche der Delegationsleiter, die stundenlangen Unterbrechungen, die Nachtsitzungen, die Krisenrituale oder die Kunst Egon Bahrs, vor der Presse nichtssagende Erklärungen abzugeben.

Gunter Görner war an diesem Abend vergnügt, wie wir ihn selten erlebt hatten. Er hatte im Außenministerium inzwischen andere Aufgaben übernommen, die Last der unlösbaren deutsch-deutschen Rechtsprobleme war von ihm genommen, und er beschäftigte sich jetzt hauptsächlich mit dem internationalen Seerecht, ein Gebiet, auf dem die beiden deutschen Staaten so gut wie keinen Streit miteinander hatten. Umso mehr freute er sich, die Kollegen aus der Zeit des »großen Streits« wiederzusehen.

Auch Karl Seidel war an diesem Abend nicht so wortkarg, wie wir ihn seit Jahren kannten. Es war wie bei einem Ehemaligentreffen: Wir plauderten über vergangene Zeiten und Prüfungen, die wir bestanden hatten. Die Verhandlungen über die Ostverträge waren in dieser schnelllebigen Zeit fast schon Geschichte geworden.

Karl Seidel war sicher der beste Kenner der deutsch-deutschen Probleme in der DDR. Er war buchstäblich die »Arbeitsebene« für die Entwicklung der Beziehungen. Es dürfte kaum ein DDR-Papier zu diesem Thema gegeben haben, an dem er nicht mitgewirkt hatte. Doch sein umfassendes Expertenwissen hatte ihm nicht den Blick für das Ganze verstellt. An diesem Abend, als wir uns den Luxus erlaubten, zurückzublicken, hatte Karl Seidel allen Grund, zufrieden zu sein: Nach den langen Jahren der Nichtanerkennung unterhielt die DDR diplomatische Beziehungen zu allen wichtigen Industrieländern. Auch in der Dritten Welt war sie fast überall vertreten. Seit 1973 war sie Mitglied der Vereinten Nationen. Und vielleicht das Wichtigste: Die Beziehungen zur Bundesrepublik Deutschland – dem übermächtigen, leider viel zu nahen Nachbarn – hatten einen festen Rahmen und konkrete Perspektiven.

In der praktischen Arbeit der Ständigen Vertretung war Karl Seidel die Schlüsselfigur. Aufseiten der DDR hatte sein Wort Gewicht. Wir hatten es gerade wieder erfahren. In den Verhandlungen, die Günter Gaus im letzten Jahr mit seinem neuen Partner Schalck geführt hatte, war Seidel nicht unmittelbar beteiligt gewesen, aber Schalck hatte sich in allen politischen Fragen, meist Berlin betreffend, mit ihm abgestimmt. Und wann immer der Generalsekretär mit hohen Besuchern aus der Bundesrepublik Gespräche führte, war Seidel anwesend. Er bereitete die Treffen vor, führte das Protokoll und kümmerte sich um die Umsetzung von Absprachen. Seidel hatte einen ausgeprägten praktischen Sinn. Er war an Ergebnissen interessiert, wollte vorankommen und wusste aus leidvoller Erfahrung, dass Konfrontationen zwischen den beiden deutschen Staaten zwar unvermeidlich waren, aber keine Seite dabei wirklich gewinnen konnte.

Nach dem Essen fragte ich Frau Seidel nach ihrem Lebensweg. Ihr Vater war KPD-Mitglied und nach 1933 drei Jahre in einem Konzentrationslager inhaftiert gewesen. Sie klagte nicht über das Leid der Familie in diesen dunklen Jahren, die sie als Kind miterlebt hatte. Nach dem Krieg machte sie als erstes Mädchen aus ihrem Dorf in der Niederlausitz eine Lehre als Maschinenschlosser – sie sagte »Schlosser«, nicht »Schlosserin«, denn die weibliche Form bei traditionell männlichen Berufen hatte sich in der DDR noch nicht durchgesetzt. Später erhielt das begabte junge Mädchen einen Platz an einer Arbeiter-und-Bauern-Fakultät, wo es die Berechtigung zum Hochschulstudium erwarb. Von diesen, ihren schönsten Jahren erzählte Frau Seidel mit einer Mischung aus Stolz und Wehmut. Eigentlich hätte sie Ingenieurin werden wollen, sagte sie, aber Mathematik und Physik hätten ihr Mühe gemacht. So kam sie an die Akademie für Staat und Recht in Potsdam-Babelsberg und studierte Staatswissenschaften: ein Studiengang, der für künftige Funktionäre im Staatsapparat vorgesehen war. Hier lernte sie ihren späteren Mann Karl Seidel aus dem Erzgebirge kennen, der nach einer Lehre einen ähnlichen Ausbildungsgang absolviert hatte.

Im Ministerium für Auswärtige Angelegenheiten war die »BRD«, wie sie dort auch offiziell genannt wurde, fest in der Hand der Familie Seidel. Karl Seidel war Abteilungsleiter für den Bereich BRD, während Lieselotte Seidel die Abteilung Reiseverkehr in der Hauptabteilung konsularische Beziehungen leitete. Beide waren überzeugte Kommunisten. Daran ließen sie nie einen Zweifel aufkommen. Doch gehörten sie nicht zu jenen Funktionären, die meinten, die Partei habe immer recht. Nach einem Gespräch mit ihnen wusste man in der Regel, woran man war. Oft waren sie gehalten, unsere Forderungen abzulehnen. Aber sie verzichteten, wenn sie Weisungen auszuführen hatten, so weit wie möglich auf polemische Anschuldigungen. Sie sagten einfach: Es geht nicht. Wenn es unangenehme Vorkommnisse oder Missstände gab, die sie vor sich selbst nur schwer rechtfertigen konnten, waren sie meist einsilbig. Man spürte, es machte ihnen zu schaffen, wenn sie menschlich unhaltbare Positionen zu vertreten hatten. Manchmal bemerkten wir, dass sie sich in einer solchen Situation intern für Korrekturen einsetzten, ohne uns das freilich zu verstehen zu geben. Loyalität gegenüber Staat und Partei war für sie oberstes Gebot. Das machte sie berechenbar und verlässlich, für ihre Vorgesetzten, aber auch für uns.

Später am Abend kamen wir auf die Feiern zum hundertsten Geburtstag Wilhelm Piecks, des ersten Staatspräsidenten der DDR, zu sprechen. »Warum wird eigentlich Walter Ulbricht dabei nicht erwähnt?«, fragte ich. »Hatte nicht er die größten Verdienste beim Aufbau des Sozialismus in der DDR? Oder will man es in erster Linie den ›Freunden‹ (damit waren die Sowjets gemeint) zuschreiben?«

Einen Augenblick lang herrschte bei unseren Gästen betretenes Schweigen. Dann sagte Frau Seidel: Ulbrichts Stunde werde kommen. Ihr Mann aber fügte hinzu, das sei ein heißes Eisen. Auch bei ihnen gelte der Satz: »Der König ist tot. Es lebe der König.« Wie in früheren Zeiten.

Um Punkt 23 Uhr erhob sich Karl Seidel und gab das Zeichen zum Aufbruch. »Der Wagen wartet«, sagte er. »Wir danken für die Einladung.«

Wera und Claus Küchenmeister begegnete ich zum ersten Mal bei einem Empfang im Herbst 1975. Als ich den Namen »Küchenmeister« hörte, horchte ich auf. »Haben Sie etwas mit der Roten Kapelle zu tun?«, fragte ich. Claus Küchenmeister nickte: »Walter Küchenmeister war mein Vater. Aber wie kommen Sie darauf?« Ich antwortete: »Mein früherer Chef, ein Bruder Harro Schulze-Boysens, hat mir von der Widerstandsgruppe erzählt – was sie wollte, was sie tat und wie ihre Mitglieder starben. Dabei ist auch der Name Walter Küchenmeister gefallen. Ich habe ihn nicht vergessen.«

Bald darauf luden wir das Ehepaar Küchenmeister mit Freunden und Bekannten aus dem Westen zu einem Abendessen in unserem Haus in der Friedrich-Engels-Straße ein. Sie sagten spontan zu, fragten dann aber vorsichtig nach, wer denn sonst noch komme. Es gebe auch in der DDR einige Leute, mit denen sie nicht an einem Tisch zusammensitzen wollten. Erst später konnte ich mir einen Reim darauf machen. Vielleicht meinten sie Wolf Biermann, den sie aus ihrer

Zeit am Brecht-Theater kannten, dessen Haltung zur SED sie aber missbilligten.

Wera und Claus Küchenmeister stammten aus kommunistischen Familien der Weimarer Zeit. Sie hatten sich nach dem Krieg beim Studium am Deutschen Theaterinstitut in Weimar kennengelernt und waren in den fünfziger Jahren Meisterschüler bei Brecht im Berliner Ensemble gewesen. Später machten sie zusammen Filme, schrieben Drehbücher und veröffentlichten eine Reihe vielgelesener Kinderbücher.

In unserer Abendgesellschaft waren die Küchenmeisters die einzigen DDR-Bürger. Das schien sie in keiner Weise zu stören, doch war es vielleicht der Grund, warum sie in diesem Kreis keinen Zweifel an ihren politischen Überzeugungen aufkommen lassen wollten. »Wir sind Marxisten und loyale DDR-Bürger«, sagten sie. Jeder sollte wissen, wohin sie gehörten. Es fiel uns in dieser Abendgesellschaft nicht schwer, ein Gespräch in Gang zu bringen. Unsere Gäste aus dem Westen, Eva Windmöller, die *Stern*-Korrespondentin, ihr Mann, der Fotograf Thomas Höpker, Matthias Koeppel, ein West-Berliner Maler, und Jutta Wagner, eine Mitarbeiterin aus der Vertretung, interessierten sich ernsthaft und mit viel Einfühlungsvermögen für das Leben in der DDR. Die beiden DDR-Bürger mussten sich nicht in der Defensive fühlen. Das Tischtuch war nicht zerschnitten. Niemand suchte Streit, keiner musste sich rechtfertigen. Unsere Gäste spürten, dass es auf beiden Seiten dieser schmerzenden Grenze im Grunde um die gleichen Lebensfragen ging und es sich trotz der politischen Gegensätze oder vielleicht auch gerade deswegen lohnte, gemeinsam darüber nachzudenken.

Heute kann ich mich nicht mehr daran erinnern, was mich zu vorgerückter Stunde veranlasst haben mag, Claus Küchenmeister eine philosophische Frage zu stellen. »Wie erklären Sie als bekennende Marxisten Ihren Kindern den Sinn des Lebens und des Todes?«, erkundigte ich mich. Claus Küchenmeister antwortete nicht sofort. Ich spürte, die Frage berührte ihn auch persönlich. Dann sagte er: »Ja, leider ist es so, wir haben darauf keine überzeugenden Antworten. Vielleicht wenden sich auch deshalb wieder mehr Menschen den Kirchen zu. Kein ernstzunehmender Mensch glaubt heute noch daran, dass die Kirchen absterben werden.« Daraufhin fragte jemand aus der

Runde: »Sollte man nicht in Ihrer Partei darüber nachdenken, den Gegensatz zwischen Religion und Marxismus zu überwinden?«

Später erfuhr ich, dass Wera Küchenmeister, eine geborene Scupin, Erich Honecker in den letzten Wochen des Krieges persönlich begegnet war. Im März 1945 hatte dieser ein Arbeitskommando des Zuchthauses Brandenburg, das in Berlin eingesetzt war, eigenmächtig verlassen und Zuflucht bei einer Familie gefunden, die im gleichen Haus wie die Scupins wohnten. Die damals siebzehnjährige Wera wusste das, wahrscheinlich kannte sie sogar den Flüchtling und die Umstände seiner Flucht. Honecker hielt sich einige Wochen in der Wohnung versteckt. Als die Polizei Verdacht schöpfte, tauchte er wieder bei seinem Arbeitskommando auf und kehrte in das Zuchthaus Brandenburg zurück. Das könnte seine Rettung vor der Gestapo, die ihn suchte, gewesen sein. Bald darauf wurde das Zuchthaus von sowjetischen Truppen befreit. Jahre später bat Honecker Wera Küchenmeister, inzwischen eine bekannte Autorin, einen Bericht über diese Fluchtgeschichte in den letzten Wochen des Krieges zu veröffentlichen.

Das Gartenhaus

Es war ein streng und nüchtern wirkender Bau in Form eines Bungalows, den uns die Bundesbaudirektion im März 1976 übergab und der sich schon bald als für unsere Zwecke vorzüglich geeignet erwies. Die ineinander übergehenden Räume statteten wir mit zeitgenössischen Bildern aus. Christian Nakonz, ein Mitarbeiter der Vertretung, beschaffte dazu noch eine großartige Zeichnung des Thüringer Malers Gerhard Altenbourg mit dem Titel »Der verwundete Mensch«, die man in einem tieferen Sinne auch als Ausdruck der deutschen Teilung verstehen konnte.

Wer den Namen »Gartenhaus« erfunden hat, kann ich heute nicht mehr sagen. Doch der Ursprung ist klar: So werden in Berlin liebevoll die hinteren Gebäudeteile großer Mietshäuser genannt, die meistens um einen Innenhof herum gelegen sind, den »Garten« eben. Auch unser Anbau lag im rückwärtigen Hof der Vertretung und konnte von der Straße aus nicht eingesehen werden.

Ende April nutzten wir die neuen Empfangsräume zum ersten Mal für ein Jazz-Konzert des Manfred-Schoof-Quintetts. Zu unserer Überraschung kamen zweihundertfünfzig Gäste, weit mehr, als wir eingeladen hatten, darunter viele junge Leute, die wir gar nicht kannten. Offenbar hatte es sich herumgesprochen, dass es in der Ständigen Vertretung Jazz gab. Und niemand war an der Pforte abgewiesen worden. In den Räumen herrschte eine drangvolle Enge. Die vorhandenen Stühle reichten bei weitem nicht aus. Doch das störte die jungen Leute nicht. Sie setzten sich auf den Boden und waren glücklich, dabei zu sein. Den offiziellen Gästen, vor allem Mitarbeitern aus den Ministerien und kulturellen Einrichtungen der DDR, gefiel das weniger. Sie hatten einen ordentlichen Diplomatenempfang mit etwas Hintergrundmusik erwartet und fanden sich nun mitten in einem Gewusel junger Leute, die aus der Sicht der Funktionäre im Haus des »Klassenfeindes« nichts zu suchen hatten.

Gaus konnte an diesem Abend nicht in Berlin sein. So fiel es mir zu, die Gäste zu begrüßen, die gebetenen und die ungebetenen. Es war meine erste Rede in der DDR. Ich sagte, dass wir zunächst daran gedacht hätten, bei dieser Premiere in unserem neuen Gartenhaus mit etwas Klassischem zu beginnen, wie es ja gute deutsche Sitte sei, zum Beispiel mit Klaviermusik von Ludwig van Beethoven oder, schöner noch, mit der Bach-Kantate »Weichet nur, betrübte Schatten«, deren Eingangssatz sich geradezu als Losung für die Arbeit der Ständigen Vertretung anbiete. Aber wir hätten dann doch darauf verzichtet, unsere Zuflucht zum »nationalen Erbe« zu nehmen, und uns für neuen Jazz entschieden, der dem Lebensgefühl der jüngeren Generation in Ost und West besser entspreche als klassische Musik.

Die Herren aus dem Außenministerium und die Kulturfunktionäre schien das nicht so recht zu überzeugen. Musik von Beethoven und vor allem ein richtiges Diplomatenpublikum wäre ihnen wohl lieber gewesen. Der Beifall für meine Worte fiel denn auch sehr spärlich aus. Die jungen Leute, die auf dem Boden saßen, klatschten ohnehin nicht bei offiziellen Reden.

Das Manfred-Schoof-Quintett machte hinreißende Musik und gar nicht so laut, wie manche befürchtet hatten. Höhepunkte waren die Trompetensoli von Manfred Schoof, damals einer der besten Jazz-

Trompeter in der Bundesrepublik. Sie hatten einen zarten, lyrischen Ton, und die auf dem Boden sitzenden jungen Leute hörten andächtig zu. Zu guter Letzt trug auch das Buffet zu dem Gelingen des Abends bei, obschon es nicht so reichlich war, weil wir mit weniger Gästen gerechnet hatten. Bis in den späten Abend hinein gaben die Musiker immer wieder Zugaben. Es war nach Mitternacht, als die letzten Gäste schließlich den Heimweg antraten.

Unter den Gästen war auch Wolfgang Harich, ein marxistischer Philosoph, der zu unserem Bedauern ohne seine Lebensgefährtin, die Schauspielerin und Sängerin Gisela May, gekommen war. Als er unsere Einladung erhielt, hatte er angefragt, ob er wegen der lauten Musik auch mit Ohropax kommen könne. Wir antworteten artig, seine Sorge sei berechtigt. Selbstverständlich stehe es unseren Gästen frei, sich gegen übermäßige Geräusche zu schützen.

Wir kannten Harich nur flüchtig. Doch seine persönliche Situation in der DDR war uns bekannt. In den fünfziger Jahren war er Professor für Marxistische Philosophie an der Humboldt-Universität und Mitherausgeber der *Deutschen Zeitschrift für Philosophie* gewesen. Nach dem Beginn der Entstalinisierung in der Sowjetunion hatte er mit anderen Parteimitgliedern das bürokratisch-diktatorische Herrschaftssystem der SED mit Ulbricht an der Spitze kritisiert und einen »menschlichen Kommunismus« in der DDR gefordert. In einer von ihm verfassten »Plattform«, einer Art Denkschrift, hatte er seine ketzerischen Ideen zusammengefasst und innerhalb der SED zirkulieren lassen. Das hatte ihm seine Partei übelgenommen. 1956 wurde er verhaftet, aus der SED ausgeschlossen und bald darauf zu zehn Jahren Haft verurteilt. Davon hatte er sieben Jahre in der berüchtigten Strafanstalt Bautzen verbüßt. Seit seiner Entlassung lebte er unauffällig und offenbar unbehelligt in Berlin. Seine früheren Kollegen und Freunde aber mieden ihn, und er schien ziemlich isoliert zu sein.

Trotz seiner langen Haft war Harich noch immer ein überzeugter Marxist. Die Ständige Vertretung hatte den Kontakt zu ihm nicht etwa wegen seiner früheren Rolle in der DDR gesucht. Manche seiner Auffassungen waren aus unserer Sicht noch immer interessant; er konnte brillant formulieren, und ein Gespräch mit ihm zu führen hatte einen hohen intellektuellen Reiz. Im Übrigen wollte sich die Ständige Vertretung ihm gegenüber nicht so verhalten, wie es seine früheren politischen Freunde in der SED taten. Uns lag daran, einen normalen menschlichen Umgang mit Harich zu haben, der nach unseren Maßstäben keine strafwürdigen Handlungen begangen hatte.

In den siebziger Jahren veröffentlichte er im Westen mehrere Bücher, die dort mit Interesse aufgenommen wurden. Das bekannteste, »Kommunismus ohne Wachstum?«, 1975 bei Rowohlt erschienen, löste lebhafte Diskussionen aus. Die DDR aber nahm keine Notiz von den neuen Schriften ihres »verlorenen Sohns«. Der Bann, der über ihn verhängt worden war, bestand fort. 1979 ging Wolfgang Harich mit einem befristeten Ausreisevisum der DDR nach Österreich und dann in die Bundesrepublik Deutschland. Zwei Jahre später kehrte er in die DDR zurück. Danach kam er nur noch selten in die Vertretung. Er war einsam geworden, allein mit seinen Gedanken.

Die Ständige Vertretung hat bis zu ihrem Ende zahlreiche Empfänge in ihrem Gartenhaus gegeben. Außerdem gab es dort Vorträge, Ausstellungen, Pressekonferenzen westdeutscher Politiker, Gespräche mit Besuchergruppen und manchmal sogar ein Tanzfest zu später Stunde. Im Lauf der Jahre wurde das Gartenhaus zu einem Treffpunkt zwischen Ost und West, den viele kannten, mindestens vom Hörensagen her. Hier begegneten sich hohe Staats- und Parteifunktionäre der DDR und westdeutsche und West-Berliner Politiker, hier konnten Künstler, Schriftsteller, Wissenschaftler aus der DDR mit Kollegen aus dem Westen sprechen, hier traf man Kirchenleute aus Ost und West, aber auch Bürger ohne Rang und Namen. Auf diesen Empfängen gab es keine hierarchische Ordnung, und für manche DDR-Bürger war die Ständige Vertretung der Bundesrepublik Deutschland der einzige Ort, an dem sie führende Leute ihres Staates zum ersten Mal aus der Nähe sehen und sogar sprechen konnten.

Eine Reise in die Lausitz

Im Sommer 1976 unternahm ich mit Frank Lambach, einem jüngeren Kollegen aus dem Auswärtigen Amt, der seit einem Jahr in der Politischen Abteilung der Vertretung tätig war, eine Informationsreise in die Lausitz. Wir hatten den Besuch rechtzeitig im Außenministerium angemeldet, doch die Antwort der BRD-Abteilung ließ einige Zeit auf sich warten. Offenbar fragte man sich etwas misstrauisch, was die Ständige Vertretung denn mit dieser Reise in die Provinz bezwecke. Doch schließlich legte uns das Außenministerium einen Programmvorschlag vor, der weitgehend auch unseren Vorstellungen entsprach: Gespräche mit Kommunalpolitikern, Besuche von Kultureinrichtungen, Unterrichtung über die Lage der sorbischen Minderheit.

Die erste Station unserer Reise war ein Braunkohlentagebau in der Niederlausitz. Die Gastgeber, an der Spitze der Genosse Generaldirektor, traten sehr selbstbewusst, auch etwas selbstgefällig auf. Sie waren stolz auf ihre hochmoderne Fördertechnik, die in der DDR entwickelt worden war und auch in andere Länder exportiert wurde; auf diesem Gebiet hatte die DDR seit längerem Weltniveau erreicht, eine Feststellung, auf die unsere Gastgeber den größten Wert legten. Die ökonomische Bedeutung der Braunkohle für die Energieversorgung in der DDR war tatsächlich unübersehbar. Etwa 85 Prozent der Stromversorgung kam in den siebziger Jahren aus den heimischen Braunkohlenkraftwerken. Der hohe Anteil der Braunkohle an der Energieversorgung hatte allerdings seinen Preis: beträchtliche Investitionskosten, hohe Umweltbelastung wegen der fehlenden Rauchgasentschwefelung und schwerwiegende Eingriffe in die Landschaft und den Wasserhaushalt der Region. Unsere Gastgeber waren sich dieser Probleme natürlich bewusst. Umso mehr Mühe verwendeten sie darauf, uns die Erfolge ihrer Rekultivierungsmaßnahmen vorzuführen. Einer der Direktoren behauptete sogar: Die Rehabilitation mache die Landschaft schöner, als sie vorher gewesen sei. Sie verbessere die Qualität des Bodens und schaffe künstliche Seen für die Erholungsgebiete der Bevölkerung. Dieser Glauben an die Verbesserung der Natur mutete uns ziemlich sozialistisch an.

Am Nachmittag fuhren wir weiter nach Cottbus, der Bezirkshauptstadt der Niederlausitz. Im Rathaus wurden wir sehr aufmerksam empfangen und hatten Gelegenheit, mit Stadträten über Kommunalpolitik in der DDR zu sprechen. Natürlich waren wir in keiner Weise sachkundig, aber wir hatten uns vorbereitet und stellten Fragen, die sachlich und nüchtern beantwortet wurden. Unsere Gesprächspartner

Auf einem Werksgelände

waren erfahrene Praktiker – ideologische Fragen waren nicht ihre Sache –, und sie waren erleichtert, dass wir keine »Problemsucher« waren, sondern einfach nur die kommunalen Verhältnisse in der DDR besser verstehen wollten.

Am Abend gingen wir in das berühmte Cottbusser Jugendstiltheater. Wir sahen eine pralle, saftige Aufführung der Komödie »Der zerbrochenen Krug« von Heinrich von Kleist, echtes Volkstheater, das uns köstlich amüsierte.

Unser nächstes Ziel war Görlitz, die einzige schlesische Stadt auf dem Boden der DDR. Auf der Straße durch die schöne Lausitzer Landschaft unweit der Neiße, die jetzt die Grenze zu Polen bildete, war wenig Verkehr, wir hielten nur einmal in Bad Muskau an, um wenigstens einen Blick auf die Schlossruine und den berühmten Englischen Garten des Fürsten Pückler zu werfen. Hier hatte der Krieg tiefe Spuren hinterlassen. Um die Mittagszeit erreichten wir Görlitz, eine alte Handelsstadt, die den Zweiten Weltkrieg unversehrt überstanden hatte und jetzt mit tatkräftiger Unterstützung der Denkmalpflege gegen den Verfall kämpfte. Mit seinen alten Kirchen, den prächtigen Bürgerhäusern aus der Zeit der Renaissance und des Barocks und den Jugendstilbauten galt Görlitz zu Recht als eine der schönsten Städte in der DDR.

Wir bezogen zunächst unser Quartier im Haus des Handwerks, einem unscheinbaren Hotel unweit des Bahnhofs, wo wir freundlich empfangen wurden. Ein schon etwas älterer Bediensteter, ein Hausdiener, wie man in der guten alten Zeit gesagt hätte – in der DDR war diese Bezeichnung natürlich streng verpönt –, führte mich auf mein Zimmer. »Es ist das beste, das wir haben«, sagte er. »Hier haben schon bedeutende historische Persönlichkeiten übernachtet.« Das machte mich neugierig. Auf meine Frage, wer das denn gewesen sei, antwortete er ehrfurchtsvoll, aber mit leiser Stimme: der Feldmarschall von Hindenburg und – jetzt flüsterte er nur noch – Adolf Hitler: ein Name, den in der DDR eigentlich niemand auszusprechen wagte.

Mir wurde ganz anders. In Görlitz hatte ich vieles, aber nicht diese Geister aus der jüngeren deutschen Geschichte erwartet. Einen Augenblick lang zögerte ich. Dann aber rang ich mich dazu durch, diese Vorgänger in meinem Hotelzimmer zu ignorieren. Als ich später am Abend ein Bad nehmen wollte, überkam mich noch einmal der Gedanke an sie. Tatsächlich, die übergroße Badewanne war selbst für einen Mann von der Statur Hindenburgs angemessen gewesen, während sich Hitler, von kleinerem Wuchs, wie wir wissen, darin verloren gefühlt haben mochte. Doch es gelang mir, diese unziemlichen Gedanken schnell wieder zu verscheuchen. Schließlich durfte man die jüngere deutsche Geschichte, dachte ich, auch nicht zu nahe an sich herankommen lassen.

Um zehn Uhr waren wir im Rathaus von Görlitz zu einem Höflichkeitsbesuch angemeldet. Der Bürgermeister, ein älterer Herr von stattlicher Figur, etwa Mitte sechzig, erzählte uns bereitwillig aus seinem Leben. Er war, sagte er nicht ohne Stolz, Bauarbeiter von Beruf, war noch in der Weimarer Zeit in die kommunistische Partei eingetreten und hatte daher nach DDR-Maßstäben eine untadelige Vergangenheit. Als er nach 1945 aus dem Krieg zurückkam, hatte er sich, wie er sagte, sofort für den Aufbau in der sowjetischen Besatzungszone zur Verfügung gestellt. Jetzt, im Alter, war er stolz, es so weit gebracht zu haben.

Bis dahin war es ein sehr freundliches Gespräch. Aber plötzlich hielt er inne, warf einen Blick auf seinen vorbereiteten Notizzettel und sagte unvermittelt, jetzt in strengem Ton: Es sei nicht hinnehmbar, mit welcher Ignoranz und Unverschämtheit der gerade zu Ende gegangene IX. Parteitag der SED in der westdeutschen Presse kommentiert worden sei. Er zitierte dann aus einem gehässigen Artikel in der Tageszeitung *Die Welt*, den er am Morgen gelesen haben wollte. Offenkundig entledigte er sich eines Auftrags, den ihm die Genossen in Berlin für das Gespräch mit den Vertretern des »Klassenfeinds« mit auf den Weg gegeben hatten. Lambach und ich hörten uns das amüsiert an und sagten dem Bürgermeister, in der freien Presse der Bundesrepublik würden viele Meinungen vertreten; er habe nur eine zitiert. Am besten wäre es, sie nicht so wichtig zu nehmen. Dann verabschiedeten wir uns freundlich.

Anschließend sprachen wir mit der Stadträtin für Kultur. Görlitz, eine Stadt von etwa 80 000 Einwohnern, hatte ein eigenes Theater und ein städtisches Symphonieorchester, die sich in der Bevölkerung größter Beliebtheit erfreuten. Übrigens, wie die Stadträtin sagte, auch bei den Polen, die aus dem auf der anderen Seite der Neiße gelegenen Zgorzelec – bis 1945 ein Ortsteil von Görlitz – abends ohne Mühe über die Grenze kommen könnten. Hauptsächlich kämen die Polen allerdings zum Einkaufen nach Görlitz. Sie seien willkommen, auch wenn das für die Versorgung der eigenen Bevölkerung manchmal zu Engpässen führe. Die Stadträtin sagte das ohne Vorwurf. Sie hatte offenbar Verständnis für die Bedürfnisse der Polen und schien sich aus Überzeugung für eine engere Zusammenarbeit mit den polnischen Nachbarn zu engagieren. Vielleicht erinnerte sie sich auch daran, dass in Görlitz 1951 der historische Vertrag zwischen der DDR und Polen über die Anerkennung der Oder-Neiße-Grenze unterzeichnet worden war.

Auf meine Frage, ob denn auch die Görlitzer auf die andere Seite führen, sagte sie, oh ja, drüben gebe es noch gute private Handwerker, die gern Reparaturaufträge übernähmen. Und die jungen Leute ziehe es nach Zgorzelec, um westliche Beat-Musik zu hören. Man merkte der Stadträtin an, wie fremd ihr diese Musik war. Dort gebe es auch westliche Zeitungen, und in den Kinos würden westliche Filme gezeigt, »auch aus der BRD«, wie sie lächelnd hinzufügte. Außerdem führen manche Görlitzer am Wochenende gern in das nahegelegene Riesengebirge. Das sei nun wieder möglich. Dort gebe es noch private Pensionen, wo man sogar kurzfristig Quartier bekommen könne, »ganz wie in alten Zeiten«. Und den FDGB brauche man dazu nicht.

Kein Zweifel: Die ehemals deutschen Gebiete jenseits der Neiße waren den Görlitzern nicht fremd geworden, auch wenn dort keine Deutschen mehr lebten. Und mit den alten deutschen Ortsnamen jenseits der Grenze schien man ebenfalls noch vertraut zu sein. Das war sicher kein Revisionismus – dafür waren die DDR-Bürger mehr als zwanzig Jahre nach dem Krieg viel zu realistisch –, nur eine leise Sehnsucht nach der verlorenen Heimat, über die man öffentlich nicht redete.

Am Abend sahen wir im Stadttheater, welch eine Überraschung, »Szenen« von Karl Valentin! Schade nur, dass der Münchner Kabarettist die Aufführung nicht selbst sehen konnte. Sie hätte ihm und seiner Partnerin Liesl Karlstadt das allergrößte Vergnügen bereitet. Denn in Görlitz wurden die bayrischen Texte von einem Ensemble aus Zittau in einem unüberhörbar sächsischen Tonfall gesprochen. Die meisten Darsteller waren nicht mehr ganz junge Frauen, die notgedrungen auch Männerrollen übernehmen mussten – aus Arbeitskräftemangel, wie unser Begleiter, der stellvertretende Stadtrat für Kultur, etwas verlegen sagte. Lambach und ich waren hingerissen von der umwerfenden und manchmal auch unfreiwilligen Komik auf der Bühne, was unser Begleiter nicht ganz nachvollziehen konnte. In der Pause klagte er über die Personalsorgen der Stadt. Im letzten Konzert des städtischen Symphonieorchesters hätten zwanzig Positionen nicht besetzt werden können. Diese kammermusikalische Aufführung hätte ich gar zu gern gehört. Wir sind in der Provinz, dachte ich. Jahre später, nach der Wiedervereinigung, sollte ich in Brandenburg erleben, wie ein Stadtorchester nach dem anderen aufgeben musste. Die arm gewordenen Städte konnten sie nicht mehr bezahlen. Dieser Verlust an kultureller Substanz in den ländlichen Gegenden macht mich noch heute traurig. Auch das Frauenensemble aus Zittau wird es, fürchte ich, nicht mehr geben.

Nach der Aufführung der Karl-Valentin-»Szenen« lud uns der stellvertretende Stadtrat für Kultur zu einer kleinen Stärkung in den Klub der Kulturschaffenden ein. Einige Wodkas aus der polnischen Produktion tauten unseren Gastgeber auf. Er wurde ganz zutraulich und erzählte, als ich ihn darum bat, aus seinem Leben. Obwohl Mitglied der evangelischen Kirche, sei er in die SED eingetreten, um beruflich weiterzukommen. Doch habe er auch danach am Sonntag im Gottesdienst die Orgel gespielt, »bis es eben nicht mehr ging«. Wir hörten betreten zu und schwiegen. Es stand uns, den Westdeutschen, nicht zu, auf einen DDR-Bürger herabzusehen, der sich, wie so viele andere, dem Druck, der von den politischen Verhältnissen ausging, gebeugt hatte. Später am Abend brach es plötzlich aus ihm heraus, ihr größtes Problem sei die »Abgrenzung«. Damit meinte er unmissverständlich die Mauer, die abgeriegelte Grenze zur Bundesrepublik und die fehlenden Reisemöglichkeiten. Er war erregt. Wir fragten ihn, wie denn die Bevölkerung darüber denke. Da wurde ihm klar, dass er bei diesem Thema als Vertreter der Stadt und auch der DDR auf eine schiefe Ebene zu geraten drohte. Er hielt inne, versuchte sich zu beruhigen und sprach dann von anderen Dingen. Wir verstanden ihn. Bald darauf verabschiedeten wir uns.

Die dritte und letzte Station unserer Reise war Bautzen, das Zentrum der sorbischen Minderheit in der Oberlausitz. In dem schönen barocken Rathaus empfing uns der Bürgermeister, ein noch jüngerer Kommunalpolitiker, pragmatisch, kompetent und mit einer Sprache, in der von der herrschenden Ideologie nichts, aber auch gar nichts zu spüren war. Er war der interessanteste Gesprächspartner auf dieser Reise. Im Gegensatz zu den Partei- und Staatsfunktionären, denen wir vorher begegnet waren, hatte er nicht die penetrante Neigung, uns vor allem die großen Erfolge der DDR vor Augen zu führen. Stattdessen sprach er offen über die Probleme, mit denen seine Stadt zu kämpfen hatte: den Bedarf an neuen Wohnungen, die Umweltverschmutzung, Wasserknappheit, zu wenig Geld für die Denkmalpflege. Ja, er deutete sogar an, wie sehr die Existenz des berüchtigten Gefängnisses in Bautzen dem Ansehen der Stadt schade.

Nach dem Gespräch übernahm er wie selbstverständlich die Führung bei einem Rundgang durch die Altstadt. Mittags kehrten wir in einem Restaurant ein, in dem die Stadt für uns einen Tisch reserviert hatte. Auch hier schloss sich der Bürgermeister an, obwohl das im

Programm nicht vorgesehen war. In dem zwanglosen Rahmen fragte ich ihn: »Wie wird man eigentlich Bürgermeister in der DDR?« Er hatte, wenn ich mich recht erinnere, ein Ingenieurstudium absolviert und war seit einigen Jahren in der Kommunalverwaltung der Stadt tätig. Auf meine Frage, ob er Mitglied der SED sei, stutzte er. »Ja«, sagte er, »ich bin ziemlich spät, nämlich erst vor drei Jahren, in die Partei eingetreten. Sonst hätte ich nicht Bürgermeister werden können.« Als wir uns verabschiedeten, dachte ich: Lebte dieser sympathische und tüchtige Mann zum Beispiel in Franken, wäre er vielleicht auch Bürgermeister geworden; nur hätte er dort natürlich der CSU angehört.

Hauptprogrammpunkt in Bautzen war ein Besuch bei der Domowina, dem Dachverband aller sorbischen Vereinigungen in der DDR. Sie war schon vor dem Ersten Weltkrieg gegründet, 1937 aber von den Nationalsozialisten verboten worden. Nach dem Zweiten Weltkrieg wiedergegründet, hatte sie zeitweilig Interesse an einem Anschluss der von den Sorben besiedelten Lausitz an die Tschechoslowakei gezeigt. Damals waren die Kommunisten in der Domowina noch in der Minderheit. Das änderte sich dann im Zuge der politischen Entwicklung. Die Domowina wurde umfunktioniert in ein Instrument der SED zur Durchsetzung ihrer Minderheitenpolitik.

In der Präsentation des Vorsitzenden war die wirkliche Lage der Sorben in der DDR nur schwer zu erkennen. Ihm ging es vor allem darum, die in der Tat großzügige Förderung des sorbischen Kulturlebens ins rechte Licht zu rücken. Er nannte die sorbischen Zeitungen und Zeitschriften, darunter die von katholischen Priestern herausgegebene *Katolski Posol*; die sorbische Literatur; die Aktivitäten des staatlichen Ensembles für sorbische Volkskultur. Und vielleicht das Wichtigste: den sorbischen Sprachunterricht an Grund- und Oberschulen. In Bautzen und Cottbus gab es sogar Oberschulen, an denen der gesamte Unterricht in sorbischer Sprache erteilt wurde. Auf politischer Ebene waren die Sorben durch einige Abgeordnete in der Volkskammer vertreten, auch wenn es keine sorbische Partei gab.

Diese breitangelegte Förderung konnte sich sehen lassen. Sie diente freilich nicht nur der Erhaltung der Identität der sorbischen Volksgruppe. Sie war zugleich eine Demonstration vorbildlicher Minderheitenpolitik an die Adresse der slawischen Bruderstaaten. Wie die Lage der Sorben in der DDR wirklich war, darüber konnten wir uns nach diesem Gespräch keine rechte Meinung bilden. Offenbar lebten damals in der DDR etwa 100 000 Sorben, von denen allerdings, wie wir später hörten, nur noch die Hälfte fließend Sorbisch sprechen konnte. Die Assimilierung der Sorben war wohl ziemlich weit fortgeschritten. Außer im kulturellen und Folklore-Bereich konnte von einem Eigenleben der Minderheit kaum noch die Rede sein. Am guten Willen der staatlichen Stellen schien es jedoch nicht zu fehlen. Wahrscheinlich hatten auch die Sowjets ein Auge darauf. Als ich den Vorsitzenden fragte, ob er zu Hause in der Familie Sorbisch spreche, wurde er etwas verlegen. Leider nein, sagte er, seine Frau sei keine Sorbin, und die Kinder besuchten auch nicht die sorbische Oberschule.

Am Nachmittag traten wir die Heimreise nach Berlin an. Wir hatten viel gehört und gesehen und waren fast überall auf die Spuren der deutschen Kulturnation gestoßen.

Der IX. Parteitag der SED

Der Parteitag fand im Mai 1976 im neuen »Palast der Republik« am Marx-Engels-Platz, dem ehemaligen Schlossplatz, statt. Der moderne, kompakt und streng wirkende Repräsentationsbau war erst kurz zuvor fertiggestellt worden. Wie man überall hören konnte, war er übermäßig teuer gewesen. Angeblich waren an dem Bau 12 000 Arbeitskräfte tätig gewesen, und ein Teil der komplizierten Technik hatte aus dem Westen importiert werden müssen. Auch der laufende Betrieb soll sehr kostspielig gewesen sein, sodass der Palast im Volksmund schon bald »Palazzo Prozzi« oder, mit sächsischem Einschlag, »Ballast der Republik« genannt wurde.

Doch die SED war stolz auf das neue Haus. In demonstrativem Gegensatz zu dem preußischen Königsschloss, das früher an dieser Stelle gestanden hatte, sollte es ein echter Palast für das Volk sein. Jeder konnte die attraktiven Restaurants, Cafés und Diskotheken besuchen. Brigaden und andere Gruppen vergnügten sich in einem

Straßenbild

»Bowling Center« – es hieß tatsächlich so. Auf der Galerie im ersten Stock hatte das kunstinteressierte Publikum Gelegenheit, Bilder der »offiziellen« Maler des Landes zu sehen, und zwar keineswegs Propagandakunst. Weiter oben bot das »Theater im Palast«, kurz TIP genannt, unter Leitung der bekannten Intendantin Vera Oelschlegel ein anspruchsvolles Schauspiel- und Kleinkunstprogramm. Und in dem großen Eingangsfoyer traten internationale Stars und die besten Unterhaltungskünstler des Landes auf.

Die Bevölkerung hatte tagsüber und auch am Abend freien Zutritt, und vor allem an den Wochenenden flanierten die Besucher gern in den weitläufigen Gängen. Nach den Vorstellungen der SED sollte der Palast ein Symbol für das glückliche Leben des Volkes in »unserer Republik« sein. Das war sehr sozialistisch gedacht. Wirklich glücklich sind viele Ostdeutsche vielleicht nie gewesen, nicht einmal in ihrem Palast. Wie hätten sie es in den schweren Zeiten auch sein können?

Wandgemälde am »Haus der Ministerien«, dem heutigen Bundesfinanz-
ministerium

Aber wer wollte bestreiten, dass der Palast der Republik von der Bevölkerung angenommen worden ist wie kaum ein anderes öffentliches
Gebäude in der DDR?

Die Ständige Vertretung hatte keine Einladung erhalten, als Beobachter an dem Parteitag teilzunehmen. Das war uns auch lieber so.
Schließlich wurden alle Reden im DDR-Fernsehen übertragen, wo wir
sie mitverfolgen konnten. Was wir sahen, war sehr charakteristisch für
das politische Leben in der DDR: straffe Organisation; jeder Auftritt
wurde von der Parteitagsregie gesteuert; die meisten Reden waren
wohl vorher abgesegnet worden; Fragen wurden nicht gestellt, auch
keine störenden Anträge zur Geschäftsordnung. Der Beifall kam jeweils an den »richtigen« Stellen, und auch die Redezeit schien von der
Regie festgelegt worden zu sein. Erich Honecker, der jetzt nach sowjetischem Vorbild den Titel eines Generalsekretärs der Sozialistischen
Einheitspartei Deutschlands führte, erhielt Ovationen, die fast schon
einen neuen Personenkult ahnen ließen.

Kursänderungen waren auf dem Parteitag nicht zu erkennen. Die
seit 1971 maßgeblich von Honecker bestimmte Linie der Politik wurde

auf dem IX. Parteitag bestätigt. Die Einheit Deutschlands war kein Thema mehr. Stattdessen definierte die SED, ausgehend von der Verfassungsänderung von 1974, die »sozialistische deutsche Nation in der DDR als eine Gemeinschaft freundschaftlich verbundener Klassen und Schichten, die von der Arbeiterklasse und ihrer marxistisch-leninistischen Partei geführt wird«. Die »sozialistische Nation« in der DDR und die »kapitalistische Nation« in der Bundesrepublik unterschieden sich, so argumentierten die SED-Ideologen, nicht in ethnischer Hinsicht, sondern in ihren sozialen Grundlagen und Strukturen.

Hauptthema des Parteitags war weder die Ideologie noch die Außenpolitik, sondern die schon 1971 verkündete »Einheit von Wirtschafts- und Sozialpolitik«, das innenpolitische Markenzeichen des Honecker-Kurses. Sie wurde nun ebenfalls in das neue Parteiprogramm aufgenommen. Ungeachtet der Warnungen führender DDR-Ökonomen, fassten unmittelbar nach dem Parteitag das Zentralkomitee, der Ministerrat und der FDGB einen gemeinsamen Beschluss zur »weiteren planmäßigen Verbesserung der Arbeits- und Lebensbedingungen der Werktätigen«. Das Maßnahmenpaket umfasste eine Erhöhung der Mindestlöhne und Mindestrenten, eine leistungsorientierte Lohnpolitik, Verkürzung der Arbeitszeit im Schichtbetrieb, Urlaubsverlängerungen, Gewährung von Zusatzrenten für Lehrer und Erzieher und die Einführung des »Babyjahrs« für berufstätige Mütter. Dieses ehrgeizige Programm, das in der Bevölkerung sehr positiv aufgenommen wurde, hat damals die Position Honeckers und seines Politbüros gestärkt und mindestens für einige Jahre die prekäre innere Verfassung der DDR gefestigt.

Die finanziellen Aufwendungen für das Maßnahmenpaket überstiegen allerdings bei weitem die Wirtschaftskraft der DDR. Sie führten tendenziell zu einem Rückgang der Investitionen und beeinträchtigten damit die technische Innovation in der Industrie. Die Forderungen führender Wirtschaftspolitiker, die sozialpolitischen Maßnahmen in Grenzen zu halten und in erster Linie die Modernisierung der Industrie voranzubringen, wurden von Honecker im Interesse der inneren Stabilität nicht akzeptiert.

Diese ehrgeizige Sozialpolitik hat in den siebziger Jahren eine für das System gefährliche Abwärtsspirale in Gang gesetzt. Das hat damals wohl niemand gänzlich übersehen. Die DDR-Führung vertraute darauf, dass es mit Hilfe importierter Technologie aus dem Westen gelingen würde, die Wirtschaftskraft der DDR nachhaltig zu stärken und damit zugleich ihre Wettbewerbsfähigkeit auf dem Weltmarkt zu verbessern. Erst dann sollte die Verschuldung der DDR im Westen schrittweise abgebaut werden.

Die Ständige Vertretung verfügte in den siebziger Jahren nicht über ausreichende Informationen, um die wirtschaftliche Lage der DDR einigermaßen sicher beurteilen zu können. Die Bundesregierung war in keiner besseren Lage. Selbst westliche Experten überschätzten seinerzeit aufgrund der verfügbaren Daten die Wirtschaftskraft der DDR, die immerhin im Rat für gegenseitige Wirtschaftshilfe, der osteuropäischen Wirtschaftsgemeinschaft, das höchste ökonomische Leistungsniveau hatte. Dennoch waren die Jahre vor und nach dem IX. Parteitag die wohl beste Zeit in der kurzen Geschichte der DDR. Mit der internationalen Anerkennung, der Aufnahme in die Vereinten Nationen und dem relativ gefestigten Verhältnis zum großen Nachbarn Bundesrepublik schien sie den Durchbruch zu einer dauerhaften Stabilisierung geschafft zu haben.

Ein heißer Sommer

1976 war ein Wahljahr in beiden deutschen Staaten. In der Bundesrepublik wurde der Bundestag im Oktober neu gewählt; in der DDR etwas später die Volkskammer. Nach meinem Eindruck wirkten sich die bevorstehenden Wahlen auch auf das deutsch-deutsche Verhältnis aus. In dieser Situation hielten wir uns an die Devise: Alles, was läuft, möglichst unauffällig fortsetzen; keine Erwartungen wecken, die im Zweifel in einem Wahljahr nicht erfüllt werden können; und im Übrigen abwarten, bis die Wahlen vorüber und die Führungsgremien auf beiden Seiten bestätigt oder neu besetzt sind.

Eigentlich begann das Jahr ermutigend. Am 30. März wurde das Regierungsabkommen über den Post- und Fernmeldeverkehr unterzeichnet, mit dem diese wichtige Ost-West-Kommunikation einschließlich des Telefonverkehrs zwischen Ost- und West-Berlin auf eine vertragliche Grundlage gestellt wurde. Allerdings war die Zahl der Leitungen noch keineswegs ausreichend. Am 19. Mai folgte eine Vereinbarung über den grenzüberschreitenden Braunkohlenabbau bei Helmstedt/Harbke. Partner waren hier die »Treuhandstelle für den Interzonenhandel« – sie hieß offiziell noch immer so, wurde aber in der Regel mit der Abkürzung TSI bezeichnet – und das DDR-Ministerium für Außenhandel. Auch die Arbeit der deutsch-deutschen Grenzkommission kam gut voran. Aber dann kam es plötzlich zu einer Serie von Zwischenfällen, die das deutsch-deutsche Verhältnis tief gehend erschütterte und eine Phase großer Unsicherheit einleitete.

Begonnen hatten die Zwischenfälle an der Grenze bereits im Dezember 1975, als der DDR-Flüchtling Werner Weinhold bei seiner Flucht zwei DDR-Grenzsoldaten erschoss. Die von der DDR geforderte Auslieferung wurde von der Bundesregierung abgelehnt. Ein Jahr später wurde Weinhold in einem Strafverfahren vor dem Landgericht Essen in erster Instanz freigesprochen, was wütende Proteste der DDR auslöste. Der Bundesgerichtshof hob später dieses Urteil wieder auf, und nach einiger Zeit wurde Weinhold doch noch zu einer Haftstrafe verurteilt.

Am 30. April wurde der 32-jährige Michael Gartenschläger aus Hamburg bei seinem dritten Versuch, einen Selbstschussautomaten von dem Metallgitterzaun abzumontieren, von DDR-Grenzsoldaten erschossen. Gartenschläger stammte aus der DDR. Er war 1971 nach mehreren Jahren Haft von der Bundesregierung freigekauft worden.

Im Juni kam es zu einer wohl unachtsamen Grenzüberschreitung durch zwei junge Beamte des Bundesgrenzschutzes. Kurz darauf wurden drei westdeutsche Touristen, darunter ein sechsjähriges Kind, die offenkundig aus Neugier DDR-Gebiet vor dem Metallgitterzaun betreten hatten, vorübergehend festgenommen. Am gleichen Tag wurde an einer anderen Stelle der Grenze ein Hamburger Urlauber, Willi Bubbers, der offenbar aus Unachtsamkeit auf DDR-Gebiet vor dem Metallgitterzaun geraten war, niedergeschossen und schwer verletzt.

In der Nacht vom 4. auf den 5. August erreichte die Serie der Grenzzwischenfälle ihren Höhepunkt. DDR-Grenzsoldaten erschossen am Grenzübergang Hirschberg den italienischen Lkw-Fahrer Benito

Corghi. Dieser wollte, nachdem er mit seinem Laster bereits auf der westlichen Seite angekommen war, noch einmal zum DDR-Kontrollpunkt zurückgehen, weil er dort etwas vergessen hatte. Zum ersten Mal wurde hier ein Ausländer Opfer des Schießbefehls, der noch dazu Mitglied der italienischen Kommunistischen Partei war. In der Bundesrepublik und erst recht in Italien war die Erregung groß.

Nach allen Zwischenfällen hagelte es Proteste, begleitet von polemischen Erklärungen. Die Tonlage verschärfte sich auf beiden Seiten, wie wir das seit langem nicht mehr erlebt hatten. Am 10. August schrieb *Neues Deutschland*: »[In der Bundesrepublik] breiten sich Faschisten ungestört aus… Verschärfter Schießbefehl für die Polizei der BRD«.

Auch wir in der Ständigen Vertretung wurden nervös. Was hatte diese Zuspitzung zu bedeuten, fragten wir uns. Woher kam dieser unglaubliche Leichtsinn westdeutscher Touristen? Schließlich war die Gefahr an dieser Grenze doch allgemein bekannt. Waren etwa zusätzliche Warnungen notwendig? Und wie rechtfertigten die auf DDR-Seite Verantwortlichen das brutale Vorgehen der Grenzsoldaten selbst bei harmlosen Übertretungen wie im Fall Bubbers oder Corghi? Hatten wir es mit einem allgemein verschärften Grenzregime zu tun?

Auch der Bundeskanzler war beunruhigt. Ende Juli, also noch vor dem Fall Corghi, schrieb er Generalsekretär Honecker einen Brief, in dem er seine große Sorge über die Vorfälle zum Ausdruck brachte. Die Bundesregierung sei willens, so betonte er, weiter praktische Regelungen im Interesse beider Seiten zu treffen. Eine Voraussetzung dafür sei aber ein angemessenes Verhalten an der Grenze.

Parallel zu den Grenzzwischenfällen wurde das deutsch-deutsche Verhältnis auch noch durch andere Vorgänge belastet. Am 30. Juli 1976 verurteilte das Bezirksgericht Magdeburg in einem Fluchthilfefall einen Westdeutschen wegen versuchten Mordes von DDR-Grenzsoldaten zu fünfzehn Jahren Freiheitsentzug. Ein hartes Urteil, das abschreckend wirken sollte, aber auch viele Menschen im Westen schockierte.

Die Fälle von Fluchthilfe häuften sich. Im August wurden sechs Personen aus der Bundesrepublik und West-Berlin wegen Missbrauchs der Transitstrecken festgenommen. Wenig später wurde ein

Bundesbürger ebenfalls wegen Fluchthilfe auf den Transitstrecken zu neun Jahren Freiheitsentzug verurteilt. Es schien, als befänden sich die beiden deutschen Staaten mitten in einem Nervenkrieg.

Am 18. August 1976 kam es in der thüringischen Kreisstadt Zeitz zu einem Zwischenfall ganz anderer Art, der viele Menschen nicht nur in der DDR und in der Bundesrepublik, sondern auch in anderen westlichen Staaten tief berührte. An diesem Tag entfaltete der evangelische Pfarrer Oskar Brüsewitz auf dem Marktplatz zwei Plakate mit der Aufschrift:»Funkspruch an alle. Funkspruch an alle. Die Kirche in der DDR klagt den Kommunismus an wegen Unterdrückung in Schulen an Kindern und Jugendlichen.« Nachdem Passanten darauf aufmerksam geworden waren, holte der Pfarrer eine Kanne aus seinem Auto, übergoss sich mit Benzin und zündete sich mit einem Streichholz an. Eine Stichflamme schoss hervor, wie Augenzeugen berichteten, der Pfarrer stand in Flammen und rannte über den Marktplatz. Menschen in seiner Nähe versuchten, die Flammen zu ersticken. Ein eiligst herbeigerufener Krankenwagen brachte den Pfarrer ins Krankenhaus. Doch die Hilfe kam zu spät. Vier Tage später starb Oskar Brüsewitz an den Folgen seiner Verbrennungen.

Brüsewitz hatte es sich und anderen nicht leichtgemacht. Seine kirchliche Arbeit bedeutete für ihn Kampf. Die atheistische Umwelt, in der er lebte, war für ihn »die Welt der Finsternis und der Dämonen«. Er suchte die Öffentlichkeit. Mit immer neuen Aktionen brüskierte er die staatlichen Stellen, aber auch die eigene Kirche. So geriet er in einen Dauerkonflikt mit dem Staat. Um die schwierige Situation in Zeitz zu entschärfen, legte ihm seine Landeskirche, die Kirchenprovinz Sachsen, nahe, die Pfarrstelle zu wechseln. Er schien damit auch einverstanden, doch dürfte er den Vorschlag seiner Kirche als tiefe Demütigung empfunden haben. Die Plakate, mit denen er protestierte, und die Selbstverbrennung hatte er sorgfältig vorbereitet. Es war ein Selbstopfer, um die Menschen in der DDR aufzurütteln, ja vielleicht zum Widerstand gegen den Kommunismus aufzurufen. In einem Abschiedsbrief an seine Pfarrerkollegen im Kirchenkreis Zeitz machte er deutlich, dass er keinerlei Verständnis für den von den evangelischen Kirchen angestrebten Ausgleich mit dem Staat habe. Zwischen Licht und Finsternis tobe ein mächtiger Krieg, schrieb er.

Die Verantwortlichen in Staat und Partei fürchteten, die Selbstverbrennung, die an den Tod von Jan Palach 1968 auf dem Wenzelsplatz
in Prag erinnerte, könnte zu einer Diffamierungskampagne gegen die
DDR benutzt werden. Am liebsten hätten sie deshalb die ganze Sache
verschwiegen. Auch die Kirchenleitungen scheuten vor einem Konflikt mit dem Staat zurück. Als der Fall über westdeutsche Besucher
im Westen bekannt wurde, meldete *Neues Deutschland* am 21. August
das Vorkommnis und erklärte den Pfarrer zum Psychopathen. Die
Kirche reagierte darauf mit einem »Wort an die Gemeinden«. Darin
hieß es: Mit dem Akt der Selbstverbrennung habe Oskar Brüsewitz
sein Leben vorsätzlich beendet. Das sei nicht im Sinne der Nachfolge
Christi. Alle Christen seien aufgerufen, sich in der Gesellschaft zu engagieren, um durch das Zeugnis und Beispiel ihres Lebens Gottes Ziele zu verwirklichen. »Jeden Versuch, das Geschehen in Zeitz zur Propaganda gegen die DDR zu benutzen, weisen wir zurück.«

An der Beerdigung von Oskar Brüsewitz am 26. August nahmen
Hunderte von Pfarrern aus der ganzen DDR teil. Die politischen Forderungen des Pfarrers wurden, wohl auch unter dem Druck der staatlichen Stellen, mit keinem Wort erwähnt. So verlief die Trauerfeier
völlig unpolitisch. Proteste gegen die Kirchenpolitik des Staates un-
terblieben. Aber unterschwellig brodelte es.

Um der Diskussion in den Kirchen, aber auch in den westlichen
Medien entgegenzuwirken, veröffentlichte *Neues Deutschland* am
31. August einen weiteren Artikel gegen Brüsewitz unter der Über-
schrift »Du sollst nicht falsch Zeugnis reden«, in dem Oskar Brüsewitz als geisteskrank und pervers diffamiert wurde. Das Zentralorgan
der (Ost-)CDU druckte einen ähnlichen Kommentar. Die Magdeburger Kirchenleitung war empört und reagierte mit einem offenen Brief,
den sie an die Redaktionen beider Zeitungen schickte. Viele Christen
in der DDR waren durch den tragischen Tod von Pfarrer Brüsewitz
tief aufgewühlt. Die innerkirchliche Diskussion wurde heftiger und
kam so bald nicht wieder zur Ruhe.

In der Ständigen Vertretung fragten wir uns damals: War das
Selbstopfer von Brüsewitz ein Fanal, das auf eine Krise in der Gesellschaft hinwies, oder war es der tragische Unglücksfall eines Mannes,
der die politischen Bedingungen seiner Arbeit nicht länger ertragen

konnte? Ich wusste es damals nicht und weiß es auch heute nicht. Doch was mich zutiefst berührte, ja erschreckte, war die existenzielle Dimension des Vorgangs.

Die Biermann-Krise

Am 13. November 1976 trat Wolf Biermann, der in Ost und West bekannte Liedermacher und Sänger, Vorkämpfer eines freiheitlichen Sozialismus in der DDR, in der Kölner Sporthalle auf. Eingeladen hatte ihn die Gewerkschaft IG Metall, und die DDR-Behörden hatten ihm, scheinbar anstandslos, ein Ausreisevisum gewährt. Das Konzert dauerte vier Stunden und wurde im Hörfunk sowie im dritten Fernsehprogramm des Westdeutschen Rundfunks übertragen. Über siebentausend Zuhörer saßen dicht gedrängt in der großen Halle.

Der Abend wurde zum Ereignis. Die meisten Lieder, die Wolf Biermann zur Gitarre sang, waren frech und für den Staat, in dem er lebte, eine Provokation, andere dagegen ganz unpolitisch, einfach in ihrem Inhalt und mit einem wehmütigen Ton. Viele Menschen in der Halle und an den Fernsehschirmen fühlten sich davon angerührt. Biermann führte seine Lieder mit kleinen Geschichten und Plaudereien ein. Das Lied »Es geht seinen sozialistischen Gang« erklärte er den westdeutschen Zuhörern, die natürlich mit den Verhältnissen in der DDR nicht vertraut waren, mit den Worten: »Wenn einer zu einem Arbeiter sagt, der einen Kipper fährt, mit dem Mörtel transportiert wird: Ich brauche für meine Datsche ein bisschen Mörtel, ja, für eine Senkgrube oder was. Da sagt der: Ich fahre mal 'ne Biege über Grünau. Und dann haut er die drei oder vier Tonnen raus. Und dann sagt der Arbeiter: Ja, Kumpel, das geht seinen sozialistischen Gang.«

Das Kölner Publikum, meist junge Leute, politisch auf der linken Seite stehend und pazifistisch gesinnt, war fasziniert von dem ans Herz gehenden Ton dieser Lieder. Sie jubelten dem Sänger zu, und Biermann, der noch nie vor so vielen Menschen aufgetreten war, ließ sich von der Woge der Begeisterung davontragen. Es war ein großer Augenblick in seinem Leben.

Auch in der DDR hatten viele das Konzert im Radio gehört oder in Auszügen auf den Fernsehschirmen miterlebt. Die offiziellen Stellen in der DDR reagierten zunächst nicht. Einen Augenblick lang schien es so, als wollte die DDR den für sie unerfreulichen Vorgang totschweigen. Aber dann passierte es: Am 16. November, nicht zufällig einem Dienstag, an dem das Politbüro tagte, wurde Biermann mit sofortiger Wirkung die Staatsbürgerschaft entzogen, was umgehend über den ADN (Allgemeiner Deutscher Nachrichtendienst), die staatliche Presseagentur der DDR, bekannt gegeben wurde. Am nächsten Tag veröffentlichte *Neues Deutschland* einen scharfen Kommentar, in dem die Äußerungen Biermanns in Köln als Aufforderung zur Beseitigung der sozialistischen Ordnung in der DDR angeprangert wurden: »Was er an Hass, an Verleumdungen und Beleidigungen gegen unseren sozialistischen Staat und seine Bürger losgelassen hat, macht das Maß voll.«

Gaus war tief betroffen, als er von der Ausbürgerung hörte. Ganz spontan verließ er sein Büro, ging in das gegenüberliegende Haus, in dem Biermann wohnte, und bot der Frau des Sängers seine Hilfe an. Den Mitarbeitern in der Ständigen Vertretung ging die Ausbürgerung Biermanns nicht weniger nahe. Seine ideologischen Überzeugungen standen uns zwar ziemlich fern; doch dass die SED-Führung es wagte, diesen unbequemen Sänger und liebenswerten Poeten aus seinem selbstgewählten sozialistischen Vaterland auszustoßen, empörte uns.

Im Frühjahr desselben Jahres waren Gaus und ich wieder einmal auf dem Dorotheenstädtischen Friedhof gewesen, um dort bei einem Spaziergang ungestört reden zu können. Da sahen wir Biermann auf einer Bank sitzen. Als er uns erkannte, huschte ein Lächeln über sein Gesicht. Mit einer einladenden Geste, als wollte er uns auf »seinem« Friedhof willkommen heißen, begrüßte er uns freundlich mit dem Zuruf: »Sieh da, der Klassenfeind.« Gaus erwiderte lachend: »Ja, wir sind's.«

Biermann, Sohn eines jüdischen, in Auschwitz ermordeten Kommunisten, stammte aus Hamburg. Er war 1953 mit 17 Jahren in die DDR gekommen, hatte an der Humboldt-Universität Philosophie studiert und war dann einige Zeit Regieassistent am Brecht-Theater, bis er sich ganz der Poesie und seinen Liedern zuwandte. Auf der Suche nach einem menschlichen Sozialismus litt er unter den politischen

Verhältnissen in der DDR, wo, wie er einmal sagte, »die Revolution lebendig begraben ist«. Doch er passte sich nicht an. Den Glauben an seine sozialistischen Ideale hatte er nicht verloren. Obwohl ihn die SED wegen seiner bitter-boshaften Lieder aus der Partei ausgeschlossen hatte, wollte er in der DDR und nirgendwo anders leben. Angebote der Behörden, die DDR-Staatsbürgerschaft aufzugeben und in die Bundesrepublik zurückzugehen, lehnte er kategorisch ab. Er wollte der DDR nicht den Rücken kehren, sondern mithelfen, sie zu verändern.

Wolf Biermann stand Robert Havemann nahe, der schon in den frühen sechziger Jahren den Bruch mit der SED vollzogen hatte. Durch sein Eintreten für einen freiheitlichen, demokratischen Sozialismus war dieser für viele Kritiker des SED-Regimes zu einer Leitfigur geworden. Havemann, Chemiker und ordentlicher Professor an der Humboldt-Universität, hatte im Wintersemester 1963/64 in einer aufsehenerregenden Vorlesungsreihe die Emanzipation der Wissenschaft von der herrschenden Ideologie gefordert und Demokratie und Freiheit der Meinungsäußerung zur Bedingung des menschlichen Fortschritts erklärt. Die SED war nicht bereit, diese Kritik hinzunehmen. Havemann wurde aus der SED ausgeschlossen, bald darauf auch als Ordinarius der Humboldt-Universität entlassen, seine Mitgliedschaften in der Volkskammer und in der Akademie der Wissenschaften wurden beendet. Seitdem konnte er in der DDR nicht mehr öffentlich auftreten oder publizieren. Umso nachdrücklicher setzte er sich in der westdeutschen Öffentlichkeit für seine politischen Ideen ein und versuchte nun erst recht, über die Westmedien in die DDR hineinzuwirken.

In den siebziger Jahren bereitete das Ministerium für Staatssicherheit die Ausweisung Havemanns aus der DDR vor, zeitweilig wurde sogar seine Inhaftierung erwogen. SED-Chef Honecker konnte sich jedoch nicht dazu durchringen, in dieser Weise gegen einen Mann vorzugehen, der als Widerstandskämpfer von den Nazis zum Tode verurteilt und nur deshalb nicht hingerichtet worden war, weil die Fortsetzung seiner wissenschaftlichen Arbeiten als kriegswichtig reklamiert wurde. Honecker und Havemann kannten sich aus ihrer gemeinsamen Haftzeit im Zuchthaus Brandenburg. Es liegt nahe, anzunehmen, dass der SED-Generalsekretär ihn zwar politisch isolieren, aber doch vor Haft oder Ausweisung bewahren wollte. Nach der Ausbürgerung Wolf Biermanns verhängte das Kreisgericht Fürstenwalde einen »Hausarrest« in seinem Wochenendhaus in Grünheide. Nur wenige Familienangehörige und Freunde konnten jetzt noch Kontakt mit ihm halten. Seine Isolierung war nahezu absolut. Erst 1979 wurde der »Hausarrest« aufgehoben, nachdem der Fall Havemann für die SED auf internationaler Ebene, vor allem in ihrem Verhältnis zu den eurokommunistischen Parteien, zu einem Ärgernis geworden war. Die Schikanen gegen Robert Havemann hörten damit freilich nicht auf. Der furchtlose Mann starb 1982.

Ebenso wie Havemann konnte auch Biermann seit den siebziger Jahren seine Lieder und Gedichte nicht mehr in der DDR, sondern nur noch im Westen veröffentlichen. Und öffentlich auftreten konnte er auch nicht mehr. Sein Publikum in der DDR erreichte er fast nur noch über die Westmedien. Vor allem mit Rücksicht auf die Verfolgung seiner Familie in der Nazizeit waren die DDR-Behörden bisher davor zurückgescheut, seine Kontakte mit den Westmedien zu unterbinden und Biermann völlig zu isolieren. Evangelische Kirchengemeinden luden ihn noch gelegentlich zu kircheninternen Veranstaltungen ein, die formal keiner Genehmigung bedurften. Früher hatte Biermann das aus Überzeugungsgründen abgelehnt. Aber im September 1976 nahm er dann doch eine Einladung an und trat in der Nikolaikirche in Prenzlau auf – mit großem Erfolg.

Dort wandte sich Biermann vor allem gegen die Republikflucht. In einem seiner schönsten Lieder heißt es:»Ich möchte am liebsten weg sein und bleibe am liebsten hier.« Damit traf er genau die Gefühlslage vieler Menschen im ganzen Land. Einen Psalm zitierend, beschwor Biermann seine Zuhörer, einen Ausweg aus der sozialistischen Misere weder in der Ausreise noch in der Flucht in den Tod zu suchen. Niemand in der DDR hat damals die existenziellen Gefühle vieler Menschen besser artikuliert als Wolf Biermann.

Die intelligenten Köpfe in der SED und im Staatssicherheitsdienst dürften aufs äußerste alarmiert gewesen sein, als sie von dem Biermann-Konzert in Prenzlau informiert wurden. Wahrscheinlich sahen sie die Gefahr, dass sich junge idealistische Christen mit kritischen Kommunisten zu einer freiheitlichen Bewegung zusammenfinden könnten, in einer »Roten Kirche«, wie es Biermann einmal ausgedrückt hatte. Das war wohl die gefährlichste Form der Opposition, die sie sich vorstellen konnten.

Am 17. November 1976 protestierten dreizehn prominente Schriftsteller und Künstler öffentlich gegen die Ausbürgerung des populären Liedermachers. Ein für die SED unerhörter Vorgang. Stephan Hermlin hatte die Erklärung, soviel ich weiß, formuliert und Kollegen und Freunde, meist Akademiemitglieder, eingeladen, sich an dem Protest zu beteiligen. Erstunterzeichner waren Stephan Hermlin, Christa und Gerhard Wolf, Volker Braun, Fritz Cremer, Franz Fühmann, Stefan Heym, Günter Kunert, Heiner Müller, Sarah Kirsch, Rolf Schneider, Jurek Becker und Erich Arendt.

Stephan Hermlin übergab die Protesterklärung im Gebäude des *Neuen Deutschland* der Öffentlichkeit und unterrichtete sodann die französische Presseagentur AFP. In der Bundesrepublik und in West-Berlin wurde der Protest noch am gleichen Tag bekannt und erregte großes Aufsehen.

In den nächsten Tagen schlossen sich in der DDR über hundert Schriftsteller, Schauspieler, Regisseure und Künstler der Protesterklärung an. Angesichts dieser Revolte ihrer Intellektuellen organisierte die SED einen Gegenprotest von »Kulturschaffenden, Werktätigen, Angehörigen der Nationalen Volksarmee und der Grenztruppen«, der im *Neuen Deutschland* veröffentlicht wurde. Auch einige prominente Schriftsteller und Künstler distanzierten sich von der Erklärung der »dreizehn« oder gaben Ergebenheitserklärungen ab.

Im Dezember wurden die Erstunterzeichner in unterschiedlicher Weise gemaßregelt. Gerhard Wolf und Jurek Becker wurden aus der SED ausgeschlossen, Sarah Kirschs Parteimitgliedschaft gestrichen (eine mildere Form des Ausschlusses), Stephan Hermlin, Christa Wolf und Volker Braun, ebenfalls Parteimitglieder, erhielten eine Rüge; mehrere Unterzeichner mussten den Vorstand der Berliner Sektion des Schriftstellerverbandes verlassen, blieben aber Mitglieder des Verbandes und konnten weiterhin veröffentlichen.

Gegen junge, weniger bekannte Intellektuelle, die sich in irgendeiner Form an dem Biermann-Protest beteiligt hatten, ging die SED mit größerer Härte vor. Mehrere wurden verhaftet und später, wie auch andere Kritiker, in den Westen abgeschoben. Andere beantragten unter massivem Druck die Ausreise und erhielten umgehend die Genehmigung.

Der Umgang der SED mit der Fronde der Schriftsteller wirkte auf den ersten Blick erfolgreich. Die unmittelbare politische Wirkung der Protestaktion war gering. Die SED-Führung hatte nicht nachgegeben, die Ausbürgerung Biermanns wurde nicht rückgängig gemacht. Zudem ließ die Popularität des Sängers in der DDR mit der Zeit nach, und auch im Westen ging das Interesse an seinen Liedern allmählich zurück. Dennoch waren die Folgen der Biermann-Krise tief greifend. Die SED hatte sich in einer wichtigen Frage völlig unsensibel gezeigt und allein an der Machterhaltung interessiert. Manche Intellektuelle in den eigenen Reihen wandten sich von der Partei ab. Sie zogen sich entweder in eine Art innere Emigration zurück oder gingen in den Westen, und die SED ließ sie ziehen. Immer mehr junge Leute, die frustriert waren, fühlten sich dadurch ermutigt, ebenfalls den Weg in den Westen zu suchen, so beschwerlich er auch sein mochte. Der Ausreisedruck nahm weiter zu.

In einem Gespräch mit Günter Gaus brachte Karl Seidel die Sache aus der Sicht der SED auf den Punkt. Biermann, seine Freunde und Sympathisanten, sagte er, wollten einen zweiten »Prager Frühling«, diesmal in der DDR. »Damit haben sie die Machtfrage gestellt. Das wird die SED nicht dulden.«

Bald darauf berichtete mir der stets gut informierte Schweizer Botschaftsrat von einer internen Veranstaltung der SED-Bezirksleitung Berlin. Dort habe ein führender SED-Funktionär erklärt: Die Auseinandersetzung mit Biermann sei Teil eines harten Klassenkampfs mit den reaktionären Kräften in der Bundesrepublik. Ziel dieses Kampfes sei die Schaffung einer Opposition in der DDR nach dem Motto »Wandel durch Annäherung« im Sinne von Egon Bahr, mit der die Abgrenzung der beiden deutschen Staaten unterlaufen werden solle. Im Fall Biermann hätten westliche Diplomaten, so der SED-Funktionär, »kräftig mitgemischt«. Diese Leute seien alle Agenten und keine »Gentlemen«. Das gelte vor allem für die Mitarbeiter der Ständigen Vertretung.

O Gott, dachte ich, wenn die SED intern so redet, dann verheißt das nichts Gutes für die nächste Zeit.

Reiner Kunze verlässt seine Heimat

Im September 1976 erschien im S. Fischer Verlag in Frankfurt am Main das neue Buch von Reiner Kunze:»Die wunderbaren Jahre«. Der Schriftsteller hatte in den letzten Jahren mit höchster Konzentration an dem Buch gearbeitet, wohl wissend, dass ihm mit der Veröffentlichung eine weitere, ja gefährliche Konfrontation mit der offiziellen DDR bevorstand. Er rechne »mit dem Schlimmsten«, hatte er uns bei einem Besuch in Berlin gesagt.

Der Titel des Buches ist ein bitter-ironisches Zitat aus der »Grasharfe« des amerikanischen Schriftstellers Truman Capote, in dem es an einer Stelle heißt:»Ich war elf, und später wurde ich sechzehn. Verdienste erwarb ich mir keine, aber das waren die wunderbaren Jahre.« Der Prosaband besteht aus meist kurzen, selbständigen Texten. Kunze erzählt darin vom Leben junger Menschen in der DDR, die sich gegen die starre bürokratische Ordnung auflehnen und in vielfältiger Weise von ihren Lehrern, Parteifunktionären, Volkspolizisten und Spitzeln des Staatssicherheitsdienstes unterdrückt werden. Andere Geschichten handeln vom Schicksal tschechischer Intellektueller nach dem Scheitern des »Prager Frühlings«. Wie es seinen verfolgten Freunden in der Tschechoslowakei ergangen war, wusste Kunze, der Übersetzer tschechischer Lyrik, aus eigener Anschauung. Als »Die wunderbaren Jahre« erschien, hatte er sich von dem Sozialismus, wie er ihn in der DDR erlebte, längst gelöst. Doch der Vision eines »Sozialismus mit menschlichem Antlitz«, eines freiheitlichen Sozialismus, fühlte er sich noch immer verbunden.

Im Westen erregten »Die wunderbaren Jahre« großes Aufsehen. Die erste Auflage war schnell verkauft, weitere folgten, Übersetzungen in andere Sprachen wurden vorbereitet. In der DDR konnte das Buch natürlich nicht erscheinen. Doch manche Exemplare fanden aus dem Westen ihren Weg dorthin – trotz allem Eifer der Zollbeamten, die Einfuhr dieser geistigen Konterbande zu verhindern. Bald gab es auch Abschriften und Auszüge, die von Hand zu Hand weitergereicht wurden.

In der DDR gab es nach Erscheinen der »Wunderbaren Jahre« zunächst keine offizielle Reaktion. Dass aber die SED dieses Buch als eine schwere Provokation empfand, daran konnte nicht der geringste Zweifel bestehen. Irgendetwas würde geschehen.

Am 3. November wurde Reiner Kunze aus dem Schriftstellerverband ausgeschlossen. Das war unter den herrschenden politischen Verhältnissen eine gravierende Maßnahme, denn sie bedeutete ein absolutes Publikationsverbot in der DDR. Kunzes Gedichtbände wurden nicht mehr neu aufgelegt, und 15000 schon gedruckte Exemplare seines erfolgreichen Kinderbuchs »Der Löwe Leopold« durften nicht mehr ausgeliefert werden. Als Schriftsteller war Kunze eine »Unperson« geworden. Veröffentlichungen seiner Bücher im Westen konnten die Kulturbehörden der DDR zwar nicht verhindern, doch wurde ihm durch allerlei Schikanen das Leben schwergemacht.

Als ich Reiner in dieser Zeit fragte, wie es ihm gehe, meinte er nur, er bekomme in letzter Zeit weniger Leserpost. Das liege wohl nicht an einem abnehmenden Interesse seiner Leser, sondern an anderen Umständen. Er wirkte sehr angespannt. Ich spürte, wie sehr ihm und seiner Frau Elisabeth die zunehmende Isolierung und Überwachung im privaten Bereich zu schaffen machte. Die größten Sorgen aber machten sich beide um ihre Tochter, die damals in Jena arbeitete. Nach dem erzwungenen Schulabbruch fühlte sie sich in jeder Hinsicht eingeengt und sah für sich in der DDR keine Perspektive mehr. Sie hatte erneut einen Ausreiseantrag über Rechtsanwalt Vogel gestellt. Doch der sah sich nicht in der Lage, etwas für sie zu tun.

Bald darauf hörten wir, die Leiterin der Kulturabteilung im SED-Zentralkomitee habe Kunze in einem Referat vor Kulturfunktionären als »Staatsfeind« bezeichnet. Das war ein Alarmzeichen, denn es bedeutete nicht nur einen weitgehenden Ausschluss aus der Gesellschaft, sondern, schlimmer noch, eine Drohung, Kunze zu inhaftieren und ihm den Prozess zu machen. Zudem fürchtete er, nach der Ausbürgerung Biermanns könne ihm ein ähnliches Schicksal widerfahren wie diesem. Nur der große Erfolg der »Wunderbaren Jahre« im Westen und vielleicht auch seine Beziehungen zur Ständigen Vertretung und damit zur Bundesregierung mochten die DDR-Behörden bis jetzt davon abgehalten haben, so scharf gegen ihn vorzugehen. Aber wie lange noch?

Doch Reiner Kunze wollte sich nicht aus der DDR herausdrängen lassen. Hier war seine Heimat. Hier lebten seine Eltern und viele

Freunde. Hier hatte er eine große, treue Lesergemeinde, der er sich eng verbunden fühlte. Immer wieder sagten uns Reiner und Elisabeth bei ihren Besuchen in Berlin, dass sie nicht freiwillig gehen würden. Manchmal fragte ich sie besorgt: »Aber werdet ihr den Druck auch aushalten können?«

Im Februar 1977 schöpften beide noch einmal neuen Mut: Auf Bitte der österreichischen Regierung erhielt Reiner die Genehmigung, in Salzburg den ihm verliehenen Trakl-Literaturpreis entgegenzunehmen. Das schien ein positives Signal zu sein. Nach der Biermann-Krise, die noch keineswegs ausgestanden war, noch einmal einen international bekannten Schriftsteller während eines Auslandsaufenthalts auszubürgern, hätte die DDR kaum gewagt. Der Besuch in Österreich verlief denn auch ohne Zwischenfälle. Doch als Reiner kurz darauf nach Berlin kam, war er nicht weniger angespannt als vor seiner Reise. Er fühlte sich erneut unter schwerem Druck, nachdem ihm zu Ohren gekommen war, dass ein Prozess gegen ihn vorbereitet wurde.

Am 1. April war ich abends allein zu Hause – Hilla und die Kinder waren noch in den Ferien –, als ich plötzlich Schritte auf der Treppe hörte, die zu dem meist nicht verschlossenen Hintereingang unseres Hauses führte. Ich öffnete die Wohnzimmertür und rief: »Ist da jemand?« Dann sah ich Reiner. Er sah blass und erschöpft aus, sprach mit leiser Stimme und fragte: »Habt ihr einige Minuten Zeit für mich?« Ich sah ihm an, dass etwas Gravierendes geschehen sein musste, und schlug ihm einen Abendspaziergang vor. Reiner nickte. Wir gingen gleich los, und als wir uns unbeobachtet fühlten, sagte er: »Elisabeth und ich haben uns entschlossen, die DDR zu verlassen und in der Bundesrepublik zu leben.« Die Drohungen gegen ihn hätten noch weiter zugenommen. Wie ihm sicher absichtsvoll zugetragen worden sei, warteten bestimmte Stellen nur darauf, »mit Kunze abzurechnen«. Seine Situation sei unhaltbar geworden. Auch gesundheitlich könne er das nicht länger durchstehen. Elisabeth sei in großer Sorge und dränge nun darauf zu gehen. Voraussetzung sei allerdings, dass auch ihre Tochter mit ihrem Verlobten ausreisen könne. Sie dürften unter keinen Umständen allein in der DDR zurückbleiben. Die DDR-Behörden schienen aber wohl auf diese Forderung einzugehen. Sie wollten ihn unbedingt aus dem Land haben.

Reiner sprach von einem neuen Anfang, als läge die Leidenszeit in der DDR schon hinter ihm. Nach allem, was er in den letzten Monaten erlebt hatte, war die Trennung von seiner Heimat ein Akt der Befreiung. Aber wie schnell würden »drüben« die Wunden verheilen? »Ihr werdet Zeit brauchen, um im Westen heimisch zu werden«, sagte ich ihm.

Reiner wollte vor der Ausreise noch einmal nach Berlin kommen. Aber er meldete sich nicht. Ich war aufs höchste besorgt. Hatte es zu guter Letzt doch noch Schwierigkeiten gegeben, wie so oft in diesen Fällen? Am 12. April rief ich in Greiz an. Zunächst nahm niemand den Hörer ab. Dann meldete sich eine sehr aufgeregte Elisabeth. »Morgen reisen wir aus«, sagte sie. Innerhalb von drei Tagen seien alle Anträge, auch die ihrer Tochter und ihres Verlobten, positiv entschieden worden. Nun müsse alles ganz schnell gehen. Es bleibe ihnen kaum noch Zeit, zu packen und den Haushalt aufzulösen. An Verabschiedungen sei gar nicht mehr zu denken. Ich wünschte ihnen Glück für ihre letzten Stunden in der DDR und einen guten Anfang auf der anderen Seite.

Zwei Tage später schrieb Elisabeth aus der »neuen Heimat«. Sie seien in den letzten Tagen in Greiz von positiven und negativen Erlebnissen so erdrückt worden, dass sie es noch gar nicht fassen könnten, Bürger der Bundesrepublik zu sein. Und sie fügte hinzu: »Jetzt werden wir bald aufatmen können.« Wir waren erleichtert. Reiner und Elisabeth würden in der Bundesrepublik jede Unterstützung erhalten, die sie für den Neuanfang brauchten. Dessen war ich mir sicher.

In den darauffolgenden Jahren sahen wir Reiner noch einige Male in der Bundesrepublik. Doch die Nähe und Vertrautheit schwand allmählich dahin. Dann verloren wir uns aus den Augen.

Der unerschrockene Reporter

Nach den Volkskammerwahlen im Oktober 1976 atmeten wir auf. Die Turbulenzen, die wir im Sommer erlebt hatten, waren abgeklungen. Bereits im September hatten die Verhandlungen über den nichtkommerziellen Zahlungsverkehr begonnen, und es hatte Signale gegeben, die auf eine neue Bewegung in den deutsch-deutschen Beziehungen hindeuteten.

In der zweiten Oktoberhälfte des Jahres 1976 wurde der Intendant des Norddeutschen Rundfunks, Martin Neuffer, kurzfristig zu einem »beiderseits interessierenden Meinungsaustausch« ins DDR-Außenministerium eingeladen. Schon die Form der Einladung, eher eine »Einbestellung«, verhieß nichts Gutes. Das Gespräch fand am 27. Oktober statt und dauerte nur zwanzig Minuten. Der Leiter der Hauptabteilung Presse und Information, Botschafter Wolfgang Meyer, forderte ohne Umschweife die sofortige Abberufung des ARD-Fernsehkorrespondenten Lothar Loewe. Er begründete dies mit schweren Verstößen Loewes gegen die gesetzlichen Bestimmungen der DDR und anderen Verfehlungen. Die ARD habe jedoch die Möglichkeit, einen neuen Korrespondenten zu benennen, der dann auch umgehend akkreditiert würde. Neuffer verlangte daraufhin eine schriftliche Fixierung der Vorwürfe, um diese prüfen zu können. Als Meyer das ablehnte, erklärte Neuffer, Loewe werde nicht abberufen, und beendete das Gespräch. Am nächsten Tag bestätigte der Intendant seine Antwort in einem offiziellen Schreiben an das Außenministerium.

Gaus war alarmiert, als Neuffer und Loewe ihn von dem Ausgang des Gesprächs unterrichteten. Noch am gleichen Tag intervenierte er bei Nier, der aber lediglich in dürren Worten die Forderung von Botschafter Meyer bestätigte. Immerhin war er bereit, die persönliche Bitte des Bundeskanzlers, die Sache noch einmal zu überdenken, wenigstens entgegenzunehmen. Beim Herausgehen sagte Seidel, der an dem Gespräch teilgenommen hatte, er verstehe unsere Aufregung nicht; der Vorschlag der DDR sei doch eine »elegante Lösung«: Statt Loewe auszuweisen, verlange die DDR lediglich seine Abberufung. Gaus aber war sofort klar, dass sich weder die ARD noch die Bundesregierung auf eine derart beschönigende Darstellung des Geschehens einlassen würden.

Lothar Loewe und Hans-Jürgen Wiesner, die beiden Fernsehkorrespondenten in Ost-Berlin, waren durch ihre Berichte im westdeutschen Fernsehen Millionen DDR-Bürgern bekannt. Sie berichteten knapp und klar, auch über heikle politische Themen. Lothar war vom Typ her ein Reporter, immer auf der Suche nach Ereignissen, die

Emotionen weckten und für die sich ein breites Publikum interessierte. Er war in der gesamten DDR sehr populär, insgeheim sogar bei manchen Funktionären. Ohne auf die bekannten Überempfindlichkeiten der DDR Rücksicht zu nehmen, nahm er in seinen Berichten kein Blatt vor den Mund. Er hatte Berliner Mutterwitz, aber wenn ihm danach war, konnte er sich vor laufenden Kameras in eine polternde Polemik hineinsteigern. Sein Publikum in der DDR liebte die drastische Berichterstattung, zumal solche Reportagen nach Berliner Art, nämlich schroff und kritisch, aber trotzdem warmherzig, in den gelenkten DDR-Medien tabu waren.

Die für die West-Korrespondenten zuständigen Stellen der DDR – die Abteilung Journalistische Beziehungen im DDR-Außenministerium, die wiederum dahinter stehende ZK-Abteilung für Agitation und Propaganda und natürlich und vor allem das Ministerium für Staatssicherheit – hatten die beiden Fernsehkorrespondenten Loewe und Wiesner schon seit längerem im Visier. Sie wurden von Mitarbeitern der Staatssicherheit demonstrativ überwacht. Auf diese Weise sollten DDR-Bürger darauf aufmerksam werden, dass es nicht ratsam sei, diesen westdeutschen Journalisten zu nahe zu kommen oder gar mit ihnen zu sprechen.

Den besonderen Unwillen der DDR-Sicherheitsorgane hatte Loewe im September mit einem Film aus der sächsischen Stadt Riesa auf sich gezogen. Unter den Augen des Staatssicherheitsdienstes hatte er dort eine Reihe von DDR-Bürgern interviewt, die sich bisher vergeblich um ihre Ausreise in die Bundesrepublik bemüht hatten. Einige von ihnen hatten eine Petition des Riesaer Arztes Dr. Karl-Heinz Nitschke unterschrieben, der seit dem Sommer 1975 mit immer neuen Anträgen um seine Ausreise kämpfte. Nitschke berief sich dabei auf die KSZE-Schlussakte, in der ausdrücklich das Recht aller Bürger anerkannt wurde, zum Zweck der Familienzusammenführung das eigene Land zu verlassen und in ein anderes überzusiedeln. In Riesa trat eine der ersten Bürgerinitiativen der DDR auf. Das machte den Fall besonders brisant. Spätestens seit dieser Reportage stand Loewe, wie man hören konnte, auf der »Abschussliste« der Sicherheitsorgane, die angeblich nur noch auf eine günstige Gelegenheit warteten, um ihn ohne größeres Aufsehen loszuwerden. Loewe wusste das. Auch die

Ständige Vertretung schätzte die Lage als kritisch ein. Gelegentlich sprachen wir darüber.

In den nächsten Wochen verschärfte sich der Druck auf Loewe. Die Aufenthaltsgenehmigung für die Familienangehörigen Loewes wurde nur noch bis zum Jahresende verlängert. Von allen Seiten gab es Anspielungen, Loewe werde wohl bald gehen. Selbst sowjetische Diplomaten fragten einen Mitarbeiter der Vertretung: »Warum ist Herr Loewe immer noch hier?« Das war schon ziemlich plump.

Die Situation war jetzt außerordentlich angespannt. Inzwischen kamen immer mehr Besucher in die Ständige Vertretung und baten um Unterstützung ihrer Ausreiseanträge. Einige DDR-Bürger nahmen sogar Kontakt mit westdeutschen Korrespondenten auf, um sich beraten zu lassen. Einer der bevorzugten Ansprechpartner war Lothar Loewe, den viele aus dem Fernsehen kannten. Die Bewachung des ARD-Büros in der Schadowstraße wurde demonstrativ verstärkt und Besucher vor dem Eingang kontrolliert. Jetzt schaltete sich Gaus ein. Er sprach mit einem hohen SED-Funktionär über die Lage und warnte eindringlich vor einer Zwangsschließung des ARD-Büros. Ende November kam es zu einer leichten Entspannung. Von Schließung war plötzlich nicht mehr die Rede. Manche Beobachter meinten, die Sowjets seien unruhig geworden und fürchteten, eine weitere Eskalation in den deutsch-deutschen Beziehungen werde sich negativ auf das Verhältnis Moskau–Bonn auswirken.

Am 15. Dezember 1976 wurde Helmut Schmidt erneut zum Bundeskanzler gewählt. Am nächsten Tag gab er vor dem Deutschen Bundestag seine Regierungserklärung ab und erstattete zugleich den Bericht zur Lage der Nation. Schmidt sprach sich ausdrücklich dafür aus, das deutsch-deutsche Verhältnis auf der Grundlage der Verträge weiterzuentwickeln. Das liege im nationalen Interesse der Deutschen. Dabei gehe es auch um eine Erweiterung der Reise- und Besuchsmöglichkeiten und andere Verbesserungen, die dem Einzelnen zugutekämen. Und dann fügte er hinzu: »Uns schmerzt die Grenze, die mitten durch Deutschland geht und die Menschen trennt und an der immer wieder auf Menschen geschossen wird. Wir haben unsere Meinung darüber nie verschwiegen. Das Vorgehen der DDR an der Grenze durch Deutschland ist ohne Beispiel in Europa.« Und er fuhr fort:

»Die SED-Führung [wird] auch ertragen müssen, dass wir an der einen Nation festhalten ... Wir sehen die DDR, wie sie ist.« Die Feststellungen des Bundeskanzlers ließen an Deutlichkeit nichts zu wünschen übrig. In der Sache waren sie nicht neu, sondern nur eine Bekräftigung der bisherigen Deutschlandpolitik. Dennoch reagierte die DDR heftig. In Pressekommentaren empörte sie sich über die Offenhaltung der deutschen Frage. Doch der eigentliche Stein des Anstoßes waren wohl die Äußerungen des Bundeskanzlers über die Lage an der Grenze.

Am Nachmittag des 21. Dezember ereignete sich in der Grotewohlstraße in Berlin – so hieß damals die Wilhelmstraße – ein mysteriöser Verkehrsunfall. Hannelore Loewe, die Frau des ARD-Korrespondenten, war von einem Ost-Berliner Lastwagen angefahren und mit ihrem Auto gegen einen anderen Wagen mit einem Diplomatenkennzeichen gedrückt worden. Glücklicherweise blieb sie unverletzt. Volkspolizisten waren hier, unweit der Sektorengrenze, sofort zur Stelle und nahmen den Unfallhergang auf. Gleichzeitig tauchte ein Zivilist auf, der Frau Loewe die Fahrzeugpapiere abnahm und offenbar auch den Volkspolizisten Weisungen erteilte. Als Lothar Loewe, der sofort von dem Unfall verständigt worden war, hinzukam, weigerte sich der Zivilist, sich auszuweisen und die Fahrzeugpapiere herauszugeben. Lothar Loewe war erregt und fragte sich, ob etwa der Zusammenstoß von der Stasi willentlich herbeigeführt worden sei.

Noch am Unfallort sprach Loewe seinen Bericht über den Stand der deutsch-deutschen Beziehungen in die Kameras, der am Abend in der Tagesschau ausgestrahlt wurde. Die Beziehungen zwischen der Bundesrepublik und der DDR seien so frostig wie schon lange nicht mehr, sagte er. In der DDR nehme die Zahl der Verhaftungen zu. Ausreiseanträge würden immer häufiger in drohender Form abgelehnt. Und dann fügte er den Satz hinzu: »Hier in der DDR weiß jedes Kind, dass die Grenztruppen den strikten Befehl haben, auf Menschen wie auf Hasen zu schießen.« Das war Loewes berühmter »Hasen-Kommentar«.

Am nächsten Tag wurde Loewe ins DDR-Außenministerium einbestellt. Dort teilte ihm der Abteilungsleiter Meyer mit, die Akkreditierung als Korrespondent in der DDR werde ihm mit sofortiger Wirkung entzogen. Er habe binnen achtundvierzig Stunden das Territorium der DDR zu verlassen. Zur Begründung erklärte Meyer, Loewe habe das Volk der DDR in gröbster Weise diffamiert und sich mit weiteren lügenhaften Behauptungen in die inneren Angelegenheiten der DDR eingemischt. Er sei bereits mehrfach verwarnt worden. Trotzdem habe er seine »feindselige Tätigkeit« fortgesetzt. Proteste der Ständigen Vertretung und der ARD blieben vergeblich. Am 24. Dezember, wenige Stunden vor dem Ablauf der Ausreisefrist, stattete ich Lothar Loewe einen Abschiedsbesuch ab. Wir hatten seit langem ein enges Vertrauensverhältnis und regelmäßig unsere Meinungen über Entwicklungen in der DDR ausgetauscht. Seine Ausweisung ging mir auch persönlich nahe. Natürlich war der »Hasen-Kommentar« eine Provokation, die in der äußerst angespannten Situation eine harsche Reaktion der DDR auslösen musste. Doch politisch richtete die Ausweisung des populären Fernsehjournalisten großen Schaden an; vor allem schadete die DDR sich selbst. Am Ende dieses schwierigen Jahres, das so verheißungsvoll begonnen hatte, war das deutsch-deutsche Klima auf den Nullpunkt gesunken.

Zum Abschied tranken wir ein Glas Wodka. Lothar Loewe war in diesen letzten Stunden seines DDR-Aufenthalts in einer wehmütigen Stimmung. Eine für ihn als Journalisten ebenso wichtige wie spannende Zeit ging zu Ende. Ein Jahr später gab er seinem Erinnerungsbuch den Titel eines in der DDR geflügelten Wortes: »Und abends kommt der Klassenfeind«.

Auch nach seiner Ausweisung war er nicht hasserfüllt. Er liebte das Land und die Ostdeutschen, und nicht zuletzt deshalb hatte er sich von Anfang an für eine deutsch-deutsche Annäherung eingesetzt. Jetzt, kurz vor seinem Weggang und in der Gewissheit, für lange Zeit nicht wieder einreisen zu können, war er nicht bitter, wie ich es erwartet hatte, sondern wehmütig. Die Trennung von seinem Arbeitsplatz, den er wohl mehr geliebt hatte als jeden anderen zuvor, fiel ihm schwer. So gut ich konnte, brachte ich ihm mein Mitgefühl über das abrupte Ende seiner Mission zum Ausdruck. So merkwürdig es klingen mag, dieses Ende passte zu ihm.

Nachdem ich ihn verlassen hatte, ging Loewe noch einmal »um den Block«, wie er mir später erzählte. Ein Pulk von Bewachern folgte ihm. Vermutlich waren sie nervös, verstanden nicht, warum Loewe überhaupt noch einmal auf die Straße kam. Dann verabschiedete sich Loewe von seinen Mitarbeitern im ARD-Studio. Vor dem Haus erwartete ihn der Pressesprecher der Ständigen Vertretung, Johannes Rieger, der ihn mit einem Dienstwagen, gefolgt von fünf Limousinen des Staatssicherheitsdienstes, zur Sektorengrenze an der Heinrich-Heine-Straße brachte. Die Grenzposten der DDR salutierten, als der Wagen mit dem Diplomatenkennzeichen den Grenzübergang passierte.

Droht eine Krise?

An einem Montag im Januar 1977 kam Gaus aus den Weihnachtsferien zurück. Er hatte sich nach den großen Anspannungen im vorangegangenen Jahr gut erholt, doch eine Hand steckte im Gipsverband. Er war unglücklich gestürzt und hatte die Hand gebrochen. Das hielt ihn freilich nicht davon ab, am Neujahrsempfang des Staatsratsvorsitzenden teilzunehmen. Er kam ernüchtert zurück. Die Partei- und Staatsführung hatte, wie er berichtete, »einen Bogen um ihn gemacht«. Die Ereignisse des letzten Jahres, von den Grenzzwischenfällen bis zur Ausweisung von Lothar Loewe, hatten einen dunklen Schatten auf das deutsch-deutsche Verhältnis geworfen.

Am folgenden Tag, dem 11. Januar, meldeten unsere Pförtner, die Volkspolizisten vor dem Eingang der Vertretung hätten begonnen, ankommende Besucher vor dem Betreten des Gebäudes zu kontrollieren. Die meisten seien abgewiesen worden, offenbar mit der Begründung, Besuche in der Ständigen Vertretung seien für DDR-Bürger genehmigungspflichtig. Nur wenigen Besuchern war es gelungen, durch einen »plötzlichen Hakenschlag« in das Gebäude zu kommen. Ein Gespräch mit Seidel, das auf unsere dringliche Bitte hin noch am Abend im Außenministerium stattfand, bestätigte unsere Beobachtungen: Auf Weisung »von oben«, was immer das in diesem Fall bedeuten mochte, war die Vertretung jetzt de facto für DDR-Bürger gesperrt.

Die Nachricht verbreitete sich wie ein Lauffeuer. In den Abendnachrichten war die Absperrung der Ständigen Vertretung die Spitzenmeldung. Die Zeitungen sprachen am nächsten Tag von einem schweren Rückschlag für die Normalisierungspolitik der Bundesregierung.

In der Vertretung herrschte Krisenstimmung. Wir fragten uns: Ist in der DDR-Führung Panik ausgebrochen? Glaubt sie wirklich, den wachsenden Ausreisedruck mit solchen Maßnahmen eindämmen zu können? Haben jetzt etwa die Kräfte in der DDR-Führung das Sagen, die eine härtere Politik gegenüber der Bundesregierung verlangen, wie wir es bei Stoph und Mielke vermuteten? Sollen etwa künftig Reiseerleichterungen und eine großzügigere Familienzusammenführung, also Ausreisen, von einer Anerkennung der DDR-Staatsbürgerschaft durch die Bundesregierung abhängig gemacht werden? Manche Äußerungen von DDR-Funktionären deuteten in diese Richtung.

Am nächsten Tag hatte die Ständige Vertretung keinen Besuchstag. Dennoch kamen am Vormittag einige DDR-Bürger und gelangten ungehindert ins Haus. Wir schickten sie natürlich nicht zurück. Um die Mittagszeit bestand kein Zweifel mehr: Die Kontrollen vor dem Eingang der Vertretung waren abgeblasen worden.

Bereits am Vormittag bat mich Seidel zu einem Gespräch ins Außenministerium. Ich war natürlich gespannt, was er mir zur Frage der Besucherkontrollen zu sagen hatte. Doch das war nicht sein Thema. Er übergab mir vielmehr eine Note, in dem unser Protest gegen die Ausweisung Loewes nun auch förmlich zurückgewiesen wurde. Erst beim Hinausgehen sagte er beiläufig: »Achten Sie darauf, was vor Ihrem Gebäude passiert.« Doch auf meine Frage, ob die Kontrollen aufgehoben seien, antwortete er nur: »Kein Kommentar.« Ich sagte ihm: »Was wir gestern erlebt haben, war für mich der schwärzeste Tag, seit ich mit der DDR zu tun habe.« Darauf Seidel: »Nicht nur für Sie!«

Auf der Fahrt zurück in die Hannoversche Straße ging mir durch den Kopf, was sich gestern in der Führung der DDR wohl abgespielt haben mochte. Hatte sie unter dem Eindruck der Berichterstattung in den Westmedien den Mut vor der eigenen Courage verloren? Ein solches Hin und Her hatten wir noch nicht erlebt. Aber war die Einstellung der Besucherkontrollen heute schon die endgültige Entwarnung?

In den Medien der DDR wurde die Ständige Vertretung weiterhin in scharfer Form angegriffen. Und schon bald stellten wir fest, dass unsere Besucher doch noch kontrolliert wurden. Nur geschah das jetzt in einiger Entfernung von unserem Gebäude und nicht mehr vor dem Besuch in der Vertretung, sondern erst nachdem die Besucher das Haus wieder verlassen hatten. Von einer Absperrung der Vertretung konnte damit nicht mehr die Rede sein. Bei den neuen Kontrollen mussten sich die Besucher ausweisen, ihre Personalien wurden registriert, und Einzelne von ihnen sind dann wohl später von den DDR-Behörden vorgeladen und befragt worden. Auch diese Form der Einschüchterung fanden wir sehr unschön, doch rechtlich konnten wir sie nicht ohne weiteres beanstanden.

Ende Januar wurde Gaus ins Außenministerium gerufen. Der stellvertretende Außenminister Nier übergab ihm ein Aide-Mémoire, in dem die DDR ihren Rechtsstandpunkt in der Frage der Besucherkontrollen erneut bekräftigte. Doch zu neuen Behinderungen kam es nicht. Die DDR hatte wohl eingesehen, dass sie in dieser öffentlichen Auseinandersetzung nur verlieren konnte. Andererseits blieb die Ständige Vertretung für die Sicherheitsbehörden auch weiterhin ein feindlicher Stützpunkt, der mit einem enormen Aufwand überwacht wurde. Das kam zeitweilig einem Belagerungszustand schon sehr nahe. DDR-Bürger, die um ihre Ausreise kämpften, ließen sich dadurch allerdings nicht abschrecken. Manche wollten mit ihrem Besuch in der Vertretung geradezu demonstrieren, dass sie es mit ihrem Ausreiseantrag bitter ernst meinten.

Noch während diese Auseinandersetzung im Gange war, wurde im Ausstellungszentrum am Fernsehturm die erste offizielle Ausstellung der Bundesrepublik in der DDR eröffnet: »Fotografie in Wissenschaft und Technik«. Wir hatten ganz bewusst ein unpolitisches Thema gewählt, um Komplikationen zu vermeiden. Und die DDR war bereitwillig darauf eingegangen. Bei der Eröffnung hielt der Vertreter des Kulturbundes, der mit der Organisation der Ausstellung beauftragt war, eine ziemlich hölzerne Rede. Er war offenkundig angewiesen worden, die Ausstellung in den Rahmen der Auslandsbeziehungen der DDR zu stellen. Das kannten wir nun schon zur Genüge und ließen uns nicht irritieren. Gaus sprach nur kurz. Dies war keine Zeit für politische Signale.

Trotz der politischen Spannungen war die Vorbereitung der Ausstellung erstaunlich reibungslos verlaufen. Ein westdeutscher Grafiker hatte ein schönes Plakat entworfen, von dem wir dem Kulturbund dreitausend Exemplare zur Verfügung stellten. Was damit geschehen war, entzog sich allerdings unserer Kenntnis. Jedenfalls konnten wir in Ost-Berlin nur zehn Plakate entdecken, und diese hingen zudem an wenig zugänglichen Stellen. Offenbar war kein einziges Plakat an den Litfaßsäulen angebracht worden.

Dennoch wurde die Ausstellung rasch bekannt. In den ersten Tagen nach der Eröffnung kamen jeweils dreitausend Besucher. Am Eingang bildeten sich Warteschlangen, was die DDR-Behörden gar nicht schätzten. Sie wollten alles vermeiden, was den Eindruck des Besonderen erweckte. In den nächsten Wochen wurden um die 150 000 Besucher gezählt, weit mehr, als wir das bei einer ziemlich abstrakten Ausstellung erwartet hatten. Auch ein Faltblatt zur Einführung in die wissenschaftliche Fotografie, das die Besucher mitnehmen konnten, fand reißenden Absatz, nicht nur, weil es attraktiv war, sondern vor allem, weil es aus dem Westen kam. Insgesamt werteten wir die Ausstellung gerade in dieser spannungsvollen Zeit als einen schönen Erfolg und auch als Zeichen dafür, dass die Normalisierungspolitik trotz aller Widerstände nicht am Ende war.

Das Ende der Sprachlosigkeit

Im Januar 1977 führte der *Spiegel* ein Gespräch mit Günter Gaus, in dem er sich grundsätzlich mit der Normalisierung der deutsch-deutschen Beziehungen auseinandersetzte. In der zweiten Phase dieser Politik, also bei der Umsetzung der Verträge, gehe es, so Gaus, um den Versuch, »ein Geflecht von Interessenausgleichen« herzustellen, das keine Seite ohne Nachteil für sich selbst zerreißen könne. Eine solche Normalisierung schließe den »Verzicht auf eine absichtsvolle Schwächung des anderen« ein.

Gaus warnte eindringlich vor einer »Emotionalisierung« im Umgang mit der DDR, die eine realitätsbezogene Politik erschwere. »Meine Sorge ist, dass sich aus den Emotionen in den Beziehungen zwischen den beiden Staaten eine Sprachlosigkeit, ein Nicht-mehrmiteinander-umgehen-Können, für längere Zeit entwickeln könnte.« Zur Staatsangehörigkeitsfrage forderte Gaus, im Einklang mit dem Grundgesetz Lösungen und Verhaltensweisen zu finden, die nicht immer wieder neue politische Konflikte zwischen den beiden Staaten heraufbeschworen.

Das *Spiegel*-Interview erschien am 31. Januar 1977, zu einem Zeitpunkt, als der politische Dialog zwischen den beiden deutschen Staaten nahezu verstummt war. Seit den unerfreulichen Vorgängen des vergangenen Jahres herrschte in den öffentlichen Äußerungen beider Seiten ein feindseliger Ton. Die Atmosphäre war vergiftet. In der politisch interessierten Öffentlichkeit wurde das Interview aufmerksam, aber doch überwiegend skeptisch zur Kenntnis genommen. In der Sache war Gaus von den Grundlinien der Deutschlandpolitik, wie sie der Bundeskanzler in seiner Regierungserklärung vom 16. Dezember 1976 formuliert hatte, nicht abgewichen, aber die Tonlage seiner Äußerungen war neu. Und nicht zu überhören war sein eindringlicher Appell – vor allem an die eigene Bundesregierung –, die Interessenlage des anderen deutschen Staates zu respektieren und die DDR nicht durch Stimmungsmache unter Druck zu setzen.

Das Bundeskanzleramt reagierte verärgert auf das Interview des Staatssekretärs. Der Bundeskanzler und der neue Staatsminister Wischnewski machten kein Hehl aus ihrer Meinung, solche politischen, mit der Bundesregierung nicht abgestimmten Äußerungen stünden einem Beamten nicht zu, auch nicht einem beamteten Staatssekretär. Selbst der SPD-Fraktionsvorsitzende Herbert Wehner, zu dem Gaus enge Kontakte unterhielt, kritisierte das Interview, während der Parteivorsitzende der SPD, Willy Brandt, und Egon Bahr sich in Schweigen hüllten. Niemand in der Bundesregierung stellte sich vor ihn. Es war nicht mehr zu übersehen: Das Verhältnis des Leiters der Ständigen Vertretung zum Bundeskanzler und seinen engsten Beratern war gestört. Schon bald machten Gerüchte von einer bevorstehenden Ablösung des Staatssekretärs die Runde.

Gaus war in höchstem Maße irritiert. Er empfand die Kritik an seinem *Spiegel*-Interview als einen Vertrauensentzug, was es auch tatsächlich war. Er dachte ernsthaft an Rücktritt. Als ich davon hörte, beschwor ich ihn, im Amt zu bleiben. In einer politisch so angespannten Situation dürfe er nicht einfach aufhören. Das käme doch einer Resignation gleich.

Ich hatte mit Gaus vor meiner Abreise in den Urlaub über das Interview gesprochen und ihn nachdrücklich darin bestärkt, sich öffentlich zu äußern, um der Sprachlosigkeit, der Verkrampfung und der Emotionalisierung des deutsch-deutschen Verhältnisses entgegenzutreten. Wir waren beide über den bestehenden Zustand zutiefst beunruhigt. Wenn die Sachgespräche nicht bald wieder in Gang kämen, so fürchteten wir, könnte auch das in den letzten Jahren Erreichte – und das war nicht wenig – wieder verlorengehen. Länger anhaltender Stillstand führe unweigerlich zu Rückschritt, meinten wir. Später machte ich mir Vorwürfe, Gaus nicht vor den Risiken eines mit dem Bundeskanzleramt nicht abgestimmten Interviews gewarnt zu haben. Ich hatte die unterschwelligen Spannungen unterschätzt, die offenbar schon länger zwischen Gaus und dem Bundeskanzler bestanden, und erst recht mit seinen engsten Beratern. Dem feinnervigen Gaus war das natürlich bewusst. Doch wollte er sich die von ihm beanspruchte Meinungsführerschaft in der Deutschlandpolitik nicht nehmen lassen.

Am 19. und 20. Februar 1977 erschien in der *Saarbrücker Zeitung* ein langes Interview mit Erich Honecker. Viele empfanden es als eine kleine Sensation, dass sich der aus dem Saarland stammende Generalsekretär der SED für seine Mitteilungen eine saarländische Zeitung ausgesucht hatte. Darin einen Ausdruck der Verbundenheit mit seiner saarländischen Heimat zu sehen schien uns allerdings weit hergeholt. Aber auffällig war dieser Vorgang schon.

Inhaltlich war das Interview wenig ermutigend. In kategorischem Ton forderte Honecker die Bundesrepublik auf, von der »unumstößlichen Tatsache« auszugehen, dass es heute zwei souveräne, voneinander unabhängige Staaten gebe. »Daraus müssen alle rechtlichen und politischen Konsequenzen gezogen werden«, sagte er. Das war nun wahrlich keine Neuigkeit und stieß bei der Bundesregierung auch nicht auf Widerspruch. Aufhorchen ließ dagegen die Antwort Honeckers auf die Frage nach einer generellen Reisefreiheit für DDR-Bürger. Überraschend stellte er hier einen Zusammenhang mit der Anerkennung der Staatsbürgerschaft der DDR her. Diese sei zwar in den

Verträgen, so Honecker, wegen der Unvereinbarkeit der Standpunkte ausgeklammert worden. Die DDR habe aber die Erwartung zum Ausdruck gebracht, das geregelte Nebeneinander werde bald auch zu einer befriedigenden Klärung der Frage der DDR-Staatsbürgerschaft führen. Bis jetzt habe sich hier noch nichts vorwärtsbewegt. »Solange die Bundesrepublik Deutschland die Staatsbürgerschaft der DDR nicht anerkennt, kann von einer generellen Reisefreiheit ins westliche Ausland überhaupt nicht die Rede sein«, erklärte Honecker.

Das klang in unseren Ohren fast wie eine Drohung. Wollte die DDR nun etwa dazu übergehen, Fortschritte im Bereich der menschlichen Erleichterungen, wie etwa die Senkung des Reisealters, die der Bundeskanzler so dringend wünschte, von einer Klärung der Staatsangehörigkeitsfrage abhängig zu machen? Das versprach jetzt und in Zukunft keinen Erfolg, dachte ich. Denn worum es der DDR in Wahrheit ging, war ja nicht nur die förmliche Anerkennung ihrer Staatsbürgerschaft, sondern ein Verzicht der Bundesrepublik, Staatsbürger der DDR als »deutsche Staatsangehörige« zu behandeln, mit allen daraus resultierenden Rechten.

Dass DDR-Bürger, die in die Bundesrepublik einreisten, sich dort ohne langwieriges Einbürgerungsverfahren niederlassen, arbeiten und Sozialleistungen in Anspruch nehmen konnten, war der DDR-Führung schon lange ein Dorn im Auge. Davon ging tatsächlich ein Sog auf zahlreiche DDR-Bürger aus. Deshalb sah die DDR-Führung in der offenen Staatsangehörigkeitsfrage nicht nur, wie sie immer sagte, eine Einmischung in ihre inneren Angelegenheiten, sondern einen Destabilisierungsfaktor, der sogar ihre Existenz gefährden konnte. Dazu kam noch die Wirkung der westdeutschen Fernseh- und Radiosendungen, die Millionen DDR-Bürgern jeden Abend ein verführerisches Bild einer wohlhabenden, glücklichen Bundesrepublik vor Augen führten. Aus Honeckers Interview konnte man den Eindruck gewinnen, die DDR suche jetzt nach Mitteln und Wegen, diesen existenziellen Bedrohungen einen Riegel vorzuschieben. Wenn möglich, in Absprache mit der Bundesrepublik, notfalls aber auch ohne sie.

Wahrscheinlich wäre die DDR gegen diese von der Bundesrepublik ausgehenden Gefahren härter und massiver vorgegangen, wenn es nicht auch damals schon das leidige Devisenproblem gegeben hätte.

Als Honecker in dem Interview der *Saarbrücker Zeitung* darauf ange-sprochen wurde, sagte er: »Man kann nicht übersehen, dass der Be-darf der DDR an freien Devisen für die Hebung des materiellen und kulturellen Lebensniveaus unseres Volkes größer ist, als allgemein an-genommen wird. Eine Verbesserung der Devisenbilanz der Deutschen Demokratischen Republik gegenüber dem nichtsozialistischen Wirt-schaftsgebiet, ihre Umwandlung in einen Aktivsaldo, wird zweifellos günstige Auswirkungen haben, auch auf den Reiseverkehr.«

Das klang nun gar nicht wie eine Drohung, sondern wie ein Lock-ruf. Tatsächlich hatte Honecker in seinem Interview die Hauptinter-essen der DDR unmissverständlich angesprochen: die offenen Status-fragen, die Einwirkung der Westmedien, indirekt den Ausreisedruck und den Devisenbedarf der DDR. Keines dieser Probleme war bisher gelöst oder auch nur einer Lösung nahe. Es blieb abzuwarten, wie die DDR in nächster Zeit die Prioritäten setzen würde. Irgendwie würde sie versuchen, so schien es mir, ihre politischen Forderungen an die Adresse der Bundesregierung mit ihrem Interesse an Deviseneinnah-men auf einen Nenner zu bringen. Deutlicher als zuvor wurde in dem Interview die Grundformel ihrer Politik erkennbar: menschliche Er-leichterungen gegen bares Geld. 1977 konnte sich kaum jemand vor-stellen, dass damit der Weg in eine wachsende Abhängigkeit der DDR von der Bundesrepublik vorgezeichnet war.

Gaus und ich sprachen damals darüber, wie das brisante Staatsan-gehörigkeitsproblem zwischen den beiden deutschen Staaten ent-schärft werden könnte. Es war in der Tat eine Schlüsselfrage. In sei-nem *Spiegel*-Interview hatte sich Gaus bewusst undeutlich geäußert, jedoch auf den Rahmen des Grundgesetzes hingewiesen, in dem eine Lösung gefunden werden müsse. Seine Gedanken gingen wohl in die Richtung, uns zunächst einmal bei der Handhabung der deutschen Staatsangehörigkeit eine größere Zurückhaltung aufzuerlegen. Ich warnte damals vor einer Aufweichung der deutschen Staatsangehörig-keit der DDR-Bürger. Sie war für mich der Kern der ungelösten deut-schen Frage. Solange die deutsche Frage offen war, sollten wir, so meinte ich, die deutsche Staatsangehörigkeit als letzte gesamtstaat-liche Klammer nicht in Frage stellen. Eine Respektierung der DDR-Staatsbürgerschaft stand dazu keineswegs im Widerspruch. In der

Praxis taten wir das doch längst. Meine Vorstellungen liefen auf ein Nebeneinander der deutschen Staatsangehörigkeit, die alle Deutschen in Ost und West umfasste, und der DDR-Staatsbürgerschaft hinaus, eine Art Modus Vivendi für eine Übergangszeit. Gaus aber dachte weiter. Er suchte nach einer Lösung auf der Grundlage der vollen Gleichberechtigung, um schrittweise eine politische Annäherung der beiden Staaten zu ermöglichen.

Als sich im März noch immer keine Entspannung in den deutsch-deutschen Beziehungen abzeichnete, entschloss sich der Bundeskanzler, zum ersten Mal von einer früher verabredeten Telefonverbindung mit Honecker Gebrauch zu machen. Er hatte das Gespräch am Vormittag ankündigen lassen und rief Honecker dann spät am Abend an. Das Gespräch verlief in einer entspannten, fast freundlichen Atmosphäre. Honecker war offenbar angetan von dem Anruf des Bundeskanzlers. Allerdings kam es nicht zu einer vertieften Erörterung der anstehenden Sachfragen. Vielleicht argwöhnte Honecker, das Gespräch werde abgehört – sowohl von den westlichen Alliierten wie auch von seiner eigenen Staatssicherheit. Und Schmidt ging es vor allem darum, einen kontinuierlichen Dialog in Gang zu bringen.

So verabredeten die beiden Gesprächspartner einen Besuch von Rechtsanwalt Vogel, Honeckers Beauftragtem, beim Bundeskanzler, der allerdings erst am 16. Mai in West-Berlin zustande kam. In dem etwa vierstündigen Gespräch, an dem auch Herbert Wehner teilnahm, wurde die ganze Palette der anstehenden Fragen erörtert. Auch die hochsensiblen Probleme kamen zur Sprache: das Staatsangehörigkeitsproblem, die Beratung von DDR-Bürgern in der Ständigen Vertretung, die Umwandlung der Vertretungen in richtige Botschaften. Zur Staatsangehörigkeitsfrage gab Helmut Schmidt zu verstehen, dass hier Veränderungen ausgeschlossen seien. Würde er sich darauf einlassen, könne er gleich »seinen Stuhl vor das Bundeskanzleramt stellen«, sagte er. Die Meinungsverschiedenheiten in dieser Grundsatzfrage seien nicht überbrückbar.

Zum Schluss verständigten sich die Gesprächspartner auf das weitere Vorgehen: zunächst »eine Grobsondierung« auf der Ebene Bundeskanzler / Herbert Wehner / Rechtsanwalt Vogel. Danach sollten »Feinsondierungen« zwischen Staatsminister Wischnewski und dem

Rechtsanwalt Wolfgang Vogel mit Erika und Günter Gaus

Leiter der Ständigen Vertretung der DDR, Michael Kohl, in Bonn stattfinden und im Anschluss daran offizielle Verhandlungen zwischen Gaus und dem stellvertretenden Außenminister Nier in Ost-Berlin. Was nicht für offizielle Verhandlungen geeignet sei, wie zum Beispiel die Frage des Reisealters oder die Familienzusammenführung, solle weiterhin unmittelbar zwischen dem Bundeskanzler, Herbert Wehner und Rechtsanwalt Vogel behandelt werden.

In einem Schreiben vom 28. Juni 1977 an Honecker schlug Helmut Schmidt für die Sondierungen zwischen Wischnewski und Kohl eine Themenliste von achtzehn Punkten vor. Sie enthielt so ehrgeizige Projekte wie den Bau einer Energietrasse zwischen dem Bundesgebiet und West-Berlin, im Zusammenhang damit Stromlieferungen der DDR nach West-Berlin und die Lieferung eines Kernkraftwerks aus der Bundesrepublik an die DDR; ferner den Ausbau der Verkehrswege zwischen dem Bundesgebiet und West-Berlin, verschiedene Verkehrsprojekte des West-Berliner Senats sowie als einen weiteren wichtigen Punkt die Herabsetzung der Altersgrenze für Westreisen von DDR-Bürgern.

Der Bundeskanzler drängte auf einen baldigen Beginn der Sondie-rungen. Nach den Verzögerungen, die es seit dem Beginn des Dialogs gegeben hatte, wollte er nun keine Zeit mehr verlieren. Ein offizieller Besuch des Bundeskanzlers in der DDR wurde dagegen für das laufen-de Jahr nicht mehr ins Auge gefasst. Er blieb aber auf der Tagesord-nung. Dabei legte Helmut Schmidt den größten Wert darauf, dass bei diesem Treffen eine bedeutsame Verbesserung der Kontaktmöglich-keiten für die Menschen in beiden Staaten erreicht werde.

Ein Abend im Deutschen Theater

März 1977: Die Ausbürgerung Wolf Biermanns lag nun vier Monate zurück. Doch die Unruhe im Land, vor allem unter den Schriftstellern und Künstlern, hatte sich nicht gelegt. Manche gingen damals ohne Aufsehen in den Westen, so Günter Kunert, Sarah Kirsch, Jurek Be-cker, Thomas Brasch, Manfred Krug, Katharina Thalbach, Angelika Domröse, Hilmar Thate und andere. Die DDR-Behörden ließen sie ziehen. Die Abwanderung kritischer Intellektueller war der Führung gerade recht. Dass sie damit eine wertvolle Substanz ihrer Gesellschaft verlor, nahm sie in Kauf. Nach den Erschütterungen durch die Bier-mann-Krise wollte sie unbedingt wieder Ruhe im Land haben.

Annegret und Werner Krätschell hatten uns in dieser Zeit zu einem Liederabend im Deutschen Theater eingeladen, einer Inszenierung von Adolf Dresen und Uwe Hilbrecht, der auch die Sänger am Klavier begleitete. Wir waren neugierig, hatten aber keine rechte Vorstellung, was uns erwartete. Und dann erlebten wir einen wunderbaren, unver-gesslichen Abend. Schauspieler des Deutschen Theaters sangen deut-sche Volkslieder, mit denen meine Generation seit unserer Kinderzeit vertraut war. Auch ein berühmtes Kirchenlied von Paul Gerhardt aus der Zeit des Dreißigjährigen Krieges war darunter. Nach der Pause folgten Lieder aus der deutschen Arbeiterbewegung, mit denen die DDR-Kinder aufwuchsen. Den krönenden Abschluss aber bildeten herzzerreißende Chansons aus der Zeit unserer Elterngeneration, um nicht zu sagen Schnulzen. Die Lieder handelten von Liebe und Tod, Krieg und Gewalt und an einigen Stellen auch von einem Aufbruch in eine glücklichere Zukunft. Sie kamen aus der Tiefe und den Abgründen des deutschen Gemüts, wo Sentimentalität und Brutalität so nahe beieinanderliegen.

Das Publikum hörte am Anfang amüsiert zu, war aber bald im Wechsel zu Tränen gerührt, in Melancholie versunken oder brach in helles Gelächter aus. Je länger der Abend dauerte, desto stärker und spontaner wurde der Applaus. Manchmal setzte der Beifall schon mitten in einem Lied ein, und die Schauspieler konnten sich nur noch mit Mühe Gehör verschaffen. Am Ende der Vorstellung feierte das Publikum die Schauspieler, unter ihnen auch die beiden Regisseure, mit stürmischen Ovationen. Hilla und ich waren schon oft im Deutschen Theater gewesen, aber ein so begeistertes und tiefbewegtes Publikum hatten wir noch nie erlebt. Der Liederabend hatte die Zuhörer mitten ins Herz getroffen.

Das Publikum wusste an diesem Abend, als es den Schauspielern zujubelte, noch nicht, dass Adolf Dresen, der Vater des heute bekannten Filmregisseurs Andreas Dresen, am nächsten Tag mit einem langfristigen Visum der DDR nach Basel aufbrechen und so bald nicht wieder zurückkommen würde. Mit diesem Liederabend verabschiedete er sich vom Deutschen Theater und zugleich von der DDR. Doch er wollte nicht alle Brücken zu seinem Staat abbrechen, unter dem er litt. Er blieb Staatsbürger der DDR und arbeitete von nun an mit Genehmigung oder mindestens der Duldung der DDR-Behörden im Westen.

Ich bin Adolf Dresen persönlich nie begegnet. Die Gründe, warum er mindestens für einige Zeit im Westen arbeiten wollte, kannte ich nicht. Er hatte sich an dem Protest gegen die Biermann-Ausbürgerung beteiligt und gehörte wohl zu jenen Kritikern, die sich von einem marxistischen Standpunkt aus für eine wirksame Demokratie im sozialistischen System der DDR einsetzten. Wenn auch vergeblich, wie wir wissen. Erst Jahre später bekam ich Kenntnis von einem Brief, den Adolf Dresen am 16. Mai 1975 – also noch vor der Ausbürgerung Biermanns – an die Betriebsparteiorganisation der SED des Deutschen Theaters geschrieben hatte. Es ist ein bemerkenswertes Dokument, aus dem sich auch heute noch zu zitieren lohnt. In diesem Brief schreibt Dresen:

»[Die DDR] ist für mich ein wesentliches Resultat deutscher Geschichte. Ein Akzeptieren der deutschen Teilung, Verzicht auf den nationalen Anspruch scheint mir aber ein Verlust an revolutionärer Offensive. Ich sehe da einen gewissen Zusammenhang zu der immer mehr um sich greifenden Identifizierung von Kommunismus mit Konsumismus. Saturierung tritt an die Stelle von Emanzipation, Reichtum an die Stelle des von Marx gewollten Reichs der Freiheit, Fettlebe anstelle wahrer Lebendigkeit. Leider erinnert bereits vieles in der DDR an das, was ich in München sah – nur ist es etwas mickriger. Sicher – wenn wir den Westen einholen wollen, werden wir ihm immer hinterherhinken. Ich persönlich bedanke mich für das Paradies der Autos, Kühltruhen und Farbfernseher, ich wäre stolz auf eine Armut, die sich mit menschlicher Würde deckt …

In Erwägung all dessen bitte ich Sie daher, mich aus der sozialistischen Einheitspartei Deutschlands zu entlassen.

gez. A. Dresen.«

Die Bitte Dresens um Entlassung aus der SED dürfte in Teilen der Partei großes Aufsehen erregt haben. Solche Gesuche waren im Statut der Partei nicht vorgesehen, und zunächst wurde die Bitte offenbar ignoriert. Erst 1976, nach seinem Protest gegen die Ausbürgerung Biermanns, wurde Adolf Dresen aus der Partei ausgeschlossen.

Einige Tage nach dem Weggang Dresens fragte mich Werner Krätschell, ob ich mich in der Lage sähe, eine frühe DDR-Ausgabe der Werke von Karl Marx mit nach West-Berlin zu nehmen. Sie gehöre Adolf Dresen, er habe sie während seines Studiums durchgearbeitet und mit handschriftlichen Anmerkungen versehen, die ihm auch heute noch sehr wichtig seien. Dresen wolle sie ungern in der DDR zurücklassen. Er fürchte, sie könnte beschlagnahmt werden, sollte er nach Ablauf seines Visums nicht in die DDR zurückkehren. Einen Augenblick lang zögerte ich mit meiner Antwort. Bisher hatte ich solche Kurierdienste nicht übernommen, die mit meinem Status in der DDR nur schwer zu vereinbaren waren. Nur ein einziges Mal war ich bisher aus wichtigem Grund von dieser Regel abgewichen. Doch die Bitte von Adolf Dresen war ein besonderer Fall. Legitime Interessen der DDR waren in keiner Weise berührt. Es ging um eine rein persönliche Angelegenheit. Die Marx-Bände mit seinen eigenen Anmerkungen in der DDR zurückzulassen, hätte Dresen wie eine Trennung von seinen geistigen Wurzeln empfunden und nur schwer verwinden können. So sagte ich zu. Am nächsten Tag lieferte ich das kostbare Gut bei dem in West-Berlin lebenden Bruder von Werner Krätschell ab. Adolf Dresen hat wohl nie erfahren, wer der Zulieferer seiner geliebten Marx-Bände gewesen ist.

Rudolf Bahro: ein sozialistischer Dissident

Im August 1977 erschien in einem westdeutschen Verlag ein Buch mit dem Titel »Die Alternative. Zur Kritik des real existierenden Sozialismus«. Der Autor, Rudolf Bahro, ein in Ost-Berlin lebender DDR-Bürger, war uns unbekannt. Bald darauf, am 22. August, brachte das westdeutsche Fernsehen ein Selbstinterview Bahros, das er offenbar in seiner eigenen Wohnung aufgenommen hatte. Darin erläuterte er einige Thesen aus seinem Buch. Von den westdeutschen Zuschauern, die das Interview sahen, werden nur wenige verstanden haben, was Bahro meinte. Ganz anders dürften die ostdeutschen Zuschauer reagiert haben. Ihnen wird die Brisanz des Buches nicht entgangen sein, auch wenn sich der Autor nicht gerade allgemein verständlich ausdrückte.

Am nächsten Tag wurde Rudolf Bahro verhaftet. In der DDR hörte man nichts mehr von ihm. Er blieb zehn Monate in Untersuchungshaft. Ein Prozess wurde vorbereitet. Trotz zahlreicher Solidaritätsbekundungen aus der Bundesrepublik, auch von Heinrich Böll, wurde Bahro am 30. Juni 1978 in einem nichtöffentlichen Verfahren wegen Geheimnisverrats und nachrichtendienstlicher Tätigkeit zu acht Jahren Freiheitsstrafe verurteilt. Ein niederträchtiges Urteil mit einer, wie sich zeigen sollte, völlig unglaubwürdigen Begründung. Die westdeutsche Öffentlichkeit reagierte entrüstet. Nach der Schlussakte von Helsinki, die auch die DDR 1975 unterzeichnet hatte, kam ein derart brutaler Akt wie aus heiterem Himmel. Das von der SED gewünschte, vermutlich sogar angeordnete Urteil verriet die Unsicherheit und Nervosität der Partei. Es sollte offensichtlich abschreckend wirken, eine Warnung vor allem an die kritischen Marxisten in den eigenen Reihen sein. Doch auf viele rechtschaffene DDR-Bürger, auch Parteimitglieder, wirkte es abstoßend.

Bahro war damals 41 Jahre alt. Er war schon in seiner Jugend der SED beigetreten. Nach einem Studium der Marxistischen Philosophie an der Humboldt-Universität Berlin war er als Journalist tätig. 1967 wurde er Abteilungsleiter für wissenschaftliche Arbeitsorganisation in einer Berliner Gummifabrik. Eine von ihm eingereichte Dissertation wurde 1975 abgelehnt. Wie man später hören konnte, hatte er bereits 1968 mit der Arbeit an seinem Buch begonnen. Die sowjetische Besetzung der Tschechoslowakei, mit der der »Prager Frühling« ein jähes Ende fand, war für ihn wie für viele andere Intellektuelle in der DDR ein traumatisches Erlebnis.

In seinem Buch fordert Bahro eine totale Umgestaltung der kommunistischen Parteien, nicht nur in der DDR, sondern auch in den anderen sozialistischen Staaten. An ihre Stelle soll ein »Bund der Kommunisten« treten, mit dem Auftrag, eine Gesellschaft zu formen, in der sich die Freiheit aller Individuen voll entfalten kann. Der Freiheitsgedanke ist der eigentliche Kern seiner Thesen. Mit kaum zu überbietender Schärfe kritisiert Bahro die herrschende Partei- und Staatsbürokratie. Dieser Apparat sei, so formuliert er, »eine total vom Volk isolierte Maschine, von der unmöglich eine Inspiration ausgehen kann«. Er habe mit dem Kommunismus so viel zu tun wie der »Großinquisitor mit Jesus Christus«. Mit dem Blick auf die Praxis der Planwirtschaft in der DDR, die er in seinem Betrieb genau studiert hatte, vertritt Bahro die Meinung, die »zentralistische Superorganisation« sei individualitäts- und initiativfeindlich und müsse deshalb aufgegeben werden.

Zum Schluss setzt sich Bahro für eine »Kulturrevolution« ein. Dabei hat er nicht das chinesische Modell im Auge, sondern eine tiefgreifende Umgestaltung der Wirtschafts- und Gesellschaftsordnung, mit der die »Subalternität der überwältigenden Mehrheit der Menschen« überwunden werden soll. Konkret fordert Bahro für alle Menschen Zugang zu den wesentlichen Tätigkeitsbereichen der Gesellschaft. Das gesamte Personal, auch die Spitzenfunktionäre, soll einmal im Jahr für einige Wochen an den einfachen Arbeiten der materiellen Produktion beteiligt werden – vielleicht dachte er hier an eine neue Spielart der »Bewährung in der Produktion«. Im privaten Bereich schwebt ihm ein Gemeinschaftsleben in kleinen Gruppen vor. Die in der DDR hochgelobten Brigaden bezeichnet er herablassend als eine »oktroyierte Ersatzlösung«. Bahro geht es um eine Erweiterung der herrschaftsfreien Räume in der Gesellschaft.

Ohne jeden Zweifel war »Die Alternative« Bahros ein theoretisch bedeutender Entwurf für eine neue kommunistische Gesellschaftsordnung. Einige seiner Thesen waren nicht nur für Sozialisten interessant, andere dagegen wirkten selbst für radikale Marxisten utopisch. Das war Bahro durchaus bewusst. Doch als überzeugter Kommunist glaubte er, dass nur mit radikalen Veränderungen das erstarrte System des real existierenden Sozialismus überwunden werden könne.

Bei den damals herrschenden Verhältnissen war eine Veröffentlichung des Buches in der DDR völlig undenkbar. Darum hatte Bahro den Text mit Hilfe einiger Freunde vervielfältigt und die Kopien verteilt. Nach Erscheinen des Buches in der Bundesrepublik fand auch von dort eine größere Zahl von Exemplaren den Weg in die DDR. Außerdem hatte Bahro noch vor seiner Verhaftung Kurzfassungen des Textes hergestellt, die ebenfalls verteilt wurden. Die meisten DDR-Bürger erfuhren von dem Buch freilich nur aus den Westmedien.

Trotz der großen Publizität im Westen war die unmittelbare Wirkung des Buches in der DDR gering. Das jedenfalls war damals unser Eindruck in der Ständigen Vertretung. Viele DDR-Bürger hatten zwar Verständnis für die Kritik Bahros an der Arbeitsorganisation und der in der DDR praktizierten Plandurchführung. Doch seine theoretischen Forderungen waren für sie entweder unverständlich oder kamen ihnen vor wie die reinste Utopie. Im Übrigen war in der SED jede Diskussion der Thesen Bahros sofort unterbunden worden. Dennoch dürften manche seiner Ideen für oppositionelle Gruppen in der DDR, vor allem in den achtziger Jahren, eine gewisse Anziehungskraft gehabt haben.

Doch da war Bahro schon nicht mehr in der DDR. Im Oktober 1979 wurde er amnestiert. Kurz darauf reiste er in die Bundesrepublik. Man könnte auch sagen, er wurde abgeschoben.

Wehmütiger Abschied

Als ich Anfang August aus den Ferien zurückkam, erfuhr ich, dass ich im September die Leitung eines Arbeitsstabs für Deutschland- und Berlin-Politik im Bundeskanzleramt übernehmen sollte. Ich akzeptierte die Versetzung, wenn auch mit gemischten Gefühlen.

Die neue Aufgabe war verlockend. Was mich vor allem reizte, war die Mitwirkung an politischen Entscheidungsprozessen, aber auch die Neugier auf die Regierungszentrale der Bundesrepublik. Allerdings geriet ich mit der neuen Aufgabe mitten in das Spannungsfeld, das sich in den letzten Monaten zwischen Günter Gaus und der Leitungsebene des Bundeskanzleramtes aufgebaut hatte. Gaus beanspruchte eine Art Meinungsführerschaft in der Deutschlandpolitik. Die aber wollte ihm weder der Bundeskanzler noch Staatsminister Wischnewski zugestehen. Aus diesem weiterhin schwelenden Konflikt konnten schwierige und vor allem unangenehme Situationen entstehen. Doch damit richtig umzugehen und den Konflikt mit meinen Möglichkeiten zu entschärfen war auch eine Herausforderung für mich.

Gaus war in diesen Wochen nervös und deprimiert. Seit der Streit mit Bonn ausgebrochen war, wurde er nur noch ungenügend unterrichtet, auch nicht über die Gründe, die den Beginn der verabredeten Sondierungen verzögert hatten. Den wichtigen Brief des Bundeskanzlers an den SED-Generalsekretär vom 28. Juni 1977 hatte er nie zu Gesicht bekommen, auch nicht einen Entwurf dazu, zu dem er sich hätte äußern können. Damit war Gaus fast gesprächsunfähig gegenüber der DDR-Führung. Meinen Wechsel ins Bundeskanzleramt, zu dem mich Gaus ursprünglich ermutigt hatte, betrachtete er nun mit Misstrauen. Zumal manche dahinter die Absicht des Bundeskanzleramtes vermuteten, unter Umgehung unserer Vertretung in Ost-Berlin direkte Kontakte zur DDR-Führung aufzubauen. Ich hielt das für unsinnig und auf Dauer gar nicht praktikabel, aber Gaus war geneigt, solchen Spekulationen Glauben zu schenken.

Anfang August bat mich Wischnewski zu einem Gespräch nach Bonn. Er zog mich gleich ins Vertrauen, doch bei den Details der anstehenden Fragen blieb er – gewollt oder ungewollt – sehr allgemein. Über die Meinungsbildung aufseiten der DDR war er bemerkenswert gut unterrichtet, vermutlich stammte sein Wissen aus den Kontakten mit Rechtsanwalt Vogel. Wichtig war sein Hinweis zu den Energiefragen. Das ehrgeizige Projekt einer Energietrasse zwischen dem Bundesgebiet und West-Berlin – daran hatten die Bundesregierung und der Berliner Senat ein großes Interesse – werde es vorerst nicht geben, sagte er. Das bedeutete, so mein Eindruck, dass das gesamte Konzept einer Zusammenarbeit im Energiebereich auf absehbare Zeit nicht würde realisiert werden können. Eine große Enttäuschung. Wahrscheinlich waren hier sowjetische Interessen im Spiel, die die DDR zu respektieren hatte. Doch auch die West-Alliierten betrachteten solche Planungen mit Unbehagen. Sie fürchteten, die Lebensfähigkeit West-Berlins könne durch das Projekt in Frage gestellt werden.

Bei einem anderen wichtigen Anliegen der Bundesregierung, der Herabsetzung des Reisealters für DDR-Bürger, war Wischnewski erstaunlich optimistisch. Hier gehe es darum, meinte er, der DDR attraktive finanzielle Gegenleistungen anzubieten, die nach außen nicht erkennbar werden dürften. Obwohl die vorgesehenen Sondierungen Wischnewskis mit dem Leiter der DDR-Vertretung, Michael Kohl, noch gar nicht begonnen hatten, waren die Gespräche auf der Ebene Herbert Wehner / Rechtsanwalt Vogel offenbar schon im Gange. War das jetzt, fragte ich mich, die neue operative Ebene in den deutsch-deutschen Beziehungen?

Ein anderes Thema war der von Helmut Schmidt gewünschte Besuch in der DDR. Er hätte am liebsten eine Stippvisite gemacht, etwa auf der Rückreise von seinem Polen-Besuch. Auch ein Gespräch am Rande der Generalversammlung der Vereinten Nationen in New York wäre ihm recht gewesen. Doch Honecker wollte, so Wischnewski, nicht ein kurzes Zusammentreffen bei dieser oder jener Gelegenheit, sondern einen offiziellen Besuch des Bundeskanzlers in der DDR. Davon versprach er sich wohl ein weiteres Stück Anerkennung und natürlich internationale Beachtung. Helmut Schmidt war auch keineswegs abgeneigt, darauf einzugehen, wollte aber erst dann in die DDR reisen, wenn sich in den Sachgesprächen konkrete Ergebnisse abzeichneten.

Am nächsten Tag unterrichtete ich Gaus über das, was ich von Wischnewski gehört hatte. Er fühlte sich an den Rand gedrängt. Es

Günter und Erika Gaus bei einem Empfang in der Ständigen Vertretung

muss ihn auch gekränkt haben, dass Herbert Wehner, »der Onkel«, ihn bei seinen Kontakten mit dem Rechtsanwalt nicht ins Vertrauen zog. Anfang September gaben Erika und Günter Gaus einen Abschiedsempfang für uns im »Gartenhaus«. Zu unserer Freude kamen viele DDR-Bekannte, mit denen wir uns angefreundet hatten: Kirchenleute, Schriftsteller und Künstler, Kollegen aus dem Diplomatischen Corps, Funktionäre aus den Ministerien und, was mir besonders wichtig war, Rechtsanwalt Vogel.

Der Abschied fiel uns schwer. Hilla und ich hatten das Gefühl, mitten aus einer schwierigen, aber anspruchsvollen Arbeit herausgerissen zu werden. Das Land, in dem wir über drei Jahre gelebt hatten, war uns ans Herz gewachsen. Wir fühlten uns nicht mehr als Fremde. Die Menschen, denen wir begegnet waren, hatten uns nach anfänglicher Distanz freundlich aufgenommen. Wir verstanden nun besser als am Anfang unseres Aufenthalts die Wünsche und Sehnsüchte der Ostdeutschen, ihre Animositäten und Empfindlichkeiten, die Schmerzen und Verletzungen, die ihnen durch die politischen Verhältnisse zugefügt worden waren.

In den letzten Wochen vor meiner Abreise ging mir unter anderem auch die Frage durch den Kopf, wie es nach den Jahren der Trennung um den Zusammenhalt der Deutschen stand. Dass sie sich ein gutes Stück auseinandergelebt hatten, war kaum zu übersehen. In Westdeutschland forderten Politiker auf der linken wie auf der konservativen Seite eine Überwindung des Nationalstaats. Franz Josef Strauß etwa setzte sich für eine Europäisierung der deutschen Frage ein, was nur bedeuten konnte, dass die beiden deutschen Staaten in einer gesamteuropäischen Ordnung getrennt bleiben würden. Für Günter Grass war die Teilung eine Sühne für Auschwitz, die den Deutschen auf beiden Seiten auferlegt war. Und war nicht auch die Idee eines Verfassungspatriotismus, den der Philosoph Jürgen Habermas befürwortete, ebenfalls ein Schritt in Richtung auf ein neues, von der Nation losgelöstes Selbstverständnis der Bundesrepublik?

Mir selbst standen am Ende meiner Dienstzeit in der DDR solche Gedanken ziemlich fern. Ich war nach drei Jahren Leben in der DDR fest davon überzeugt, dass die deutsche Nation auch eine lange Zeit der Teilung überdauern würde. Viele DDR-Bürger empfanden die

Teilung als unverändert schmerzhaft und künstlich, und das Bewusstsein der Zusammengehörigkeit mit den anderen Deutschen war bei vielen Gelegenheiten deutlich zu spüren. Es kam hinzu, dass der reale Sozialismus nach dem sowjetischen Muster in der DDR-Bevölkerung nach wie vor nicht fest verwurzelt war. Und von der Überlegenheit des sozialistischen Systems gegenüber der sozialen Marktwirtschaft der Bundesrepublik waren nur wenige wirklich überzeugt.

Die Unzufriedenheit der DDR-Bürger war allerdings nicht gleichzusetzen mit einer kritiklosen Bewunderung der Bundesrepublik. Gewiss war diese aus der Sicht der DDR-Bürger außerordentlich leistungsfähig, sie hatte zu großem Wohlstand geführt und den Menschen in diesem System ein hohes Maß an persönlicher Freiheit gebracht. Gleichwohl wirkte die westliche Ordnung auf viele kalt und fremd. Sie fühlten sich von dem Gewinnstreben des Einzelnen abgestoßen und vermissten ein an ideellen Werten orientiertes Gemeinschaftsgefühl.

Ich erinnere mich an ein Gespräch in dieser Zeit bei Werner und Annegret Krätschell. Ganz spontan sagte ich damals: »Niemand kann sich heute die Wiedervereinigung vorstellen. Man kann sie auch nicht planen. Aber vielleicht wird sie eines Tages einfach passieren, ohne dass die Politiker auf beiden Seiten darauf vorbereitet sind.«

Anfang September kamen die Möbelwagen in die Friedrich-Engels-Straße. Unter strenger Aufsicht der DDR-Zöllner wurden unsere Sachen eingepackt. Am nächsten Tag verließen wir die DDR, mit einem Gefühl der Wehmut – und in großer Ungewissheit, wie es mit den deutschen Fragen weitergehen würde.

TEIL 3

In der Regierungszentrale (1977–1982)

Der Arbeitsstab Deutschlandpolitik
im Bundeskanzleramt

Mitte September 1977 trat ich meinen Dienst im Bundeskanzleramt an. Kurz zuvor war Hanns Martin Schleyer, der Präsident des Bundesverbandes der Deutschen Industrie und der Bundesvereinigung der Deutschen Arbeitgeberverbände, entführt worden. Im Bundeskanzleramt waren sofort strenge Sicherheitsmaßnahmen angeordnet worden. Der Zaun, der das Gelände umgab, wurde mit Stacheldrahtrollen gesichert. Vor dem Gebäude stand ein Panzerwagen des Bundesgrenzschutzes. Der Besucherverkehr wurde rigorosen Kontrollen unterworfen. Die Regierungszentrale der Bundesrepublik Deutschland befand sich in einem Ausnahmezustand.

Als Leiter des neuen Arbeitsstabs Deutschlandpolitik war ich dem Staatsminister beim Bundeskanzler, Hans-Jürgen Wischnewski, zugeordnet. Doch ihn bekam ich in den nächsten Wochen kaum zu Gesicht. Die Aufgaben, die ihm der Krisenstab übertragen hatte, nahmen ihn Tag und Nacht in Anspruch.

Am 13. Oktober entführten arabische Terroristen eine Lufthansa-Maschine mit sechsundachtzig Passagieren an Bord. Sie forderten in Absprache mit ihren Freunden in der RAF die sofortige Freilassung der Gefangenen. In der Nacht vom 18. auf den 19. Oktober wurden die Geiseln durch die GSG 9 befreit. Am Tag nach der Geiselbefreiung nahmen sich die RAF-Gefangenen Andreas Baader, Gudrun Ensslin und Jan-Carl Raspe in Stammheim das Leben. Wenig später ging bei der dpa die Mitteilung ein, dass Hanns Martin Schleyer getötet worden sei. Ich war in dieser wohl schwersten Krise der Bundesrepublik von der Standfestigkeit und Entscheidungskraft der Bundesregierung unter der Führung des Bundeskanzlers beeindruckt. Die Bundesregierung hatte sich von den Terroristen nicht erpressen lassen. Die rechtsstaatliche Ordnung und die Moral der Bevölkerung wurden vor schwerem Schaden bewahrt. Wischnewski wurde für seinen Einsatz bei der Befreiung der Geiseln hohe Anerkennung gezollt. Doch er brauchte Zeit, um die traumatischen Ereignisse zu verarbeiten.

Diese überschatteten den Anfang meiner Tätigkeit im Bundeskanzleramt. Deutschlandpolitik fand in dieser Zeit nicht statt. Die Sondierungen mit der DDR, die Wischnewski im August aufgenommen hatte, waren unterbrochen. In meinem Zimmer gegenüber dem Kabinettssaal kam ich mir wie gelähmt vor. Nur wenige Personen hatten während der Krise Zutritt zu diesem Teil des Bundeskanzleramtes. Manchmal eilten mir nicht bekannte Personen durch die breiten Flure. Doch ihre Schritte waren auf dem Teppichboden kaum zu hören. Es herrschte eine unheimliche Ruhe in der Regierungszentrale der Bundesrepublik.

Mein persönliches Verhältnis zu Wischnewski war von Anfang an unkompliziert. Schon wegen seiner zahlreichen Verpflichtungen wollte er nicht mit zu vielen Details behelligt werden, doch wenn es Entscheidungsbedarf gab, nahm er sich Zeit, die anstehenden Fragen gründlich zu erörtern. Größten Wert legte er auf Diskretion. Das war ihm in den vielen Krisen, mit denen er zu tun gehabt hatte, zur zweiten Natur geworden. Er wollte absolut sicher sein, dass interne Überlegungen, Äußerungen des Bundeskanzlers, aber auch der Inhalt unserer Gespräche nicht nach außen getragen wurden. Damit hatte ich keine Probleme.

Das Verhältnis Wischnewskis zu Gaus war von Anfang an gespannt. Gaus bestand darauf, sich mit dem Bundeskanzler unmittelbar abstimmen zu können. Das wollte Helmut Schmidt Gaus aber nicht zugestehen. Für ihn war auf der politischen Ebene der Staatsminister für die Koordinierung der Deutschlandpolitik zuständig und gegenüber dem beamteten Staatssekretär weisungsbefugt. Dieser Konflikt überschattete zeitweilig die Zusammenarbeit zwischen dem Bundeskanzleramt und der Ständigen Vertretung, und nun fiel es mir zu, hier vermittelnd zu wirken. Das gelang nicht immer, und so musste ich mir häufig harte Worte der einen oder der anderen Seite in diesem Konflikt anhören. Eine unerquickliche Situation, die mir die Arbeit im Bundeskanzleramt manchmal verleidet hat. In der Sache hatte Gaus fast immer gute Gründe für seine Position. Doch unterschätzte er die Schwierigkeiten, die in der politischen Meinungsbildung der

Koalition gelegentlich auftraten, zumal wenn es um die Finanzierung teurer deutsch-deutscher Projekte ging.

In den ersten Jahren seiner Amtszeit hatte sich Gaus noch auf die Unterstützung durch Herbert Wehner verlassen können. Doch in den späten siebziger Jahren ging der Einfluss Wehners zurück. Immer häufiger sprach jetzt der Bundeskanzler mit dem persönlichen Beauftragten des SED-Generalsekretärs, Rechtsanwalt Vogel, allein oder im Beisein Wischnewskis. Von Zeit zu Zeit telefonierte er mit Honecker, übermittelte ihm über Vogel Botschaften oder wechselte offizielle Briefe mit ihm. Diese direkte Kommunikation auf der höchsten politischen Ebene hatte viele Vorteile. Der Bundeskanzler und der Generalsekretär wussten so, woran sie waren; sie konnten die Interessenlage des anderen aus eigener Anschauung beurteilen. Vor allem für Honecker wurde es damit leichter, die Steuerung der »BRD-Politik« in seinem System selbst in der Hand zu behalten und sich besser gegen seine Kritiker im eigenen Politbüro abzuschirmen.

In der Bundesregierung erfolgte die Koordinierung der Deutschlandpolitik in einem Staatssekretärskreis. Den Vorsitz führte in der Zeit der sozialliberalen Koalition der Staatsminister beim Bundeskanzler, also Hans-Jürgen Wischnewski, ab 1980 sein Nachfolger Gunter Huonker. Ständige Teilnehmer waren die Staatssekretäre des innerdeutschen Ministeriums, des Auswärtigen Amtes, des Wirtschafts- und des Finanzministeriums sowie der Bundessenator von Berlin. Je nach Bedarf wurden weitere Staatssekretäre eingeladen. Als Sekretär des Staatssekretärskreises bereitete ich die Sitzungen vor und fertigte anschließend ein knappes Ergebnisprotokoll an. Auf dieser Ebene wurden von nun an viele politische Entscheidungen getroffen. Ministergespräche fanden nur noch gelegentlich statt, wenn Entscheidungen von grundsätzlicher Bedeutung zu treffen waren oder zusätzliche Finanzmittel benötigt wurden.

Dass die Staatssekretärsrunden durch den Staatsminister beim Bundeskanzler geleitet wurden, verstand sich keineswegs von selbst. Denn nach wie vor war der für die Deutschlandpolitik zuständige Ressortminister der Bundesminister für innerdeutsche Beziehungen. An sich wäre es normal gewesen, dass dieses Ressort den Staatssekretärskreis einberuft, die Tagesordnung aufstellt und den Vorsitz führt.

Doch seit dem Inkrafttreten des Grundlagenvertrags war die politische Steuerung und Federführung in der Deutschlandpolitik de facto auf das Bundeskanzleramt übergegangen. Alle politischen Kontakte mit der DDR liefen jetzt über das Bundeskanzleramt, das auch die Anlaufstelle für die Ständige Vertretung der DDR war. Das innerdeutsche Ministerium hatte diese Zurücksetzung nur widerstrebend hingenommen. Doch Egon Franke, der Minister, hatte sich, loyal und diszipliniert, wie er war, damit abgefunden.

Das Bundeskabinett hat sich während der Kanzlerschaft von Helmut Schmidt in unregelmäßigen Abständen mit der Deutschlandpolitik beschäftigt. Notwendig war das insbesondere bei der Zustimmung zu Regierungsabkommen mit der DDR, den jährlichen Berichten der Bundesregierung zur Lage der Nation und natürlich bei besonderen Ereignissen wie der Serie von Grenzzwischenfällen im Jahr 1976. Über die Telefongespräche, die der Bundeskanzler mit dem SED-Generalsekretär führte, die Briefe und Botschaften, die ausgetauscht wurden, ist dagegen das Kabinett in der Regel nicht unterrichtet worden. Als Leiter des Arbeitsstabs Deutschlandpolitik war ich in den Kabinettssitzungen anwesend, um gegebenenfalls Entscheidungen und Aufträge des Kabinetts sofort umsetzen zu können. Als Zuhörer entwickelte ich allmählich ein Gefühl für die Haltung des Kabinetts und einzelner Kabinettsmitglieder, auch für die unterschwelligen Spannungen, die es in der sozialliberalen Koalition gab. Bei besonders heiklen Diskussionen oder wenn es richtig Krach gab, wurden die Beamten – das waren die Abteilungsleiter aus dem Bundeskanzleramt – ziemlich barsch aufgefordert, den Kabinettssaal zu verlassen.

Seit meinem Wechsel ins Bundeskanzleramt bemühte ich mich zusammen mit Jürgen Weichert, dem Politischen Direktor im innerdeutschen Ministerium, um eine möglichst enge und kontinuierliche Koordinierung der deutschlandpolitischen Arbeit in den beiden Häusern. Wir kannten uns gut aus den deutsch-deutschen Vertragsverhandlungen, an denen wir in der Bahr-Delegation von Anfang an mitgewirkt hatten. In allen grundsätzlichen Fragen waren wir uns einig. Von seiner intimen Kenntnis der deutsch-deutschen Beziehungen und seinem klugen Urteil habe ich sehr profitiert. Im innerdeutschen Ministerium war Weichert die zentrale Figur mit unbestrittener Autorität. Er hat in den siebziger Jahren die grundsätzliche Linie der Deutschlandpolitik wie auch die Detailarbeit innerhalb der Bundesregierung entscheidend mitgestaltet.

Es ging ihm nicht so sehr um Macht und Einfluss, dafür war er zu bescheiden, sondern um eine bestimmte Grundhaltung in der Deutschlandpolitik. Die erste Pflicht sah er darin, den Zusammenhalt der Deutschen in der Zeit der Teilung mit allen dafür geeigneten Mitteln zu stärken. Voraussetzung dafür war, ein erträgliches Klima zwischen den beiden deutschen Staaten zu schaffen, insbesondere auf Drohungen und markige Erklärungen zu verzichten, auch auf massiven politischen Druck, der bei den gegebenen Machtverhältnissen, aber auch aus psychologischen Gründen keinen Erfolg versprach. Und schließlich ging es ihm darum, die Finanzen nicht zu dem bestimmenden Faktor in unserer Politik werden zu lassen. Nur in diesem letzteren Punkt hatte ich eine etwas andere Meinung. Denn ich war inzwischen zu der Überzeugung gekommen, dass die immer noch labilen deutsch-deutschen Beziehungen und vor allem die Lage West-Berlins nur durch einen kontinuierlichen Finanztransfer zugunsten der DDR dauerhaft stabilisiert werden konnten.

Ein anderer wichtiger Partner bei der Koordinierung der Deutschlandpolitik war Günther Meichsner, der Vertreter des Berliner Bundessenators in der Landesvertretung in Bonn. Seine Mitwirkung war nicht nur wegen der engen Verquickung von Berlin-Fragen und Deutschlandpolitik unverzichtbar. Auch unabhängig davon wurden seine genauen Kenntnisse der komplizierten Berlin-Probleme, sein kritisches Urteil und sein ausgeprägter Sinn für praktische Lösungen hoch geschätzt. Als Jürgen Weichert 1980 wegen seiner angeschlagenen Gesundheit vorzeitig in den Ruhestand ging, wurde Meichsner sein Nachfolger. Für den Verhandlungsführer Gaus war dieser intime Gesprächskreis – Weichert, Meichsner und ich – eine wichtige Stütze in Bonn. Hier musste er aus seinem Herzen keine Mördergrube machen. Viele deutschlandpolitische Entscheidungen sind hier zusammen mit ihm vorbereitet worden.

Als Leiter des neuen Arbeitsstabs für Deutschlandpolitik nahm ich an den täglichen Morgenbesprechungen der Abteilungsleiter teil. Hier wurden unter Leitung des Chefs des Bundeskanzleramtes, Manfred

Schüler, aktuelle politische Fragen besprochen und, soweit das auf dieser Ebene möglich war, auch Entscheidungen getroffen. Dabei ging es in erster Linie um die tägliche Koordinierung der Politik innerhalb der Bundesregierung. Von den Abteilungsleitern wurde erwartet, dass sie die Interessen und Positionen der Ressorts, für die sie im Bundeskanzleramt zuständig waren, genau kannten. Gelegentlich kamen auch strategische Fragen zur Sprache. In diesem Kreis wurde mit großer Offenheit diskutiert. Kritische Meinungsäußerungen wurden nicht unterdrückt, manche neuen Gedanken zum ersten Mal zur Diskussion gestellt. Schüler legte Wert darauf zu wissen, wie die hohen Beamten in seinem Haus dachten. Das Niveau der Diskussionen beeindruckte mich, vor allem wenn es um wirtschafts- und finanzpolitische Fragen ging. Im Lauf der Zeit gewannen die Teilnehmer der Morgenrunde einen genauen Überblick über die Gesamtpolitik der Bundesregierung.

Wenn der Bundeskanzler, was nicht selten war, eine Frage hatte, die die Deutschlandpolitik betraf, rief er mich an oder ließ mich kommen. Dann erwartete er eine möglichst knappe und präzise Antwort. Meist wollte er Fakten wissen, Meinungen interessierten ihn erst in zweiter Linie. Langatmige Ausführungen konnte er nicht ertragen. Vor Gesprächen mit Besuchern wünschte er einen knappen, aber genauen »Sachstand« zu den Problemen, die voraussichtlich zur Sprache kommen würden, gegebenenfalls auch Vorschläge. Wenn ihm etwas unklar war, fragte er nach. Ich habe mich schnell an diese Arbeitsweise gewöhnt und durch den Zwang zu einer knappen und präzisen Darstellung komplizierter Probleme auch für meine eigene Arbeit profitiert.

Helmut Schmidt hatte klare Vorstellungen von den Grundlinien der Deutschland- und Berlin-Politik. Er führte die Politik Willy Brandts weiter, doch spürte man, zumal in den ersten Jahren seiner Kanzlerschaft, eine deutliche Distanz gegenüber der DDR-Führung. Sicherheitsfragen hatten für den früheren Verteidigungsminister eine hohe Bedeutung. Darum galt seine besondere Aufmerksamkeit der exponierten Lage West-Berlins. Durch einen Ausbau der Zusammenarbeit mit der DDR auf möglichst vielen Gebieten bemühte er sich, das Druckpotenzial der DDR gegenüber West-Berlin allmählich abzubauen.

Die Grundpositionen unserer Deutschlandpolitik waren für Helmut Schmidt nicht verhandelbar. Das Festhalten an dem Ziel der deutschen Einheit, die (gesamt)deutsche Staatsangehörigkeit und damit verbunden die Offenhaltung der deutschen Frage waren für ihn unverrückbare Eckpunkte seiner deutschlandpolitischen Konzeption. Er führte dazu eine klare und unmissverständliche Sprache. Das hatte in der DDR manchmal Verärgerung zur Folge, hatte aber den Vorzug, in Ost-Berlin wie auch in Moskau keine falschen Vorstellungen über die Politik der Bundesregierung aufkommen zu lassen. Dass die Wiedervereinigung der beiden deutschen Teilstaaten eines Tages kommen würde, wenn wohl auch erst in einer fernen Zukunft, stand für Helmut Schmidt außer Frage. Den Zusammenhalt der Nation im Sinne einer Schicksalsgemeinschaft zu wahren war für ihn nicht nur ein Gebot des Grundgesetzes, sondern eine echte Herzensangelegenheit.

Angesichts der bestehenden Lage in Europa sah er allerdings keinen Sinn darin, darüber mit der Führung der DDR ernsthaft zu diskutieren. Eine wie auch immer geartete politische Partnerschaft der beiden deutschen Staaten anzustreben, hielt er für unrealistisch und nur dazu angetan, sowjetischem Misstrauen Vorschub zu leisten. Gegen solche Gedankenspiele, die er auch bei Günter Gaus vermutete, hatte er eine tiefe Abneigung. Ich war für ein pragmatisches Vorgehen und konnte mir in einigen Bereichen ein Zusammenwirken der beiden deutschen Staaten durchaus vorstellen. Eine allgemeine politische Partnerschaft hielt auch ich für illusorisch.

Als ich im Sommer 1977 ins Bundeskanzleramt kam, war Helmut Schmidt mit Honecker erst einmal zusammengetroffen, 1975 am Rande der KSZE-Konferenz in Helsinki. Seitdem hatte er gelegentlich mit Honecker telefoniert. Wenn man heute die Protokolle dieser Telefongespräche liest, gewinnt man den Eindruck, dass ihm der SED-Generalsekretär nicht unsympathisch war; doch als politische Führungspersönlichkeit scheint er ihn nicht wirklich ernst genommen zu haben. Er sah in ihm einen Kommunisten alter Prägung mit all den bekannten Vorurteilen gegenüber dem westlichen Gesellschaftssystem, einen übervorsichtigen Gefolgsmann Moskaus und autoritären Politiker ohne Einsicht in die Notwendigkeit von Reformen.

Andererseits scheint die Politik des SED-Generalsekretärs im Lauf der Zeit für ihn einigermaßen berechenbar geworden zu sein. Das war für Helmut Schmidt im Umgang mit den führenden Politikern der Warschauer-Pakt-Staaten ein wichtiger Gesichtspunkt. Allerdings hat Honecker ihn auch manchmal enttäuscht, indem er bewusst Erwartungen weckte, die er dann nicht einhalten konnte. Nur in einer Hinsicht hat Helmut Schmidt den Generalsekretär der SED wohl unterschätzt. Sicher war die Zweistaatlichkeit in Deutschland für Honecker eine unumstößliche Tatsache. Dennoch fühlte er sich als Deutscher und hing an seiner saarländischen Heimat. Die Deutschen, so sah es Honecker, lebten in zwei unterschiedlichen Staaten, doch sie hatten die gleiche Nationalität. Staatsangehörigkeit: DDR, Nationalität: deutsch, sagte er einmal. Von der Einheit der Nation hat Honecker freilich nie gesprochen. Das war für ihn eine aggressive, gegen die Existenz der DDR gerichtete Formel. Etwas anderes war für ihn die Einheit der deutschen Arbeiterklasse. Von dieser Vorstellung aus dem Repertoire des Klassenkampfs hat sich Honecker seit der Verfolgung von Kommunisten und Sozialdemokraten in der NS-Zeit wohl nie ganz gelöst.

Helmut Schmidts Urteil über die Lage in der DDR ist sehr stark durch seine Kontakte zu hohen Vertretern beider Kirchen in der DDR, vor allem aber seiner eigenen, der evangelischen Kirche beeinflusst worden. Auch wenn sich die meisten seiner Gesprächspartner ganz bewusst mit Kritik am eigenen Staat zurückhielten, fühlte sich Helmut Schmidt durch die Kirchenkontakte doch in seiner Abneigung gegen das kommunistische System bestärkt. Seine wichtigsten Gesprächspartner in der evangelischen Kirche in der DDR waren der Berliner Bischof Albrecht Schönherr, der mecklenburgische Landesbischof Heinrich Rathke und Manfred Stolpe, seit 1969 Sekretär des Bundes der Evangelischen Kirchen in der DDR und ab 1982 Konsistorialpräsident der evangelischen Kirche Berlin-Brandenburg. Auch zur katholischen Kirche in der DDR hielt Helmut Schmidt Kontakte. Mit dem Berliner Bischof Kardinal Bengsch und seinem Nachfolger Kardinal Meisner führte er von Zeit zu Zeit Gespräche in West-Berlin.

Nach seinem Rücktritt als Bundeskanzler 1982 fuhr Helmut Schmidt mehrere Male privat in die DDR und sprach dort in überfüllten Kirchen. Er predigte keinen Antikommunismus und rief seine Zuhörer nicht zum Widerstand auf, aber er sprach ihnen Mut zu und vermittelte ihnen das Gefühl des Zusammenhalts der Deutschen in der Zeit der Teilung. Seine Reden in der Marienkirche in Rostock und in der Nikolaikirche in Potsdam – bei beiden war ich anwesend – hinterließen bei den Zuhörern einen tiefen Eindruck. Die Menschen hörten ihm wie gebannt zu. Für viele DDR-Bürger war er ein Hoffnungsträger. Im Rückblick könnte man auch sagen, ein Wegbereiter der deutschen Einheit.

Kirche im Sozialismus

Als die Ständige Vertretung 1974 ihre Arbeit aufnahm, war es für uns selbstverständlich, auch den Kirchen in der DDR unsere Aufmerksamkeit zu widmen. In erster Linie ging es uns darum, ihnen unsere Solidarität und unser Verständnis für den schwierigen Weg in ihrem sozialistischen Umfeld zum Ausdruck zu bringen. Ganz bewusst verzichteten wir darauf, unsere Nähe und Sympathien für die Kirchen in der Öffentlichkeit zu demonstrieren. Schon gar nicht sollte der Eindruck entstehen, wir wollten die Kirchen in der DDR für politische Zwecke der Bundesrepublik benutzen. Das hätte ja den Kirchen nur schaden können.

Mein wichtigster Gesprächspartner in der evangelischen Kirche war Manfred Stolpe, damals Sekretär des Bundes der Evangelischen Kirchen in der DDR. Ich besuchte ihn regelmäßig in seinem Büro in der Auguststraße, und gelegentlich, aber nicht sehr oft, kam er auch zu Empfängen der Ständigen Vertretung. Wenn Stolpe Besucher aus den westdeutschen Kirchen oder ausländische Diplomaten in sein Haus in Potsdam einlud, bezog er auch die Ständige Vertretung mit ein. Aus diesen Kontakten entstand mit der Zeit ein enges, freundschaftliches Vertrauensverhältnis, das bis heute Bestand hat. In unseren Gesprächen, meist unter vier Augen, tauschten wir uns über den Stand der deutsch-deutschen Beziehungen aus. Schon in den siebziger Jahren fiel mir Stolpes genaue Kenntnis der Motive und Interessenlage der DDR-Führung auf. Seine politische Beurteilung erwies sich meist als zutreffend, auch seine Warnungen, die er manchmal andeutete. Von ihm lernte ich, mich ohne viele Worte zu verständigen. Man könnte es auch eine verschlüsselte Sprache nennen.

Auch aus anderen Gründen waren die Gespräche mit Vertretern der evangelischen Kirche für mich von hohem Wert. Ich begann zu begreifen, dass die Stärke der Kirchen in der DDR auf ihren im Bewusstsein der Bevölkerung verwurzelten Wertvorstellungen beruhte. Und noch etwas anderes kam hinzu: Die evangelischen Kirchen waren beispielhafte demokratische Institutionen. Ihre Bischöfe und anderen Amtsträger wurden in freien Abstimmungen gewählt. In den Synoden fanden Aussprachen auch über höchst sensible Themen statt. Die Synodalen zögerten nicht, die staatliche Politik zu kritisieren, wenn es Anlass dazu gab. Die Finanzen wurden durch unabhängige Gremien kontrolliert. Diese lebendige innerkirchliche Demokratie strahlte in die Bevölkerung aus. Die abnehmende Mitgliederzahl hat ihrer Autorität keinen Abbruch getan. Jeder, der dafür einen Sinn hatte, konnte erkennen: Die Kirchen waren keine absterbenden Institutionen, wie es die SED-Ideologen behaupteten. Das galt auch für die katholische Kirche in der DDR, wenngleich diese als Teil einer Weltkirche anders strukturiert war und größere Abstinenz in gesellschaftlichen Fragen übte.

In den siebziger Jahren bemühte sich der evangelische Kirchenbund unter dem Vorsitz von Bischof Schönherr darum, Aufgaben und Standort der evangelischen Kirchen in dem sozialistischen Umfeld neu zu bestimmen. Grundlegend war die Feststellung der Synode in Eisenach 1971: »Wir wollen nicht Kirche gegen, nicht Kirche neben, sondern Kirche im Sozialismus sein.« Im Westen ist dieser Leitsatz oft missverstanden worden. Manche wollten darin eine Formel für die Anpassung der Kirchen an die sozialistische Gesellschaftsordnung sehen. Nach meinem Verständnis bekannte sich die Kirche damit zu einer gesellschaftlichen Mitarbeit, und zwar in »kritischer Solidarität«, wie es der Magdeburger Bischof Krusche einmal formuliert hatte.

Der Staat reagierte zunächst mit deutlicher Zurückhaltung. Zwar nahm er davon Abstand, die Kirche »sozialisieren« zu wollen, also in ein Abhängigkeitsverhältnis zum sozialistischen Staat zu bringen, wie es etwa bei den orthodoxen Kirchen in der Sowjetunion der Fall war.

Doch hatte die SED weiterhin die Tendenz, die Kirchen auf den Bereich der Religion zu beschränken, sie gewissermaßen zu »ghettoisieren« und sie im Übrigen auf die Anerkennung der sozialistischen Entwicklung und insbesondere auf die Unterstützung der Außen- und Friedenspolitik der DDR festzulegen.

Trotz der fortbestehenden Differenzen bewegten sich in den siebziger Jahren der sozialistische Staat und die Kirchen aufeinander zu. Generalsekretär Honecker war realistisch genug, zu erkennen, dass die Kirchen eine wichtige gesellschaftliche Kraft mit einem starken Rückhalt in der Bevölkerung darstellten und die Respektierung des religiösen Lebens im Interesse der inneren Stabilität lag. So erklärte die DDR-Regierung ihre Bereitschaft, kirchliche Bauvorhaben zu unterstützen, die durch Spenden westdeutscher Kirchen ermöglicht wurden. Natürlich hatte der Staat dabei in erster Linie finanzielle Interessen im Auge, nämlich Devisen zu erwirtschaften, doch zugleich wurde den Kirchen effektiv geholfen. Honecker appellierte sogar an die evangelische Kirche, den Wiederaufbau des Berliner Doms in ihr Bauprogramm aufzunehmen, und sicherte eine rein kirchliche Nutzung zu. Nicht weniger bedeutsam war die grundsätzliche Entscheidung des Staates, den Bau von Kirchen und Gemeindezentren in Neubaugebieten zuzulassen sowie die Ausbildung von medizinischem Fachpersonal in Einrichtungen der Diakonie und der Caritas anzuerkennen.

Auf anderen Gebieten gab es allerdings weiterhin Spannungen. Viele Christen beklagten sich über die anhaltende Diskriminierung im Bildungswesen und eine mangelnde berufliche Chancengleichheit. Der Kirchenbund bemühte sich jahrelang vergeblich um ein Grundsatzgespräch mit dem Ministerium für Volksbildung. Die Kirchenleitungen sahen sich schließlich veranlasst, öffentlich darauf hinzuweisen, dass die Erziehungsziele der SED die durch die Verfassung garantierte Gleichberechtigung aller Bürger und die Glaubens- und Gewissensfreiheit missachteten, und forderten eine tolerante Haltung des Staates gegenüber den Mitgliedern der Kirchen. Doch zunächst änderte sich nichts. Die Unruhe in den Kirchen nahm zu. Den Kirchenoberen wurde eine nicht immer eindeutige Haltung gegenüber den staatlichen Behörden vorgeworfen. Und auch die Selbstverbrennung von Pfarrer Brüsewitz im August 1976 verschärfte die Lage.

Die evangelischen Kirchenleitungen bemühten sich deshalb um ein klärendes Gespräch mit hohen Vertretern des Staates. Diese Begegnung, die unter großer Geheimhaltung durch Manfred Stolpe vorbereitet worden war, fand am 6. März 1978 statt. Teilnehmer waren auf der staatlichen Seite der Staatsratsvorsitzende Honecker und ZK-Sekretär Verner, während der Kirchenbund durch seinen Vorsitzenden Bischof Schönherr und weitere Vorstandsmitglieder vertreten war. Das Ergebnis des Spitzengesprächs wurde in einem vorher abgestimmten Bericht der staatlichen Nachrichtenagentur ADN veröffentlicht und am folgenden Tag von allen Zeitungen abgedruckt. Danach erklärte Honecker, die sozialistische Gesellschaft biete jedem Bürger, unabhängig von seiner Weltanschauung und seinem religiösen Bekenntnis, Sicherheit, Geborgenheit und eine klare Perspektive. Die Freiheit der Religionsausübung bei klarer Trennung von Staat und Kirche sei verfassungsmäßig garantiert und in der Praxis gesichert. Ausdrücklich würdigte Honecker das Friedensengagement der Kirchen.

Bischof Schönherr erklärte, beiden Seiten gehe es um die Verantwortung für die gleiche Welt und für den gleichen Menschen. Der Christ sei von seinem Glauben her mitverantwortlich, sowohl für das Ganze als auch für den Einzelnen und für dessen Verhältnis zum Ganzen.

Abschließend stellten beide Seiten mit Befriedigung fest, dass die Beziehungen zwischen den Kirchen und dem Staat in den letzten Jahren zunehmend von Sachlichkeit, Vertrauen und Freimütigkeit geprägt seien. Bischof Schönherr bemerkte dazu, das Verhältnis von Staat und Kirche sei so gut oder schlecht, wie es der einzelne christliche Bürger in seiner gesellschaftlichen Situation vor Ort erfahre.

Die Erklärungen vom 6. März 1978 waren keine rechtlich bindende Vereinbarung, sondern lediglich ein abgestimmter Bericht für die Presse. Doch die Partei- und Staatsführung hatte sich in der Erklärung gegenüber der Kirche verbindlich festgelegt, und zwar in einer Weise, dass sich der Einzelne darauf berufen konnte. Das Verhältnis Staat/Kirche hatte eine neue Qualität gewonnen. Die Mitglieder der Kirchen waren nun als gleichberechtigt anerkannt, sofern sie sich loyal gegenüber dem Staat verhielten.

Innerhalb der Kirchen löste die Erklärung vom 6. März unterschiedliche Reaktionen aus. Es gab – auch von Mitgliedern der Kirchenleitungen – scharfe Kritik an der Geheimdiplomatie des Vorstands des Kirchenbundes. Manche befürchteten, die Verständigung mit dem Staat solle künftig als Instrument zur Disziplinierung kritischer Basisgruppen benutzt werden. Die große Mehrheit der evangelischen Christen in der DDR verstand die Erklärung dagegen als einen »Burgfrieden« zwischen Staat und Kirche. Und die Entwicklung in den achtziger Jahren hat ihnen letztlich recht gegeben. Tatsächlich wurden die Freiräume der Kirche durch die Verständigung mit dem Staat erweitert. Viele Gemeinden gewährten später der »Kirche von unten« und anderen oppositionellen Gruppen Schutz und Entfaltungsmöglichkeiten. Viele Menschen sind dadurch ermutigt worden, 1989 in die Öffentlichkeit zu gehen und Freiheit und Demokratie für alle einzufordern.

1978 konnte das freilich niemand vorhersehen. Nicht alle Belastungen im Verhältnis zwischen Staat und Kirche waren mit der Erklärung vom 6. März ausgeräumt. Die erste Belastungsprobe kam noch im gleichen Jahr. Am 1. September 1978 wurde in allen Schulen der DDR für die neunte und zehnte Klasse das Pflichtfach »sozialistische Wehrerziehung« eingeführt. Viele Gläubige waren entrüstet. Der Kirchenbund widersprach mit ethischen und politischen Argumenten. Der Staatssekretär für Kirchenfragen ließ sich auf ein Gespräch ein, begründete die Entscheidung der Regierung und wies dann den Widerspruch zurück. Die Bemühungen der Kirche waren damit gescheitert. Immerhin erhielt der Kirchenbund die Zusicherung, dass Schüler keine Nachteile zu gewärtigen hätten, wenn sie dem Wehrunterricht aus religiösen Gründen fernblieben.

Der Kirchenbund verstärkte daraufhin die eigene Friedensarbeit mit dem Programm »Erziehung zum Frieden«. Eine Erklärung zur weltpolitischen Situation im Januar 1980, in der die evangelischen Kirchen ihre tiefe Besorgnis über den NATO-Doppelbeschluss zur Raketennachrüstung und die sowjetische Intervention in Afghanistan zum Ausdruck brachten, wurde vom Staat respektiert. Zu neuen Spannungen zwischen Staat und Kirche kam es dann allerdings im Zusammenhang mit der Solidarność-Krise in Polen, als eine tief ver-

unsicherte SED ein Überschwappen der Unruhen auf die DDR befürchtete. Sie erkannte hier – vielleicht zum ersten Mal – die Gefahren, die ihr von den oppositionellen Friedensgruppen drohten.

Ein Sprung nach vorn

Am 9. März 1978 erstattete der Bundeskanzler im Bundestag den Bericht der Bundesregierung zur Lage der Nation. Dabei sprach er die
bestehenden Probleme, Schwierigkeiten und Spannungen im Verhältnis der beiden deutschen Staaten mit aller Deutlichkeit an. Er ließ
keinen Zweifel daran, dass die Gegensätze in den grundsätzlichen
Fragen auf absehbare Zeit unüberbrückbar seien. Doch dann sagte er,
die Vertragspolitik berechtige uns zu dem Vertrauen, dass sich das
Bewusstsein der Zusammengehörigkeit über alle Trennungen und
staatlichen Grenzen hinweg erhalten werde. Die große Mehrheit der
deutschen Nation habe die Teilung nicht als endgültig akzeptiert. Sie
habe sich auch innerlich nicht damit abgefunden. Die seit 1969 eingetretenen positiven Veränderungen in den Beziehungen der beiden
deutschen Staaten hätten uns nicht von unserem politischen Ziel
weggeführt. Das Gegenteil sei der Fall. Sie hätten, sagte er, den menschlichen, den kulturellen und den wirtschaftlichen Zusammenhang der
Nation bewahrt und neue Ansätze und Hoffnungen geschaffen.

Immer wieder wurde die Rede des Bundeskanzlers von Beifall un-
terbrochen. Auch Abgeordnete der Opposition beteiligten sich daran.
Das Presseecho am nächsten Tag war durchweg positiv. Ich hatte die
Rede von der letzten Reihe der Regierungsbank aus mitverfolgt und
dachte: Vielleicht sind wir nun auf dem Weg zu einer gemeinsamen
Deutschlandpolitik aller Parteien.

Auch zu den anstehenden Verhandlungen äußerte sich der Bundeskanzler unmissverständlich: Die Bundesregierung wünsche eine Fortsetzung der Vertragspolitik so bald wie möglich.

Die Verhandlungen über den Bau der Autobahn Berlin–Hamburg
wurden am 21. Juni offiziell von Gaus und Nier eröffnet. Tatsächlich
verhandelte Gaus jedoch nicht mit Nier, sondern mit seinem »guten
Bekannten«, wie er Schalck gern nannte. Auf Wunsch Schalcks fan-

den die Gespräche wieder in der Residenz des Ständigen Vertreters in der Kuckhoffstraße statt. Die Verhandlungen gestalteten sich diesmal äußerst schwierig. Das lag nicht allein an dem vielen Geld, um das es ging. Im Zusammenhang mit den neuen Transitstrecken und Grenzübergangsstellen stellten sich auch komplizierte Rechtsfragen, die mit den Bonner Ressorts und Vertretern der Vier Mächte zu klären waren.

Im Oktober unternahm der Bundeskanzler in einem Telefongespräch mit Honecker noch einmal den Versuch, einige zusätzliche Reiseerleichterungen durchzusetzen. Seine Bemühungen um eine Herabsetzung des Reisealters waren bereits im Jahr zuvor gescheitert. Nun hoffte er, wenigstens eine Erweiterung der Reisen von DDR-Bürgern in dringenden Familienangelegenheiten (hohe Geburtstage, Hochzeiten, Sterbefälle) zu erreichen sowie die Einbeziehung von Hamburg und Hannover in den kleinen Grenzverkehr – das waren Reisen von Einwohnern der an der innerdeutschen Grenze gelegenen Kreise des Bundesgebiets in grenznahe Gebiete der DDR. Aber auch das misslang. Honecker wollte sich nicht darauf einlassen. Das Ergebnis sei ausgewogen, insistierte er; man möge doch bitte davon Abstand nehmen, Verbindungen zu anderen Fragen herzustellen. Sonst werde das Ganze gefährdet.

Auch Honecker hatte freilich noch Wünsche. Er bat den Bundeskanzler, zu veranlassen, dass sein Freund Hermann Axen, der an dem bevorstehenden Parteitag der DKP in Mannheim teilnehmen wolle, die Erlaubnis erhalte, mit einem Regierungsflugzeug der DDR auf dem Flughafen in Frankfurt am Main zu landen. Aus ihm unverständlichen Gründen sei die Genehmigung von den zuständigen Stellen versagt worden. Auf diesem Ohr hörte nun Helmut Schmidt nicht. Eine öffentliche Diskussion über diesen Vorgang wäre für ihn unangenehm, sagte er, und das könne er gerade jetzt nicht gebrauchen.

Dennoch verlief das Gespräch bemerkenswert locker. Der Bundeskanzler vermied jede Schärfe. An einer Stelle machte er Honecker darauf aufmerksam, er, Schmidt, werde bald sechzig Jahre alt. Dann gehöre er »zu den Weisen«, und er bitte, das anzuerkennen. Darauf Honecker: »Die Anerkennung der Staatsbürgerschaft der DDR wäre schon etwas Besseres.« Helmut Schmidt: »Sie hätten auch gut Teppichhändler werden können.« Honecker: »Nein, dafür habe ich kein Talent. Das überlasse ich Ihrem Graf Lambsdorff ...«

Am 16. November wurden die Vereinbarungen von Gaus und den Vertretern der zuständigen DDR-Ministerien im Außenministerium unterzeichnet. Schalck trat dabei nicht in Erscheinung. Das Gesamtergebnis war beachtlich: Das größte Projekt war der Bau der Autobahn Berlin–Hamburg mit den neuen Grenzübergängen Zarrentin und Stolpe-Dorf im Norden Berlins. An den Kosten beteiligte sich die Bundesregierung mit 1,2 Milliarden D-Mark. Weitere Vereinbarungen betrafen die Öffnung des Teltow-Kanals von Westen her für den Transitverkehr nach West-Berlin, die Erhöhung der Transitpauschale auf jährlich 525 Millionen D-Mark und eine Erweiterung des kommerziellen Zahlungsverkehrs.

Der Abschluss des umfangreichen Verhandlungspakets war ein großer persönlicher Erfolg für Günter Gaus. Über die Lösung der vielen komplizierten Probleme hatte er mit seinem Verhandlungspartner lange und zäh gerungen. In einer Hinsicht hatte Schalck es leichter als Gaus. Er nämlich hatte direkten Zugang zu Honecker und Mittag. Dadurch konnte er sehr schnell, manchmal binnen weniger Stunden, die notwendigen Entscheidungen der DDR-Führung herbeiführen, wenn er sie brauchte. Gaus hingegen war gezwungen, seine Positionen im Einzelnen mit den Fachressorts in Bonn abzustimmen und das Verhandlungsergebnis dann noch in Minister- oder Staatssekretärsrunden durchzusetzen. Das war oft langwierig, sehr mühsam und zehrte an seinen Nerven. Jahre später sagte mir Gaus einmal, seine Verhandlungen in Bonn hätten nicht nur länger gedauert, sondern ihn auch mehr Kraft gekostet als die mit seinen Partnern in Ost-Berlin.

Das Verhandlungspaket vom November 1978 brachte der DDR in den nächsten Jahren Deviseneinnahmen in Milliardenhöhe ein, drei bis vier Milliarden, schätze ich. Damit konnte sie wichtige Einfuhren aus den westlichen Industrieländern finanzieren, für die ihre eigenen Exporterlöse nicht ausreichten. Außerdem konnte sie ihre schon damals erhebliche Schuldenlast etwas mildern. Dank der vertraglich abgesicherten Geldzuflüsse aus der Bundesrepublik blieb die DDR auf den internationalen Finanzmärkten weiterhin kreditwürdig, jedenfalls für die nächste Zeit.

In der Bundesrepublik waren die hohen Aufwendungen zugunsten der DDR umstritten. Nicht nur in der Opposition, auch in den Koalitionsparteien wurden Stimmen laut, die meinten, damit würde entgegen unserem nationalen Interesse ein Unrechtsstaat stabilisiert. Diese Kritiker forderten mehr Härte und wirtschaftlichen Druck bei der Durchsetzung unserer Interessen, vor allem im Reiseverkehr, bis hin zu Sanktionsdrohungen, wenn wieder einmal etwas Schlimmes passierte. Die sozialliberale Koalition ließ sich davon allerdings nicht einschüchtern.

Wie ich erst nach der Wiedervereinigung aus den Erinnerungen des früheren sowjetischen Botschafters in Bonn, Julij Kwizinski, und dem inhaltsreichen Buch von Karl Seidel erfuhr, hat die DDR die Vereinbarungen von 1978 weitgehend ohne Konsultationen mit der sowjetischen Regierung ausgehandelt. Für mich ein fast unvorstellbarer Vorgang. Außenminister Gromyko soll darüber so erbost gewesen sein, dass daran beinahe die wegen Berlin notwendige Zustimmung der Sowjetunion zu den Vereinbarungen gescheitert wäre. Zu guter Letzt habe Gromyko jedoch eingelenkt, berichtet Seidel, weil die Sowjetunion ihre Beziehungen zur Bundesrepublik nicht habe belasten wollen. Auch im Rückblick ist dieser Vorgang von allgemeiner Bedeutung, zeigt er doch das große Misstrauen, mit dem Moskau die Vertragspolitik ihres Verbündeten verfolgte. Die uns gut bekannten sowjetischen Diplomaten in der dritten europäischen Abteilung des sowjetischen Außenministeriums hatten offenbar frühzeitig die wachsende Abhängigkeit der DDR von ihrem Nachbarn Bundesrepublik erkannt.

Ende Oktober konnte auch die Grenzkommission ihre Arbeit vorläufig abschließen. Seit ihrer Konstituierung 1973 hatte sie vierundvierzig Sitzungen abgehalten. Sie erneuerte und ergänzte die Markierung der innerdeutschen Grenze, erarbeitete eine Dokumentation des Grenzverlaufs und traf eine Reihe von Vereinbarungen über Probleme der Wasserwirtschaft, der Energieversorgung, der Schadensbekämpfung und andere Fragen. Die Grenzkommission hat ihre Aufgaben mit großer Exaktheit und in einer beispielhaft sachlichen Atmosphäre erfüllt. Ihre Arbeit hat ganz entscheidend dazu beigetragen, dass den beiden deutschen Staaten – abgesehen von der leidigen Elbefrage – Grenzstreitigkeiten erspart geblieben sind.

Das förmliche Protokoll über die Markierung der innerdeutschen Grenze wurde am 29. November von den beiden Delegationsleitern in Bonn unterzeichnet. Anschließend unternahmen die Delegationen einen Ausflug nach Trier, um dort das Geburtshaus von Karl Marx – jetzt ein Museum – zu besuchen. Natürlich hatten wir für den Wunsch der DDR-Kollegen Verständnis, und ich entschloss mich, als freundliche Geste des Bundeskanzleramtes die Delegationen zu begleiten. Alle Teilnehmer waren nach der geleisteten Arbeit, die große Anerkennung gefunden hatte, entspannt und genossen den schönen Ausflug in die alte Römerstadt. Selbstverständlich fühlten wir uns als Gastgeber verpflichtet, die DDR-Kollegen nicht nur bei dem Stadtrundgang zu begleiten, sondern auch bei dem Besuch des Karl-Marx-Hauses, dem eigentlichen Ziel unseres Ausflugs. Schließlich wurde Karl Marx ja auch in der Bundesrepublik als ein bedeutender Kopf des 19. Jahrhunderts geachtet, auch wenn die Zahl der bekennenden Marxisten inzwischen ziemlich klein geworden war. Doch dann nahm mich Botschafter Kormes, der Leiter der DDR-Delegation, beiseite und bat mich um Verständnis dafür, dass die Mitglieder seiner Delegation die Gedenkstätte, wie er sagte, gern allein besuchen würden. Angesichts der großen Bedeutung, die Karl Marx für die DDR habe, sei das für sie ein Ereignis, das sie nicht mit uns teilen wollten. Natürlich respektierten wir den Wunsch der DDR-Kollegen. Der Besuch war für sie ein quasi religiöser Akt, bei dem sie, gläubige Kommunisten, den »Klassenfeind« nicht dabeihaben wollten.

Die Raketenkrise

Schon 1976 hatte die Sowjetunion damit begonnen, ihre auf Westeuropa gerichteten Mittelstreckenraketen durch moderne Raketen vom Typ SS 20 zu ersetzen. Jede dieser Raketen war mit drei nuklearen Sprengköpfen bestückt, die auf verschiedene Ziele gelenkt werden konnten. In den nächsten Jahren nahm die SS-20-Aufrüstung kontinuierlich ihren Fortgang. Die amerikanische Regierung war darüber informiert, schenkte dem aber zunächst nur wenig Beachtung. Denn dieses Waffensystem bedrohte nicht das Territorium der USA. Ihr strategisches Abschreckungspotenzial, das auf Interkontinentalwaffen, seegestützten Raketen und Langstreckenbombern beruhte, schien ihnen davon kaum berührt zu sein.

Bundeskanzler Helmut Schmidt, ein genauer Kenner der Sicherheitsproblematik, war über die sowjetische Aufrüstung zunehmend besorgt. Er sah darin eine Veränderung des strategischen Gleichgewichts der beiden großen Nuklearmächte und zudem eine konkrete Bedrohung Europas und speziell der Bundesrepublik. In Gesprächen mit der US-Regierung forderte er, das Potenzial an Mittelstreckenwaffen in Europa, also auch die britischen und französischen Nuklearwaffen, in die SALT-Verhandlungen mit der Sowjetunion einzubeziehen – Gegenstand dieser Verhandlungen war die Begrenzung der strategischen Nuklearwaffen mit großer Reichweite.

Die Amerikaner hatten zunächst wenig Neigung, sich darauf einzulassen. Sie fürchteten, dass die ohnehin schwierigen Verhandlungen noch komplizierter würden. Der amerikanische Sicherheitsberater Zbigniew Brzezinski bedeutete seinen deutschen Gesprächspartnern, die Bedrohung durch die neuen sowjetischen Mittelstreckenraketen sei eine Angelegenheit der USA, nicht der Bundesrepublik. Sollten diese Waffensysteme wirklich einmal zu einer ernsthaften Gefährdung der Bundesrepublik führen (was Brzezinski nicht glaubte), würden die USA mit ihren strategischen Nuklearwaffen in angemessener Weise reagieren. Präsident Carter teilte diese Einschätzung. Diese grundlegenden Meinungsverschiedenheiten konnten zunächst nicht ausgeräumt werden. Damit verstärkte sich bei der Bundesregierung noch der Verdacht, die Amerikaner wollten in den SALT-Verhandlungen in erster Linie die Bedrohung des eigenen Territoriums verringern, während sie den europäischen, speziell den deutschen Sicherheitsinteressen nur wenig Beachtung schenkten. Das veranlasste den Bundeskanzler, im Oktober 1977 in einer Rede in London erneut die Einbeziehung der sowjetischen SS 20 in die SALT-Verhandlungen zu fordern.

Erst 1978 setzte in Washington ein Prozess des Umdenkens ein. Die Amerikaner verschlossen sich nun nicht mehr der Erkenntnis, dass die Veränderungen des sowjetischen Raketensystems auch ihre strategischen Interessen berührten. In einer Konferenz auf Guadeloupe verständigten sich Präsident Carter, der französische Präsident Giscard d'Estaing, der britische Premierminister Callaghan und der deutsche Bundeskanzler darauf, Verhandlungen über das nukleare Waffenpotenzial anzustreben. Im Hinblick auf den wachsenden Vorsprung der Sowjetunion bei der Stationierung moderner Mittelstreckenraketen sollten die Verhandlungen aber zeitlich begrenzt werden. Falls in einer bestimmten Frist kein Ergebnis erzielt werde, sollten in der Bundesrepublik und einigen anderen westeuropäischen Staaten amerikanische Mittelstreckenwaffen stationiert werden. Diese Absprache enthielt im Kern den späteren NATO-Doppelbeschluss.

Die Sowjets stellten die Absichtserklärung von Guadeloupe als Beginn eines neuen Wettrüstens dar und leiteten eine heftige Kampagne gegen die Nachrüstungspläne der NATO ein. In einer Rede am 6. Oktober 1979, dem Vorabend des dreißigsten Jahrestages der DDR, drohte der sowjetische Generalsekretär Breschnew, ausgerechnet von Ost-Berlin aus, der Bundesrepublik für den Kriegsfall mit einem atomaren Gegenschlag, falls dort amerikanische Mittelstreckenwaffen in Stellung gebracht werden sollten.

Trotz der wachsenden Spannungen zwischen den beiden Bündnissystemen hielt Honecker an dem geplanten Besuch des Bundeskanzlers in der DDR fest. Dieser Besuch könne im Oktober oder November stattfinden, teilte er in einer Botschaft vom 12. Oktober mit. Helmut Schmidt reagierte darauf erst Ende November. Er rief Honecker an und schlug ein informelles Treffen schon eine Woche später vor. Honecker schien zunächst einverstanden. Doch kurz darauf sagte er wieder ab. Die Zeit reiche für die Vorbereitung nicht aus, ließ er dem Bundeskanzler mitteilen. Beide verabredeten dann ein Treffen in den ersten Monaten des folgenden Jahres, das durch Beauftragte beider Seiten vorbereitet werden sollte. Aber auch daraus wurde nichts.

Am 12. Dezember 1979 verabschiedete der NATO-Ministerrat den sogenannten NATO-Doppelbeschluss. Er bestand aus zwei Teilen: Erstens gab die NATO bekannt, dass in Europa ab 1983 moderne amerikanische Mittelstreckenwaffen stationiert werden würden, und zwar 108 Pershing-II-Raketen und 464 Cruise Missiles. Zweitens kündigte sie an, der Sowjetunion ein Verhandlungsangebot zum Komplex Mittelstreckenwaffen in Europa zu unterbreiten. Das Ergebnis dieser Verhandlungen werde für die Durchführung der Stationierung entscheidend sein. Schon zwei Tage später ließ die sowjetische Führung verlauten, mit dem NATO-Doppelbeschluss sei die Basis für die Verhandlungen über Mittelstreckenwaffen in Europa zerstört.

In der Bundesrepublik löste der NATO-Doppelbeschluss eine leidenschaftliche Debatte über das Für und Wider einer Nachrüstung in Europa aus. In der Bevölkerung nahm die Unruhe zu. Die westdeutsche Friedensbewegung bekam neuen Auftrieb. Auch in der Regierungspartei SPD verstärkte sich der Widerstand gegen eine Stationierung.

Kurz vor Weihnachten ließ die Unruhe und Hektik der vergangenen Wochen ein wenig nach. Hilla und ich freuten uns auf die ruhigen Tage zwischen den Jahren. Aber die Ruhe sollte nicht lange anhalten. Am 27. Dezember 1979 hörten wir in den Nachrichten, dass sowjetische Streitkräfte in Afghanistan einmarschiert waren, »auf dringendes Ersuchen des afghanischen Ministerpräsidenten«, wie es hieß. Im Westen löste die sowjetische Invasion einen Schock aus. Sie wirkte wie der Überfall einer imperialistischen Großmacht auf ein kleines Land der Dritten Welt. Präsident Carter war empört. Er setzte die Ratifizierung des SALT-II-Abkommens aus, kündigte wirtschaftliche Sanktionen gegen die Sowjetunion an und rief zu einem Boykott der Olympischen Sommerspiele in Moskau auf.

Schon seit dem NATO-Doppelbeschluss war die Bundesregierung in großer Sorge, dass die deutsch-deutschen Beziehungen durch die neuen Ost-West-Spannungen in Mitleidenschaft gezogen würden. Umso größer war ihre Überraschung, als Honecker auf einem Plenum des Zentralkomitees am 13. Dezember – nur einen Tag nach dem NATO-Doppelbeschluss – den Besuch des Bundeskanzlers in der DDR für die nächsten Monate ankündigte. Honecker fühlte sich also stark genug, den deutsch-deutschen Dialog trotz der internationalen Krisenlage aufrechtzuerhalten.

Schon wenige Tage später kam Rechtsanwalt Vogel nach Bonn. Er sprach zunächst mit Staatsminister Huonker und mir und wurde anschließend vom Bundeskanzler zu einem Gespräch empfangen. Auf dessen Vorschlag wurde für seinen Besuch in der DDR die Zeit vom 24. bis zum 26. Februar 1980 in Aussicht genommen. Die Gespräche sollten in einem Gästehaus des Ministerrats in Dierhagen an der Ost-seeküste stattfinden. Zum Abschluss des Treffens war ein Besuch in Rostock mit Pressekonferenz und Stadtbesichtigung vorgesehen.

Anfang Januar begannen wir mit der Vorbereitung des Besuchs. Doch am 28. Januar überbrachte Rechtsanwalt Vogel eine Botschaft Honeckers, in der er darum bat, den Termin für den geplanten Besuch »erst später abzustimmen«. In der gegenwärtig so zugespitzten und undurchsichtigen Situation würde ein Treffen nicht weiterführen, er-klärte er. Es würde dabei nur zu gegenseitigen Vorhaltungen kommen, und die Menschen, die sich so viel von einem Treffen versprächen, würden enttäuscht sein. Honecker stellte jedoch ausdrücklich klar: Die bestehenden Kontakte auf der politischen Ebene sollten aufrecht-erhalten, die Verhandlungen zwischen Gaus und Schalck möglichst bald erfolgreich abgeschlossen werden.

Im Bundeskanzleramt waren wir von der Mitteilung nicht über-rascht. Für eine Verschiebung des Besuchs hatten wir Verständnis. Das schien auch uns vernünftiger zu sein, als das Risiko eines Miss-erfolgs einzugehen.

Im April wurden die Verhandlungen über verschiedene Verkehrs-projekte abgeschlossen. Die deutsch-deutsche Zusammenarbeit hat-te damit in einer schwierigen Krisenlage ihre Bewährungsprobe be-standen.

Der lange Weg zum Werbellinsee

Am 4. Mai 1980 starb der jugoslawische Staatspräsident Tito. An den Trauerfeierlichkeiten in Belgrad nahmen zahlreiche Staats- und Re-gierungschefs aus aller Welt teil, um dem berühmten Partisanenfüh-rer aus dem Zweiten Weltkrieg und hochgeachteten kommunistischen Staatsmann, der gegenüber Stalin seine Unabhängigkeit gewahrt hat-te, die letzte Ehre zu erweisen. Eine illustre Gesellschaft war hier zu-sammengekommen, darunter der amerikanische Vizepräsident Mon-dale, die britische Premierministerin Margaret Thatcher und Prinz Charles, der sowjetische Generalsekretär Breschnew, der polnische Parteichef Gierek, die indische Premierministerin Indira Gandhi und

der pakistanische Staatspräsident Zia ul Haq, der chinesische Ministerpräsident Hua Guofeng, Palästinenserführer Arafat, der Generalsekretär der Vereinten Nationen, Waldheim, und, last, not least, Bundespräsident Karl Carstens, Bundeskanzler Helmut Schmidt und der
Staatsratsvorsitzende der DDR, Erich Honecker. Eine Begegnung von
welthistorischem Rang – unvergesslich das einzigartige Bild, als die
Staats- und Regierungschefs vor dem Beginn der Trauerfeier auf en-
gem Raum zusammenstanden und freundlich miteinander sprachen,
auch jene, die sich sonst keine besonders freundlichen Gefühle entgegenbrachten.

Viele der Teilnehmer nutzten die Gelegenheit zu politischen Ge-
sprächen am Rande der Trauerfeierlichkeiten. Auf Wunsch des Bun-
deskanzlers trafen Helmut Schmidt und Erich Honecker zu einem
Gespräch in der Residenz des Botschafters der Bundesrepublik zusammen. Der Bundeskanzler hatte mich gebeten, daran teilzunehmen.
Es war das zweite Treffen der beiden deutschen Politiker – die erste
Begegnung hatte fünf Jahre zuvor am Rande der KSZE-Konferenz in
Helsinki stattgefunden. Gleich zu Beginn des Gesprächs bemerkte
Honecker, er wolle alles tun, damit die internationale Lage das Verhältnis der beiden deutschen Staaten nicht belaste. Helmut Schmidt
äußerte sich sehr besorgt über die Situation. Alle müssten aufpassen,
dass »die großen Brüder« nicht nervös würden. Es könne auch Krieg
entstehen, wenn keiner ihn wolle. 1914 hätten sich die beteiligten
Mächte die Entwicklung nicht so vorgestellt, wie sie dann eingetreten
sei. Es gebe eine Reihe von Konflikten in der Welt, die niemand unter
Kontrolle habe. Man dürfe nicht »in einen Krieg hineinrutschen«.

Der geplante Besuch des Bundeskanzlers in der DDR wurde aus
Zeitgründen nur kurz angesprochen. Honecker meinte, es wäre gut,
wenn der Bundeskanzler jetzt einen Termin für seinen Besuch in
Moskau festlege, zu dem ihn die sowjetische Führung eingeladen hat-
te. Das sei außerordentlich wichtig. Dann stehe auch dem Besuch des
Bundeskanzlers in der DDR nichts mehr im Wege.

Das Gespräch in Belgrad war bemerkenswert offen und sachlich.
Durch die Telefongespräche der letzten Zeit hatten beide eine gewisse
Vertrautheit miteinander gewonnen. In einem Punkt hatten sie das
gleiche Interesse, sie wollten unbedingt das deutsch-deutsche Verhält-

nis intakt halten und die Zusammenarbeit weiter voranbringen. Zudem war deutlich zu spüren, wie sehr Honecker die Aufmerksamkeit vonseiten des Bundeskanzlers zu schätzen wusste. Vermutlich stärkte das seine Position gegenüber der sowjetischen Führung, deren Aufrüstungspolitik er wohl innerlich missbilligte. »Wir wollen dieses Teufelszeug nicht auf unserem Territorium«, sagte er später einmal. Die Argumente des Bundeskanzlers schienen ihre Wirkung auf Honecker nicht verfehlt zu haben.

Wenige Wochen später, am 30. Juni 1980, fuhr der Bundeskanzler, begleitet von Außenminister Genscher, nach Moskau. In der angespannten Lage wurde der Besuch vor allem in Washington und in anderen westlichen Hauptstädten mit Misstrauen verfolgt. Auch die Opposition in der Bundesrepublik übte heftige Kritik an diesem Vorhaben. Ohne Zweifel war der Moskau-Besuch für den Bundeskanzler mit erheblichen Risiken verbunden, außen- wie innenpolitisch. Doch dann wurde der Besuch für den Bundeskanzler zu einem großen persönlichen Erfolg.

Eindringlich appellierte er an die sowjetische Führung, Verhandlungen über die eurostrategischen Mittelstreckenwaffen ohne Vorbedingungen zuzustimmen und ihre Interventionstruppen aus Afghanistan vollständig abzuziehen. Zugleich betonte er den deutschen Friedenswillen und unser Interesse, die Zusammenarbeit mit der Sowjetunion weiterzuentwickeln. Die Offenheit, der Ernst und die klare Sprache des Bundeskanzlers blieben nicht ohne Wirkung. Nachdem offenbar am ersten Abend noch zu später Stunde eine interne Beratung der sowjetischen Führung stattgefunden hatte, erklärte Generalsekretär Breschnew am nächsten Morgen seine Bereitschaft, ohne Vorbedingungen mit den Amerikanern bilateral über eine Begrenzung der nuklearen Mittelstreckenwaffen zu verhandeln.

Die westliche Öffentlichkeit war von dieser Wende völlig überrascht und applaudierte dem Bundeskanzler, der dies entgegen aller Erwartungen erreicht hatte. Schon am nächsten Tag reiste Außenminister Genscher nach Washington, um Präsident Carter von diesem Signal zu unterrichten. Der zeigte sich hochbefriedigt. Infolge des amerikanischen Wahlkampfs verzögerte sich allerdings die Aufnahme der Verhandlungen. Der neue Präsident Ronald Reagan brauchte zu-

nächst Zeit, um sich in die komplizierte außenpolitische Materie ein-
zuarbeiten. Das dauerte länger, als man erwartet hatte. So konnten
die Verhandlungen über die Mittelstreckenwaffen erst im November
1981 in Genf beginnen.

Nach den Gesprächen des Bundeskanzlers in Moskau schien der
Weg frei zu sein für ein deutsch-deutsches Spitzentreffen. Kurz darauf
meldete sich Rechtsanwalt Vogel bei Staatsminister Huonker in Bonn.
Er war von Honecker beauftragt worden, den Besuch des Bundeskanzlers in der DDR konkret vorzubereiten. Als Termin wurde der
27. bis 29. August 1980 vorgesehen. Die Gespräche sollten, wie es bereits Anfang des Jahres verabredet worden war, in Dierhagen »auf
dem Fischland« an der Ostseeküste stattfinden, mit einem anschließenden Besuch in der alten Hansestadt Rostock, worauf der Hamburger Helmut Schmidt großen Wert legte. Auch über die Sachfragen
wurde eingehend gesprochen. Der Anwalt stellte substanzielle Verbesserungen im Reiseverkehr in Aussicht und schloss sogar eine Herabsetzung des Reisealters nicht aus, die dem Bundeskanzler besonders
am Herzen lag. Das waren zwar noch keine verbindlichen Zusagen,
klang aber sehr ermutigend.

Wenige Tage darauf überbrachte der Leiter der Ständigen Vertretung der DDR, Moldt, Staatsminister Huonker eine offizielle, wenngleich nur mündliche Einladung des Staatsratsvorsitzenden. Zu unserer großen Überraschung war jetzt als Ort des Treffens nicht mehr
Dierhagen an der Ostsee, sondern der Werbellinsee in der Schorfheide vorgesehen. Von einem Besuch in Rostock war nicht mehr die
Rede. Noch am selben Tag wurden vom ADN ohne Abstimmung mit
uns Zeit und Ort bekannt gegeben. Die einseitige Bekanntgabe des
Treffens löste im Bundeskanzleramt heftige Irritationen aus. Der
Bundeskanzler empfand die Verlegung des Treffens in die Schorfheide als eine »Ausladung aus Rostock«, die er nicht hinzunehmen bereit war.

Auch bei einem Gespräch des Bundeskanzlers mit Rechtsanwalt
Vogel am 21. August in seinem Sommerhaus am Brahmsee in Schleswig-Holstein konnte über das Besuchsprogramm keine Einigung erzielt werden. Der Bundeskanzler bestand auf einem Kurzbesuch in
Rostock. Vor allem wollte er dort die Marienkirche besuchen und hat-

te die evangelische Kirchenleitung schon darüber informiert. Als Honecker bei seiner Ablehnung blieb, sagte Helmut Schmidt kurzerhand den ganzen Besuch ab.

Nach meinem Eindruck hatte die Krise in Polen den Ausschlag für die Absage gegeben. Dort wurde seit einer Woche gestreikt, und die Streiks breiteten sich auch an der Ostseeküste aus. Die Lage in Polen war aufs äußerste gespannt und die weitere Entwicklung nicht abzusehen. Selbst eine militärische Intervention der Warschauer-Pakt-Streitkräfte konnte nicht völlig ausgeschlossen werden. Bei solchen Ungewissheiten war ein Besuch des Bundeskanzlers in der DDR, dazu noch in der Nähe der polnischen Grenze, nicht zu verantworten.

Bei den Bundestagswahlen am 5. Oktober 1980 erzielte die sozialliberale Koalition Stimmengewinne. Die SPD erhielt 42,9, die FDP 10,6 Prozent der Stimmen. Damit hatte die Koalition im Bundestag eine ausreichende Mehrheit. Noch am Wahlabend übermittelte Helmut Schmidt Honecker ein Schreiben, in dem er noch einmal sein Bedauern über die Absage des DDR-Besuchs zum Ausdruck brachte. Die neue Bundesregierung werde die Bemühungen um einen Ausbau der Beziehungen aktiv fortsetzen. Beide Staaten könnten angesichts der gefährlichen Krisenherde in der Welt einen wichtigen Beitrag zur Stabilisierung der internationalen Lage leisten.

Doch daraus sollte vorerst nichts werden. Am 9. Oktober 1980, nur wenige Tage nach den Bundestagswahlen, ordnete die DDR eine Erhöhung des Mindestumtausches von 13 auf 25 D-Mark pro Tag an. Für Tagesaufenthalte von Westdeutschen in Ost-Berlin wurde der Mindestumtausch auf 7,50 D-Mark festgesetzt. Rentner wurden voll in die neue Regelung einbezogen. Die Bundesrepublik und West-Berlin reagierten mit Empörung auf diese Maßnahmen, die einseitig und ohne jede Abstimmung mit der Bundesregierung und dem Senat getroffen worden waren. Gaus wurde beauftragt, schärfsten Protest einzulegen, was das DDR-Außenministerium als Einmischung in die inneren Angelegenheiten der DDR brüsk zurückwies.

Eine Woche später folgte der nächste Schlag, der ebenfalls großes Aufsehen erregte. In einer Rede vor Parteifunktionären in Gera forderte Honecker die Anerkennung der DDR-Staatsbürgerschaft durch die Bundesrepublik Deutschland, die Umwandlung der Ständigen

Vertretungen in »ordentliche« Botschaften, die Auflösung der sogenannten Erfassungsstelle Salzgitter, in der mit dem Ziel der Strafver-
folgung DDR-Unrechtshandlungen registriert wurden, und eine Fest-
legung der Elbgrenze in der Strommitte. Diese Forderungen waren
nicht neu. Honecker hatte sie auch schon früher öffentlich vertreten.
Aber diesmal ließ die Tonlage aufhorchen: Sie war schärfer und kate-
gorischer, als man das bisher gewohnt war. Jetzt wirkten die in Gera
erhobenen Forderungen wie Vorbedingungen für Fortschritte auf anderen Gebieten. Honecker hat seine Äußerungen in Gera später wieder abgeschwächt. In einem Gespräch mit Gaus am 3. November sagte er, mit seiner Rede in Gera sei keineswegs »ein Rückwärtsgang« in
den Beziehungen eingeschaltet worden. Doch machte er kein Hehl aus
seiner tiefen Verärgerung über die »widersprüchliche Politik der BRD«.
Sie betreibe eine Politik der Veränderung des militärischen Gleichgewichts in Europa zuungunsten der Warschauer-Pakt-Staaten.

Anfang 1981 schied Günter Gaus aus seinem Amt als Leiter unserer
Ständigen Vertretung aus. Bereits nach den Bundestagswahlen hatte
der Bundeskanzler entschieden, Gaus abzulösen, zu dem er nie ein
Vertrauensverhältnis gefunden hatte. Nachfolger sollte der bisherige
Regierungssprecher Klaus Bölling werden. Gaus empfand die Abberufung als eine Entlassung. Ende Januar 1981 verließ er die DDR und zog
sich in sein Haus in Reinbek zurück. Angebote des Auswärtigen Amtes, die Leitung einer Botschaft zu übernehmen, schlug er aus. Der
erste Ständige Vertreter wollte nicht ein x-beliebiger Botschafter irgendwo in der weiten Welt werden.

In den vorangegangenen Jahren hatte sich die deutsch-deutsche
Zusammenarbeit wesentlich ausgeweitet und vertieft. Beide Seiten
hatten jetzt ein starkes Interesse daran, die gewachsenen Verbindungen nicht aufs Spiel zu setzen. Das im Entstehen begriffene Netzwerk
war nicht zuletzt das Verdienst von Gaus, der sich in Bonn unermüd-
lich für weitere Abkommen und Vereinbarungen eingesetzt hatte. Er
war nicht nur ein erfolgreicher Verhandlungsführer. Er hatte es auch
verstanden, offiziell und privat freundschaftliche Kontakte zu hohen
Funktionären, Schriftstellern, Künstlern und anderen prominenten
Persönlichkeiten in der DDR aufzubauen. In seiner Amtszeit war das
»Gartenhaus« der Ständigen Vertretung zu einem beliebten Treff-

punkt zwischen Ost und West geworden, übrigens auch zu einem Treffpunkt zwischen DDR-Bürgern, die sich in der wenig durchlässigen DDR-Gesellschaft sonst kaum begegneten.

Gaus ignorierte bewusst die tiefen Gräben, die zwischen den beiden Staaten und Systemen existierten. Die ideologischen Gegensätze interessierten ihn wenig, die nationalen und kulturellen Bindungen umso mehr. Er schlug gern einen leichten, ironischen Ton an, der auf seine Gäste ansteckend wirkte und die bedrückende deutsch-deutsche Realität einen Augenblick lang vergessen machte. Was sie bei diesen Empfängen besonders anrührte, war die menschliche Zuwendung, die Günter Gaus seinen DDR-Gästen, auch den nicht prominenten, entgegenbrachte. Er respektierte ihre Biographien, die sich von den westdeutschen naturgemäß unterschieden, und hatte ein Gespür für ihre Mentalität, die sich in dem sozialistischen System, auch bei kritischen DDR-Bürgern, entwickelt hatte. Der nationale Zusammenhalt war Gaus wichtig. Doch die Wiedervereinigung in einem gesamtdeutschen Staat stand nicht auf der politischen Tagesordnung. Dafür fehlten damals alle Voraussetzungen. Worum es Gaus ging, war ein vernunftbestimmtes Verhältnis der beiden deutschen Staaten, eine besondere Art von Partnerschaft über die ideologischen Gräben hinweg.

Der neue Leiter der Ständigen Vertretung, Klaus Bölling, war von ganz anderer Art. Er stand dem SED-Regime äußerst kritisch gegenüber. Als Leiter der Ständigen Vertretung und Repräsentant der Bundesregierung in der DDR legte er Wert auf klare Positionen und eine deutliche Sprache, und er scheute sich nicht, die unüberbrückbaren politischen Gegensätze zwischen den beiden Staaten beim Namen zu nennen. Diplomatische Verklausulierungen waren nicht seine Sache. Man wusste bei ihm, woran man war. In seinen öffentlichen Äußerungen, meist gegenüber westdeutschen Journalisten, betonte er die Zusammengehörigkeit der Deutschen, die fortbestehende Einheit der Nation, die ihm, auch aufgrund seiner eigenen Biographie – er stammte aus Potsdam –, eine Herzensangelegenheit war.

Im Februar 1981 meldete sich Rechtsanwalt Vogel im Bundeskanzleramt. Sein Hauptthema waren humanitäre Fragen, vor allem der Häftlingsfreikauf, über die er mit dem neuen Chef des Bundeskanzleramtes, Manfred Lahnstein, sprach. Dabei kam auch ein Austausch des Kanzlerspions Guillaume und seiner Frau zur Sprache. Vogel machte kein Hehl daraus, dass dieser Fall Honecker besonders wichtig sei. Noch aber war das Bundeskanzleramt nicht bereit, eine baldige Lösung in Aussicht zu stellen.

Danach sprach Vogel mit dem Bundeskanzler. Im Auftrag Honeckers erklärte er, der geplante Besuch des Bundeskanzlers in der DDR sei nicht vergessen. Nach zwei vergeblichen Anläufen könne nunmehr die Devise lauten:»Aller guten Dinge sind drei.«

Der Bundeskanzler brachte seine tiefe Sorge über die Lage in Polen zum Ausdruck. Die Bundesregierung habe in der Ära Gierek, aber auch danach, erhebliche Finanzhilfe geleistet, um eine explosive Situation in Polen vermeiden zu helfen. Er wolle auch der neuen Führung in Polen – am Tag zuvor war General Jaruzelski zum Ministerpräsidenten ernannt worden – im Interesse des Friedens in Europa helfen. Angesichts der Krise in Polen könne man allerdings Gewalt von innen und auch Gewalt von außen nicht völlig ausschließen. Eine militärische Intervention, so Schmidt, würde eine ganz entscheidende Verschlechterung der Lage in Europa auf Jahre hinaus zur Folge haben. In einer wirklich zugespitzten Situation sei der Einfluss Honeckers in Moskau vielleicht nicht sehr groß, sagte der Bundeskanzler. Doch eines könne Honecker auf jeden Fall erreichen:»Kein Eingreifen der NVA.«

Im Juli richtete der Bundeskanzler ein offizielles Schreiben an den Generalsekretär, in dem er sich erneut dafür aussprach, das im Jahr zuvor verschobene Treffen nachzuholen, sobald die Gesamtlage dies erlaube. Das Treffen solle zu einem für beide Seiten geeigneten Zeitpunkt stattfinden. Die Bundesregierung stelle dafür keine Vorbedingungen. Honecker antwortete Ende August, nachdem er während seines Sommerurlaubs in der Sowjetunion mit Breschnew zusammengetroffen war. Er stimme einem Treffen zu einem für beide Seiten geeigneten Zeitpunkt zu, schrieb er und nahm damit die von Helmut Schmidt benutzte Formel auf. Bis dahin solle man das Erreichte sichern und ausbauen. Allerdings gebe es im Verhältnis der beiden deutschen Staaten ungelöste Probleme, die das friedliche Zusammenleben berührten. Sie verhinderten weiterführende Regelungen, die den Bürgern beider Staaten zugutekommen würden. Das klang nicht sehr ermutigend. Offenbar war der Spielraum der DDR immer noch sehr begrenzt.

Ende September übermittelte Schalck in einem Gespräch mit Bölling den Wunsch Honeckers, jetzt einen Termin für das Spitzentreffen festzulegen, und zwar möglichst bald nach dem Besuch von Generalsekretär Breschnew in Bonn, der für Ende November vorgesehen war. Wie immer hatte Honecker dem »großen Bruder« den Vortritt zu lassen. Aber danach wollte er keine Zeit mehr verlieren.

Zwischenstation im Auswärtigen Amt

Ende Oktober 1980 hatte ich nach drei Jahren Dienstzeit meine Tätigkeit im Bundeskanzleramt beendet und war ins Auswärtige Amt zurückgekehrt. Ich hatte dies bereits im Sommer angekündigt, als der neue Tiefpunkt in den deutsch-deutschen Beziehungen noch gar nicht abzusehen war. Die Zeit nach den Bundestagswahlen schien mir für einen Wechsel der richtige Moment zu sein. Zwölf Jahre Deutschlandpolitik waren nun wahrlich genug, und immer häufiger überkam mich ein Gefühl der Frustration, wenn die Entwicklung der deutsch-deutschen Beziehungen wieder einmal stockte. Manche Verhaltensweisen der Politiker auf beiden Seiten empfand ich als verkrampft, sie waren aber nur langfristig und mit viel Geduld zu überwinden. Ich war abgekämpft und suchte nach einem neuen Betätigungsfeld in der auswärtigen Politik.

Nach einigem Hin und Her hinter den Kulissen wurde mir die Leitung der Unterabteilung 21 in der Zentrale übertragen, die für Osteuropa und auch die Deutschland- und Berlin-Politik zuständig war. Die neue Aufgabe war ganz in meinem Sinne. Einmal fühlte ich mich durch meine Tätigkeit in den vergangenen Jahren gut vorbereitet. Mit der politischen Landschaft in Osteuropa – dem Herrschaftsbereich der Sowjetunion – war ich in großen Zügen vertraut. Außerdem hatte ich auch private Gründe, noch für einige Zeit in Bonn zu bleiben: Hilla war wieder als Ärztin tätig, und die beiden älteren Kinder näherten sich dem Abitur. Wir wohnten in einem schönen Haus im

Johanniterviertel, von dem aus ich zu Fuß am Rhein entlang das Auswärtige Amt erreichen konnte.

Ich beschäftigte mich nun täglich mit der Lage in Polen. Im Auswärtigen Amt waren wir uns der großen Bedeutung der polnischen Krise für die weitere Entwicklung im sowjetischen Herrschaftsbereich voll bewusst. Wir sahen die großen Risiken, aber auch die Chancen, die in dieser Krise lagen. Denn sollte es in Polen gelingen, das sozialistische System zu reformieren und vor allem zu demokratisieren, würde sich das auf kurz oder lang auch auf die anderen Warschauer-Pakt-Staaten auswirken, vielleicht sogar auf die bisher so reformunwillige DDR. Im Auswärtigen Amt schätzten wir allerdings die Chancen der Solidarność, in nächster Zeit durchgreifende Reformen durchzusetzen, als sehr gering ein. Dagegen war die Gefahr einer gewaltsamen Beendigung des polnischen Experiments von innen oder von außen sehr real. Bei aller Sympathie für die Ziele der Solidarność legte sich die sozialliberale Bundesregierung daher größte Zurückhaltung auf. Wir wollten unter keinen Umständen dazu beitragen, dass sich die polnische Krise durch Einwirkung aus dem Westen noch weiter zuspitzen und am Ende gar als Vorwand für eine Intervention benutzt würde.

Anfang 1981 nahmen die Spannungen in Polen weiter zu. Verschiedene Aktivitäten der Solidarność wurden als »antisozialistisch« angeprangert. Auch aus Moskau kamen Warnsignale an die polnischen Genossen, den Forderungen der Solidarność nicht weiter nachzugeben. Bald darauf wurde der bisherige Verteidigungsminister, Armeegeneral Jaruzelski, zum Ministerpräsidenten ernannt. Dass er sein Amt als Verteidigungsminister beibehielt, wurde aufmerksam registriert.

Mitte März begannen in der Sowjetunion, in Polen und der DDR sogenannte Stabsrahmenübungen der Warschauer-Pakt-Streitkräfte. Ein Ende der Übungen wurde nicht bekannt gegeben. Im Westen kamen Gerüchte auf, eine militärische Intervention in Polen werde nicht mehr lange auf sich warten lassen. Angeblich wurde der Druck, den die DDR auf Polen ausübte, als besonders unangenehm empfunden. Damals machte ein (polnischer) Witz die Runde. Ein Ausländer fragt einen Polen: »Wenn sowjetische Truppen und die Nationale Volksarmee der DDR in Polen einmarschieren, auf wen schießt ihr zuerst?« Der Pole antwortet: »Natürlich auf die Sowjets.« – »Warum?« – »Erst die Pflicht und dann das Vergnügen.«

Doch die Intervention blieb aus. Offenbar rechnete die sowjetische Führung bei einem Einmarsch in Polen – anders als 1968 in der Tschechoslowakei – mit heftigem Widerstand. Und sie fürchtete wohl auch, die wirtschaftliche Kooperation mit dem Westen, an der die Sowjetunion und die anderen Warschauer-Pakt-Staaten das größte Interesse hatten, würde schweren Schaden nehmen.

Im Juni 1981 fuhr ich nach Warschau, um mich im polnischen Außenministerium als neuer Leiter der Unterabteilung Osteuropa im Auswärtigen Amt vorzustellen. Das war der äußere Anlass für diese Reise. Doch in erster Linie wollte ich mir ein Bild von der Lage machen. Der Besuch ging nicht ganz reibungslos vonstatten. Als das polnische Außenministerium erfuhr, dass ich auch mit einem Vertreter der Solidarność zusammentreffen würde, wurde ein fest verabredetes Gespräch mit dem stellvertretenden Außenminister Dobrozielski ohne jede Begründung abgesagt. Ich empfand das als einen unfreundlichen Akt, den ich so nicht hinnehmen wollte. Schließlich war die Solidarność in Polen offiziell anerkannt, und viele Botschaften in Warschau, darunter auch die unsrige, unterhielten Kontakte zu ihr. Mein Gespräch diente allein der Information und hatte keinen konspirativen Charakter.

Ich bat deshalb die Botschaft, die Angelegenheit im Außenministerium zur Sprache zu bringen und gegebenenfalls durchblicken zu lassen, ich würde, falls Dobrozielski bei seiner Weigerung bliebe, meinen Besuch in Warschau abbrechen und die deutschen Korrespondenten über die Gründe für meine vorzeitige Abreise informieren. Der Hinweis der Botschaft hatte die gewünschte Wirkung, und ich absolvierte das Besuchsprogramm, wie es geplant war. Dobrozielski empfing mich betont freundlich und führte das Gespräch ohne jede Polemik. Offensichtlich wollte er keinen Eklat. Jedenfalls hatte ich nun Gelegenheit – das war mir in der politischen Situation besonders wichtig –, unsere unveränderte Haltung der strikten Nichteinmischung in der polnischen Krise gegenüber dem stellvertretenden Außenminister deutlich zu machen.

Weit interessanter war ein Gespräch mit dem parteilosen Sejm-Abgeordneten Professor Sczepanski, dem Vorsitzenden der Kommission zur Überwachung der August-Vereinbarungen zwischen der Regierung und der Solidarność. Sczepanski sagte, die Solidarność befinde sich in einem Prozess der Selbstfindung. Sie sei nicht nur die Selbstorganisation der polnischen Arbeiterschaft, sondern zugleich die Plattform der unzufriedenen Intelligenz und ein Sammelbecken aller möglichen Randfiguren. In diesem Stadium sei die Solidarność eine politische Protestbewegung, die sich erst noch zu einer Gewerkschaft entwickeln müsse. Die katholische Kirche, nach der Arbeiterpartei die zweite politische Kraft in Polen, unterstütze die Solidarność, bemühe sich aber, mäßigend auf sie einzuwirken. Von den vier Machtfaktoren im Land – der PVAP (Polnische Vereinigte Arbeiterpartei), der katholischen Kirche, der Solidarność und der Armee – habe die Letztere in der gegenwärtigen Situation einen maßgeblichen Einfluss. Sie unterstütze die gemäßigte Führung der PVAP. Es sei gerade die Führung der Armee gewesen, die mit der Ablehnung der Gewaltanwendung im August 1980 den politischen Dialog angestoßen habe. Bedauerlicherweise seien die notwendigen Wirtschaftsreformen aber noch nicht in Gang gekommen. Sczepanskis Analyse der gegenwärtigen Lage klang durchaus ermutigend.

Bei einem Mittagessen am nächsten Tag traf ich mit einem Vertreter der Solidarność zusammen, der sich allerdings mir gegenüber nur mit größter Zurückhaltung äußerte. Trotz des vorsichtigen Optimismus, den Sczepanski hatte erkennen lassen, war der Gesamteindruck deprimierend: eine katastrophale Wirtschaftslage, wachsende Unruhe in der Bevölkerung wegen der schlechten Versorgung, der weiterhin bestehende Konflikt zwischen der Solidarność und der Regierung, der sowjetische Druck, die Gefahr einer militärischen Intervention.

Im Juli 1981 fand in Warschau ein außerordentlicher Parteitag der PVAP statt. Es gelang der Parteiführung nicht, ein überzeugendes Konzept für die unumgängliche Wirtschaftsreform vorzulegen. In der Bevölkerung traute ihr kaum noch jemand zu, die schwere Krise des politischen und wirtschaftlichen Systems bewältigen zu können. Inzwischen hatte die Solidarność 9,5 Millionen Mitglieder. Ein größerer Teil der Arbeiterschaft hatte sich ihr angeschlossen, darunter eine wachsende Zahl von Parteimitgliedern. Als im August neue Preiserhöhungen für Lebensmittel angekündigt wurden, kam es erneut zu Warnstreiks.

Anfang September begann in Danzig der mit Spannung erwartete erste Nationale Delegiertenkongress der Solidarność. Schon am nächsten Tag verabschiedeten die Delegierten eine »Botschaft an die Werktätigen Osteuropas«, in der es hieß: »Unser Ziel ist der Kampf um die Verbesserung der Lebensbedingungen aller Werktätigen. Wir unterstützen diejenigen von euch, die sich dafür entschieden haben, den schwierigen Weg des Kampfes für eine freie Gewerkschaftsbewegung zu betreten.« Der Aufruf wirkte wie ein Paukenschlag. Die in höchstem Maße irritierte PVAP sprach von einer »wahnwitzigen Provokation«. In den kommunistischen »Bruderparteien« in Osteuropa löste der Aufruf ebenfalls heftige Reaktionen aus. Die KPdSU sah darin »Feindschaft und Hass gegen die Sowjetunion«. Sie beschuldigte die Solidarność, sie wolle »Polen aus der sozialistischen Gemeinschaft herausreißen«.

Im Auswärtigen Amt verfolgten wir die Entwicklung in Polen mit wachsender Sorge. Wir rechneten mit dem Schlimmsten: einer militärischen Intervention der Warschauer-Pakt-Staaten, die ganz Europa in eine schwere Krise stürzen würde. Botschafter Negwer in Warschau berichtete nach einem Gespräch mit Außenminister Czyrek von einem tiefen Schock der polnischen Regierung. Mit dem Aufruf der Solidarność sei, so Czyrek, eine essenzielle Interventionsschwelle berührt. Doch dann schien sich die Lage wieder etwas zu beruhigen. Der Kongress der Solidarność vertagte sich für einige Wochen. Als er im Oktober seine Arbeit wieder aufnahm, verabschiedete er ein Programm, in dem die Solidarność als unabhängige Gewerkschaft und soziale Bewegung definiert wurde. Als Leitidee wurde ein »selbstverwaltetes Polen« verkündet, das sich zur Achtung der Menschenwürde, zur Rechtsstaatlichkeit, zu einer pluralistischen Demokratie und freien Wahlen bekannte.

Mit diesem Programm hatte die Solidarność den Rahmen einer Gewerkschaft überschritten. Sie verstand sich jetzt auch als eine politische Bewegung, die das bestehende sozialistische System von Grund auf erneuern wollte. Die PVAP und die Regierung sahen in dem Programm eine Kampfansage. Die Auseinandersetzung zwischen der Solidarność und der Staatsmacht war damit in ein neues Stadium getreten. Am 18. Oktober 1981 trat der Erste Sekretär der PVAP, Kania, überraschend zurück, nachdem ihm die Delegierten der PVAP auf einer ZK-Tagung das Vertrauen entzogen hatten. Zum Nachfolger wurde General Jaruzelski gewählt, der damit die Ämter des Parteichefs, des Ministerpräsidenten und des Verteidigungsministers in seiner Person vereinigte. Offensichtlich war die Partei, die in der Bevölkerung jedes Vertrauen verloren hatte, bemüht, sich die Autorität, das Ansehen und das Machtpotenzial der polnischen Armee »auszuleihen«. Es ging jetzt um den Machterhalt der führenden Partei; wenn es sein musste, auch mit Gewalt, so unsere Analyse im Auswärtigen Amt. Die Solidarność hatte ihren Kampf um die Erneuerung Polens selbst als Aufstand bezeichnet. Jetzt drohte die Niederschlagung dieses Aufstands durch die polnische Armee. Doch wenn es sein musste, würde der General sicher nicht zögern, auch die Verbündeten zu Hilfe zu rufen.

In den nächsten beiden Wochen konzentrierte ich mich auf die Kommuniqué-Verhandlungen für den bevorstehenden Breschnew-Besuch. Mein Partner auf der sowjetischen Seite war der neue Gesandte Wladislaw Terechow, ein sympathischer Kollege, der freilich, wie sich herausstellte, wenig Spielraum hatte. Die Gespräche waren außerordentlich zäh. Wir saßen viele Stunden zusammen, in dem Wissen, dass wir zum Erfolg verurteilt waren und für die zahlreichen Differenzpunkte gemeinsame Formulierungen finden mussten.

Als Breschnew im November nach Bonn kam, wirkte er gesundheitlich schwer angeschlagen. Er konnte in den Gesprächen jeweils nur zwei Stunden durchhalten. Dann brauchte er eine längere Ruhepause. Emotional tat ihm der freundliche Empfang durch den Bundeskanzler gut. Einmal lehnte er sich über den Tisch und richtete an Helmut Schmidt, zu dem er nach den vorangegangenen Begegnungen Vertrauen gewonnen hatte, einen beschwörenden Appell, alles für die Erhaltung des Friedens zu tun. Das wirkte keineswegs routiniert oder propagandistisch. Der neue amerikanische Präsident Reagan war ihm unheimlich, vor allem Reagans Vorstellungen von einem Raketenabwehrsystem schienen ihm Furcht einzuflößen. Vielleicht ahnte Breschnew auch, dass dieser amerikanische Präsident die Sowjetunion zu einem neuen Wettrüsten zwingen könnte, dem die Sowjetunion wirtschaftlich nicht gewachsen sein würde. Helmut Schmidts Antwort ließ an Klarheit nichts zu wünschen übrig. Die Amerikaner könnten das Streben der Sowjetunion nach einem Übergewicht in Europa nicht verstehen. Es sei höchste Zeit, dass beide Großmächte aufeinander zugingen und sich auf ein ungefähres Gleichgewicht in Europa, aber auch anderswo, verständigten. Das war die feste Überzeugung des Bundeskanzlers, und darin sah er seine außenpolitische Mission in diesen Jahren.

Erwartungsgemäß führten die Gespräche zu keinem greifbaren Ergebnis, doch waren sie keineswegs umsonst. Sie trugen dazu bei, das mit den Jahren gewachsene Vertrauensverhältnis zwischen Moskau und Bonn intakt zu halten, ein wichtiger Stabilitätsfaktor in dieser schwierigen Phase der Ost-West-Beziehungen.

Mit dem erfolgreichen Abschluss des Breschnew-Besuchs war der Weg frei für ein deutsch-deutsches Spitzentreffen. Unmittelbar nach der Abreise der sowjetischen Delegation rief der Bundeskanzler Generalsekretär Honecker an und unterrichtete ihn über den Verlauf der Gespräche mit dem sowjetischen Generalsekretär. Unter vier Augen sei auch über die Beziehungen der beiden deutschen Staaten gesprochen worden. Breschnew habe seinen geplanten Besuch in der DDR ausdrücklich begrüßt. Helmut Schmidt und Honecker waren sich dann schnell einig, dass sein schon mehrmals verschobener Besuch in der DDR in nächster Zeit stattfinden sollte.

Das Gipfeltreffen

Am Freitag, dem 11. Dezember 1981, startete auf dem Köln-Bonner Flughafen um die Mittagszeit ein Sonderflugzeug der Bundeswehr, das den Bundeskanzler und seine Begleitung in die DDR brachte. Als früherer Leiter des Arbeitsstabs Deutschlandpolitik, dessen Erfahrungen mit der DDR man nutzen wollte, gehörte auch ich zur Delegation. Nach einer Flugzeit von gut eineinhalb Stunden landete die Bundeswehrmaschine auf dem Flughafen Schönefeld, den die DDR den »Zentralflughafen von Berlin« nannte. Am Fuß der Gangway stand

Erich Honecker und begrüßte den Staatsgast aus dem Nachbarland, auf den er so lange gewartet hatte. Das Wetter war diesig und winterlich kalt. Erich Honecker trug nach sowjetischem Vorbild eine Pelzmütze. Das irritierte uns nicht weiter. Schließlich gehörte die DDR politisch zum östlichen Teil Europas, wo sowjetische Sitten vorherrschend waren. Später hörten wir, das Protokoll der DDR habe dem Generalsekretär ersparen wollen, bei der Begrüßung des Staatsgastes aus dem kapitalistischen Ausland den Hut lüften zu müssen, was bei Pelzmützen protokollarisch nicht geboten war. Dem Bundeskanzler kam das freilich sehr gelegen. Er trug seine Hamburger Prinz-Heinrich-Mütze, eine ursprünglich militärische Kopfbedeckung, die in der kaiserlichen Marine zur Begrüßung ebenfalls nicht abgenommen wurde. Keiner der beiden deutschen Politiker zog also den Hut vor dem anderen. Die erste, uns unbemerkt gebliebene protokollarische Hürde war damit elegant genommen worden.

In den Vorgesprächen hatten sich Staatsminister Huonker und Rechtsanwalt Vogel ohne große Mühe auf einen »Arbeitsbesuch« des Bundeskanzlers in der DDR verständigt. Das vereinfachte den Ablauf. Helmut Schmidt hatte den größten Wert darauf gelegt, den protokollarischen Aufwand so gering wie möglich zu halten. Vor allem wollte er kein militärisches Zeremoniell und nicht vor laufenden Kameras eine Ehrenformation der Nationalen Volksarmee oder, schlimmer noch, des Wachregiments Felix Dserschinski des Staatssicherheitsdienstes abschreiten und sich vor der Staatsflagge der DDR verneigen. Vielleicht hätte die DDR ein militärisches Zeremoniell gern gesehen, aber sie hatte nicht insistiert. Wichtiger als der protokollarische Ablauf war ein anderer Aspekt. Bei einem »Staatsbesuch« wäre ein Auftreten des Bundeskanzlers in der »Hauptstadt der DDR« wohl unumgänglich gewesen. Das aber hätte Fragen im Zusammenhang mit dem Viermächtestatus Berlins aufgeworfen. Unsere West-Alliierten legten nach wie vor größten Wert darauf, dass der entmilitarisierte Status der ganzen Stadt von der Bundesregierung respektiert wurde, auch wenn ihn die DDR mit Billigung der Sowjets bei vielen Gelegenheiten missachtete. So trafen sich die deutschen Spitzenpolitiker im Winter 1981 also im Wald, und zwar im Jagdschloss Hubertusstock nahe dem Werbellinsee, das dem Bundeskanzler während seines Aufenthalts in der DDR als Residenz zur Verfügung gestellt wurde, und in dem einige Kilometer entfernten Gästehaus des Staatsrats am Großen Döllnsee, in dem die Gespräche stattfanden.

Das Jagdschloss Hubertusstock war ein schlichtes Haus, das um 1848 für den preußischen König Friedrich Wilhelm IV. im bayrischen Landhausstil erbaut und von den Hohenzollern in erster Linie für Hofjagden in der Schorfheide genutzt worden war. 1919, nach dem Ende der Monarchie, ging es in den Besitz des Reiches über. In der Weimarer Zeit empfingen dort die Reichspräsidenten und Reichskanzler gelegentlich ihre Gäste. Ob auch der Reichskanzler Hitler einmal im Schloss Hubertusstock gewesen war, wussten wir nicht. Wir hatten nur gehört, dass der Reichsmarschall Hermann Göring, der seinerzeit auch Präsident des Reichstags war, das Jagdschloss der Hohenzollern nicht mochte. Es war ihm wohl nicht herrschaftlich genug. Deshalb hatte er, ebenfalls in der Schorfheide, den »Waldhof Carinhall« errichten lassen, einen protzigen Bau, der nach dem Krieg abgerissen wurde und von dem in der DDR niemand mehr sprach. In der Nachkriegszeit soll der Hubertusstock als Erholungsheim für Werktätige genutzt worden sein, bis Erich Honecker, ein leidenschaftlicher Jäger, das Anwesen wieder »jagdhausgemäß«, wie es in der Amtssprache hieß, herrichten ließ und als Residenz für hohe Staatsgäste bestimmte.

Am Freitagabend, dem ersten Besuchstag, fand ein erstes Gespräch des Bundeskanzlers mit dem Generalsekretär am Döllnsee statt. In diesem Gespräch, das vier Stunden dauerte, kamen alle wichtigen Fragen zur Sprache. Das Hauptthema war naturgemäß die Frage der Mittelstreckenraketen. Beide Politiker legten ihre bekannten Standpunkte dar.

Sicher hatte der Bundeskanzler nicht erwartet, dass Honecker in der Frage der eurostrategischen Waffen eigene Akzente setzen und sich der Haltung der Bundesregierung vielleicht sogar annähern würde. Dennoch war ihm der Dialog wichtig, um Honecker die aus seiner Sicht unverantwortliche Aufrüstung der Sowjetunion vor Augen zu führen. Nach meinem Eindruck hat das auch eine gewisse Wirkung gehabt. Honecker dürfte gespürt haben: Beide deutsche Staaten hatten in dieser wichtigen Frage ähnliche, wenn nicht die gleichen Interessen.

Bei den bilateralen Fragen zeigte sich schon in diesem ersten Gespräch, dass es auf beiden Seiten keine Bewegung gab. Der Bundeskanzler verlangte in scharfer Form eine Reduzierung der Mindestumtauschsätze, da die augenblickliche Regelung die betroffenen Bürger stark belaste. Der Generalsekretär hatte diese Kritik nach den Vorgesprächen erwartet. Auch er beschwerte sich: Die Mark der DDR werde im Westen weit unter ihrem Wert gehandelt (was richtig war). In West-Berlin betrage der Umtauschwert 1:4 bis 1:5. Der wirkliche Wert liege aber nur wenig über 1:1. So könne man mit einer in West-Berlin getauschten D-Mark in der DDR ein Mittagessen bezahlen. Viele, auch in West-Berlin lebende Türken, machten sich diesen Vorteil zunutze. Er bitte deshalb, diese Umtauschaktionen zum Schaden der DDR abzustellen, was der Bundeskanzler ablehnte. Das sei auf den westlichen Devisenmärkten nicht möglich, sagte er.

Vielleicht wäre Bewegung in diese Sache gekommen, wenn der Bundeskanzler ein Entgegenkommen bei den sogenannten Geraer Forderungen zu erkennen gegeben hätte. Aber dazu sah er sich aus Rechtsgründen wie auch aus politischen Gründen nicht in der Lage, weder bei der Anerkennung der DDR-Staatsbürgerschaft, die der DDR besonders wichtig war, noch bei der Erfassungsstelle Salzgitter, noch bei dem umstrittenen Grenzverlauf an der Elbe, wo das CDU-regierte Land Niedersachsen mitzuwirken hatte, und schon gar nicht bei der von der DDR geforderten Aufwertung der Ständigen Vertretungen zu echten Botschaften. Selbst beim Swing, dem zinslosen Überziehungskredit der Deutschen Bundesbank, bot Helmut Schmidt nur eine Verlängerung der auslaufenden Regelung um sechs Monate an; in dieser Zeit könne, so fügte er hinzu, eine längerfristige, befriedigende Regelung ausgehandelt werden, vielleicht sogar im Rahmen eines wirtschaftlichen Rahmenabkommens, einer Lieblingsidee des Bundeskanzlers. Schon in diesem ersten Gespräch bestätigte sich, was schon in den Vorgesprächen erkennbar geworden war: Bei diesem Spitzengespräch waren konkrete Ergebnisse kaum zu erwarten.

Doch Helmut Schmidt war es wichtig, dass der Besuch nach den schweren Rückschlägen der letzten Zeit überhaupt stattfand. Er sah darin, wie er am Samstag in großem Kreis sagte, »einen kleinen Teil eines größeren Mosaiks, das man schaffen muss, ein Mosaik, das zu vernünftigen nachbarlichen Beziehungen führt [und] später zu guter

Nachbarschaft in ganz Europa, jedenfalls in Mitteleuropa«. Dass mehrere deutsche Staaten existierten, so fuhr Helmut Schmidt fort, »gibt es in der Geschichte nicht zum ersten Mal. Wenn man die Geschichte Deutschlands über die letzten tausend Jahre oder die letzten Jahrhunderte verfolgt, dann ist das alles nicht so furchtbar neu. Trotzdem müssen die Deutschen auf beiden Seiten miteinander auskommen wollen, sogar gut auskommen wollen. Es ist ihnen häufig nicht so leichtgemacht worden.« Honecker nickte an dieser Stelle. Er sehe es genauso, schien er zu signalisieren.

In dem zweiten Delegationsgespräch kam der Bundeskanzler noch einmal auf den Mindestumtausch zurück. Er habe, sagte er, im Herbst 1980 mit der unangekündigten, einseitigen Veränderung nicht gerechnet. Die materiellen Folgen, zum Beispiel für die Rentner oder Familien mit Kindern, seien das eine, aber darüber hinaus sei die »Enttäuschung von Vertrauen eine ganz wichtige Sache«, auch wenn man keinen Vertrag und kein beschriebenes Papier darüber habe. Er, Helmut Schmidt, halte es im internationalen Verkehr für besonders wichtig, dass sich unsere Partner im Osten, Westen oder Süden vertrauensvoll darauf verlassen könnten, was man miteinander abgemacht habe, auch wenn es nicht schriftlich niedergelegt sei. Das heiße: Die Partner müssten kalkulierbar sein.

Abschließend zeigte sich der Bundeskanzler überzeugt, die beiden deutschen Staaten könnten die Lage in Mitteleuropa und auch ihr bilaterales Verhältnis verbessern, wenn es die Weltlage erlaube. Beide hätten in ihren Bündnis- und Wirtschaftssystemen ein großes Gewicht. Daraus erwachse auch die Verpflichtung gegenüber den Menschen in ihren Staaten, dieses Gewicht in die Waagschale zu werfen.

Honecker war sichtlich beeindruckt von diesem Appell. Er stellte fest, die Beziehungen zwischen der DDR und der Bundesrepublik Deutschland seien, wenn man auf die vergangenen zehn Jahre zurückblicke, besser als ihr Ruf. Das zeige allein schon die Tatsache, dass seit 1975 etwa 86 000 DDR-Bürger eine Ausreisegenehmigung erhalten hätten. Zehn Jahre Entspannungspolitik hätten zu einer tiefgehenden Veränderung in den Beziehungen zwischen den beiden deutschen Staaten geführt. Die DDR sei bereit, weitere Schritte zu einer Normalisierung der Beziehungen, zu einem Verhältnis guter Nachbarschaft zu tun, die Konstruierung irgendwelcher besonderen Beziehungen sei aber aussichtslos. Das sei politischer Ballast. »Es ist zweckmäßig, diesen Ballast loszuwerden«, sagte er in einem fast apodiktischen Ton. Auch andere bilaterale Fragen kamen in den Gesprächen am Döllnsee zur Sprache. Doch am Ende blieben als Ergebnis von fünfzehn Stunden Verhandlungen nur zwei konkrete Punkte, in denen Einvernehmen erzielt werden konnte: eine Verlängerung des Swings für das erste Halbjahr 1982 mit der Maßgabe, in dieser Zeit eine längerfristige Regelung zu vereinbaren, und die Umbenennung der »Treuhandstelle für den Interzonenhandel« in »Treuhandstelle für Handel und Industrie«, eine überfällige Anpassung, die den Charme hatte, dass die allgemein gebräuchliche Abkürzung »TSI« weiterverwendet werden konnte.

Obwohl es in den Sachfragen so gut wie keine Bewegung gab, war die Atmosphäre in den Gesprächen sehr offen und wurde im Lauf des Besuchs zunehmend freundlicher und gelöster. Die bestehenden Gegensätze in den grundsätzlichen Fragen wurden klar, aber ohne verletzende Schärfe angesprochen. Obwohl sich keine Ergebnisse abzeichneten, zeigte sich der Bundeskanzler zufrieden. Ihm ging es vor allem darum, ein persönliches Vertrauensverhältnis zu den führenden Politikern des anderen deutschen Staates, Honecker und Mittag, herzustellen, das politische Klima zu verbessern und die bestehenden Verhärtungen und die Stagnation im deutsch-deutschen Verhältnis zu überwinden. Dieses Ziel wurde im Wesentlichen erreicht.

Am zweiten Besuchstag gab der Generalsekretär ein offizielles Mittagessen für den Bundeskanzler und seine Delegation. Die zu Beginn gehaltenen Tischreden wurden von den Fernsehstationen aufgenommen und anschließend ausgestrahlt. Danach herrschte eine zwanglose Atmosphäre. Für interessante Zwiegespräche war der große Rahmen freilich wenig geeignet. Das Essen wurde wie eine protokollarische Pflichtübung abgewickelt. Anschließend unternahmen der Bundeskanzler und der Generalsekretär bei Schneetreiben einen Spaziergang im Park des Gästehauses, dann zogen sie sich für eine Ruhepause in ihre Räume zurück. Am Abend gab es ein weiteres offizielles Essen, das sogenannte Gegenessen des Bundeskanzlers für den Generalsekretär im Schloss Hubertusstock. Die Teilnehmer waren nun schon einen ganzen Tag zusammen, man hatte sich aneinander gewöhnt und war sich bewusst, wie sehr man aufeinander angewiesen war. Sachfragen waren an diesem Abend nicht mehr zu besprechen, so erzählte man Geschichten. Wie ich beobachten konnte, unterhielt sich Honecker angeregt mit Egon Franke, dem Bundesminister für innerdeutsche Beziehungen, der neben ihm saß, und es war ihm, dem Altkommunisten, anzumerken, dass ihn der Lebensweg des aufrechten Sozialdemokraten beeindruckte, eines Mannes, der wie er selbst Widerstand gegen die Nationalsozialisten geleistet hatte und längere Zeit in einem Konzentrationslager inhaftiert gewesen war.

Am Ende des Essens geschah dann etwas, was das Protokoll nicht vorgesehen hatte und alle, die am Tisch saßen, vor allem Honeckers eigene Leute, überraschte. Honecker ergriff, nachdem er schon zu Beginn des Essens eine vorbereitete Tischrede gehalten hatte, noch einmal das Wort. Er war sichtlich bewegt, brachte ganz direkt seine Hochachtung vor den Gästen aus dem kapitalistischen Westen zum Ausdruck und lobte die Offenheit der Gespräche. In diesem Augenblick konnte man ahnen, warum ihm der Besuch des Bundeskanzlers so wichtig war. Er empfand ihn als Anerkennung seiner Ebenbürtigkeit in der europäischen Politik.

Am frühen Sonntagmorgen – es war der 13. Dezember – erreichte uns eine Meldung, die uns zutiefst erschreckte. General Jaruzelski, der Staats- und Parteichef in Polen, hatte während der Nacht das »Kriegsrecht« verhängt. Eine Verhaftungsaktion war im Gange, doch wer davon betroffen war, wussten wir nicht. Plötzlich fiel ein dunkler Schatten auf das deutsch-deutsche Gipfeltreffen. Unsere bis dahin gute Stimmung verdüsterte sich. Waren wir in eine Falle gegangen?, fragten wir uns. Konnte der Besuch unter diesen Umständen wie geplant zu Ende geführt werden? Oder war die sofortige Abreise die richtige Reaktion auf die Wende in Polen? Der Bundeskanzler entschied sich nach kurzer Beratung gegen eine vorzeitige Abreise. Entscheidend war für ihn, dass die Verhängung des Kriegsrechts ein innerpolnischer Vorgang war, also keine militärische Intervention der Warschauer-Pakt-Staaten, die viele befürchtet hatten und die unausweichlich eine schwere europäische Krise ausgelöst hätte. Schmidt wollte negative Auswirkungen der polnischen Krise auf das deutsch-deutsche Verhältnis möglichst verhindern. Dabei dachte er auch an die Gefühle der Deutschen in der DDR, die von den verantwortlichen deutschen Politikern wohl erwarteten, jetzt erst recht an der Entspannungspolitik festzuhalten.

Helmut Schmidt sprach bei dem dann folgenden Frühstück mit Honecker über die Lage in Polen. Der sagte, er habe erst in der Nacht zuvor von der Entscheidung Jaruzelskis erfahren. Angesichts der nicht gerade engen Beziehungen zwischen Warschau und Ost-Berlin hielt Schmidt diese Mitteilung für durchaus glaubhaft. An der Einstellung Honeckers zur Entwicklung in Polen konnte allerdings kaum ein Zweifel bestehen. Wahrscheinlich war er erleichtert, dass die polnische Führung endlich gehandelt hatte.

Die Pressekonferenz des Bundeskanzlers, die am Sonntagmorgen in der FDJ-Hochschule am Bogensee stattfand, stand ganz im Zeichen der Ereignisse in Polen. Der Bundeskanzler war, wie mir Klaus Bölling berichtete, ziemlich angespannt. Die mit dem Kriegszustand in Polen eingetretene Situation musste ihn wohl sehr beunruhigt haben. Unter keinen Umständen wollte er den Eindruck entstehen lassen, die beiden deutschen Politiker hätten die Solidarność als Störfaktor für die deutsch-deutschen Beziehungen empfunden und gemeinsam versucht, sich dagegen abzuschirmen. Honecker mag es vielleicht so gesehen haben. Doch an Helmut Schmidts Sympathien für die Reformbewegung der Solidarność konnte kein Zweifel bestehen. Darum bemühte er sich, die zahlreich erschienenen Journalisten von der Nützlichkeit der intensiven Gespräche am Döllnsee zu überzeugen.

Um die Mittagszeit fuhren der Bundeskanzler und der Generalsekretär, zeitweilig in dichtem Schneetreiben, nach Güstrow, einer alten mecklenburgischen Residenzstadt, in der während des Dreißigjährigen Krieges Wallenstein als Herzog von Mecklenburg einige Jahre residiert hatte. Auf Wunsch des Bundeskanzlers besuchten sie zunächst das Atelier und Wohnhaus Ernst Barlachs, in dem der Bildhauer bis zu seinem Tod 1938 gelebt und gearbeitet hatte. Helmut Schmidt hatte eine innere Beziehung zu dieser norddeutsch geprägten Kunst. Er sprach nicht viel bei diesem Rundgang, doch man spürte: Das Land und die Menschen, die hier lebten, waren ihm nicht fremd. Mecklenburg war ein Stück Heimat für ihn.

Empfang in Güstrow

Vom Barlach-Haus fuhren der Bundeskanzler und der Generalsekretär zum Rathaus. Dort bot sich ihnen ein niederschmetterndes
Bild. Rund um den Marktplatz stand eine dichte Reihe von Volkspolizisten und nichtuniformierten Sicherheitskräften. Einer der mitrei-
senden Journalisten sprach später von einer »besetzten Stadt«. Dem
Bundeskanzler stockte der Atem. Seine Gesichtszüge versteinerten, als
wollte er die abstoßende Inszenierung nicht zur Kenntnis nehmen.
Offensichtlich hatte der Staatssicherheitsdienst dafür gesorgt, in
Güstrow direkte Kontakte des Bundeskanzlers mit der Bevölkerung
auszuschließen. Szenen, wie sie sich 1970 bei dem Besuch von Bundeskanzler Willy Brandt in Erfurt ereignet hatten, sollten sich nicht
wiederholen, schon gar nicht angesichts der Arbeiterproteste in Polen,
die die Nervosität des Staatssicherheitsdienstes noch beträchtlich gesteigert haben dürften. Wie wir von Journalisten hörten, waren die
Bewohner der Stadt angewiesen worden, während der Anwesenheit
des Bundeskanzlers ihre Wohnungen nicht zu verlassen. Wir sahen sie
in den Häusern am Marktplatz hinter Tüllgardinen dicht gedrängt an
den Fenstern stehen.

Nach dem Besuch im Rathaus hatte das Protokoll einen Gang über
den Weihnachtsmarkt vorgesehen, um, wie es hieß, dem Bundeskanz-

ler und dem Generalsekretär »Gelegenheit zu geben, die Bürger der Stadt Güstrow zu begrüßen«. Dort waren Gruppen von Zivilisten, ganz gewiss zuverlässige Genossen, postiert, die den Generalsekretär mit lauter Stimme hochleben ließen. Einige riefen sogar, als sich die beiden Politiker näherten, wie auf Kommando: »Helmut, Helmut«, eine gestellte Szene, die uns eher peinlich berührte. Der Gang über den Weihnachtsmarkt dauerte nur wenige Minuten. Vom Marktplatz aus bewegten sich die Besucher dann zur nahegelegenen Domkirche. Beinahe hätte ich hier aus Unachtsamkeit den Anschluss verloren. Da ich in dem Gedränge auf dem Weihnachtsmarkt etwas zurückgeblieben war, nahmen die Sicherheitskräfte, die überall herumstanden, offenbar an, ich gehörte nicht zur Delegation, und versperrten mir mit brachialer Gewalt den Weg. Nur unter größter Mühe und mit einem barschen Befehlston gelang es mir schließlich, doch noch durchgelassen zu werden.

An der Tür zur Domkirche wurden die Besucher von dem Domprediger Michaelsen und dem mecklenburgischen Landesbischof Heinrich Rathke empfangen. In einer kurzen Begrüßungsansprache sagte der Bischof: »Seien Sie herzlich willkommen, treten Sie ein, fühlen Sie sich bei uns zu Hause … Unser Güstrower Dom ist wie jede Kirche ein Ort der Kontemplation, der Besinnung, der Stille. Hier beten Christen. Wir wissen um die große Verantwortung, die Sie als Staatschefs für uns alle tragen. Und daher beten wir für Sie, für den Marxisten Erich Honecker und für den Christen Helmut Schmidt. Und im Angesicht der jüngsten Entwicklung in unserem Nachbarland Polen haben wir auch besonders gebetet für die verantwortlichen Politiker dort und das ganz Volk.«

Bischof Rathke erinnerte bei seiner Rede an die Absprachen zwischen dem Staat und den evangelischen Kirchen in der DDR: »Ich stehe vor Ihnen als ein Christ in unserem Land und für Christen, die in einer neuen Situation eine neue Erfahrung gemacht haben … Wir haben erneut erfahren, dass unser Glaube trägt … Und wir haben als Kirche in einer sozialistischen Gesellschaft das andere erfahren, dass wir von unserem Evangelium her für das Wohl der Menschen in unserem Land arbeiten dürfen und wollen. Wir sind uns bewusst, auch im Rahmen der großen Ökumene, welche Verantwortung wir auch als Kirchen haben an der Nahtstelle von zwei politischen Weltmächten, nun auch über Grenzen hinweg die Brücke der Verständigung und der Versöhnung zu schlagen, auch zu den Christen in der Bundesrepublik.«

Im Weiteren sagte er: »Dieser Dom [ist] auch ein Symbol für das, was wir gemeinsam haben. Die Backsteinkirchen in Güstrow und in Rostock, ich kann sagen, in Lübeck und in Hamburg bis hin vielleicht auch zu den Kirchen in Riga und Tallin, sind doch Zeugen einer gemeinsamen Geschichte, einer europäischen Kulturgeschichte, die uns verbindet. Und die Menschen werden auch angesichts der Gespräche, die Sie miteinander geführt haben, hoffen, dass daraus mehr Verständigung erwächst, auch mehr Kommunikation von einer gemeinsamen Geschichte her.«

Dieser Appell an die gemeinsame Verantwortung war beiden deutschen Politikern, auch Honecker, nahegegangen. Allen, die zuhören konnten – viele waren es nicht –, ist die Begrüßung des Bischofs unvergesslich geblieben. Sie half uns auch hinweg über die bedrückenden Bilder, die wir wenige Augenblicke zuvor auf dem Marktplatz gesehen hatten. In meiner zweiten DDR-Zeit, die bald darauf beginnen sollte, habe ich immer wieder das Gespräch mit Bischof Rathke gesucht, auch nachdem seine Amtsperiode als Landesbischof beendet war und er wieder als einfacher Pastor in der mecklenburgischen Kleinstadt Crivitz wirkte.

Der Bundeskanzler antwortete spontan auf die Ansprache des Bischofs. Honecker nahm wohl keinen Anstoß daran, dass Helmut Schmidt an diesem Ort unausgesprochen auch in seinem Namen sprach. Er sagte: »Da Sie, Herr Bischof, den Marxisten Honecker und den Christen Schmidt angesprochen haben, so weit, wie es manchmal scheint, sind die nicht auseinander.« Und dann fügte er hinzu: »Ich teile Ihre Überzeugung, Herr Bischof, von Gott als dem Herrn der Geschichte und damit auch dem Herrn der Politik. Aber die Menschen haben auch einen Teil beizutragen. Darum haben wir beide, Herr Honecker und ich, in den letzten drei Tagen uns bemüht.«

Nachdem der Bundeskanzler geendet hatte, spielte der Domorganist das Choralvorspiel »Vater unser im Himmelreich«. Dann begaben sich die beiden Politiker in die Winterkirche des Doms zu dem

»Schwebenden Engel«, dem wohl berühmtesten Werk von Ernst Barlach. Es stammte aus dem Jahr 1927 und war in der nationalsozialistischen Zeit aus dem Dom entfernt worden und verschwunden. Doch glücklicherweise blieb eine Form erhalten. Nach dem Krieg wurde ein Nachguss erstellt, und der »Schwebende Engel« nahm wieder seinen angestammten Platz ein.

Vom Dom fuhren Helmut Schmidt und Erich Honecker gemeinsam zum Bahnhof in Güstrow. Auf dem Bahnsteig verabschiedete der Generalsekretär seinen Gast. Helmut Schmidt stieg in den dort wartenden Sonderzug und grüßte Honecker noch einmal aus seinem Abteilfenster. Ehe sich der Zug in Bewegung setzte, reichte Honecker ihm ein Hustenbonbon durchs Fenster. Was er dabei sagte, ist nicht überliefert.

Bis zur Grenze begleitete Botschafter Jahsnowski, der Protokollchef der DDR, die westdeutschen Gäste – wie immer auf dieser Reise korrekt, diskret und unauffällig. Auf dem Grenzbahnhof verabschiedete er sich vom Bundeskanzler und seiner Begleitung und verließ den Zug. Damit war der »Arbeitsbesuch« beendet. Auf der Fahrt nach Hamburg bemerkte Helmut Schmidt: »Die Sache hat sich gelohnt.« Sein Gefühl hatte ihn nicht getrogen. Die Weichen waren richtig gestellt.

TEIL 4

Ost-Berlin (1982–1988)

Die Berufung

Anfang April 1982 gab es die ersten Hinweise in der Presse über eine Rückkehr Böllings nach Bonn, wo er sein früheres Amt als Regierungssprecher wieder übernehmen sollte. Bald darauf wurden Namen für seine Nachfolge in Ost-Berlin genannt. Mitte April tauchte zum ersten Mal auch mein Name in der Presse auf. Offenbar hatte es gezielte Hinweise gegeben, denn von sich aus wären die Medien nicht auf meinen Namen gekommen, der in der Öffentlichkeit unbekannt war. In den nächsten Tagen riefen Journalisten, Kollegen und Freunde bei mir an und wollten wissen, ob diese Meldung zuträfe. Ich antwortete wahrheitsgemäß, mit mir habe niemand darüber gesprochen. Ich hielte das für »Unsinn«. Das Amt des Ständigen Vertreters in Ost-Berlin würde, dessen sei ich sicher, nicht mit einem parteilosen Beamten besetzt werden, sondern wie bisher mit einer »politischen Persönlichkeit«. Doch die Gerüchte hielten sich. Das war auffällig. Ich konnte nun nicht mehr umhin, mich in Gedanken mit der Möglichkeit einer solchen Berufung zu beschäftigen.

Nach dem SPD-Parteitag im April 1982 kam die erwartete Regierungsumbildung in Gang. Inzwischen war klar, Bölling würde nach Bonn zurückkommen und Wischnewski sein früheres Amt als Staatsminister beim Bundeskanzler wieder übernehmen. In der zunehmend schwieriger werdenden Koalition mit der FDP scharte der Bundeskanzler seine Getreuen und bewährten Helfer um sich.

Am 17. April, einem Samstag, rief mich der Sprecher des Auswärtigen Amtes an und sagte, meine Berufung zum Ständigen Vertreter werde jetzt als eine feststehende Tatsache gemeldet. Am Abend rief mich Wischnewski an und stellte mir ohne Umschweife die Frage, ob ich bereit sei, als Nachfolger Böllings nach Ost-Berlin zu gehen. Das klang wie eine reine Formsache.

Nach den vorangegangenen Spekulationen war ich von der Anfrage nicht mehr überrascht. Ich hatte auch bereits mit Hilla darüber gesprochen, und wir waren uns einig, dass ich eine solche Berufung nicht ausschlagen sollte. Dennoch fiel mir die Antwort nicht leicht. Hilla hatte gerade erst eine allgemeinmedizinische Praxis in Bad Godesberg eröffnet. Konnte ich ihr zumuten, sie jetzt schon wieder aufzugeben? Außerdem stand unser Sohn Robert ein Jahr vor seinem Abitur. Ein Schulwechsel kam für ihn nicht mehr in Betracht. Ihn allein in Bonn zurückzulassen wäre uns schwergefallen. Indessen waren es nicht nur diese privaten Dinge, die mich beunruhigten. Ich fragte mich auch: War ich tatsächlich für dieses Amt geeignet, das doch ganz andere Anforderungen stellte als etwa ein Botschafterposten? Die Leitung der Ständigen Vertretung zu übernehmen war ja nicht nur mit der Ernennung zum Staatssekretär verbunden, die mir natürlich willkommen war, sie war zugleich ein Wechsel in ein politisches Amt, das mich plötzlich auf die Bühne des öffentlichen Lebens beförderte. Davor hatte ich eine gewisse Scheu.

Das alles ging mir durch den Kopf, als Wischnewski anrief. Ich fragte ihn: »Wann brauchen Sie meine Antwort?« Darauf Wischnewski: »Sofort. Die Entscheidung wird noch an diesem Abend getroffen werden.« Jetzt wurde mir klar, wie weit die Dinge schon gediehen waren. Die Frage Wischnewskis war im Grunde ein Appell an mein Pflichtbewusstsein. So gab ich ihm eine kurze Antwort: »Wenn der Bundeskanzler es wünscht, stehe ich zur Verfügung. Selbstverständlich«, fügte ich noch hinzu. Allerdings müsse ich der Form halber noch mit dem Außenminister Genscher sprechen, worauf Wischnewski sagte, er habe das schon getan. Genscher sei natürlich einverstanden. Offensichtlich war ich der Letzte, der gefragt wurde. Noch am selben Abend rief mich Klaus Bölling an. Er wolle mir »inoffiziell« sagen, der Bundeskanzler habe sich in der Frage seiner Nachfolge für mich entschieden. Der Wechsel solle so schnell wie möglich erfolgen, denn er müsse das Amt des Regierungssprechers sofort übernehmen.

Nach der Entscheidung über den Wechsel in Ost-Berlin leitete das Bundeskanzleramt die nötigen Schritte ein: Einholung des Agréments für den neuen Ständigen Vertreter, die Vorbereitung der Akkreditierung und anderes mehr. Ich erhielt ein Arbeitszimmer im Bundeskanzleramt, das ich auch bei meinen regelmäßigen Besuchen in Bonn

Gespräch mit Helmut Schmidt und Klaus Bölling

benutzen konnte. Mit der Ernennung zum Staatssekretär gehörte ich nun wieder zum Amtsbereich des Bundeskanzleramtes, die Ernennungsurkunde überreichte mir der Bundeskanzler persönlich. Er hatte für diese Zeremonie sogar einen Fotografen bestellt und nahm sich eine Stunde Zeit, um mit mir über die anstehenden Verhandlungen zu sprechen. Wie ich feststellen konnte, war er gut im Bilde. Vor allem seit dem Treffen am Werbellinsee widmete er den deutsch-deutschen Beziehungen besondere Aufmerksamkeit. Das war auch für meine Arbeit in der DDR von Bedeutung. In schwierigen Situationen war es für den Ständigen Vertreter wichtig, den Bundeskanzler direkt ansprechen zu können.

Die Verabschiedung in der Unterabteilung Osteuropa des Auswärtigen Amtes war sehr herzlich. Ich hatte inzwischen ein enges Vertrauensverhältnis zu meinen Kollegen und Mitarbeitern gefunden, das auch unter den amtsinternen Auseinandersetzungen über unsere Polenpolitik nicht gelitten hatte. Es fiel mir nicht leicht, mich schon nach eineinhalb Jahren wieder von ihnen zu verabschieden. Zum ersten Mal war ich gezwungen, eine Tätigkeit abrupt abzubrechen, die

Ernennung zum Staatssekretär durch Bundeskanzler Helmut Schmidt,
April 1982

ich nicht zu einem ordentlichen Abschluss hatte bringen können. Der
englische Ausdruck *unfinished business* trifft genauer, was ich damals
empfand. Dabei dachte ich vor allem an Polen, dessen Schicksal mir
seit den dramatischen Ereignissen im Jahr zuvor besonders am Herzen lag.

Kurz vor meinem Amtsantritt wurde ich von Bundespräsident
Carstens empfangen. Er führte das Gespräch mit der freundlichen,
wenngleich etwas förmlichen Korrektheit, die sich in seinem hohen
Amt noch verstärkt hatte. Unsere Kontakte vor zwanzig Jahren, als
Carstens Staatssekretär des Auswärtigen Amtes war und ich zum persönlichen Stab von Außenminister Schröder gehörte, erwähnte er mit
keinem Wort. Er sprach mich ganz förmlich mit meinem neuen Titel
Staatssekretär an. Sein Interesse an der Deutschland- und Berlin-Politik war unverändert groß. Bei den Beisetzungsfeierlichkeiten für
Marschall Tito in Belgrad war auch er mit Honecker zusammengetroffen, eine Begegnung, die er offenbar in angenehmer Erinnerung
hatte, denn er bat mich, den Staatsratsvorsitzenden der DDR zu grü-

ßen. Gleichwohl war seine Skepsis gegenüber dem DDR-Regime nicht zu überhören.

Helmut Kohl, damals Oppositionsführer und Vorsitzender der CDU/CSU-Bundestagsfraktion, empfing mich ebenfalls sehr freundlich. Er war offenbar angetan davon, dass ich ihm einen Besuch abstattete, und fing gleich an, von seinen Privatreisen in die DDR zu erzählen. Ihm sei aufgefallen, dass viele DDR-Bürger ihn auf der Straße sofort erkannt und freundlich gegrüßt hätten. Im Grunde gebe es da keinen großen Unterschied zwischen Ludwigshafen, seiner Heimatstadt, oder Leipzig und Weimar, meinte er. Diese Erfahrungen hätten ihn in seiner Überzeugung bestärkt, dass die Deutschen trotz der Teilung an dem gemeinsamen Vaterland festhielten. Als ich fragte, ob er interessiert sei, bei seinen Privatreisen auch einmal mit DDR-Politikern zusammenzutreffen, winkte er ab. Er wisse, sagte er, dass einige seiner Kollegen solche Kontakte unterhielten, doch er verspreche sich nichts davon. Wenn die CDU/CSU eines Tages die Regierung übernehme, sei das eine andere Sache. Einen Besuch in der Ständigen Vertretung, zu dem ich ihn einlud, lehnte er hingegen nicht ab.

Am Abend erzählte ich meiner Frau von dieser Begegnung. Kohl sei ein sympathischer Mann. Er mache aus seinem Herzen keine Mördergrube, rede ganz offen darüber, wie er die Dinge sehe. Allerdings könne ich mir nicht recht vorstellen, dass dieser Mann eines Tages Bundeskanzler sein würde. Ein halbes Jahr später wurde er zum Bundeskanzler gewählt und blieb es sechzehn Jahre!

Kurz vor meinem Amtsantritt meldete ich mich bei Bundesaußenminister Genscher, um mich zu verabschieden. In einem längeren Gespräch war er sichtlich bemüht, mir vor Augen zu führen, wie sehr ihm die deutschen Angelegenheiten und auch die Beziehungen zur DDR am Herzen lagen. Genscher stammte aus Halle. Auch nachdem er Bundesminister geworden war, besuchte er regelmäßig seine dort lebenden Verwandten, wünschte aber bei diesen Privatreisen keine politischen Kontakte. Die beschränkte er als Bundesaußenminister auf Gespräche mit seinem DDR-Kollegen Fischer am Rande der Generalversammlung der Vereinten Nationen in New York. Genscher forderte mich dann auf – fast klang das wie eine Weisung –, mich regelmäßig bei ihm zu melden, woran selbstverständlich auch mir gelegen war.

Die Antrittsbesuche bei Willy Brandt, dem Parteivorsitzenden der SPD, und Herbert Wehner, dem Vorsitzenden der SPD-Bundestagsfraktion, fanden aus Termingründen erst einige Wochen später statt, nachdem ich mein Amt in Ost-Berlin bereits angetreten hatte. Brandt wirkte verschlossen, fast abwesend, stellte nur wenige Fragen und äußerte sich nicht zur Sache. Wollte er mir damit zu verstehen geben, seine Haltung gegenüber der DDR-Führung sei seit der Guillaume-Affäre unverändert und er wolle im Grunde nichts mit ihr zu tun haben? Vielleicht.

Wehner empfing mich mit einer fast schon pedantischen Höflichkeit. Auch er war wortkarg und hörte meinen Darlegungen kommentarlos zu. Doch bei seinen Fragen spürte man, wie sehr ihm, der aus Dresden stammte, das Schicksal der Ostdeutschen, seiner Landsleute, am Herzen lag. Ich war Wehner schon einige Male begegnet, kannte ihn aber persönlich kaum. Seine Reden im Bundestag zur Deutschlandpolitik hatte ich seit langem mit großem Interesse verfolgt. Seine bizarre Rhetorik, die eruptiven Äußerungen, manchmal auch die Entgleisungen waren für mich ein spannendes Erlebnis gewesen. Ich war während meiner Zeit im Bundeskanzleramt häufig in den nahen Bundestag gegangen, wenn eine Rede Wehners angekündigt worden war. Nun erlebte ich ihn zum ersten Mal in einem persönlichen Gespräch. Doch seine Gedanken vermochte ich nicht zu lesen. Für ihn war ich ein Staatsbeamter, ein Diplomat, den er ebenso höflich wie distanziert behandelte. Ich sah in ihm den großen alten Mann der Deutschlandpolitik, ohne dessen Wirken im Hintergrund wir vielleicht nicht so weit gekommen wären.

In Berlin empfing mich der Regierende Bürgermeister Richard von Weizsäcker, dem ich in Bonn schon einige Male begegnet war. Seit er dem Bundestag angehörte, interessierte er sich für die deutschen Fragen. In der CDU/CSU-Fraktion gehörte er zu den wenigen Abgeordneten, die 1972 für den Grundlagenvertrag und den Beitritt der beiden deutschen Staaten zu den Vereinten Nationen gestimmt hatten. Auch er hatte einen Fotografen bestellt. Als er merkte, dass mir diese Publizität lästig war, sagte er: »Daran werden Sie sich jetzt gewöhnen müssen.« Wir sprachen dann eingehend über den Stand der deutsch-deutschen Beziehungen, vor allem über jene Fragen, die für West-

Berlin von besonderer Bedeutung waren. Weizsäcker machte kein Hehl daraus, dass er die pragmatische Deutschlandpolitik der Bundesregierung grundsätzlich billige und in geeigneter Weise unterstützen werde. Dabei erwarte er, dass auch die Bundesregierung die Interessen Berlins gebührend berücksichtige. Bei Helmut Schmidt musste er da freilich nicht besorgt sein. Beide waren sich darin einig, dass die Bundesregierung und der Senat in der Deutschland- und Berlin-Politik keine getrennten Wege gehen durften, sondern in enger Abstimmung – auch mit den alliierten Schutzmächten – eine gemeinsame Linie verfolgen mussten.

Im Ganzen war es ein inhaltsreiches und nuanciertes Gespräch, aus dem sich ein enger Kontakt entwickelte, von dem ich in der darauffolgenden Zeit, vor allem nach dem Regierungswechsel im Herbst 1982, sehr profitiert habe. Je länger wir uns kannten, desto offener wurde der Meinungsaustausch und desto klarer trat seine intellektuelle Durchdringung der komplexen deutschen Fragen hervor.

Ganz anders verlief das Gespräch mit Hans-Jochen Vogel, dem früheren Bundesjustizminister, der 1980 auch für kurze Zeit Regierender Bürgermeister von Berlin gewesen war. Er führte gewissermaßen den Vorsitz bei diesem Gespräch und handelte systematisch die gesamte Tagesordnung der anstehenden Fragen in den Verhandlungen mit der DDR ab. Durch präzise Fragen versicherte er sich der Haltung der Bundesregierung und wollte ganz sicher sein, dass die Berliner Interessen nicht vernachlässigt würden. Auch aus diesem Gespräch entwickelte sich ein ständiger Kontakt, der mir schon deshalb besonders wichtig war, weil er mir Gelegenheit gab, meine eigenen Auffassungen kritisch zu prüfen. Manchmal bestellte Vogel mich frühmorgens in sein Abgeordnetenbüro in Neukölln, wenn er Fragen hatte oder sich auf ein Gespräch mit DDR-Politikern vorbereiten wollte.

Ein neuer Anfang

Am 17. Mai 1982, einem Montag, fuhr ich mit einem Dienstwagen der Ständigen Vertretung zu meinem neuen Amtssitz in Ost-Berlin. Hilla blieb noch für einige Zeit in Bonn. Sie kümmerte sich um unsere beiden Söhne, die vorerst noch in Bonn zur Schule gingen. Und sie brauchte Zeit, um ihre medizinische Praxis abzuwickeln. Wir konnten auch nicht ganz den Gedanken unterdrücken, dass unser zweiter DDR-Aufenthalt wegen eines Koalitionswechsels in Bonn vielleicht nicht von langer Dauer sein würde.

Am Grenzübergang Marienborn wurde ich bereits erwartet. Ein Volkspolizist wies den Wagen der Ständigen Vertretung eilfertig in eine Spur für Diplomaten und andere Privilegierte ein, wo mich ein Offizier begrüßte und ich rasch und zuvorkommend abgefertigt wurde. Am Nachmittag erreichte ich Ost-Berlin. Vor der Residenz in Niederschönhausen warteten bereits einige West-Journalisten, die von dem »dritten Mann« an der Spitze der Ständigen Vertretung eine erste Stellungnahme und vielleicht einen neuen Akzent hören wollten. Doch ich hatte keine Neigung, auf der Straße ein Pressegespräch zu führen, und sagte nur: »Ich werde hier mit Freude meine Pflicht tun.« Erst einen Augenblick später wurde mir bewusst, dass ich Egon Bahr zitiert hatte, der diesen Satz vor Jahren einmal vor einer schwierigen Verhandlung gesagt hatte.

In der Residenz erwarteten mich Hans-Jakob Tiessen, von nun an mein persönlicher Referent, und Maria von Moltke, die für Protokollfragen in der Ständigen Vertretung zuständig war. Wir kannten uns von früheren Begegnungen, und ich freute mich, vertraute Gesichter zu sehen. Mit Eberhard Grashoff, dem Pressesprecher der Vertretung, und Jutta Wagner, der Chefsekretärin, die einige Wochen später dazukam, bildeten sie den persönlichen Stab des Leiters der Vertretung. Wir haben uns schnell aneinander gewöhnt. Sie haben mir die Arbeit in der Ständigen Vertretung erleichtert und angenehm gemacht.

Eine Stunde nach meiner Ankunft kam der Protokollchef des Ministeriums für Auswärtige Angelegenheiten zu einem Antrittsbesuch in die Residenz. Wir kannten uns aus meiner ersten Zeit in der DDR. Botschafter Jahnsowski war inzwischen zehn Jahre im Amt. Ein Diplomat mit großer Erfahrung, effizient, unaufdringlich, nie agitierend oder anmaßend, mit der Fähigkeit, genau zuzuhören, wenn man ihn bat, etwas weiterzugeben. Dieser Botschafter der DDR wurde von allen, die mit ihm zu tun hatten, hoch geschätzt. Unser erstes Gespräch an diesem Nachmittag war kurz und freundlich. Wir besprachen den

Ablauf der Akkreditierung, die für den darauffolgenden Montag vorgesehen war.

Die Residenz des Leiters der Ständigen Vertretung in der Kuckhoffstraße war 1974 in einem einfachen Zweckbau eingerichtet worden. Statt eines Neubaus hatte das Dienstleistungsamt der DDR kurzerhand zwei in den fünfziger Jahren errichtete Siedlungshäuser (die für Rückkehrer aus der Emigration bestimmt waren) mit einem Verbindungsstück zusammengefügt und darin die Empfangsräume eingerichtet. Das so entstandene Haus war nicht gerade elegant, genügte aber unseren Ansprüchen, zumal wir Wert darauf legten, dass die Residenz in unserem Wohnviertel möglichst wenig auffiel. Wir wollten hier nicht als Repräsentanten eines reichen westlichen Landes auftreten, und unsere Gäste aus der DDR sollten im Haus der Bundesrepublik Deutschland kein Gefühl der Fremdheit haben.

Unsere Nachbarn in der Kuckhoffstraße waren meist Privilegierte der DDR-Gesellschaft. Neben uns wohnte der bekannte Biochemiker Professor Samuel Mitja Rapoport, der in den fünfziger Jahren aus der Emigration in den USA zurückgekehrt war und an der Humboldt-Universität lehrte. Seitlich hinter uns lag das Haus von Professor Hermann Henselmann, zeitweilig Chefarchitekt in der DDR, der in den fünfziger Jahren den Bau der Wohnkomplexe im sowjetischen Stil an der »Stalin-Allee« geleitet hatte. Zu den beiden Professoren und ihren Familien hatten wir lose, aber freundliche Kontakte. Wir kannten uns, grüßten uns, führten Gespräche über den Gartenzaun, und gelegentlich kamen sie als Gäste in die Residenz. Uns gegenüber an der Kuckhoffstraße lag die Residenz des schweizerischen Botschafters Dietschi. Mit ihm und seiner aus Österreich stammenden Frau verband uns bald eine gutnachbarliche Freundschaft. Beide waren sehr kunstsinnig. Unser Nachbar zur Linken war ein stellvertretender Minister in einem DDR-Fachministerium. Wir grüßten uns, sprachen aber nie miteinander. Er legte offenbar keinen Wert auf Kontakte zum »BRD-Botschafter«. Ganz anders war unser Verhältnis zu Inge Keller, der prominenten Schauspielerin, die ein Haus weiter wohnte. Sie war uns sehr sympathisch, wir bewunderten ihre Auftritte im Deutschen Theater und schätzten uns glücklich, wenn sie eine Abendeinladung in die Residenz annahm. Eine Nachbarin, deren Grundstück an unseren

Neubeginn in Ost-Berlin

Garten grenzte, haben wir leider nie kennengelernt. Vielleicht war sie zu scheu, oder sie fürchtete Unannehmlichkeiten, wenn sie mit uns Verbindung gehabt hätte.

An meinem ersten Arbeitstag bat ich alle Mitarbeiterinnen und Mitarbeiter zu einem Gespräch ins »Gartenhaus«, um mich ihnen bekanntzumachen und sie auf die künftige Zusammenarbeit einzustimmen. Dabei ging es mir darum, allen ein Gefühl der Zuversicht zu vermitteln. Das Verhältnis zur DDR sei gewiss schwierig und zurzeit gebe es wieder einmal erhebliche Spannungen, sagte ich, doch bisher sei es uns noch immer gelungen, aus einem Tief in den Beziehungen wieder herauszukommen. Das würden wir auch diesmal schaffen, mit Geduld und Zähigkeit, wie wir das in der Deutschlandpolitik des letzten Jahrzehnts gelernt hätten. Da ich mich in den vergangenen einzinhalb Jahren in erster Linie anderen Fragen gewidmet hätte und mir deshalb manches die DDR betreffende Problem etwas entrückt sei, bäte ich sie, mir lieber einen Vorgang zu viel als einen zu wenig vorzulegen, lieber eine Frage zu viel als eine zu wenig zu stellen. Sicher werde es in unserer Arbeit auch Meinungsverschiedenheiten geben. Das sei normal. Darüber müsse dann diskutiert werden.

Schließlich machte ich noch eine Bemerkung zum Verhalten der Mitarbeiter außerhalb der Vertretung. Die DDR sei für uns kein »feindliches Ausland«, weder feindlich noch Ausland. Aber alle müssten sich bewusst sein, dass wir in einem schwierigen Umfeld lebten und arbeiteten. Die Mitarbeiter der Ständigen Vertretung und ihre Angehörigen würden sehr genau beobachtet, nicht nur von den »Organen« – so nannten wir die Staatssicherheit –, sondern auch von vielen anderen Menschen, die in der DDR lebten. Die Bundesrepublik Deutschland werde in der DDR auch danach beurteilt, wie ihre offiziellen Vertreter hier aufträten. Die besonderen Bedingungen unserer Arbeit verlangten von uns allen ein hohes Maß an Engagement und Sensibilität sowie Korrektheit gegenüber den Behörden der DDR und DDR-Bürgern. Daraus ergebe sich die Pflicht zur Respektierung der Gesetze und anderer Vorschriften unseres »Gastlandes«, auch wenn wir diese vielleicht innerlich nicht billigen könnten. Wie wichtig diese Ermahnung war, sollte ich im Lauf der Zeit noch erfahren.

Bald darauf fand das erste Hintergrundgespräch mit den in Ost-

Berlin akkreditierten Journalisten aus der Bundesrepublik statt. Es diente in erster Linie dem gegenseitigen Kennenlernen. Einige von ihnen waren seit Jahren in der DDR tätig, hatten sehr gute, vor allem auch private Kontakte und waren ausgezeichnet informiert. Daran partizipieren zu können war für die Ständige Vertretung von großem Wert. Deshalb führte ich in regelmäßigen Abständen Hintergrundgespräche, auch wenn es keinen aktuellen Anlass gab. Sie liefen, wie es im Journalistenjargon heißt, »unter drei«, das heißt, die Informationen, die wir ihnen gaben, konnten von ihnen verwendet werden, aber ohne Angabe der Quelle. Manchmal verständigten wir uns auch darauf, dass bestimmte sensible Informationen nicht berichtet werden sollten, sondern lediglich der Urteilsbildung der Journalisten dienten.

Soweit ich mich erinnere, haben sich die Korrespondenten stets an diese Absprachen gehalten. So entwickelte sich mit der Zeit ein Vertrauensverhältnis. Ich habe diese Zusammenarbeit als eine Art Partnerschaft empfunden, die für uns umso wichtiger war, als westliche Rundfunk- und Fernsehsendungen von der DDR-Bevölkerung mit größter Aufmerksamkeit verfolgt wurden. So wurde die DDR dank der Westmedien das bestinformierte Land im sowjetischen Herrschaftsbereich, und die Ostdeutschen entwickelten mit der Zeit ein ausgeprägt kritisches Bewusstsein. Der DDR-Führung bereitete das großes Unbehagen. Sie sah sich ständig gezwungen, auf Westmeldungen, die die eigene Bevölkerung kannte, zu reagieren. Ihr Informationsmonopol war damit in Frage gestellt.

Einige Tage später absolvierte ich meinen Antrittsbesuch bei Außenminister Oskar Fischer und seinem Stellvertreter Kurt Nier. Der Außenminister gab sich ebenso freundlich wie unverbindlich. Bei den internationalen Fragen, die für ihn im Vordergrund standen, hielt er sich an die uns bekannten Positionen des Warschauer Pakts. Selbstverständlich fehlte nicht die Warnung vor einer Stationierung amerikanischer Mittelstreckenraketen auf dem Gebiet der Bundesrepublik. Das war inzwischen zu einem Ritual geworden. Seine Bemerkungen zu den deutsch-deutschen Beziehungen waren dagegen sehr allgemein gehalten. Das war offensichtlich nicht sein Thema. Nach der internen Kompetenzverteilung im Außenministerium waren dafür der stellvertretende Außenminister Kurt Nier und der Abteilungsleiter für die »BRD«, Karl Seidel, verantwortlich, während auf politischer Ebene der Leiter der Westabteilung des ZK, Häber, und Generalsekretär Honecker persönlich die Weisungen gaben. Nier kannte ich seit den Verhandlungen über den Status der Ständigen Vertretungen, die Gaus und er geführt hatten. Wie alle Gesprächspartner in diesen ersten Wochen empfing er mich betont freundlich. Offenbar war von »hoch oben« eine entsprechende Weisung gegeben worden, nachdem mich der Bundeskanzler bei Generalsekretär Honecker eingeführt hatte. Nier galt als ein absolut zuverlässiger Außenamtsfunktionär, der sich durch Kompetenz, Genauigkeit und einen praktischen Sinn unentbehrlich gemacht hatte. In meiner Erinnerung neigte er früher zu moralisierenden Belehrungen und stellte die DDR gern als Vorbild für tadelloses internationales Verhalten dar. Das schien aber nachgelassen zu haben. Dafür trat sein trockener Humor deutlicher hervor.

Karl Seidel sah ich am nächsten Tag. Zwischen uns hatte sich im Lauf der Jahre ein gutes, auch durch die politischen Gegensätze nie getrübtes Vertrauensverhältnis entwickelt, das es uns erlaubte, auch über höchst empfindliche Fragen offen zu sprechen, zumal wenn wir allein waren. Nie ließ er einen Zweifel daran, wie die Dinge auf seiner Seite gesehen wurden. Wann immer ihm das möglich war, sagte er uns, woran wir waren: Dieses oder jenes Projekt könne gehen, wenn man sich über die Details verständige. Oder eine Sache gehe nicht, entweder überhaupt nicht oder jedenfalls nicht jetzt. Und meistens behielt er recht. Seidel hatte als BRD-Abteilungsleiter im Außenministerium an fast allen Gesprächen Honeckers mit westdeutschen Politikern als *notetaker* teilgenommen. Doch war er nicht nur ein Protokollführer, sondern als bester Sachkenner des vielschichtigen deutsch-deutschen Verhältnisses auch ein Berater des Generalsekretärs. An der in den achtziger Jahren zunehmend pragmatischeren Politik der DDR gegenüber der Bundesrepublik hatte er einen nicht geringen Anteil. Schalck unterrichtete ihn nach jedem seiner Gespräche und ließ sich von ihm in rechtlichen und formalen Fragen beraten, wie ich später erfuhr. Das Buch »Berlin-Bonner Balance«, das er 2002 veröffentlichte, mit einem Nachtrag aus dem Jahr 2006, ist eine genaue und

24. Mai 1982: Begrüßung vor dem Staatsratsgebäude durch einen Offizier der Nationalen Volksarmee in Begleitung des Protokollchefs Franz Jahsnowski

Abschreiten der Ehrenformation Felix Dserschinski

authentische Darstellung der deutsch-deutschen Beziehungen aus der Sicht eines DDR-Beteiligten.

In dem ersten Gespräch nach meiner Rückkehr gab Seidel mir zu verstehen, dass ich als neuer Leiter der Ständigen Vertretung willkommen sei. Das erleichterte mir den Anfang. Natürlich war mir klar, dass das so nicht bleiben würde. Vorschusslorbeeren welken rasch. An den harten Fakten des deutsch-deutschen Verhältnisses konnte ich ohnehin nichts ändern. Im Übrigen gab es viel zu tun. Darin waren Seidel und ich uns einig. Doch Fortschritte waren wohl nur in kleinen Schritten möglich und alle grundsätzlichen Fragen weiterhin nicht lösbar. Damit mussten wir leben. Immerhin hatten wir inzwischen eine gewisse Übung darin, Gegensätze auszuhalten und trotzdem vernünftig miteinander umzugehen.

Am 24. Mai 1982 – nur eine Woche nach meiner Ankunft in Ost-Berlin – fand die Akkreditierung statt. Dafür galt ein strenges Reglement. Um 10 Uhr 30 holte mich der Protokollchef in der Residenz ab. Angeführt von »weißen Mäusen« – Volkspolizisten in weißen Uniformen auf Krafträdern –, fuhren wir in einer riesigen Staatskarosse sowjetischen Typs zum Staatsratsgebäude, wo auf dem Vorplatz eine Ehrenformation des Wachregiments Felix Dserschinski angetreten war. Nachdem wir den Wagen verlassen hatten, marschierte der Kommandeur mit gezogenem Säbel im Stechschritt auf mich zu. Kurz vor mir hielt er an und erstattete im Befehlston Meldung. Eine Militärkapelle spielte die Hymnen der beiden deutschen Staaten. Dann schritt ich, begleitet von dem Protokollchef, unter den Klängen des York'schen Marsches die Front der Ehrenformation ab. In der Mitte hielt ich an und grüßte, wie es das Reglement vorsah, die DDR-Fahne mit einer knappen Verbeugung. Einige Ost-Berliner beobachteten das Schauspiel vom Straßenrand aus. Ich war froh, diesen Auftritt hinter mich gebracht zu haben, dem ich beim besten Willen nichts abgewinnen konnte.

Im Staatsratsgebäude warteten bereits meine Mitarbeiter auf mich, die an der Akkreditierung teilnehmen sollten. Als ich den großen Empfangssaal im ersten Stock betrat, sah ich in der Mitte den Staatsratsvorsitzenden stehen, an seiner Seite, natürlich in gebührendem Abstand, Kurt Nier und Heinz Eichler, der Sekretär des Staatsrats.

Nach der Überreichung des Beglaubigungsschreibens im Ost-Berliner Staatsratsgebäude

Auch wir nahmen Aufstellung. Dann überreichte ich Erich Honecker mein Beglaubigungsschreiben, das vom Bundespräsidenten und dem Bundeskanzler – nicht dagegen, wie bei Botschaftern üblich, vom Bundesaußenminister – unterzeichnet war, und gab dazu eine kurze Erklärung ab, die Honecker erwiderte. Anschließend stellte ich dem Staatsratsvorsitzenden meine Mitarbeiter vor.

Als diese Zeremonie beendet war, bat mich Honecker zu einem Gespräch in sein Büro, wo er mich freundlich willkommen hieß und mir eine erfolgreiche Tätigkeit in der DDR wünschte. Dann übergab ich ihm eine Botschaft des Bundeskanzlers und legte in knapper Form die Grundzüge unserer DDR-Politik dar. Wir sprachen über die anstehenden Verhandlungen, die bald beginnen sollten, sowie die internationale Situation, die Honecker gern die »Großwetterlage« nannte. Dabei fehlte natürlich nicht die Warnung des Staatsratsvorsitzenden vor einer Stationierung amerikanischer Atomraketen auf dem Gebiet der Bundesrepublik, die auch die Beziehungen der beiden deutschen Staaten in Mitleidenschaft ziehen würde. All das hatte ich erwartet. Neue Nuancen waren in diesem ersten Gespräch mit Honecker nicht zu erkennen. Immerhin bemerkte er zum Schluss, er sei künftig gern bereit, mit mir zu sprechen, wann immer mir das zweckmäßig erscheine. Das war mir natürlich sehr willkommen. Denn aus vielen Krisensituationen in den vergangenen Jahren wusste ich, wenn es richtig schwierig wurde, musste eine Lösung auf oberster Ebene gesucht werden.

Die Zeremonie hatte eine gute Stunde gedauert. Der Empfang war freundlich gewesen, und ich war zufrieden. Am Abend brachten die Fernsehnachrichten in Ost und West Bilder der Akkreditierung. Der Wechsel im Amt des Ständigen Vertreters wurde aufmerksam registriert.

In den ersten Tagen nach meiner Akkreditierung suchte ich Wolfgang Vogel in seiner Kanzlei in der Reiler Straße auf, um mit ihm über unsere künftige Zusammenarbeit zu sprechen. Ich hatte Vogel während meiner Tätigkeit im Bundeskanzleramt näher kennengelernt. Seitdem schätzte ich ihn, seine Umsicht, seine politische Sensibilität und nicht zuletzt sein Engagement für einen vernünftigen Umgang der beiden deutschen Regierungen miteinander.

Vogel war seit vielen Jahren der Ansprechpartner für die Bundesregierung im humanitären Bereich. Hier ging es in erster Linie um die Entlassung politischer Häftlinge in der DDR und ihre Ausreise in die Bundesrepublik, den sogenannten Freikauf, sowie um Fälle der Familienzusammenführung, für die ebenfalls materielle Gegenleistungen erbracht werden mussten. Darüber wurde unter strenger Geheimhal-

tung direkt zwischen einem hochrangigen Vertreter des Bundesminis-
teriums für innerdeutsche Beziehungen und Rechtsanwalt Vogel verhandelt. Seit dem Amtsantritt der Regierung Kohl nahm diese Aufgabe Staatssekretär Rehlinger wahr. Die Ständige Vertretung war an
diesen Verhandlungen nicht beteiligt. Doch in bestimmten Situationen war sie auf die Unterstützung des Anwalts angewiesen, vor allem
wenn DDR-Bürger Zuflucht in der Vertretung oder in einer ausländischen Botschaft suchten, um ihre Ausreise in die Bundesrepublik zu
erzwingen. Diese Fälle hatten sich in letzter Zeit gehäuft und waren
bisher stets mit Hilfe Vogels gelöst worden. Außerdem legte ich wie
meine beiden Vorgänger Wert darauf, bei Ausreiseanträgen von Personen, mit denen die Ständige Vertretung Verbindung hatte, Vogel
direkt ansprechen zu können.

Ich hielt während meiner gesamten Amtszeit engen Kontakt zu
Wolfgang Vogel. Er hat mir seine Hilfe nie versagt, wenn ich ihn darum bat. Daneben war ich an einem regelmäßigen Meinungsaustausch
mit ihm über andere Fragen des deutsch-deutschen Verhältnisses interessiert. Je länger wir uns kannten, desto offener wurden unsere Gespräche, wobei wir uns einig waren, dass die Inhalte unter uns blieben
und nicht für Dritte bestimmt waren. Daraus entstand bald ein persönliches Vertrauensverhältnis, und ich fühlte mich Wolfgang Vogel
und seiner Frau Helga freundschaftlich verbunden.

Der Sportplatz in Wilhelmsruh

Schon bald nach meinem Amtsantritt machte ich mich auf die Suche
nach einem nahegelegenen Sportplatz, wo ich mein gewohntes Dauer-
erlaufen am Wochenende wieder aufnehmen konnte. Ich fand ihn in
Wilhelmsruh, in unmittelbarer Nachbarschaft eines sowjetischen Eh-
renfriedhofs. Die sehr schöne Anlage gehörte, wie ich bald bemerkte,
dem Volkseigenen Betrieb (VEB) Bergmann-Borsig und wurde von
Sportgruppen dieses Unternehmens intensiv genutzt. Das hielt mich
jedoch nicht davon ab, hier am Wochenende meine Runden zu dre-
hen. Ich fiel unter den Sporttreibenden doch nicht weiter auf, dachte
ich. Ich störte sie nicht, und sie störten mich auch nicht. Doch eines

Tages kam eine schneidige Sportlehrerin auf mich zu und fragte: »Sind Sie von Bergmann-Borsig?« Ich verneinte das. Da fuhr sie mich an: »Dann verschwinden Sie hier. Wer nicht zum Betrieb gehört, hat auf unserem Sportplatz nichts zu suchen.« Als ich leise und höflich einwandte: »Aber Bergmann-Borsig ist doch volkseigen. Und ich gehöre zum Volk«, tippte die Sportlehrerin nur an ihre Stirn. »Runter hier«, befahl sie.

Für diesen Tag gab ich das Joggen auf. Doch am folgenden Wochenende ging ich wieder nach Wilhelmsruh. Diesmal schien die Luft rein zu sein. Doch als ich, wie gewohnt, meine Runden auf dem Sportplatz drehte, heftete sich ein großer, blonder junger Mann an meine Fersen und kam mir dabei so nah, dass ich beinahe gestolpert wäre. Ich trat zur Seite und rief ihm zu: »Halten Sie doch bitte Abstand!« Doch der Mann lief weiter und war schon bald wieder dicht hinter mir. Jetzt wurde mir das Spiel zu dumm. Offenbar hatte er es darauf angelegt, mich vom Sportplatz zu vertreiben. Ich hielt jetzt ganz plötzlich an und rief mit lauter Stimme, sodass jeder in der Nähe mich verstehen konnte: »Sagen Sie Ihrer ›Firma‹, ich verbitte mir diese Belästigung.« Das Wort »Firma« verstand jeder DDR-Bürger, damit war der Staatssicherheitsdienst gemeint. Dann lief ich noch eine weitere Runde und verließ den Platz.

In den nächsten Wochen mied ich den Sportplatz des VEB Bergmann-Borsig. Ich war mir im Klaren darüber, dass ich nicht im Recht war, wollte aber auf das Laufen nicht verzichten. Nach einiger Zeit kehrte ich zurück. Weder die Sportlehrerin noch der große Blonde waren zu sehen. Auch an den folgenden Wochenenden hatte ich keine Probleme. Doch dann sprach mich ein anderer Läufer auf dem Platz an. »Ich rate Ihnen, sich ein Paar neue Laufschuhe zu besorgen«, sagte er freundlich. »Ihre sind verbraucht. Ich bin Marathonläufer und kenne mich aus.« Ich bedankte mich artig für den guten Rat, der in der Tat begründet war. In der nächsten Zeit sahen wir uns häufiger. Er legte offenbar Wert darauf, mit mir zu sprechen. War das etwa der neue »Betreuer«?, fragte ich mich. Wenn ja, sollte mir das recht sein. Denn gegen einen solchen Kontakt mit einem Sportsfreund hatte ich nichts einzuwenden. Die Sportlehrerin und den großen Blonden sah ich jedenfalls nicht wieder.

Selbst im Winter konnte ich das Laufen nicht lassen. Nur musste ich über einen Zaun klettern, weil der Sportplatz in dieser Jahreszeit geschlossen war. Doch niemand schien daran Anstoß zu nehmen, auch wenn sich dieses Verhalten für den Ständigen Vertreter sicher nicht gehörte.

Eine Verhandlungsrunde mit Schalck-Golodkowski

Bei meiner Berufung zum Leiter der Ständigen Vertretung hatte mich der Bundeskanzler ausdrücklich beauftragt, die anstehenden Verhandlungen mit der DDR wieder aufzunehmen. Dazu gehörten auch Sondierungen, was in der jeweiligen politischen Situation möglich war. Der Partner in diesen Verhandlungen, die nicht zuletzt eine koordinierende Funktion hatten, war Alexander Schalck-Golodkowski, der »gute Bekannte«, wie Gaus ihn genannt hatte. Ich war ihm in meiner ersten DDR-Zeit einige Male begegnet, wenn Gaus mich während seiner Verhandlungen in der Residenz konsultierte. Wir kannten uns also, wenngleich nur oberflächlich.

Im Juni 1982 stand eine Reihe wichtiger Fragen auf der Tagesordnung: die Reduzierung des Mindestumtausches, der im Herbst 1980 exzessiv erhöht worden war. Ein politischer Streitpunkt allererster Ordnung. Ein zweites wichtiges Thema war die weitere Ausgestaltung des Swings. Darüber wurde bereits zwischen der Treuhandstelle für Industrie und Handel, wie sie jetzt hieß, und dem DDR-Ministerium für Außenhandel verhandelt. Auch daran wirkte Schalck im Hintergrund mit. Weitere Projekte waren die Elektrifizierung von Eisenbahn-Transitstrecken und die Energieversorgung von West-Berlin, die aber wegen knapper Haushaltsmittel der Bundesregierung vorerst zurückgestellt werden mussten.

Daneben gab es einige kleinere Punkte, die aber für die betroffenen Menschen von großer Bedeutung waren, wie der nichtkommerzielle Zahlungsverkehr. Dabei ging es um den Transfer von Guthaben aus dem einen in den anderen deutschen Staat, etwa für den Unterhalt von Angehörigen oder die Unterstützung alter, bedürftiger Menschen. Solche Transferleistungen bedurften in der DDR der staatlichen Genehmigung. Da stets mehr Überweisungen von Konten in der DDR an Empfänger in der Bundesrepublik beantragt wurden als in umgekehrter Richtung, entstanden für die DDR in diesem Zahlungsverkehr mehr Devisenausgaben als -einnahmen, das heißt, sie musste Devisen zuschießen, was ihr bei ihrer Devisenknappheit schwerfiel. Darum drängte die Bundesregierung darauf, bestimmte Ausgleichsbeträge zu vereinbaren, damit möglichst viele Antragsteller im Westen, die Guthaben auf Konten in der DDR hatten – meist waren es Übersiedler –, zum Zuge kamen und keine langen Wartezeiten entstanden.

Ein anderes regelungsbedürftiges Problem war die Entlassung aus der DDR-Staatsbürgerschaft von Personen, die die DDR illegal verlassen hatten. Da sie sich in der DDR strafbar gemacht hatten, konnten sie ihre Verwandten in der DDR nicht besuchen. Beim Betreten der DDR drohten ihnen Festnahme und Verurteilung. Die Bundesregierung forderte deshalb mit großem Nachdruck, dass diese Personen – es waren viele Tausende – aus der DDR-Staatsbürgerschaft entlassen werden sollten und keine strafrechtliche Verfolgung stattfinden sollte.

Ferner ging es um eine Bitte des Senats, bei Tagesreisen von West-Berlinern die Aufenthaltsdauer in der DDR zu verlängern. Um noch den Abend bei den Verwandten oder Freunden in der DDR verbringen zu können, sollte es den Besuchern gestattet werden, bis zwei Uhr morgens ausreisen zu können und nicht bereits um Mitternacht. Ein scheinbar kleiner Punkt, aber für viele Tagesbesucher doch von großem Wert.

Schließlich bestand ein Interesse daran, dass der neue Grenzübergang auf der Transitautobahn nach Hamburg, in Stolpe-Dorf nördlich von Berlin-Tegel, auch von Fußgängern benutzt werden konnte und ein Omnibusverkehr auf beiden Seiten eingerichtet wurde, um die Orte in der Nähe auch ohne eigenes Auto erreichen zu können.

Ich erwähne diese sehr technisch anmutenden Punkte auf unserer Tagesordnung, weil sie eine Vorstellung von den Alltagsproblemen geben, die aus der deutschen Teilung entstanden waren. Man versteht dann besser, warum die Bundesregierung – und auch ich – gelegentlich davon sprachen, die Teilung »erträglicher« zu machen. Indessen ging es um mehr als bloße Annehmlichkeiten. Es ging darum, die Nöte vieler Menschen zu lindern und die Kontakte zwischen den Deutschen auf beiden Seiten zu erleichtern. Nicht zu Unrecht sprach damals die Bundesregierung von einer Politik der »menschlichen Erleichterungen«, ein Ausdruck, der heute kaum noch verstanden, wenn nicht sogar belächelt wird.

Am 3. Juni hatte ich das erste Gespräch mit Schalck. Ich erwartete ihn um acht Uhr morgens zum Frühstück in der Residenz, wie er es aus den Verhandlungen mit Gaus und Bölling gewohnt war. Er kam zu Fuß. Seinen Wagen mit Fahrer ließ er nicht vor der Residenz, sondern in der Nähe warten. Offenbar wollte er nicht, dass sein Besuch in der Residenz der Bundesrepublik auffiel. Schalck kam zu den Verhandlungen fast immer allein. Nur in Ausnahmefällen wurden von den Verhandlungsführern Experten hinzugezogen, damit diese in technisch oder juristisch schwierigen Fragen Formulierungshilfe leisteten.

Schalck war ein schwergewichtiger Mann, trotzdem wirkte er nicht schwerfällig, sondern sehr beweglich. Er sah nicht aus wie ein Partei- oder Staatsfunktionär, eher wie ein selbständiger Unternehmer oder Bankier, jedenfalls wie ein »Chef«, der Weisungen gab und nicht ausführte. Er berlinerte gern, sprach kein Funktionärsdeutsch, sondern drückte sich anschaulich und konkret aus. Auch bei unserem ersten Gespräch am Frühstückstisch hielt er sich nicht lange mit Höflichkeiten oder Vorreden auf, er kam gleich zur Sache. Ich legte ihm anhand meiner Papiere die Wünsche und Positionen der Bundesregierung dar, nicht sehr ausführlich, aber mit Fakten und Zahlen, und war erstaunt, dass Schalck es nicht für nötig hielt, sich Notizen zu machen. Einen Augenblick lang fragte ich mich: Wie kann er das alles im Kopf behalten? Hat er vielleicht ein Aufnahmegerät in der Tasche? Doch bald merkte ich, dass er tatsächlich ein ausgezeichnetes Gedächtnis hatte, über eine ungemein schnelle Auffassungsgabe verfügte und auch in komplizierten Fragen blitzschnell reagieren konnte. Was er sagen wollte, hatte er im Kopf. Bei manchen Forderungen sagte er nur: »Das geht nicht. Unsere Führung wird das nicht akzeptieren. Schlagen Sie sich das aus dem Kopf.« Wenn er sich dagegen einer Sache nicht sicher war oder ihm eine fachliche oder rechtliche Prüfung erforderlich schien, äußerte er keine Mutmaßungen oder eine Meinung unter Vorbehalt, sondern sagte einfach, darauf komme er zurück. In der Schlussphase einer Verhandlung antwortete er meist schon am nächsten Tag, manchmal sogar nach wenigen Stunden. Dann musste es immer ganz schnell gehen.

Meine erste Verhandlungsrunde mit Schalck dauerte zwei Wochen, mit fünf Gesprächen in der Residenz. Der Austausch war ziemlich intensiv. Schon bald zeichnete sich ab, dass zu diesem Zeitpunkt nur ein »kleines Paket« zustande kommen würde. Eine Korrektur des Mindestumtausches war nicht verhandelbar. Damit waren der Bundesregierung politisch die Hände gebunden. Größere Projekte konnten nicht in Angriff genommen werden.

Am 16. Juni war das »kleine Paket« fertig. In der wichtigen Swing-Frage war das Bundeswirtschaftsministerium der DDR noch ein Stück entgegengekommen. Der zinslose Überziehungskredit wurde nicht sofort, sondern in vier Schritten bis Ende 1985 von 850 Millionen auf 600 Millionen Verrechnungseinheiten zurückgeführt. Dass der Swing nicht weiter reduziert wurde, wie es von manchen Seiten gefordert worden war, entsprach auch dem wohlverstandenen Interesse der Bundesrepublik. Dafür zeigte sich die DDR bereit, bis 1985 jährlich 60 Millionen D-Mark (statt bisher 50 Millionen) für den nichtkommerziellen Zahlungsverkehr zur Verfügung zu stellen. Hinzu kamen Absprachen in drei nichtfinanziellen Punkten: Erstens wurden »Republikflüchtlinge«, die die DDR vor dem 1. Januar 1981 ungesetzlich verlassen hatten, aus der Staatsbürgerschaft der DDR entlassen. Eine Ausnahme galt für Deserteure der NVA. Zweitens wurde die Aufenthaltsdauer bei Tagesreisen von West-Berlinern nach Ost-Berlin oder in die DDR bis zwei Uhr des folgenden Tages verlängert. Schließlich erklärte sich die DDR bereit, am neuen Grenzübergang Stolpe-Dorf auch Fußgänger zuzulassen und für diese einen Busverkehr einzurichten.

In der zweiten Augusthälfte meldete sich Schalck wieder. Wir erörterten die verschiedenen Vorhaben, die in der letzten Runde zurückgestellt worden waren. In Sachen Mindestumtausch und Elbgrenze gab es weiterhin keine Bewegung. Für kostspielige Großprojekte fehlte bei der angespannten Wirtschaftslage in der Bundesrepublik das

Geld. Andere Vorhaben, wie der Betrieb der S-Bahn in West-Berlin, waren noch nicht verhandlungsreif. Schließlich verständigten wir uns darauf, das Projekt Berliner Gewässerschutz in Angriff zu nehmen. Hier ging es um den Bau einer dritten Reinigungsstufe in drei in der Nähe Berlins gelegenen Klärwerken, um die schädlichen Phosphate in den durch West-Berlin fließenden Flüssen Spree und Havel zu eliminieren. Wir kamen schon bald zu einem befriedigenden Ergebnis. Die Unterzeichnung der Dokumente erfolgte am 28. September 1982. Sie fand auf westlicher Seite kaum Beachtung, was auch verständlich war. Denn nach dem Auszug der FDP-Minister aus der Bundesregierung stand jetzt die Regierungskrise in Bonn im Vordergrund des Interesses. Deutsch-deutsche Angelegenheiten waren plötzlich zweitrangig geworden.

Wie sich zeigen sollte, war die zweite Verhandlungsrunde mit Schalck auch meine letzte mit ihm. Ich bedauerte das, hatte aber Verständnis dafür, dass der Beauftragte der DDR einen ständigen Kontakt mit der Bundesregierung auf politischer Ebene anstrebte. Dabei kamen ihm einflussreiche Politiker in der Bundesrepublik zu Hilfe, namentlich Franz Josef Strauß.

Leipziger Messen

Am Nachmittag des 5. September 1982, einem Samstag, machte ich mich auf den Weg nach Leipzig, um an der Eröffnung der Herbstmesse teilzunehmen. Es war meine »erste Messe«, der im Lauf der Jahre zwölf weitere folgen sollten. Wenn ich mich recht erinnere, habe ich in meiner Amtszeit keine ausgelassen.

Auf der Fahrt in Richtung Süden fiel mir das große Polizeiaufgebot entlang der Autobahn auf. Mein Fahrer, der sich in diesen Dingen besser auskannte als ich, meinte, da komme wohl bald eine hochrangige DDR-Delegation, wahrscheinlich der Generalsekretär und andere Politbüromitglieder.

In den folgenden Jahren sahen wir bei unseren Fahrten zur Leipziger Messe immer das gleiche Bild. Einmal passierte es uns – wir waren spät dran –, dass die Autobahn plötzlich von der Volkspolizei gesperrt

wurde. Auch der Wagen der Ständigen Vertretung mit dem Diplomatenkennzeichen CD 57–01 – diese Nummer war jedem Volkspolizisten
in der DDR bekannt – wurde herausgewinkt, und wir mussten eine
geschlagene halbe Stunde warten, bis uns die Kolonne der Partei- und
Staatsführung, ebenfalls auf dem Weg zur Leipziger Messe, passiert
hatte. Offenbar war es in der DDR üblich, bei Fahrten des Generalsekretärs »die Straße frei zu machen«. Eine etwas übertriebene Sicher-
heitsmaßnahme, fand ich.

In Leipzig wohnte ich, seit ich Leiter der Ständigen Vertretung
war, im Merkur, einem modernen, von Japanern erbauten Luxusho-
tel, das vor allem für privilegierte Besucher aus dem Westen bestimmt
war und in dem mit »Valuta«, das heißt in einer Westwährung, be-
zahlt werden musste. Während der Messetage war das Hotel für normale DDR-Bürger nur schwer zugänglich. Die gut zahlenden West-
Besucher sollten sich hier ganz »zu Hause« fühlen, also möglichst
wenig mit der einheimischen Bevölkerung in Kontakt kommen. Das
gehörte mit zu der eigentümlichen Weltoffenheit, die die DDR zur
Messezeit demonstrieren wollte: weltoffen für Besucher aus dem
Westen, aber nicht für die eigene Bevölkerung. Doch hin und wieder
sahen wir Einheimische in der Eingangshalle stehen, die das Luxus-
hotel einmal von innen betrachten wollten. Sie blickten etwas scheu
umher, kamen sich wohl vor wie Voyeure, die für einen kurzen Moment einen Blick auf eine ihnen sonst verschlossene Welt werfen
durften, bevor sie das fremde Etablissement rasch wieder verließen.
Andere DDR-Bürger waren von diesem »Schaufenster des Westens«
freilich so angewidert, dass sie einen großen Bogen um das Merkur
machten.

Als ich im September 1982 zum ersten Mal dort abstieg, fragte ich
mich unwillkürlich, ob das für mich in Leipzig eigentlich die richtige
Unterkunft sei. Wollte ich tatsächlich so abgeschirmt von dem normalen Leben in Leipzig wohnen? Einen Augenblick lang dachte ich an
das »gewöhnliche« Hotel Stadt Leipzig, wo ich in meiner ersten DDR-
Zeit einige Male gewohnt und damals nach der Flugzeugkatastrophe
jede erdenkliche Hilfe erfahren hatte. Aber nun war ich Missionschef,
und mir war vom Protokoll der DDR nahegelegt worden, aus Gründen des Status und der Sicherheit im Merkur abzusteigen, wo meines-

gleichen eben in Leipzig wohnte und gut bewacht und überwacht wurde. Natürlich gewöhnte ich mich rasch an die Annehmlichkeiten eines großen internationalen Hotels. Ich wurde betont aufmerksam und zuvorkommend behandelt, freilich immer eine Spur zu viel, immer etwas eilfertig, damit nur ja keine Zweifel am Weltniveau der Messestadt Leipzig aufkommen konnten.

Am Abend besuchte ich das traditionelle Eröffnungskonzert der Leipziger Messe im Neuen Gewandhaus, einem modernen, wuchtigen Neubau am Karl-Marx-Platz gegenüber der im Moskauer Nachkriegsstil wiederaufgebauten Oper. Als ich die Eingangshalle betrat, sah ich zum ersten Mal das riesige Kolossalgemälde von Sighard Gille, das sich über die gesamte Stirnwand des Gewandhauses erstreckte. Im großen Konzertsaal waren für die verschiedenen privilegierten Gruppen Plätze reserviert: die Politprominenz, führende Wirtschaftsfunktionäre und Generaldirektoren der Kombinate, Vorstandsmitglieder ausländischer Unternehmen, lokale Repräsentanten und eben auch für die in der DDR akkreditierten Missionschefs und ihre Mitarbeiter. Jeder war unter seinesgleichen platziert, eine strenggegliederte Gesellschaft. In früheren Zeiten hätte man das eine ständische Ordnung genannt.

Kurz vor Beginn des Konzerts zog die Partei- und Staatsführung ein, an der Spitze das Führungstrio Honecker, Stoph und Sindermann, dann folgten weitere Politbüromitglieder, stellvertretende Vorsitzende des Ministerrats und einfache Minister. Alle Anwesenden erhoben sich von ihren Plätzen. Der Dirigent des Gewandhausorchesters, Kurt Masur, begrüßte die Ehrengäste mit einer leichten Verbeugung, die in unnachahmlicher Weise ebenso Ergebenheit wie einen Hauch von Herablassung zum Ausdruck brachte. Dann spielte das Orchester die Nationalhymne der DDR, die mit dem Vers begann: »Auferstanden aus Ruinen und der Zukunft zugewandt, lass uns dir zum Guten dienen, Deutschland, einig Vaterland.« Dieser schöne Text von Johannes R. Becher – darum in der Bundesrepublik auch abfällig die »Becher-Hymne« genannt – stammte aus der Gründerzeit der DDR, als sie sich noch zur deutschen Einheit bekannt hatte. Nachdem sie in den sechziger Jahren davon abgegangen war, durfte der Text nicht mehr gesungen werden. Doch hatte man nicht gewagt, ihn zu ersetzen. Viele

DDR-Bürger kannten den Text natürlich auswendig, und manche mochten ihn im Geist noch mitgesungen haben. Die DDR war damals wohl das einzige Land, in dem die Nationalhymne nicht mehr gesungen werden durfte, sondern nur noch die Melodie gespielt wurde. Einen Augenblick lang erinnerte ich mich an die Nationalhymne der Bundesrepublik, die mit den Worten begann: »Einigkeit und Recht und Freiheit für das deutsche Vaterland. Danach lasst uns alle streben, brüderlich mit Herz und Hand.« Die Älteren unter uns kannten auch noch die ursprünglich erste Strophe dieser Hymne mit dem Eingangsvers: »Deutschland, Deutschland über alles, über alles in der Welt«, die nach dem Zweiten Weltkrieg abgeschafft worden war, weil sie einfach nicht mehr passte. Die Geschichte hatte sie überholt, als Ausdruck eines großdeutschen Nationalismus war sie untragbar geworden. Wie schwer taten wir uns doch mit unserem nationalen Selbstverständnis, dachte ich, die Ostdeutschen wie die Westdeutschen, jeder auf seine Weise.

Nach der Nationalhymne nahmen die Konzertbesucher wieder Platz, und das Konzert begann. Es dauerte nie länger als eine Stunde, offenbar wollte man die Geduld der Besucher nicht zu lange auf die Probe stellen. Die meisten waren ja nicht der klassischen Musik wegen gekommen.

Um 21 Uhr war ich im Paulaner, einem bekannten Bierrestaurant, mit westdeutschen Journalisten verabredet. Neben den in der DDR akkreditierten Korrespondenten kamen zu jeder Messe zahlreiche Reisekorrespondenten nach Leipzig. Einige kamen tatsächlich der Messe wegen, sie waren »alte Hasen« und kannten sich sehr genau aus, sowohl auf der Messe als auch in der Stadt; andere hatten vor allem politische Interessen oder waren einfach nur neugierig auf den anderen deutschen Staat. Manche von ihnen pflegten ihre Klischeevorstellungen von der DDR, die sich mit den Jahren noch verfestigt hatten, und sie waren keineswegs mit der Absicht nach Leipzig gekommen, diese an der Wirklichkeit zu überprüfen, was zur Messezeit, zugegeben, auch etwas schwierig war. Ich bemühte mich deshalb, die Journalisten auf die Lebenswelt DDR einzustimmen und sie sachlich und nüchtern über die Situation im Land zu informieren. Natürlich ging ich davon aus, dass die »Organe« mithörten (obwohl sie zur Messezeit immer sehr beschäftigt waren). Aber das kümmerte mich wenig. Ich hatte ja nicht die Absicht, in diesem Kreis über Staatsgeheimnisse zu reden. Und wenn wirklich einmal sehr empfindliche Punkte berührt wurden, sagte ich einfach: »Darüber kann ich hier nicht sprechen«, und jeder verstand, warum.

Am Sonntag war mein »Großkampftag« auf der Messe. Nach der offiziellen Eröffnung mit den obligaten Reden und Verbeugungen gegenüber dem »großen Bruder« unternahm die Partei- und Staatsführung einen mehrstündigen Messerundgang, der stets mit einem Besuch am Stand eines sowjetischen Kombinats begann, wo der »regierende« sowjetische Botschafter Abrassimow die Ehrengäste begrüßte. Dann folgten Besuche bei Ausstellern aus der DDR, Unternehmen aus befreundeten Ländern, neutralen Staaten und dem Rest der Welt. Erst gegen Ende des Rundgangs erschien die DDR-Führung regelmäßig bei einem prominenten Großunternehmen aus der Bundesrepublik, das natürlich schon Wochen zuvor einen diskreten Hinweis erhalten hatte. Selbstverständlich erwartete die DDR, dort von dem Chef des Unternehmens, dem Vorstandsvorsitzenden, empfangen zu werden.

Die Anwesenheit des Leiters der Ständigen Vertretung bei diesem Standbesuch war für mich eine protokollarische Pflicht. Auch ich war rechtzeitig unterrichtet worden, welchem Unternehmen jeweils die Ehre des hohen Besuchs zuteilwerden würde. Ich suchte deshalb am Sonntagmorgen den Stand des auserwählten Unternehmens auf, um den Ablauf des Besuchs zu besprechen und die Herren über die – stets kurze – Erklärung zu unterrichten, die ich abzugeben beabsichtigte. Manche Vorstände legten freilich keinen besonderen Wert auf meine Teilnahme und ließen mich das auch spüren. Sie meinten wohl, ich stünde ihnen im Licht. Politik interessierte sie wenig, und sie mochten es nicht, dass ihr Messestand für ein politisches Schauspiel benutzt wurde, das dann die ganze Aufmerksamkeit der Medien auf sich zog. Doch bei den Standbesuchen von Honecker, Mittag & Co. war dieses Ritual nun einmal nicht zu umgehen.

Nach dem Vorgespräch begann eine unerquickliche Wartezeit. Ab zwölf Uhr sei mit dem Eintreffen der hohen Herren zu rechnen, hatte uns das Protokoll wissen lassen. Doch häufig erschienen der Generalsekretär und seine Begleitung erst nach ein Uhr oder noch später. Das bedeutungsvolle Zeichen für das Erscheinen der Partei- und Staats-führung auf dem westdeutschen Stand kam dann von Herrn Mark-stein, einem uns gut bekannten Mitarbeiter des Protokolls im DDR-Außenministerium. Er hatte den Auftrag, etwa eine Viertelstunde vor dem Ereignis den Sekt zu »kosten«, den die Unternehmensleitung ih-ren Gästen anzubieten gedachte. Das geschah natürlich aus Sicher-heitsgründen. Denn sollte dem trinkfesten Herrn Markstein nach der Sektprobe wider Erwarten schlecht werden, konnte der Standbesuch noch rechtzeitig abgeblasen werden. Ich beobachtete Herrn Mark-stein, wenn er auf dem Stand erschien, stets mit einem gewissen Ver-gnügen. Insgeheim fragte ich mich, wie viele Sektproben er als Vorbo-te seiner Herrschaft bis dahin schon absolviert hatte. Zu seiner Ehre muss ich sagen: Ich habe Herrn Markstein nie angetrunken erlebt. Doch etwas fröhlicher als sonst war er schon, was dem disziplinierten und strengen Hofbeamten sehr gut anstand.

Kurz darauf kam der große Augenblick: die Ankunft des General-sekretärs und seiner Begleitung. Nach dem mehrstündigen Rundgang

Leipziger Messe: Eine DDR-Delegation mit Erich Honecker an der Spitze besucht ein westdeutsches Unternehmen

waren die Herren schon sichtlich abgekämpft. Ihnen folgte eine Schar von Fernsehleuten, Journalisten und Fotografen. Auf dem Stand entstand nun ein großes Gedränge. Der Vorstandsvorsitzende führte seine hohen Gäste in einen engen Raum und bat sie, Platz zu nehmen. Dann begrüßte er sie in wohlgesetzten Worten und gab einen Überblick über die Tätigkeit seines Unternehmens. Honecker bedankte sich für den Empfang. Anschließend gab es (den geprüften) Sekt, es wurde angestoßen. Die Kameras surrten. Danach war ich an der Reihe. Ich hatte nur eine Minute Zeit, musste mich also auf wenige Sätze zum Stand der deutsch-deutschen Beziehungen beschränken.

Wenn es die politische Lage erlaubte, bemühte ich mich, einen positiven, in die Zukunft weisenden Akzent zu setzen. Manchmal nahm Honecker das Stichwort in seiner Erwiderung auf, das ich ihm geliefert hatte. Dann stand dieser kurze Dialog am nächsten Tag im *Neuen Deutschland* und wurde von den Funktionären als eine positive Losung verstanden, etwa in dem Sinne: Es geht voran. Darauf kam es mir an. In schwierigen politischen Situationen passte dieses Modell jedoch nicht. Wenn Honecker die Bundesrepublik attackierte, musste ich widersprechen. Das ging nicht anders. Dann ging von Leipzig ein negatives Signal aus, und die interessierte Öffentlichkeit musste zur Kenntnis nehmen, dass der Fortschritt in den deutsch-deutschen Beziehungen wieder einmal stockte. Meine Kollegen in Bonn fanden meine kurzen Erklärungen auf der Leipziger Messe manchmal etwas zu freundlich. Sie wünschten sich in der Öffentlichkeit gegenüber der DDR-Führung eine härtere Tonart. Doch ich hatte beobachtet, dass Honecker vor laufenden Kameras gern auf positive Stichworte einging. Das las sich dann am nächsten Tag ganz gut in den Zeitungen. Ein kleiner Beitrag zur Klimapflege, nicht mehr.

Nach dem offiziellen Teil des Standbesuchs gab es noch kurze Fragen und Antworten. Für das Unternehmen war es dabei nicht so wichtig, was gesagt wurde. Das war meist nicht sehr bedeutsam. Die Hauptsache war, dass Honecker dem Stand des Unternehmens einen Besuch abstattete und es keine Misstöne gab. Meist kam es schon bald darauf zu wichtigen Vertragsabschlüssen.

Der Standbesuch dauerte fast nie länger als zehn Minuten. Dann zog die Karawane weiter. Die Herren des Unternehmens waren er-

*»Prometheus verlässt das Theater«, 1981; Holzschnitt von Wolfgang Mattheuer,
erworben in der Galerie am Sachsenplatz in Leipzig*

leichtert, wenn es gut gelaufen war – und das war fast immer der Fall.
Für mich war das Ganze nicht mehr als eine Pflichtübung, der ich
wenig abgewinnen konnte. Öffentliche Auftritte im Scheinwerferlicht
des Fernsehens waren meine Sache nicht.

Am Sonntagnachmittag besuchte ich regelmäßig die Galerie am
Sachsenplatz, die ich schon aus meiner ersten DDR-Zeit kannte. Sie
gehörte zum Staatlichen Kunsthandel und bot moderne Kunst aus der
DDR zum Kauf an. Im Lauf der Zeit wurde aus diesen Galeriebesu-
chen eine schöne Gewohnheit, die mich für die Mühen des Vormit-
tags entschädigte. In der Galerie wurde ich von Hans-Peter Schulz,
dem Leiter, und seiner Mitarbeiterin Johanna Teller als Freund des
Hauses empfangen. Es gab Kaffee, und wir hatten Zeit zum Plaudern.
Manchmal kam auch Gisela Schulz dazu, die aus Stuttgart stammte
und immer noch schwäbelte. Nach dem Kaffee zeigten sie mir neue

Arbeiten von Künstlern der Galerie. Unter ihrer Anleitung entdeckte ich die Vielfalt und Differenziertheit der Kunst in der DDR: die »großen drei« der Leipziger Schule, Werner Tübke, Bernhard Heisig und Wolfgang Mattheuer, Willi Sitte aus Halle, der auch Präsident des Verbandes der bildenden Künstler in der DDR war, Harald Metzkes aus Berlin, Max Uhlig aus Dresden und Gerhard Altenbourg aus Altenburg in Thüringen, um nur einige zu nennen. Die meisten Maler und Bildhauer in der DDR, wenn auch nicht alle, bekannten sich zum »sozialistischen Realismus«, dem von der offiziellen Kulturpolitik vorgegebenen Leitbild. Doch die meisten Künstler fühlten sich dadurch kaum eingeengt. Sie bekannten sich aus Überzeugung zur gegenständlichen Malerei. Konflikte, Spannungen und Trauer in der ostdeutschen Gesellschaft, die Auseinandersetzung mit der deutschen Vergangenheit, die auf dieser Generation lastete, und auch die unterschwelligen Ängste waren in vielen Bildern zu spüren.

Meine Besuche in der Galerie am Sachsenplatz hatten einen privaten Charakter. Je länger wir uns kannten, desto offener wurden unsere Gespräche. Hans-Peter Schulz war mit sächsischem Humor begabt und verstand sich auf einen ironischen Ton, vor allem wenn er sich zu politischen Fragen äußerte. Er beherrschte die »verschlüsselte Sprache«, die sich manche gebildeten DDR-Bürger angewöhnt hatten, wenn sie über heikle Dinge sprachen. Auch heute noch erinnere ich mich dankbar an die Sonntagnachmittage in der Galerie.

1983 vermittelte mir Johanna Teller – die Frau des Philosophen Jürgen Teller – ein Gespräch mit Werner Tübke. Ich besuchte ihn in seinem Leipziger Atelier, wo er mir Bilder zeigte, an denen er gerade arbeitete. Ich fragte ihn, ob er bereit sei, meine 21-jährige Tochter zu zeichnen. Ohne zu zögern, sagte er zu. Einige Wochen später brachte ich sie ins Atelier. Erst plauderten wir eine Weile, damit der Meister sie kennenlernen konnte. Dann ließ ich sie mit ihm allein. Als ich nach zwei Stunden zurückkam, war die Zeichnung fertig. Ein wunderbares Bild. Es hängt heute in unserer Berliner Wohnung, und ich sehe es täglich.

An den nächsten beiden Tagen absolvierte ich mein normales Messeprogramm: Begleitung des Bundeswirtschaftsministers, wenn dieser die Messe besuchte, Standbesuche bei ostdeutschen, westdeutschen und West-Berliner Unternehmen, Informationsgespräche mit Landes- und Bundespolitikern, die zunehmend häufiger nach Leipzig kamen.

Wenn es meine Zeit erlaubte, stattete ich auch der ostdeutschen Firma F. C. Gerlach einen Besuch ab, die auf dem Messegelände ein stattliches Büro unterhielt. Eigentlich hatte ich dazu keinen Anlass. Doch ich kannte den Geschäftsführer, Michael Wischniewski, dem ich in meiner ersten DDR-Zeit auf diplomatischen Empfängen begegnet war. Wischniewski war Jude, in Polen aufgewachsen und als Jugendlicher während des Krieges in Auschwitz inhaftiert, das er wie durch ein Wunder überlebt hatte. Wann und unter welchen Umständen er in die DDR gekommen war, wusste ich nicht. Seine Firma F. C. Gerlach, eine Handelsgesellschaft für Importe und Exporte, unterhielt Geschäftsbeziehungen zu großen westlichen Unternehmen. Womit er handelte, war mir nicht bekannt und interessierte mich auch nicht weiter. Ich besuchte Wischniewski aus anderen Gründen: Ich wollte mit ihm über politische Fragen reden, insbesondere über die Wirtschaftslage der DDR, die Westverschuldung, Versorgungsprobleme, die Stimmung in der Bevölkerung. Unter vier Augen sprach er sehr offen über die angespannte Lage in der DDR. Er war bestens informiert und machte kein Hehl aus seiner engen Verbindung zu Schalck.

Wahrscheinlich gehörte seine Handelsgesellschaft, so vermutete ich, zu den sogenannten Koko-Firmen. Dabei handelte es sich um spezielle Außenhandelsunternehmen (mit Verbindungen zur Staatssicherheit), die zum Bereich »kommerzielle Koordinierung« im Ministerium für Außenhandel gehörten und den Auftrag hatten, mit Geschäften der verschiedensten Art Devisen zu erwirtschaften. Leiter dieses Firmenkomplexes war Schalck. Wischniewski äußerte sich manchmal zu internen Vorgängen in der DDR-Führung, was sich in der DDR nur jemand erlaubte, der hoch angebunden war. Das machte mich hellhörig, auch etwas misstrauisch, und ich sagte mir: Hier ist Vorsicht geboten. Doch abbrechen wollte ich den Kontakt nicht. Denn Wischniewski war nicht nur ein lebhafter, kenntnisreicher und interessanter Mann, er war mir auch sympathisch. Seinen verschlungenen Lebensweg von Polen über Auschwitz in die DDR konnte ich nicht vergessen.

Das Ende der Ära Helmut Schmidt

Am 31. August unterrichtete ich Rechtsanwalt Vogel, dass Staatsminister Wischnewski zu Gesprächen nach Ost-Berlin kommen werde. Beide kannten sich seit den siebziger Jahren, als Wischnewski im Bundeskanzleramt ein wichtiger Ansprechpartner Vogels gewesen war. Zu meiner Überraschung sprach Vogel das sogenannte Züricher Modell an, ein Projekt, über das schon seit einiger Zeit über Mittelsmänner und unter großer Geheimhaltung Gespräche geführt worden waren. Wischnewski war über diese Kontakte unterrichtet und schien großes Interesse an dem Geschäft zu haben. Es ging dabei um die Idee, über eine Schweizer Bank (mit Beteiligung der Bundesrepublik) Kredite in Milliardenhöhe für die DDR zu beschaffen. Als Gegenleistung sollte das Rentenalter in der DDR und damit die Berechtigung zu Westreisen um einige Jahre herabgesetzt werden, wodurch zusätzlich bis zu einer Million DDR-Bürger in den Westen hätten reisen können. Ohne Zweifel ein attraktives Projekt für beide Seiten. Vogel meinte, in dieser Sache sei die Bundesregierung am Zuge.

Ich sagte Vogel, dass es auf westdeutscher Seite – und vielleicht auch bei unseren Verbündeten – erheblichen Widerstand gegen ein Kreditprojekt dieser Größenordnung geben würde. Es sei aber keineswegs aussichtslos. Der Bundeskanzler habe nach wie vor großes Interesse an einer Ausweitung des Reiseverkehrs zwischen den beiden deutschen Staaten. Doch müsse zunächst das Problem des Mindestumtausches entschärft werden. Sonst könne sich die Bundesregierung in der Kreditfrage kaum bewegen. Auf meine Gegenfrage, ob denn die DDR-Führung zu einer Senkung des Reisealters bereit und in der Lage sei, antwortete Vogel nur, das sei eine berechtigte Frage. Es gebe dazu noch keine Vorentscheidung. Nach meinem Eindruck hieß das: Weder das Politbüro noch Moskau, sondern nur einige hochgestellte Leute hatten sich bisher mit dem Projekt befasst. Sicher Mittag und Schalck, die den dringenden Bedarf der DDR an neuen Westkrediten kannten, vielleicht auch Honecker und Herbert Häber, der die »West-Abteilung« im Zentralkomitee der SED leitete. Auf westdeutscher Seite sah es ähnlich aus: Neben Wischnewski und dem Bundeskanzler kannten nur wenige Leute das Projekt, insbesondere der SPD-Politiker Karl Wienand und wahrscheinlich Herbert Wehner. Eine Schlüsselfigur war der Züricher Bankier Holger Bahl. Bei der nächsten Gelegenheit berichtete ich Wischnewski über mein Gespräch mit dem Anwalt. Einen Drahtbericht hatte ich nicht nach Bonn geschickt. Dafür war mir die ganze Sache zu brisant. Wischnewski hörte interessiert zu und gab mir zu verstehen, er wolle die Sache voranbringen. Vielleicht ergebe sich bei seinem Besuch in Ost-Berlin eine Gelegenheit, darüber zu sprechen.

Am Sonntag, dem 12. September, holte ich den Staatsminister und seine Frau am Flughafen Tegel ab. Von dort fuhren wir in das Gästehaus des DDR-Außenministeriums, wo das Ehepaar Wischnewski während seines Aufenthalts in Ost-Berlin wohnte. Den Abend verbrachten wir bei Rechtsanwalt Vogel, der uns in sein Haus in Teupitz, südlich von Berlin, eingeladen hatte. Hier hatte Wischnewski Gelegenheit, eingehend über das Züricher Modell zu sprechen.

Am Montag absolvierte der Staatsminister ein dichtgedrängtes Programm. Im Haus des Zentralkomitees wurde er zunächst von Mittag, dann von Honecker empfangen. Anschließend eröffnete er mit dem Präsidenten der Bauakademie, Hans Fritsche, die Ausstellung der Bundesrepublik, »Stadt Park – Park Stadt«, in dem Ausstellungszentrum am Fernsehturm. Danach gab Außenminister Oskar Fischer ein Mittagessen. Es folgten eine Pressekonferenz in der Ständigen Vertretung und dann ein weiteres Gespräch mit dem Außenminister. Am Abend gab ich für den Staatsminister ein Essen in der Residenz, bei dem er mit Häber zusammentraf.

Wichtig waren vor allem die Gespräche mit Mittag und Honecker. Sie waren von einer Offenheit, wie ich sie bisher in den deutschdeutschen Kontakten nicht erlebt hatte. Auf ausdrückliche Bitte des Bundeskanzlers hin gab Wischnewski ein »ungeschminktes Bild« vom Zustand der sozialliberalen Koalition. Vor allem infolge der wirtschaftlichen Schwierigkeiten habe sich die Koalition auseinandergelebt, sagte er. Es seien zwei verschiedene Parteien mit ganz unterschiedlichen Vorstellungen über eine Lösung der anstehenden Probleme. Die SPD müsse in dieser Situation den Kontakt mit den Gewerkschaften halten und so viel soziale Gerechtigkeit wie nur möglich durchsetzen, wohingegen die FDP andere Interessen vertrete, vor allem eine stärkere Förderung der Investitionen. Bundeswirtschaftsminister Graf Lambsdorff habe dem Bundeskanzler ein Papier mit Forderungen vorgelegt, die mindestens von einem Teil der SPD nicht mitgetragen werden könnten. Das laufe auf einen Bruch der Koalition hinaus. Inzwischen tendierten mehr als die Hälfte der FDP-Bundestagsabgeordneten zu einem Koalitionswechsel, andere setzten sich für eine Fortsetzung der bestehenden Koalition ein oder seien noch unentschieden. Der Bundeskanzler lege Wert darauf, den Generalsekretär wissen zu lassen, dass er aus seiner Verantwortung nicht weglaufen, sondern für seine Politik kämpfen werde. Um Klarheit zu schaffen, wie es weitergehen solle, habe er deshalb im Bundestag die Opposition zu einem konstruktiven Misstrauensvotum aufgefordert. Der Ausgang sei offen. Noch sei nichts endgültig entschieden. Doch auch wenn es in den nächsten Wochen eine andere Regierung geben werde, bleibe das Verhältnis zwischen den beiden deutschen Staaten ein wichtiges Thema. »Wir sind Patrioten und keine kleinkarierten Parteipolitiker«, sagte Wischnewski. Was Helmut Schmidt in dieser schwierigen Situation brauche, seien kurzfristige Erfolge, auch in den deutsch-deutschen Beziehungen.

Mehrere Male unternahm Wischnewski den Versuch, die DDR-Führung zu einer Korrektur des Mindestumtausches zu veranlassen. Ihm schwebe eine »soziale Komponente« vor, sagte er, etwa in dem Sinne, dass Rentner und Kinder vom Mindestumtausch freigestellt würden. Das war wohl der kurzfristige Erfolg, den er im Auge hatte. Wenn der Generalsekretär noch während seines Aufenthalts in der DDR etwas tun könne, komme er sofort nach Berlin zurück, fügte Wischnewski hinzu. Ich beobachtete Honecker genau, als er darauf antwortete. Mir schien, als wäre er dem Bundeskanzler in seiner Bedrängnis gern behilflich gewesen, sähe sich aber nicht in der Lage dazu. Für eine solche Geste hätte Honecker wohl nicht die Zustimmung des Politbüros bekommen, jedenfalls nicht ohne eine Gegenleistung, und die hatte Wischnewski nicht angeboten. Honecker wehrte das Ansinnen ab. Am Werbellinsee habe man alle Fragen »kameradschaftlich« behandelt, sagte er. Doch in den vier offenen Grundfragen habe sich bisher nichts bewegt. Stattdessen sehe sich die DDR einer antikommunistischen Hetze durch die westdeutschen Medien ausgesetzt. Sie werde als der »innere Feind« der Bundesrepublik hingestellt. An dieser Stelle des Gesprächs wurde die tiefe Enttäuschung Honeckers deutlich, dass es vor allem in der Frage der Elbgrenze immer noch keine Bewegung gab.

Ein anderes Thema, das den Generalsekretär in dieser Zeit sehr beschäftigte, war der Betrieb der S-Bahn in West-Berlin, der die DDR angeblich pro Jahr 100 Millionen D-Mark kostete. Er war offensichtlich empört darüber, dass die von der Deutschen Reichsbahn betriebene S-Bahn schon seit Jahren nur von wenigen West-Berlinern benutzt wurde. Honecker forderte deshalb – verständlicherweise – eine Finanzierung durch den Senat. »Oder sollen wir vielleicht den Betrieb in West-Berlin einstellen?«, fragte er. Auch Mittag sprach das S-Bahn-Problem an. Man müsse sich intensiv damit beschäftigen, sagte er. Doch waren die Prüfungen in dieser empfindlichen Frage durch den Senat und die Bundesregierung noch nicht abgeschlossen. Auch die West-Alliierten hatten in dieser Frage ein gewichtiges Wort mitzureden.

Als Mittag sich darüber beklagte, dass infolge der Polenkrise auch die Kreditmöglichkeiten der DDR auf den westlichen Finanzmärkten in Mitleidenschaft gezogen würden – »unsere Kredite werden eingefroren«, sagte er –, erwähnte Wischnewski das Züricher Modell. Mittag verstand sofort. Ein solches Projekt sei nicht unrealistisch, meinte er. Nur müsse die Bundesregierung die DDR auch in die Lage versetzen, es intern durchzusetzen. Damit meinte er wohl die Dimension und die Modalitäten der Kredite, die mit Hilfe der Bundesregierung für die DDR beschafft werden sollten. Hier zeigte sich wie schon in meinem Gespräch mit Rechtsanwalt Vogel, dass das Projekt noch in den Anfängen steckte und politisch auf beiden Seiten nicht abgesichert war. Ich gab ihm damals nur geringe Chancen.

In allen Gesprächen, die Wischnewski in diesen Tagen führte, wurde, wie nicht anders zu erwarten war, auch die Raketenfrage angesprochen. Der Tenor war der gleiche wie in den Gesprächen bei meinen Antrittsbesuchen. Honecker äußerte sich sehr besorgt über den Stand der Genfer Verhandlungen. Er wisse von seinen sowjetischen Freunden, dass die USA offenbar an einer Einigung gar nicht ernsthaft interessiert seien. Sollte daher 1983 die Stationierung amerikanischer Nuklearraketen auf dem Gebiet der Bundesrepublik beginnen, wür-

Unterzeichnung des Kulturabkommens im Mai 1986

den auch die deutsch-deutschen Beziehungen in Mitleidenschaft gezogen. »Im Schatten der Raketen können sich keine gutnachbarlichen Beziehungen entwickeln«, warnte er. Wischnewski widersprach. Der Bundeskanzler spreche in dieser Frage gegenüber den USA eine deutliche Sprache. Bei seinem letzten Besuch in Washington habe er den Eindruck gewonnen, dass eine Einigung möglich sei. Und dann fügte Wischnewski hinzu: »Um ganz offen zu sein, Herr Honecker, für die SPD wäre die Stationierung eine Zerreißprobe.«

Nach einem Abendessen saßen wir noch einen Augenblick in der Residenz zusammen. Wischnewski schien zufrieden mit dem Verlauf seiner Gespräche. Der Zweck seines Besuchs sei nicht, Verhandlungen zu führen, sondern den politischen Dialog fortzusetzen, sagte er. Wichtig war ihm die Bereitschaft der DDR, erstens die Verhandlungen über den Berliner Gewässerschutz zum Abschluss zu bringen und zweitens – das war überraschend – die Verhandlungen über ein Kulturabkommen wieder aufzunehmen, die durch den Streit über die Eigentumsrechte am ehemals preußischen Kulturbesitz seit Jahren blockiert waren. Dieses Abkommen wurde vier Jahre später unterzeichnet.

Kurz nach Wischnewskis Abreise, am 17. September 1982, verließen die vier FDP-Minister die Bundesregierung. Die sozialliberale Koalition war damit beendet. Das rein sozialdemokratische Kabinett war nur mehr eine Minderheitsregierung. Am 28. September, zwei Tage nach der Landtagswahl in Hessen, bei der die FDP nur 3,1 Prozent der Stimmen erhielt und aus dem Landtag ausschied, fielen in Bonn die Entscheidungen. Die Bundestagsfraktion der FDP stimmte mit deutlicher Mehrheit für eine Koalition mit den Christdemokraten. Im Parteivorstand war dagegen die Mehrheit für den Koalitionswechsel sehr knapp. Noch am selben Tag stellten die Fraktionen der CDU/CSU und der FDP im Bundestag den Antrag, Bundeskanzler Helmut Schmidt das Misstrauen auszusprechen und Dr. Helmut Kohl zum Bundeskanzler zu wählen.

Bundeskanzler Helmut Kohl:
Die Losung heißt Kontinuität

Am 1. Oktober 1982 wurde Helmut Kohl gewählt und im Deutschen Bundestag vereidigt. Schon am nächsten Tag, einem Samstag, zog er mit seinen engsten Mitarbeitern im Kanzleramt ein. Am 4. Oktober wurden die neuen Minister ernannt. Anschließend erfolgte die Amtsübergabe im Bundeskanzleramt. Das war die kürzeste Regierungsbildung, die die Bundesrepublik bis dahin erlebt hatte.

Ich war nicht eingeladen worden, an der Amtsübergabe teilzunehmen, obwohl ich als Staatssekretär dem Bundeskanzler unmittelbar unterstand und zum Amtsbereich des Bundeskanzleramtes gehörte. Ob das etwas zu bedeuten hatte, wusste ich nicht. Um mich bei der neuen Regierung bekanntzumachen, meldete ich mich am Montag zu Antrittsbesuchen beim Bundeskanzler, bei Staatsminister Jenninger und dem Bundesminister für innerdeutsche Beziehungen, Barzel, an. Am 6. Oktober flog ich nach Bonn, wo noch am Abend das erste Gespräch mit Staatsminister Jenninger stattfand. Bundesminister Barzel suchte ich am nächsten Vormittag auf. Beide empfingen mich sehr freundlich. Ich gab ihnen einen kurzen Überblick über den Stand der deutsch-deutschen Beziehungen und unterrichtete sie über einige

Gespräche, die ich in den letzten Tagen in Ost-Berlin geführt hatte und die mir den Eindruck vermittelt hatten, dass die DDR-Führung durch den Regierungswechsel in Bonn stark verunsichert war.

Weder Jenninger noch Barzel äußerten sich zu meinen persönlichen Perspektiven in der neuen Bundesregierung. Wahrscheinlich hatte man noch keine Entscheidung zu meiner Person getroffen. Doch beide gingen offenbar davon aus, dass ich vorerst im Amt bliebe.

Persönlich war mir das Ende der Regierung Schmidt nahegegangen. Ich hatte nicht nur ein persönliches Vertrauensverhältnis zu den für die Deutschlandpolitik verantwortlichen Politikern gefunden, sondern mich auch mit der Politik der sozialliberalen Koalition voll identifiziert. Dennoch hatte ich zu keiner Zeit erwogen, einer der beiden Parteien beizutreten. Obwohl meine Tätigkeit als Leiter der Ständigen Vertretung eine stark politische Prägung hatte, ja eigentlich ein politisches Amt war – so hatten es auch meine beiden Vorgänger gesehen –, fühlte ich mich doch als Beamter, dessen Loyalität ausschließlich dem Staat, der Verfassung und der gewählten Regierung galt. Auf dieser Grundlage war ich selbstverständlich bereit und natürlich auch interessiert, meine Arbeit in Ost-Berlin fortzusetzen. Dabei ging ich allerdings davon aus, dass die neue Bundesregierung die bisherige Deutschlandpolitik, zu der es aus meiner Sicht keine vernünftige Alternative gab, fortführen würde. Bisher hatte ich keinen Anlass, daran zu zweifeln, und meine Gespräche mit Jenninger und Barzel hatten mich darin bestärkt. Sollte es allerdings wesentliche Veränderungen in der Deutschlandpolitik geben, die ich nicht glaubte mittragen zu können, würde für mich eine neue Situation entstehen. Für diesen Fall war ich fest entschlossen, mein Amt zur Verfügung zu stellen, also doch als ein politischer Akteur und nicht als Beamter zu handeln.

In den ersten Wochen der neuen Bundesregierung entfaltete Bundesminister Barzel eine hektische Aktivität. Ganz anders als sein Vorgänger, der sich diszipliniert dem Bundeskanzleramt untergeordnet hatte, beanspruchte Barzel die Federführung in der Deutschlandpolitik. Er übernahm nicht nur den Vorsitz in verschiedenen Koordinationsgremien innerhalb der Bundesregierung – dagegen war wenig zu sagen –, er unterbreitete auch den Vorschlag, Ministertreffen mit der

DDR zu organisieren, an denen er selbst teilnehmen wollte. Zeitweilig forderte er sogar die Eingliederung der Gruppe 22, die im Bundeskanzleramt für die Deutschlandpolitik zuständig war, in sein Ministerium. In der Bundesregierung stieß er mit diesen Initiativen allerdings auf wenig Verständnis. Die anderen Ressorts wachten eifersüchtig über ihre Kompetenzen, und auch Bundeskanzler Kohl war nicht bereit, Barzel die operative Steuerung der Deutschlandpolitik und eine Art Richtlinienkompetenz zu überlassen. Er beauftragte stattdessen den Staatsminister im Bundeskanzleramt, Philipp Jenninger, dem er voll vertraute, mit der Wahrnehmung der Kontakte zur Führung der DDR und behielt sich vor, die Leitlinien für die Deutschlandpolitik selbst zu bestimmen. Das Kabinett wurde von ihm über wichtige Vorgänge unterrichtet, im Übrigen an der Meinungsbildung aber kaum beteiligt. Sein Regierungsstil war vor allem dadurch gekennzeichnet, dass er selbst die Fäden in der Hand behielt, die Umsetzung seiner Politik und die Regelung der Details aber seinem Vertrauten Jenninger überließ. Auf eine Einschaltung von Gremien legte er keinen großen Wert.

Kohls Verhältnis zu Rainer Barzel, den er vor Jahren als Parteivorsitzenden der CDU abgelöst hatte, war nicht frei von Spannungen. Sie belasteten aber nicht die Koordinierung der Deutschlandpolitik, zumal es in den Sachfragen eine fast vollständige Übereinstimmung gab. Schon nach den Wahlen im Frühjahr 1983 schied Barzel aus dem Kabinett wieder aus und wurde zum Präsidenten des Bundestags gewählt. Seine Amtszeit als Bundesminister für innerdeutsche Beziehungen war also nur eine kurze Episode.

Am 8. Oktober – eine Woche nach dem Regierungswechsel in Bonn – kam Herbert Häber zu einem Mittagessen unter vier Augen in die Residenz. Er war ein wichtiger Berater des Generalsekretärs in allen die Bundesrepublik betreffenden Fragen. Gestützt auf meine Gespräche mit Jenninger und Barzel, erläuterte ich die deutschlandpolitischen Vorstellungen der neuen Bundesregierung. Mein Tenor war: Weiterführung der praktischen Zusammenarbeit mit der DDR auf der Grundlage der Verträge, aber auch eine stärkere Betonung der grundsätzlichen Positionen. Also im Wesentlichen Kontinuität. Häber äußerte ganz offen, dass es in der SED-Führung große Unsicherheit bei der Beurteilung der Regierung Kohl gab. Aus den Interviews führender Politiker der neuen Koalition ergebe sich kein klares Bild. Manche Äußerungen hätten erhebliche Irritationen ausgelöst. Was verstehe denn die Bundesregierung konkret unter Kontinuität?, fragte er. Die Hinweise auf den Deutschlandvertrag mit den West-Alliierten aus den fünfziger Jahren und den »Brief zur deutschen Einheit« von 1972 deuteten doch auf eine neue Politik »mit den alten Kategorien« hin. Manche Leute auf seiner Seite befürchteten gar, es werde jetzt wieder eine Politik mit den »Gänsefüßchen« geben, mit der früher die Souveränität und Unabhängigkeit der DDR in Frage gestellt worden sei. Mit der Forderung nach Freizügigkeit würden zudem hohe Erwartungen geweckt, um nicht zu sagen Illusionen, die bei den gegebenen Rahmenbedingungen doch gar nicht erfüllt werden könnten. Zum Mindestumtausch sagte Häber, wir hätten in den letzten Wochen der alten Bundesregierung doch sicher bemerkt, dass sich die Führung der DDR einer Lösung des Problems in einem größeren Zusammenhang genähert habe. Damit habe man auch der bedrängten Regierung Helmut Schmidt helfen wollen. Solche Neigungen gebe es natürlich gegenüber der neuen Bundesregierung nicht. Ein Entgegenkommen in der Zukunft sei aber nicht ausgeschlossen. »Man kann darüber nachdenken«, sagte er. Häber hatte das Züricher Modell offenbar nicht aus dem Auge verloren.

Ich berichtete dem Bundeskanzleramt von diesem Gespräch. Es hatte bei mir den Eindruck verstärkt, die DDR werde erst einmal abwarten, wahrscheinlich bis zu den angekündigten Wahlen im Frühjahr, im Interesse der wirtschaftlichen und finanziellen Zusammenarbeit aber eine Konfrontation zu vermeiden suchen.

Am 12. Oktober kam Bundesminister Barzel nach Berlin. Er führte zunächst ein Gespräch mit dem Regierenden Bürgermeister Richard von Weizsäcker im Rathaus Schöneberg. Dort holte ich ihn mit meinem Dienstwagen ab und fuhr mit ihm nach Ost-Berlin, wo wir im Restaurant Panorama im achtunddreißigsten Stock des Hotels Stadt Berlin am Alexanderplatz zu Mittag aßen. Die Abfertigung am Übergang Bornholmer Straße war reibungslos, wenn auch nicht besonders zuvorkommend. Im Restaurant wurden wir wie normale Besucher bedient, die Überwachung durch die »Organe« war spürbar, aber nicht auffällig. Vom Hotel Stadt Berlin gingen wir zu Fuß – das

Besuch von Rainer Barzel in Ost-Berlin im Oktober 1982

war der ausdrückliche Wunsch des Ministers – an der Marienkirche
vorbei über die Schlossbrücke zur Straße Unter den Linden. Dort erwarteten uns westdeutsche Fernsehkorrespondenten, die von Barzels
Mitarbeitern unterrichtet worden waren, und machten Aufnahmen,
die dann am Abend in den Fernsehnachrichten zu sehen waren. Nach
diesem Spaziergang fuhren wir in die Ständige Vertretung, wo der Minister eine Pressekonferenz gab. Anschließend führten wir noch ein
kurzes Gespräch in der »Laube«, dem abhörsicheren Raum in der
Ständigen Vertretung, bei dem ich dem Minister meine leitenden
Mitarbeiter vorstellte. Pünktlich um 16 Uhr fuhr Barzel über die
Bornholmer Straße zurück in den Westteil der Stadt. Der Ausflug in
den Ostsektor war damit beendet. Kontakte mit offiziellen Stellen der
DDR hatte es nicht gegeben.

Obwohl der Besuch des Bundesministers für die innerdeutschen
Beziehungen die DDR unangenehm berührt haben dürfte, hatte sie in
dieser Situation das Klügste getan, was sie nur tun konnte. Sie hatte
den Besuch, über den ich sie vorher unterrichtet hatte, ignoriert und

wie einen privaten Tagesaufenthalt nach den geltenden Bestimmungen behandelt. Immerhin hatte sie der Versuchung widerstanden, ihn zu verhindern oder etwa durch ein aufdringliches Stasi-Aufgebot zu stören. Welchen Zweck der Minister mit dem Besuch verfolgte, habe ich allerdings nicht verstanden. Wahrscheinlich ging es ihm um die Fernsehbilder von seinem Spaziergang Unter den Linden. Die Bemühungen Barzels, sich an dem politischen Dialog mit der DDR zu beteiligen, waren mit diesem Auftritt jedoch endgültig gescheitert.

Am folgenden Tag gab Bundeskanzler Kohl im Bundestag seine Regierungserklärung ab. Der Text war nach den Vorgaben Kohls von einer kleinen Arbeitsgruppe in einem Eilverfahren erarbeitet worden. Das Bundesministerium für innerdeutsche Beziehungen und der Arbeitsstab Deutschlandpolitik hatten zugearbeitet, aber praktisch keinen Einfluss auf die Formulierungen nehmen können. Auch ich war nicht beteiligt worden. Spätestens jetzt war mir klar, dass ich von der Bundesregierung wie ein Botschafter für besondere Aufgaben behandelt wurde und nicht wie ein politischer Akteur, der auf die Gestaltung der Politik Einfluss nehmen konnte.

Die Deutschlandpolitik behandelte der Bundeskanzler erst am Schluss seiner Regierungserklärung. Das war aber nicht als eine politische Herabstufung gemeint. Vielmehr wollte er ganz bewusst mit einem Thema enden, das ihm besonders am Herzen lag, und damit einen rhetorisch wirkungsvollen Schlusspunkt setzen. Im Vordergrund des deutschlandpolitischen Teils der Regierungserklärung standen grundsätzliche Aussagen. Sie verdienen, wenn wir an die Ereignisse von 1989 denken, auch heute noch Aufmerksamkeit.

»Der deutsche Nationalstaat ist zerbrochen. Die deutsche Nation ist geblieben, und sie wird fortbestehen. Die Überwindung der Teilung ist nur in historischen Zeiträumen denkbar. Für uns gilt die Präambel des Grundgesetzes: Das gesamte deutsche Volk bleibt aufgefordert, in freier Selbstbestimmung die Einheit und Freiheit Deutschlands zu vollenden… Mauer, Stacheldraht und Schießbefehl sind nicht das letzte Wort zwischen Ost und West in Deutschland, in Europa und in der Welt. Menschlichkeit und Vernunft weigern sich, dies hinzunehmen… Wir respektieren die Rechte und die Verantwortlichkeiten der Vier Mächte in Bezug auf Deutschland als Ganzes und Berlin…

Berlin ist ein Symbol für die Offenheit der deutschen Frage ... Mit dem Osten ist ein Modus Vivendi vereinbart. Wir stehen zu diesen Verträgen. Wir werden sie nutzen als Instrumente aktiver Friedenspolitik. Die DDR kann sich darauf verlassen, dass wir zu allen übernommenen Verpflichtungen stehen. Und wir erwarten, dass sie sich ebenfalls an Inhalt und Geist dieser Verträge hält.« Im letzten Satz der Regierungserklärung formulierte Kohl sein deutschlandpolitisches Glaubensbekenntnis:»Die Menschen in ganz Deutschland dürfen versichert sein: Wir werden zäh, geduldig und friedfertig unserem deutschen Vaterland dienen.«

Ich verfolgte die Regierungserklärung über das Fernsehen in Ost-Berlin. Sie war nach meinem Eindruck prägnant formuliert und entsprach inhaltlich voll und ganz den Positionen, die auch die sozialliberale Koalition vertreten hatte. In der Substanz war das keine neue Deutschlandpolitik. Nur die Rhetorik erinnerte an die Vorstellungen aus der Adenauer-Zeit. Und der emotionale Appell an die nationalen Bindungen der Deutschen auf beiden Seiten war unüberhörbar. Das legte den Schluss nahe, die neue Bundesregierung werde sich stärker an den langfristigen Zielen der Deutschlandpolitik orientieren und weniger an der bestehenden Lage. Doch dieser Eindruck täuschte. In den praktischen Fragen knüpfte die Regierung Kohl fast nahtlos an die Politik ihrer Vorgänger an. Sie ging nüchtern und pragmatisch vor. Viele Beobachter in der Bundesrepublik wie auch in Ost-Berlin waren verblüfft.

Die SED reagierte schon am nächsten Tag mit einem polemischen Kommentar auf die Regierungserklärung. Grundsätzliche Aussagen des Bundeskanzlers, etwa zur Friedenspolitik oder zur Vertragstreue, wurden einfach in Zweifel gezogen, seine rechtlichen Ausführungen verzerrt oder falsch wiedergegeben. Der Kommentar gipfelte in dem Vorwurf, die neue Regierung lasse sich von Nationalismus und »großdeutschen Ambitionen« leiten. Honecker, der sich gerade in Zypern aufhielt, blies in das gleiche Horn und bezeichnete die Verfasser der Regierungserklärung als die »Großdeutschen der Bundesrepublik«. Vermutlich kannte er zu dieser Zeit den Text der Erklärung noch nicht und orientierte sich an dem Kommentar des *Neuen Deutschland*. Im Ganzen war das eine voreilige und unüberlegte Stellungnahme, die wohl vor allem für die eigenen Funktionäre bestimmt war, vielleicht auch für den »großen Bruder« in Moskau, der die Politik Ost-Berlins gegenüber Bonn schon seit längerem mit Argwohn verfolgte. Doch diese erste Reaktion mündete nicht in eine propagandistische Kampagne gegen die neue Bundesregierung. In den folgenden Wochen hielt sich die DDR-Führung auffallend zurück.

Karl Seidel, den ich einige Tage später bei einem Abendessen in der Residenz sprach, äußerte sich skeptisch. »Wir wissen nicht, was die neue Bundesregierung wirklich will«, sagte er. »Wir warten ab, vermutlich bis nach den angekündigten Wahlen im nächsten Frühjahr.« Barzels Spaziergang Unter den Linden kommentierte er mit den Worten: »Der Minister will offenbar gesamtdeutsche Gefühle beleben. Sein Besuch hat unsere Neigung, Gespräche mit ihm zu führen, nicht gefördert.« Als ich ihn fragte, ob die DDR einen Privatbesuch des Bundeskanzlers ähnlich behandeln würde wie den Barzels, war er konsterniert. Einen solchen Besuch könne er sich kaum vorstellen. Das klang wie eine Warnung.

Am 3. November empfing mich der Bundeskanzler in seinem Amtszimmer. Helmut Kohl hatte niemanden hinzugezogen. Es war ein Antrittsbesuch zum Kennenlernen. Auf seine Bitte hin legte ich ihm in groben Zügen meine Einschätzung zur Haltung der DDR gegenüber der neuen Bundesregierung dar und regte eine persönliche Kontaktaufnahme des Bundeskanzlers zu Erich Honecker an. Kohl sagte, er wolle die direkte Telefonleitung bald einmal ausprobieren und dann »als Pfälzer zu einem Saarländer« sprechen. Er erwäge auch, Honecker einen Brief zu schreiben. Ein Treffen mit ihm stehe hingegen zurzeit nicht an. Allerdings denke er an einen Privatbesuch in Ost-Berlin – selbstverständlich ohne Presse. Er brauche das, um die »Atmosphäre zu schnuppern«. Auch früher sei er einige Male auf dem Ost-Berliner Weihnachtsmarkt gewesen. Ich riet ihm, im Augenblick von einem solchen Besuch abzusehen. Honecker sei an einem persönlichen Kontakt zu ihm interessiert. Einen Privatbesuch des Bundeskanzlers ohne ein Treffen mit ihm würde er wahrscheinlich als Affront empfinden.

Zum Schluss fragte Kohl nach den Chancen für eine Reduzierung des Mindestumtausches. Ich antwortete, dass man das wahrscheinlich am ehesten erreichen könne, wenn man ganz diskret einen Zusam-

Pressekonferenz anlässlich des Antrittsbesuchs des neuen Chefs des
Bundeskanzleramtes, Wolfgang Schäuble, im Dezember 1984:
Eberhard Grashoff, Hans Otto Bräutigam, Wolfgang Schäuble,
Günther Meichsner und Eduard Ackermann

menhang mit anderen Fragen herstelle, an denen die DDR interessiert
sei, etwa einem Finanzkredit. Ich regte an, dass Staatsminister Jenninger darüber mit einem Beauftragten Honeckers sprechen solle, wobei
die Diskretion unbedingt gewahrt werden müsse. Es gehe dabei letztlich um das große Thema Reiseerleichterungen, nicht nur um eine Reduzierung des Mindestumtausches. Kohl zeigte großes Interesse. Wir
sollten uns bald über das weitere Vorgehen klarwerden, meinte er.

Das Gespräch dauerte fünfunddreißig Minuten. Kohl stellte konkrete Fragen, ohne dazu eine vorgefasste Meinung zu haben, und
wünschte sich kurze und präzise Antworten. Über die deutsch-deutschen Beziehungen hatte er zwar keine umfassenden Kenntnisse, aber
Einfühlungsvermögen und ein ausgeprägtes emotionales Engagement.
Das waren keine schlechten Voraussetzungen für eine realistische
Deutschlandpolitik. Bei der Verabschiedung sagte er, ich könne mit
ihm selbst sprechen, wenn es etwas Wichtiges gebe. »Mir liegen die
deutschen Fragen [Plural!] am Herzen«, sagte er. »Sie sind mir ganz
wichtig. Ich weiß, dass wir das Problem der Teilung in unserer Gene-

ration nicht lösen werden. Aber ich will meinen Beitrag leisten, dass die Teilung erträglicher wird.«

Das Gespräch hatte mich damals ermutigt. Ich konnte auf die Unterstützung des Bundeskanzlers rechnen. Von der Möglichkeit direkter Gespräche habe ich nur sparsamen Gebrauch gemacht. Doch wenn ich es tat, bin ich bei ihm wie auch schon bei Helmut Schmidt immer auf Verständnis gestoßen. Für die konkrete Ausgestaltung unserer Politik hielt ich mich an Philipp Jenninger, und als er 1984 ausschied, an seinen Nachfolger Wolfgang Schäuble. Mit beiden bin ich sehr gut ausgekommen. Wir hatten so gut wie keine Meinungsverschiedenheiten, und ich fühlte mich im Großen und Ganzen auch gut unterrichtet über das, was sich auf anderen Ebenen abspielte. Dass beide Wert darauf legten, im Auftrag des Bundeskanzlers mit den persönlichen Beauftragten des Generalsekretärs, Schalck und Vogel, selbst zu verhandeln, hatte ich zu akzeptieren, zumal die Abstimmung mit dem Bundeskanzler, den Ministern und auch der Opposition für den Staatsminister natürlich einfacher und schneller war, als es für mich gewesen wäre. Ich verhehle nicht, dass mir damals der Verzicht auf die Rolle des Verhandlungs- und Gesprächsführers schwergefallen ist. Trotzdem konnte ich an der deutschlandpolitischen Arbeit der Bundesregierung mit voller Kraft mitwirken.

Am 10. November 1982 starb Leonid Breschnew in Moskau. Sein Verhältnis zu Honecker, dem Parteichef seines wichtigsten Verbündeten, war systembedingt sehr eng, doch in seinen letzten Jahren zunehmend von Misstrauen geprägt gewesen. Er fürchtete, nicht ohne Grund, Moskau könne die Kontrolle über die inzwischen sehr eigenständig gewordene Politik der DDR gegenüber der Bundesrepublik Deutschland verlieren.

Wenige Tage nach dem Tod des sowjetischen Parteiführers begab ich mich in die Sowjetische Botschaft Unter den Linden, um mich ins Kondolenzbuch einzutragen. Vor dem Gebäude sah ich eine lange Schlange von DDR-Bürgern, vermutlich waren es Genossen der SED-Parteiorganisation, Mitglieder der Gewerkschaften, der FDJ und anderer Massenorganisationen. Sie warteten geduldig, bis sie in die Botschaft vorgelassen wurden, wo sie den diensttuenden sowjetischen Diplomaten ihr Beileid bekundeten und vor dem Bild des Parteiführers ein Blumengebinde niederlegten. Fast eine ganze Woche lang bildete sich jeden Tag von neuem eine Warteschlange, eine Demonstration der Solidarität mit den »Freunden«, wie die Sowjets in der DDR genannt wurden.

Bei den Beisetzungsfeierlichkeiten in Moskau übermittelte Bundespräsident Karl Carstens Erich Honecker Grüße des Bundeskanzlers und bestätigte im Auftrag Kohls die Einladung an Honecker zu einem Besuch in der Bundesrepublik. Die Bundesregierung lege großen Wert auf Kontinuität in den Beziehungen und die Fortsetzung des politischen Dialogs, fügte Carstens hinzu. Honecker beklagte die Verschlechterung der internationalen Situation. In dieser Lage könnten von dem Verhältnis zwischen der Bundesrepublik und der DDR positive Wirkungen ausgehen, sagte er, etwa auf dem Gebiet der Abrüstung. Er hoffe weiterhin darauf, dass »das Teufelszeug« der Mittelstreckenraketen aus Europa verschwinde. Carstens erwiderte, das würden alle begrüßen. Nötig sei jetzt, dass beide Seiten aufeinander zugingen. Ähnlich äußerte sich der Bundesaußenminister. »Ein Ergebnis der Genfer Konferenz kann das Verhältnis der beiden deutschen Staaten nur positiv beeinflussen. Niemand, Herr Staatsratsvorsitzender, will gern stationieren«, sagte er. Im weiteren Verlauf ihres Gesprächs kamen einige aktuelle Fragen der deutsch-deutschen Beziehungen zur Sprache, insbesondere der Mindestumtausch und die Geraer Forderungen. Doch nach dem, was ich erfuhr, waren neue Nuancen in den alten Streitfragen nicht zu erkennen. Bemerkenswert war nur, wie das Gespräch geführt worden war: sachlich und nüchtern, ohne Polemik oder Vorwürfe.

Honecker schien von dem Gespräch sehr befriedigt zu sein. Er hatte das Moskauer Treffen offenbar als ein wichtiges Signal der neuen Bundesregierung verstanden. So war es auch gemeint. Die Verunsicherung, die der Bonner Regierungswechsel in der DDR-Führung ausgelöst hatte, begann sich aufzulösen. Am 29. November schrieb der Bundeskanzler zum ersten Mal einen Brief an Honecker, in dem er die Grundsätze seiner Regierungspolitik gegenüber der DDR erläuterte und nun auch förmlich die Einladung zu einem Gegenbesuch bestätigte.

Darauf konnte sich Staatsminister Jenninger beziehen, als er am 2. Dezember, begleitet von Richthofen und Meichsner, zu einem Antrittsbesuch nach Ost-Berlin kam. Ich holte die kleine Delegation am Flughafen Tegel ab. Am Übergang Bornholmer Straße gab es keine Wartezeit. Die Kontrolleure warfen nur einen flüchtigen Blick auf unsere Papiere und winkten uns durch. Der Besuch des Staatsministers war offensichtlich »durchgestellt« worden, wie es im DDR-Amtsdeutsch hieß. Um elf Uhr wurde der Staatsminister im DDR-Außenministerium von Außenminister Oskar Fischer empfangen, der bei diesem Besuch als offizieller Gastgeber auftrat. Jenninger kam gleich zur Sache: Der Bundesregierung liege daran, sagte er, den politischen Dialog auf allen Ebenen fortzusetzen. Sie stehe uneingeschränkt zu allen Verpflichtungen, die die Bundesrepublik übernommen habe, denn *pacta sunt servanda*. Die Politik der neuen Bundesregierung sei geprägt durch Kontinuität, Verlässlichkeit und Berechenbarkeit. Fischer sprach zunächst die internationalen Fragen an und bekräftigte die uns seit langem bekannten Positionen der Warschauer-Pakt-Staaten. Neues gab es nicht. Am Nachmittag sprach Jenninger mit ZK-Sekretär Mittag. Auch der führende Wirtschaftsfunktionär bekräftigte die Bereitschaft der DDR, die gemeinsame Arbeit auf den verschiedenen Gebieten weiterzuführen.

Am 24. Januar 1983 telefonierte Kohl zum ersten Mal mit Honecker, auch diesmal, wie schon in der Zeit der früheren Bundesregierung, auf Initiative des Bundeskanzlers. Der wünschte dem Generalsekretär zunächst alles Gute zum neuen Jahr und brachte die Hoffnung zum Ausdruck, es möge »unserer gemeinsamen Arbeit gelingen, in diesem wichtigen Jahr das Verhältnis zwischen den beiden Staaten vernünftig und, wenn möglich, gut zu gestalten«. Honecker erwiderte höflich die Glückwünsche. Dann plauderten sie über das Wetter. Kohl: »Bei uns ist das Gegenteil von Winterwetter.« Honecker: »Ja, das kann man sagen. Hier ist es fast schon Frühjahr.« Kohl: »Werten wir das als gutes Omen.« Dann fügte er hinzu: »Wir kommen ja auch aus einer Landschaft von zu Hause aus, die ähnlich ist.« Darauf Honecker: »Ja, die ist ganz ähnlich.«

Beide waren sich einig darin, dass, wenn beide Seiten beachteten, dass die zwei deutschen Staaten souverän seien, unterschiedliche Gesellschaftsordnungen hätten und verschiedenen Bündnissystemen angehörten, »durchaus die Möglichkeit [besteht], zu normalen, annehmbaren Beziehungen zu kommen, wobei selbstverständlich auf beiden Seiten immer noch bestimmte Wünsche offenbleiben werden«.

Kohl und Honecker gingen dann auf praktische Fragen wie Reiseverkehr, Jugendtourismus, Elbgrenze und Abrüstungskonsultationen ein. Zum Mindestumtausch sagte Kohl, es gebe vielleicht eine Möglichkeit, im Zusammenhang mit wirtschaftlichen Fragen darüber zu reden. Offenbar habe die DDR dazu gewisse Vorstellungen. Er, Kohl, habe gerade heute Morgen »eine entsprechende Nachricht erhalten, die über München gelaufen ist, wo offensichtlich Kontakte stattgefunden haben«. Zum Schluss kam er noch einmal auf diesen Punkt zurück: »Also, Herr Generalsekretär, wir sollten jetzt konkret und, wenn es Ihrem Ziel entspricht, sehr rasch über Beauftragte und in aller Diskretion [Kontakt aufnehmen].«

Bald darauf sagte mir Jenninger unter dem Siegel der Verschwiegenheit, über München laufe etwas. Ich war sehr gespannt. Kontakte über München – was war damit gemeint? Ich hörte zum ersten Mal davon und konnte mir noch keinen Reim darauf machen.

Ein Milliardenkredit

Am 6. März 1983 fanden vorgezogene Bundestagswahlen statt. Die Christdemokraten verfehlten mit 48,8 Prozent nur knapp die absolute Mehrheit. Ein triumphales Ergebnis für den neuen Bundeskanzler. Die FDP verlor nach ihrem Koalitionswechsel im vorangegangenen Jahr 3,6 Prozent der Stimmen, behauptete sich aber mit einem Stimmenanteil von 7 Prozent. Die Grünen erreichten bei dieser Wahl 5,6 Prozent der Stimmen und waren damit zum ersten Mal im Bundestag vertreten.

Der klare Wahlsieg der neuen Koalition hat damals viele überrascht. Einige Wochen vor den Wahlen hatte ich in dieser Frage eine Kontroverse mit dem sowjetischen Botschafter in Ost-Berlin, Pjotr Abrassimow, der bei einem Mittagessen in der Sowjetischen Botschaft vehement die Meinung vertrat, die vorgezogenen Neuwahlen seien eine »Fehlentscheidung« des neuen Bundeskanzlers. Er werde sie wahrscheinlich verlieren. Als ich widersprach, antwortete er: »Wetten, dass es so kommt?« Obwohl die Wahlen in der Bundesrepublik den sowjetischen Botschafter in der DDR gar nichts angingen, nahm ich die Wette an. Es ging um zwölf Flaschen Sekt. Am Abend des 6. März wusste ich, dass ich die Wette gewonnen hatte. Wenige Tage danach bezahlte der »Regierende Botschafter«, wie er in der DDR genannt wurde, seine Ehrenschulden und schickte mir eine Kiste Krimsekt von der besten Sorte. Und er gratulierte mir. Ob zu dem Wahlerfolg des Bundeskanzlers oder zu meiner Prognose, behielt er für sich.

Am 4. Mai gab der Bundeskanzler im Bundestag seine Regierungserklärung ab. Zur Deutschlandpolitik bekräftigte er die Grundaussagen seiner Regierungserklärung vom 13. Oktober 1982. Im Übrigen war sie mit dem Blick auf die Weiterentwicklung der deutsch-deutschen Beziehungen etwas stärker auf die praktischen Bedürfnisse ausgerichtet. Kein Nachteil, wie ich fand.

Die DDR-Führung war von der Wiederholung der bekannten Rechtspositionen naturgemäß wenig angetan, doch hatte sie in Wahrheit nichts anderes erwartet. Die Genfer Verhandlungen über Mittelstreckenraketen beurteilte sie jetzt noch pessimistischer als im Jahr zuvor. Nach dem triumphalen Wahlsieg der Bonner Koalition stellte sie sich auf die Stationierung der amerikanischen Mittelstreckenraketen auf dem Gebiet der Bundesrepublik ein. Noch immer liebäugelte sie mit der westdeutschen Friedensbewegung. Dass diese die Stationierung aber noch einmal aufhalten könnte, daran glaubte sie inzwischen auch nicht mehr. So blieb die DDR-Führung zunächst einmal bei ihrer Distanz gegenüber der Bundesregierung, wie es Moskau im Vorfeld der Stationierung wohl auch von ihr erwartete. Sie hielt sich mit Initiativen und Terminvorschlägen zurück, stellte aber ihre Bereitschaft zur Fortsetzung der Zusammenarbeit nicht in Frage. Einstweilen galt für sie die Losung: Im Schatten der Raketen können die Beziehungen nicht gedeihen.

Einige Tage nach der Wahl hatte ich Gelegenheit zu einem Gespräch mit Karl Seidel unter vier Augen. Die Quintessenz seiner Reaktion auf das Wahlergebnis war: Die Politik der DDR gegenüber der Bundesregierung ist nicht davon abhängig, wer in Bonn regiert. Wir wissen auch, dass die Bundesregierung ihre bekannten Grundpositionen wie Selbstbestimmung, Einheit der Nation und Menschenrechte nicht ändern wird. Aber wenn sie diese ständig wiederholt und damit stärker in den Vordergrund rückt, dann wird auch die DDR ihre Politik überprüfen müssen.

Die Bundesregierung hielt an ihren grundsätzlichen Aussagen zur deutschen Frage unbeirrt fest. In seinem Bericht zur Lage der Nation am 23. Juni 1983 im Deutschen Bundestag erklärte Kohl: »Wir haben eine Idee von der deutschen Nation, die unvereinbar ist mit dem Bild von Deutschland, das sich die amtliche DDR heute noch macht. Wir wollen die Nation freier Bürger, die Nation, die Klassengegensätze überwindet, widerstreitende Interessen versöhnt und Gemeinschaft stiftet im Bekenntnis zum geschichtlichen Erbe und zu Werten und Tugenden, die allen Deutschen eigen und verpflichtend sind. In dem freiheitlichen Menschenbild des Grundgesetzes der Bundesrepublik Deutschland erkennen sich die Deutschen – ich meine alle Deutschen – wieder.«

Von der Wiederherstellung eines deutschen Nationalstaates war in der Erklärung nicht die Rede, ebenso wenig wie in den beiden Regierungserklärungen seit seinem Amtsantritt. Das war kein Zufall. Schon im Februar hatte Kohl in einem Interview mit der Wochenzeitung *Die Zeit* geäußert, wirklichen Frieden in Mitteleuropa könne es nur geben, wenn für die Deutschen eine Lösung gefunden werde im Sinne der Einheit der Nation. Nach seiner festen Überzeugung könne das aber kein Zurück in den Nationalstaat einer vergangenen Zeit sein. Damit knüpfte er an die Vorstellungen Konrad Adenauers in den sechziger Jahren an. Deutsche Einheit könne, so dachte Kohl vermutlich, auch in einer Konföderation verwirklicht werden, in der beide Staaten auf der Grundlage einer gemeinsamen Wertordnung bestehen blieben, oder auch im Rahmen einer europäischen Lösung der deutschen Frage, wie sie Strauß vorschwebte.

1983 fanden die sehr differenzierten Äußerungen Kohls zur Zukunft der deutschen Nation nur wenig Beachtung. Nachdem er seine grundsätzliche Auffassung dargelegt hatte, wandte er sich bald den praktischen Fragen der Deutschlandpolitik zu. Die Lösung der deutschen Frage stand für ihn nicht auf der Tagesordnung.

Anfang März, eine Woche nach den Bundestagswahlen, fuhr ich nach Leipzig zur Frühjahrsmesse; es war meine zweite Messe. Diesmal besuchte Honecker den Stand von Mannesmann. Zu meiner Überraschung strahlte er Optimismus aus. Er nahm sogar einen Wahlslogan der Christdemokraten auf – »Mit immer weniger Waffen Frieden schaffen« – und kündigte seinen Besuch in der Bundesrepublik an, »wenn das meinem Terminkalender entspricht«. Er sei überzeugt, fügte er hinzu, dass »uns das einen Schritt vorwärtsbringen wird«. Auffallend war auch eine weitere Bemerkung Honeckers: Es sei wichtig, jetzt nicht die Fragen in Angriff zu nehmen, die man im Augenblick nicht lösen könne, sondern die, »die uns wirklich helfen«. Anschließend ging Honecker zum Messestand der Arwed Saarstahl AG, wo ihn Oskar Lafontaine begrüßte, damals Oberbürgermeister von Saarbrücken. Der zeigte ihm ein Foto der Stadt Wiebelskirchen mit dem Geburtshaus Honeckers, das auf dem Stand ausgestellt war. Honecker war sichtlich gerührt. Das löste Spekulationen aus, ob er bei seinem geplanten Besuch in der Bundesrepublik auch das Saarland besuchen werde. Etwas später wurde bekannt, dass Arwed Saarstahl einen größeren Auftrag von der DDR bekommen hatte.

Ein wichtiges Thema auf dieser Leipziger Messe war die Verschuldung der DDR. Ihre Anstrengungen im vergangenen Jahr, die Westexporte zu steigern und gleichzeitig die Importe aus den westlichen Industrieländern zu drosseln, hatten große Beachtung und auch Anerkennung gefunden. Wie aus ostdeutschen Bankenkreisen verlautete, war es der DDR mit diesem Kraftakt gelungen, 1982 einen Überschuss von 1,5 Milliarden Dollar zu erzielen. Diese gezielten Hinweise waren offensichtlich dazu bestimmt, das Vertrauen der westlichen Banken in den Kreditnehmer DDR zu stärken.

Tatsächlich war die finanzielle Lage der DDR weiterhin sehr angespannt. Die Westverschuldung wurde damals auf etwa sieben Milliarden Dollar geschätzt. Dazu kamen Verpflichtungen gegenüber der Bundesrepublik in Höhe von vier Milliarden D-Mark. Ihre Zahlungsverpflichtungen gegenüber der Sowjetunion waren ebenfalls angewachsen. Eine Verschuldung in dieser Größenordnung war besorgniserregend, gemessen an der wirtschaftlichen Leistungsfähigkeit der DDR aber noch kein Verhängnis. Doch unglücklicherweise bestand ein erheblicher Teil ihrer Westverschuldung aus kurzfristigen Krediten, die im Lauf des Jahres 1983 entweder zurückgezahlt oder verlängert werden mussten. Die dafür benötigten Mittel sowie die fällig werdenden Schuldzinsen erforderten nach Schätzungen von West-experten allein 1983 einen Betrag von etwa drei Milliarden Dollar. Verpflichtungen in dieser Höhe waren mit den Handelsüberschüssen aus den Jahren 1982 und 1983 nicht zu finanzieren. Zur Vermeidung der Zahlungsunfähigkeit war die DDR daher auf Anschlusskredite angewiesen, die sie angesichts der nach der Polen-Krise für die RGW*-Staaten verhängten Kreditrestriktionen nur noch schwer erlangen konnte. Umso wichtiger waren für sie westdeutsche Pressemeldungen aus Leipzig mit dem Tenor: Die DDR hat ihre Verschuldung im Griff. Auch das renommierte Deutsche Institut für Wirtschaftsforschung in West-Berlin – seine Experten galten als die besten Kenner der DDR-Wirtschaft im Westen – stellte fest, dass die restriktive Haltung westdeutscher Banken nach der Entwicklung des Westhandels der DDR im Jahr 1982 ökonomisch nicht mehr zu begründen sei. Auf der Leipziger Messe herrschte also trotz der den Experten bekannten Schwierigkeiten, in denen die DDR steckte, keineswegs Krisenstimmung.

Nach den optimistischen Äußerungen Honeckers in Leipzig schien die deutsch-deutsche Zusammenarbeit mit den damit verbundenen finanziellen Vorteilen für die DDR auf gutem Wege zu sein. Doch dann ereignete sich ein Vorfall, der die Gemüter auf beiden Seiten hochgradig erhitzte. Ein Transitreisender namens Rudolf Burkert brach bei einer Vernehmung am Grenzkontrollpunkt Drewitz tot zusammen. Noch am gleichen Abend wurde die Ständige Vertretung vom Tod Burkerts unterrichtet. Als Todesursache wurde akutes Herzversagen diagnostiziert. Drei Tage später erfolgte die Überführung des Leichnams nach Westdeutschland. Nachdem am Kopf des Verstorbenen Verletzungen festgestellt worden waren, äußerte seine Witwe den Verdacht, der Tod ihres Mannes sei durch Misshandlungen eingetreten. Die Öffentlichkeit reagierte darauf mit großer Heftigkeit. In der Presse wurden schwere Vorwürfe erhoben. Der bayrische Ministerpräsident ließ sich gar dazu hinreißen, den Tod des Transitreisenden als Mord zu bezeichnen, und forderte erneut »eine Wende« in der Deutschland-

---

* RGW = Rat für gegenseitige Wirtschaftshilfe; wirtschaftlicher Zusammenschluss der sozialistischen Staaten Osteuropas.

politik. Das politische Klima schlug plötzlich um. Jetzt meldeten sich auch andere Reisende und beschwerten sich über schikanöse Kontrollen, denen sie in letzter Zeit unterzogen worden seien.

Am 18. April verlangte die Ständige Vertretung Auskunft über die näheren Umstände beim Tod von Rudolf Burkert. Der Leiter der BRD-Abteilung im DDR-Außenministerium verwahrte sich mit starken Worten gegen »verleumderische Behauptungen«, die im Zusammenhang mit dem Tod Burkerts in der Bundesrepublik verbreitet worden seien, doch dann teilte er mit, Burkert sei einer Befragung unterzogen worden, weil er an einer Autobahnraststätte einem DDR-Bürger verschiedene Gegenstände »in unstatthafter Weise« übergeben habe. Während der Befragung durch Angehörige des Zolldienstes sei Burkert plötzlich vom Stuhl gefallen und dabei mit dem Kopf gegen den Heizkörper geschlagen. Die diensthabende Ärztin des Bezirkskrankenhauses Potsdam sei sofort verständigt worden, habe aber nur noch den Tod Burkerts feststellen können. Todesursache sei akutes Herzversagen gewesen.

Zufällig hielt sich an diesem Tag auch Günter Mittag zu Gesprächen in Bonn auf. Angesichts der ungeklärten Umstände um den Tod Burkerts sagte der Bundeskanzler kurzerhand einen Gesprächstermin mit Mittag ab, rief stattdessen Honecker an und verlangte eine genaue Untersuchung des Vorfalls. Drei Tage später übergab die DDR-Delegation in einer Sitzung der Transitkommission eine detaillierte Darstellung der Todesumstände. Inzwischen war der angesehene Gerichtsmediziner Professor Otto Prokop von der Humboldt-Universität in Ost-Berlin mit einer Prüfung des Falles beauftragt worden. Er lud den Gutachter der westdeutschen Staatsanwaltschaft, die in dem Fall ermittelte, ein, zusammen mit ihm an Ort und Stelle eine Prüfung des Vorgangs vorzunehmen. Beide kamen nach kurzer Zeit übereinstimmend zu der Schlussfolgerung, es gebe keine Anhaltspunkte für Gewalteinwirkung oder Fremdverschulden, die festgestellten Verletzungen seien durch den Sturz während des Herzversagens verursacht worden. Die Staatsanwaltschaft stellte daraufhin die Ermittlungen ein, und die Bundesregierung erklärte die Überprüfung des Falles für abgeschlossen.

Dennoch sagte Honecker zwei Tage später seinen geplanten Besuch in der Bundesrepublik ab. Wie dies geschah, war ungewöhnlich. We-

der Rechtsanwalt Vogel noch die BRD-Abteilung im Außenministerium wurden mit der Übermittlung der Absage beauftragt, sondern
Herbert Häber, mit dem ich an diesem Abend, wie es der Zufall wollte, zu einem Abendessen verabredet war. Häber fiel gleich mit der Tür
ins Haus. Kaum hatten wir uns gesetzt, las er mir eine vorformulierte
Erklärung vor, der ich entnahm, dass sich der Generalsekretär angesichts der jüngsten Entwicklung derzeit nicht in der Lage sehe, die
Bundesrepublik zu besuchen. Der Zusammenhang mit den heftigen
Angriffen, denen sich die DDR in den westdeutschen Medien seit dem
Tod des Transitreisenden ausgesetzt sah, war natürlich nicht zu übersehen. Als ich Häber sagte, der Fall sei doch inzwischen geklärt, meinte er, es gebe Befürchtungen, dass in der Politik der Bundesregierung
gegenüber der DDR »eine Wende« bevorstehe, offenbar eine Anspie-
lung auf Äußerungen des bayrischen Ministerpräsidenten Strauß. Ich
war über die Absage des Besuchs irritiert und verabschiedete mich
von dem Überbringer der schlechten Nachricht.

Wenig später sprach ich mit Rechtsanwalt Vogel über die Lage. Ihn
habe die Entscheidung des Generalsekretärs nicht überrascht, sagte er.
Schon seit einiger Zeit sei Honecker unsicher, ob sein Besuch jetzt stattfinden könne. Die DDR-Führung habe sich inzwischen darauf eingestellt, dass die Stationierung der Atomraketen im Herbst beginnen
werde und diese Entscheidung durch die DDR nicht mehr beeinflusst
werden könne. Auf meine Frage nach einer sowjetischen Einflussnahme meinte Vogel, ein sowjetisches Veto gebe es nicht, doch hätten die
Sowjets zu verstehen gegeben, ein Besuch Honeckers sei wegen der bevorstehenden Stationierung jetzt nicht opportun. »Doch aufgeschoben
ist nicht aufgehoben«, fügte Vogel vielsagend hinzu. Wenig später erfuhr ich, dass Honecker am Tag vor seiner Absage ein Gespräch mit dem
sowjetischen Botschafter Abrassimow geführt hatte. Am 3. Mai fuhr
Honecker an der Spitze einer Partei- und Regierungsdelegation zu einem Freundschaftsbesuch nach Moskau. Offenbar hatte er vorher ein
Zeichen setzen wollen, das die Sowjets von ihm erwarteten.

Noch während des Moskau-Besuchs Honeckers traf Staatssekretär
Schalck zum ersten Mal mit dem bayrischen Ministerpräsidenten
Strauß zusammen. Das Treffen fand unter größter Geheimhaltung in
einem Gästehaus des Fleischfabrikanten März in der Nähe von Ro-

senheim statt. Es war durch Gespräche zwischen Schalck und Josef März vorbereitet worden. Strauß wusste, dass es dem Emissär aus der DDR um die Vermittlung dringend benötigter Finanzkredite ging. Er hatte das Treffen zuvor mit dem Bundeskanzler abgesprochen. Auch Staatsminister Jenninger, ein früherer Mitarbeiter von Strauß, war unterrichtet. Sonst offenbar niemand.

In den nächsten Wochen fanden weitere Gespräche zwischen Strauß und Schalck statt. An dem letzten Gespräch nahm auch Jenninger teil. Strauß und später auch Schalck haben in ihren Erinnerungen ausführlich und genüsslich darüber berichtet. Beide waren sehr stolz auf das Ergebnis ihrer konspirativen Treffen: Ein Bankenkonsortium aus der Bundesrepublik unter Führung der Bayerischen Landesbank sollte der DDR einen ungebundenen Finanzkredit in Höhe von einer Milliarde D-Mark gewähren. Die Bundesregierung erklärte sich bereit, für den Schuldendienst der DDR die Transitpauschale zu verpfänden. Diese Absicherung des Kredits wurde in einem Briefwechsel zwischen den Finanzministern der beiden Regierungen festgelegt. Praktisch handelte es sich um eine Kreditgarantie der Bundesregierung. Haushaltsmittel wurden nicht benötigt. Für die beteiligten Banken war es ein lukratives Geschäft ohne jedes Risiko.

Ein wichtiger Teil der Abmachungen betraf die Gegenleistungen der DDR im humanitären Bereich. Jenninger hatte eine verbindliche Zusage gewünscht, um der zu erwartenden Kritik an der Transaktion besser begegnen zu können. Im Auftrag des Bundeskanzlers telefonierte er mit Schalck. Doch der lehnte ab, nachdem er sich der Rückendeckung durch Strauß versichert hatte. Schließlich verständigte man sich, ohne ein Junktim herzustellen, auf drei konkrete »Erwartungen« im Zusammenhang mit dem Kreditgeschäft: erstens den vollständigen Abbau der Selbstschussanlagen an der Grenze, zweitens Erleichterungen bei der Familienzusammenführung und drittens die Befreiung vom Mindestumtausch für Kinder unter 14 Jahren. Schalck bestand darauf, dass diese humanitären Maßnahmen nicht als Gegenleistungen der DDR für den Milliardenkredit dargestellt würden. Strauß und nach einigem Zögern auch Jenninger stimmten dieser Forderung der DDR ausdrücklich zu. Konkrete Einzelheiten und Termine wurden nicht festgelegt. Die Devise für dieses Geschäft auf Ge-

genseitigkeit, nämlich humanitäre Erleichterungen gegen bares Geld, lautete: »Vertrauen gegen Vertrauen«. Das war ein neuer wichtiger Akzent im Verhältnis der beiden deutschen Staaten.

In der Öffentlichkeit schlug die Meldung von einem Milliardenkredit für die DDR wie eine Bombe ein. Ausgerechnet Franz Josef Strauß, bisher der schärfste Kritiker der pragmatischen Deutschlandpolitik des Bundeskanzlers, hatte die Transaktion zur Hilfe der bedrängten DDR »eingefädelt«. Bei der Rechtfertigung seines Kurswechsels hatte er einen schweren Stand. Doch er wankte nicht. Auch in der hochsensiblen Frage der Gegenleistungen hielt er sich an die mit Schalck getroffenen Verabredungen und beschränkte sich auf unbestimmte Antworten.

Als ich im Juni von dem Deal erfuhr, war meine spontane Reaktion: Das ist ein Befreiungsschlag. Auf diesem Wege könnte es gelingen, so meinte ich, eine neue Dynamik in die so störungsanfälligen deutsch-deutschen Beziehungen zu bringen. Natürlich würde die Bundesrepublik zahlen müssen, um den Prozess fortschreitender Zusammenarbeit in Gang zu halten. Und die DDR würde den konkreten Inhalt und die Termine ihrer Gegenleistungen selbst bestimmen, doch dem moralischen Druck würde sich die DDR-Führung nicht entziehen können. Das war natürlich nicht mehr als eine Erwartung, eine Hoffnung. Niemand konnte garantieren, dass eine solche Politik ohne Junktim und verbindliche Zusagen immer funktionieren würde. Aber es lohnte den Versuch. Ich erinnerte mich an die Strategie der Vorleistungen, die Bahr manchmal in seinen Verhandlungen über die Ostverträge erfolgreich praktiziert hatte.

Für die Bundesregierung hatte der Milliardenkredit zwei wichtige Aspekte. Der erste betraf die bevorstehende Stationierung der amerikanischen Mittelstreckenraketen auf dem Gebiet der Bundesrepublik, mit der nach dem Scheitern der Genfer Verhandlungen jeder rechnete. Negative Auswirkungen auf die deutsch-deutschen Beziehungen schienen nahezu unvermeidlich. Nur mit Hilfe einer spektakulären Geste konnte es gelingen, Eingriffe in die Substanz der deutsch-deutschen Beziehungen aufzufangen und in einer Krisenperiode die Zusammenarbeit einigermaßen in Gang zu halten.

Nicht minder wichtig war die innenpolitische Wirkung des Milliardenkredits. Indem der Bundeskanzler dem bayrischen Ministerpräsidenten beim »Einfädeln« der Transaktion den Vortritt ließ, gelang es ihm, seinen schärfsten Kritiker und Gegenspieler in den Unionsparteien einzubinden. Kohl hatte damit seinen deutschlandpolitischen Spielraum erheblich erweitert.

Mit dem Milliardenkredit hatte sich das Züricher Modell, eine Herabsetzung des Reisealters gegen hohe Kredite, praktisch erledigt. Ich hatte von dieser Idee nie viel gehalten. Honecker war in meinen Augen zu vorsichtig, um über einer Million DDR-Bürgern das Tor nach Westen zu öffnen. Die Folgen für die innere Stabilität der DDR waren gar nicht abzuschätzen.

Im Juli reiste der bayrische Ministerpräsident mit seiner Frau Marianne in die Tschechoslowakei und nach Polen. Auf der Rückreise machten sie in der DDR Station, wo sie, obwohl privat reisend, wie hohe Staatsgäste behandelt wurden. Staatssekretär Schalck holte sie am Grenzübergang Pomellen bei Stettin ab und geleitete sie zum Schloss Hubertusstock. Dort gab Generalsekretär Honecker ein Mittagessen für das Ehepaar Strauß. Anschließend sprach er zwei Stunden unter vier Augen mit seinem Gast. Am nächsten Tag berichteten die DDR-Zeitungen über den »freimütigen Meinungsaustausch« mit einem großen Foto der beiden Gesprächspartner. Von Hubertusstock aus fuhren Strauß und seine Frau nach Dresden und Erfurt. Die Staatssicherheit, die das Ehepaar deutlich sichtbar, aber nicht demonstrativ überwachte, hinderte den Ministerpräsidenten nicht daran, mit Passanten zu sprechen und sogar Schriftstücke von DDR-Bürgern entgegenzunehmen. Seit dem Milliardenkredit war eine Klimaveränderung eingetreten.

Nach der Sommerpause gab es in den deutsch-deutschen Beziehungen eine geradezu stürmische Entwicklung. Reisende berichteten von einer freundlichen und zuvorkommenden Abfertigung an den Grenzkontrollen. Die Schikanen, die unlängst noch an der Tagesordnung waren, hatten aufgehört.

Zur gleichen Zeit setzte sich der Reigen politischer Besucher aus der Bundesrepublik fort. Der erste war Egon Bahr, der DDR-Führung seit den Verhandlungen über die Ostverträge bestens bekannt. Er führte Gespräche über Abrüstungsfragen mit dem Mitglied des Politbüros Hermann Axen und Außenminister Fischer und wurde wäh-

Helmut Schmidt besucht Potsdam; links neben ihm Manfred Stolpe

rend seines Aufenthalts demonstrativ auch von Honecker empfangen. Der nächste Besucher war Volker Rühe, Generalsekretär der CDU und ein profunder Kenner außenpolitischer Fragen. Seine Gesprächspartner waren Joachim Hermann, ebenfalls Mitglied des Politbüros und ein einflussreicher ZK-Sekretär, und Herbert Häber. Beide erklärten ihrem Besucher, es komme jetzt darauf an, sich »auf das Machbare zu konzentrieren«. Hermann fügte hinzu: »Träumen wir nicht von Punkt zwei, bevor wir Punkt eins erledigt haben. Denn wir wissen nicht, was kommen wird.«

Am 3. September 1983 kam Helmut Schmidt auf Einladung des Konsistorialpräsidenten der evangelischen Kirche Berlin-Brandenburg, Manfred Stolpe, nach Potsdam und hielt dort in der überfüllten Nikolaikirche einen Vortrag, der die Zuhörer zutiefst bewegte. Der frühere Bundeskanzler bestärkte sie in dem Gefühl, dass die Deutschen in den spannungsvollen Zeiten zusammenstehen müssten. Am nächsten Tag traf er in Ost-Berlin mit dem Staatsratsvorsitzenden zusammen, der über diese Begegnung hocherfreut war. Der vielberufene »Geist vom Werbellinsee« wirkte noch nach.

Mitte September traf der Regierende Bürgermeister von Berlin, Richard von Weizsäcker, mit dem Staatsratsvorsitzenden im Schloss Niederschönhausen zusammen. Der Besuch einschließlich eines Mittagessens dauerte über vier Stunden. Wie nicht anders zu erwarten war, nahm die Abrüstungsproblematik in dem Gespräch einen breiten Raum ein. Aber auch die deutsch-deutschen Beziehungen und die spezifischen Berlin-Fragen wurden eingehend behandelt. Unmittelbar nach seiner Rückkehr unterrichtete mich Richard von Weizsäcker im Rathaus Schöneberg über sein Gespräch. Offensichtlich war er sehr zufrieden. Honecker sei sehr gelöst und offen gewesen, berichtete er, und habe bei der Verabschiedung das Treffen als »äußerst nützlich« bezeichnet. Das sehe er auch so.

In den folgenden Wochen gab es in der Berliner CDU erregte Diskussionen über den Besuch Weizsäckers in Ost-Berlin. Seine Kritiker warfen ihm vor, er habe damit die Zugehörigkeit Ost-Berlins zur DDR anerkannt. Einige regten sich sogar darüber auf, dass Weizsäcker sich nicht vom Ständigen Vertreter der Bundesrepublik Deutschland habe begleiten lassen, der doch die Interessen West-Berlins gegenüber der DDR zu vertreten habe. Ich empfand diese Kritik als abwegig und kleinkariert und ließ das auch durchblicken. Denn jeder wusste doch: Hätte der Regierende Bürgermeister auf meiner Teilnahme bestanden, wäre das Treffen gar nicht zustande gekommen. Tatsächlich hatte es das so empfindliche Klima zwischen West- und Ost-Berlin verbessert und ganz wesentlich zu einer Lösung der anstehenden Fragen, vor allem des S-Bahn-Problems, beigetragen.

Etwa zur gleichen Zeit berichtete der Bonner Korrespondent der Tageszeitung *Die Welt*, die CSU habe von Bundeskanzler Kohl meine Ablösung verlangt. Hintergrund dieser Forderung war offenbar ein vertraulicher Bericht von mir an das Bundeskanzleramt über ein Gespräch, das ich bereits im August mit Seidel geführt und in dem er vor Erwartungen gewarnt hatte, dass es schon in nächster Zeit substanzielle Verbesserungen im Reiseverkehr geben werde. Die DDR könne doch die drohende Stationierung amerikanischer Atomraketen jetzt nicht außer Acht lassen. Das Gespräch mit Seidel hatte bereits am 10. August stattgefunden, auf seinen ausdrücklichen Wunsch hin einen Tag nach einer, wie er sagte, wichtigen Politbürositzung. Meinem Eindruck nach gab es zu dieser Zeit im Politbüro auch deshalb Widerstand gegen Erleichterungen im Reiseverkehr, weil im Zusammenhang mit dem Milliardenkredit keine entsprechenden Festlegungen getroffen worden waren. Mein Bericht an das Bundeskanzleramt, der – auf welchem Wege auch immer – der Öffentlichkeit zugespielt worden war, hatte in München offenbar große Verärgerung ausgelöst. Er war sicher Wasser auf die Mühlen der Strauß-Kritiker, die immer noch die Frage stellten: Wo bleiben die Gegenleistungen für den Milliardenkredit? Es lag mir völlig fern, diesen Kritikern in die Hände zu arbeiten. Trotzdem war es richtig und notwendig gewesen, über die höchst unsichere Meinungsbildung in der DDR-Führung genau zu berichten. Das war schließlich meine Aufgabe. Doch was mit meinen vertraulichen Berichten in Bonn geschah, hatte ich nicht unter Kontrolle. Der Vorgang war mir eine Warnung. Es war höchste Vorsicht geboten, hochsensible Informationen auf dem normalen Berichtsweg nach Bonn zu geben. Auch meine Gesprächspartner in der DDR musste ich vor solchen Indiskretionen schützen.

Schon einen Tag nach dem Bericht in der *Welt* ließ der Bundeskanzler verlauten, er habe nicht die Absicht, mich abzulösen. Damit war die Angelegenheit erledigt. Ich fragte mich allerdings, was den bayrischen Ministerpräsidenten eigentlich bewogen hatte, meine Ablösung zu verlangen. Die Sache mit dem Bericht war doch wirklich nicht glaubwürdig. Wahrscheinlich hielt er mich für einen Vertrauten von Bundesaußenminister Genscher, mit dem ihn eine gegenseitige Abneigung verband.

Ich kannte Strauß nicht persönlich. Als ich ihm nach meiner Ernennung zum Ständigen Vertreter in München einen Antrittsbesuch machen wollte, sagte er in letzter Minute ab und bot mir auch keinen neuen Termin an. Als er Mitte der achtziger Jahre häufiger zur Leipziger Messe kam, lehnte er ebenfalls Kontakte mit mir ab, und zwar ohne jede Begründung, was von den westdeutschen Journalisten aufmerksam registriert wurde. Ich empfand dies als einen unfreundlichen Akt und beschwerte mich bei dem neuen Chef des Bundeskanzleramtes, Schäuble. Das blieb nicht ohne Wirkung. Bei seinem nächsten Messebesuch bot mir der Ministerpräsident ein Gespräch an, das auf dem Messestand von BMW stattfinden sollte. Als ich dort eintraf, war zunächst niemand zu sehen. So wartete ich einen Augenblick. Dann erschien jemand, um mich zu dem Ministerpräsidenten zu führen. Es war nicht etwa ein Mitarbeiter aus der Staatskanzlei, sondern der »gute Bekannte«, nämlich Schalck. Er stellte mich dem Ministerpräsidenten vor und nahm wie selbstverständlich an seiner Seite Platz.

Ende September gab die DDR die Befreiung von Kindern bis zu 14 Jahren vom Mindestumtausch bekannt. Wir hatten lange darauf gewartet. Leider hatte die DDR die Rentner nicht einbezogen, die zahlenmäßig weit mehr als die Kinder ins Gewicht fielen. Dennoch war diese Maßnahme, die Schalck bei den Gesprächen über den Milliardenkredit angekündigt hatte, ein wichtiges Signal, dass sich etwas geändert hatte.

Am 5. Oktober richtete Honecker ein Schreiben an Kohl und forderte ihn auf, »seine Haltung zur Stationierung neuer USA-Atomraketen auf dem Territorium der BRD zu überdenken«. Er sprach sich für ein atomwaffenfreies Europa aus, das letztlich das Ziel der europäischen Völker sei, und schloss mit dem Satz: »Wir schließen uns im Namen des deutschen Volkes dem an.« Es war das erste Mal seit vielen Jahren, dass ein Staatsratsvorsitzender der DDR, also das Staatsoberhaupt, eine solche Wendung benutzte.

Kohl antwortete am 25. Oktober. Die von ihm geführte Bundesregierung sei bereit, ihren Beitrag zur Wahrung und Stabilisierung des Gleichgewichts in Europa zu leisten. Das Gleichgewicht sei heute aber gestört, weil die Sowjetunion seit Jahren das militärische Kräfteverhältnis zu ihren Gunsten zu verändern suche. Auf diese Herausforderung habe das Nordatlantische Bündnis geantwortet, in der Überzeugung, dass man alle Kräfte dafür einsetzen müsse, ein Gleichgewicht auf möglichst niedrigem Niveau zu erreichen und zu sichern. Nach diesem Brief konnte Honecker nicht mehr im Zweifel sein, dass die Stationierung bevorstand, wenn nicht noch in letzter Minute ein Kompromiss zwischen den beiden Großmächten gefunden wurde. Doch der zeichnete sich nicht ab.

Am 31. Oktober, dem Reformationsfest, begleitete ich Bundesfinanzminister Stoltenberg bei einem Besuch in der Lutherstadt Wittenberg. Wir nahmen an einem Gottesdienst in der Stadtkirche teil und machten anschließend einen Stadtrundgang. Ganz anders als bei dem Besuch der Familie Strauß in Dresden und Erfurt wurden wir demonstrativ von der Staatssicherheit überwacht. Vor uns und hinter uns und links und rechts liefen Stasi-Leute in Zivil mit, die offenbar den Auftrag hatten, zu verhindern, dass der Minister aus der Bundesrepublik, den viele DDR-Bürger aus dem Fernsehen kannten, von Passanten angesprochen wurde. So penetrant hatte ich eine Überwachung noch nie erlebt. Daraufhin ging ich direkt auf den Anführer des Stasi-Kommandos zu und forderte ihn laut und deutlich auf, die Absperrmaßnahmen einzustellen. Sie seien eine Belästigung, sagte ich. Doch es war vergeblich. Er lehnte es ab, überhaupt mit mir zu sprechen. Der Minister und ich waren angewidert. Am nächsten Tag, als Stoltenberg in Ost-Berlin mit Mittag zusammentraf, brachte er sein Missfallen über diese Behandlung zum Ausdruck.

In den folgenden Wochen nahm die Nervosität im Vorfeld der Stationierungsentscheidung weiter zu. Am 31. Oktober, dem gleichen Tag, an dem Stoltenberg in Wittenberg war, empfing Honecker demonstrativ eine Gruppe von Bundestagsabgeordneten der Grünen, die in Solidarität mit Friedensgruppen aus der DDR gegen die Stationierung amerikanischer Mittelstreckenraketen demonstrieren wollten. In dem Gespräch kündigten sie ihre Absicht an, in den nächsten Tagen Friedenspetitionen in der Amerikanischen und der Sowjetischen Botschaft in Ost-Berlin zu übergeben. Als sie am 4. November vor der Amerikanischen Botschaft erschienen, wurden sie von Volkspolizisten am Betreten des Gebäudes gehindert. Zwei Abgeordnete wurden sofort nach West-Berlin abgeschoben. Angehörige der ostdeutschen Friedensbewegung, die an der Übergabe der Petition teilnehmen wollten, wurden vorübergehend festgenommen und verhört. Auch Bischof Forck wurde zunächst nicht gestattet, die Petitionen in den Botschaften zu übergeben. Zwar spendeten die DDR-Medien der westdeutschen Friedensbewegung in diesen Wochen immer wieder Beifall, doch gemeinsame Aktionen von Friedensgruppen aus der Bundesrepublik und der DDR wollten die DDR-Behörden nicht dulden. Fürchteten sie etwa, daraus könnte eine gesamtdeutsche Friedensbewegung entstehen? Eine solche Entwicklung war tatsächlich schon im Gange.

Trotz der näherrückenden Stationierungsentscheidung kam es am 15. November in den Verhandlungen über den Post- und Fernmeldeverkehr zu einer Einigung. Die DDR verpflichtete sich, die Post aus der Bundesrepublik schneller zu befördern, Geschenksendungen zu erleichtern, insbesondere auch Arzneimittel aus dem Westen zuzulassen sowie den Fernmeldeverkehr unter Einschluss von West-Berlin auszubauen und die Verlegung eines Glasfaserkabels von der Bundesrepublik nach West-Berlin zu genehmigen – lauter wichtige Verbesserungen, von denen viele Menschen auf beiden Seiten profitierten. Als Gegenleistung erhöhte die Bundesrepublik die jährlich zu zahlende Postpauschale von 85 auf 200 Millionen D-Mark.

Das Lutherjahr

In den stürmischen Wochen vor der Entscheidung des Bundestages über die Stationierung standen Abrüstungsfragen und die Zukunft der deutsch-deutschen Zusammenarbeit im Vordergrund des öffentlichen Interesses. Ein anderes Ereignis in diesem Jahr trat dahinter zurück: der fünfhundertste Geburtstag Martin Luthers, der am 10. November 1483 in Eisleben geboren worden war. Vorbereitet wurde das Lutherjahr durch das Lutherkomitee der evangelischen Kirchen in der DDR unter dem Vorsitz des thüringischen Landesbischofs Werner Leich und das Lutherkomitee der DDR, dessen Vorsitz der Staatsratsvorsitzende persönlich übernommen hatte. Die beiden Gremien waren organisatorisch getrennt, wie es dem Prinzip der Trennung von Staat und Kirche entsprach, arbeiteten aber eng zusammen.

Im Lutherjahr entwickelte sich ein intensiver Dialog zwischen den Historikern der Kirche und marxistischen Historikern, der von beiden Seiten als sehr positiv bewertet und sogar als Modellfall für das Verhältnis zwischen dem Staat und den Kirchen angesehen wurde. Wie nie zuvor in der Nachkriegszeit erhielten die Kirchen Möglichkeiten der Selbstdarstellung. Die sorgfältig restaurierten Lutherstätten in Wittenberg, Erfurt, Eisleben und auf der Wartburg bei Eisenach zogen viele Tausende Besucher aus der DDR, der Bundesrepublik und dem Ausland an. Auch ich habe sie in meiner Eigenschaft als Ständiger Vertreter der Bundesrepublik besucht, schließlich ging Luther alle Deutschen an. Noch sehr viel mehr Menschen sahen einen fünfteiligen Lutherfilm, den das Fernsehen der DDR ausstrahlte. In Berlin wurden zwei große Ausstellungen gezeigt. Daneben gab es überall im Land Festveranstaltungen, wissenschaftliche Konferenzen, Fachtagungen, und viele Kirchengemeinden beschäftigten sich mit den Schriften Luthers. Insgesamt gesehen ist die Stellung der Kirchen in der DDR durch die große Publizität im Lutherjahr gefestigt worden. Auch der katholischen Kirche, die sich in ökumenischem Geist an den Feiern beteiligte – was ja keineswegs selbstverständlich war –, ist das zugutegekommen.

Nicht weniger bedeutsam waren die sieben Kirchentage, die im Lutherjahr in der DDR stattfanden. Über 200 000 Menschen nahmen daran teil. Höhepunkt war der letzte Kirchentag Ende September in Wittenberg, zu dem auch der Regierende Bürgermeister von Berlin, Richard von Weizsäcker, in seiner Eigenschaft als Präsidiumsmitglied des Deutschen Evangelischen Kirchentages eingeladen worden war. Mit Billigung von höchster Stelle, die Manfred Stolpe vermittelt hatte, erhielt er die Möglichkeit, vor über zehntausend Teilnehmern des Kirchentags auf dem Marktplatz in Wittenberg zu sprechen. Es war seit langer Zeit das erste Mal, dass ein führender Politiker der Bundesrepublik in der DDR öffentlich auftreten konnte. Die Wirkung seiner Ansprache war überwältigend. Ich hatte mich unter die Zuhörer gemischt und konnte so unmittelbar miterleben, wie tief bewegt die Menschen auf dem Marktplatz waren. Als Weizsäcker ausrief: »Wir atmen in Ost und West die gleiche Luft«, wurde den auf dem Marktplatz dichtgedrängt stehenden Menschen bewusst, dass die Deutschen auf beiden Seiten zusammengehörten. Ich sah es ihren Gesichtern an, manche der Älteren hatten Tränen in den Augen. Für viele war die Rede Weizsäckers auf dem Marktplatz in Wittenberg ein großer Augenblick in ihrem Leben, der ihnen Hoffnung gab. Aber Hoffnung worauf? Auf eine deutsche Einheit, in welcher Form auch immer? Das konnte sich 1983 kaum jemand vorstellen. Hoffnung auf mehr Freiheit im eigenen Land oder größere Freiräume unter dem Dach der Kirche? Vielleicht.

Spät am Abend, es war längst dunkel geworden, versammelte sich auf dem Hof des Lutherhauses eine größere Gruppe von Menschen, um an einem symbolischen Akt teilzunehmen. Die meisten kamen aus den kirchlichen Friedensgruppen. An einem offenen Feuer schmiedete Pfarrer Friedrich Schorlemmer ein Schwert zu einer Pflugschar um – gemäß der biblischen Prophezeiung »Schwerter zu Pflugscharen«, die in der ersten Friedensdekade der evangelischen Kirchen in der DDR als Losung der ostdeutschen Friedensbewegung verkündet worden war. Viele trugen seitdem dieses Erkennungszeichen als Aufnäher an ihren Jacken. Die SED hatte zunächst keinen Anstoß daran genommen, reagierte dann aber schroff negativ, als sie erkannte, dass hinter der Losung der Friedensbewegung eine pazifistische Grundhaltung stand, die der Wehrbereitschaft der Jugend zuwiderlief. Der Aufnäher wurde nun vom Staat verboten, und wer ihn trotzdem trug, bekam Schwierigkeiten. Das konnte bis zu einem Verweis von der Erweiterten Oberschule oder einer Relegierung von der Universität gehen. Angesichts dieser Konsequenzen sahen sich die Kirchenleitungen gezwungen, von dem Symbol abzurücken. Notgedrungen legten sie ihren Gemeindemitgliedern nahe, auf den Aufnäher zu verzichten. Als nun Pfarrer Schorlemmer an die Losung »Schwerter zu Pflugscharen« erinnerte, richtete sich sein Aufruf nicht so sehr an die kirchlichen Friedensgruppen, die nach Wittenberg gekommen waren, als vielmehr an die SED, die den Pazifismus der westdeutschen Friedensbewegung propagandistisch unterstützte, ihn bei der eigenen Jugend aber nicht dulden wollte.

Beim Staatsakt der DDR in der Staatsoper Unter den Linden vertrat ich die Bundesregierung. Die Festansprache hielt Gerald Götting, der Vorsitzende der Ost-CDU und Mitglied des staatlichen Lutherkomitees. Nach den vielen offiziellen Reden, die bei den vorangegangenen Lutherfeiern gehalten worden waren, enthielt sie keine neuen Akzente. Auch Götting stellte die Reformation als Teil »der frühbürgerlichen Revolution« dar und schrieb Martin Luther neben Thomas Müntzer eine wichtige, ja führende Rolle in diesem revolutionären Prozess zu.

Am nächsten Tag, dem Geburtstag Luthers, fuhr ich nach Wittenberg und nahm dort an einem feierlichen Gottesdienst in der Schlosskirche teil. Anschließend legte ich am Grab Luthers einen Kranz nieder. Ich hatte mich im Lutherjahr eingehend mit der Persönlichkeit und dem Wirken des Reformators beschäftigt, und diese Kranzniederlegung war für mich als Katholik auch ein Akt der persönlichen Annäherung. Am frühen Nachmittag fuhr ich bei dichtem Nebel nach Eisleben im Mansfelder Land, dem Geburtsort Luthers. Hier fand auf dem Marktplatz eine Festveranstaltung statt, mit Gästen aus sechsunddrei-ßig Ländern, wie das *Neue Deutschland* am nächsten Tag stolz berichtete. Aus der Bundesrepublik waren zahlreiche Angehörige der evangelischen Landeskirchen gekommen, an der Spitze Bischof Lohse, der Ratsvorsitzende der Evangelischen Kirche in Deutschland, der Ministerpräsident von Nordrhein-Westfalen, Johannes Rau, und der Staatsminister im Bundeskanzleramt, Friedrich Vogel. Als ich am Abend nach Leipzig fuhr, war der Nebel noch dichter geworden. Soldaten der NVA standen mit brennenden Fackeln am Straßenrand, um die Gäste sicher nach Leipzig zu geleiten, wo am Abend in der Thomaskirche ökumenische Begegnungstage eröffnet wurden. Mit ihnen gingen die Lutherfeiern in der DDR zu Ende, die angesichts der internationalen Spannungen viele Teilnehmer als ein historisches Ereignis empfunden hatten.

Ich kann mich heute nicht mehr genau daran erinnern, welche Bilanz die Partei- und Staatsführung der DDR nach Abschluss der Lutherehrung gezogen hat. Dass sie positiv ausfiel, ist jedoch unzweifelhaft. Auch wenn hohe Staatsgäste aus dem westlichen Ausland ausgeblieben waren, hatten die Lutherfeiern doch große internationale Aufmerksamkeit gefunden. Auch der Staat DDR hatte durch die großzügige Förderung der vielen Veranstaltungen ein gutes Bild abgegeben. Manche Beobachter fragten sich: Beginnt sich in diesem sozialistischen Staat etwas zu verändern?

Ohne Zweifel verfolgte die DDR mit der Lutherehrung ihre eigenen Ziele. Schon seit einiger Zeit war die Führung zu der Einsicht gekommen, dass die von ihr in den siebziger Jahren verkündete Doktrin von den zwei deutschen Nationen gescheitert war. Die Vorstellung von einer bürgerlichen deutschen Nation in der Bundesrepublik, die im Absterben begriffen war, und der sozialistischen deutschen Nation in der DDR, der die Zukunft gehörte, hatte kaum jemand ernst genommen.

Das hatte die SED-Ideologen, so schien es mir, zu einer Neuorientierung veranlasst. In einer großen Kehrtwendung nahmen sie nun die progressiven Kräfte und Traditionen in der deutschen Geschichte für sich in Anspruch, eben auch Martin Luther. Auch an Friedrich dem Großen entdeckte die DDR nun fortschrittliche Züge und stellte das berühmte Reiterstandbild des Preußenkönigs wieder an seinem angestammten Platz Unter den Linden auf. Und selbstverständlich wurden Goethe und Schiller, Bach und Händel, Caspar David Friedrich und die großen Bildhauer der Preußenzeit dem wertvollen »nationalen Erbe« zugeordnet. Das war mehr als ein Kunstgriff. Die SED-Führung entsprach damit einem tiefen Bedürfnis der Deutschen in der DDR, denen es nun leichter fiel, sich mit »ihrem« deutschen Staat zu identifizieren, ihn jedenfalls zu akzeptieren. Die Lutherfeiern 1983 waren das bisher deutlichste Zeichen für eine nationale Neubesinnung der DDR.

In der Bundesrepublik verfolgte man diese Entwicklung mit Argwohn. Nicht wenige Beobachter hielten das neue Bekenntnis der DDR zum nationalen Erbe für unglaubwürdig. Erst allmählich wurde auch den Skeptikern klar, dass es sich um einen bedeutsamen Vorgang handelte: Die DDR bewegte sich wieder auf die Vorstellung von einer deutschen Nation zu.

Die Stationierung

Nach einer Phase intensiver deutsch-deutscher Kontakte, wie wir sie bis dahin noch nie erlebt hatten, kam am 22. November 1983 der von vielen befürchtete Donnerschlag: Mit 286 gegen 225 Stimmen billigte der Deutsche Bundestag die Stationierung amerikanischer Mittelstreckenraketen auf dem Gebiet der Bundesrepublik. Eine Entscheidung, die einen Teil der westdeutschen Bevölkerung, noch stärker aber die Menschen in der DDR, in Angst und Unruhe versetzte. Schon am folgenden Tag brach die Sowjetunion die Genfer Verhandlungen ab. Am 24. November erklärte Generalsekretär Honecker auf einer Tagung des Zentralkomitees, mit der Stationierung amerikanischer Atomraketen nehme die Regierung Kohl eine schwere Verantwortung auf sich. Das europäische Vertragssystem einschließlich des Grundlagen-vertrags zwischen der Bundesrepublik und der DDR erleide durch diese Entscheidung »ernsthaften Schaden«. Doch dann fügte er hinzu: »Wir sind dafür, den Schaden möglichst zu begrenzen und jetzt erst recht alle Verhandlungsmöglichkeiten zu nutzen.« Honecker kündigte zugleich die Stationierung sowjetischer Atomraketen in der DDR an. Diese Maßnahmen lösten aber »keinen Jubel« aus, sagte er.

Am 14. Dezember übergab ich im DDR-Außenministerium einen Brief des Bundeskanzlers an Generalsekretär Honecker. Darin versicherte Kohl, die Bundesregierung sei nach wie vor entschlossen, die Politik des Dialogs und die Zusammenarbeit mit der DDR fortzusetzen. Sie wolle das im Verlauf vieler Jahre Erreichte bewahren und das Geflecht von Beziehungen auf der bewährten vertraglichen Grundlage weiterentwickeln und ausbauen. Also Kontinuität, trotz der Stationierung.

Kurz vor Weihnachten rief Helmut Kohl Erich Honecker an. Beide sprachen über eine halbe Stunde miteinander. Kohl erneuerte seine Einladung an Honecker, im nächsten Jahr die Bundesrepublik zu besuchen. Der erklärte sich einverstanden, wenn auch mit dem Hinweis, über einen Termin müsse man sich zu gegebener Zeit noch verständigen. Das war zu diesem Zeitpunkt – einen Monat nach dem Beginn der Stationierung – ein kleines Wunder. An einer Stelle des Gesprächs sagte dann Kohl den bemerkenswerten Satz: »Sie sprechen hier mit einem Mann, der nichts unternehmen wird, um Sie in eine ungute Lage zu bringen.« Zum Schluss wünschten sich beide einen »guten Rutsch ins neue Jahr«.

Die beiden Schritte Kohls – der Brief und das Telefongespräch – hatten die Atmosphäre gereinigt. Die befürchtete Klimaverschlechterung war nicht eingetreten. Der Kanzler und der Generalsekretär waren sich einig: Trotz der Stationierung der Atomraketen dürfe es keinen Bruch in den Beziehungen geben. Für Honecker hieß die Losung: Wir müssen den Schaden begrenzen und jetzt erst recht weiterverhandeln, international und bilateral.

Die sowjetische Haltung war freilich zu diesem Zeitpunkt noch unklar. Am 13. Dezember sagte mir der sowjetische Gesandte Koptelzew, man könne nicht einfach so weitermachen, als wäre nichts geschehen.

Er hoffe aber, dass die Weichen nicht falsch gestellt würden. Vielleicht würden sie nicht endgültig gestellt. »Es ist immer alles im Fluss.« Offenbar war nach dem Stationierungsbeschluss die künftige Politik Moskaus gegenüber dem Westen noch nicht endgültig festgelegt worden. Das war kein schlechtes Zeichen, hatte aber vielleicht auch damit zu tun, dass Andropow, der sowjetische Generalsekretär, schwer erkrankt war. Er starb wenige Wochen später.

In den letzten Dezembertagen kam es in den komplizierten S-Bahn-Verhandlungen, die ich im Sommer mit Schalck vorbereitet hatte, zu einer Einigung. Danach wurden die in West-Berlin gelegenen Anlagen, Einrichtungen und Betriebsmittel der S-Bahn mit Wirkung vom 9. Januar 1984 von der West-Berliner Verkehrsgesellschaft – der BVG – übernommen. Fünf Wochen nach der Stationierungsentscheidung des Bundestages war es gelungen, für das wohl schwierigste Problem im Verhältnis zwischen West- und Ost-Berlin eine sachgerechte Lösung zu finden.

Honecker hatte in den vorangegangenen Wochen großen Mut bewiesen. In erster Linie war es sicher die Finanzkrise der DDR, die ihn veranlasst hatte, an seinem Kurs einer enger und dichter werdenden Zusammenarbeit mit der Bundesrepublik festzuhalten. Insofern hatte der von Strauß »eingefädelte« Milliardenkredit den Beziehungen eine neue Qualität gegeben. Die Kehrseite der Medaille war eine zunehmende Abhängigkeit der DDR von ihrem großen westlichen Nachbarn. Davon sprach damals klugerweise niemand, doch manche ahnten es wohl, vor allem in Moskau. Das latent schon seit langem vorhandene Misstrauen der sowjetischen Führung gegenüber ihrem deutschen Verbündeten hatte neue Nahrung erhalten. Es sollte nicht lange dauern, bis das offen zutage trat.

Noch vor dem Jahresende nahm Jenninger mit Schalck Kontakt auf. Unter strengster Geheimhaltung begannen sie Gespräche über einen zweiten Milliardenkredit. Diesmal ohne Strauß, der allerdings im Vorfeld bereits seine Unterstützung für das Vorhaben signalisiert hatte. Der bayrische Ministerpräsident hatte die Weichen gestellt. Nun war die Bundesregierung am Zuge.

Auf der Leipziger Frühjahrsmesse 1984 konnte Honecker den Bundeswirtschaftsminister Graf Lambsdorff und drei Ministerpräsidenten der Länder begrüßen. Einige Journalisten sprachen gar von einer »Wallfahrt« westdeutscher Politiker nach Leipzig. Im April wurde Günter Mittag bei seinem gewohnten Besuch in Bonn im Anschluss an die Hannover-Messe von Bundeskanzler Kohl empfangen. Kurz darauf begannen Jenninger und Schalck im Rahmen der Kreditverhandlungen auch über das Programm für einen Besuch Honeckers in der Bundesrepublik zu sprechen, der im darauffolgenden Herbst stattfinden sollte.

Im Juni 1984 traf Honecker am Rande einer RGW-Konferenz in Moskau mit dem neuen sowjetischen Parteichef Tschernenko und weiteren Mitgliedern des Politbüros zusammen. Wie wir später hörten, sollen dabei einige der Gesprächsteilnehmer kein Hehl aus ihren Irritationen über die eigenmächtige Westpolitik Honeckers gemacht haben. Doch der ließ sich nicht beirren. Ungeachtet des sowjetischen Misstrauens wurden die Verhandlungen zwischen Schalck und Jenninger über einen weiteren Großkredit westdeutscher Banken intensiv fortgesetzt. Sie fanden unter strengster Geheimhaltung im Schloss Niederschönhausen in Ost-Berlin statt. Ich war von Jenninger unterrichtet worden, im Übrigen hatte die Ständige Vertretung damit nichts zu tun, was im Interesse der Sache auch richtig war. Jedenfalls wurde die Vertraulichkeit bis zum Abschluss der Verhandlungen gewahrt.

Am 25. Juli gab Staatsminister Jenninger das Ergebnis seiner Verhandlungen vor der Bundespressekonferenz in Bonn bekannt. Danach gewährte die Deutsche Bank über eine Tochtergesellschaft in Luxemburg der Deutschen Außenhandelsbank in Ost-Berlin einen ungebundenen Finanzkredit in Höhe von 950 Millionen D-Mark mit einer Laufzeit von fünf Jahren zu den marktüblichen Konditionen.

Der zweite Milliardenkredit löste im Westen keine große Überraschung aus. Kenner der DDR-Wirtschaft hatten von vornherein mit einer Fortsetzung der neuen Kreditpolitik der Bundesregierung gerechnet, denn der erste Milliardenkredit hatte für die Zahlungsverpflichtungen der DDR nur für kurze Zeit Entspannung gebracht.

Die beiden Finanzkredite aus der Bundesrepublik verschafften der DDR etwas Luft. Ihre Kreditwürdigkeit auf den internationalen Finanzmärkten wurde notdürftig wiederhergestellt. Doch die wirtschaftliche Anspannung blieb, zumal Honecker mit Unterstützung von Mittag nicht bereit war, an der teuren Wirtschafts- und Sozialpolitik Abstriche zu machen. Die DDR lebte weiterhin über ihre Verhältnisse und konnte nur aufgrund der beträchtlichen Finanzhilfen aus der Bundesrepublik ihre Westverschuldung auf einem noch vertretbaren Niveau halten. Aus der Verantwortungsgemeinschaft der beiden deutschen Staaten, von der Kohl und Honecker mit dem Blick auf die Friedenssicherung gern sprachen, war inzwischen eine finanzielle Solidargemeinschaft geworden.

Botschaftsflüchtlinge

An einem Freitagnachmittag im Januar 1984 erschien eine Gruppe von sechs jungen DDR-Bürgern, darunter zwei Frauen, in der Amerikanischen Botschaft in Ost-Berlin. Sie gingen in die öffentlich zugängliche Bibliothek und übergaben einem Mitarbeiter der Botschaft einen Brief an den amerikanischen Präsidenten. Sie verlangten politisches Asyl und weigerten sich bei Dienstschluss, das Botschaftsgebäude zu verlassen. Zuvor hatten sie einen West-Berliner Journalisten telefonisch von ihrem Vorhaben unterrichtet. Noch am Abend wurde die Meldung in den Rundfunk- und Fernsehnachrichten verbreitet.

Die amerikanische Botschafterin, Rozanne Ridgeway, hielt sich zu dieser Zeit nicht in Berlin auf. Ihr Vertreter, der Gesandte, sprach mit den jungen Leuten und forderte sie auf, unverzüglich die Botschaft zu verlassen, denn in Amerikanischen Botschaften werde grundsätzlich kein Asyl gewährt. Wenn sie dieser Aufforderung nicht Folge leisteten, müssten sie damit rechnen, durch den Hausordnungsdienst auf die Straße gebracht zu werden. Doch die sechs ließen sich nicht einschüchtern. Sie kündigten einen Hungerstreik an, um ihrer Forderung Nachdruck zu verleihen. Die Nacht verbrachten sie in der Bibliothek unter der Aufsicht von »Marines«, Marine-Infanteristen, die in der Botschaft für die Sicherheit zu sorgen hatten.

Am nächsten Vormittag – einem Samstag – wurde ich zu Hause angerufen. Der Gesandte bat mich, wegen einer dringenden Angelegenheit in die Botschaft zu kommen. Ich hatte inzwischen die Rundfunkmeldung gehört. In der Botschaft wurde ich gebeten, mich der

Gruppe anzunehmen. Es seien Ostdeutsche, also deutsche Staatsangehörige, der Fall gehe also in erster Linie die Bundesrepublik an. Der
Gesandte gab sogar zu bedenken, ob die Gruppe nicht in die Ständige
Vertretung gebracht werden könne. Das lehnte ich unter Hinweis auf
das große Risiko einer solchen Aktion ab. Dann sprach ich mit den
jungen Leuten. Sie waren nach der durchwachten Nacht außerordentlich angespannt und verlangten, aus der Botschaft direkt nach West-
Berlin gebracht zu werden. Ich versuchte sie davon zu überzeugen,
dass ihre Aktion keine Aussicht auf Erfolg habe. Weder die Amerikanische Botschaft noch die Ständige Vertretung könnten ihr Flucht-
unternehmen unterstützen. Ich sei aber bereit, ihnen in anderer
Weise zu helfen und die Ausreiseanträge, die sie gestellt hätten, nachdrücklich zu unterstützen. Doch meine Rede war vergeblich. Die
sechs waren zum Äußersten entschlossen und nicht bereit, sich auf
irgendwelche Versprechungen einzulassen. Wie sich etwas später herausstellte, waren zwei junge Männer Söhne von Offizieren der Staatssicherheit, einer hatte wegen versuchter Republikflucht eine Haftstrafe verbüßt. Ein anderer junger Mann hatte einen italienischen Vater.
Er berief sich auf seine italienische Staatsangehörigkeit, die von den
DDR-Behörden nicht anerkannt worden sei.

Zwischendurch sprach ich mit den Amerikanern und bat sie eindringlich, die Gruppe nicht vor die Tür zu setzen. Ich würde mich
bemühen, eine Lösung zu finden, bräuchte dafür aber etwas Zeit.
Inzwischen hatten die Marines die Gruppe in den Eingangsbereich
der Botschaft gebracht, wo sie auf dem Boden hockten. Stühle gab es
dort nicht. Die Amerikaner hatten nicht die Absicht, es den Asylanten irgendwie bequem zu machen. Die Spannung wuchs. Einer der
beiden Anführer der Gruppe, ein willensstarker junger Mann, drohte,
sich etwas anzutun, wenn ihrer Forderung nicht bald stattgegeben
würde.

Nach einer Unterbrechung setzte ich das Gespräch mit der Gruppe
fort. Ich sprach ganz ruhig mit den jungen Leuten und führte ihnen
die enormen Schwierigkeiten und die Risiken vor Augen, die ihrem
Verlangen entgegenstanden. Ich warb um ihr Vertrauen, versuchte, ihnen Mut zu machen, und forderte sie auf, sich auf ein normales Ausreiseverfahren einzulassen. Mit meiner Unterstützung hätten sie eine

gute Chance, es zu schaffen. Dann forderte ich sie auf, noch einmal nachzudenken und unter sich, also ohne mich, zu beraten. Doch das ganze Reden half nichts.

Am Nachmittag gelang es mir endlich, Rechtsanwalt Vogel, der in Österreich Ski-Urlaub machte, am Telefon zu erreichen. Ich schilderte ihm kurz die Lage, die explosiv und mit großen politischen Risiken verbunden sei. Er verstand sofort, überlegte einen Augenblick und sagte dann: »Ich komme, kann aber erst morgen – einem Sonntag – in Berlin sein.« Ich unterrichtete die Amerikaner. Den sechs jungen Leuten sagte ich, leider hätte ich nichts Neues für sie.

Am Sonntagmittag kam Rechtsanwalt Vogel in Berlin-Tegel an. Ich holte ihn am Flugplatz ab, setzte ihn ins Bild und gab ihm eine Namensliste der Gruppe. Auf seine Bitte hin brachte ich ihn in seine Kanzlei in der Reiler Straße in Berlin-Friedrichsfelde. Am Nachmittag kam Vogel in die Amerikanische Botschaft, begleitet von Rechtsanwalt Starkulla, einem Mitarbeiter seiner Kanzlei. Wir gingen zusammen zu Botschafterin Ridgeway, die inzwischen zurück war. Sie gab uns ziemlich kühl zu verstehen, dass die Sache von den Deutschen gelöst werden müsse, und zwar sehr schnell. Dann unterrichtete mich Vogel über das Ergebnis seiner Bemühungen. Soeben sei entschieden worden, die Gruppe müsse »sofort raus«. Es gebe dafür politische Gründe. Die DDR-Führung erwarte in nächster Zeit zwei wichtige Besuche: den französischen Außenminister Cheysson und kurz danach den kanadischen Präsidenten Trudeau. Beide Besuche dürften nicht gefährdet werden.

Ich war erschrocken. »Wollen Sie die Gruppe wirklich direkt nach West-Berlin bringen?«, fragte ich. Vogel nickte: »Das ist von höchster Stelle so entschieden worden.« Das bedeutete, von Honecker persönlich. »Um Himmels willen«, entfuhr es mir. »Das wird doch sofort bekannt. Viele Tausend DDR-Bürger wollen genau das Gleiche. Dann haben wir in der Ständigen Vertretung schnell das Haus voll. Denn die Amerikaner werden keine weiteren Fluchtversuche über ihre Botschaft mehr zulassen.« Vogel wusste das, doch er sagte mir: »Die Sache ist so entschieden worden.«

Anschließend gingen wir zu den sechs jungen Leuten. Vogel unterbreitete ihnen das Angebot der DDR: In seiner Kanzlei in Friedrichsfelde solle die Entlassung aus der Staatsbürgerschaft der DDR durch einen dafür zuständigen Vertreter des Staates vollzogen werden. Danach Ausreise nach West-Berlin in den Wagen der beiden Anwälte. Der Leiter der Ständigen Vertretung könne die Gruppe begleiten, wenn dies gewünscht werde. Die sechs konnten es nicht fassen. Doch sie waren misstrauisch wegen der Fahrt zur Kanzlei von Rechtsanwalt Vogel. Außerdem wollten sie lieber mit Diplomatenwagen nach West-Berlin gebracht werden. Sie baten um Bedenkzeit. Wir ließen sie allein. Doch schon kurz darauf meldeten sie sich wieder: Sie waren einverstanden und baten darum, Vogel und mir die Hand geben zu dürfen. Ein Traum wurde wahr.

Abends auf der Fahrt zu Vogels Kanzlei war es dunkel und diesig. Dort füllten die sechs die Anträge auf Entlassung aus der Staatsbürgerschaft der DDR aus, ein Funktionär erschien und vollzog wortlos den Akt. Die Prozedur dauerte etwa eine Stunde. Dann forderten die beiden Anwälte die jungen Leute auf, wieder in die Wagen einzusteigen, und fuhren los. Ich begleitete, wie verabredet, die Kolonne in meinem Dienstwagen. Die sechs waren jetzt sehr nervös. Sie wussten, der entscheidende Test kam an der Grenze. Wenn sie dort festgenommen würden, wäre das Abenteuer gescheitert.

Am Übergang Invalidenstraße, wie immer bei Dunkelheit grell erleuchtet, stieg Vogel aus, sprach kurz mit dem wachhabenden Offizier und übergab ihm die Identitätsbescheinigungen der sechs jungen Leute. Der Offizier war unterrichtet. Er gab die Ausfahrt frei – und salutierte. Die Kolonne setzte sich wieder in Bewegung und fuhr auf dem Slalomweg langsam durch die Mauer, vorbei an dem Schild: »Sie betreten den britischen Sektor.« Wie mir Vogel etwas später berichtete, schwiegen die sechs auf der Fahrt nach West-Berlin. Als sie auf der westlichen Seite angelangt waren, umarmten sie sich. Sie hatten es geschafft. Wie durch ein Wunder.

Schon am nächsten Tag wurde ihre Ausreise bekannt. Dann geschah, was ich befürchtet hatte: Nur zwei Tage später kamen zwölf DDR-Bürger in die Ständige Vertretung und verlangten, direkt nach West-Berlin gebracht zu werden. Sie waren offenbar genau im Bilde über die Ausreise der sechs Botschaftsflüchtlinge am vorangegangenen Sonntag. Die Mitarbeiter der Vertretung sprachen eingehend mit ihnen, zuerst mit allen zusammen und dann einzeln. Doch das Reden half nicht. Die Besucher schienen genau zu wissen, wie die Prozedur ablaufen würde. Ich rief Rechtsanwalt Vogel an. »Jetzt passiert genau das, was wir beide am Sonntag schon geahnt haben«, sagte ich. »Jetzt müssen Sie auch diese Fälle lösen, so schnell und geräuschlos wie möglich.« Ich gab ihm die Namen der Besucher durch, Vogel leitete sofort das Ausreiseverfahren ein, und noch am Abend konnte auch diese Gruppe direkt nach West-Berlin ausreisen.

Ich empfand keine Erleichterung. Wann kommen die Nächsten?, fragte ich mich. Und wo endet das? Würde die Ständige Vertretung am Ende abgesperrt werden, wie es die DDR vor Jahren schon einmal für einen Tag praktiziert hatte?

Der nächste Versuch fand nicht in Berlin, sondern in Prag statt. Im Februar setzte sich eine Gruppe von DDR-Bürgern in unserer Botschaft in Prag fest. Unter ihnen eine Frau mit ihrem Mann, zwei Kindern und ihrer Schwiegermutter. Die jüngere Frau war eine Nichte des Ministerratsvorsitzenden der DDR, Willi Stoph. Der Fall wurde schnell bekannt und ging sensationell aufgemacht durch die Westpresse. Der Staatssekretär im Bundesministerium für innerdeutsche Beziehungen, Rehlinger, war tief beunruhigt. Er fürchtete, zu Recht, wie ich meinte, die gesamte Zusammenarbeit mit der DDR in den humanitären Fragen könne Schaden nehmen, und schaltete sofort Rechtsanwalt Vogel ein. Binnen kurzer Zeit wurden auch diese Fälle gelöst, einschließlich des delikaten Falls der Nichte Stophs, allerdings mit einem wichtigen Unterschied: Die DDR hatte inzwischen erkannt, welche Lawine sie mit der sofortigen Ausreise der Asylanten nach West-Berlin losgetreten hatte. Immer mehr DDR-Bürger hatten seitdem versucht, über westliche diplomatische Missionen in Ost-Berlin, Prag und Budapest in den Westen zu gelangen. Um diese neue Fluchtbewegung zu stoppen, bestand die DDR jetzt darauf, dass die Botschaftsflüchtlinge zunächst an ihre Heimatorte in der DDR zurückkehren und dort einen Ausreiseantrag stellen müssten. Immerhin war Rechtsanwalt Vogel weiterhin ermächtigt, den Ausreisesuchenden eine feste Zusage zu machen. Darauf ließen sich die Familie, die zuerst gekommen war, und weitere DDR-Bürger in den Botschaften Prags und Budapests ein. Sie kehrten unbehelligt in ihre Heimatorte zurück, wo ihre Ausreiseanträge nach kurzer Wartezeit positiv beschieden wurden. Das war offenbar die neue Linie.

Seit Anfang des Jahres 1984 hatten die Ausreisen aus der DDR sprunghaft zugenommen. Damit entsprach die DDR den Zusicherungen, die Schalck dem bayrischen Ministerpräsidenten Strauß in den Verhandlungen über den Milliardenkredit gegeben hatte. Viele sogenannte Altfälle, die schon seit längerer Zeit anhängig waren, wurden jetzt abgearbeitet, und zahlreiche Fälle von Regimegegnern, die in der DDR ein Unruhepotenzial bildeten, wurden ebenfalls erledigt. Offenbar versprach sich die DDR von dieser Aktion einen Abbau des inneren Drucks. Doch soweit wir feststellen konnten, trat diese Wirkung nicht ein. Im Gegenteil, die Unsicherheit und Unruhe in der Bevölkerung nahm sogar noch zu. In der Ständigen Vertretung verzeichneten wir eine deutliche Zunahme der Besucher, die wegen ihrer Ausreise und Übersiedlung in die Bundesrepublik vorsprachen. Verlässliche Informationen über die Zahl der Ausreiseanträge in der DDR hatten wir nicht, doch hörten wir von verschiedenen Seiten, sie hätten weiter zugenommen. Nach meinem Eindruck standen auch die Fluchtversuche über die diplomatischen Missionen damit im Zusammenhang. Die Leute rannten in einer Art Torschlusspanik in die Botschaften; sie meinten, der Zug in den Westen sei in Bewegung, und sie wollten in letzter Minute noch aufspringen.

Wie wir später erfuhren, siedelten in den ersten vier Monaten des Jahres 1984 tatsächlich um die 25 000 DDR-Bürger in die Bundesrepublik über. Eine solche Ausreisewelle hatte es seit dem Bau der Mauer nicht mehr gegeben. Und was die Sache erst recht auffällig machte: Immer mehr junge Leute, viele schon verheiratet und mit kleinen Kindern, die meisten von ihnen gut ausgebildet und qualifiziert, machten sich auf den Weg in den Westen. Ein deutliches Zeichen, dass das SED-Regime in der Bevölkerung zunehmend an Vertrauen verlor. Die meisten Ausreisewilligen – wie man sie damals nannte – hatten keine politischen Probleme, es waren ganz überwiegend unauffällige DDR-Bürger, denen es nicht schlechtging in der DDR, sie hatten einen Arbeitsplatz und soziale Sicherheit, aber sie sahen keine Zukunft mehr für sich in einem Staat, der ihre Erwartungen enttäuscht hatte. Zugleich ging von der Bundesrepublik eine immer stärker werdende Sogwirkung aus.

Jeden Abend sahen Millionen DDR-Bürger das Westfernsehen, in dem sich das große westliche Nachbarland in hellem Glanz darbot. Im April 1984 gingen die DDR-Medien dazu über, vor einer Übersiedlung in die Bundesrepublik zu warnen. Die DDR-Bürger, argumentierten sie, kämen aus der Geborgenheit der sozialistischen Gemeinschaft in die Kälte der westlichen Wettbewerbsgesellschaft. Sie erwarte dort Arbeitslosigkeit, Wohnungselend und sozialer Abstieg. Diese Warnung verband die SED mit der Drohung: Wer die DDR verlasse, könne nicht zurückkehren. Tatsächlich wurden von jetzt an Verwandtenbesuche ehemaliger DDR-Bürger, auch solcher, die legal ausgereist waren, nicht mehr genehmigt. Doch diese Propaganda war so maßlos übertrieben, dass sie in der Bevölkerung keine große Wirkung hatte.

An einem Vormittag Ende März erschien in der Residenz in der Kuckhoffstraße ein uns unbekannter junger Mann und gab vor, unseren Sohn Robert sprechen zu wollen, der aber nicht in Berlin war. Unsere in der Residenz tätige Mitarbeiterin sagte dem Besucher, sie könne leider keine Auskunft geben. Wenn er besondere Wünsche habe, möge er sich doch bitte an die Ständige Vertretung in der Hannoverschen Straße wenden. Der junge Mann hatte in der Tat besondere Wünsche. Wenig später meldete er sich in der Vertretung und wurde dort von einem Mitarbeiter der Rechtsabteilung empfangen. Ihm sagte er geradeheraus, er sei Soldat in der NVA, an der Ostsee stationiert und als »Kampfschwimmer« ausgebildet. Er habe seine Einheit verlassen, könne jetzt nicht mehr zurück und bitte darum, sofort in die Bundesrepublik gebracht zu werden. Das war schon auf den ersten Blick ein gravierender Fall, wie wir ihn bisher nicht gehabt hatten. Als der Leiter unserer Rechtsabteilung Rechtsanwalt Vogel anrief, antwortete der nur, er habe kein Mandat. Wir sollten versuchen, den Mann dazu zu bringen, sofort in seine Einheit zurückzugehen. Sonst werde es dramatisch.

Wir sprachen eindringlich mit dem Besucher, doch er zeigte sich völlig unzugänglich. Er war ein Deserteur und wusste, was er im Falle einer Rückkehr zu erwarten hatte. Trotz größter Bedenken entschlossen wir uns, den Mann in seiner verzweifelten Lage zunächst einmal in der Vertretung zu behalten. Ihn vor die Tür zu setzen kam für uns aus verfassungsrechtlichen, politischen, aber auch aus moralischen

Gründen nicht in Frage. Denn auch ein NVA-Soldat war nach unserem Verständnis ein Deutscher im Sinne des Grundgesetzes, der, wenn nicht rechtlich, so doch mindestens aus politischen Gründen Anspruch auf Schutz hatte. So begann die schwerste Krise der Ständigen Vertretung seit ihrem Bestehen. Und wir ahnten es.

Im Mai kamen weitere Flüchtlinge, die sich weigerten, die Ständige Vertretung bei Dienstschluss wieder zu verlassen. Es hatte sich inzwischen wohl herumgesprochen, wie man sich verhalten musste, wenn man politisches Asyl, also Hilfe bei der Flucht in den Westen, erzwingen wollte. Rechtsanwalt Vogel war nicht mehr in der Lage zu helfen. Seine stereotype Antwort lautete: »Ich habe kein Mandat.« Von Staatssekretär Rehlinger in Bonn hörte ich, wegen der Flüchtlinge in der Ständigen Vertretung habe die DDR die Genehmigung von Ausreiseanträgen gestoppt. Obwohl auf der politischen Ebene das Klima gut war – Jenninger und Schalck verhandelten über den zweiten Milliardenkredit und sprachen auch über einen Besuch Honeckers im Herbst –, war die Vertretung blockiert. Auch Schalck sah sich nicht in der Lage zu helfen. Diese Dinge liefen auf einer anderen Ebene, bedeutete er seinem Verhandlungspartner.

Am 5. Juni erschien in der *Bild*-Zeitung ein Bericht über die Flüchtlinge in der Ständigen Vertretung. Wir hatten unsere in der DDR akkreditierten Korrespondenten frühzeitig davon unterrichtet, dass wir neue »Hausgäste« hatten, sie aber gebeten, nicht darüber zu schreiben, weil Publizität eine Lösung nur erschweren würde. Daran hatten sich alle gehalten. Doch jetzt war die Schleuse geöffnet, nahezu täglich erschienen neue Berichte in der Westpresse mit Spekulationen, Indiskretionen und Anklagen gegen das DDR-Regime. Der politische Druck nahm zu. Indessen hatte Rechtsanwalt Vogel immer noch »kein Mandat«, wie er sagte. Die DDR, in erster Linie wohl die Staatssicherheit, verfolgte jetzt offenbar eine neue Strategie zur Eindämmung der Asylfälle: Aushungern. Sie wollte ein Exempel statuieren. Jeder DDR-Bürger sollte sehen: Wer in die Ständige Vertretung oder eine westliche Botschaft geht, um seine Ausreise zu erzwingen, sitzt fest, vielleicht sehr lange, wie in einem Gefängnis.

Trotz der sich immer mehr zuspitzenden Lage in der Vertretung entschloss ich mich am Samstag vor Pfingsten, mit Hilla nach Magdeburg zu fahren, wo an diesem Abend die Gächinger Kantorei die H-Moll-Messe von Johann Sebastian Bach aufführte, eine Atempause in angespannter Lage. Bischof Demke und seine Frau hatten uns persönlich zu dem Konzert eingeladen. Vorher gingen wir in die Wohnung des Bischofs, wo sich ein kleiner Kreis von Freunden zur Einstimmung auf den Abend versammelt hatte. Das Konzert wurde ein Ereignis. Das Kirchenschiff war bis auf den letzten Platz besetzt. Die Gächinger Kantorei unter der Leitung ihres Dirigenten Hellmuth Rilling bot eine wunderbar inspirierte, beseelte Aufführung, die die Zuhörer zutiefst bewegte. In einer Zeit schwerer Spannungen zwischen Ost und West erlebten sie die H-Moll-Messe als ein Zeichen der Hoffnung, die sich auch auf die Mitwirkenden der Kantorei übertrug. Hellmuth Rilling spürte das und tat etwas ganz Ungewöhnliches: Am Ende der Aufführung, als sich die Ergriffenheit der Menschen nur langsam löste – einige Zuhörer spendeten zögernd Beifall, andere wollten das in der Kirche nicht tun –, wiederholte er den machtvollen, eine wunderbare Ruhe ausstrahlenden Schlusssatz *Dona nobis pacem* – »Herr, gib uns Frieden«. Die innere Bewegung war vielen Zuhörern anzusehen. Sie empfanden diese Musik als eine Botschaft, die ihre Friedenssehnsucht in vollendeter Weise zum Ausdruck brachte. Eine Weile blieben die Menschen noch auf ihren Plätzen. Dann verließen sie schweigend den Dom.

Nach dem Konzert bat der Bischof die Mitwirkenden, einige Freunde aus der Domgemeinde und auch Hilla und mich zu einem kleinen Empfang in einem Nebenraum des Doms. Es wurde nur wenig gesprochen, die Musik hielt die Menschen noch in ihrem Bann. Ganz spontan ergriff ich das Wort, dankte Hellmuth Rilling und der Gächinger Kantorei für diesen wunderbaren Abend und sprach von dem Friedenswillen der Deutschen in Ost und West. Einem Friedenswillen, der die Deutschen vereinte. Ich sagte das nicht, empfand es aber so an diesem denkwürdigen Abend.

Nach Pfingsten rief ich beinahe täglich Rechtsanwalt Vogel an, um mich zu erkundigen, ob es etwas Neues gebe. Ich tat das mit einem Hintergedanken. Da wir unzweifelhaft abgehört wurden, gab ich mir große Mühe, nicht so sehr Vogel, der das nicht nötig hatte, sondern den unsichtbaren Zuhörern klarzumachen, welche Folgen es hätte, wenn die Fälle in der Vertretung nicht bald gelöst würden: Unterbrechung der deutsch-deutschen Verhandlungen, an denen die DDR ein besonderes, vor allem finanzielles Interesse hatte; Verschiebung des Honecker-Besuchs; Rufschädigung der DDR im Ausland, nicht nur im Westen, auch bei den eigenen Bündnispartnern. Die Situation war jetzt tatsächlich sehr ernst. Mehr und mehr überschattete das Problem der »Botschaftsflüchtlinge« die gesamten deutsch-deutschen Beziehungen. Ich wusste nicht, wie die Sache ausgehen würde. Nur in einem war ich mir sicher: Die Staatssicherheit durfte diese Kraftprobe nicht gewinnen.

Seit der Aufenthalt der Flüchtlinge in der Vertretung bekannt geworden war, kamen fast täglich neue Zufluchtsuchende. Die Mitarbeiter konnten die meisten überzeugen, wieder zu gehen. Doch einige waren hartnäckig und weigerten sich, die Vertretung zu verlassen. Sie hatten sich auf das »Asyl« eingestellt und kamen mit Gepäck. Am 15. Juni war die Zahl der Flüchtlinge auf achtundzwanzig angewachsen, am 20. Juni waren es bereits vierzig, darunter dreizehn Kinder. Eines Abends, als ich nach Hause fuhr, sah ich neben dem Eingang der Vertretung einen leeren Kinderwagen stehen. Die Eltern hatten ihn dort stehen lassen, um mit ihrem Kind möglichst schnell an den Volkspolizisten vorbei den rettenden Eingang zu erreichen. Das Bild des verlassenen Kinderwagens steht mir noch heute vor Augen.

In den Tagen darauf spitzte sich die Situation weiter zu. Ich fragte mich: Würde die Volkspolizei die Vertretung bald absperren und damit eine normale Arbeit unmöglich machen? Oder wartete sie darauf, dass wir keine Besucher mehr hereinließen? Das eine wäre unerträglich für uns gewesen, das andere widersprach unseren Grundsätzen.

Schon seit Tagen war die Bewachung der Ständigen Vertretung demonstrativ verstärkt worden. Bis zu acht Volkspolizisten waren tagsüber am Eingang postiert oder saßen in den beiden Wachhäuschen. Auf der anderen Straßenseite standen Stasi-Leute in Zivil, um jederzeit eingreifen zu können. Dort parkte auch ein Lada der Stasi. Fast alle Passanten, die den breiten Bürgersteig auf unserer Seite der Hannoverschen Straße benutzten, wurden nun von der Volkspolizei kontrolliert. Für diejenigen, die gar nicht in die Vertretung wollten, war das abschreckend. Vor dem Eingang der Vertretung wechselten sie lieber auf die andere Straßenseite, um sich keinem Verdacht auszusetzen. Nur wenige DDR-Bürger trauten sich noch, in die Vertretung zu kommen, abgesehen von jenen, die demonstrativ um Unterstützung ihrer Ausreiseanträge nachsuchen wollten. Mitte Juni war die Situation vor der Vertretung unerträglich geworden. Sie sah aus wie eine belagerte Festung.

Im Innern herrschte drangvolle Enge. Wir hatten die Asylanten im fünften Stock untergebracht, der bisher von unserem Hausordnungsdienst – Beamten des Bundesgrenzschutzes – benutzt worden war. Den Asylanten standen dort zwei Duschen und zwei Toiletten zur Verfügung. Sie schliefen in einem großen Aufenthaltsraum und drei weiteren Räumen auf Matratzen, die wir aus West-Berlin herbeigeschafft hatten. Bei der Verpflegung unserer »Hausgäste« wurden wir von einer West-Berliner Großküche unterstützt. Um Ruhe und Ordnung zu halten, war der Tagesablauf streng reguliert: Aufstehen zu bestimmten Zeiten, Morgentoilette, Mahlzeiten, Vorlesen für die Kinder, Spaziergänge auf dem Hof der Vertretung in kleinen Gruppen, Fernsehzeiten für Kinder und Erwachsene, Nachtruhe. Die ärztliche Betreuung hatte die uns gut bekannte Internistin Dr. Ingrid Hoesch aus West-Berlin, die Ehefrau des Leiters der Rechtsabteilung, übernommen. Mehrere Mitarbeiterinnen widmeten sich den ganzen Tag über den »Hausgästen«. Sie führten Beruhigungsgespräche, schlichteten Konflikte, die zunehmend auftraten, und halfen, praktische Probleme zu lösen. Sie leisteten einen aufopferungsvollen Dienst. Trotzdem nahmen durch das Zusammenleben auf engstem Raum die Spannungen unter den Asylanten zu. Es bildeten sich Gruppen, die heftige Auseinandersetzungen führten. Wir waren in großer Sorge, dass es zu Gewalttätigkeiten kommen oder sich jemand aus Verzweiflung gar aus dem Fenster stürzen könnte. So beauftragten wir unseren Hausordnungsdienst, zusätzlich zu seiner Arbeit an der Eingangspforte im fünften Stock Aufsicht zu führen und für Ruhe und Ordnung zu sorgen. Trotzdem wurde die Situation mit der weiter anwachsenden Zahl der Asylanten von Tag zu Tag schwieriger.

Für die meisten Flüchtlinge war das Asyl eine traumatische Erfahrung. Am besten schienen die Kinder mit der quälenden Wartezeit zurechtzukommen. Um sie zu beschäftigen, hatte die Vertretung

Spielzeug und Kinderbücher beschafft. Aber was noch wichtiger war: Die Eltern hatten endlich einmal Zeit für sie. Nicht zuletzt den Kindern ist es zu danken, dass die Erwachsenen das Asyl in der Ständigen Vertretung einigermaßen überstanden haben.

In der zweiten Junihälfte spitzte sich die Lage in der Vertretung weiter zu. Die Stimmung im fünften Stock war spannungsgeladen und explosiv. Die Asylanten mussten immer enger zusammenrücken. Einige Mitarbeiter im vierten Stock räumten ihre Büros, um zusätzlichen Platz zu schaffen. Aber wir mussten der Wahrheit ins Auge sehen: Das Haus war buchstäblich voll. Auch unsere normale Arbeit war zunehmend betroffen. Alle Empfänge wurden abgesagt. Es hatte keinen Sinn mehr, den Schein der Normalität zu wahren.

Am 25. Juni, einem Montag, entschlossen wir uns mit sehr zwiespältigen Gefühlen, den Besucherverkehr in dem Windfang an der Pforte abzuwickeln, einem Raum von knapp zehn Qudratmeter Größe. Die Besucher wurden gebeten, ihre Wünsche durch ein »Sprechloch« an der Pforte – wie an einem Fahrkartenschalter – vorzubringen, wo sie von einem Mitarbeiter der Rechtsabteilung entgegengenommen wurden. Die Tür zum inneren Bereich des Vertretungsgebäudes blieb geschlossen. Damit hofften wir, den Zustrom neuer Asylanten eindämmen zu können. Ein letzter, verzweifelter Versuch, die Vertretung offen zu halten und unsere Arbeit weiterzuführen. Am Nachmittag mussten dann die an der Pforte wartenden Menschen mit ansehen, wie ein junger Mann, der sich nicht kontrollieren lassen wollte, unmittelbar vor dem Eingang der Vertretung von Volkspolizisten zusammengeschlagen, über die Straße geschleift und in dem dort wartenden Lada abtransportiert wurde. Die Besucher, die schon die Pforte erreicht hatten, konnten nicht mehr an sich halten und schrien die Vopos durch die Glastür an: »Ihr Bullenschweine, lasst den Kollegen los!« Es half natürlich nichts. Die Lage war unerträglich geworden.

Am Abend weigerten sich zehn Personen, meist junge Leute, den Eingangsbereich an der Pforte zu verlassen. Sie harrten dort über Nacht aus. Die Vertretung sorgte dafür, dass sie Essen und Trinken erhielten und ihre Notdurft verrichten konnten. Eine bedrückende, menschenunwürdige, auch für die Vertretung demütigende Situation, die, wenn überhaupt, nur dadurch gerechtfertigt werden konnte, dass wir darum kämpften, die Vertretung offen zu halten. Als ich am nächsten Morgen die Situation in Augenschein nahm, rang ich mich dazu durch, den Zustand an der Pforte der Vertretung umgehend zu beenden, und wenn es denn nicht anders ginge, durch Schließung der Vertretung für alle Besucher, bis wieder normale Verhältnisse herrschten. Ich fuhr zum Reichstag in West-Berlin, wo die Vertretung einen Telefonanschluss unterhielt, über den wir das Bundeskanzleramt und andere Regierungsstellen jederzeit erreichen konnten, was von Ost-Berlin aus nicht gewährleistet war. Dort telefonierte ich mit Staatsminister Jenninger, unterrichtete ihn über die Situation und bat um die Zustimmung der Bundesregierung zur Schließung der Vertretung, wenn der augenblickliche Zustand nicht anders beendet werden könne. Jenninger widersprach nicht. Er werde den Bundeskanzler und die anderen beteiligten Stellen unterrichten, sagte er.

Am Nachmittag kam es vor der Vertretung zu einem Zwischenfall. Einem Mann mittleren Alters war es gelungen, an den Vopos vorbei in den Eingangsbereich zu gelangen. Als er die Besucher sah, die sich vor der geschlossenen Innentür aufhielten, ging er auf die Straße zurück. Dort holte er einen Kanister aus seiner Aktentasche, übergoss sich mit Benzin und versuchte, sich mit einem Streichholz anzuzünden. Doch seine Hände zitterten, und es misslang. Ein Beamter unseres Hausordnungsdienstes, der alles von der Pforte aus beobachtet hatte, stürzte heraus und brachte den Mann ins Haus. Die innere Eingangstür wurde für ihn geöffnet, der am ganzen Leib zitternde Mann in einen Büroraum geführt und von einer Mitarbeiterin betreut. Es dauerte einige Zeit, bis er sich beruhigte. Am Abend verließ er auf eigenen Wunsch die Vertretung, um, wie er sagte, nach Hause zurückzufahren. Wir waren sehr besorgt, aber ließen ihn ziehen.

Als ich am Nachmittag von dem Vorfall erfuhr, wusste ich, dass wir am Ende waren. Der Kampf, den wir in den letzten Tagen gekämpft hatten, war sinnlos geworden. Ich ordnete die sofortige Schließung der Vertretung an. Die jungen Leute, die sich noch im Eingangsbereich aufhielten, wurden ins Haus gelassen und zu den anderen Asylanten gebracht. Sie waren die Letzten, die es noch geschafft hatten. Am Eingang wurde ein Schild angebracht, auf dem zu lesen war: »Die Ständige Vertretung kann vorübergehend keine Besucher empfangen.

Sie können sich schriftlich oder telefonisch unter der Rufnummer 28 25 26 61 an uns wenden.« Das Tor an der Zufahrt zum Hof der Vertretung wurde ebenfalls geschlossen.

An diesem Abend blieb ich zu Hause. Ich war tief deprimiert, kam mir vor wie jemand, der einen aussichtslosen Kampf gekämpft und verloren hatte. Als ich am nächsten Tag von Journalisten gefragt wurde, wie ich mich fühle, antwortete ich: »Das ist der Tiefpunkt meiner Tätigkeit, seit ich mit der DDR zu tun habe.«

Am 25. Juni, dem Tag vor der Schließung der Vertretung, hatte sich Schalck bei Jenninger gemeldet und die Bereitschaft der DDR signalisiert, allen DDR-Bürgern, die sich zu dieser Zeit in der Ständigen Vertretung aufhielten, eine Ausreisezusage zu geben. Nur für drei »Problemfälle« konnte er keine Ausreisegenehmigung in Aussicht stellen: den Deserteur, einen NVA-Hauptmann der Reserve und einen Funktionär, über den wir nichts Näheres wussten. Ich rief sofort Rechtsanwalt Vogel an, der die Mitteilung Schalcks bestätigte und mir sogar zu verstehen gab, dass die drei vielleicht vor dem Honecker-Besuch, der für den frühen Herbst geplant war, begnadigt und abgeschoben werden könnten. Ich äußerte Bedenken. Es müsse eine Lösung für alle gefunden werden, sagte ich, und zwar jetzt.

Am nächsten Tag reiste Staatssekretär Rehlinger nach Ost-Berlin und traf dort mit Rechtsanwalt Vogel zusammen, um im Einzelnen über die Lösung der Krise zu sprechen. Die Gespräche dauerten bis zum späten Abend und wurden am nächsten Tag fortgesetzt. Zeitweise nahm ich an den Verhandlungen teil. Das Ergebnis war ein gemeinsames Papier, in dem alle wesentlichen Punkte der Lösung fixiert wurden. Die DDR sagte darin allen Asylanten Straffreiheit bezüglich des Aufenthalts in der Ständigen Vertretung zu. Ihnen wurde anheimgestellt, nach Verlassen der Vertretung bei den zuständigen Stellen einen Ausreiseantrag zu stellen. Alle Anträge würden, so hieß es ausdrücklich in dem Papier, genehmigt werden. Rehlinger übergab Vogel eine Liste mit den Daten der Personen, die sich zu dieser Zeit in der Ständigen Vertretung aufhielten. Vogel sagte anwaltliche Hilfe für den Fall zu, dass bei dem Genehmigungsverfahren besondere Probleme auftreten sollten, zum Beispiel bei der Veräußerung von Grundstücken, der Abwicklung von Schulden, Unterhaltsverpflichtungen etc.

Zur Arbeit der Ständigen Vertretung in Ost-Berlin bestätigte Rehlinger Erklärungen, die die Bundesregierung bereits früher abgegeben hatte. Danach sollten Antragsteller in der Ständigen Vertretung ausdrücklich darauf aufmerksam gemacht werden, dass die Entscheidungen über Ausreise und Übersiedlung in die Bundesrepublik allein von den zuständigen Stellen in der DDR getroffen würden. Ferner sollten die Besucher ausdrücklich darauf hingewiesen werden, dass sie die Ständige Vertretung nach dem Gespräch unverzüglich wieder zu verlassen hätten. Rehlinger verwies darauf, dass dies in Einzelfällen ein längeres Gespräch erforderlich machen könne, »da niemand gegen seinen Willen aus der Ständigen Vertretung entfernt wird«. Auf diesen Satz hatte er hartnäckig bestanden. Die ursprüngliche Forderung, die Vertretung solle »Botschaftsflüchtlinge«, die um Asyl nachsuchten, aus dem Haus weisen, notfalls sogar mit Gewalt, war damit vom Tisch.

Am nächsten Tag holte Vogel die Zustimmung der DDR zu dem in dem Papier festgelegten Verfahren ein. Auf seinem Exemplar sahen wir, dass Erich Honecker persönlich sein Einverständnis erklärt hatte (»Einverstanden. E. H.«). Die von Rehlinger ausgehandelte Regelung galt auch für die drei »Problemfälle« in der Vertretung, den Deserteur, den NVA-Hauptmann und den Funktionär einer Dienststelle, der als Geheimnisträger bezeichnet wurde. Der wirklich schwierige Fall war der Deserteur, der sich bereits seit drei Monaten in der Vertretung aufhielt. Er hatte, was man verstehen konnte, panische Angst, in die Hände der Militärpolizei der NVA zu geraten und wegen seiner Fahnenflucht vor ein Militärgericht gestellt zu werden. Politische Gründe für seine Desertion hatte er offenbar nicht. Er wollte einfach nur weg, weil ihm die DDR oder die NVA – oder beides – zuwider war. Ursprünglich hatte er sogar verlangt, eine Freundin mitzunehmen, die das aber ablehnte. Dieser Fall konnte erst ganz zuletzt zwischen Rehlinger und Vogel gelöst werden.

Nachdem Vogel die Zustimmung der DDR-Oberen signalisiert hatte, gingen Rehlinger und ich in den fünften Stock, um mit den Asylanten zu sprechen. Es war ein heißer Tag, die Luft stickig, die meisten unserer Hausgäste waren nur leicht bekleidet. Rehlinger stellte sich vor und erläuterte das Angebot der DDR. Als er geendet hatte, war die

Atmosphäre aufs äußerste gespannt. Die Asylanten hatten bis jetzt mit der Hoffnung gelebt, direkt nach West-Berlin gebracht zu werden. Der Weg zurück in ihre Heimatorte war für sie unvorstellbar. Und dass die DDR die der Bundesregierung gegebenen Zusagen einhalten würde, glaubte wohl keiner von ihnen. Ihre erste Reaktion auf das Angebot war ablehnend und voller Misstrauen. Einige sagten – und viele mehr dachten es –: »Jetzt müssen wir durchhalten. Dann schaffen wir es, wie andere vor uns.« Das Risiko, in ihren Heimatorten unter irgendeinem Vorwand verhaftet zu werden und dann für lange Zeit hinter Gefängnismauern zu verschwinden, schien ihnen zu groß. Sie hatten kein Vertrauen in die Zusagen und hatten Angst. Ihre Erregung stand ihnen deutlich ins Gesicht geschrieben.

Staatssekretär Rehlinger blieb ganz ruhig. Er bot an, mit jedem Einzelnen zu sprechen. Auch Rechtsanwalt Vogel, den alle dem Namen nach kannten, war bereit, Fragen der Asylanten zu beantworten. Und natürlich standen meine Mitarbeiter und ich für Gespräche zur Verfügung. Doch zunächst ließen wir die Asylanten allein. Sie brauchten jetzt Zeit, um das Angebot abzuwägen, die Risiken einzuschätzen, vielleicht noch weitere Zusicherungen zu verlangen.

Nachdem wir sie verlassen hatten, wurde im fünften Stock heftig diskutiert. Nach einiger Zeit begannen Rehlinger, Vogel und ich Einzelgespräche zu führen. Fast alle baten darum. Einige schienen sich mit dem Gedanken anzufreunden, den ihnen vorgeschlagenen Weg in den Westen zu wagen. Andere blieben bei ihrer Weigerung, vor allem diejenigen, die keine Bleibe in der DDR mehr hatten. »Wohin sollten wir denn gehen?«, fragten sie uns, und wir konnten darauf nicht sofort eine Antwort geben. Die rechtlichen Fragen, die sich bei einer Übersiedlung in die Bundesrepublik stellten, wurden von Vogel ruhig und sachlich beantwortet. Dennoch war das Misstrauen gegenüber dem Beauftragten des SED-Regimes deutlich zu spüren. Er galt als einflussreich und hatte vielen Menschen aus einer Notlage geholfen. Das war bekannt. Aber was konnte ein Funktionär gegenüber der Staatsmacht schon ausrichten? Manche argwöhnten auch, er stecke mit der Staatssicherheit unter einer Decke. Tatsächlich hatte Vogel enge Kontakte zu hohen Funktionären der Staatssicherheit, sonst hätte er seine Aufgaben auch gar nicht erfüllen können. Aber wer ihn besser kannte, wusste: Wolfgang Vogel war innerlich unabhängig, hatte ein enges Verhältnis zu den Kirchen, und er war für seine Sache, die Lösung humanitärer Probleme, ernsthaft engagiert. Ich kannte den Anwalt inzwischen aus vielen Gesprächen, er hatte mich nie enttäuscht. Wenn er Zusagen machte, konnte man darauf vertrauen, dass sie eingehalten wurden. Nicht nur von der Bundesregierung, auch von den westlichen Verbündeten wurde Vogel Vertrauen entgegengebracht. Der Beauftragte der DDR für humanitäre Fragen war im Lauf der Jahre ein verlässlicher und unentbehrlicher Partner geworden.

Am nächsten Tag setzte ich die Gespräche mit den Asylanten fort. In der langen Wartezeit hatten sich Gruppen gebildet, deren Interessen von Sprechern vertreten wurden. Der NVA-Hauptmann spielte bei der Meinungsbildung die wichtigste Rolle. Er hatte eine natürliche Autorität, konnte sich einfach und klar ausdrücken und hatte Sinn für das politisch Mögliche und seine Grenzen. Nicht zuletzt ihm war es zu verdanken, dass schon bald eine größere Gruppe auf das Angebot einschwenkte. Das war der Durchbruch. Danach hatten wir keine Zeit mehr zu verlieren. Die von Rehlinger und Vogel eingeleitete Aktion musste so schnell wie möglich zum Abschluss gebracht werden.

Am 30. Juni, einem Samstag, waren die ersten Asylanten bereit, die Ständige Vertretung zu verlassen. Der Erste, der sich meldete, gehörte zu einer Gruppe junger Buddhisten aus Ost-Berlin. Sie hatten täglich in ihrem Schlafraum eine Andacht mit Kerzen und Meditationsübungen abgehalten und dank ihrer religiösen Prägung die lange Wartezeit gut überstanden. Einer von ihnen erklärte sich bereit, nach Hause zu gehen, am Montag in der Abteilung für Inneres beim Magistrat vorzusprechen und einen Ausreiseantrag zu stellen. Unmittelbar danach werde er telefonieren und berichten. Sollte er sich nicht melden, sei etwas nicht in Ordnung.

Der Probelauf verlief ohne Probleme. Nach seiner Rückmeldung verließen auch die anderen Buddhisten die Vertretung, unter ihnen der jüngste Zufluchtsuchende, ein sechs Monate altes Kind mit seiner Mutter. Am 2. Juli abends hatten über dreißig Asylanten den Weg nach Hause angetreten. Jürgen Staab, mein Vertreter, und ich setzten unterdessen die Gespräche mit den Asylanten fort. Jeder, der ging, zog andere nach sich. Der harte Kern der Verweigerer begann zu bröckeln. Am 5. Juli gingen die Letzten.

Der Abschied von unseren »Hausgästen« war sehr herzlich. Manche bedankten sich unter Tränen für unsere Hilfe. Sie blickten nun voller Hoffnung in die Zukunft. Die Kinder bekamen ein kleines Geschenk von uns zur Erinnerung an ihren Aufenthalt in der Ständigen Vertretung und »die schöne, schulfreie Zeit«. An einem Morgen sah ich einen kleinen Jungen mit seinen Eltern am Hofeingang stehen. Er strahlte. Zum Abschied hatte er eine Packung Kellogg's Cornflakes bekommen, die er so gern gegessen hatte.

Auch für die Asylanten, die bereits alle Brücken abgebrochen und keine Bleibe mehr hatten, fanden wir eine Lösung. Durch Vermittlung von Manfred Stolpe kamen sie für den Rest ihrer Zeit in der DDR in der Stephanus-Stiftung in Berlin-Weißensee unter. Der Direktor, Pastor Werner Braune, hatte keinen Augenblick gezögert, sie aufzunehmen, auch wenn er nur wenig Verständnis für das Anliegen seiner Gäste aufbringen konnte, die keinen anderen Wunsch hatten, als in den »goldenen Westen« auszureisen.

Ende gut, alles gut? Zunächst mussten wir die Abwicklung der Ausreiseaktion abwarten. Dafür war mit Vogel eine Frist bis zum 1. September vereinbart worden. Über jede vollzogene Ausreise wurden wir von seinem Büro unterrichtet. Ende August hatten alle Asylanten ihr Ziel, die Bundesrepublik Deutschland, erreicht. Dann verloren sich ihre Spuren.

Staatssekretär Rehlinger und Rechtsanwalt Vogel hatten in ihren Verhandlungen über die Ausreise der Zufluchtsuchenden natürlich auch über Geld gesprochen. Ohne Zahlungen der Bundesrepublik hätten sie das Problem nicht lösen können. Soweit ich weiß, verlangte Rechtsanwalt Vogel im Auftrag der DDR-Regierung für jeden Asylanten, der ausreisen durfte, einen Betrag von fast 100 000 D-Mark, den gleichen Satz wie beim Freikauf politischer Häftlinge. Die Asylfälle wurden von der DDR also wie Haftfälle behandelt und die Ständige Vertretung wie eine Haftanstalt. Aber das waren Äußerlichkeiten. Die Lösung des Asyldramas in der Vertretung war eben nicht umsonst zu haben.

Nach dem Auszug der Asylanten blieb die Ständige Vertretung noch bis Ende Juli geschlossen. Wir nutzten diese Zeit für einen Umbau, der natürlich nicht unbemerkt blieb und in den Medien ärgerliche Spekulationen auslöste. Uns wurde vorgeworfen, wir wollten durch bauliche Veränderungen ein Asyl von DDR-Bürgern künftig ausschließen. Tatsächlich lagen dem Umbau jedoch Sicherheitserwägungen zugrunde. Schon seit längerem hatten uns Experten auf Probleme im Eingangsbereich der Vertretung aufmerksam gemacht, die dann bei der krisenhaften Entwicklung im Juni offen zutage getreten waren. Denn aus dem Warteraum, der sich neben der Pforte befand, aber von dort nicht eingesehen werden konnte, war es für Besucher möglich, unkontrolliert im ganzen Haus herumzugehen und sich Zugang zu allen Räumen zu verschaffen. Das war nicht nur unerwünscht, sondern konnte auch gefährliche Folgen haben. Mit dem Umbau wurde deshalb ein separater Eingang für Besucher der Rechtsabteilung geschaffen. Auch dort gab es eine Pforte, die mit einem Beamten des Bundesgrenzschutzes besetzt war, einen einsehbaren Warteraum, Toiletten und Räume für die Gespräche der Mitarbeiter mit den Besuchern. Die Tür zum Hauptgebäude aber blieb für Besucher geschlossen.

Herbert Häber:
der Sturz eines hohen Funktionärs

Als ich 1982 mein Amt in Ost-Berlin antrat, war Herbert Häber seit fast zehn Jahren Leiter der West-Abteilung im SED-Zentralkomitee. Er unterstand, soweit ich wusste, unmittelbar dem SED-Generalsekretär und hatte in erster Linie die Aufgabe, politische Leitlinien für die DDR-Politik gegenüber der Bundesrepublik zu entwickeln. Während meiner Zeit im Bundeskanzleramt hatte ich Häber näher kennengelernt. Er besuchte damals regelmäßig die Bundesrepublik Deutschland und hatte hochrangige Gesprächspartner in allen Parteien, mit Ausnahme der DKP vielleicht, die ihn augenscheinlich nicht interessierte. In der SPD war sein Hauptgesprächspartner Hans-Jürgen Wischnewski. Seine besondere Aufmerksamkeit galt der CDU/CSU, obwohl diese, solange sie in der Opposition war, eine stramme antikommunistische Linie verfolgte und jedwede Anerkennung der DDR ablehnte. Häber traf sich regelmäßig mit Walther Leisler Kiep, damals Schatzmeister der CDU, der diesen Kontakt in Absprache mit dem Parteivorsitzenden und Oppositionsführer Helmut Kohl wahrnahm. Offenbar legte die CDU-Führung Wert auf diese Verbindung. Auch Häber kam selbstverständlich im Auftrag des SED-Generalsekretärs nach Bonn.

Häber war ein guter Kenner der innenpolitischen Verhältnisse in der Bundesrepublik und auch vertraut mit ihren außenpolitischen Verflechtungen. Er hatte einen ausgeprägten Sinn für praktische Lösungen in den schwierigen Fragen der deutsch-deutschen Beziehungen und verstand es, sich auf die Denkweise seiner westlichen Gesprächspartner einzustellen. Zugleich hatte er eine Vorliebe für pointierte Aussagen mit einem Schuss sächsischen Mutterwitzes. Er konnte freilich, wenn es sein Auftrag verlangte, auch sehr polemisch werden, war dabei aber nie verletzend. Abgesehen von den politischen Inhalten, hatten die Gespräche mit diesem Sonderbotschafter aus dem anderen deutschen Staat immer einen beträchtlichen Unterhaltungswert. Dass die sowjetische Führung und ihre Vertrauensleute in der DDR die Aktivitäten Häbers schon in den siebziger Jahren mit wachsendem Misstrauen verfolgt hatten, war mir damals nicht bekannt. Mir war nur aufgefallen, dass Herbert Wehner auf Kontakte zu Häber keinen Wert legte und sich manchmal geradezu verächtlich über ihn äußerte.

Bei meinem Antrittsbesuch im Gebäude des Zentralkomitees, dem »Großen Haus«, in dem heute das Auswärtige Amt seinen Sitz hat, begrüßte mich Häber wie einen alten Bekannten und zeigte sich sehr interessiert an Kontakten. Ich machte von diesem Angebot gern Gebrauch und besuchte ihn regelmäßig in seinem Dienstzimmer im Zentralkomitee. Manchmal trafen wir uns auch zum Mittagessen in einem Restaurant oder unserer Residenz. Schon bald führten wir unsere Gespräche ohne Mitarbeiter, was für einen hohen Parteifunktionär in der DDR eher ungewöhnlich war. Vieraugengespräche waren ein Anzeichen für eine besondere Vertraulichkeit. Auch wollte Häber selbst bestimmen, was schriftlich festgehalten werden sollte und was nicht.

Herbert Häber bei einer seiner letzten Verhandlungen; hier im Gespräch mit Wolfgang Schäuble im Dezember 1984

Im Mai 1984 wurde er zu meiner großen Überraschung zum Vollmitglied des Politbüros ernannt, ohne zuvor Kandidat gewesen zu sein. Ein solcher Aufstieg ohne Erprobung war höchst selten. Was immer die Gründe für die Ernennung gewesen sein mögen, sie bedeutete, dass die deutsch-deutschen Beziehungen nun einen herausgehobenen Rang in der Westpolitik der DDR einnahmen.

Im Herbst sah ich Häber immer seltener. Meine Gesprächswünsche wurden von seinem Büro hinhaltend beantwortet. Bei Besuchen westdeutscher Politiker in Ost-Berlin trat er nur noch gelegentlich auf. Mit seiner Ernennung zum Mitglied des Politbüros hatten auch seine bis dahin regelmäßigen Besuche in der Bundesrepublik aufgehört. Im *Neuen Deutschland* wurde sein Name kaum noch erwähnt. Im Frühjahr 1985 war er aus meinem Blickfeld verschwunden. Einige seiner Funktionärskollegen gaben, wenn ich sie fragte, vage zu verstehen, Häber sei krank und könne sein Amt gegenwärtig nicht ausüben.

Im November 1985 wurde nach einer ZK-Sitzung bekannt gegeben, Häber sei aus Krankheitsgründen aus dem Politbüro ausgeschieden. Das war zu diesem Zeitpunkt schon keine Überraschung mehr. Einen Augenblick lang überlegte ich, wie ich meine Sympathie für Häber am besten zum Ausdruck bringen könnte, ohne ihm zu schaden. Ich entschied mich für eine bei solchen Anlässen ganz normale Geste. Ich schrieb ihm ein paar Zeilen mit meinen besten Genesungswünschen, schickte einen Fahrer mit einem Blumenstrauß zum ZK-Gebäude und ließ Blumen und Brief dort abgeben. Mit einer Reaktion rechnete ich nicht, und es kam auch keine. In den folgenden Wochen erkundigte ich mich bei Häbers ehemaligen Kollegen nach seinem Befinden, bekam aber ausweichende Antworten. Nur Ernst-Otto Schwabe, Chefredakteur der Wochenzeitung *Horizont*, der über beste Verbindungen zur SED-Führung verfügte, meinte, Häber sei krank,»aber nicht so sehr«. Die Gründe für seine Entlassung hätten mit der Krankheit nichts zu tun. Es habe sich vielmehr gezeigt, dass man für die deutsch-deutschen Beziehungen, so wichtig sie auch seien, in diesen Zeiten keinen besonderen ZK-Sekretär mit Sitz im Politbüro haben wolle. Ein interessanter Hinweis. Steckte dahinter nur die Überlegung, dass es angesichts der schweren Spannungen zwischen Ost und West nicht opportun sei, die Bedeutung der deutsch-deutschen Beziehungen durch die Stellung Häbers im Politbüro besonders hervorzuheben? Oder war Häber als Person in Ungnade gefallen? Und wenn ja, warum? Schließlich war er, soweit ich das beurteilen konnte, nicht von der Parteilinie abgewichen. Oder etwa doch? Irgendetwas stimmte da nicht. In den nächsten Jahren hörte ich nichts mehr von ihm. Häber war von der Bildfläche verschwunden.

Als ich mich Ende 1988 in Ost-Berlin verabschiedete, um eine neue Aufgabe in New York zu übernehmen, erhielt ich zu meiner großen Überraschung einen Brief von Herbert Häber. Sehr gern erinnere er sich unserer zahlreichen Begegnungen, der Gespräche im größeren und im engsten Kreis, schrieb er.»Wenn heute der Nutzen des politischen Dialogs allseits unbestritten ist, so haben wir auf jeden Fall ein wenig geholfen, dieser Erkenntnis Bahn zu bereiten. Was uns beseelte, war schon das Prinzip Verantwortung, wie die Philosophen sagen. Und so sollte es bleiben.« Über seine persönliche Lage verlor er kein Wort. Ich bedankte mich bei ihm für diesen freundlichen Brief.

Erst nach dem Ende der DDR erfuhr ich von Herbert Häber selbst, was ihm in der Zeit vor und nach seiner Entlassung aus dem Politbüro tatsächlich widerfahren war: Schon im März 1983, also noch vor seiner

Ernennung zum Mitglied des Politbüros, war er vom Staatssicherheitsdienst – vielleicht auch von Moskau? – verdächtigt worden, er arbeite für den Bundesnachrichtendienst und vielleicht auch noch für andere westliche Dienste. Er wurde damit, ohne es zu wissen, zum Verräter gestempelt, ein Vorwurf, der für ihn geradezu lebensgefährlich war.

Am 17. August 1984 fand, wie mir Häber berichtete, in Ost-Berlin eine außerordentliche Politbürositzung statt, auf der ein von ihm entworfenes Papier zu den deutsch-deutschen Beziehungen gebilligt wurde. Das umfangreiche Papier diente der Vorbereitung eines geheimen Treffens einer hochrangigen SED-Delegation unter Leitung Erich Honeckers mit der sowjetischen Führung, das noch am gleichen Tag in Moskau begann. Häber nahm an dieser Reise nicht teil. Offenbar wusste Honecker, dass Häber in Moskau eine Persona non grata war. Bei dem Treffen soll die Politik Honeckers gegenüber der Bundesrepublik von dem sowjetischen Parteichef Tschernenko und anderen Mitgliedern der sowjetischen Führung mit großer Schärfe kritisiert worden sein. Es schien, als wäre Häber im Politbüro für den schweren Konflikt des SED-Generalsekretärs mit der sowjetischen Führung verantwortlich gemacht worden.

Im Oktober 1984 legte das Ministerium für Staatssicherheit dem Generalsekretär ein Dossier über Häber vor. Darin wurde er erneut verdächtigt, ein Spion des BND zu sein und antisowjetische Positionen zu vertreten. Außerdem wurde der Vater Häbers beschuldigt, als Soldat im Zweiten Weltkrieg an Exekutionen beteiligt gewesen zu sein. Auch von sowjetischer Seite wurde Häber Verrat vorgeworfen. Seine Linie gehe in Richtung deutsche Einheit. Häbers Lage war nun ziemlich ernst. Die Stasi überwachte ihn. Vielleicht drohten ihm sogar Verhaftung und ein Prozess.

Beim Antrittsbesuch von Bundesminister Schäuble in Ost-Berlin im Dezember 1984 trat Häber noch einmal auf. Er führte nach Außenminister Fischer ein längeres Gespräch mit Schäuble, war jedoch nicht von einem geheimen Treffen Schäubles mit Schalck am Vorabend in der Kanzlei von Rechtsanwalt Vogel unterrichtet, bei dem ein neuer vertraulicher Verhandlungskanal abgesprochen worden war. Häber blieb davon ausgeschlossen und hatte damit praktisch keinen Einfluss mehr auf die operative Politik der DDR gegenüber der Bundesrepublik. Der Korrespondent der *Frankfurter Allgemeinen Zeitung* in Berlin, Peter Jochen Winters, der einen Artikel über Häber veröffentlicht hatte, wurde von der Staatssicherheit verdächtigt, der Verbindungsmann zwischen dem BND und Häber zu sein.

Im Sommer 1985, ein Jahr nachdem seine Ausschaltung aus der SED-Führung begonnen hatte, erkrankte Häber. Er litt an Störungen des vegetativen Nervensystems, eine Folge des politischen Drucks, unter den er geraten war. Am 18. August wurde er wegen eines Nervenzusammenbruchs in das Regierungskrankenhaus in Berlin-Buch eingeliefert und von allen Arbeitsbeziehungen abgeschnitten. Am 27. August beauftragte das Politbüro Hermann Axen, den ZK-Sekretär für internationale Verbindungen und Mitglied des Politbüros, den Arbeitsbereich Häbers zu übernehmen. Axen soll dazu bemerkt haben, es sei »höchste Zeit« gewesen.

Mitte September besuchte Honecker Häber im Krankenhaus. Häber war zunächst erfreut über den hohen Besuch. Die Freude verging ihm aber, als Honecker ihn ultimativ aufforderte, umgehend einen Brief vorzulegen mit dem Ersuchen, ihn aus gesundheitlichen Gründen von seinen politischen Funktionen zu entbinden. Schon am nächsten Tag ging bei Honecker der von Häbers Frau verfasste Brief mit dem Entlassungsgesuch ein.

Im Krankenhaus wurde Häber mit Psychopharmaka behandelt, die zu schweren gesundheitlichen Störungen führten. Am 22. November 1985 – Häber war noch immer im Krankenhaus – wurde nach einer Tagung des Zentralkomitees die Entlassung Häbers aus dem Politbüro bekannt gegeben. Unmittelbar danach brachte ihn ein MfS-Kommando zu einer »Kur« nach Bad Liebenstein.

Anfang Januar 1986 forderte das Büro des SED-Generalsekretärs Häber auf, sich noch einmal zu einer Besprechung in das Regierungskrankenhaus in Berlin zu begeben, wo er erneut festgesetzt und mit einer Spritze ruhiggestellt wurde. Drei Tage später verlegte man ihn ohne seine Einwilligung in eine psychiatrische Klinik in Bernburg an der Saale. Als er dort die Ärzte um Auskunft bat, wie sein Zustand medizinisch zu beurteilen sei, erhielt er keine Antwort. Die Ärzte waren offenbar »vergattert« worden. Nach dem Ende der DDR musste er feststellen, dass seine Patientenakte verschwunden war.

Nach seiner Entlassung aus der Klinik wurde Häber in Ost-Berlin eine andere Wohnung zugewiesen, er wurde weiterhin von der Stasi überwacht. Bald darauf erhielt er der Form halber eine Arbeitsstelle in der SED-Akademie für Gesellschaftswissenschaften, allerdings ohne Büro oder konkrete Aufgaben. Häber war nun völlig isoliert. Er kam sich vor wie eine »Unperson«.

Nach der Wiedervereinigung leitete die Staatsanwaltschaft Berlin ein Ermittlungsverfahren gegen Häber ein. Er wurde beschuldigt, als Mitglied des Politbüros und insbesondere durch seine Mitwirkung an einem Beschluss vom 15. Juni 1985 zu einem Bericht der politischen Hauptverwaltung der NVA das menschenrechtswidrige Grenzregime der DDR billigend in Kauf genommen zu haben und sei damit mitverantwortlich für den Tod dreier Flüchtlinge, die in den folgenden Jahren bei Fluchtversuchen an der Berliner Mauer erschossen worden waren.

In der ersten Instanz wurde Häber von einer Strafkammer am Landgericht Berlin freigesprochen. Auf Revision der Staatsanwaltschaft hob der Bundesgerichtshof das freisprechende Urteil auf und wies die Sache an eine andere Strafkammer am Landgericht Berlin zur erneuten Verhandlung und Entscheidung zurück. Am 11. Mai 2004 wurde Häber auf der Grundlage der Entscheidung des Bundesgerichtshofs wegen Totschlags »in mittelbarer Täterschaft« in drei Fällen schuldig gesprochen. Auf Antrag der Staatsanwaltschaft, die inzwischen zur Person Häbers zu einer anderen Beurteilung gelangt war, sah die Strafkammer jedoch unter Anwendung einer Bestimmung des DDR-Strafgesetzbuchs von der Verhängung einer Strafe ab, weil sich Häber während seiner Zugehörigkeit zur politischen Führung der SED für eine Humanisierung des Grenzregimes eingesetzt und dabei schwere persönliche Nachteile erlitten habe.

Wenn man einmal von Häbers politischer Verantwortung als Mitglied des Politbüros absieht, kam dieses Urteil des Berliner Landgerichts einem Freispruch nahe. Das Verfahren gegen ihn hatte fast zehn Jahre gedauert. Es war für den Angeklagten mit schweren psychischen Belastungen verbunden.

Honecker machte im Fall Häber keine gute Figur. Häber war zeitweilig sein wichtigster Berater in allen die Bundesrepublik betreffenden Fragen und ihm loyal ergeben. Dennoch ließ er ihn, ohne zu zögern, fallen, als er erkannte, dass seine eigene Position in der SED-Führung und erst recht im Verhältnis zu Moskau in Mitleidenschaft gezogen wurde. Häber wurde praktisch verantwortlich gemacht für Honeckers Politik einer vorsichtigen Öffnung gegenüber der Bundesrepublik, als diese in die Kritik geriet.

Nach meinem Eindruck hatte sich Häber seit den siebziger Jahren ernsthaft um eine schrittweise Veränderung des deutsch-deutschen Verhältnisses bemüht. Er hatte frühzeitig erkannt, dass die brutale Abschottung der DDR-Bevölkerung gegenüber der Bundesrepublik den eigenen Staat schwer belastete. Er suchte deshalb nach Wegen, die Grenze zwischen den beiden deutschen Staaten durch eine substanzielle Erweiterung des Reiseverkehrs durchlässiger zu machen. Dass er dabei die Wiedervereinigung als Ziel einer neuen Politik im Auge hatte, möchte ich bezweifeln, allenfalls eine lose Konföderation, wie sie auch zu Ulbrichts Zeiten schon einmal diskutiert worden war. Häber war weder ein politischer Phantast noch ein Dissident. Er arbeitete auch nicht konspirativ für die Bundesrepublik. Dafür gibt es nicht die geringsten Hinweise. Die Verdächtigungen von Mielke und Genossen, Häber sei ein Spion des BND gewesen, waren barer Unsinn. Im Gegenteil: Er war ein loyaler SED-Funktionär, der die sozialistische Ordnung der DDR nicht in Frage stellte. Aber was ihn von vielen anderen Funktionären unterschied – und das ehrt ihn –, war sein Bestreben, zu einem humanen und zivilisierten Umgang der Deutschen in der Zeit der Teilung beizutragen.

Insofern halte ich die Verurteilung Häbers aufgrund einer politischen Kollektivverantwortung für die Todesfälle an der Grenze für ungerecht und auch juristisch unhaltbar. Häber hat sich ernsthaft und unter großen Risiken darum bemüht, die Verhältnisse schrittweise zu verändern. Dass er dabei keinen Erfolg hatte und wohl unter den gegebenen Verhältnissen auch nicht haben konnte, kann ihm nicht angelastet werden. Für seinen mutigen Einsatz verdient er auch heute noch unseren Respekt.

Eine Disziplinierung des SED-Generalsekretärs

Zwei Tage nach der Vereinbarung über den zweiten Milliardenkredit veröffentlichte die *Prawda* unter dem Titel »Im Schatten amerikanischer Raketen« eine scharfe polemische Kritik an der Bundesregierung – und indirekt auch an der Führung der DDR. Die Bundesregierung versuche, so hieß es in dem Artikel, die Entwicklung ihrer Beziehungen zur Sowjetunion, zur DDR und anderen sozialistischen Staaten vollständig einer »nationalistischen Konzeption« unterzuordnen. Letztlich ziele diese Politik auf eine Untergrabung der sozialistischen Ordnung in der DDR. Die Beziehungen zwischen den beiden deutschen Staaten könnten aber nicht losgelöst von der gesamten internationalen Lage betrachtet werden. Diese werde von einem breiten Angriff aggressiver Kreise der NATO auf die Entspannung und von einem »Kreuzzug gegen den Sozialismus« charakterisiert. Die Absichten der derzeitigen Führung der BRD seien ein Bestandteil dieses Kreuzzuges, der sich vor allem gegen die DDR richte. Das *Neue Deutschland* druckte diesen Artikel kommentarlos ab.

Die Bundesregierung reagierte sehr kühl auf diese propagandistische Breitseite aus Moskau. In einem Rundfunkinterview sagte Bundeskanzler Kohl, er sehe keine Anzeichen für einen Revanchismus in der Bundesrepublik, daher versetze ihn diese ganze Kampagne nicht in Aufregung.

Am 2. August 1984 legte die *Prawda* nach. Am Rhein gebe es eine »Aktivierung revanchistischen Ansinnens gegenüber der DDR«: Die Wirtschaftsbeziehungen zur DDR würden als Mittel zur Einmischung in die souveränen Angelegenheiten der Republik, zur allmählichen Unterhöhlung der Grundlagen der sozialistischen Ordnung und letztlich zur Zerschlagung der friedlichen Nachkriegsordnung in Europa in Einsatz gebracht.

Dieser Artikel wurde im *Neuen Deutschland* nicht mehr abgedruckt. Er war der Höhepunkt der Revanchismus-Kampagne, die einige Zeit nach dem Nachrüstungsbeschluss der NATO eingesetzt hatte. Adressat dieser Angriffe, die mich an die Propaganda im Kalten Krieg erinnerten, war vordergründig die Bundesrepublik Deutschland. Gemeint waren aber auch jene Warschauer-Pakt-Staaten, die der Rüstungspolitik der Sowjetunion und einer neuen Abschottung des sozialistischen Lagers gegenüber dem Westen kritisch gegenüberstanden. Es handelte sich um einen Versuch der sowjetischen Führung unter Tschernenko, die unbotmäßigen Verbündeten, also in erster Linie die DDR, Ungarn und Rumänien, zu disziplinieren.

Zwei Wochen später, am 17. August, veröffentlichte das *Neue Deutschland* ein langes Interview mit dem SED-Generalsekretär. Darin verurteilte Honecker die Nachrüstung und den westdeutschen Revanchismus in scharfer Form. »Dieses Gerede vom Fortbestehen des Deutschen Reiches in den Grenzen von 1937 und der angeblich offenen deutschen Frage ... Die Ultras in der BRD blasen immer wieder in die verrostete Trompete des Revanchismus«, verkündete er. Doch im gleichen Atemzug verteidigte er seine eigene Politik der Schadensbegrenzung, das Festhalten an der Entspannungspolitik und dem politischen Dialog.

Noch am selben Tag reiste er zu einem Geheimtreffen mit der sowjetischen Führung nach Moskau. Er war wohl dorthin zitiert worden. Die Öffentlichkeit und auch die Ständige Vertretung hatten davon keine Kenntnis. Erst nach 1990 wurden Einzelheiten über das Treffen bekannt. Wie Karl Seidel in seinem Buch »Berlin-Bonner Balance« berichtet, kam es in den Gesprächen mit der sowjetischen Führung zu einem schweren Eklat. Auf der Grundlage einer längeren Ausarbeitung, die von Herbert Häber stammte, habe Honecker sich bemüht, seine Westpolitik zu rechtfertigen. Sein geplanter Besuch in der Bundesrepublik sei ein normaler Vorgang, argumentierte er, der sich in die Aktivitäten anderer sozialistischer Staaten einordne. Er diene nicht zuletzt dazu, die gemeinsame Politik der Warschauer-Pakt-Staaten und insbesondere ihre Abrüstungsvorschläge in Bonn zu erläutern. Dabei mache sich die DDR keine Illusionen über die politischen Ziele der Bundesrepublik. Gerade darum sei es wichtig, sie so fest wie möglich an die Verträge zu binden.

Doch der sowjetische Generalsekretär wies die Genossen aus der DDR scharf zurecht: Die KPdSU habe das Vertrauen zwischen den beiden Parteien und die Freundschaft und Zusammenarbeit zwischen der Sowjetunion und der DDR stets hoch geschätzt. Das sei die Kernfrage. Sie beziehe sich auch, so Tschernenko, auf den Genossen Honecker persönlich. Man würde es deshalb positiv aufnehmen, wenn er in der entstandenen Lage von dem Besuch in der Bundesrepublik Abstand nähme. Seidel wertet diese Erklärung des sowjetischen Generalsekretärs als eine kaum verhüllte Drohung. In der Sache sei sie ein unmissverständliches Veto gegen den Besuch Honeckers gewesen. Der habe sich daraufhin bemüht, das Misstrauen der sowjetischen Genossen zu beschwichtigen. Ein Beschluss über den Besuch sei noch gar nicht gefasst, sagte er. Die Führung der DDR werde über seinen Besuch in der Bundesrepublik entscheiden und dabei die Äußerungen der sowjetischen Genossen berücksichtigen. Honecker hatte verstanden. Dem massiven Druck der sowjetischen Genossen konnte er nicht standhalten, sogar seine eigene Position war gefährdet. So lenkte er ein.

Am 23. August traf Häber mit dem stellvertretenden Vorsitzenden der CDU/CSU-Bundestagsfraktion, Volker Rühe, zusammen. Es kam dabei zu heftigen Auseinandersetzungen. Das Hauptthema Häbers war der angebliche Revanchismus in der Bundesrepublik. Wenn der politische Status quo seit dem Zweiten Weltkrieg in Frage gestellt werde, bestehe eine ernste Gefahr, warnte er seinen Gesprächspartner. Er äußerte dann den Verdacht, nicht alle maßgebenden Politiker in der Bundesrepublik wollten den Besuch des Generalsekretärs. Er berief sich auf Äußerungen des Vorsitzenden der CDU/CSU-Bundestagsfraktion, Dregger, der nach einem Bericht in der Zeitung *Die Welt* gesagt haben sollte: »Unsere Zukunft hängt nicht davon ab, ob Herr Honecker uns die Ehre seines Besuches erweist.« Häber fragte, ob die Äußerungen Dreggers als Absage des Besuchs zu verstehen seien. Rühe erwiderte nur: »Nehmen Sie das doch gelassen. Die Besuchsvorbereitungen gehen weiter.«

Am 28. August beschloss das Politbüro, der Besuch des Generalsekretärs in der Bundesrepublik könne wegen der gegen die Ostverträge gerichteten Politik der Bundesregierung zum gegenwärtigen Zeitpunkt nicht stattfinden. Doch der Beschluss wurde zunächst noch nicht bekannt gegeben.

Am folgenden Sonntag, dem 2. September, wurde die Leipziger Herbstmesse eröffnet. Honecker und seine Begleitung absolvierten den üblichen Rundgang. Als die Delegation den Stand des westdeutschen Chemieunternehmens BASF erreichte, wo sie erwartet wurde, blieb der Generalsekretär am Eingang stehen, wechselte einige Worte mit dem Vorstandsvorsitzenden, der zur Begrüßung bereitstand, folgte ihm dann aber nicht wie sonst üblich in den Besprechungsraum. Er wandte sich ab und ging weiter. Das war auffällig, denn bisher hatte Honecker immer Wert darauf gelegt, mit einem großen westdeutschen Unternehmen auf der Messe ein Gespräch zu führen. Am nächsten Tag wurde die »BRD« in der wie immer breiten Berichterstattung des *Neuen Deutschland* lediglich unter den Ländern aufgezählt, die auf der Messe vertreten waren. Dagegen nahm ein Interview mit dem sowjetischen Generalsekretär Tschernenko, der gar nicht in Leipzig war, die Hälfte der Titelseite ein. Schon daran konnte man erkennen: Die Stimmung zwischen den beiden deutschen Staaten war umgeschlagen.

Am 4. September – die Leipziger Messe war noch im Gange – suchte der Leiter der Ständigen Vertretung der DDR in Bonn, Moldt, Staatsminister Jenninger im Bundeskanzleramt auf und teilte ihm mit, der für den Besuch des Generalsekretärs in der Bundesrepublik vorgesehene Termin Ende September sei »nicht mehr real«. Am selben Tag rief Schalck Jenninger an und bestätigte, dass die Verschiebung des Besuchs »bei der Gesamtlage« notwendig geworden sei. Die DDR brauche jetzt Ruhe. Der Besuch war wieder einmal aufgeschoben, aber nicht aufgehoben.

Um mir ein genaues Bild über die Lage machen zu können, sprach ich in den nächsten Wochen mit Rechtsanwalt Vogel, Konsistorialpräsident Stolpe, dem Präsidenten der Akademie für Gesellschaftswissenschaften, Otto Reinhold, und dem Chefredakteur der Zeitschrift *Horizont,* Ernst-Otto Schwabe. Mehr oder weniger deutlich bestätigten alle eine Einflussnahme der sowjetischen Führung. Die Lage sei undurchsichtig, meinte Vogel unter Hinweis auf Moskau. Stolpe sagte, für die Sowjets seien die deutsch-deutschen Beziehungen ins Zwielicht geraten. Manche DDR-Funktionäre weinten sich Unter den Linden, in der Sowjetischen Botschaft, aus. Hauptpunkte der sowjetischen Kritik seien: zu viel Reiseverkehr zwischen den beiden deutschen Staaten, die überstürzte Ausreiseaktion Anfang des Jahres und die politischen Zugeständnisse bei dem zweiten Milliardenkredit. Für die Verschiebung des Besuchs sei, so Stolpe weiter, entscheidend gewesen, dass die Reise für den Generalsekretär zum jetzigen Zeitpunkt zu riskant geworden sei. Honecker stehe zunehmend unter Erfolgszwang, wisse aber nicht, ob ihm Kohl in der Sicherheitsfrage entgegenkommen würde. In der DDR frage man sich auch, ob die Regierung Kohl nicht doch revisionistische Ziele verfolge. Jedenfalls müsse die DDR die Revanchismuskampagne Moskaus ernst nehmen. Wenn die sowjetische Führung die Politik der Bundesregierung tatsächlich als revanchistisch bewerte, könne das die Dialogpolitik der DDR zerstören. Ernst-Otto Schwabe bemühte sich dagegen, solche Befürchtungen abzuschwächen. Die DDR-Führung halte an dem Besuch fest – auch wenn nicht alle das für gut hielten. Honecker habe sich die Entscheidung darüber vorbehalten. In dieser Frage regiere der Generalsekretär »absolut«.

Die Bemerkungen Stolpes beunruhigten mich. Er war über die Politik der DDR gegenüber der Bundesrepublik stets gut unterrichtet, neigte nicht zu Dramatisierungen von Konfliktsituationen, und seine Einschätzungen hatten sich bisher meist als richtig erwiesen. Hatten wir es also mit einem Richtungswechsel der sowjetischen Westpolitik zu tun, mit einer Abschottung des Warschauer Pakts gegenüber dem Westen, einer neuen Kältewelle in der Auseinandersetzung zwischen Ost und West? Vielleicht war es zu früh, eine solche Wende festzustellen. Doch das politische Klima hatte sich abgekühlt. Im politischen Dialog zwischen Bonn und Ost-Berlin war eine Pause eingetreten. Die Geraer Forderungen traten, wie immer in solchen Situationen, wieder stärker in den Vordergrund. Immerhin, die praktische Arbeit ging weiter.

Wenig später führte ich in Dresden ein Gespräch mit dem sächsischen Landesbischof Hempel. Er äußerte die Sorge, Honecker könnte durch die von Moskau erzwungene Absage des Besuchs politisch geschwächt sein. Die evangelischen Kirchenleitungen würden das bedauern. Sie wüssten die positive Einstellung Honeckers gegenüber den Kirchen zu schätzen, was sich auch nach dem Lutherjahr nicht geändert habe. »Wir wollen, dass er im Amt bleibt«, sagte der Bischof.

Die Friedensbewegung in der DDR

Politische Opposition war in der DDR grundsätzlich nicht vorgesehen. Die sogenannten Blockparteien betrieben keine Oppositionspolitik. Sie waren in das Regierungs- und Herrschaftssystem fest eingebunden und der SED als der »führenden Partei« untergeordnet. Gleichwohl hatte es seit der Gründung der sozialistischen DDR stets oppositionelle Gruppen und Einzelpersönlichkeiten gegeben, die Veränderungen des politischen Systems anstrebten. Herausragende Beispiele waren Robert Havemann und Wolf Biermann. Auch die Harich-Gruppe hatte bereits in den fünfziger Jahren einen Weg zwischen dem Kommunismus sowjetischen Typs, wie er in der DDR praktiziert wurde, und dem westlichen Kapitalismus gesucht. Doch die Gruppe wurde zerschlagen, ihre Mitglieder inhaftiert und zu langjährigen Haftstrafen verurteilt.

In den siebziger Jahren gab es nach der Helsinki-Konferenz für Sicherheit und Zusammenarbeit in Europa und dann vor allem mit dem Nachrüstungsbeschluss der NATO neue Ansätze für eine Art informelle Opposition. Unter dem Dach der evangelischen Kirche bildeten sich autonome Friedens-, Umwelt- und Menschenrechtsgruppen. Die meist jungen Menschen protestierten gegen die Aufstellung von Mittelstreckenraketen nicht nur im Westen, sondern auch auf dem Gebiet der Warschauer-Pakt-Staaten. Sie verlangten eine radikale militärische Abrüstung. Gleichzeitig kritisierten sie im Einvernehmen mit den Kirchenleitungen die zunehmende Militarisierung des gesellschaftlichen Lebens in der DDR, forderten einen Wehrersatzdienst und mehr echte demokratische Mitspracherechte für die Bevölkerung. Die SED und der Staatssicherheitsdienst waren alarmiert und forderten die Kirchenleitungen auf, den Aktivitäten der autonomen Gruppen Einhalt zu gebieten und sie stärker zu kontrollieren.

Im Sommer 1980 hatte der Bund der Evangelischen Kirchen in der DDR eine »Friedensdekade« angekündigt. Sie begann am 9. November mit einem Bittgottesdienst in den Gemeinden und endete zehn Tage später, am Buß- und Bettag, mit einer »Friedensminute«, in der im ganzen Land die Glocken läuteten. Die Losung dieser ersten Friedensdekade, »Frieden schaffen ohne Waffen«, wurde symbolisch durch das schon erwähnte Bild einer großen männlichen Figur dargestellt, die einen mächtigen Hammer schwingt, um ein Schwert zu einer Pflugschar umzuschmieden. Es handelte sich um eine Bronzestatue des sowjetischen Künstlers Jewgenij Wuschtschetitsch, ein Geschenk der Sowjetunion an die UNO, das seit 1959 am East River stand.

Großes Aufsehen erregte im September 1981 ein offener Brief Robert Havemanns an den sowjetischen Generalsekretär Leonid Breschnew. Darin forderte er den Abschluss eines Friedensvertrags und den Abzug aller Besatzungstruppen aus beiden Teilen Deutschlands. Die Lösung der deutschen Frage müsse den Deutschen überlassen bleiben. Diese blockübergreifende Friedensstrategie hatte einen starken gesamtdeutschen Akzent, wie man ihn in der DDR schon lange nicht mehr gehört hatte.

Im Januar 1882 folgte der »Berliner Appell«, den Pfarrer Rainer Eppelmann zusammen mit Havemann ausgearbeitet hatte. Die meisten Mitunterzeichner kamen aus den Gruppen der kirchlichen Friedensbewegung. Die Hauptforderungen waren: Entfernung aller Atomwaffen aus Deutschland, Abschluss von Friedensverträgen mit beiden deutschen Staaten, Abzug der Besatzungstruppen aus Deutschland, Anerkennung des Rechts auf freie Meinungsäußerung, Zulassung eines sozialen Friedensdienstes anstelle von Wehrdienst. Die Erklärung stand – wie schon die erste Friedensdekade – unter dem Motto: »Frieden schaffen ohne Waffen«, dem Leitmotiv der ostdeutschen Friedensbewegung. Kennzeichnend für den »Berliner Appell« war, wie schon zuvor für den Havemann-Brief an Breschnew, die Verbindung der Friedensvorschläge mit einer Lösung der deutschen Frage und der Forderung nach demokratischen Freiheitsrechten. Damit wurde nicht nur die offizielle Friedenspolitik der DDR abgelehnt, sondern zugleich das gesamte politische System der DDR in Frage gestellt.

Die Unterschriftenaktion in Ost und West war noch im Gange, als Eppelmann am 9. Februar 1982 verhaftet wurde. Doch schon nach wenigen Tagen wurde er wieder auf freien Fuß gesetzt. Die DDR befürchtete eine große internationale Solidaritätsbewegung und noch größere Aufmerksamkeit für den »Berliner Appell«. Die Kirchenleitung der Landeskirche Berlin-Brandenburg hatte sich bei den staatlichen Stellen sofort für ihren Pfarrer eingesetzt. Sie bemühte sich um einen Kompromiss, distanzierte sich aber zugleich von dem Inhalt des Appells. Allen kirchlichen Mitarbeitern legte sie nahe, sich nicht an der Unterschriftenaktion zu beteiligen. Eppelmann wurde unter Hinweis auf das Pfarrerdienstgesetz ermahnt und zur Zurückhaltung aufgefordert.

Am 9. April 1982 starb Robert Havemann. Ein großer Verlust für die Friedensbewegung in Ost und West.

Am 1. September des gleichen Jahres – ich hatte inzwischen mein Amt als Leiter der Ständigen Vertretung angetreten – wurde der Aktivist der Jenaer Friedensgemeinschaft, Roland Jahn, bei einer Demonstration für die polnische Gewerkschaftsbewegung Solidarność verhaftet. Die Festnahme löste eine Protestwelle aus. Weitere Verhaftungen folgten. Im Januar 1983 wurde Jahn zu einer längeren Gefängnisstrafe verurteilt, aber aufgrund neuer Proteste schon bald wieder entlassen. Als er seine Aktionen und die Arbeit in der Jenaer Friedensgemeinschaft ungerührt fortsetzte, wurde er im Juni 1983 erneut festgenommen und gegen seinen Willen in den Westen abgeschoben.

Nicht zuletzt unter dem Eindruck der internationalen Spannungen verschärfte die DDR in der Folgezeit die Repressionsmaßnahmen gegen die Friedensbewegung. Zahlreiche Aktivisten, die Ausreiseanträge gestellt hatten, wurden kurzerhand abgeschoben, führende Dissidenten zeitweilig inhaftiert, westliche Journalisten daran gehindert, an Friedensveranstaltungen teilzunehmen. Am 17. Januar 1984 übermittelte der Staatssekretär für Kirchenfragen, Klaus Gysi, Bischof Forck zum Fall Eppelmann eine Art Ultimatum. Die Kirche wurde aufgefordert, den unbotmäßigen Pfarrer zu veranlassen, unverzüglich in den Westen auszureisen, andernfalls würde er verhaftet. Die Kirche war jedoch nicht bereit, sich diesem massiven Druck zu beugen.

Am 23. Januar teilte Rechtsanwalt Gregor Gysi überraschend mit, das Ermittlungsverfahren gegen Eppelmann sei eingestellt worden, und auch die beiden Dissidentinnen Bärbel Bohley und Ulrike Poppe, die kurz zuvor verhaftet worden waren, würden alsbald freigelassen – auf Anordnung von Honecker persönlich, wie ich bald danach erfuhr.

In den Gemeinden und der Kirchenleitung nahm das Unbehagen an den Aktivitäten der autonomen Gruppen zu. Sie wollten den seit 1978 bestehenden »Burgfrieden« zwischen Staat und Kirche nicht gefährden und die Freiräume für kirchliche Veranstaltungen nicht aufs Spiel setzen. Spannungen mit den kritischen jungen Leuten waren damit unvermeidlich, aber die müsse man aushalten, erklärte man mir von kirchlicher Seite.

Im Westen gab es für die kritischen Gruppen in der DDR nur wenig Unterstützung. Die westdeutsche Öffentlichkeit verfolgte die Vorgänge in der DDR eher gleichgültig, die Bundesregierung und die politischen Parteien hielten sich zurück. Nur einzelne Abgeordnete der Grünen und der SPD, wie Erhard Eppler und Gert Weißkirchen, machten eine Ausnahme. Sie engagierten sich für ihre bedrängten Freunde und Gesinnungsgenossen in der DDR.

Am 12. Mai 1983 entrollten fünf prominente Mitglieder der westdeutschen Grünen auf dem Berliner Alexanderplatz zwei große Transparente mit dem Aufdruck »Die Grünen – Schwerter zu Pflugscharen« und »Die Grünen – Jetzt anfangen: Abrüstung in Ost und West«. Zahlreiche Passanten beobachteten die Szene, einige sollen Beifall gespendet haben. Doch schon nach wenigen Minuten griffen Volkspolizisten ein, entfernten die Transparente und nahmen die Demonstranten fest. Sie wurden ins Polizeipräsidium gebracht, wo man ihre Personalien feststellte, sie aber nach einem kurzen Gespräch wieder auf freien Fuß setzte. Anschließend fuhren sie mit dem eigenen Pkw zum Gebäude des Staatsrats und übergaben dort eine Erklärung mit der Bitte, sie dem Vorsitzenden des Staatsrats zuzuleiten. Offenbar fühlten sich die grünen Politiker durch den Ablauf der Aktion eher ermutigt; sie hatten wohl Schlimmeres befürchtet.

Im Herbst des gleichen Jahres, am 31. Oktober 1983, kam es zu einem Treffen Honeckers im Staatsrat mit den Grünen-Politikern Petra Kelly, Gerd Bastian, Antje Vollmer, Otto Schily und Dirk Schneider. Einzelheiten über den Verlauf des Gesprächs sind mir nicht bekanntgeworden. Schneider war zwar einige Tage vorher in der Ständigen Vertretung gewesen, um mich über das bevorstehende Gespräch mit dem Staatsratsvorsitzenden zu unterrichten. Daraus konnte ich entnehmen, dass die Grünen neben den Abrüstungsfragen wohl auch die prekäre Lage der autonomen kirchlichen Gruppen in der DDR ansprechen wollten und vielleicht, wenn es sich ergeben sollte, auch eine Verbesserung der Reisemöglichkeiten, die vor allem den West-Berlinern am Herzen lag. Wie das Gespräch dann im Einzelnen verlaufen ist, erfuhr ich nicht. Die Grünen hatten nicht die Absicht, den Vertreter der Bundesregierung über ihre Gespräche zu informieren. Sie wollten ihren Kontakt mit DDR-Offiziellen offenbar vom Dialog der Regierungen getrennt halten.

Nach ihrem Gespräch mit Honecker entrollten sie vor dem Gebäude des Staatsrats ungehindert Transparente, auf denen verschiedene Aufschriften zu lesen waren: »Einseitig abrüsten statt beiderseitig aufrüsten«, »Lasst den Frieden frei«, »Schwerter zu Pflugscharen«. Das Ereignis wurde von einem westdeutschen Fernsehteam gefilmt. Anschließend besuchten die Grünen Pfarrer Eppelmann in der Samaritergemeinde und sprachen dort mit DDR-Bürgerrechtlern.

Die Kontakte der westdeutschen Grünen mit der SED hatten nur eine geringe politische Wirkung. Auch die Zusammenarbeit der Grünen mit autonomen Gruppen der DDR-Friedensbewegung war nach meinem Eindruck nicht besonders effektiv. Die Sicherheitsbehörden der DDR beobachteten die Westkontakte der Gruppen mit wachsendem Misstrauen.

Noch vor der Entscheidung des Deutschen Bundestages über die Nachrüstung versuchten verschiedene Gruppen der ostdeutschen Friedensbewegung, mit einer spektakulären Aktion an die Öffentlichkeit zu treten. Auch ausländische Delegationen sowie die westdeutschen Grünen sollten daran teilnehmen. Am 4. November 1983 sollte in der Sowjetischen Botschaft Unter den Linden und in der Amerikanischen Botschaft eine Petition zur Abrüstungspolitik übergeben werden. Die Kirchenleitung warnte vor einer Konfrontation mit dem Staat. Die SED lehnte das Vorhaben strikt ab und verstärkte ihren Druck auf die Kirche, um die Aktion zu verhindern. Das veranlasste Bischof Forck zu dem Angebot, die Petition zusammen mit einer kleinen Delegation persönlich zu übergeben. Aber das konnte die Aktion auch nicht mehr retten. Am 4. November wurde allen prominenten Grünen und Alternativen aus West-Berlin die Einreise verweigert. In der Nacht waren bereits einige Bürgerrechtler, die sich an der Aktion beteiligen wollten, festgenommen worden. Andere wurden von der Volkspolizei daran gehindert, sich in die Nähe der Botschaften zu begeben. Damit war die Botschaftsaktion praktisch gescheitert. Immerhin mussten die staatlichen Stellen erkennen, dass die Unruhe in den Friedensgruppen zunahm und sich die jungen Leute nicht länger einschüchtern ließen.

Die Ständige Vertretung beobachtete diese Vorgänge sehr aufmerksam. Meine Mitarbeiter und ich hatten große Sympathien für die mutigen jungen Leute. Wir fürchteten allerdings, dass die Repressionen durch die Staatsmacht weiter zunehmen würden. In Abstimmung mit der Bundesregierung wies ich meine Mitarbeiter an, sich an Veranstaltungen der Friedensbewegung nicht zu beteiligen und keine engen Kontakte mit den Gruppen oder einzelnen Mitgliedern zu unterhalten. Wir wollten die von der Staatssicherheit überwachten Gruppen nicht noch zusätzlich gefährden, denn Kontakte zur Ständigen Vertretung konnten strafrechtliche Folgen haben. Gleichzeitig ließ ich meine kirchlichen Gesprächspartner aber wissen, dass ich ihnen für Gespräche über die internationale Lage und auch über Fragen des deutsch-deutschen Verhältnisses zur Verfügung stünde.

Privat bin ich in dieser Zeit häufig mit Werner Krätschell, dem Superintendenten in Pankow, und seiner Frau Annegret zusammengetroffen. Wir kannten uns gut aus meiner ersten Zeit in Ost-Berlin, ich hatte volles Vertrauen zu ihnen, und wir sprachen sehr offen miteinander. In dem Pfarrhaus der Gemeinde Alt-Pankow, das sie mit ihren vier Kindern bewohnten, fühlte ich mich unter Freunden, frei und ungezwungen. Werner Krätschell stand in enger Verbindung zu dem Friedenskreis Alt-Pankow und bemühte sich, seine schützende Hand über diese Gruppe zu halten. Seine Zurückhaltung, mit mir über die Diskussionen in dem Friedenskreis und die Probleme, die es sicher gab, zu sprechen, respektierte ich. Schließlich diente unsere freundschaftliche Verbindung nicht dazu, ihn auszuforschen. Von Zeit zu Zeit besuchte ich die Gottesdienste in der Gemeinde. Dort lernte ich Ruth Misselwitz, eine junge Pastorin, und ihren Mann Hans Misselwitz kennen, die den Friedenskreis leiteten. Die starke Ausstrahlung der Pastorin beeindruckte mich, ebenso der Mut der beiden, die Dinge beim Namen zu nennen. Damals ahnte ich nicht, dass Ruth Misselwitz einige Jahre später als eine der Sprecherinnen der kirchlichen Bürgerrechtsbewegung hervortreten würde.

In Erfurt war ich während des Lutherjahrs Probst Heino Falcke begegnet, einem Theologen von hohem Rang. Wann immer ich konnte, suchte ich bei meinen Besuchen in Erfurt oder Weimar das Gespräch mit ihm. Dabei machte er aus seinem Verständnis für die unruhigen, kritischen jungen Leute in der Friedensbewegung kein Geheimnis. Er wirkte auf mich sehr geradlinig und entschlossen, die unvermeidlichen Auseinandersetzungen mit dem Staat durchzustehen und die Konflikte nicht mit wohlfeilen diplomatischen Formeln zu überdecken.

In der zweiten Hälfte der achtziger Jahre lud mich Probst Falcke zu einem kirchlichen Gesprächskreis in Erfurt ein, an dem auch Nichtchristen teilnahmen. Im Mittelpunkt standen Fragen der Staatsangehörigkeit, insbesondere das Festhalten der Bundesrepublik an der (gesamt)deutschen Staatsangehörigkeit, die auch die DDR-Bürger umfasste, und die Forderung der DDR nach einer vorbehaltlosen Anerkennung einer eigenständigen DDR-Staatsbürgerschaft. Im Zusammenhang damit kam auch das so empfindliche Ausreiseproblem zur Sprache. »Haben DDR-Bürger – von denen, die verfolgt werden, einmal abgesehen – nicht die Pflicht gegenüber der Gesellschaft, im Lande zu bleiben?«, fragten einige der Gesprächsteilnehmer. Die meisten waren geneigt, das zu bejahen. Zum Schluss stellte ich eine Frage, die mich schon länger beschäftigte und die sich auf die Identität der DDR-Bürger bezog: »Was ist eigentlich Ihre Heimat? Ist es Europa, Deutschland, die DDR? Oder etwa Thüringen?« Nach einigem Zögern antwortete eine junge Frau: »Europa? Was ist das? Ein geographischer Begriff oder eine politische Vision? Mir bedeutet das nichts. Ich habe dazu keine Beziehung. – Und Deutschland? Das existiert doch nicht mehr. Heute gibt es zwei deutsche Staaten. Dass sie wieder zusammenkommen, kann ich mir nicht vorstellen. Jedenfalls nicht zu meinen Lebzeiten. – Heimat DDR? Ich lebe in diesem Staat, den ich mir nicht ausgesucht habe. Ich will auch hier bleiben. Aber ich habe keine gefühlsmäßige Bindung an diesen Staat. – Heimat Thüringen? Ja, das ist eine Landschaft, in der ich zu Hause bin. Aber in erster Linie ist Thüringen doch ein Verwaltungsbezirk. Ach, wissen Sie«, sagte sie dann, »Heimat ist für mich mein Dorf, die Dorfgemeinschaft, in der ich lebe und in der ich leben will, mit meiner Familie, meinen Verwandten und den mir vertrauten Menschen.«

Auf der Heimfahrt am nächsten Tag fragte ich mich: Wie stark ist der Zusammenhalt der Deutschen eigentlich noch? Ist die von der Bundesregierung feierlich beschworene Einheit der Nation noch deutsche Lebenswirklichkeit? Oder ist sie nur noch eine nostalgische Reminiszenz? Viele Deutsche in Ost und West, zumal die Jüngeren, schienen von Deutschland und der deutschen Nation nur noch eine blasse Vorstellung zu haben.

In Berlin hatte ich neben der Gemeinde Alt-Pankow eine Verbindung zur Sophiengemeinde, deren Pfarrer Michael Passauer war. Er lud mich gelegentlich zu Gesprächen in einem Gemeindekreis ein. Eine Tagesordnung gab es nicht, die Themen richteten sich nach der Aktualität. Hier sprachen die Teilnehmer über innere Probleme der DDR, wie etwa die Hoffnung auf Veränderungen, nachdem Gorbatschow in der Sowjetunion seine Politik der Perestroika und Glasnost eingeleitet hatte. Auch über Ausreisen in die Bundesrepublik, die viele Menschen zutiefst erregten, wurde diskutiert. Die meisten in den Friedensgruppen lehnten eine Ausreise ab. Sie wollten bleiben und die Verhältnisse in der DDR verändern. Ich hatte für diese Haltung großes Verständnis, aus menschlichen wie aus politischen Gründen. Immer wieder hatte ich von Betroffenen erfahren, wie tief einschneidend und schmerzhaft der Abschied bei einer Ausreise war. Häufig waren es gerade jüngere Leute, die Eltern, Geschwister und Freunde zurückließen, wohl wissend, dass sie diese vielleicht auf lange Zeit nicht wiedersehen würden. Denn einen Besuch ehemaliger DDR-Bürger, auch jener, die legal ausgereist waren, lehnten die DDR-Behörden in aller Regel ab. Ich hatte mich deshalb dazu durchgerungen, der Bundesregierung und westdeutschen Politikern zu raten, DDR-Bürger nicht öffentlich »abzuwerben«. Ich war der Auffassung, wir sollten in dieser so empfindlichen Frage klar Stellung beziehen und niemanden auffordern, in die Bundesrepublik zu gehen. Doch wenn sich jemand dafür entschied, aus welchen Gründen auch immer, sollte er in der Bundesrepublik willkommen sein.

Pfarrer Rainer Eppelmann bin ich mehrmals begegnet. Er war in den achtziger Jahren für die westdeutsche Öffentlichkeit der wohl bekannteste Dissident in der DDR. Verschiedene westdeutsche Politiker, vor allem aus der CDU, unterhielten Kontakte zu ihm. Auch westdeutschen Journalisten ging er nicht aus dem Weg. Im Gegenteil, er suchte die Öffentlichkeit, um über die westdeutschen Medien in der DDR für seine Ideen zu werben. Das war Teil seiner politischen Strategie. Zugleich schützte ihn seine Bekanntheit bis zu einem gewissen Grad vor Repressionen, denn ohne Zweifel hatte ihn der Staatssicherheitsdienst genau im Visier. Er lebte in der ständigen Gefahr, verhaftet oder abgeschoben zu werden. Eppelmann war ungemein mutig, ein politischer Kopf mit klaren, wenn auch nicht immer realistischen Ideen.

Er war wohl enttäuscht darüber, dass die Ständige Vertretung nicht den Kontakt mit ihm suchte. Das war in der Tat so und entsprach unserer grundsätzlichen Linie, Dissidenten, wie die Bürgerrechtler damals oft bezeichnet wurden, nicht zu gefährden. Doch den Vorwurf, wir wollten nicht mit ihm sprechen, wollte ich nicht auf mir sitzen lassen. So lud ich ihn zu einem Gespräch in die Ständige Vertretung ein, nicht ohne ihn darauf hinzuweisen, dass sein Besuch natürlich von der Volkspolizei und den Sicherheitsorganen genau registriert werden würde. Doch das störte ihn nicht, und er nahm die Einladung an. Der Besuch verlief ohne Probleme.

Später folgte ich einer Einladung Eppelmanns zu einem Gespräch in der Samaritergemeinde. Der Empfang war kühl, aber nicht unfreundlich. Bei manchen Teilnehmern spürte ich einen misstrauischen Unterton, und ich musste mir harsche Kritik am Verhalten der Bundesregierung anhören. Man nahm ihr die Kontakte zu dem verhassten SED-Regime und die üppigen Finanzzuwendungen übel. Eppelmann und andere Bürgerrechtler sahen in den Milliardenkrediten aus der Bundesrepublik eine ganz und gar überflüssige Stärkung der DDR. Ich bemühte mich, in aller Ruhe zu erklären, dass bestimmte Erleichterungen für die Menschen in der DDR nur über eine Zusammenarbeit auf Regierungsebene erreicht werden könnten. Doch die Skepsis der Gesprächsteilnehmer konnte ich nicht ausräumen.

Als ich Eppelmann nach der Wiedervereinigung wiedersah, behandelte er mich wie einen Sympathisanten des untergegangenen SED-

Regimes. An unsere, zugegeben schwierigen, Kontakte zu DDR-Zeiten wollte er sich nicht erinnern. Das konnte ich verstehen, und so beschränkte ich mich, wenn ich ihn traf, auf Höflichkeiten. An meinem Respekt vor seiner unbeugsamen Haltung gegenüber der SED-Diktatur hat das nichts geändert.

Engen Kontakt hielt ich in den achtziger Jahren zu Manfred Stolpe, den ich schon seit meiner ersten Zeit in der DDR gut kannte. Wir hatten seitdem eine »gemeinsame Sprache«. Das hieß, wir konnten uns mit wenigen Worten, ohne längere Erklärungen verständigen. In meiner Zeit als Ständiger Vertreter habe ich Stolpe als einen in politischen Fragen gut informierten und umsichtigen Gesprächspartner schätzen gelernt. Ich wusste oder ahnte zumindest, dass er vielfältige Kontakte zu staatlichen Stellen und auch zur SED unterhielt, hatte aber nie einen Zweifel daran, dass es ihm darum ging, die Freiräume und die Schutzräume der Kirche zu erhalten und zu erweitern. Nicht alle haben damals erkannt, wie erfolgreich er dabei war.

Anfang 1982 hatte er das Amt des Konsistorialpräsidenten der evangelischen Kirche Berlin-Brandenburg übernommen. Zugleich war er stellvertretender Vorsitzender der Konferenz der Kirchenleitungen. Er hatte großen Anteil am Zustandekommen der Erklärung vom 6. März 1978, mit der eine Art Burgfrieden zwischen Staat und Kirche hergestellt worden war. »Kirche im Sozialismus« wurde damals zum geflügelten Wort. Stolpe sah seinen kirchlichen Auftrag darin, Sorge dafür zu tragen, dass das Verhältnis Staat/Kirche trotz der immer wieder auftretenden Konflikte und Spannungen stabil und berechenbar blieb. Deshalb wirkte er auch auf die autonomen Gruppen unter dem Dach der Kirche ein, sich an bestimmte Grundregeln zu halten und sich bei ihrer Kritik oder gar offenen Opposition gegenüber Partei und Staat zu mäßigen. Kein Wunder, dass ihm manche Bürgerrechtler mit Misstrauen begegneten. Manchmal fühlten sie sich in Konfliktsituationen im Stich gelassen, auch wenn sie dann erkennen mussten, dass sie zum eigenen Schutz auf die Vermittlungsdienste der Kirchenleitungen gegenüber den staatlichen Stellen – auch gegenüber dem Staatssicherheitsdienst – angewiesen waren. Manche Unterdrückungsmaßnahmen des Staates, die in der zweiten Hälfte der achtziger Jahre wieder zunahmen, konnte freilich auch Stolpe weder verhindern noch abmildern.

Der vierzigste Jahrestag
der Zerstörung Dresdens

Am 13. Februar 1985, dem vierzigsten Jahrestag der Zerstörung Dresdens, fuhr ich, wie stets an diesem Tag des Jahres, in die sächsische Bezirkshauptstadt, um der Opfer des Bombardements zu gedenken. Es war bitterkalt. Am späten Vormittag fand eine Großkundgebung auf dem Theaterplatz statt, an der, wie ich am nächsten Tag in der Zeitung las, über 200 000 Menschen teilnahmen. Unter den Ehrengästen war der Oberbürgermeister von Coventry, das während des Zweiten Weltkriegs von einem deutschen Luftangriff schwer getroffen worden war. Von kirchlicher Seite waren der Vorsitzende des Bundes der Evangelischen Kirchen in der DDR, der sächsische Landesbischof Hempel, und der katholische Bischof von Dresden-Meißen, Schaffran, gekommen wie auch der Vorsitzende des Verbandes der jüdischen Gemeinden in der DDR, Aris. Sie ergriffen aber nicht das Wort. Die beiden Bischöfe wollten grundsätzlich nicht auf einer staatlichen, schon gar nicht einer SED-Veranstaltung sprechen. Und Aris war wahrscheinlich gar nicht gefragt worden. Die Gedenkrede hielt Generalsekretär Honecker. Er erinnerte an die Tragödie des Zweiten Weltkriegs. Nicht überall seien daraus die erforderlichen Schlussfolgerungen gezogen worden. Darum gebe es heute nichts Wichtigeres als die Sicherung des Friedens, unabhängig von der Weltanschauung und der Religion. Anders als in den Reden, die in früheren Jahren an diesem Tag gehalten worden waren, enthielt sich Honecker direkter Angriffe auf die beiden angelsächsischen Siegermächte, die die Bombardements zu verantworten hatten.

Ich hatte auch in diesem Jahr auf eine Teilnahme an der Großkundgebung verzichtet. Das fiel mir nicht ganz leicht, wollte ich doch gerade an diesem Tag meine Solidarität mit den Dresdener Bürgern öffentlich bekunden. Andererseits wollte ich mich aber nicht der zu erwartenden aggressiven Polemik der DDR gegen die westlichen Siegermächte aussetzen, die inzwischen unsere Verbündeten waren. Für uns war der 13. Februar ein Tag der Trauer und des Gedenkens. Politische Anklagen waren dabei, wie wir es sahen, fehl am Platz.

Am Abend wurde die originalgetreu wiederaufgebaute Semperoper feierlich eröffnet. Erich Honecker, das gesamte Politbüro und zahlrei-

Das Lutherdenkmal in Dresden vor der Ruine der Frauenkirche

che Minister waren anwesend, ferner der Oberkommandierende der sowjetischen Streitkräfte in der DDR und das diplomatische Corps, zu dem auch ich gehörte, und andere Ehrengäste. Aus der Bundesrepublik waren Altbundeskanzler Helmut Schmidt, der Vorsitzende der Krupp-Stiftung, Berthold Beitz, und der Ministerpräsident von Niedersachsen, Ernst Albrecht, mit ihren Frauen gekommen. Helmut Schmidt und Beitz waren von Honecker persönlich eingeladen worden. Außerdem war Wolfgang Wagner, der Chef der Bayreuther Festspiele, im Publikum.

Eingeleitet wurde der Festakt mit der Nationalhymne der DDR, zu der sich alle Anwesenden von ihren Sitzen erhoben. Danach überreichte Honecker dem Intendanten der Semperoper, Professor Schönfelder, den Schlüssel des Opernhauses. Und der Bauminister der DDR, Wolfgang Junker, stellte dem Generalsekretär »hervorragende Bauschaffende« vor.

Dann begann die festliche Aufführung der Oper »Der Freischütz« von Carl Maria von Weber, der in Dresden gelebt und gewirkt hatte. Diese nicht nur in Dresden sehr populäre Oper war für die Wiedereröffnung ausgewählt worden, weil sie auch am Abend des 13. Februar 1945 gespielt worden war, ehe gegen 22 Uhr das todbringende Bombardement begann.

In der Pause saßen Hilla und ich mit den Gästen aus der Bundesrepublik in einem abgeschlossenen Teil der Wandelgänge zusammen, der für das allgemeine Publikum nicht zugänglich war, streng überwacht durch Mitarbeiter des Staatssicherheitsdienstes. Dort erwarteten wir, auch wenn das nicht angekündigt worden war, einen Vertreter der DDR, vielleicht sogar Honecker, der Helmut Schmidt und Berthold Beitz gut kannte, mindestens zu einer kurzen Begrüßung. Doch niemand erschien. Wir kamen uns wie eingeschlossen vor. Wollte Honecker etwa nicht mit dem niedersächsischen Ministerpräsidenten Albrecht zusammentreffen, weil der bisher seine Zustimmung zum Verlauf der Elbgrenze verweigert hatte? Wie auch immer, jedenfalls blieben wir die ganze Pause unter uns.

Die Aufführung endete kurz vor 22 Uhr. Als wir das Opernhaus verließen und ins Freie traten, läuteten die Glocken aller Dresdener Kirchen zum Gedenken an den Beginn des Bombardements vor vierzig Jahren. Wir blieben eine Weile schweigend stehen. Dann gingen Hilla und ich mit dem Ehepaar Albrecht zur nahegelegenen Ruine der Frauenkirche mit dem großen Lutherdenkmal. Dort hatten sich wie stets am 13. Februar viele Dresdener eingefunden, um der Opfer bei der Zerstörung ihrer Stadt in der Stille zu gedenken. Manche stellten auch brennende Kerzen in das Ruinenfeld. Wir sahen junge Leute, die sich an den Händen fassten und einen Kreis bildeten. Kaum jemand sprach. Dieses stille Gedenken der Dresdener ging uns sehr nahe.

Respekt und Liebe:
Loriot in seiner Heimatstadt Brandenburg

Am 18. Mai 1985 wurde im Dom zu Brandenburg eine Ausstellung mit Zeichnungen, Büchern, Fotos und anderen Erinnerungsstücken von Viktor von Bülow eröffnet, der sich nach einem Pirol in seinem Familienwappen »Loriot« nannte.

Loriot, der über das westdeutsche Fernsehen in der DDR nicht weniger beliebt war als in der Bundesrepublik, war schon einige Tage zuvor angereist und hatte sich in seiner Geburtsstadt Brandenburg an der Havel und der näheren Umgebung umgesehen. In einem Gespräch mit Journalisten äußerte er sich tief bewegt von der Schönheit der brandenburgischen Landschaft. Das Wiedersehen mit seiner Heimat nach langer Zeit sei ein eindrucksvolles Erlebnis in seinem Leben. Loriot bezeichnete sich als Humorist und Satiriker von Beruf. Witz und Satire kämen aus dem Kopf, aus dem Geist, sagte er. Was aber mache ein Satiriker, wenn ihm das Herz übergehe? Er sei mit dem Gefühl von »Respekt und Liebe« nach Brandenburg gekommen. Damit könne man manche komplizierten Dinge ganz einfach machen. Das gelte auch für die Grenze, die die beiden deutschen Staaten heute trenne.

Loriot erzählte den Journalisten dann eine Anekdote aus seinem Leben. Bundespräsident Heinemann habe ihn vor Jahren einmal angerufen und gefragt, ob er ihn einige Tage später besuchen könne. Und dann habe er hinzugefügt: »Aber bitte machen Sie keine Um-

Eröffnung einer Loriot-Ausstellung im Brandenburger Dom: Hilla Bräutigam, Hans Otto Bräutigam, Bischof Albrecht Schönherr, Loriot

stände.« Wie er und seine Frau darauf reagiert hätten, könne man sich denken. Natürlich sei der Bundespräsident willkommen gewesen, und er und seine Frau hätten Umstände gemacht, sie hätten sogar Staub gewischt, Umstände ohne Ende. Und nun stelle man sich einmal vor, was geschehen würde, wenn der DDR-Staatsratsvorsitzende Honecker den Wunsch habe, nach Brandenburg zu kommen, aber darum bitte, doch keine Umstände zu machen. Natürlich würden Umstände gemacht: Die ganze Stadt würde neu gestrichen werden.

Zur Eröffnung der Ausstellung waren Altbischof Schönherr, der DDR-Staatssekretär für Kirchenfragen, Klaus Gysi, und ich als Ständiger Vertreter der Bundesrepublik gekommen. Der Dom war überfüllt. Viele Besucher hatten keinen Platz mehr gefunden und mussten stehen. Es dürften weit über tausend Menschen gewesen sein, die Loriot unbedingt hören wollten. Als er den Dom betrat und die Treppe zur Empore hochstieg, brandete Beifall auf.

Die Laudatio hielt der stellvertretende Chefredakteur der satirischen Zeitschrift *Der Eulenspiegel*, Karl Kultscher. Er brachte seine Bewunderung für den Humoristen zum Ausdruck, der die Politiker, im Grunde aber alle Menschen, freundlich auffordere, ein »friedvolles, humanes Leben« zu führen.

Dann sprach Loriot. Er begrüßte die Anwesenden mit den Worten: »Meine lieben, lieben Brandenburger.« Noch einmal langer, anhaltender Beifall. Nichts sei für ihn wichtiger gewesen, sagte er, als an diesem Tag in seine Heimatstadt Brandenburg zu kommen, wo er geboren sei. Im Taufregister von St. Gotthard stehe sein Name. Er danke dem lieben Gott und anderen wichtigen Institutionen in diesem Land für die wohlwollende Duldung. Dann wiederholte er, was er zuvor schon den Journalisten gesagt hatte: »Wenn Sie wissen wollen, was ich empfunden habe, als ich hier angekommen bin? Es ist zweierlei: Respekt und Liebe.« Damit könne man manchen Komplikationen, denen wir ausgesetzt seien, leicht beikommen. Die Stadt habe ihn aufgenommen wie einen »nicht verlorenen Sohn«. Und er fügte hinzu:»Ich bin stolz, einer von Ihnen, ein Brandenburger zu sein.« Wieder gab es starken, nicht enden wollenden Beifall.

Loriot sagte, er sei entschlossen, keine Rede zu halten. Er habe sich gefragt: Wie könne er am besten »nichts sagen«? Er wolle deshalb so sprechen, wie das in vielen Parlamenten üblich sei. Natürlich meine er hiermit nicht den Deutschen Bundestag, fügte er mit einem Seitenblick auf mich hinzu. Aber sollte das so verstanden werden, dann »bitte ich meinen Ständigen Vertreter um Vergebung«, was im Publikum Gelächter auslöste. Ich aber fühlte mich bei dieser Anrede geschmeichelt.

Dann folgte eine Aneinanderreihung von Redensarten, wie man sie aus politischen Ansprachen kennt:»Politik bedeutet, und davon sollte man ausgehen und nicht darum herumreden, angesichts der Situation, in der wir uns befinden ... Das ist es, was wir unseren Wählern schuldig sind ... Was wir brauchen, ist eine konzentrierte Beinhaltung als Kernstück eines zukunftsweisenden Parteiprogramms ... Und unsere Altersversorgung: So geht es aber doch wirklich nicht, meine Damen und Herren ... Und der Umweltschutz: Wo kommen wir denn hin? Und wo bleibt unsere Glaubwürdigkeit?«

Als Loriot geendet hatte, standen die Menschen auf und feierten minutenlang ihren Brandenburger Mitbürger. Die Anerkennung und Zuwendung aus dem Westen, die er ihnen entgegenbrachte, hatte sie zutiefst berührt. So etwas hatten die Menschen hier noch nie erlebt, aber insgeheim lange entbehrt.»Respekt und Liebe« war die Losung des Tages. Sie berührte den Kern der Deutschlandpolitik, wie Loriot sie verstand. Er hatte recht. Es waren Anerkennung und Zuwendung, die wir unseren ostdeutschen Landsleuten schuldeten. Niemand hat das schöner und bewegender zum Ausdruck gebracht als Loriot im Dom zu Brandenburg.

Stasi-Geschichten

In den achtziger Jahren war in der Ständigen Vertretung ein Amtsrat tätig, ein zuverlässiger, erfahrener und loyaler Verwaltungsbeamter, der von allen Mitarbeitern sehr geschätzt wurde. Sein Arbeitsgebiet umfasste die innere Verwaltung, Personalangelegenheiten, Wohnungsfragen der Mitarbeiter, die Kontrolle der technischen Einrichtungen der Vertretung einschließlich der wichtigen Fernschreiberverbindung mit dem Bundeskanzleramt. Zu seinen Aufgaben gehörte auch, den sogenannten Code, mit dem die Fernschreiben der Vertretung chiffriert wurden, sicher zu verwahren und regelmäßig auszuwechseln. Nur der Amtsrat hatte Zugang zu diesem Code, dem wichtigsten Hilfsmittel zur Geheimhaltung unserer Berichterstattung.

Der Amtsrat wohnte mit seiner Familie – wie die meisten unserer Bediensteten – in der Leipziger Straße. Die beiden erwachsenen Söhne studierten in West-Berlin oder waren dort in der Ausbildung, wohnten aber noch bei den Eltern. Sie waren umtriebig, gingen gern aus und hatten schon bald Ost-Berliner Freundinnen, zwei junge hübsche Frauen, die offenbar Westkontakten nicht abgeneigt waren. Schon nach kurzer Zeit wurde eine der Freundinnen schwanger. Nachdem das Kind geboren worden war, lebte das junge Paar mit dem Kind in der Wohnung des Amtsrats, was den Ost-Berliner Behörden natürlich nicht verborgen blieb. Die beiden jungen Leute hatten wohl die Absicht zu heiraten, was aber für einen Westdeutschen, der eine DDR-Bürgerin ehelichen wollte, in Ost-Berlin mit erheblichen Komplikationen verbunden war. Für eine Übersiedlung der Braut in den

Westen fehlte eine Ausreisegenehmigung, die nicht ohne weiteres zu erlangen war.

Bald nachdem das Kind zur Welt gekommen war, meldete sich über den privaten Telefonanschluss eine dem Amtsrat unbekannte Person, die ihn in einer wichtigen, seinen Sohn betreffenden Angelegenheit zu sprechen wünschte. Der Besucher kam in die Wohnung, stellte sich als Mitarbeiter einer kommunalen Dienststelle in Ost-Berlin vor und machte den Amtsrat darauf aufmerksam, dass seine (nicht verheiratete) »Schwiegertochter« und ihr Kind sich unrechtmäßig in der Wohnung eines ausländischen Diplomaten aufhielten, was strafrechtliche Konsequenzen haben könne. Der Amtsrat reagierte ungehalten. Er empfand den Hinweis des Besuchers als eine Drohung. In seiner Not fragte er den Besucher, wie denn die Sache in Ordnung gebracht werden könne. Die DDR-Vorschriften mit Bezug auf die Diplomatenwohnungen in Ost-Berlin seien ihm nicht bekannt. Außerdem hätten die beiden jungen Leute ja nichts Böses getan. Und der Staat DDR habe doch keinen Nachteil von der vorübergehenden Unterbringung von Frau und Kind in seiner Wohnung.

Doch der Besucher gab sich damit nicht zufrieden und ließ durchblicken, dass man von ihm eine Geste, ein Entgegenkommen, eine Leistung erwarte, um die Sache in Ordnung zu bringen. Jetzt erkannte der Amtsrat, worauf der Besucher hinauswollte: die Beschaffung von Informationen über die Ständige Vertretung. Der Auftraggeber konnte niemand anders sein als der Staatssicherheitsdienst. Aber noch glaubte der Amtsrat, die ihm unangenehme Angelegenheit selbst regeln zu können. Obwohl er nicht die geringste Bereitschaft hatte, den Wünschen des Besuchers zu entsprechen, ließ er sich auf Gespräche ein und versuchte zu lavieren, um Mutter und Kind vor Unannehmlichkeiten zu bewahren. Daraufhin verschärfte die Staatssicherheit den Druck. Der Besucher gab am Telefon zu verstehen, dass die Verhaftung der jungen Frau bevorstehe und sie in einem Strafverfahren zu einer Haftstrafe verurteilt werden könne. Das Kind würde dann in ein Heim eingewiesen werden. Diese Drohung konnte der Amtsrat, der sein Enkelkind über alles liebte, nicht mehr aushalten. Er geriet in Panik. Jetzt endlich rang er sich dazu durch, sich dem stellvertretenden Leiter der Ständigen Vertretung zu offenbaren, und

Staab unterrichtete mich. Wir waren uns sofort einig: Unser Amtsrat hatte sich in eine gefährliche Lage manövriert und musste sofort aus dem Verkehr gezogen werden.

Am nächsten Tag suchte ich Seidel im DDR-Außenministerium auf, verwahrte mich mit Schärfe gegen die versuchte Anwerbung unseres Mitarbeiters durch den Staatssicherheitsdienst und ersuchte die zuständigen DDR-Behörden, dafür Sorge zu tragen, dass die junge Frau und ihr Kind umgehend eine Ausreisegenehmigung erhielten. Sollten die Behörden das verweigern, werde der Vorgang eskalieren und früher oder später bekannt werden. Seidel wies die Beschwerde selbstverständlich zurück – das gehörte zum Ritual in solchen unangenehmen Fällen –, immerhin sagte er eine Prüfung unseres Ersuchens zu. Bald darauf teilte Rechtsanwalt Vogel, den ich von dem Vorgang unterrichtet hatte, mit, die Ausreisegenehmigung für Mutter und Kind werde voraussichtlich in nächster Zeit erteilt werden. Voraussetzung dafür sei aber strikte Vertraulichkeit. Damit war ich einverstanden.

So wurde die Angelegenheit bereinigt. Der Amtsrat kehrte nicht in die Ständige Vertretung zurück. Er wurde in das Bonner Ministerium, in dem er schon früher tätig gewesen war, zurückversetzt. Mutter und Kind siedelten einige Wochen später in die Bundesrepublik über. Eine Untersuchung des Vorgangs ergab keine Hinweise darauf, dass der Amtsrat Dienstgeheimnisse oder andere Informationen aus der Vertretung an seine Kontaktperson weitergegeben hatte.

Dieser Fall war keineswegs der einzige Versuch der Staatssicherheit, die Ständige Vertretung auszuspähen. Wie uns erst nach der »Wende« bekanntwurde, hatte ein Mitarbeiter in der Politischen Abteilung, der aus dem Bundesministerium für innerdeutsche Beziehungen in die Ständige Vertretung entsandt worden war, seit Jahren Informationen an den Staatssicherheitsdienst geliefert. Er wurde später wegen Spionage zu einer Haftstrafe verurteilt. Seine Tätigkeit in der Vertretung ist allerdings aus anderen Gründen vorzeitig beendet worden. Ein prominenter Schauspieler der DDR hatte sich in einem wütenden Brief an mich darüber beschwert, dass der besagte Mitarbeiter seiner Frau nachstelle. Ich erklärte dem Mitarbeiter in einem Gespräch, dass mich Privatangelegenheiten grundsätzlich nicht interessierten. Doch wegen der exponierten Lage der Ständigen Vertretung seien wir alle gehalten, uns auch in unserem Privatleben Zurückhaltung aufzuerlegen und keinen Anlass zur Kritik zu bieten. Sein Verhalten gegenüber dem prominenten Schauspieler könne ich nicht akzeptieren und sähe mich daher gezwungen, seine Versetzung zurück nach Bonn zu veranlassen. Von seiner Verbindung zum Staatssicherheitsdienst, dem diese Eskapaden wohl auch missfallen haben dürften, ahnten wir damals nichts. Die Arbeit des Mitarbeiters in der Vertretung war nicht zu beanstanden. Aufgrund seiner langjährigen Erfahrung galt er als ein guter Kenner der DDR-Verhältnisse.

Ein anderer Verdacht ist dagegen nie aufgeklärt worden. Eines Tages teilte uns das Bundeskanzleramt mit, es gebe Hinweise, dass offenbar DDR-Bürger mit Dienstwagen der Ständigen Vertretung von Ost- nach West-Berlin geschmuggelt würden. Sie würden, so hieß es, nach Einbruch der Dunkelheit von Mitarbeitern mit privaten Fahrzeugen in die Ständige Vertretung gebracht, wo sie dann für die kurze Fahrt über die Sektorengrenze im Kofferraum eines Dienstwagens versteckt würden. Da diese keiner Gepäckkontrolle unterlagen, war diese Republikflucht, wie sie in der DDR genannt wurde, eine ziemlich sichere Sache. Ob, und wenn ja, in welchem Umfang, dieser – vermutlich gutbezahlte – Menschenschmuggel praktiziert worden ist, habe ich nie erfahren. Auch in diesem Fall sorgten wir aus Sicherheitsgründen dafür, dass die verdächtigen Mitarbeiter abberufen wurden und nach Bonn zurückgingen. Einer von ihnen hat sogar, nachdem er befragt worden war, von sich aus um seine sofortige Entlassung aus dem Bundesdienst nachgesucht. Der wurde auch stattgegeben. Das war zwar noch kein Beweis, aber doch ein Indiz dafür, dass an der Sache etwas dran war. Dieser Fall hatte das Potenzial einer höchst unangenehmen politischen Affäre, wurde aber glücklicherweise nicht bekannt.

Auseinandersetzung mit einem Friedhofsgärtner

Im Sommer 1986 entschlossen wir uns, unseren jüngsten Sohn Henry im folgenden Herbst in ein Internat in Süddeutschland zu schicken. Die Entscheidung fiel uns nicht leicht. Auch Henry wollte es eigentlich nicht. Zwar hatte er sich an die politisch bedingte Isolierung in

Ost-Berlin nie richtig gewöhnt. Seine Schulkameraden und Freunde lebten in West-Berlin. Sie am Nachmittag oder Abend zu treffen war umständlich. Anschluss im Osten zu finden – etwa über einen Sportverein – hatte sich als schwierig und nicht praktikabel erwiesen. Man wollte eben keine Westdeutschen dabeihaben. Doch Henry war bereit, das alles hinzunehmen. Der eigentliche Grund, an ein Internat zu denken, war ein anderer. Ich war inzwischen vier Jahre in Ost-Berlin und rechnete damit, in absehbarer Zeit als Ständiger Vertreter abberufen zu werden und eine neue Aufgabe irgendwo im Ausland zu übernehmen. Derartige Gerüchte hatte es schon wiederholt gegeben, waren allerdings durch das Bundeskanzleramt bisher stets dementiert worden. Doch Anfang des folgenden Jahres standen Bundestagswahlen an, die erfahrungsgemäß personelle Veränderungen auch bei den Staatssekretären nach sich zogen.

In dieser Lage hielten Hilla und ich es für vernünftig, rechtzeitig eine gute Schule zu finden, in der Henry ohne weiteren Schulwechsel die gesamte Oberstufe absolvieren konnte. Darum hatten wir mit ihm im Frühjahr eine »Internatsreise« nach Süddeutschland unternommen, mehrere Schulen besucht, mit den Internatsleitern gesprochen und uns schließlich zusammen mit Henry für den Birklehof in Hinterzarten im Schwarzwald entschieden, eine anspruchsvolle Schule, in der neben der Wissensvermittlung die Charakterbildung, Teamwork, nicht zuletzt der Sport wie auch Musik und Kunst eine wichtige Rolle spielten.

Bevor ich Henry Ende August in seine neue Schule brachte, unternahm ich mit ihm eine Fahrradtour nach Rosenthal, einem nahe der Sektorengrenze auf der östlichen Seite gelegenen Dorf, wo wir schon häufig gewesen waren. Wir fuhren zunächst zum Friedhof. Dort stand in der Nähe ein Wachturm, von dem aus die Grenzsoldaten den Mauerabschnitt bei Rosenthal in Richtung Norden genau im Blickfeld hatten. Westlich des Friedhofs konnte man über die Mauer hinweg einige Häuser von Lübars sehen, das schon zu West-Berlin gehörte. Manchmal beobachteten wir dort Spaziergänger, die neugierig die Mauer in Augenschein nahmen. Besonders gut konnte man vom Friedhof aus den Verlauf der Mauer nach Norden übersehen, die sich hier auf einem freien Feld über eine Anhöhe nach Schildow hinzog.

Aus der Entfernung sah die Mauer an dieser Stelle ganz friedlich und beinahe idyllisch aus. So bat ich Henry, der seinen ersten Fotoapparat dabeihatte, diese Mauerlandschaft zu fotografieren. Das war, wie sich sehr bald zeigen sollte, ziemlich unvorsichtig.

Auf dem Friedhof war an diesem Tag fast niemand zu sehen, außer einem Mann, der wie ein Friedhofsgärtner aussah und sich an einem weiter entfernt liegenden Grab zu schaffen machte. Wir schenkten ihm keine Beachtung. Als wir bald darauf den Friedhof wieder verlassen wollten und zum Ausgang gingen, stellte sich uns plötzlich der »Friedhofsgärtner« in den Weg, zeigte uns seinen vom Ministerium des Innern ausgestellten Ausweis, der ihn als Angehörigen der Volkspolizei auswies, und verlangte unsere Personalpapiere. Natürlich hatten wir unsere roten Diplomatenausweise dabei und zeigten sie vor; der »Friedhofsgärtner« prüfte sie, gab sie aber nicht sofort zurück. »Was machen Sie hier?«, fragte er. »Wir sind Spaziergänger«, antwortete ich. Daraufhin sagte er: »Wissen Sie nicht, dass das Fotografieren hier im Grenzgebiet verboten ist?« »Nein, das ist mir nicht bekannt. Ich habe kein Verbotsschild gesehen«, erwiderte ich. Dann wandte er sich an Henry und forderte ihn im Befehlston auf, ihm seinen Fotoapparat auszuhändigen. »Der Film ist beschlagnahmt«, erklärte er. Nun wurde mir die Sache zu dumm, und ich sagte mir: Du musst jetzt in die Offensive gehen. Nur das hilft gegenüber einem Stasi-Mitarbeiter. Zunächst forderte ich ihn auf, mir noch einmal seinen Ausweis zu zeigen. »Ich denke«, fügte ich hinzu, »dass Sie als nichtuniformierter Polizist oder was auch immer nicht das Recht haben, einen Film zu beschlagnahmen.« »Selbstverständlich habe ich das Recht dazu«, antwortete er. Der Ton wurde jetzt schärfer. Außerdem hatte er immer noch unsere Ausweise. »So«, sagte ich, »jetzt gehen wir zusammen zur nächsten Polizeidienststelle und klären dort die Angelegenheit.« Ich merkte, wie der »Friedhofsgärtner« unsicher wurde. »So, wir gehen jetzt los. Kommen Sie mit!«, wiederholte ich. Plötzlich gab er uns unsere Ausweise zurück. »Nehmen Sie zur Kenntnis, dass im Grenzgebiet nicht fotografiert werden darf, auch nicht von Diplomaten.« Und an Henry gewandt, sagte er: »Hier ist der Fotoapparat. Nehmen Sie den Film heraus. Der wird geprüft. Und dann verlassen Sie sofort den Friedhof.« Das klang wie ein Befehl, war aber fast schon ein Friedensangebot. In dem Gefühl, dass Fotografieren im Mauerbereich wohl tatsächlich nicht erlaubt war, ließ ich mich darauf ein, die Angelegenheit mit der Beschlagnahmung des Films als erledigt anzusehen. Henry nahm den Film heraus und übergab ihn, wenn auch widerwillig, dem »Friedhofsgärtner«. Ich sagte nur noch: »Ich werde die Angelegenheit im Außenministerium zur Sprache bringen.« Und dann zu Henry gewandt: »Komm bitte, wir wollen jetzt gehen.«

Ein unerfreulicher Vorgang. Henry war ärgerlich. Ich war es auch. Wieder einmal hatte ich der Versuchung nachgegeben, Streit zu vermeiden. Aber wir waren wohl nicht im Recht.

Nach der Wiedervereinigung wandte sich Henry an die Stasi-Unterlagenbehörde und beantragte, ihm den beschlagnahmten Film herauszugeben. Doch in den Akten wurde offenbar nichts gefunden. Allerdings war der größte Teil der auf die Ständige Vertretung bezogenen Akten nicht mehr auffindbar. Entweder waren sie vernichtet, den sowjetischen »Freunden« übergeben worden oder sonst wie verschwunden. Wie schade, ich hätte Henrys Bilder gern gesehen.

Zwei deutsche Physiker – aus Ost und West

Am 16. September 1986 hielt der Physiker und Philosoph Professor Carl Friedrich von Weizsäcker im »Gartenhaus« der Ständigen Vertretung einen Vortrag vor geladenen Gästen. Ich hatte im Jahr zuvor bei ihm angefragt, ob er bereit wäre, vor einem DDR-Publikum über Fragen der Friedenssicherung in Europa zu sprechen, und er hatte zu meiner Freude spontan zugesagt. Meine Frau und ich hatten ihn eingeladen, bei uns zu wohnen, und auch das hatte er gern angenommen.

Carl Friedrich von Weizsäcker hatte sich in den letzten Jahren eingehend mit der Friedensfrage im Atomzeitalter beschäftigt und mehrere vielbeachtete Bücher zu diesem Thema veröffentlicht. Seine Gedanken gingen über die außenpolitischen Vorstellungen der Bundesregierung weit hinaus. Ungeachtet dessen hielt ich es für sinnvoll, einer intellektuellen Elite in der DDR, und zwar in der SED wie auch außerhalb des Partei- und Staatsapparats, Gelegenheit zu geben, Carl

Friedrich von Weizsäcker und seine zukunftsweisenden Thesen kennenzulernen.

Am Nachmittag trafen wir uns zum Tee in der Residenz, um den Ablauf der Abendveranstaltung zu besprechen. Weizsäcker war in den letzten Jahren häufig in der DDR gewesen, entweder auf Einladung der evangelischen Kirche oder zur Teilnahme an Tagungen der Naturforscher-Akademie Leopoldina in Halle. Er beteiligte sich in dieser Zeit auch an Gesprächen zur Vorbereitung einer »Ökumenischen Versammlung für Gerechtigkeit, Frieden und Bewahrung der Schöpfung«. Mit den inneren Verhältnissen der DDR war er daher vertraut, und besonders gut kannte er die Lage der evangelischen Kirche, ihre Freiräume, die autonomen Gruppen unter dem Dach der Kirche und die wieder zunehmenden Spannungen mit dem Staat. Nachdem wir kurz über den Stand der deutsch-deutschen Beziehungen gesprochen hatten, unterrichtete ich unseren Gast über die Teilnehmer an der Vortragsveranstaltung. Besonders bemerkenswert war die Zusage von zwei Mitgliedern des Politbüros: dem aus Stuttgart stammenden Kurt Hager, der in dem Führungsgremium der SED für Ideologie, Wissenschaften und Kultur zuständig war, und Hermann Axen, verantwortlich für die Außenpolitik der DDR. Außerdem erwarteten wir den Minister für Umweltschutz und Wasserwirtschaft, Hans Reichelt, mehrere Staatssekretäre, den angesehenen, für die SED besonders unbequemen evangelischen Landesbischof Forck sowie weitere Persönlichkeiten aus der Kirchenleitung, führende Wissenschaftler der DDR und natürlich auch einige Botschafterkollegen. Das Interesse an dem Vortrag des bedeutenden Physikers und Philosophen aus der Bundesrepublik – und Bruder des Bundespräsidenten – zu einem Thema, das damals viele Menschen in Ost und West bewegte, war groß.

Um 18 Uhr eröffnete ich die Veranstaltung. Der große Saal im »Gartenhaus« war mit etwa hundert Gästen gut besetzt. Zunächst führte ich Weizsäcker ein, nicht ohne darauf hinzuweisen, dass er zu den Unterzeichnern der berühmten »Göttinger Erklärung« von 1957 gehörte, in der achtzehn führende Naturwissenschaftler vor einer atomaren Bewaffnung der Bundesrepublik gewarnt hatten. Dann wies ich unsere Gäste auf einen Aspekt hin, der mir besonders am Herzen lag: den politischen Dialog zwischen den beiden deutschen Staaten.

Dieser werde in der Regel als eine Sache der Regierenden und Politiker verstanden, sagte ich. Sicher seien sie auch in erster Linie dazu berufen. Doch der Dialog zwischen West und Ost solle nicht auf sie beschränkt bleiben. Sie könnten die politische Opportunität aus ihrem Denken und Handeln nicht ausklammern. Umso wichtiger sei es, dass sich an dem Dialog auch unabhängige Persönlichkeiten beteiligten, die über den Tag hinausdächten und bereit seien, auch unbequeme Erkenntnisse auszusprechen.

Carl Friedrich von Weizsäcker sprach an diesem Abend völlig frei. Er hatte weder ein Manuskript noch Notizen. Eindringlich warb er für seine Hauptthese: Die mit der Nutzung der Atomenergie verbundenen Gefahren machten es zwingend notwendig, den Krieg institutionell abzuschaffen, am besten im Rahmen der Vereinten Nationen. Nur so könne das Überleben der Menschheit dauerhaft gesichert werden. In der Diskussion fand die kühne These Weizsäckers viel Zustimmung. Sie entsprach zudem einer tiefen Sehnsucht vieler DDR-Bürger, die seit der Stationierung von sowjetischen und amerikanischen Mittelstreckenraketen auf deutschem Boden wieder in großer Angst vor einem dritten Weltkrieg lebten.

Die erste Frage an den Vortragenden stellte Hermann Kant, der Vorsitzende des Schriftstellerverbandes der DDR. Er brach damit das Eis, denn die meisten Zuhörer zögerten wohl, vor den beiden Politbüromitgliedern zu sprechen. Dann meldeten sich Kurt Hager und Hermann Axen zu Wort. Ich rief sie nacheinander auf. Sie sprachen ebenfalls frei, trugen keine vorbereiteten Stellungnahmen vor, gaben Fragen zu bedenken, brachten Zustimmung, teilweise auch Widerspruch oder Kritik zum Ausdruck. Danach entwickelte sich eine lebhafte, differenzierte und sehr nuancierte Aussprache. Die Anwesenden folgten der Diskussion mit atemloser Spannung. So hatten sie führende DDR-Politiker noch nie erlebt: aufmerksam zuhörend, keine Linie vorgebend, sachlich und ohne Polemik argumentierend, und das alles in einer westlichen diplomatischen Vertretung.

Einer der Gäste, der sich engagiert an der Diskussion beteiligte, war der Dresdener Physiker Manfred von Ardenne, der 1945, unmittelbar nach Kriegsende, aus Berlin in die Sowjetunion gegangen war und dort zehn Jahre lang ein Institut für elektronische Physik mit deutschen Wissenschaftlern geleitet hatte. Als Experte auf dem Gebiet der Isotopentrennung war er an der Entwicklung sowjetischer Atomwaffen beteiligt und für seine Arbeit in der Sowjetunion zweimal mit einem sowjetischen Staatspreis ausgezeichnet worden. 1955 kehrte er nach Dresden zurück und baute dort ein privates physikalisches Institut auf, das sich in späteren Jahren vor allem der medizinischen Elektronik und der biomedizinischen Technik widmete. Die beiden Physiker, Weizsäcker und Ardenne, kannten sich persönlich aus der Zeit des Krieges. Beide hatten damals eine enge Verbindung zu Otto Hahn, dem Direktor des Kaiser-Wilhelm-Instituts für Chemie in Berlin-Dahlem, der 1938 die Kernspaltung bei Uranatomen entdeckt hatte. Ardenne scheute sich nicht, an diese Zeit und ihre Gewissenskonflikte als Wissenschaftler im nationalsozialistischen Deutschland zu erinnern, und Weizsäcker ging bereitwillig darauf ein. Ganz unerwartet erlebten die Zuhörer eine Art gesamtdeutsches Zwiegespräch zwischen zwei deutschen Atomwissenschaftlern, deren Wege sich nach dem Krieg getrennt hatten.

Nach dem Ende der Veranstaltung bat ich als Hausherr unsere Gäste zu einem kalten Buffet und einem Glas Wein. Noch einige Zeit standen kleine Gruppen zusammen und sprachen über diese deutsch-deutsche Begegnung. Auch die beiden Politbüromitglieder beteiligten sich noch eine Zeitlang an den Gesprächen im kleinen Kreis. An diesem Abend konnte man spüren, dass die Gemeinsamkeiten der Deutschen in beiden Staaten größer waren und tiefer gingen als das, was sie trennte. Auch der amerikanische Botschafter, Frank Meehan, und sogar der sowjetische Botschafter, Wjatscheslaw Kotschemassow, der den Vortrag und die Diskussion mit Hilfe eines Dolmetschers verfolgt hatte, ließen erkennen, dass diese Abendveranstaltung sie beeindruckt hatte.

Einige Wochen später rief mich Carl Friedrich von Weizsäcker an und bat um die Texte seines frei gehaltenen Vortrags und der Diskussionsbeiträge. Wir hätten doch sicher beides aufgezeichnet, wie das bei solchen Veranstaltungen üblich sei. Offenbar war er darauf angesprochen worden. Leider musste ich ihm sagen, dass wir von einer Aufzeichnung bewusst abgesehen hätten. Ein mitlaufendes Tonband hätte, so unsere Befürchtung, manche DDR-Teilnehmer davon abgehalten, sich in der Diskussion zu äußern. Wahrscheinlich, so fügte ich hinzu, habe nur der Staatssicherheitsdienst ein Tonband von der Veranstaltung, das mir aber nicht zugänglich sei. Unsere Verbindung zum Staatssicherheitsdienst sei zwar – ungewollt – eng, aber nicht kooperativ. Weizsäcker daraufhin:»Ach, wie schade. Ich hätte doch gern gewusst, was ich an diesem Abend alles gesagt habe.«

Im Dezember besuchten Hilla und ich Professor von Ardenne und seine Frau in Dresden. Sie empfingen uns mit großer Liebenswürdigkeit. Ihr elegantes Haus am Weißen Hirsch war mit alten Möbeln der Familie eingerichtet, die sie, wie sie uns erzählten, 1945 von Berlin-Lichterfelde in die Sowjetunion mitnehmen konnten und dann später in die DDR zurückgebracht hatten. Die Villa und das Institutsgelände am Weißen Hirsch in Dresden hatten sie nach ihrer Rückkehr aus der Sowjetunion privat erworben. Aufgrund seiner Arbeit in der Sowjetunion und als Träger sowjetischer Staatspreise hatte Ardenne eine außergewöhnlich privilegierte Stellung in der DDR. Er war Mitglied der Akademie der Wissenschaften und des Forschungsrats der DDR. Seit 1963 gehörte er der Volkskammer als Mitglied der Fraktion des Kulturbundes an, war aber weder in der SED noch in einer der Blockparteien. Doch parteilos hätte ihn wohl niemand in der DDR genannt. Er hatte sich frühzeitig und gewiss sehr allgemein für den Sozialismus entschieden, was ihn freilich nicht daran hinderte, zahlreiche Kontakte zu Wissenschaftlern und Institutionen im Westen zu unterhalten. Eine bemerkenswerte deutsche Biographie.

Willy Brandt in Ost-Berlin

Zwölf Jahre nach der Guillaume-Affäre besuchte der Vorsitzende der SPD, Willy Brandt, auf Einladung des SED-Generalsekretärs im September 1986 Ost-Berlin – ein denkwürdiges Ereignis, das von zahlreichen Journalisten aufmerksam beobachtet wurde. Günter Gaus, der ehemalige Ständige Vertreter, hatte das Besuchsprogramm zusammen mit der West-Abteilung des ZK minutiös vorbereitet. Willy Brandt wurde wie ein hoher Staatsgast mit allen protokollarischen Ehren empfangen: Residenz im Schloss Niederschönhausen, Kranzniederlegung in der Neuen Wache Unter den Linden, offizielles Mittagessen mit Reden, die zur Veröffentlichung bestimmt waren, Pressekonferenz und Abschlusskommuniqué. Begleitet wurde Willy Brandt von Brigitte Seebacher-Brandt, Egon Bahr, Günter Gaus, dem Pressesprecher Wolfgang Clement und seinem Büroleiter Karl-Heinz Klär.

Ich holte Willy Brandt und seine Begleitung am 18. September mittags am Flughafen Berlin-Tegel ab. Von dort fuhren wir zum Sektorenübergang an der Bornholmer Straße, wo wir vom Protokollchef der DDR, Franz Jahsnowski, begrüßt wurden. Nach einer flüchtigen Passkontrolle bat ich meinen Fahrer, den Stander der Bundesrepublik zu setzen und dem Protokollfahrzeug zu folgen. Auf dem Weg zum Schloss Niederschönhausen sahen wir Passanten, die stehen blieben und die Wagenkolonne neugierig beobachteten. Manche werden aufgrund der Pressemeldungen vermutet haben, wer da vorbeifuhr, doch niemand winkte. Die zahlreichen Polizisten, die am Straßenrand standen, ließen das nicht geraten erscheinen. Willy Brandt sprach während der Fahrt kein einziges Wort. Er schien in Gedanken versunken. Nur gelegentlich schaute er nach draußen. Vielleicht dachte er an seinen letzten, lange zurückliegenden Besuch im Ostteil der Stadt. Oder gar an die Umstände seines Rücktritts als Bundeskanzler?

Am Nachmittag legte er in der von Schinkel erbauten Neuen Wache – dem Mahnmal der DDR für die Opfer des Faschismus und des Militarismus – einen Kranz nieder. Er hatte ausdrücklich darum gebeten. Als Brandt Unter den Linden aus dem Wagen stieg, salutierten die beiden Wachposten. Nicht anwesend war der Stadtkommandant der NVA, wie wir es mit Rücksicht auf den entmilitarisierten Status Berlins gewünscht hatten. Zahlreiche Passanten beobachteten die Zeremonie. Hochrufe gab es nicht, doch manchen Zuschauern sah man an, dass sie dem ehemaligen Bundeskanzler und Regierenden Bürgermeister von West-Berlin Sympathie entgegenbrachten.

Am nächsten Vormittag fand ein mehrstündiges Gespräch zwischen Willy Brandt und Erich Honecker im Staatsratsgebäude statt. Wie mir Brandt später sagte, waren zwei große Komplexe erörtert worden: der Stand der Ost-West-Beziehungen, in erster Linie die Abrüstungsfragen, und die Fragen der deutsch-deutschen Zusammenarbeit. Hier habe Honecker die bekannten »Geraer Forderungen« wiederholt. Zum Reise- und Besucherverkehr habe er eine Erweiterung der Reisen in dringenden Familienangelegenheiten in Aussicht gestellt, und zwar nicht durch eine Herabsetzung des Reisealters, wie sie Helmut Schmidt seinerzeit gefordert hatte, sondern durch eine großzügigere Genehmigungspraxis auch außerhalb der festgelegten Kategorien – ein wichtiger Hinweis, der sich im folgenden Jahr bestätigen sollte. Auch die deutsche Frage habe man kurz berührt, fügte Brandt hinzu. Dabei habe Honecker die rhetorische Frage gestellt, wer denn überhaupt noch die Wiedervereinigung wolle. Er habe seit langem niemanden mehr getroffen, der sich heute noch ein »Deutsches Reich in den Grenzen von 1937« vorstellen könne. Tatsächlich sei es doch so, dass die Existenz der beiden deutschen Staaten als ein stabilisierendes Element in Europa angesehen werde.

Das Gespräch dauerte fast fünf Stunden. Dabei sei, so Brandt, auch das Thema Guillaume zur Sprache gekommen. Honecker habe, etwas gewunden, sein Bedauern über den Fall zum Ausdruck gebracht, aber zu verstehen gegeben, dass er von der Bespitzelung des Bundeskanzlers durch einen DDR-Agenten in seiner unmittelbaren Umgebung keine Kenntnis gehabt habe.

An den Meinungsaustausch am Vormittag schloss sich ein Mittagessen in kleinem Kreis an, mit den vorbereiteten Reden, die anschließend zur Veröffentlichung freigegeben wurden. Am Nachmittag übernahm Honecker persönlich die Führung bei einer ausgedehnten Stadtrundfahrt, eine »Zugabe«, wie Gaus das nannte, die im Programm gar nicht vorgesehen war. Offenbar legte Honecker großen Wert darauf, dem Ehepaar Brandt die riesigen Neubausiedlungen in Lichtenberg und Marzahn vorzuführen, als Beispiel des erfolgreichen Wohnungsbauprogramms der DDR.

Am frühen Abend gab ich für den SPD-Vorsitzenden und seine Begleitung einen Empfang in der Ständigen Vertretung, an dem mehrere Politbüromitglieder und Minister, Schriftsteller, Künstler, Journalisten sowie Bischof Forck, Konsistorialpräsident Stolpe und Rechtsanwalt Vogel teilnahmen. Das Interesse an dem prominenten Besucher war groß. Am letzten Besuchstag gab Willy Brandt eine Pressekonferenz für die west- und ostdeutschen Journalisten und erläuterte das gemeinsame Kommuniqué.

Die breitgefächerten Gespräche zwischen Brandt und Honecker waren nach dem Eindruck von Bahr und Gaus offen und sachlich, bei einer zunehmend freundlicheren Atmosphäre. Ein konkretes Ergebnis im eigentlichen Sinne des Wortes gab es nicht, das war von vornherein aber auch nicht beabsichtigt. Es war eben kein »Arbeitsbesuch«, sondern eher so etwas wie ein »Staatsbesuch«. Die Guillaume-Affäre ist dabei nicht wirklich bereinigt worden. Jedenfalls war das mein Eindruck. Doch sie belastete nun nicht mehr das Verhältnis der beiden Parteien. Brandt und Honecker waren sich einig darin, die Zusammenarbeit zwischen SPD und SED weiterzuentwickeln. Mit dem Blick auf die bevorstehenden Bundestagswahlen machte Honecker kein Hehl aus seiner Präferenz für eine von der SPD geführte Bundesregierung, was seine Gäste wohl gern gehört haben. Zwar war der Traum von der »Einheit der deutschen Arbeiterklasse« längst ausgeträumt. Doch bei Honecker war manchmal noch ein Hauch davon zu spüren, vor allem wenn er auf seine saarländische Heimat zu sprechen kam.

Willy Brandt kam später noch einmal nach Ost-Berlin, diesmal aber ganz privat. Zusammen mit seiner Frau Brigitte, die aus Bremen stammt, besuchte er ein »Freundschaftsspiel« zwischen Dynamo Berlin und Werder Bremen. Als ich eine gute halbe Stunde vor Spielbeginn ins Stadion kam, war das Ehepaar Brandt bereits eingetroffen und als Gäste des Vereinsvorstands in einen Empfangsraum gebeten worden. In dem Raum gab es zwei Tischrunden: Auf der rechten Seite saß Erich Mielke, der Minister für Staatssicherheit und Vorsitzende des Vereins Dynamo Berlin (was Willy Brandt wohl nicht wusste), mit einigen mir nicht bekannten Herren, während auf der linken Seite Werner Krolikowski, stellvertretender Ministerratsvorsitzender, und das Ehepaar Brandt Platz genommen hatten. Mir stockte der Atem. Sollte es hier etwa zu einem Zusammentreffen zwischen Brandt und Mielke kommen, der als Chef der Staatssicherheit in den siebziger Jahren für die Bespitzelung des damaligen Bundeskanzlers Willy Brandt verantwortlich gewesen war?

Einen Augenblick lang stellte ich mir eine Schlagzeile in der *Bild*-Zeitung vor: »Brandt trifft Mielke bei Dynamo Berlin«. Ein schrecklicher Gedanke – und ich als Leiter der Ständigen Vertretung hatte ihn nicht gewarnt! Ein Zusammentreffen der beiden musste unbedingt verhindert werden. So ging ich, ohne Mielke zu beachten, direkt zu dem Tisch auf der linken Seite, begrüßte das Ehepaar Brandt und Herrn Krolikowski und nahm ebenfalls dort Platz. Als ich bemerkte, dass Willy Brandt schweigend dasaß – er wirkte geradezu unnahbar –, wandte ich mich Krolikowski zu und zog ihn in ein Gespräch. Mir wurde die Zeit bis zum Beginn des Spiels quälend lang. Endlich ertönte das erlösende Klingelzeichen, mit dem die Besucher aufgefordert wurden, ihre Plätze im Stadion einzunehmen. Ich sagte zu Willy Brandt: »Am besten gehen wir gleich.« Er nickte. Wir standen auf und verließen den Raum, ein aufmerksamer Platzanweiser brachte uns zu unseren Plätzen. Als ich feststellte, dass Mielke nicht in unserer Nähe saß, war ich erleichtert. Dann begann das Spiel. Beide Mannschaften spielten fair, aber mit vollem Einsatz. In der Pause ging Brigitte Brandt mit ihrem Mann in die Kabine, um mit der Mannschaft von Werder Bremen zu sprechen. Ich begab mich wieder in den Empfangsraum, um, wenn es nötig sein sollte, die beiden westdeutschen Besucher abzuschirmen. Doch Gott sei Dank erschienen sie dort nicht mehr.

Das Spiel endete mit einem knappen Sieg von Dynamo Berlin. Nach dem Abpfiff begleitete ich das Ehepaar Brandt nach draußen, wo sie ihren Wagen bestiegen und zurück nach West-Berlin fuhren. Ich habe das »Freundschaftsspiel« im Stadion von Dynamo Berlin als eine Nervenprobe in Erinnerung behalten, mit einem Altbundeskanzler, der sich an diesem Abend entschlossen hatte zu schweigen.

Eine Verschwörung

Im Frühjahr 1986 taten sich drei Frauen – eine aus dem Osten, zwei aus dem Westen Deutschlands – zusammen, um im Dom zu Brandenburg an der Havel eine Ausstellung vorzubereiten. Die Idee hatte Gerda Arndt, die Leiterin des Dom-Museums. Gezeigt werden sollten Zeichnungen, Grafiken und Drucke von Marie Marcks, die in Berlin geboren und aufgewachsen war und jetzt in Heidelberg lebte. Den Transport der Bilder von West nach Ost wollte meine Frau übernehmen. Die drei Frauen meinten, dass die Geschichten, die Marie Marcks in ihren Bildern erzählte, West- und Ostdeutsche gleichermaßen angingen.

Wie verabredet stellte Gerda Arndt im darauffolgenden Jahr Räume im Dom-Museum für die Ausstellung zur Verfügung. Marie Marcks wählte mit viel Einfühlungsvermögen etwa sechzig ihrer Arbeiten aus, und meine Frau brachte sie mit ihrem Wagen, ausgestattet mit einem Diplomatenkennzeichen, von Heidelberg nach Brandenburg, ohne Wissen ihres Mannes, der erst später davon erfuhr. Dank ihres Diplomatenstatus fand an der Grenze keine Kontrolle des Wageninhalts statt. Die Behörden der DDR waren bis zu diesem Zeitpunkt nicht eingeschaltet worden. Die drei Frauen dachten, der direkte und einfachste Weg sei immer der beste.

Das sollte sich allerdings als eine Täuschung erweisen. Denn die wachsame Staatssicherheit hatte längst erfahren, was sich da zusammenbraute. Wie sich aus Dokumenten ergab, die später in den Unterlagen des Ministeriums für Staatssicherheit gefunden wurden, waren im Frühjahr 1987 verschiedene Dienststellen mit dem Vorhaben befasst. Und wie in jedem deutschen Behördenapparat musste zunächst einmal geklärt werden, welche Stelle für diese merkwürdige Angelegenheit überhaupt zuständig war.

Nachdem meine Frau die »Konterbande« bei Gerda Arndt in Brandenburg abgeliefert hatte, begannen die Komplikationen. Im April, einen Monat vor der geplanten Eröffnung, meinte Gerda Arndt der guten Ordnung halber die zollamtliche Abfertigung der Bilder vornehmen zu sollen. Der DDR-Zoll tat sehr erstaunt, rügte die grobe Missachtung der zollrechtlichen Vorschriften und beschlagnahmte kurzerhand die Bilder. Er nannte das eine »Sicherstellung«. Gerda Arndt, nicht unerfahren im Umgang mit Behörden, verständigte daraufhin das Konsistorium der Evangelischen Kirche Berlin-Brandenburg, dessen Präsident Manfred Stolpe war. Der erkannte gleich, dass die Sache nicht gut gelaufen war. Er schrieb deshalb dem Staatssekretär für Kirchenfragen, Klaus Gysi, einen artigen Brief, bedauerte die Unkorrektheiten und bat ihn, aus »kirchenpolitischen Gründen«, vielleicht auch mit dem Blick auf den Ständigen Vertreter, dessen Ehefrau an dem Komplott beteiligt war, die Angelegenheit in Ordnung zu bringen. Dass ein persönliches Gespräch zwischen dem Staatssekretär und dem Präsidenten stattgefunden hat, ist nicht überliefert, aber wahrscheinlich. Jedenfalls kann ich mir vorstellen, was sie damals gesagt haben mögen. Manfred Stolpe:»Sie wissen doch, Herr Staatssekretär, diese Frauen sind unberechenbar ...« Und Klaus Gysi, lächelnd, wie es seine Art war, könnte geantwortet haben:»Ach ja, ich weiß ...« Denn nicht nur in Kirchenfragen und in der Diplomatie, auch bei Frauen kannte sich der Staatssekretär und ehemalige Botschafter aus.

Und dann brachte er die Angelegenheit geräuschlos in Ordnung. Das Ministerium für Kultur wurde befragt, es hatte keine Bedenken; die Arbeitsgruppe Kirchen im Zentralkomitee wurde unterrichtet, auch dort gab es keine Einwendungen. Und auch die Staatssicherheit gab sich zufrieden und beschränkte sich wohlwollend auf die Kontrolle der Ausstellung. Schließlich wurde der Zoll angewiesen, die Bilder zollamtlich abzufertigen und freizugeben. So geschah es dann auch, buchstäblich in letzter Minute.

Am 10. Mai 1987 wurde die Ausstellung eröffnet. Die Staatssicherheit zählte zweihundertfünfzig Teilnehmer. Politische Repräsentanten der DDR waren nicht erschienen. Der Ständige Vertreter stand mit Unschuldsmiene in den hinteren Reihen. Auch seine Frau hielt sich im Hintergrund, wie es sich für eine freischaffende Spediteurin bei einem solchen Anlass gehörte. Und Gerda Arndt, die Anstifterin, war glücklich.

Die Ausstellung wurde ein schöner Erfolg. Die ostdeutschen Zeitungen übten sich in Diskretion. Doch wer die Zeichnungen und Karikaturen von Marie Marcks gesehen hat, wird sie nicht vergessen haben.

750 Jahre Berlin – getrennte Feiern

Bei den Vorbereitungen des Stadtjubiläums war ein Aspekt von Anfang an unverkennbar: Die Regierung der DDR und der Senat von West-Berlin hatten völlig unterschiedliche Konzepte für die Feiern. Nach den Vorstellungen der DDR sollte Berlin im Jubiläumsjahr 1987 seinen Geburtstag als »Hauptstadt der Deutschen Demokratischen Republik, des sozialistischen deutschen Staates« begehen. Demgemäß war Gastgeber der Feiern der Staat DDR, nicht der Magistrat von Ost-Berlin oder der Oberbürgermeister. West-Berlin wurde in den 1986 veröffentlichten Thesen des Komitees der DDR zum 750-jährigen Bestehen von Berlin so dargestellt, als wäre es ein anderer Staat oder eine »selbständige politische Einheit«, wie sie die Sowjetunion auch schon früher gefordert hatte.

Anders als die DDR bereitete sich der Senat mit großer Offenheit auf das Stadtjubiläum vor. Auch er strebte keine gemeinsamen Feiern mit Ost-Berlin an, denn das war von vornherein aussichtslos. Er hoffte aber auf eine gegenseitige Beteiligung an den jeweils geplanten Veranstaltungen. Dabei scheute er keineswegs vor Begegnungen mit dem Staatsratsvorsitzenden zurück. Im Gegenteil, der Regierende Bürgermeister Diepgen war durchaus daran interessiert, bei sich bietenden Gelegenheiten mit Honecker zusammenzutreffen.

Das politische Klima war zum Jahreswechsel 1986/87 nicht ungünstig. Generalsekretär Gorbatschow und Präsident Reagan waren im Oktober in Reykjavik zusammengetroffen und hatten sich darauf verständigt, in den Genfer Abrüstungsverhandlungen voranzukommen, ein ermutigendes Signal, das sich auch auf das Verhältnis der beiden deutschen Staaten positiv auswirkte. Zudem hatte das sowjetische Misstrauen gegenüber der Bundesregierung – eine Folge der Nachrüstung – inzwischen nachgelassen, und Honecker stellte sich wieder einmal auf den schon lange geplanten Besuch in der Bundesrepublik ein. Die politischen Rahmenbedingungen für eine gegenseitige Beteiligung an den 750-Jahr-Feiern in Berlin waren also durchaus günstig.

Bereits im Oktober 1986 hatte der Staatsratsvorsitzende der DDR den Regierenden Bürgermeister Diepgen zu dem »Staatsakt« am 23. Oktober 1987 eingeladen – dem Höhepunkt der Ost-Berliner Feiern zum Stadtjubiläum. Diepgen war fest entschlossen, der Einladung Folge zu leisten, doch wollte er zunächst mit den Alliierten, der Bundesregierung und den Berliner Parteien darüber sprechen. Nicht alle bestärkten ihn bei diesem Vorhaben, und auch in der Berliner Bevölkerung gab es Vorbehalte. Doch Diepgen ließ sich nicht beirren. Am 10. März 1987 lud er Honecker in dessen Eigenschaft als Vorsitzender des staatlichen Komitees für die 750-Jahr-Feiern zu dem »Festakt« in West-Berlin ein. Damit ließ er zugleich seine Absicht erkennen, an dem »Staatsakt« in Ost-Berlin teilzunehmen, auch wenn er noch keine förmliche Zusage gegeben hatte. Großes Interesse an einem Besuch in Ost-Berlin im Rahmen der 750-Jahr-Feiern hatte auch Bundespräsident von Weizsäcker. Seine Vorstellung war, am 20. Juni ein Konzert in der Nikolaikirche zu besuchen und bei dieser Gelegenheit mit dem Staatsratsvorsitzenden zusammenzutreffen, wenn dieser es wünschte, auch im Staatsratsgebäude. Der Bundespräsident war bereit, sich über die üblichen Bedenken, damit werde die staatsrechtliche Zugehörigkeit Ost-Berlins zur DDR anerkannt, hinwegzusetzen. Er konsultierte die Bundesregierung, die allerdings dem Wunsch des Präsidenten nur wenig Verständnis entgegenbrachte.

Am 13. April sagte Honecker – fast wie aus heiterem Himmel – seine Teilnahme an dem »Festakt« in West-Berlin ab. Er begründete seine Absage mit einem Brief Diepgens an die Ministerpräsidenten der Länder, in dem er diese gebeten hatte, von einer Teilnahme an dem Staatsakt in Ost-Berlin abzusehen. Doch dürfte das nicht der eigentliche Grund gewesen sein. Wahrscheinlich gab es sowjetische Einwendungen und auch in der SED die Befürchtung, Honecker werde bei dem »Festakt« mit einer massiven Bundespräsenz konfrontiert und Reden mit anhören müssen, die der sowjetischen Auffassung vom Status Berlins direkt zuwiderliefen. Außerdem war zu erwarten, dass die West-Berliner Bevölkerung den höchsten Repräsentanten der DDR nicht gerade freundlich willkommen heißen würde.

Der Senat war über die Absage enttäuscht, aber vielleicht auch erleichtert. Die möglichen Komplikationen bei einem Besuch Honeckers in West-Berlin – dem ersten Besuch dieser Art überhaupt – waren nicht kalkulierbar und hätten das ohnehin schwierige Verhältnis zwischen dem Senat und der DDR, das sich gerade zu bessern begann, erheblich belasten können.

Am 30. April 1987 fand dann, wie geplant, der »Festakt« im Internationalen Congress Centrum in West-Berlin statt. Nach der Begrüßung durch den Regierenden Bürgermeister hielt Bundeskanzler Helmut Kohl die Festrede. Seine Laudatio auf Berlin gipfelte in dem Satz: »Berlin war eins und muss wieder eins werden. Die Mauer muss weg«, wofür er in der Festversammlung viel Beifall bekam.

Die DDR reagierte verärgert, richtete ihre Kritik aber vor allem gegen den Regierenden Bürgermeister. Ein Sprecher des DDR-Außenministeriums erklärte, Diepgen habe durch verleumderische Angriffe gegen die DDR »den Boden für Gemeinsames anlässlich der 750-Jahr-Feiern verlassen«. Egon Krenz, Mitglied des Politbüros, brachte mir gegenüber kurz darauf das Missfallen der DDR zum Ausdruck. »Was haben die Leute von solchen scharfmacherischen Reden?«, fragte er. Auch Karl Seidel, der Abteilungsleiter BRD im Außenministerium, beschwerte sich. Der Satz des Bundeskanzlers, Friede und Stabilität seien in Europa erst gewährleistet, wenn den Menschen in der DDR das Selbstbestimmungsrecht nicht mehr verweigert werde, laufe auf eine Beseitigung der DDR hinaus. Man müsse sich ernsthaft fragen, welche konkreten Ziele der Bundeskanzler wirklich verfolge: ein gutnachbarschaftliches Verhältnis zur DDR oder ihre Beseitigung?

Mit diesem Schlagabtausch waren die Voraussetzungen für eine Teilnahme Diepgens am »Staatsakt« der DDR im Oktober nicht mehr gegeben. Der Regierende Bürgermeister wurde kurzerhand ausgeladen. Der »Staatsakt« fand dann ohne Beteiligung der Bundesregierung, des Senats und der West-Alliierten statt. Leider hatte sich damit auch der Wunsch des Bundespräsidenten, an dem Konzert in der Nikolaikirche teilzunehmen, erledigt. Ich habe das damals sehr bedauert. War es nicht längst an der Zeit, in den Statusfragen künstliche Positionen aufzugeben, die in krassem Gegensatz zu der politischen Wirklichkeit standen?

Mit den Absagen war das eingetreten, was viele von Anfang an erwartet hatten: Die Stadthälften feierten das Jubiläum getrennt. Doch ungeachtet der plötzlich eingetretenen Klimaverschlechterung verzichtete die DDR auf weitergehende Maßnahmen. Die laufenden Verhandlungen mit der Bundesregierung wurden nicht unterbrochen, und die Vorbereitungen für den Honecker-Besuch in der Bundesrepublik gingen weiter. Dem Regierenden Bürgermeister wurde sogar bedeutet, er sei bei kulturellen Veranstaltungen »in der Hauptstadt« willkommen. Ein Anruf in der Kanzlei des Staatsratsvorsitzenden genüge, um die Einreisemodalitäten kurzfristig zu regeln. Von unangemeldeten Privatbesuchen bitte man jedoch Abstand zu nehmen.

Am 21. Oktober besuchte Diepgen einen evangelischen Gedenkgottesdienst in der Marienkirche, an dem auch der Ost-Berliner Oberbürgermeister Erhard Krack teilnahm. Dabei kam es zu guter Letzt doch noch zu einem kurzen Gespräch zwischen den Repräsentanten der beiden Stadthälften. Auch wenn sie sich nicht viel zu sagen hatten.

Nach der Ausladung Diepgens von dem »Staatsakt« in Ost-Berlin war die Beteiligung der drei Schutzmächte an den Feiern in West-Berlin für den Senat und die West-Berliner noch wichtiger geworden. Im Juni und Juli besuchten nacheinander der französische Staatspräsident François Mitterrand, die britische Königin Elisabeth II. – die auch in Berlin nur die »Queen« genannt wurde – und der amerikanische Präsident Ronald Reagan die Westsektoren Berlins, wo sie von der Bevölkerung herzlich, ja begeistert willkommen geheißen wurden. Die Alliierten wurden schon lange nicht mehr als Besatzungsmächte angesehen, die sie rechtlich immer noch waren, sondern als »Schutzmächte« und als gute, ja die besten Freunde Berlins. Diese Besuche hatten für die West-Berliner einen hohen Stellenwert, sie waren der eigentliche Höhepunkt der Feiern im westlichen Teil der Stadt.

Im Ostteil nahm der sowjetische Generalsekretär Michail Gorbatschow im Mai an einem Gipfeltreffen der Warschauer-Pakt-Staaten teil, das freilich ganz anderen Fragen als dem Stadtjubiläum gewidmet war. Immerhin besuchten die Parteichefs während der Tagung ein Festkonzert im Schauspielhaus. Die Bevölkerung bekam die hohen Gäste allerdings kaum zu Gesicht. So hatte sie auch keine Gelegenheit, Gorbatschow freundlich willkommen zu heißen und ihm ihre Sympathien für seine Reformpolitik zum Ausdruck zu bringen.

Als Präsident Reagan wenige Wochen danach in der Stadt weilte, besichtigte er auch die Mauer am Brandenburger Tor. An diesem exponierten Ort forderte er den sowjetischen Generalsekretär auf: »Reißen Sie die Mauer nieder und machen Sie das Tor auf.« Sein Appell wirkte auf viele Menschen elektrisierend. Hatte der amerikanische Präsident vielleicht neue Überlegungen zur deutschen Frage im Umkreis von Gorbatschow im Auge, von denen man damals gerüchteweise hören konnte? Ahnte er etwa, dass seine Vision im Angesicht der Mauer schon zwei Jahre später Wirklichkeit werden sollte? Ich konnte mir so etwas damals nicht vorstellen. War es wirklich vernünftig, so dachte ich, den Menschen im geteilten Berlin Hoffnungen zu machen, die doch nach allgemeiner Meinung auf lange Zeit nicht in Erfüllung gehen würden?

Im Westteil wie im Ostteil der Stadt gab es im Jubiläumsjahr eine schier unübersehbare Fülle von kulturellen Veranstaltungen: neue Inszenierungen in den Theatern und Opern, erlesene Konzerte, Ausstellungen, Gastspiele aus der Bundesrepublik und aus vielen Ländern in Ost und West. Ein edler – und manchmal auch nicht so edler – Wettstreit der beiden Teilstädte um Ansehen und Weltgeltung. Auffallend war nur: In Ost-Berlin gab es kein Gastspiel aus West-Berlin, in West-Berlin keines aus Ost-Berlin. Jeder feierte für sich, obwohl doch, um nur ein Beispiel zu nennen, die Berliner Philharmoniker mit ihrem Chefdirigenten Herbert von Karajan gern ein Konzert im Ost-Berliner Schauspielhaus gegeben hätten. Im Verhältnis der beiden Teilstädte gab es keine Normalität.

Mein Gesamteindruck von den Feiern zum Stadtjubiläum in Ost und West war zwiespältig. Während sich die beiden deutschen Regierungen aufeinander zubewegten und intensiv darum bemüht waren, ihre Zusammenarbeit weiterzuentwickeln, standen in Berlin die Gegensätze in den Statusfragen einer politischen Kooperation weiterhin im Weg. Hier war keine Bewegung erkennbar. Auch aus Moskau gab es bezüglich der Berlin-Fragen keine neuen Signale. Einmal mehr hatte sich die Lage in Berlin als der harte Kern der offenen deutschen Frage erwiesen.

Am Pfingstsonntag 1987 besuchten meine Frau und ich ein Konzert des Radiosymphonieorchesters des Norddeutschen Rundfunks im Schauspielhaus am Gendarmenmarkt. Anschließend gingen wir zu einem Empfang für das Orchester im Hotel Unter den Linden, wo ich vor Jahren, zu Beginn meiner Tätigkeit in Ost-Berlin, einige Monate gewohnt hatte. Kurz darauf kam Peter Merseburger, der ARD-Fernsehkorrespondent in Ost-Berlin, auf mich zu und berichtete mir von einem Vorfall am Brandenburger Tor. Dort habe sich am frühen Abend eine große Zahl von DDR-Rockfans versammelt, um ein Konzert am Reichstag auf der westlichen Seite der Mauer mitzuhören. Als sie versucht hätten, so nahe wie möglich an die Absperrung vor der

Mauer heranzukommen, seien sie von der Volkspolizei mit brutaler Gewalt weggedrängt worden. Viele Fans seien daraufhin zu der nahegelegenen Sowjetischen Botschaft Unter den Linden gezogen und hätten in Sprechchören »Gorbatschow, Gorbatschow« gerufen, bis sie auch dort von der Volkspolizei vertrieben worden seien. Offenbar gab es inzwischen in Teilen der DDR-Bevölkerung eine wachsende Sympathie für den sowjetischen Generalsekretär und seine Reformbestrebungen.

Ich ging sofort auf die Straße, um mir selbst einen Eindruck von der Situation zu verschaffen, es gelang mir aber nicht mehr, bis zum Brandenburger Tor vorzudringen. Inzwischen hatte die Polizei den Zugang abgesperrt. Am nächsten Tag – Pfingstmontag – versuchten die Fans, ein weiteres, auch an diesem Abend stattfindendes Rockkonzert mitzuhören. Aber diesmal gelang es ihnen nicht, auch nur in die Nähe des Brandenburger Tors zu kommen. Die Volkspolizei hatte vorsorglich das ganze Gebiet abgesperrt.

Das brutale Vorgehen der Volkspolizei gegen die meist jugendlichen Rockfans, die nur die heiße Musik aus dem Westen hören wollten, sonst aber nichts Böses im Schilde führten, hat mich damals empört. Ich nutzte jede Gelegenheit, mein Unverständnis darüber zum Ausdruck zu bringen, und die Ständige Vertretung protestierte im DDR-Außenministerium gegen die Behinderung der westlichen Kameraleute, die die Ansammlung der Rockfans hatten filmen wollen. Doch die Nervosität der Polizei konnte ich nachvollziehen. Zum ersten Mal ahnte ich, wie verzweifelt die Lage der Volkspolizei und der Grenzsoldaten werden könnte, wenn sich etwa eine erregte, fanatisierte, vielleicht auch provozierte Volksmenge spontan zusammenrotten würde, um die Mauer zu stürmen. Zu einer solchen Extremsituation ist es bis zum Fall der Mauer nicht gekommen. Aber die Dinge hätten im Herbst 1989 ja auch einen ganz anderen Verlauf nehmen können, als es tatsächlich geschehen ist – wie etwa im gleichen Jahr am Tian'anmen-Platz in Peking.

Kirchentage

Der evangelische Kirchentag im Sommer 1987 in Ost-Berlin hatte einen politischen Charakter wie keiner zuvor. Wichtige Themen waren die Abrüstung und die Friedenssicherung, ökologische Fragen, demokratische Mitwirkungsrechte der Bevölkerung, die Militarisierung von Schulen und Kindergärten, ein Wehrersatzdienst und der Abbau von Bürokratie. Noch heute ist man beeindruckt von der Aktualität der behandelten Themen. Im Rückblick erkennt man die Ursprünge der künftigen Bürgerrechtsbewegung.

Große Beachtung fand ein Diskussionsbeitrag des Wittenberger Pfarrers Friedrich Schorlemmer, der sich für ein neutrales, entmilitarisiertes Deutschland beziehungsweise einen entsprechenden Status der beiden deutschen Staaten aussprach. Unterschwellig ging es dabei auch um die Modalitäten einer deutschen Wiedervereinigung, die in der Öffentlichkeit immer noch ein Tabu war. In einem anderen Forum forderte Probst Heino Falcke aus Erfurt eine »Reform des Sozialismus«, ausgehend von dem »neuen Denken« in Moskau. Er brachte damit Wunschvorstellungen von Teilen der Bevölkerung, aber auch der SED auf den Punkt. An dem großen Friedensforum des Kirchentags nahmen neben staatlichen Vertretern der DDR auch prominente Persönlichkeiten aus der Bundesrepublik teil. Zum Schlussgottesdienst am Sonntagvormittag in einem Sportstadion in Berlin-Oberschöneweide kamen nach offiziellen Schätzungen über 20 000 Menschen.

Der Kirchentag war in verschiedener Hinsicht zukunftsweisend. Auffallend war der große Freiraum, den der SED-Staat der Kirche eingeräumt hatte. Der Staat war offenbar bereit, die Eigenständigkeit der Kirchen und sogar ihre Ausstrahlung in die Öffentlichkeit zu respektieren, sofern sie sich loyal gegenüber dem Staat verhielten und das sozialistische System nicht in Frage stellten. In einem Zeitungsinterview nach dem Kirchentag sprach Konsistorialpräsident Manfred Stolpe von einer Politik des »Interessenausgleichs zwischen Staat und Kirche« und der Dialogfähigkeit beider Seiten. Das war natürlich etwas ganz anderes, als es sich die Teilnehmer an dem gleichzeitig stattfindenden »Kirchentag von unten« vorstellten.

Wie ich in Gesprächen feststellen konnte, herrschte in kirchlichen Kreisen nach dem Kirchentag großer Optimismus. Es sei eine Grundstimmung der Hoffnung zu spüren gewesen, hieß es, ein Gegengewicht zur Resignation angesichts der kleiner werdenden Zahl von Christen in der DDR.

Auch auf dem zwei Wochen später in Dresden stattfindenden Katholikentreffen war das bessere Klima im Verhältnis Staat/Kirche deutlich spürbar und die Berichterstattung in den DDR-Medien ungewohnt freundlich. Kardinal Meisner, Bischof in Berlin und Vorsitzender der Berliner Bischofskonferenz in der DDR, bedankte sich ausdrücklich für die gute Zusammenarbeit zwischen der Stadt Dresden und den kirchlichen Stellen bei der Organisation des Treffens. Oberbürgermeister Berghofer erklärte:»Das Katholikentreffen wird seinen Platz in der Dresdener Stadtgeschichte finden.«

Das Katholikentreffen in Dresden begann mit einem»Pastoraltag« für Priester und kirchliche Mitarbeiter. Daran schloss sich ein»kleines Katholikentreffen« für Delegierte aus den katholischen Gemeinden an. Einige außenstehende Beobachter sprachen etwas herablassend von einem»Kirchentag von oben« – im Unterschied zum »Kirchentag von unten« in Ost-Berlin. Die Arbeitsgruppen tagten nicht öffentlich. Hauptsächlich ging es dabei um innerkirchliche Fragen, wie die Stellung der Frau in der katholischen Kirche, Mitsprachemöglichkeiten für Laien, Möglichkeiten und Grenzen christlicher Erziehung. Immerhin wurden auf einem»Markt der Möglichkeiten« am Rande des Treffens auch Fragen der Menschenrechte und der Sexualität angesprochen.

Am letzten Tag des Treffens fand ein»Wallfahrtstag« mit Großveranstaltungen statt. Damit sollte den Gläubigen das Erlebnis einer großen Gemeinschaft geboten werden. An dem Festgottesdienst im Großen Garten in Dresden nahmen fast 100 000 Menschen teil. Kardinal Meisner verlas eine Grußbotschaft des Papstes, in der Johannes Paul II. die Gläubigen aufrief,»sich in einer Welt, die Gott totschweigen will oder ihn vergessen hat, nicht entmutigen zu lassen«. In seiner eigenen Ansprache forderte der Kardinal bessere berufliche Chancen für die Gläubigen, die keine Privilegien wollten, sondern lediglich bessere Möglichkeiten für einen»christlichen Weltdienst«. Die Katholiken sollten und wollten nicht Zuschauer, sondern Mitwirkende sein, denn dieses Land – gemeint war die DDR – sei ihr »Zuhause«. Damit spielte der Kardinal auf die dringliche Bitte der Kirche an die Gläubigen an, ihre Heimat nicht zu verlassen, sondern zu bleiben.

Aus der Bundesrepublik nahmen an dem Festgottesdienst der Vorsitzende der Fuldaer Bischofskonferenz, der Mainzer Bischof Lehmann, die frühere West-Berliner Senatorin Hanna Renata Laurien und ich zusammen mit meinem jüngsten Sohn Henry teil. Bischof Lehmann hatte mit Rücksicht auf die übergroßen Empfindlichkeiten der DDR auf eine herausgehobene Rolle auf dem Katholikentreffen verzichtet, um auch nicht im Entferntesten den Eindruck eines gesamtdeutschen Kirchentages aufkommen zu lassen. Tatsächlich war die Zahl der westdeutschen und West-Berliner Teilnehmer gering. Man bemerkte sie kaum.

Sicher war das Katholikentreffen weniger politisch als der evangelische Kirchentag in Ost-Berlin. Es gab keine öffentlichen Podiumsdiskussionen mit brisanten politischen Themen. Gesellschaftspolitische Fragen wurden, wenn überhaupt, nur in geschlossenen Veranstaltungen diskutiert und auch mit weniger Härte als etwa auf dem evangelischen Kirchentag. Doch das entsprach dem Selbstverständnis der katholischen Kirche in der DDR. Insgesamt war das Treffen für die Teilnehmer ein großes Erlebnis, das ihnen Mut machte. Mit Unterstützung der staatlichen Stellen klappte die Organisation vorzüglich. Auf den Veranstaltungen herrschte eine Stimmung der Zuversicht, die Freude am Zusammensein war überall zu spüren. Mit Recht sprach die Kirche von einem »Fest«, das den Gläubigen die Zuversicht gegeben habe, ihre kleine Diasporakirche habe auch in der sozialistischen DDR eine Zukunft.

Demokratische Streitkultur: ein SPD/SED-Papier

Seit dem Regierungswechsel in Bonn im Herbst 1982 gab es in der SPD, nun Oppositionspartei, wie auch in der SED ein Interesse daran, miteinander in Kontakt zu bleiben. Beide Parteien waren unsicher, inwieweit die neue Bundesregierung unter Bundeskanzler Kohl die deutsch-deutsche Zusammenarbeit fortsetzen würde. Im Frühjahr 1983, kurz nach der Neuwahl des Bundestages, meldete sich der Fraktionsvorsitzende der SPD im Bundestag, Hans-Jochen Vogel, bei Generalsekretär Honecker zu einem Besuch an. Das Gespräch fand am 28. Mai 1983 auf Schloss Hubertusstock in der Schorfheide statt. Seitdem traf Vogel alljährlich mit Honecker am gleichen Ort zusammen. Bei der Vorbereitung zog mich der Fraktionsvorsitzende regelmäßig zurate. In diesen Vorgesprächen, die meist in seinem Neuköllner Abgeordnetenbüro stattfanden, stellte er mir, wie es seine Art war, präzise Fragen, die auch auf dem Gebiet der deutsch-deutschen Beziehungen seine genaue Sachkenntnis und seinen Sinn für vernünftige praktische Lösungen bezeugten.

In der zweiten Hälfte der achtziger Jahre nahmen die beiden Parteien Gespräche über Sicherheitsfragen auf, die von Egon Bahr, Mitglied des Präsidiums der SPD, und Hermann Axen, ZK-Sekretär für internationale Fragen und Politbüromitglied, geleitet wurden. Die wichtigsten Themen waren auf Europa bezogen: der Abbau der Chemiewaffen, eine kernwaffenfreie Zone sowie die konventionelle Abrüstung mit dem Ziel einer strukturellen Nichtangriffsfähigkeit beider Seiten. Bahr und Axen führten die Gespräche wie Regierungsvertreter. Sie erarbeiteten gemeinsame Papiere, die dann auf beiden Seiten veröffentlicht wurden. In der Sache handelte es sich um Empfehlungen, die von den angesprochenen Regierungen aufgenommen werden sollten.

Bahr stimmte sich nicht mit der Bundesregierung ab, unterrichtete sie aber in groben Zügen über seine Gespräche. Sein Ansprechpartner war der Chef des Bundeskanzleramtes, Bundesminister Schäuble. Die Regierungskoalition war zunehmend irritiert über diese »Nebenaußenpolitik der SPD«, zumal sich diese, so schien es jedenfalls, mindestens zum Teil an den neuen abrüstungspolitischen Vorstellungen der sowjetischen Führung orientierte. In der Öffentlichkeit wurden die Vorschläge aufmerksam registriert und auch von Sicherheitsexperten ernst genommen. Die Bundesregierung fühlte sich mehr und mehr in der Defensive, jedenfalls innenpolitisch. Doch in der Sache blieb sie bei ihrer mit den NATO-Partnern abgestimmten Linie.

Zur gleichen Zeit häuften sich die Besuche sozialdemokratischer Politiker bei Honecker. Die Ministerpräsidenten von Nordrhein-

Westfalen und dem Saarland, Rau und Lafontaine, wie auch die Bürgermeister der Hansestädte gehörten zu seinen wichtigsten Gesprächspartnern. Dieser intensive Dialog trug nicht nur zur Vertrauensbildung zwischen den beiden deutschen Staaten bei, er gab auch manche Anstöße zur Regelung von Sachfragen, wenngleich er in den Grundfragen des deutsch-deutschen Verhältnisses nicht zu einer Annäherung geführt hat. Honecker persönlich schien an den Kontakten zur SPD besonders interessiert zu sein. Manchmal konnte man sogar den Eindruck gewinnen, er denke dabei an eine Wiederannäherung der »Parteien der deutschen Arbeiterklasse«, die, wie er meinte, durch ihre Auseinandersetzungen in der Weimarer Republik die Machtübernahme der Nationalsozialisten mitverschuldet hatten.

Zu dem Dialog der beiden Parteien gehörten auch die Gespräche zwischen der Grundwertekommission der SPD und der Akademie für Gesellschaftswissenschaften beim ZK der SED, die im Februar 1984 aufgenommen wurden. Die Initiative dazu war bereits im November 1982 auf Anregung von Bahr und Gaus von dem Parteivorsitzenden Willy Brandt ausgegangen, und der SED-Generalsekretär hatte schon bald positiv reagiert. Hier wurde zum ersten Mal der Versuch unternommen, über ideologische Gegensätze und Fragen der politischen Wertordnung zu sprechen. Die Motive der beiden Parteiführungen, sich auf einen solchen Dialog einzulassen, waren zunächst nicht klar erkennbar. Der SPD ging es wohl in erster Linie darum, in der SED auf Veränderungen in Richtung Demokratie, Menschenrechte und gemeinsame Sicherheit hinzuwirken. Außerdem dürfte der Gedanke eine Rolle gespielt haben, man müsse auch in den Grundfragen des Ost-West-Konflikts zu einem vernünftigen Umgang miteinander kommen, wenn der Frieden und der Prozess der Vertrauensbildung dauerhaft gesichert werden sollten.

Die Gespräche begannen im Februar 1984. Die beiden Delegationen wurden von Erhard Eppler, dem Vorsitzenden der Grundwertekommission der SPD, und Otto Reinhold, dem Präsidenten der Akademie für Gesellschaftswissenschaften der SED, geleitet. Weitere Teilnehmer waren aufseiten der SPD Thomas Meyer, Johano Strasser und der West-Berliner Politikprofessor Richard Löwenthal; aufseiten der SED die Institutsdirektoren in der Akademie, Erich Hahn, Harald

Neubert und Rolf Reißig. Zeitweise nahmen auch einige ausgewählte Journalisten als Beobachter an den Diskussionen teil. Über den Verlauf der Gespräche drang so gut wie nichts nach außen. Umso größer war die Überraschung, als die beiden Delegationsleiter am 27. August 1987 – nur wenige Tage vor dem Honecker-Besuch in der Bundesrepublik – ein gemeinsames Papier in der Öffentlichkeit vorstellten, das den anspruchsvollen Titel trug: »Der Streit der Ideologien und die gemeinsame Sicherheit«. Schon am nächsten Tag wurde das Papier im *Neuen Deutschland* veröffentlicht, in der Regel ein sicheres Indiz dafür, dass es zuvor von der SED-Parteiführung gebilligt worden war. Wichtige Aussagen des Thesenpapiers waren:

- Die gemeinsame Sicherheit von Ost und West kann im nuklearen Zeitalter nicht militärisch, sondern nur durch politisches Handeln garantiert werden.
- In einem produktiven Wettbewerb müssen beide Seiten darauf verzichten, Feindbilder aufzubauen, die Motive der anderen Seite zu verdächtigen und ihre Repräsentanten zu diffamieren.
- Kein System darf dem anderen die Existenzberechtigung absprechen. Die Hoffnung darf sich nicht darauf richten, dass ein System das andere abschafft.
- Es ist davon auszugehen, dass beide Seiten reformfähig sind.
- Die Konzepte beider Systeme zur Friedenssicherung, also die friedliche Koexistenz und gemeinsame Sicherheit, setzen die Friedensfähigkeit des anderen Systems voraus.
- Beide Systeme sollen Normen für den Umgang miteinander entwickeln. Die Auseinandersetzungen zwischen ihnen müssen so geführt werden, dass eine Einmischung in die inneren Angelegenheiten des anderen Systems unterbleibt. Kritik, auch scharfe Kritik, darf nicht als Einmischung zurückgewiesen werden. Über Erfolge und Misserfolge, Vorzüge und Nachteile muss eine offene Diskussion, auch innerhalb jedes Systems, möglich sein.
- Einer umfassenden Informiertheit der Bürger in Ost und West kommt wachsende Bedeutung zu. Daher soll entsprechend der KSZE-Schlussakte die Verbreitung von Zeitungen, Zeitschriften und Büchern aus den anderen Teilnehmerstaaten der KSZE erleichtert werden.

Als ich das Papier am 28. August auf dem Weg zum Flughafen im *Neuen Deutschland* las, war ich verblüfft. Einige Aussagen fand ich geradezu sensationell. Hatte das Politbüro, in dem ja auch einige Hardliner saßen, dem Inhalt des Papiers tatsächlich zugestimmt? Also auch die Friedensfähigkeit des Imperialismus und die Reformfähigkeit des Kapitalismus bejaht? War die SED wirklich bereit, in der DDR eine kritische Diskussion über Nachteile und Misserfolge des eigenen Systems zuzulassen? Und war sie bereit, westliche Zeitungen und Zeitschriften, etwa die betont antikommunistische *Frankfurter Allgemeine Zeitung* oder den *Spiegel*, in öffentlichen Verkaufsstellen anzubieten? Das alles konnte ich mir einfach nicht vorstellen. Vielleicht war das Papier, dachte ich, auch als Signal an die Adresse Moskaus gedacht, um eine (bisher nicht vorhandene) Reformbereitschaft der DDR zu demonstrieren. Aber wenn das so gewesen wäre, warum standen dann die Reformüberlegungen in einem gemeinsamen deutsch-deutschen Thesenpapier? Das musste doch erst recht das Misstrauen der Moskauer Genossen wecken. Kurz gesagt: Ich konnte mir zunächst keinen Reim auf die Sache machen und nahm mir vor, mit einigen in der Regel gut informierten DDR-Gesprächspartnern über das Papier zu sprechen.

Wie ich bald erfuhr, war in der SED bereits auf verschiedenen Ebenen eine intensive Diskussion über das SPD/SED-Papier im Gange. Offenbar hatten orthodox denkende Parteimitglieder an bestimmten Aussagen Anstoß genommen. Ohne Rückendeckung durch führende Genossen, Mitglieder des Politbüros, war das kaum vorstellbar. Andererseits war zu hören, Honecker persönlich habe das Papier vor der Zustimmung des Politbüros ausdrücklich gutgeheißen. Daher stehe eine Überprüfung gar nicht mehr zur Diskussion. Von ganz normalen DDR-Bürgern hörten meine Mitarbeiter und ich mehr Zustimmung als Zweifel. Manche unserer Gesprächspartner waren geradezu begeistert. Vor allem in den Kirchen gab es hoffnungsvolle Erwartungen, nun werde endlich auch in der DDR ein Reformprozess in Gang kommen, wie das in einigen anderen sozialistischen Staaten bereits der Fall war.

Am 28. Oktober 1987, also zwei Monate nachdem das SPD/SED-Papier veröffentlicht worden war, hielt der für Ideologiefragen zuständige ZK-Sekretär und Mitglied des Politbüros Kurt Hager vor einem Parteigremium in Frankfurt/Oder eine Rede, die bald darauf im *Neuen Deutschland* abgedruckt wurde. Seine Stellungnahme war ziemlich verwirrend. Er stellte das Papier als Ganzes nicht in Frage, relativierte aber bestimmte Aussagen, wie etwa die Friedensfähigkeit des westlichen Systems. Der Imperialismus sei von Natur aus nicht friedensfähig, sagte er, sondern müsse friedensfähig gemacht werden. Er bezweifelte auch die Reformbereitschaft des Kapitalismus. Und selbst wenn es im Westen zu Reformen kommen sollte, so Hager, würde sich »das Wesen des Kapitalismus« nicht ändern. Das war noch keine Ablehnung des Thesenpapiers, aber doch eine deutliche Distanzierung von wichtigen Aussagen. Jedenfalls war die Hager-Rede kein Zeichen für »neues Denken« im Sinne von Gorbatschow.

Wenig später hatte ich Gelegenheit, bei einem Mittagessen in der Residenz mit Professor Reinhold unter vier Augen, wenn auch mit unsichtbaren Mithörern, über das SPD/SED-Papier zu sprechen. Er bestätigte die breite Diskussion in der SED, behauptete aber, Hager habe in seiner Frankfurter Rede die Aussagen weder abgeschwächt noch zurückgenommen. Das Papier habe die »volle Billigung« der Parteiführung erhalten. Daran habe sich auch durch die »parteiinterne Kritik« nichts geändert, die vor allem von dogmatischen Altkommunisten und Armeekreisen geäußert worden sei. Die Diskussion gehe weiter, flaue aber allmählich ab. Im Übrigen würden die Gespräche mit der SPD fortgesetzt, zum Beispiel über den Komplex »Das gemeinsame europäische Haus«. Auf meine Frage hin bejahte Reinhold einen Zusammenhang zwischen dem Papier und der Reformdiskussion in der Sowjetunion und anderen sozialistischen Staaten. Es gebe da Berührungspunkte, teilweise auch ähnliche Tendenzen. Das Dokument sei mehr als ein Diskussionspapier, denn es würden darin praktische Schlussfolgerungen von großer Tragweite formuliert.

In der Bundesrepublik war das SPD/SED-Papier ebenfalls umstritten. Vorstellungen wie die Existenzberechtigung der DDR und ihre Reformfähigkeit stießen nicht nur in der Regierungskoalition, sondern auch in Teilen der SPD auf Widerspruch. In der Öffentlichkeit der Bundesrepublik fand das Papier nur geringe Beachtung. Allgemein ging man davon aus, dass die darin geforderten Veränderungen nur für die DDR von Belang seien. In der Bundesrepublik seien Demokratie und Menschenrechte durch das Grundgesetz und die politische Praxis ja längst gewährleistet.

Kurz vor Weihnachten sprach ich mit Ernst-Otto Schwabe. Das Ideologiepapier sei ein »kühner Schritt«, sagte er. Maßgebend für das richtige Verständnis sei die Hager-Rede. Das Papier werde vielleicht später einmal größere Bedeutung bekommen. Und dann fügte er hinzu: Die Hauptschwierigkeit sei der Umstand, dass es sich um ein deutsch-deutsches Papier handele, »was nicht allen gefällt«. Schwabe hatte nach meiner Einschätzung den Stand der Dinge genau auf den Punkt gebracht: Die SED war nicht auf Reformkurs. Die wenigen Reformer in der Partei, zu denen sicher die Vordenker aus der Akademie für Gesellschaftswissenschaften gehörten, hatten sich nicht durchgesetzt. Auch Honecker war offensichtlich wieder auf die althergebrachte dogmatische Linie eingeschwenkt, wenn er sie denn jemals verlassen hatte. So blieb das Streitpapier, an das viele DDR-Bürger große Hoffnungen geknüpft hatten, eine Episode. Oder anders ausgedrückt: Der Traum von einer Reform des SED-Systems war schon wieder ausgeträumt. Keiner ahnte am Jahresende 1987, dass schon bald die große Krise ausbrechen würde, die das Ende der sozialistischen DDR einleitete.

Besuch beim Klassenfeind: Honecker in der Bundesrepublik

Nach immer wieder neuen Verzögerungen fand vom 7. bis 11. September 1987 der seit Jahren geplante Arbeitsbesuch des DDR-Staatsratsvorsitzenden in der Bundesrepublik statt. Das Besuchsprogramm war im Bundeskanzleramt unter der Leitung von Wolfgang Schäuble sorgfältig vorbereitet worden. Schäuble hatte den Bundeskanzler davon überzeugt, dass protokollarische Besonderheiten das gesamte Projekt scheitern lassen könnten. Honecker wurde also in Bonn mit allen einem Staatsoberhaupt zustehenden Ehren empfangen. Kleinere – und auch kleinliche – Abweichungen von dem sonst bei diesen Anlässen üblichen Protokoll änderten daran nichts.

Auf ein Treffen außerhalb Bonns, das ein Jahr zuvor noch ernsthaft erwogen worden war, hatte die Bundesregierung verzichtet. Die Delegationsgespräche fanden im Bundeskanzleramt statt, der Bundespräsident empfing den Staatsratsvorsitzenden in seiner offiziellen Residenz, der Villa Hammerschmidt, und Bundestagspräsident Jenninger sprach mit ihm im Deutschen Bundestag. Als Residenz während seines Aufenthalts in der Bundeshauptstadt wurde Honecker Schloss Gymnich zur Verfügung gestellt, wie das auch bei anderen hohen Staatsgästen üblich war. Dort empfing Honecker eine Reihe wichtiger Politiker der Bundesrepublik: allen voran den bayrischen Ministerpräsidenten und CSU-Vorsitzenden Strauß, den FDP-Vorsitzenden Bangemann, ferner die Ministerpräsidenten von Baden-Württemberg, Schleswig-Holstein und Niedersachsen, Späth, Engholm und Albrecht, und schließlich, wenn auch sehr diskret, den DKP-Vorsitzenden Mies. In dem kleinen eleganten Schloss hielt das Staatsoberhaupt der DDR regelrecht Hof und genoss dies in vollen Zügen.

Ungewöhnlich für einen Arbeitsbesuch war die auf den Aufenthalt in der Bundeshauptstadt folgende Rundreise des Staatsratsvorsitzenden durch verschiedene Bundesländer. Die Ministerpräsidenten hatten großen Wert darauf gelegt, ja geradezu danach gedrängt. Man verständigte sich schließlich auf zwei CDU-regierte und zwei SPD-regierte Länder: Rheinland-Pfalz und den Freistaat Bayern sowie Nordrhein-Westfalen und das Saarland. Honecker hatte während seines Aufenthalts in der Bundesrepublik zunächst nicht mit einem Hubschrauber fliegen wollen. Nach dem Absturz des damaligen »Kronprinzen« in der DDR-Führung, Werner Lamberz, bei einem Besuch in Libyen waren Hubschrauberflüge von Politikern in der DDR abgeschafft worden. Schließlich stimmte er dann aber doch zu, weil er sonst die zahlreichen Stationen seiner Reise nicht hätte bewältigen können. Außerdem war durch die Hubschrauberflüge die Sicherheit des hohen Gastes am besten gewährleistet. Honecker bereute diese Art der Fortbewegung nicht und empfand die Flüge in den großen und bequemen Bundeswehrhubschraubern als sehr praktisch.

Organisatorisch klappte die gesamte Reise wie am Schnürchen. Ich kann mich nicht an irgendwelche Pannen erinnern. Die Kooperation der beiden Protokollchefs funktionierte reibungslos. Ich war vom

Bundeskanzleramt als »Ehrenbegleiter« des Staatsratsvorsitzenden ausersehen worden. In dieser Eigenschaft begleitete ich ihn auf der gesamten Reise. Als Ansprechpartner war ich stets in seiner Nähe, doch zugleich hielt ich mich diskret zurück, auch um Gespräche Honeckers mit seiner Begleitung nicht zu stören. Zur offiziellen Delegation gehörten das Politbüromitglied Günter Mittag, Außenminister Oskar Fischer, Außenhandelsminister Gerhard Beil, der Leiter der Kanzlei des Staatsratsvorsitzenden, Staatssekretär Frank-Joachim Hermann, und der stellvertretende Außenminister Kurt Nier. Nicht in der offiziellen Delegation, aber mit von der Partie war Karl Seidel, der beste Kenner der deutsch-deutschen Fragen. Zu unserer Überraschung fehlte Alexander Schalck-Golodkowski. Sollte seine Rolle geheim bleiben? Die einfachste Erklärung war wohl, dass er öffentliche Auftritte nicht schätzte.

An fast allen Orten, die Honecker auf seiner Reise besuchte, gab es Proteste meist kleinerer Gruppen, die gegen den offiziellen Besuch des DDR-Staatsratsvorsitzenden demonstrierten. Sie waren nicht sehr laut, störten den Ablauf des Programms nicht, sondern begnügten sich damit, ihre Transparente zu zeigen, auf denen ihre Forderungen mit Schärfe, aber nicht beleidigend aufgeführt waren. Honecker ertrug die Demonstrationen mit Gelassenheit. Er hatte wohl mehr erwartet. Tatsächlich war bei den Demonstranten fast nirgendwo eine aggressive Feindseligkeit zu spüren. Wenn man sich an die heftigen Zusammenstöße und Gewaltausbrüche bei dem Besuch des DDR-Ministerratsvorsitzenden Willi Stoph siebzehn Jahre zuvor in Kassel erinnerte, konnte man erkennen, welche politische Wegstrecke die beiden deutschen Regierungen seitdem zurückgelegt hatten.

Nicht unfreundlich waren auch die Passanten, die Honecker bei seinen Autofahrten durch westdeutsche Städte beobachten konnte. Sie schienen neugierig auf den hohen Staatsgast zu sein, manche wohl auch belustigt, dass der Kommunistenführer sich jetzt in einer schwarzen Regierungslimousine durch die Straßen bewegte und vom Bundeskanzler und den Ministerpräsidenten der Länder an ihrem Amtssitz feierlich empfangen wurde.

Bei seiner Ankunft auf dem Köln-Bonner Flughafen wurde Honecker von Schäuble begrüßt. An der Gangway der Interflug-Maschine

Honecker-Besuch vom 7. bis 11. September 1987: Erich Honecker grüßt die Fahne der Bundesrepublik Deutschland

bildeten Ehefrauen und Kinder von Mitarbeitern der Ständigen Vertretung der DDR ein Spalier für ihren Staatsratsvorsitzenden und überreichten ihm Blumen. Die Kinder trugen die Käppis und Halstücher der »Jungen Pioniere« und jubelten ihrem Staatsoberhaupt zu. Vom Flughafen fuhr die Wagenkolonne über die abgesperrte Autobahn zum Bundeskanzleramt in Bonn. Vor dem Eingang wurde der Staatsratsvorsitzende von Bundeskanzler Kohl willkommen geheißen. Eine Bundeswehrkapelle spielte die Nationalhymnen der beiden deutschen Staaten. Dann schritten Honecker und Kohl eine Ehrenformation der Bundeswehr ab. Mit einer knappen Verbeugung grüßten sie die Fahnen der Bundesrepublik und der DDR.

An den ersten beiden Besuchstagen fanden im Bundeskanzleramt zwei Delegationsgespräche statt. Das erste eröffnete der Bundeskanzler mit den Worten: »Ich heiße Sie, Herr Staatsratsvorsitzender, willkommen. Sie sind wohl seit 1948 zum ersten Mal in dieser Gegend unseres Vaterlandes.« Dann verlas er eine vorbereitete, längere Erklärung, die anschließend veröffentlicht wurde. Honecker hörte aufmerksam zu. An einigen Stellen machte er sich Notizen in einem kleinen Kollegheft. Er wirkte etwas angespannt in diesem ersten Gespräch. Nachdem der Bundeskanzler geendet hatte, bedankte sich Honecker für die Einladung zu dem offiziellen Besuch und die »freundliche Aufnahme« in der Bundeshauptstadt. In diesen Zeiten, fuhr er fort, sei es notwendiger denn je, alles für die Sicherung des Friedens zu tun und eine nukleare Katastrophe abzuwenden. Er freue sich, dass beide Staaten, die DDR und die Bundesrepublik, die internationale Abrüstungspolitik unterstützten. Damit setzte er gleich zu Beginn seines Besuchs einen deutlichen Akzent, den er während seiner Reise in nahezu allen Reden und Gesprächen wiederholte: die Friedenspflicht der beiden deutschen Staaten.

Auch der Bundeskanzler und seine Minister gingen in den Gesprächen auf die Fragen der internationalen Sicherheit ein, doch meist nur kurz und eher summarisch. Für sie standen eindeutig die bilateralen deutsch-deutschen Probleme im Vordergrund, insbesondere der Reise- und Besucherverkehr, die Verkehrsprojekte, die Zusammenarbeit beim Umweltschutz und im Bereich von Wissenschaft und Technologie, ferner die Frage eines Stromverbundes unter Einschluss West-Berlins und natürlich die weitere Entwicklung der Wirtschaftsbeziehungen, die in erster Linie von Bangemann und Mittag besprochen wurden. Und schließlich kamen noch spezielle Einzelfragen, wie etwa die Mitnahme von Fahrrädern oder Hunden bei Tagesbesuchen von West-Berlinern in Ost-Berlin, zur Sprache. Auch DDR-Außenminister Oskar Fischer, der Gesprächspartner der Bundesministerin für innerdeutsche Beziehungen, hörte sich die lange Wunschliste der Bundesregierung geduldig an, die Dorothee Wilms ihm vortrug, antwortete darauf aber nur in großen Zügen, so als langweilten ihn diese Themen. Die Ergebnisse der Gespräche standen ohnehin schon fest, ehe sie begonnen hatten. Sie waren im Entwurf des Kommuniqués enthalten, das beide Seiten bei der Vorbereitung des Besuchs gemeinsam formuliert hatten.

Der eigentliche Höhepunkt der ersten beiden Besuchstage in Bonn war das Gespräch des Bundespräsidenten mit Honecker in der Villa

Hammerschmidt. Bei dieser Begegnung fand der Bundespräsident gegenüber seinem Kollegen aus dem Osten genau den richtigen Ton – offen, herzlich, aber auch mit der ihrem hohen Staatsamt angemessenen Distanz. Im Anschluss an das Gespräch gab der Bundespräsident ein Mittagessen für Honecker, an dem der SPD-Fraktionsvorsitzende Vogel, Bundesaußenminister Genscher und ich teilnahmen. Nach dem Mittagessen bat Richard von Weizsäcker seinen Gast zu einem kurzen Spaziergang in den Park der Villa Hammerschmidt. Das Fernsehen und die Fotoreporter ließen sich dieses schöne Bild der freundlich miteinander plaudernden Herren nicht entgehen. Honecker genoss das Zusammensein mit seinem Kollegen Staatsoberhaupt in vollen Zügen. Genau so hatte er sich das gewünscht. Er wollte endlich als ebenbürtig anerkannt werden.

Am nächsten Tag absolvierte Honecker einen privaten Termin, der ihm besonders wichtig war: einen Besuch bei seinem alten Freund und

*Empfang durch Richard von Weizsäcker auf der Terrasse der
Villa Hammerschmidt in Bonn*

Gespräch mit Bundeskanzler a. D. Willy Brandt im Hotel Bristol in Bonn

Kampfgefährten aus der Vorkriegszeit, Herbert Wehner, an dem auch Rechtsanwalt Vogel und seine Frau Helga teilnahmen, die eigens dafür nach Bonn gekommen waren. Wehner wohnte damals mit seiner Frau Greta in einer bescheidenen Wohnung auf dem Heiderhof im Stadtteil Bad Godesberg. Er war wohl damals schon sehr krank. Wie ich aus der Umgebung Honeckers hörte, ist ihm dieser Besuch bei seinem Freund aus lange zurückliegenden Zeiten sehr nahegegangen.

Am Ende der offiziellen Gespräche in der Bundeshauptstadt trat Schäuble vor die Presse. Er erläuterte das gemeinsame Kommuniqué, das soeben von Kohl und Honecker unterschrieben worden war, und beantwortete Fragen der Journalisten. Die wichtigsten Ergebnisse waren: die Unterzeichnung von Abkommen über die wissenschaft-lich-technische Zusammenarbeit und den Umwelt- und Strahlen-schutz; weitere Verbesserungen im Reise- und Besucherverkehr, ins-besondere bei Reisen von DDR-Bürgern in dringenden Familienangelegenheiten, die im September 1987 bereits den hohen Stand von 800 000 erreicht hatten. Das zeigte eine bemerkenswerte Öffnung der DDR gegenüber der Bundesrepublik.

Beide Seiten bekundeten ihre Absicht, die Aufgaben der Grenzkommission zum Abschluss zu bringen. Mit dieser unscheinbaren Formel war die ungelöste Elbgrenzfrage gemeint. Es war wohl Honeckers größte Enttäuschung, dass es im Vorfeld zu diesem Besuch wiederum keine Bewegung bei den sogenannten Geraer Forderungen gegeben hatte. Weitere Absichtserklärungen bezogen sich auf Verbesserungen im Eisenbahnverkehr. Die DDR war vor allem an einer Kostenbeteilung der Bundesrepublik an der Elektrifizierung der Strecke Berlin–Hannover interessiert. Ferner begrüßten die beiden Regierungen die von Energieversorgungsunternehmen bereits begonnenen Gespräche über Stromlieferungen in beide Richtungen unter Einschluss von West-Berlin und brachten ihre Erwartung zum Ausdruck, dass entsprechende langfristige Verträge abgeschlossen würden (was ein Jahr später dann auch geschah).

Für die Kenner der deutsch-deutschen Probleme waren die Abkommen und Absprachen kein schlechtes Ergebnis. Doch die breite Öffentlichkeit hatte wohl mehr erwartet, irgendetwas Spektakuläres wie zum Beispiel einen Durchbruch im Reiseverkehr zu einer echten Freizügigkeit zwischen den beiden deutschen Staaten. Aber im deutsch-deutschen Verhältnis gab es eben keine großen Sprünge. Es blieb auch diesmal bei »kleinen Schritten«, die freilich zusammengenommen eine neue Qualität der Beziehungen und eine größere Offenheit beider Seiten erkennen ließen. Beide Regierungen hatten inzwischen gelernt, mit den Gegensätzen in grundsätzlichen Fragen zu leben. Stärker als das Trennende war nun das Interesse an einer engeren Zusammenarbeit und an einem Abbau der Spannungen an der innerdeutschen Grenze.

Nach den Gesprächen in Bonn begann Honecker seine Rundreise durch die vier ausgewählten Bundesländer. Erste Station war Köln, wo er mit Wirtschaftsvertretern zu einem Gespräch unter Leitung von Otto Wolff von Amerongen, dem Präsidenten des Deutschen Industrie- und Handelstages und Vorsitzenden des Ostausschusses der deutschen Wirtschaft, zusammenkam. Von Köln ging es weiter nach

Wuppertal-Barmen, wo die DDR-Delegation das frühere Wohnhaus von Friedrich Engels besuchte, das heute ein Museum ist. Anschließend stattete Honecker dem von ihm sehr geschätzten Aufsichtsratsvorsitzenden der Krupp AG, Berthold Beitz, in der Villa Hügel in Essen einen Besuch ab. Beide kannten sich aus mehreren Begegnungen in der DDR. In Düsseldorf führte die DDR-Delegation Gespräche mit Ministern der Landesregierung über mögliche Projekte der Zusammenarbeit. Am Abend gab dann Ministerpräsident Rau einen großen Empfang für die Gäste aus der DDR.

Für Honecker, der im August seinen fünfundsiebzigsten Geburtstag gefeiert hatte, war dies wahrlich ein anstrengendes Programm, das er aber ohne sichtbare Ermüdungserscheinungen bewältigte. Am folgenden Tag flog die DDR-Delegation nach Trier, wo der Ministerpräsident von Rheinland-Pfalz, Bernhard Vogel, sie willkommen hieß. Honecker war hier nicht an den alten Kirchen und den Spuren der Römer interessiert. Sein Ziel war das Geburtshaus von Karl Marx, ein Wunsch, den ihm seine Gastgeber gern erfüllten. Vor dem Eingang zum Museum stand ein Mann, den Honecker offenbar kannte, auch wenn er nicht sofort wusste, wer es war. Als der Mann grüßte und Honecker einen Augenblick stehen blieb, nannte er seinen Namen: Wolfgang Leonhard, der Autor des berühmten Buches »Die Revolution entlässt ihre Kinder«. Leonhard, der aus einer kommunistischen Familie stammte, hatte während des Zweiten Weltkriegs in der Sowjetunion gelebt und war 1945 mit der Gruppe Ulbricht in die sowjetische Besatzungszone gekommen. Dort dürfte er Honecker kennengelernt haben. 1949 hatte er aus Protest gegen den Stalinismus die sowjetische Besatzungszone verlassen und war über Jugoslawien in die Bundesrepublik gegangen. Das war achtunddreißig Jahre her, aber beide erinnerten sich an ihre früheren Begegnungen.

Im Karl-Marx-Haus legte Honecker an einer Büste des Begründers des Sozialismus einen Kranz nieder. Bei dem Rundgang durch das Haus merkte man ihm und seinen Begleitern die innere Bewegung an. Sie sprachen kaum. Dies war für sie ein »geheiligter Ort«, der jetzt unglücklicherweise im Land des »Klassenfeinds« lag.

Nach dem Besuch gab Ministerpräsident Vogel ein Mittagessen für die Gäste aus der DDR. Seine Tischrede zeichnete sich durch Eleganz

Erich Honecker besucht mit Bernhard Vogel das Karl-Marx-Haus in Trier;
links eine Büste von Karl Marx

und gedankliche Präzision aus – vielleicht die beste Rede, die während des Honecker-Besuchs von seinen westdeutschen Gastgebern gehalten wurde. Währenddessen demonstrierten draußen Menschenrechtsgruppen gegen die Anwesenheit des Kommunistenführers aus der DDR. Die DKP hatte eine Gegendemonstration organisiert. Es blieb jedoch ruhig, und es gab keine Zusammenstöße.

Am Nachmittag fuhr die Delegation weiter nach Saarbrücken, wo Ministerpräsident Oskar Lafontaine den Staatsratsvorsitzenden, den er von verschiedenen DDR-Besuchen her gut kannte und dem er sich als Saarländer freundschaftlich verbunden fühlte, mit herzlichen Worten begrüßte. Früher sei das Saarland gegen seinen Willen von Preußen beherrscht worden, sagte Lafontaine. Darum sei es gut, wenn heute ein Saarländer Preußen regiere. Honecker schmunzelte. Als die Presse den Raum verlassen hatte, bemerkte er: »Ich regiere auch Sachsen«, was seine Begleitung sichtlich erheiterte. Bei dem anschließenden Gespräch wurde deutlich, wie weit die partnerschaftliche Zusammenarbeit zwischen der DDR und dem Saarland bereits gediehen war.

Nicht ganz so freundlich, wie Honecker vielleicht erwartet hatte, war der Empfang in seiner Heimatstadt Neunkirchen mit dem Orts-

413

teil Wiebelskirchen, wo er als Kind einer Arbeiterfamilie geboren worden und aufgewachsen war. Der sozialdemokratische Bürgermeister hatte zu einem Empfang in die Stadthalle eingeladen. Auf dem Weg dorthin säumten viele Menschen die Straße, jubelten ihrem Landsmann aber keineswegs zu. Hochrufe gab es nicht. Auch der Bürgermeister fand in seiner Begrüßung keine sehr freundlichen Worte. Sie enthielt kritische Passagen an die Adresse der DDR, mit einer Schärfe, wie sie Honecker auf seiner Reise bisher nicht gehört hatte. Doch er überhörte das. Es kam dann zu bewegenden Szenen, als einige alt gewordene Genossen und Weggefährten aus seiner Jugendzeit Honecker umarmten und ihnen Tränen der Rührung, aber auch des Stolzes in die Augen traten. Honecker bemühte sich, so gut er konnte, seine Fassung zu bewahren und die Begegnung hinter sich zu bringen. Dieser Auftritt an seinem Heimatort, den er seit den frühen Nachkriegsjahren nicht mehr besucht hatte, war für ihn emotional wohl der schwierigste Teil des Besuchs, sosehr er ihn auch herbeigesehnt haben mochte.

Zweifellos war Honecker bewusst, dass er sich an diesem 10. September in Neunkirchen der Aufmerksamkeit der deutschen, aber auch der europäischen Öffentlichkeit sicher sein konnte. Manche Beobachter empfanden die »Heimkehr eines deutschen Kommunisten« als den eigentlichen Höhepunkt der Honecker-Reise. Vielleicht erklärt sich daraus eine völlig unerwartete Passage in Honeckers Erwiderung auf die Begrüßungsrede des Bürgermeisters. Honecker stellte zunächst fest, was jeder wusste: »Die Deutsche Demokratische Republik ist aktives Mitglied der Teilnehmerstaaten des Warschauer Vertrags, und die Bundesrepublik Deutschland ist fest im westlichen Bündnis verankert.« Doch dann sagte er etwas, was offenbar nicht in seinem vorbereiteten Redetext stand: »Dass unter diesen Bedingungen die Grenzen nicht so sind, wie sie sein sollten, ist nur allzu verständlich. Aber ich glaube, wenn wir gemeinsam entsprechend dem Kommuniqué handeln, das wir in Bonn vereinbart haben, und in Verbindung damit eine friedliche Zusammenarbeit erreichen, dann wird der Tag kommen, an dem die Grenzen uns nicht mehr trennen, sondern vereinen, so wie uns die Grenze zwischen der Deutschen Demokratischen Republik und der Volksrepublik Polen vereint.«

Diese etwas umständlich formulierte Aussage ging noch am selben Tag durch alle Nachrichten. War es eine Eingebung des Augenblicks, die sich aus der emotionalen Anspannung an diesem Ort erklärte? Oder wollte Honecker den deutschen und den internationalen Medien eine aufsehenerregende Schlagzeile liefern, um die Bedeutung seines Besuchs besonders zu beleuchten? Ich stand bei dieser Rede Honeckers ganz in seiner Nähe und konnte ihn genau beobachten. Ich vermute, der auf die innerdeutsche Grenze bezogene Passus seiner Rede war tatsächlich eine Eingebung des Augenblicks. An eine Vereinigung der beiden deutschen Staaten hat er dabei wohl kaum gedacht. Und eine Grenze, die die beiden deutschen Staaten »vereint«, hat er sich wohl auch nicht vorgestellt. Womöglich war Honecker auf dieser Reise stärker als je zuvor bewusst geworden, wie bedrückend die Lage an der Grenze wirklich war, und er wollte vielleicht etwas Positives zu dieser Grenze sagen, Hoffnungen auf eine Verbesserung der Lage wecken. Honeckers Sätze erregten großes Aufsehen.

Nach dem Empfang in der Stadthalle besuchte Honecker das Haus seiner Eltern, in dem er aufgewachsen war und in dem jetzt seine Schwester lebte. Hier ließ er seine Begleitung zurück und ging allein. Am Eingang umarmte ihn seine Schwester. Er blieb eine knappe halbe Stunde. Anschließend ging er zum Friedhof und verweilte einen Augenblick am Grab seiner Eltern. Dann war er wieder im Dienst.

Am Abend dieses Tages gab Ministerpräsident Lafontaine ein offizielles Essen für den Staatsratsvorsitzenden und seine Begleitung. In seiner Tischrede biederte er sich nicht an, etwa in dem Sinne »wir Saarländer«, sondern sprach die schwierigen, sensiblen Punkte im deutsch-deutschen Verhältnis mit großer Offenheit, aber ohne verletzende Schärfe an. Honecker antwortete sehr persönlich. Diese Rede war keine formelhafte, stereotype Friedensrede, wie er sie auf dieser Reise schon mehrmals gehalten hatte. Man spürte, dass ihm der Besuch in seiner saarländischen Heimat naheging.

Am nächsten Morgen flog die DDR-Delegation weiter nach München. In der Bundeswehrmaschine saß ich Honecker direkt gegenüber. Jetzt, nach vier Tagen, wirkte er doch etwas müde. Bisher hatte er das anspruchsvolle Besuchsprogramm konzentriert absolviert, peinlich darauf bedacht, keine Emotionen zu zeigen, und deshalb auch in einer ständigen Anspannung. Als wir uns München näherten, sahen wir bei Föhn für einige Minuten die Alpenkette ganz nahe vor uns liegen. Ohne irgendeinen Hintergedanken fragte ich Honecker: »Herr Generalsekretär, kennen Sie eigentlich die bayrischen Alpen?« Er stutzte, antwortete aber nicht. Vielleicht hatte er die bayrischen Alpen nie gesehen, kannte also weder Oberstdorf, Garmisch-Partenkirchen noch Berchtesgaden, wollte das aber nicht sagen. Dann ritt mich – ich weiß nicht, warum – der Teufel. Mit ironischem Unterton sagte ich: »Wenn Deutschland denn schon geteilt ist, was ich persönlich sehr bedaure, Herr Generalsekretär, dann muss man doch feststellen, dass es nicht gerecht geteilt worden ist. Ein Stück Alpen hätten auch die Ostdeutschen bekommen müssen.«

Honecker blickte mich verständnislos an, als wollte er sagen: Wie kann man nur so flapsig über diese Frage reden. Offenbar hatte ich einen sehr empfindlichen Punkt bei ihm berührt. Als junger Kommunist war er in den dreißiger Jahren im Ruhrgebiet und anderen industriellen Zentren im Widerstand gewesen. Wie ich vermute, hatte er seinen Jugendtraum von einem kommunistischen Deutschland nie ganz aufgegeben, jedenfalls nicht in seinen Gefühlen, die mit so vielen Erinnerungen an das alte, noch nicht geteilte Deutschland verbunden waren. Darum hatte ihn meine unbedachte, ja nicht ernstgemeinte Bemerkung verletzt. Honecker brach das Gespräch ab. Einige Minuten später landete die Maschine auf dem Flughafen München-Riem.

Unten an der Gangway begrüßte ihn der Gastgeber auf dieser letzten Station seiner Reise, der bayrische Ministerpräsident Franz Josef Strauß. Eine Musikkapelle spielte die DDR-Hymne, dann die Hymne der Bundesrepublik und danach die bayrische Hymne. Eine Formation der bayrischen Bereitschaftspolizei präsentierte das Gewehr. Der Staatsratsvorsitzende und der Ministerpräsident schritten die Front der Ehrenkompanie ab und grüßten die Fahnen, wie es auch das bayrische Protokoll vorsah. Obwohl die Bereitschaftspolizei kein Militär war, war das Zeremoniell dem militärischen doch sehr ähnlich. Zudem trugen die Polizisten die aus dem Zweiten Weltkrieg bekannten Stahlhelme. Als sie sich in Marsch setzten, hallten ihre Knobelbecher dumpf auf dem asphaltierten Flugfeld wider.

11. September 1987: Erich Honecker und Franz Josef Strauß beim Abschreiten der Ehrenformation auf dem Flughafen München-Riem

Vom Flugplatz aus bewegte sich die Wagenkolonne in langsamer Fahrt durch die abgesperrten Straßen zur bayrischen Staatskanzlei in der Prinzregentenstraße. Ein großes Polizeiaufgebot säumte den Weg. In der Stadt blieben Passanten gelegentlich stehen. Hin und wieder winkte jemand. Doch die meisten schauten neugierig der Wagenkolonne nach, und wenn sie erkannten, wer da vorbeifuhr, schienen sie amüsiert. In der Staatskanzlei erwartete den Staatsratsvorsitzenden eine große Schar von Journalisten und Fotografen. Vor dieser Kulisse gaben Strauß und Honecker kurze Erklärungen ab. Strauß begrüßte Honecker als einen guten Bekannten und hob dann seinen eigenen Beitrag zur Deutschlandpolitik der Koalition seit 1983 hervor. Honecker reagierte, wie fast immer auf dieser Reise, mit einem Bekenntnis zum Frieden als Voraussetzung jeder Zusammenarbeit. Nach der Begrüßung zogen sich die beiden Politiker mit ihren engsten Beratern zu einem Gespräch im kleinen Kreis zurück. Der »Ehrenbegleiter« blieb hier außen vor.

Nach einer guten Stunde – natürlich dauerte das Gespräch länger als im Programm vorgesehen – brachen der Staatsratsvorsitzende und seine Delegation zu einem Besuch der KZ-Gedenkstätte Dachau nördlich von München auf, wiederum mit dem Hubschrauber. Es fiel auf, dass der Ministerpräsident an diesem Besuch, der auf ausdrücklichen Wunsch Honeckers in das Programm aufgenommen worden war, nicht teilnahm. Wie wir hörten, war das auch bei anderen Anlässen so. Am Eingang zu der Gedenkstätte stand der Bürgermeister von Dachau, um Honecker zu begrüßen, begleitet von einer Familie in bayrischer Tracht. Er wollte damit wohl zum Ausdruck bringen, dass die Stadt Dachau auf eine weit zurückreichende, ehrenhafte Tradition und Geschichte zurückgeblickt hatte, bevor während der Nazizeit das Konzentrationslager in ihren Mauern errichtet worden war. Nach der offiziellen Begrüßung schüttelte Honecker einer Reihe meist älterer Herren die Hand, die ihn hier erwartet hatten. Es waren offenbar DKP-Funktionäre und Mitglieder der DKP-nahen Vereinigung der »Verfolgten des Naziregimes«, also Genossen und Kameraden aus dem antifaschistischen Widerstand, denen sich Honecker besonders verbunden fühlte. Bei dem Rundgang durch das Lager legte er an einem Gedenkstein einen Kranz nieder. Auf dem Rückweg erzählte mir Außenminister Fischer, sein Vater habe mehrere Jahre in diesem KZ überstanden.

Von Dachau aus flogen wir mit dem Hubschrauber zurück nach München, wo der Ministerpräsident zu Ehren des Staatsratsvorsitzenden einen großen Empfang in der Residenz gab, an dem zahlreiche Persönlichkeiten des öffentlichen Lebens teilnahmen.

Bei dem anschließenden Mittagessen in der Residenz hielt Strauß in freundlichem Ton eine scharfe politische Rede, in der er vor allem das Ziel der deutschen Einheit beschwor und die Zustände an der innerdeutschen Grenze anprangerte. Das war ganz nach dem Geschmack der bayrischen Gäste, die Strauß applaudierten. Honecker hörte ungerührt zu. Er wusste inzwischen, dass solche für die Öffentlichkeit bestimmten Reden zu den politischen Rahmenbedingungen seines Besuchs gehörten. In seiner Tischrede stellte er einmal mehr die Friedenspflicht der beiden deutschen Staaten heraus. Der Rahmen des Mittagessens war einem Staatsbesuch angemessen, die Reden und Gespräche dagegen konventionell. Normalisierung konnte eben auch langweilig sein.

Nach dem Mittagessen brachte der Ministerpräsident seinen Gast persönlich zum Flughafen – eine freundliche Geste, die protokollarisch nicht nötig gewesen wäre. Die Zuschauermenge am Ausgang der Residenz war inzwischen noch angewachsen, darunter auch Demonstranten mit Transparenten. Honecker schenkte ihnen auch bei dieser letzten Gelegenheit keine Beachtung. Es entging ihm aber nicht, dass die Demonstrationen auf der gesamten Reise nur eine Randerscheinung waren. Auf dem Flugfeld in München-Riem fand dann noch einmal das gleiche Zeremoniell wie bei der Ankunft statt. An der Gangway verabschiedete der Ministerpräsident seinen Gast mit herzlichen Worten.

Wenig später machte ich mich auf den Heimweg nach Berlin. Bis zum Abflug der PanAm-Maschine – Lufthansa-Flüge nach Berlin gab es damals nicht – hatte ich noch etwas Zeit, und so rief ich mir die Bilder der vergangenen Woche noch einmal in meine Erinnerung zurück. War dieser offizielle Besuch, der ja eigentlich ein »Staatsbesuch« war, ein historisches Ereignis? Läutete er gar eine Wende in den deutsch-deutschen Beziehungen ein? Gab es etwa neue politische Perspektiven, vielleicht in Richtung auf eine wie auch immer geartete Konföderation, über die vor vielen Jahren schon einmal diskutiert worden war? Im Rückblick könnte man diese Frage bejahen. Doch damals sah ich das nicht so. Die Rahmenbedingungen für die deutsch-deutschen Beziehungen hatten sich nicht geändert. Beide Regierungen gingen unverändert von einem stillschweigenden Einverständnis aus, die Frage der Wiedervereinigung stehe auf absehbare Zeit nicht auf der internationalen »Tagesordnung«. Auch die Vier Mächte waren ganz dezidiert dieser Meinung. Ich ging demnach von Kontinuität in der deutsch-deutschen Zusammenarbeit aus, rechnete allerdings auch mit zunehmenden inneren Problemen der DDR. Was zwei Jahre später geschehen sollte, ahnte ich nicht.

Die desperate Wirtschaftslage in der DDR

1988 waren die Wirtschaft und die Staatsfinanzen der DDR in schlechtem Zustand. Die Wirtschaft litt vor allem unter einem Mangel an Arbeitskräften und den Folgen einer seit Jahren restriktiven Investitionspolitik. Angesichts ihrer hohen Verschuldung hatte die DDR große Anstrengungen unternommen, um im Außenhandel mit den westlichen Industriestaaten Überschüsse zu erzielen. Zu diesem Zweck waren die Importe gedrosselt und die Exporte so weit wie möglich gesteigert worden. Diese rigorose Strategie ging allerdings zulasten der eigenen Industrie und der Bevölkerung. Überall hörte man jetzt Klagen, dass wichtige Erzeugnisse aus der eigenen Produktion, die zu Hause dringend benötigt würden, in den Export gingen. Ein Bekannter sagte mir: »Alles, was nicht niet- und nagelfest ist, wird jetzt in den Westen verkauft.« Ein groteskes Beispiel waren alte Pflastersteine, die im Westen sehr begehrt und auf den Landstraßen der DDR noch reichlich vorhanden waren. Auch Antiquitäten aus der DDR – manche stammten wohl aus nach dem Krieg enteigneten Schlössern und Gutshäusern – wurden zu günstigen Preisen an westdeutsche Händler verkauft. Die Bevölkerung reagierte darauf mit Unverständnis. Immer mehr Menschen machten ihrem Ärger Luft, wenn sie feststellen mussten, dass anspruchsvollere Kleider oder Schuhe im Angebot fehlten oder etwa Autoreifen nicht zu haben waren. Industriebetriebe konnten sich manchmal wichtige Zulieferungen oder Ersatzteile nur auf dem Tauschweg beschaffen, zahlten also mit Waren aus der eigenen Produktion.

Die D-Mark war inzwischen zu einer von der Regierung geduldeten, wenn nicht sogar erwünschten Zweitwährung geworden. Viele DDR-Bürger ohne Verwandtschaft im Westen hatten allerdings keine D-Mark und fühlten sich benachteiligt. Bei der immer größer werdenden Knappheit an anspruchsvollen Konsumgütern und handwerklichen Dienstleistungen bildete sich eine Zweiklassengesellschaft: Die einen verfügten über Westgeld, kauften im Intershop ein und fanden Handwerker, die am Wochenende privat für sie Reparaturarbeiten ausführten. Die anderen hatten keinen Zugang zu D-Mark oder Tauschwaren und konnten sich deshalb manche begehrten Dinge nicht leisten. Mit den Prinzipien sozialistischer Gleichbehandlung war diese Praxis nur schwer in Einklang zu bringen.

Das größte Problem für die DDR-Wirtschaft aber war die restriktive Investitionspolitik, die die Regierung seit Jahren praktizierte. Wegen der hohen Subventionen für Grundnahrungsmittel, Mieten und Verkehrstarife und der ebenfalls hohen Ausgaben für den Wohnungsbau standen nicht mehr genügend Mittel für die Modernisierung der Industrie, die Erhaltung des Verkehrsnetzes, die Renovierung des Altbaubestandes und andere notwenige Reparaturarbeiten zur Verfügung. Außerdem war die Industrie weiterhin auf den Import westlicher Technologie angewiesen. Als die Importe gedrosselt wurden, mussten wichtige Vorhaben zur Modernisierung veralteter Produktionsanlagen zurückgestellt werden. In manchen Betrieben kam es zu Produktionsausfällen. Darunter litt die Wettbewerbsfähigkeit der Industrie, und mit der Zeit wurde es immer schwieriger, die für die Importe aus dem Westen notwendigen Exporterlöse zu erzielen.

Außerdem wurde ein erheblicher Teil der knappen Investitionsmittel für den Ausbau der Braunkohlenförderung verwendet, um die seit 1982 gekürzten Erdöllieferungen aus der Sowjetunion zu kompensieren. Auch die Entwicklung der Mikroelektronik hatte eine hohe Priorität, während für die Modernisierung des traditionellen Maschinenbaus und der Elektronik – bisher die Stärken der DDR-Industrie – nicht mehr genügend Mittel vorhanden waren.

Insgesamt gesehen reichten für den Bedarf der DDR-Volkswirtschaft die zur Verfügung stehenden Einnahmen einfach nicht aus. In Wahrheit lebte die DDR bereits seit langem über ihre Verhältnisse. Die Vorstellung der DDR-Führung, mit Hilfe westlicher Kredite eine moderne, leistungsfähige und international wettbewerbsfähige Industrie aufzubauen und anschließend mit steigenden Exporterlösen die Kredite zurückzuzahlen, war nicht aufgegangen. Die Folge war eine wachsende Westverschuldung, deren Höhe ein strenggehütetes Geheimnis war. Die Ständige Vertretung und, wie ich vermute, auch die Bundesregierung hatten darüber keine genauen Informationen, und zwar weder über die Zahlungsverpflichtungen noch über die Devisenreserven der DDR. Wir gingen deshalb von einem zwar sehr angespannten, aber nicht kritischen Zustand der Staatsfinanzen aus. Erst nach der »Wende« wurden durch einen Bericht des Chefs der Staatlichen Plankommission, Gerhard Schürer, die tatsächlich bestehende Überschuldung und die drohende Zahlungsunfähigkeit der DDR bekannt.

Einige Kritiker in Ost und West haben später der Bundesregierung vorgeworfen, sie habe durch die Milliardenkredite und die hohen

Transferleistungen die Existenz der DDR künstlich verlängert und hätte dank ihrer Wirtschaftskraft weit höhere Gegenleistungen der DDR durchsetzen können. Ich halte diese Kritik für unbegründet. Die Bundesregierung hatte mit guten Gründen auf massiven politischen Druck verzichtet. Dies hätte zu einer schweren Krise in den deutsch-deutschen Beziehungen geführt, die letztlich zulasten der DDR-Bevölkerung gegangen wäre. Möglicherweise hätte vor dem Herbst 1989 sogar die Sowjetunion interveniert und die DDR trotz aller wirtschaftlichen Nachteile zu einer schärferen Abgrenzung gegenüber der Bundesrepublik gezwungen. Denn damals hatte die Sicherung des sowjetischen Herrschaftsbereichs noch eine hohe Priorität für die sowjetische Führung. Dies änderte sich erst, als Gorbatschow erkannte, dass die Aufrechterhaltung des sowjetischen Imperiums die Kräfte der Sowjetunion überstieg.

Nicht wenige kommunistische Politiker haben nach 1990 Gorbatschow wegen der Auflösung der sozialistischen Staatengemeinschaft heftig kritisiert und ihm Verrat an der sozialistischen Sache vorgeworfen. Auch in Ostdeutschland bin ich nach der Wiedervereinigung gelegentlich Politikern der ehemaligen DDR begegnet, die sich von Gorbatschow verraten fühlten. Sie meinten, ohne den »Verrat« Gorbatschows hätte die DDR sehr wohl überleben und die Krise meistern können. Tatsächlich war die DDR 1989 am Ende ihrer Kräfte. Sie war auf Hilfe von außen angewiesen, zu der ihr Hauptverbündeter, die Sowjetunion, nicht mehr bereit und womöglich auch nicht in der Lage war.

Die »Antragsteller«

Als Anfang 1988 die Zahlen der legalen Übersiedlungen von DDR-Bürgern in die Bundesrepublik vom Vorjahr bekannt wurden, stellten wir eine merkwürdige Entwicklung fest. Seit 1985 waren diese Zahlen ständig zurückgegangen: 1985 waren es noch 25 000, 1986 etwa 20 000, 1987 nur noch 11 500. Ende 1988 registrierten wir dagegen einen sprunghaften Anstieg: knapp 40 000 Übersiedlungen. In derselben Zeitspanne waren die Westreisen von DDR-Bürgern unterhalb des

Rentenalters sensationell angestiegen: von 66 000 im Jahr 1985 auf 573 000 im Jahr 1986, 1,2 Millionen im Jahr 1987 und 1,3 Millionen im Jahr 1988. Offenbar hatte die DDR versucht, über eine deutliche Ausweitung der Besuchsreisen unterhalb des Rentenalters und eine zeitweilige Erschwerung der Übersiedlungen den zunehmenden Ausreisedruck abzubauen.

1988 nahm trotz der vielen Westreisen der Ausreisedruck weiter zu. Auch wenn wir die Zahl der neuen Anträge nicht kannten – sie wurde ja nie bekannt gegeben –, gab es für diesen Trend doch zahlreiche Hinweise. Ein Indiz war die Eröffnung eines Büros der evangelischen Kirche im Februar 1988 für die seelsorgerische Betreuung von »Antragstellern«. Es musste nach nur wenigen Tagen wegen des großen Andrangs wieder geschlossen werden. Wir hörten auch, dass Antragsteller ihre Ausreisegesuche bei den Behörden nachdrücklicher, ungeduldiger, ja fordernder vertraten. Sie scheuten weniger als früher die damit verbundenen Nachteile und Risiken. Zudem gab es seit einiger Zeit Anzeichen für ein organisiertes Zusammenwirken von Antragstellern, meist unter dem schützenden Dach der Kirchen. Die Kirchenleitungen beobachteten diese Entwicklung mit wachsender Sorge. Immer häufiger forderten sie nun die Menschen auf, in ihrer Heimat, wo sie gebraucht würden, zu bleiben und ihre Verwandten, Freunde, Kollegen nicht im Stich zu lassen. Dennoch wiesen die Kirchengemeinden Antragsteller nicht ab, wenn sie Hilfe und Beistand suchten.

Die Motive der Antragsteller waren sehr unterschiedlich. In manchen Fällen handelte es sich um eine echte Familienzusammenführung. Es kam immer wieder vor, dass jemand von einer Westreise nicht zurückkam und der Ehepartner, gegebenenfalls mit Kindern, einen Ausreiseantrag stellte. Gerade diese Antragsteller hatten es wegen des Zusammenhangs mit einer Republikflucht bei den Behörden sehr schwer.

Politische Gründe spielten bei den Ausreiseanträgen weiterhin eine Rolle, etwa eine tiefe Abneigung gegen das kommunistische System oder die Benachteiligung von christlichen Kindern in den Schulen und Universitäten, auch Angst vor Verfolgung. Doch 1988 waren politische Gründe nicht mehr dominierend. Gerade engagierte Dissidenten wollten nicht weggehen; sie wollten bleiben, um etwas zu verändern.

Ohne Zweifel waren in vielen Fällen materielle Gründe ausschlaggebend für den Wunsch, die DDR zu verlassen, insbesondere bessere Verdienstmöglichkeiten und Karrierechancen im Westen, die Aussicht auf einen leichteren Zugang zu anspruchsvollen Konsumgütern und natürlich die unbegrenzten Reisemöglichkeiten, die es in der Bundesrepublik gab. Unter den Antragstellern waren in der Spätzeit der DDR auffallend viele begabte, tüchtige und gut ausgebildete DDR- Bürger, also jene, auf die die DDR am wenigsten verzichten konnte. Diese meist jungen Leute hatten in der Regel zu Hause einen sicheren Arbeitsplatz und keine besonderen Schwierigkeiten. Viele wollten einfach weg, weil ihnen das Leben in der DDR zu eng, zu stumpfsinnig, zu langweilig war. Der tiefere Grund dafür war eine Resignation, die sich in den letzten Jahren immer weiter ausgebreitet hatte, nicht zuletzt unter dem Eindruck, dass sich die politische Führung nicht auf umfassende Reformen des Systems, eine »DDR-Perestroika«, einlassen wollte, was Gorbatschow dann im Oktober 1989 zu der an das SED-Politbüro gerichteten Bemerkung veranlasste: »Wer zu spät kommt, den bestraft das Leben.«

Der Vergleich mit der größeren, erfolgreicheren und dynamischeren Bundesrepublik fiel für die DDR auf nahezu allen Gebieten ungünstig aus. Im Wettbewerb der Systeme konnte sie kaum mithalten. Und die vielen Tausend DDR-Bürger, die seit 1986 zum ersten Mal in die Bundesrepublik reisen konnten, kamen mit positiven Eindrücken zurück. Die Sogkraft, die von der Alternative Bundesrepublik ausging, konnte die DDR nicht neutralisieren. Die Abwanderung in den Westen wurde erneut zu einer Existenzfrage für die DDR, wie in der Zeit vor dem Bau der Mauer. Keiner hat das mir gegenüber klarer auf den Punkt gebracht als der sächsische Landesbischof Hempel, als ich mich im November 1988 von ihm verabschiedete. »Letztlich«, sagte er, »ist es die fehlende Freiheit, die die Leute veranlasst zu gehen. Die Lage erscheint fast aussichtslos. Und die Stimmung im Land kommt fast schon einer Depression gleich.«

Ob sich die DDR-Führung der Sprengkraft des Ausreiseproblems wirklich bewusst war, konnte ich Ende 1988 nicht sicher beurteilen.

Nach meinem Eindruck hatte die alt gewordene und erstarrte Führungsriege im Politbüro, namentlich Honecker, Stoph, Hager, Axen und wohl auch der jüngere Mittag, kein realistisches Bild von der inneren Lage. Sie unterlagen groben Fehleinschätzungen. Manche höheren Parteifunktionäre, mit denen ich Kontakt hatte, äußerten sich jetzt überaus kritisch über den Zustand der DDR-Führung. Früher wäre ihnen das gegenüber dem »Botschafter des Klassenfeinds« wohl nie in den Sinn gekommen. Jetzt aber hielten sie mit ihrer Enttäuschung und Verbitterung nicht mehr hinterm Berg. Ich fragte mich damals auch, warum der Staatssicherheitsdienst die Parteiführung nicht umfassend über den Ernst der Lage unterrichtete, den er doch erkannt haben musste. Wahrscheinlich gibt es dafür eine simple Erklärung: In der engeren Parteiführung, insbesondere von Honecker, wurden negative Meldungen nicht geschätzt. Also wurde die Führung damit nicht behelligt, und das Land rutschte immer tiefer in die Krise.

Auch die Ständige Vertretung war unmittelbar von der Entwicklung betroffen. Immer mehr Besucher baten mit immer größerer Dringlichkeit um Unterstützung bei ihren Ausreiseanträgen, und immer häufiger weigerten sie sich hartnäckig, die Vertretung ohne feste Zusage, dass ihre Anträge bearbeitet würden, wieder zu verlassen. Nur dank der schnellen Hilfe von Rechtsanwalt Vogel war es der Vertretung im letzten Jahr meiner Amtszeit gelungen, diese »Botschaftsfälle« unauffällig und meist noch am selben Tag zu lösen. Wenn Vogel eine »wohlwollende Prüfung« zusagte, wussten diese Besucher, dass ihre Anträge positiv bearbeitet würden. Das hatte sich offenbar herumgesprochen. Und diese Zusagen wurden auch eingehalten. Aber jeder so gelöste Fall war ein Beispiel für andere Antragsteller. Manchmal fragte ich mich in dieser Zeit, wie lange das noch gutgehen würde.

1988 machte eine später vielzitierte Anekdote die Runde in der DDR: Honecker kommt spät am Abend von einer Dienstreise aus Moskau zurück. Am Flughafen Schönefeld steht sein Dienstwagen für ihn bereit. Honecker steigt ein. Auf der Fahrt in die Stadt sind die Straßen hell erleuchtet. Nur Menschen sind nicht zu sehen. »Was ist hier los?«, fragt Honecker seinen Fahrer. Doch der zuckt nur mit den Achseln. »Dann fahr mich zum ZK!«, weist Honecker ihn an. Auch in Berlin-

Mitte sind die Straßen hell erleuchtet, und niemand ist zu sehen. Es herrscht eine gespenstische Leere. Sogar im ZK ist niemand mehr. Daraufhin entschließt sich Honecker, zur Grenze am Brandenburger Tor zu fahren, wo wie immer ein Offizier der Grenztruppen steht. Honecker steigt aus. Der Offizier salutiert. Honecker fragt ihn: »Was geht hier vor?« Der Offizier zeigt auf eine offenstehende Tür in der Mauer und antwortet: »Erich, du bist der Letzte. Mach das Licht aus.«

Die Opposition formiert sich

Schon vor dem Jahresende 1987 gab es Anzeichen für eine wachsende Unruhe in der DDR-Friedensbewegung. Soweit wir das in der Ständigen Vertretung erkennen konnten, wurde in den autonomen Gruppen inzwischen nicht nur über Friedenspolitik, Abrüstung und Umweltfragen diskutiert, sondern mehr und mehr über brisante innenpolitische Themen, wie die Meinungsfreiheit, demokratische Mitwirkungsrechte, sogar eine gerichtliche Überprüfung von Verwaltungsentscheidungen, kurz, über Grundfragen des politischen Systems der DDR.

Im November 1987 wurde über die Westmedien eine Rede des Schriftstellers Christoph Hein bekannt, die er auf dem X. Schriftstellerkongress gehalten hatte. Sein Thema: die staatliche Zensur der Verlage und Bücher, die er als »überlebt, nutzlos, paradox, menschenfeindlich, volksfeindlich, ungesetzlich und strafbar« bezeichnete. Eine für DDR-Verhältnisse ungewöhnlich scharfe Kritik an der staatlichen Überwachungspraxis, die in der DDR und auch in Teilen der westdeutschen Öffentlichkeit große Beachtung fand.

Nur wenig später wurde in der Nacht vom 24. auf den 25. November 1987 die »Umweltbibliothek« der Berliner Zionskirchengemeinde von einer Einsatzgruppe der Staatssicherheit durchsucht. Die Aktion richtete sich, wie wir hörten, gegen die Herstellung der illegalen Zeitschrift *Grenzfall* der Initiative für Frieden und Menschenrechte. Die Staatssicherheit hatte offenbar erwartet, die Redakteure und ihre Helfer beim Drucken überraschen zu können. Tatsächlich wurde zu dieser Zeit aber nicht der *Grenzfall*, sondern eine Ausgabe der *Umwelt-*

blätter der Umweltbibliothek gedruckt, die als kirchliche Veröffentlichung offiziell zugelassen waren. Die Durchsuchung war also ein Fehlschlag. Dennoch wurden die Mitarbeiter der Umweltbibliothek festgenommen und Druckmaschinen und Vervielfältigungsgeräte beschlagnahmt. Ein auch für DDR-Verhältnisse skandalöser Vorgang.

Noch am gleichen Tag wurde an der Zionskirche eine Mahnwache eingerichtet. Am Nachmittag fand vor der Kirche eine Protestdemonstration statt, bei der auch Westjournalisten anwesend waren. Die Nachricht von der Verhaftung der Mitarbeiter der Umweltbibliothek verbreitete sich wie ein Lauffeuer in den Gruppen der Friedensbewegung. In Berliner Kirchen wurden Fürbittegottesdienste gehalten. Mit einer bisher nicht gekannten Spontaneität entwickelte sich eine breite Solidarisierung gegen die Übergriffe des Staates. Die Kirchenleitung der evangelischen Kirche Berlin-Brandenburg schaltete sich ein und bemühte sich in Verhandlungen mit dem Staatssekretär für Kirchenfragen um eine gütliche Beilegung des Konflikts. Die staatlichen Stellen reagierten nervös. Als sie feststellen mussten, dass ohne eine schnelle Lösung die Lage außer Kontrolle zu geraten drohte, lenkten sie ein, und die Inhaftierten wurden freigelassen.

An den Verhandlungen zwischen Staat und Kirchenleitung war auch Rechtsanwalt Schnur beteiligt, der der Ständigen Vertretung als Verteidiger westdeutscher Angeklagter in DDR-Strafprozessen bekannt war. Nicht bekannt war uns seine inoffizielle Tätigkeit für den Staatssicherheitsdienst, von der wir erst später erfuhren. Anfang Dezember teilte der Rechtsanwalt mit, die Ermittlungen gegen die Mitarbeiter der Umweltbibliothek seien eingestellt worden und die Druckmaschinen und anderen Apparate würden zurückgegeben.

Das Zurückweichen des Staates vor der sich rasch ausbreitenden Protestwelle hat viele, auch die Ständige Vertretung, überrascht und ist damals als eine Niederlage der SED und der Staatssicherheit empfunden worden. Zum ersten Mal war eine politische Oppositionsbewegung sichtbar geworden, die sich spontan zusammengefunden hatte und keineswegs auf die autonomen Gruppen in den Kirchengemeinden beschränkt zu sein schien.

Am Sonntag, dem 17. Januar 1988 – ich war gerade im Auto unterwegs –, hörte ich im Radio eine Reportage über die »Kampfdemonstration zu Ehren von Karl Liebknecht und Rosa Luxemburg«, die alljährlich an diesem Tag mit einem von der SED organisierten Marsch zur Gedenkstätte der Sozialisten in Berlin-Friedrichsfelde stattfand. Dabei war es, wie ein westdeutscher Korrespondent als Augenzeuge berichtete, zu einer Gegendemonstration gekommen. Kleine Gruppen und auch einzelne Teilnehmer hatten während des Umzugs Spruchbänder und Transparente mit Zitaten von Rosa Luxemburg gezeigt: »Die Freiheit ist immer die Freiheit der Andersdenkenden« oder »Der einzige Weg zur Wiedergeburt ist breiteste Demokratie«. Die mitmarschierenden Sicherheitskräfte verstanden das als eine Provokation. Sie holten die beteiligten Personen aus dem Zug heraus und übergaben sie den am Straßenrand bereitstehenden Volkspolizisten, die die Demonstranten festnahmen. Dann wurden sie umgehend mit Polizeiwagen abtransportiert, »zugeführt«, wie es in der ostdeutschen Polizeisprache hieß. Etwas später wurde bekannt, dass eine Reihe von Verdächtigen bereits im Vorfeld in Gewahrsam genommen worden war.

Die Vorgänge auf dem Marsch zur Gedenkstätte waren von westlichen Rundfunk- und Fernsehkorrespondenten beobachtet worden. Die Sicherheitskräfte versuchten zwar, die Korrespondenten an Aufnahmen zu hindern. Dennoch berichteten im Lauf des Tages westdeutsche Rundfunk- und Fernsehanstalten ausführlich über die Vorgänge in Ost-Berlin, die dadurch auch in der ganzen DDR bekannt wurden. Die Gegendemonstration von Regimekritikern wurde im Osten wie im Westen als sensationell empfunden. Solche Aktionen hatte es seit dem Arbeiteraufstand von 1953 nicht mehr gegeben.

Die Initiative zu der Rosa-Luxemburg-Aktion war von der Arbeitsgruppe »Staatsbürgerschaftsrecht der DDR« ausgegangen, die sich bis dahin regelmäßig in den Räumen der Umweltbibliothek getroffen hatte. Es handelte sich dabei vorwiegend um Antragsteller. Dissidenten, die keineswegs ausreisen wollten, hatten sich der Aktion angeschlossen. Zu den Inhaftierten gehörte der prominente Liedermacher und Sänger Stefan Krawczyk, der in der ganzen DDR bekannt war – sein Vorbild war, vermute ich, Wolf Biermann.

In den Tagen nach der Rosa-Luxemburg-Demonstration forderten verschiedene Gruppen in den Berliner Kirchengemeinden die sofortige Freilassung der Inhaftierten, ohne freilich zu wissen, dass mehrere Mitglieder der Arbeitsgruppe »Staatsbürgerschaftsrecht« schon in den Westen abgeschoben worden waren. Die meisten von ihnen dürften damit einverstanden gewesen sein, war doch die Ausreise ihr eigentliches Ziel. Wie schon nach der Durchsuchung der Umweltbibliothek im November des vorangegangenen Jahres fanden nun täglich in Berliner Kirchen Fürbitten und Protestversammlungen statt. Die Zahl der Menschen, die sich daran beteiligten, nahm von Tag zu Tag zu. Es dürften Tausende gewesen sein. Auch Bischof Forck ging an die Öffentlichkeit und forderte die Freilassung der Inhaftierten. Am 25. Januar kam es zu einer neuen Verhaftungswelle. Festgenommen wurden die bekannten Dissidenten Freya Klier, Bärbel Bohley, Lotte und Wolfgang Templin, Werner Fischer, Ralf Hirsch und andere, von denen wir noch nie gehört hatten. Wenige Tage später wurden in Schnellverfahren vor dem Stadtbezirksgericht Mitarbeiter der Umweltbibliothek zu sechsmonatigen Haftstrafen verurteilt. Das verstärkte die Unruhe und Empörung unter den Dissidenten noch.

Inzwischen verhandelten die Kirchenleitung und Rechtsanwalt Vogel mit staatlichen Stellen über eine Lösung des Konflikts, der sich durch die Proteste im ganzen Land immer mehr ausweitete. In dieser Situation wurde plötzlich das Gerücht verbreitet, Freya Klier und Stefan Krawczyk hätten einen Ausreiseantrag gestellt, was Rechtsanwalt Vogel mir gegenüber bestätigte. Die Nachricht löste bei vielen ihrer Freunde und Gleichgesinnten ungläubiges Staunen aus. Sie forderten nun mit noch größerem Nachdruck eine Entlassung der Inhaftierten in die DDR. Am 2. Februar reisten Stefan Krawczyk und Freya Klier tatsächlich aus. Im Westen angekommen, gaben sie eine Erklärung ab, dass sie die DDR »nicht freiwillig« verlassen hätten, sondern »in einer Zwangssituation« im Gefängnis einen Ausreiseantrag gestellt hätten. Auch Bärbel Bohley und Werner Fischer verließen kurz darauf mit einem Halbjahresvisum, die beiden Templins mit einem Zweijahresvisum die DDR. In der Dissidentenszene löste diese Entwicklung große Irritationen aus. Die Solidaritätsveranstaltungen nahmen ein jähes Ende. Die Kirchenleitung und auch die beteiligten Rechtsanwälte wurden kritisiert, weil sie sich nicht energisch genug für eine Entlassung der Inhaftierten in die DDR eingesetzt hätten.

Wie immer auch die Umstände bei diesen Ausreisen gewesen sein mochten, der Ablauf der Ereignisse hatte jedenfalls gezeigt, dass bei den Protesten und Solidaritätsbekundungen viele kritische Gruppen unter dem Dach der Kirche zusammengekommen waren. Von einer organisierten Opposition gegen das SED-System konnte zwar zu diesem Zeitpunkt noch keine Rede sein. Doch eine oppositionelle Bewegung begann sich zu formieren. In den autonomen Gruppen, aber auch in Teilen der Bevölkerung gab es inzwischen starke Vorbehalte gegen die Ausreisen in den Westen. Viele unzufriedene Menschen wollten bleiben und forderten Veränderungen. Das war die wichtigste Botschaft in diesen Tagen.

Am 13. Februar 1988 fuhr ich wie jedes Jahr nach Dresden, um an dem Gedenkgottesdienst zur Erinnerung an die Opfer der Bombennacht teilzunehmen. Die Kreuzkirche war bis auf den letzten Platz besetzt. Auch viele junge Menschen waren gekommen, Christen und Nichtchristen. Dresden war wie immer an diesem Tag über alle Unterschiede und Gegensätze hinweg eine große Trauergemeinde. Nach dem Ende des Gottesdienstes ging ich mit vielen anderen zur Ruine der Frauenkirche, um dort in der Stille der Opfer des Bombenkriegs zu gedenken. Manche Gottesdienstbesucher hatten Kerzen mitgebracht, die sie entzündeten und auf den Steinen der Ruine aufstellten. In diesem Augenblick sahen und hörten wir in der Nähe eine Gruppe von Demonstranten in Sprechchören rufen: »Vernichtet nicht die Menschenrechte wie einst Dresden!« Kurz darauf schritt die Polizei ein und löste die Demonstration auf. Selbst hier war die Unruhe zu spüren, die offenbar das ganze Land erfasst hatte.

Nur wenige Tage später erschien im *Neuen Deutschland* ein Artikel unter dem Titel »Wer steuert die sogenannte DDR-Opposition?«. Die Verfasser gaben auch sogleich die Antwort: »Es sind die Geheimdienste und antisozialistische Kräfte in der BRD und West-Berlin.« Das war nicht nur Propaganda, sondern auch eine Warnung an die autonomen Gruppen. Ich bat alle Mitarbeiter in der Vertretung, sich größte Zurückhaltung gegenüber den uns bekannten Gruppen aufzuerlegen, um diese nicht zu gefährden. Es war so etwas wie eine Alarmstufe.

Perestroika in der DDR?

Am 7. September 1988 starb unerwartet Werner Felfe, Mitglied des Politbüros und Sekretär des Zentralkomitees für Landwirtschaft. Sein Tod wurde in der SED als schwerer Verlust empfunden. Im Parteiapparat stand er in hohem Ansehen. Unter den in Ost-Berlin akkreditierten Diplomaten galt er als sachbezogen und pragmatisch. In letzter Zeit war bei den Spekulationen über die Honecker-Nachfolge immer häufiger auch sein Name genannt worden.

Ich hatte wiederholt mit Felfe zu tun gehabt. Vor seiner Reise in die Bundesrepublik im November 1987 hatte ich für ihn und zwei Mitarbeiter ein Essen in der Residenz gegeben, um ihn etwas einzustimmen. Wir führten ein freundliches und zwangloses Gespräch ohne Polemik oder unangenehme Zwischentöne. Felfe schien auch ernsthaft interessiert an der politischen Lage in der Bundesrepublik. Wenige Tage später schickte er mir eine Kiste Wein bester Qualität aus dem Anbaugebiet Elbtal. Eine so freundliche Geste hatte ich bisher von keinem Mitglied des Politbüros erfahren.

Felfes Tod löste neue Spekulationen über einen Generationswechsel in der SED-Führung aus. Einige Gesprächspartner gaben mir vertraulich zu verstehen, die »alte Garde«, namentlich Honecker, Stoph, Hager, Axen, Mielke – alle über siebzig Jahre alt –, und auch der etwas jüngere Mittag seien müde, unbeweglich und starr. Kürzlich sei Stoph in einer Politbürositzung eingeschlafen, erwähnte einer meiner Gesprächspartner. Dennoch zeichne sich kein Führungswechsel ab. Honecker, der im Jahr zuvor 75 Jahre alt geworden war, zeige keine Bereitschaft abzutreten. Er stehe jetzt, jedenfalls im westlichen Ausland, auf der Höhe seines Ansehens. Auch Ernst-Otto Schwabe meinte, kaum jemand rechne in der nächsten Zeit mit einem Generationswechsel in der Führung. Angesichts wichtiger, aber auch riskanter Veränderungen im sowjetischen Herrschaftsbereich lege die SED-Führung offenbar Wert darauf, Stabilität und Kontinuität zu demonstrieren.

Schon seit einiger Zeit gab es Anzeichen für eine zunehmende Distanz zwischen Erich Honecker und Michail Gorbatschow. Es soll sogar zu heftigen Auseinandersetzungen zwischen den beiden Parteiführern gekommen sein. Sie waren allerdings peinlich darauf bedacht, nach außen hin nicht den Eindruck einer Entfremdung aufkommen zu lassen. Auf dem XI. Parteitag der SED im April 1986 hatte Gorbatschow die ökonomische Strategie der SED ausdrücklich gelobt, was von den Zuhörern als eine Würdigung der »Einheit von Wirtschafts- und Sozialpolitik« verstanden wurde. In einem persönlichen Gespräch hatte er Honecker allerdings geraten, sich zu diesem Zeitpunkt nicht auf einen Termin für seinen geplanten Besuch in der Bundesrepublik festzulegen, was diesen sehr verärgert haben soll. Ein Jahr später, als der Besuch dann tatsächlich stattfand, stimmte Honecker diesen nicht mehr mit der sowjetischen Führung ab. Das wäre früher undenkbar gewesen.

Als Gorbatschow bei einem Spitzentreffen der Mitgliedsstaaten des Rates für gegenseitige Wirtschaftshilfe (RGW) im November 1986 in Moskau erklärte, jede Partei entscheide allein über ihren Kurs, scheint Honecker nicht sonderlich beunruhigt gewesen zu sein. Vielleicht war er sogar angetan von der Aussicht, dass die Abhängigkeit der Bruderstaaten von Moskau künftig etwas gelockert würde. Er ahnte wohl nicht – und wer ahnte das schon? –, dass sich die Sowjetunion von ihren militärischen und ökonomischen Verpflichtungen gegenüber den Verbündeten loslösen würde. Offenbar stand für Gorbatschow jetzt nicht mehr der Zusammenhalt des sozialistischen Wirtschafts- und Bündnissystems im Vordergrund, sondern die Abrüstungsverhandlungen mit den USA und damit der Übergang zu einer defensiven und weniger kostspieligen Militärstrategie.

In der SED-Führung wuchs indes das Misstrauen gegenüber der Reformpolitik Moskaus. Honecker und das Politbüro hatten keine Neigung, sich auf politische Experimente einzulassen. Der Umbau der politischen Strukturen der Sowjetunion, der sich seit 1987 abzeichnete, irritierte die SED-Führung. Sie hielt sich jedoch mit offener Kritik an den sowjetischen Reformen zurück. »Wir gehen unseren eigenen Weg«, hieß es hinter vorgehaltener Hand. Wie groß der Widerwille gegen Glasnost und Perestroika wirklich war, wurde der Öffentlichkeit erst bekannt, als Kurt Hager, im ZK und Politbüro für Ideologiefragen zuständig, in einem Interview mit der westdeutschen Illustrierten *Stern*, das am folgenden Tag im *Neuen Deutschland* abgedruckt wurde, spöttisch und herablassend die Frage stellte: »Würden Sie, wenn Ihr Nachbar seine Wohnung neu tapeziert, sich verpflichtet fühlen, Ihre Wohnung ebenfalls neu zu tapezieren?« Die Antwort verstand sich von selbst.

1988 spitzte sich der Konflikt zwischen den Genossen in Moskau und Ost-Berlin weiter zu. Auf einer Parteikonferenz in Moskau kündigte der sowjetische Generalsekretär eine Verlagerung der politischen Verantwortung vom Parteiapparat auf die staatlichen Sowjets, also die Parlamente an. Eine solche Absicht dürfte der »alten Garde« der SED die Sprache verschlagen haben. Sie sahen darin eine Abkehr von den geheiligten Lehren des Marxismus-Leninismus, die für sie unantastbar waren.

Schon einige Zeit davor hatte in der Sowjetunion eine kritische Überprüfung der Geschichte der KPdSU eingesetzt. Auch das wollte die SED nicht mitmachen. Sie spürte deutlich, dass in dieser Diskussion auch ihre eigenen Fundamente in Mitleidenschaft gezogen wurden. Für das Parteilehrjahr 1988 gab die SED deshalb eine eigene Darstellung der Geschichte der KPdSU im Sinne der bisher herrschenden Lehre heraus. Ab Januar 1988 wurden angeblich auf Anweisung Honeckers bestimmte sowjetische Zeitschriften für die DDR gesperrt. Im November 1988 wurde das sowjetische Magazin *Sputnik*, eine Art *Reader's Digest*, in dem aktuelle Artikel aus sowjetischen Zeitungen und Zeitschriften in deutscher Sprache nachgedruckt wurden, nicht mehr ausgeliefert. Das kam einem Verbot der vielgelesenen Zeitschrift gleich, in der sich DDR-Bürger über den Fortgang der sowjetischen Reformdiskussion informieren konnten.

Am 29. Dezember 1988 wurde in Ost-Berlin der siebzigste Jahrestag der Gründung der KPD feierlich begangen. Ich nahm an den Feiern selbstverständlich nicht teil. Honecker benutzte die Gelegenheit, die Losung vom »eigenen Weg der DDR zum Sozialismus« auszugeben. Selbstbewusst sprach er von einem »Sozialismus in den Farben der DDR«. Doch was bedeutete diese Formel? Im Rückblick wird man sagen müssen: Damit begann der Weg der DDR in eine politische und wirtschaftliche Isolierung.

Mit einem solchen Kurs konnte Honecker die wachsende Unruhe im Land nicht dämpfen. Im Gegenteil, an den Hochschulen und Universitäten, in den Kirchen und zunehmend sogar in der SED wurde über notwendige Reformen in der DDR gesprochen. Auf dem Kir-

433

chentag in Halle stellte der Theologe Friedrich Schorlemmer Thesen eines Wittenberger Arbeitskreises unter ausdrücklicher Berufung auf Gorbatschow vor: Sein Erfolg würde den Untergang des dogmatischen und bürokratischen Sozialismus und den Anfang des wahren, des schöpferischen Sozialismus bedeuten, bekannte er. Schorlemmer forderte einen »produktiven Streit in angstfreien und demokratischen Formen« und konkret freie Wahlen, demokratische Mitbestimmung der Bevölkerung, Rechtssicherheit und Verwaltungsgerichtsbarkeit. Diese Thesen stellten das umfassende Programm einer sich formierenden Opposition dar. Manfred Stolpe, der nicht gerade für provozierende Reden an die Adresse des Staates bekannt war, fasste die Diskussionen auf den Kirchentagen über Umweltschutz, Bildungspolitik, staatsbürgerliche Freiheiten und Menschenrechte in dem Satz zusammen: »Ohne Perestroika geht es nicht, auch nicht in der DDR.«

Die Diskussionen innerhalb der SED drangen nicht nach außen. Noch war die Disziplinierung von oben wirksam. Doch unzweifelhaft gab es unter den Parteimitgliedern viele Sympathien für die Reformideen Gorbatschows. Das galt zum Beispiel für die Vordenker in der Akademie für Gesellschaftswissenschaften beim ZK der SED, die an dem SPD/SED-Papier über den Streit der Ideologien mitgearbeitet hatten. Auch bei meinen Gesprächen mit hohen Parteifunktionären – ich nenne hier nur Krenz und Modrow – meinte ich Verständnis für die sowjetische Reformpolitik herauszuhören.

Zu einer wirklichen Reformbewegung ist es dann allerdings nicht mehr gekommen. Ich hatte das im Herbst 1988 eigentlich erwartet. Doch es fehlten wohl Persönlichkeiten mit Gewicht in der engeren Führung, die eine solche Kursänderung hätten vorantreiben können. Im Oktober 1989, als Honecker zurücktreten musste, war es dafür zu spät.

Eine Reise nach Hiddensee

An einem Freitagnachmittag im Oktober unternahmen Hilla, die Kinder und ich eine seit langem geplante Reise in den Norden der Republik. Unser Ziel war die westlich von Rügen gelegene Insel Hiddensee, wo wir am nächsten Tag Hillas fünfzigsten Geburtstag feiern wollten.

Am Abend erreichten wir Stralsund, eine schöne, ehrwürdige Hansestadt, in der viele alte Häuser dem Verfall preisgegeben waren. Wir stiegen im Hotel Baltic ab, wo wir Zimmer reserviert hatten. Zum Abendessen gingen wir in das zum Hotel gehörende Restaurant, das gähnend leer war. Nur ein einsamer Gast saß dort, trank ein Bier oder auch zwei und schien sich zu langweilen. Aha, dachte ich, das ist der Stasi-Mann vom Dienst, der auf uns aufpassen soll. Wir waren das von anderen Reisen gewöhnt und ließen uns nicht stören.

Am nächsten Morgen gratulierten wir Hilla zum Geburtstag, frühstückten in dem Restaurant, wo wir schon den vergangenen Abend verbracht hatten – diesmal ohne Aufsicht, jedenfalls bemerkte ich niemanden –, machten uns dann auf den Weg nach Schaprode, einem kleinen Hafen am Westufer Rügens, und setzten von dort mit einer Fähre nach Hiddensee über. Das Auto ließen wir in Schaprode zurück, denn Hiddensee war autofrei.

Auf der Insel wanderten wir bei kühlem Herbstwetter in nördlicher Richtung, bis wir Kloster erreichten, den Hauptort der Insel mit einem nahegelegenen Sandstrand, einem auf einer Anhöhe stehenden Leuchtturm und sogar einem kleinen Stück Steilküste. Im Dorf kehrten wir ein und besuchten dann das Gerhart-Hauptmann-Museum. Die Leiterin der »Gedächtnisstätte«, wie sie offiziell hieß, empfing uns sehr freundlich und führte uns durch das Haus, in dem der Dichter in den dreißiger Jahren und auch noch im Krieg mit seiner Familie die Ferien verbracht hatte. Als ich hörte, dass das Museum die kürzlich in der Bundesrepublik erschienenen Tagebücher Gerhart Hauptmanns nicht besaß, versprach ich der Leiterin, ihr die Bände in nächster Zeit zukommen zu lassen, was auch geschehen ist. Danach gingen wir in die schöne alte Dorfkirche von Kloster und verweilten einen Augenblick am Grab des Dichters auf dem nahegelegenen Kirchhof. In der Kirche kamen wir mit dem Ortspfarrer ins Gespräch, der früher Stadtjugendpfarrer in Ost-Berlin gewesen war. Er lud uns in sein Pfarrhaus ein, wo er und seine Frau uns müde Wanderer mit Tee und Kuchen bewirteten. Der Pfarrer war auf der ganzen Insel hoch angesehen. Die Menschen kamen mit ihren Sorgen zu ihm. Nicht die Partei hatte hier das Sagen, wie mir später jemand erläuterte, sondern der Pfarrer als der Repräsentant der Inselgemeinde.

Am frühen Abend fuhren wir nach Schaprode zurück. Auf der Fähre trafen wir Friedrich Schorlemmer aus Wittenberg, der mit einer kleinen Studentengruppe einige Tage auf der Insel verbracht hatte. Auf dem dichtbesetzten Boot kamen wir ins Gespräch. Ich fragte ihn nach dem Echo seiner Wittenberger Thesen, die er im letzten Sommer auf dem Kirchentag in Halle vorgestellt hatte. Schorlemmer scheute sich nicht, darüber zu sprechen. Er tat es nicht verschlüsselt, sondern nannte die Probleme der DDR in seinem leicht spöttischen Tonfall beim Namen. Vielleicht war es unvorsichtig von mir, auf dem Boot mit vielen Menschen, also praktisch in der Öffentlichkeit, ein so heikles Thema anzusprechen. Ihn schien das aber nicht weiter zu stören. Schon bald merkte ich, dass die um uns stehenden Menschen still geworden waren und zuhörten. Friedrich Schorlemmer, ein fröhlicher Christenmensch mit einer warmen Ausstrahlung, hatte sie in seinen Bann gezogen.

9. November 1988:
Gedenken an die Reichspogromnacht

Seit meinem Amtsantritt hatte ich die Entwicklung der kleinen jüdischen Gemeinden in der DDR aufmerksam beobachtet. Mit dem Vorsitzenden der Gemeinde in Ost-Berlin, Dr. Peter Kirchner, traf ich regelmäßig zu Gesprächen zusammen. 1988 äußerte er sich sehr befriedigt über die Aufwertung der Gemeinden in jüngster Zeit. Ihr Beitrag zum deutsch-jüdischen Erbe und zum Kulturleben in der DDR finde endlich gebührende Aufmerksamkeit. Auch die Teilnahme einer Delegation des Verbandes an der fünfzigsten Jahrestagung des Jüdischen Weltkongresses in Jerusalem im Januar 1986 sei in der jüdischen Welt positiv registriert worden. Es dürfte übrigens der erste offizielle Besuch aus der DDR in Israel gewesen sein, einem Staat, dem die DDR wegen ihrer engen Verbindungen zur palästinensischen Befreiungsorganisation mit einer gerade für einen deutschen Staat sehr auffälligen Zurückhaltung gegenüberstand.

Im Juli 1987 empfing Honecker den Präsidenten der Jewish Claims Conference, den Rabbiner Israel Miller, in seinem Amtssitz. Auch wenn darüber nichts verlautete, so dürfte doch in diesem Gespräch die Frage von Entschädigungszahlungen der DDR an die Opfer der nationalsozialistischen Verfolgung im Vordergrund gestanden haben. Eine Wiedergutmachung beziehungsweise Rückerstattung von ehemals jüdischem Eigentum hatte die DDR bis dahin kategorisch abgelehnt, da sie sich nicht als ein Nachfolger des Dritten Reiches sah.

Im Juni 1988 empfing Honecker den neugewählten Vorsitzenden des Verbandes der Jüdischen Gemeinden in der DDR, Siegmund Rotstein, und einige führende Mitglieder des Präsidiums. Wie zu hören war, würdigte Honecker ausdrücklich den Beitrag der Gemeinden zur Pflege jüdischer Traditionen und des kulturellen und wissenschaftlichen Erbes des deutschen Judentums. So deutlich war das bisher von offizieller Seite noch nie ausgesprochen worden. Bald darauf führte Honecker ein Gespräch mit dem Vorsitzenden der Jüdischen Gemeinde in West-Berlin, Heinz Galinski, in dem es wohl in erster Linie um die Frage der Entschädigungszahlungen ging. Auch die bevorstehende Gründung der Stiftung »Neue Synagoge Berlin – Centrum Judaicum« soll dabei zur Sprache gekommen sein.

Galinski zeigte großes Interesse an dieser Initiative zum Wiederaufbau der Neuen Synagoge in der Oranienburger Straße. Ich hatte früher wiederholt über das »Nichtverhältnis« zwischen den Jüdischen Gemeinden in Ost- und West-Berlin mit ihm gesprochen und eine Zusammenarbeit angeregt. Galinski, der in den fünfziger Jahren angesichts einer von der Sowjetunion ausgehenden Welle des Antisemitismus die DDR verlassen hatte, stand solchen Kontakten lange Zeit ablehnend gegenüber. Umso mehr begrüßte ich die sich jetzt abzeichnende Entwicklung. Aus seinem Gespräch mit Honecker berichtete Galinski, nach seinem Eindruck sei die DDR jetzt grundsätzlich zu Entschädigungszahlungen bereit. Merkwürdigerweise wollte das DDR-Außenministerium die Hinweise Galinskis aber nicht bestätigen und bekräftigte den bisherigen Standpunkt der DDR. Sie habe, so hieß es, alle Verpflichtungen aus dem Potsdamer Abkommen erfüllt, insbesondere auch die darin festgelegten Reparationszahlungen. Außerdem unterstütze die Regierung die Jüdischen Gemeinden, und jüdische Verfolgte erhielten in der DDR einen Ehrensold. Damit seien alle Wiedergutmachungsansprüche abgegolten.

Kurz darauf wurde die Stiftung »Neue Synagoge Berlin – Centrum Judaicum« durch eine Rechtsverordnung der DDR errichtet. Wie sich aus einer Pressemitteilung des Verbandes ergab, war die Regierung bereit, einen namhaften Beitrag dazu zu leisten. Das war ein ermutigendes Signal. Wie erklärte sich dieses neue Interesse an den kleinen, vom Aussterben bedrohten Jüdischen Gemeinden?

Ich vermute, Honecker und andere Mitglieder der DDR-Führung hatten erkannt, dass die enge Verbindung der DDR zu dem Palästinenserführer Arafat und die im Kontrast dazu kühle Distanz gegenüber dem Staat Israel wie auch das Fehlen einer Entschädigungsregelung im Westen sehr kritisch gesehen wurden. Vor allem die USA und die jüdischen Organisationen nahmen daran Anstoß. Mit einer Einladung des DDR-Staatsratsvorsitzenden zu einem Besuch in die USA – und daran schien Honecker großes Interesse zu haben – war unter diesen Umständen nicht zu rechnen.

Im November 1988 besuchten der Präsident des Jüdischen Weltkongresses, Edgar Bronfman, und Generalsekretär Israel Singer Ost-Berlin. Anlass war der fünfzigste Jahrestag der »Reichspogromnacht« (die in der Bundesrepublik häufig noch wie in der NS-Zeit »Reichskristallnacht« genannt wurde). Die beiden hohen jüdischen Repräsentanten wurden in der DDR mit demonstrativer Aufmerksamkeit empfangen. Wie wir hörten, soll Honecker in einem Gespräch mit Präsident Bronfman zugesagt haben, die Frage einer Pauschalentschädigung für die jüdischen Opfer der nationalsozialistischen Verfolgung, die auf dem Gebiet der späteren DDR gelebt hatten, in nächster Zeit zu regeln. Dabei soll auch über die Höhe dieser Entschädigung gesprochen worden sein. Angeblich war von einem Betrag von 100 Millionen Dollar die Rede. Zu verbindlichen Absprachen ist es bei diesem Besuch allerdings nicht gekommen. Im Übrigen scheint Honecker angedeutet zu haben, dass die DDR offizielle Kontakte und die Aufnahme diplomatischer Beziehungen mit dem Staat Israel erwäge, verbunden mit der Anerkennung des Existenzrechts Israels, das die DDR meines Wissens allerdings nie bestritten hatte. Hier deutete sich eine Wende in den Beziehungen der DDR zur jüdischen Welt an.

Vom 8. bis 10. November 1988 fanden in der DDR und insbesondere in Ost-Berlin zahlreiche Veranstaltungen zum Gedenken an die »Reichspogromnacht« vor fünfzig Jahren statt. Die Feierlichkeiten begannen mit einer Sondersitzung der Volkskammer am 8. November. Als Gäste nahmen daran nicht nur die jüdischen Repräsentanten aus der DDR und ausländische Ehrengäste teil, sondern auch der Vorsitzende der Jüdischen Gemeinde in West-Berlin, Heinz Galinski, der parlamentarische Geschäftsführer der SPD-Bundestagsfraktion, Gerhard Jahn, und natürlich der Ständige Vertreter der Bundesrepublik. Das war fast schon ein gesamtdeutscher Akzent, der dem Anlass ja auch angemessen war.

Am folgenden Tag, dem 9. November, fand abends eine große Gedenkveranstaltung des Verbands der Jüdischen Gemeinden in der DDR im Deutschen Theater statt. Die Gedenkrede hielt der Verbandsvorsitzende Siegmund Rotstein, sein Stellvertreter Dr. Peter Kirchner verlas eine Grußbotschaft des Staatsratsvorsitzenden. Am 10. November wurde in einer feierlichen Zeremonie der Grundstein für den Wiederaufbau der Neuen Synagoge an der Oranienburger Straße gelegt. Anschließend fand eine Kranzniederlegung auf dem jüdischen Friedhof in Weißensee statt, wiederum in Anwesenheit zahlreicher Ehrengäste. Danach trat das internationale Kuratorium der neugegründeten Stiftung »Neue Synagoge Berlin – Centrum Judaicum« zu seiner konstituierenden Sitzung zusammen. Zu meiner großen Befriedigung hatte sich die Bundesregierung bereit erklärt, die Stiftung mit einer Spende von einer Million D-Mark zu unterstützen – mit Wissen und Zustimmung der DDR. Auch das ein bedeutsames Zeichen für die gemeinsame Verantwortung der Deutschen im Hinblick auf das schwere Unrecht in der nationalsozialistischen Zeit.

Ich möchte dieser knappen Darstellung eines wichtigen Vorgangs in der Geschichte der DDR noch eine kleine Episode hinzufügen. Zu den Ehrengästen der Feiern in Ost-Berlin gehörte auch Sir Sigmund Sternberg aus London – ein jüdischer Wohltäter im wahrsten Sinne des Wortes, der aus Deutschland stammte und in den dreißiger Jahren mit seiner Familie nach England emigriert war. Ich lernte ihn am Rande der Sondersitzung der Volkskammer kennen, und wir verabredeten uns, am nächsten Tag gemeinsam nach Frankfurt zu fliegen, um dort an der Gedenkveranstaltung des Zentralrats der Juden in Deutschland in der Synagoge im Frankfurter Westend teilzunehmen. Am späten Nachmittag wollten wir nach Berlin zurückfliegen, wo abends die Veranstaltung im Deutschen Theater stattfand. Die Gedenkfeier des Zentralrats war beeindruckend. Anwesend waren Bundespräsident von Weizsäcker, Bundeskanzler Kohl sowie zahlreiche Ehrengäste aus vielen Ländern.

Als wir die Synagoge verließen, um zum Flughafen zu fahren, mussten wir feststellen, dass alle Taxen schon vergeben waren. Was tun? Bis zu unserem Rückflug nach Berlin hatten wir nur noch wenig Zeit. In meiner Not wandte ich mich an die Polizei, die an der Synagoge zahlreich vertreten war, und bat sie – in meiner Eigenschaft als Staatssekretär der Bundesregierung –, uns einen Polizeiwagen für die Fahrt zum Flughafen zur Verfügung zu stellen. Das Polizeifahrzeug brachte uns mit atemberaubender Geschwindigkeit gerade noch rechtzeitig zum Flughafen. Ich war erleichtert, Sir Sigmund aber war blass geworden. Er hatte bei der rasenden Fahrt in einem deutschen Polizeiwagen wohl unangenehme Erinnerungen an frühere Zeiten gehabt. Eine solche Fahrt sei in England unter Mrs. Thatcher nicht möglich, bemerkte er. In Berlin-Tegel erwartete uns der Dienstwagen der Ständigen Vertretung, der uns sicher und mit angemessener Geschwindigkeit zum Deutschen Theater brachte.

Abschied wider Willen

Anfang 1988 hatte ich selbst die Initiative zu einem Wechsel in der Leitung der Ständigen Vertretung ergriffen. Im Mai dieses Jahres wäre ich sechs Jahre im Amt gewesen. Nach dem Besuch Honeckers in der Bundesrepublik schien es mir an der Zeit, mich zu verändern. Ich war nicht amtsmüde, nicht abgekämpft, ich war die Beschäftigung mit der DDR auch keineswegs leid. Aber nachdem ich mich achtzehn Jahre lang diesem ungeliebten Staat gewidmet hatte, wollte ich noch einmal etwas Neues anfangen, die große, weite Welt erleben, wie ich mir das bei meinem Eintritt in den auswärtigen Dienst vorgestellt hatte. Mein Wunsch war, nach New York zu gehen und dort die Leitung der Ständigen Vertretung bei den Vereinten Nationen zu übernehmen.

Ich unterrichtete den Chef des Bundeskanzleramtes, Schäuble, der meinen Wunsch mit Verständnis aufnahm, sowie den Bundesaußenminister, der sich ebenfalls offen zeigte, auch für mein Interesse, als Botschafter zu den Vereinten Nationen zu gehen. Dann hörte ich einige Zeit nichts mehr davon.

Genscher schien großes Interesse daran zu haben, einen Mann seines Vertrauens, vorzugsweise aus dem auswärtigen Dienst, als meinen Nachfolger auszuwählen, während das Bundeskanzleramt, dem die Ständige Vertretung zugeordnet war, vermutlich eine der CDU nahestehende Persönlichkeit nach Ost-Berlin entsenden wollte. Wer in die engere Wahl gezogen wurde, wusste ich nicht. Man entschied sich schließlich für Franz Bertele aus dem auswärtigen Dienst, der für diese Aufgabe die besten Voraussetzungen mitbrachte. Als Vertreter von Staatssekretär Gaus hatte er in den siebziger Jahren praktische Erfahrungen in der Deutschlandpolitik und im Umgang mit der DDR erworben. Im Auswärtigen Amt leitete er seit einiger Zeit die Zentralabteilung. Seitdem kannte Genscher ihn gut und schätzte ihn. Auch im Bundeskanzleramt hatte er den Ruf eines untadeligen Beamten, fachlich kompetent, pragmatisch, mit einem ausgewogenen Urteil.

Eigentlich sollte ich schon im Herbst 1988 nach New York gehen. Dazu war ich selbstverständlich bereit, gab aber zu bedenken, dass ein Botschafterwechsel wenige Monate vor dem Ende unserer (zweijährigen) Mitgliedschaft im Sicherheitsrat weder vernünftig noch fair gegenüber dem amtierenden Botschafter wäre. Das Auswärtige Amt folgte diesem Rat und entschied, dass der Wechsel im Januar 1989 stattfinden sollte. Im Herbst fragte ich mich allerdings, ob dies wirklich der richtige Zeitpunkt für meinen Weggang aus der DDR war. Die Krisenzeichen hatten sich weiter verdichtet. Manchmal hatte ich das Gefühl, es könne irgendetwas passieren, etwa eine dramatische Zunahme des Ausreisedrucks mit Demonstrationen der Antragsteller in den Kirchen und vielleicht sogar auf den Straßen. Die Folge hätte eine wieder schärfere Abgrenzung gegenüber der Bundesrepublik sein können. Ich hielt eine solche Krise nicht für wahrscheinlich, spürte aber, dass ich in einer so angespannten Situation meinen Posten eigentlich nicht verlassen wollte. Ich sprach nur mit Hilla darüber, die mich verstand. Doch nach einer guten Woche kam ich zu der Einsicht, meinem Gefühl nicht nachgeben zu dürfen. Der Wechsel war von mir selbst vorgeschlagen worden. Die Bundesregierung hatte zugestimmt und einen qualifizierten Nachfolger ernannt. All das war kaum noch rückgängig zu machen. Außerdem entsprach es meinem Selbstverständnis, eine einmal getroffene Entscheidung der Bundesregierung nicht ohne zwingenden Grund in Frage zu stellen. So fügte ich mich, wenn auch schweren Herzens.

Nach der Sommerpause begann ich meine Verabschiedung vorzubereiten. Ich nahm mir vor, mich nicht nur in der »Hauptstadt«, sondern auch außerhalb Berlins von meinen zum Teil langjährigen Gesprächspartnern zu verabschieden. Protokollarisch war das nicht unbedingt geboten. Doch ich legte Wert darauf, nicht nur vor mir selbst, sondern auch gegenüber DDR-Partnern Rechenschaft darüber abzulegen, was im Verhältnis der beiden deutschen Staaten erreicht worden war, zugleich aber auch die Defizite aufzuzeigen, die es nach wie vor gab. Damit wollte ich zu guter Letzt noch einmal auf die Meinungsbildung in der DDR Einfluss nehmen, soweit das dem offiziellen Vertreter der Bundesrepublik in der DDR überhaupt möglich war.

So besuchte ich in den letzten Monaten meiner Amtszeit noch einmal die wichtigsten Bezirke in der DDR, fuhr nach Rostock und Schwerin, nach Halle, Görlitz, Dresden, Leipzig, Karl-Marx-Stadt – das frühere Chemnitz, das heute wieder so heißt –, nach Erfurt und Weimar und schließlich nach Potsdam. Ich suchte die SED-Bezirkssekretäre und die Ratsvorsitzenden der Bezirke auf, manchmal auch die Oberbürgermeister, obwohl ich mit ihnen in meiner Amtszeit nur wenig zu tun gehabt hatte. Und wenn die Zeit reichte, ging ich noch einmal in die Museen und besuchte die Künstler, die ich gut kannte. Von den Malern Heisig und Altenbourg erwarb ich zur Erinnerung an meine DDR-Zeit jeweils ein Bild. Besonders wichtig waren mir die Abschiedsbesuche bei den Bischöfen und anderen Kirchenleuten beider Konfessionen.

Bei diesen Abschiedsreisen wollte ich auch die Stätten, Orte und Landschaften noch einmal sehen, die mir besonders ans Herz gewachsen waren. Dazu gehörte in Weimar das Deutsche Nationaltheater, in dem die Weimarer Verfassung von 1919 ausgearbeitet worden war, das Haus am Frauenplan und das Gartenhaus Goethes, auch das Hotel Elephant, in dem ich häufig und gern abgestiegen war. Dazu gehörten die Dome in Magdeburg, Halberstadt, Erfurt und Naumburg; in Dresden die Brühl'sche Terrasse, der Zwinger, die katholische Hofkirche und vor allem die evangelische Kreuzkirche, in der ich alljährlich am 13. Februar an dem Gedenkgottesdienst teilgenommen hatte. In Leipzig waren es die Thomaskirche und die St. Nikolaikirche, das Gewandhaus – ein markantes Beispiel moderner DDR-Architektur – und das Dimitroff-Museum im Gebäude des früheren Reichsgerichts. Auch diesmal versäumte ich nicht, dem Hotel Stadt Leipzig einen kurzen Besuch abzustatten, das mir damals nach dem Absturz der Interflug-Maschine sehr geholfen hatte. Zu meinen Lieblingsorten gehörten außerdem die Lutherstadt Wittenberg, Schloss Branitz bei Cottbus, in dem früher Fürst Pückler residiert hatte, und das Ostseebad Ahrenshoop – das in der DDR manchmal »Bad der Kulturschaffenden« genannt wurde. Und natürlich liebten wir Potsdam, das Holländische Viertel, den Park Sanssouci mit den preußischen Königsschlössern, den Neuen Garten mit dem Marmorpalais und dem Cecilienhof. Aus anderen Gründen wichtig waren mir die Gedenkstätten Sachsenhausen und Buchenwald, die ich regelmäßig mit oder ohne offiziellen Anlass besucht hatte, Orte des Grauens und der Erinnerung an die dunkelste Zeit der deutschen Geschichte.

Insgesamt war das eine lange Liste, die ich unschwer hätte erweitern können. Nicht wissend, wann ich wieder Gelegenheit haben würde, privat in die DDR zu reisen, wollte ich diese Orte und Landschaften und das, was ich dort erlebt hatte, in meiner Erinnerung bewahren. Hier hatte ich immer wieder erfahren, wie sehr es mir am Herzen lag, dass die Deutschen eines nicht zu fernen Tages wieder zusammenfinden würden.

In der Woche vor Weihnachten verabschiedeten wir uns in Ost-Berlin. Im »Gartenhaus« der Ständigen Vertretung gaben wir einen Empfang für alle, mit denen wir in den vergangenen Jahren einen engeren Kontakt gehabt hatten. Fast alle, die wir eingeladen hatten, kamen. Viele brachten kleine Geschenke mit, wie es in der DDR Sitte war. Manche mahnten uns, sie auch in New York nicht zu vergessen.

Wir beteuerten das, sagten aber nicht: »Bitte besuchen Sie uns«, denn wer hätte schon in die USA reisen können.

Ich verzichtete auf eine Abschiedsrede. Wir wollten mit unseren Gästen sprechen und keine Erklärungen abgeben oder entgegennehmen. Politische Rhetorik brachte uns im deutsch-deutschen Verhältnis nicht weiter. Der Abend ging uns nahe. Wir ließen Freunde zurück. Um einen Satz aus einem berühmten Lied von Wolf Biermann abzuwandeln: Wir wollten weg und wären doch gern geblieben.

Am 19. Dezember wurde ich von Erich Honecker im Staatsratsgebäude zu einem Abschiedsbesuch empfangen. An dem Gespräch nahmen Karl Seidel und der Sekretär des Staatsrats, Heinz Eichler, teil. Honecker begrüßte mich sehr freundlich und bedankte sich sogar für meine Arbeit, was sich ja nicht von selbst verstand. Ich zog eine insgesamt positive Bilanz der letzten Jahre, erwähnte aber auch einige wichtige Vorhaben, die wir noch nicht zustande gebracht hatten, darunter die immer noch fehlenden offiziellen Kontakte zwischen dem Deutschen Bundestag und der Volkskammer. Nachdem ich Honecker einige Stichworte geliefert hatte, geriet er, wie ich es schon bei anderen Gelegenheiten beobachtet hatte, ins Dozieren. Auch er zog eine positive Bilanz der deutsch-deutschen Beziehungen, um dann aber ausführlich auf sein Lieblingsthema einzugehen: die Abrüstung, und zwar mit dem Ziel einer strukturellen Nichtangriffsfähigkeit der beiden deutschen Staaten. Bemerkenswert war sein Vorschlag, auch die Militärs beider Seiten sollten Kontakte aufnehmen und sich verständigen (was ich im Januar an den Bundesverteidigungsminister Rupert Scholz weitergab).

Nachdem mir Honecker Grüße an den Bundespräsidenten und den Bundeskanzler aufgetragen hatte und das Gespräch eigentlich hatte beenden wollen, kam er plötzlich und unvermittelt auf den Besuch in seiner saarländischen Heimat im Jahr zuvor zu sprechen. In Neunkirchen habe er sich für eine friedliche Zusammenarbeit der beiden deutschen Staaten eingesetzt, in der »die Grenzen nicht trennen, sondern vereinen«. Diese Äußerung sei, so Honecker, »keine impulsive Sache« gewesen, sondern die Antwort auf Fragen, die ihm gestellt worden seien. Und dann fügte er hinzu: »In der Bundesrepublik ist noch nicht wirklich gewürdigt worden, dass es einen Schießbefehl nicht mehr gibt.« Einen Augenblick lang fragte ich mich: Gibt es den wirklich nicht mehr? Jedenfalls legte Honecker großen Wert darauf, mir dieses Ziel seiner Politik, wie er es jetzt darstellte, nämlich eine anerkannte, friedliche Grenze, zum Abschied noch einmal in Erinnerung zu rufen.

Am selben Tag gab Außenminister Oskar Fischer für mich und meine Frau ein Abschiedsessen. Eine freundliche Geste, die ich gar nicht erwartet hatte, denn sehr viel hatte ich in meiner Amtszeit gar nicht mit ihm zu tun gehabt. Formal war er der für die Beziehungen zur Bundesrepublik zuständige Minister, doch die deutsch-deutschen Verhältnisse waren eigentlich nicht sein Thema. Das überließ er lieber Honecker und Mittag sowie dem Verhandlungsführer der DDR, Schalck. Am Nachmittag des gleichen Tages stattete ich auch dem Vorsitzenden des Ministerrats, Willi Stoph, einen Abschiedsbesuch ab. Eine reine Formsache, denn ich hatte während meiner gesamten Amtszeit keinen persönlichen Kontakt zu ihm gehabt. Am Abend kamen Karl Seidel und seine wichtigsten Mitarbeiter aus der BRD-Abteilung zu einem Abendessen in die Residenz, ein Zusammensein unter vertrauten Kollegen, bei dem die Politik weitgehend ausgeklammert blieb.

Damit war der Abschiedsreigen auch fast schon zu Ende. Am nächsten Tag verabschiedete ich mich von den Mitarbeitern der Ständigen Vertretung. Das war der Schlusspunkt. Wir hatten all die Jahre gut zusammengearbeitet. Ihr persönliches Engagement für die Sache, um die es ging, hatte mich beeindruckt. Kaum einer hatte mich enttäuscht. Der Abschied von ihnen fiel mir schwer.

Gegen meine sonstige Gewohnheit gab ich in meinen letzten Tagen als Ständiger Vertreter verschiedene Interviews für westdeutsche Zeitungen, Rundfunk- und Fernsehanstalten. Die Quintessenz meiner Erfahrungen lautete: Angesichts der bestehenden Machtverhältnisse in Europa ist die deutsche Frage gegenwärtig nicht in erster Linie ein Problem der staatlichen Organisation. Es geht vor allem um »menschenwürdige Verhältnisse für alle Deutschen«.

Zwischen den Jahren fingen wir an zu packen. Abends gingen wir ins Theater oder in die Oper, im Ost- oder im Westteil der Stadt, auch das eine Art von Verabschiedung. An einem der ersten Tage im neuen

Das einzige Interview mit einer DDR-Zeitung: Mit Redakteuren der Tageszeitung Der Morgen *in der Ständigen Vertretung anlässlich des Abschieds aus Ost-Berlin*

Jahr fuhren Hilla und ich nach Potsdam – wie üblich auf dem geraden Weg über West-Berlin und den Diplomatenübergang an der Glienicker Brücke. Dort schauten die Grenzsoldaten nur kurz auf unsere Pässe und winkten uns durch. Kleine Freundlichkeiten, die wir zu schätzen gelernt hatten. An diesem Tag war Sanssouci unser Ziel. In der Nacht zuvor hatte es geschneit. Im Park lag eine dünne Schneeschicht. Es war kalt und diesig. Wir sahen kaum andere Spaziergänger, außer einem Mann, der in einiger Entfernung ein Fahrrad schob. Wir betraten den Park am Eingang zum Schloss Sanssouci, gingen die Treppe mit den weiten Stufen hinunter zum Brunnen am Fuße des Weinbergs und nahmen dann den Hauptweg zum Neuen Palais, dem gewaltigen Schlossbau aus dem 18. Jahrhundert. Unterwegs warfen wir einen kurzen Blick auf die auf der Anhöhe stehende Orangerie und erwiesen dem Reiterstandbild des großen Königs unsere Reverenz. Eine Zeitlang standen wir gedankenverloren vor dem Neuen Palais mit dem schönen Schlosstheater, in dem wir viele Theater- und Opernaufführungen miterlebt hatten. Dann traten wir den Rückweg an, vorbei am Schloss Charlottenhof, dem vielleicht schönsten Schinkelbau, den ich kenne, den Römischen Bädern und dem Chinesischen Teehaus. Am Fuße des Weinbergs verweilten wir einen Augenblick und blickten hinauf zum Schloss Sanssouci. Welch eine heitere, unaufdringliche Architektur in höchster Vollendung. Dann gingen wir langsam auf den Stufen am Weinberg wieder nach oben und sahen die Stadt Potsdam vor uns liegen. »Hier könnte ich leben«, sagte ich zu Hilla, »aber das geht ja nicht.« Damals ahnte ich nicht, was knapp zwei Jahre später auf mich zukommen sollte: das Amt des Justizministers in dem wiedererrichteten Land Brandenburg mit Sitz in Potsdam.

Am 6. Januar 1989, zu Beginn des Jahres, in dem sich die Lage der Deutschen in Europa dramatisch verändern sollte, verließen wir die DDR. Zu unserer nun allerletzten Verabschiedung waren Jutta Wagner, meine langjährige persönliche Mitarbeiterin, und Maria von Moltke in die Residenz gekommen. Wir sprachen nur wenig an diesem Morgen, es war uns nicht danach zumute, zu übermächtig waren die Erinnerungen an unsere zehn Jahre DDR, die nun zu Ende gingen und die für uns trotz aller Widrigkeiten und bedrückenden Erlebnisse eine gute Zeit gewesen waren. Erfüllte Jahre, dachte ich. Dann sagte ich den beiden Mitarbeiterinnen Lebewohl. Meine Frau und ich gingen die Treppe hinunter auf die Straße, wo mein Fahrer mit dem Dienstwagen auf uns wartete. Nach drei Stunden Fahrt erreichten wir den Grenzübergang Hirschberg an der Saale. Ein Offizier der Grenztruppen grüßte militärisch, kontrollierte flüchtig unsere Pässe und überreichte uns zum Abschied einen Blumenstrauß – mit einem persönlichen Gruß von Lieselotte und Karl Seidel, den Kollegen aus dem Außenministerium der DDR.

Nachwort:
Blick von außen auf die deutsche Einheit

Nach dem Abschied von der DDR brauchte ich etwas Zeit, um auch emotional Abstand von meiner bisherigen Arbeit zu gewinnen und mich auf die neuen Aufgaben in New York einzustellen. Ende Januar 1989 trat ich mein Amt als Botschafter bei den Vereinten Nationen an. Zunächst erledigte ich die wichtigsten Formalitäten: Nach der Akkreditierung bei UNO-Generalsekretär Perez de Cuellar besuchte ich die Leiter der verschiedenen Fachbereiche sowie meine Botschafterkollegen und führte Gespräche mit den Mitarbeitern in der Ständigen Vertretung. Schwerpunkte meiner Arbeit waren die Behandlung der internationalen Konflikte in den Vereinten Nationen, insbesondere im Nahen Osten, ferner Menschenrechtsfragen, das ungelöste Zypern-Problem, die Bemühungen zur Überwindung der Apartheid in Südafrika sowie die Vorbereitung der Unabhängigkeit Namibias, der früheren deutschen Kolonie Südwestafrika. Außerdem interessierte ich mich für die Entwicklungspolitik und die Bevölkerungspolitik im Rahmen der Vereinten Nationen. Zum ersten Mal hatte ich nun die ganze weite Welt im Blickfeld, wie ich mir das bei meinem Eintritt in den auswärtigen Dienst gewünscht hatte.

Schon in den ersten Tagen traf ich mit meinem DDR-Kollegen, Botschafter Zachmann, zusammen. Er galt als vorzüglicher Sachkenner der Vereinten Nationen, der um einen konstruktiven Beitrag der zur sozialistischen Staatengruppe gehörenden DDR bemüht war. Wir waren uns schnell darin einig, dass die deutsch-deutschen Meinungsverschiedenheiten nicht in den Vereinten Nationen ausgetragen werden sollten. Die Weltorganisation sei, so meinten wir, kein geeignetes Instrument für die Lösung der nationalen Probleme der Deutschen. Manche Streitfragen ließen sich dort allerdings nicht ausklammern. Das galt zum Beispiel für Menschenrechtsverletzungen im deutsch-deutschen Zusammenhang, die in der Menschenrechtskommission

Hilla und Hans Otto Bräutigam mit dem israelischen UNO-Botschafter in New York

zur Sprache kamen, und für die Vertretung der Interessen West-Berlins auf internationalen Konferenzen. Auch wenn es zu Auseinandersetzungen kam, gingen wir sachlich und korrekt miteinander um, wie es zwischen Botschaftern bei den Vereinten Nationen üblich ist. Die Zeit, da sich die Deutschen auf dem internationalen Parkett aus dem Weg gingen, war vorbei.

Die Generalversammlung der UNO, die im September 1989 begann, wurde für beide deutschen Staaten durch die dramatische Lage in unserer Botschaft in Prag überschattet, wo in den vorangegangenen Wochen viele Hundert DDR-Bürger Zuflucht gesucht hatten, um in den Westen zu gelangen. Außenminister Genscher drängte in New York seinen DDR-Kollegen Oskar Fischer und, als das wenig half, auch den sowjetischen Außenminister Schewardnadse, einer sofortigen Ausreise der Flüchtlinge zuzustimmen. Und er hatte Erfolg. Am 30. September flogen Genscher und der Chef des Bundeskanzleramtes, Rudolf Seiters, nach Prag, um den verzweifelten Botschaftsflüchtlingen das Ende ihrer Leidenszeit zu verkünden. In den folgenden Tagen konnten sie mit Sonderzügen über DDR-Gebiet – darauf hatte die DDR bestanden – in die Bundesrepublik ausreisen. Ich war über den glücklichen Ausgang des Flüchtlingsdramas sehr erleichtert. Doch dass ich jetzt angesichts der sich zuspitzenden Krise in der DDR so weit weg vom Schuss war, machte mir zu schaffen.

Wie ich bald darauf hörte, hatte die Unruhe in der DDR-Bevölkerung weiter zugenommen. Viele wollten in den Westen und stellten Ausreiseanträge, doch zugleich bekannten sich immer mehr Menschen dazu, in ihrer Heimat bleiben zu wollen. Sie verlangten rechtsstaatliche Verhältnisse für ihr Land. Am 7. Oktober kam es am Rande der Feiern zum vierzigsten Jahrestag der DDR in Ost-Berlin, an denen auch der sowjetische Generalsekretär Gorbatschow teilnahm, zu Protestdemonstrationen, die von der Volkspolizei und der Staatssicherheit aufgelöst wurden. Zwei Tage später nahmen in Leipzig 70 000 Menschen an der Montagsdemonstration teil. Angesichts der angespannten Lage appellierten sechs prominente Leipziger Bürger, darunter der Gewandhauskapellmeister Kurt Masur und drei Funktionäre der SED-Bezirksleitung, in einem Aufruf an die Besonnenheit der Teilnehmer und der staatlichen Stellen, »damit der friedliche Dialog möglich wird«. Tatsächlich griffen diesmal die Ordnungskräfte, die bereitstanden, nicht ein. Ich sprach später mit Kurt Masur über dieses »Wunder von Leipzig«, wie er es genannt hat. Vielleicht war diese Demonstration der eigentliche Beginn der »friedlichen Revolution«.

Bald darauf überstürzten sich die Ereignisse. Mit gespannter Aufmerksamkeit verfolgte ich von New York aus das weitere Geschehen. Jeden Abend hörte ich um Mitternacht die Nachrichten der Deutschen Welle. Am 18. Oktober trat Honecker auf Druck des Politbüros als Generalsekretär der SED zurück, kurz darauf auch als Staatsratsvorsitzender. Zu seinem Nachfolger wählte das Zentralkomitee Egon Krenz. Der kündigte sofort Reiseerleichterungen an und warb in der Bevölkerung um Vertrauen. Doch das Land kam nicht mehr zur Ruhe. In vielen Städten dauerten die Demonstrationen an. Am 4. November demonstrierte eine halbe Million Menschen auf dem Berliner Alexanderplatz für demokratische Mitwirkungsrechte, Presse-, Meinungs- und Reisefreiheit. Auf dieser Kundgebung sprachen eine Reihe bekannter Persönlichkeiten, darunter Christa Wolf und Stefan Heym. Dabei wurde deutlich, dass viele Menschen auch der neuen Führung kein Vertrauen entgegenbrachten. Wenige Tage später trat der gesamte Ministerrat mit seinem Vorsitzenden Willi Stoph zurück.

Am 9. November hörte ich abends in den amerikanischen Nachrichten, Günter Schabowski, Mitglied des Politbüros, habe nach einer Sitzung des Zentralkomitees völlig überraschend ein neues Gesetz für Westreisen angekündigt und darauf hingewiesen, dass die Grenzübergänge in die Bundesrepublik und nach West-Berlin für den Reiseverkehr geöffnet würden. Auf eine Frage nach dem Inkrafttreten der neuen Regelung habe er geantwortet: »Sofort, unverzüglich.« In Berlin verbreitete sich die Meldung wie ein Lauffeuer. Noch in der Nacht strömten Tausende DDR-Bürger über die offenen Sektorenübergänge nach West-Berlin. Das war der Fall der Mauer. Die DDR und die Sowjetunion unternahmen keinen Versuch mehr, sie wieder zu schließen.

Als Hans Modrow, der schon seit langem Reformen in der DDR befürwortet hatte, am 13. November zum neuen Ministerpräsidenten gewählt wurde, hat mich das nicht überrascht. In seiner ersten Regierungserklärung sagte er: »Wir sind dafür, die Verantwortungsgemeinschaft der beiden deutschen Staaten durch eine Vertragsgemeinschaft zu ersetzen, die weit über den Grundlagenvertrag und die bislang geschlossenen Verträge und Abkommen hinausgeht.« Was das konkret bedeuten sollte, war allerdings unklar. Nach meinem Eindruck war damit keinesfalls eine Wiedervereinigung gemeint. Am 26. November wurde in Ost-Berlin der Aufruf »Für unser Land« veröffentlicht, in dem sich bekannte Persönlichkeiten und auch Vertreter der Bürgerrechtsbewegung zur »Eigenständigkeit« der DDR bekannten und sich für eine solidarische Gesellschaft einsetzten.

Zwei Tage später legte Bundeskanzler Kohl im Bundestag einen Zehnpunkteplan zur künftigen Deutschlandpolitik vor. Darin setzte er sich für »konföderative Strukturen zwischen beiden Staaten in Deutschland« ein, »mit dem Ziel, eine Föderation, das heißt eine bundesstaatliche Ordnung, in Deutschland zu schaffen«. Wie ein wiedervereinigtes Deutschland aussehen werde, das wisse im Moment niemand, sagte er. Doch »die Wiedervereinigung, das heißt die Wiedergewinnung der staatlichen Einheit Deutschlands, bleibt das politische Ziel der Bundesregierung«. Das war, wenn auch vorsichtig formuliert, ein höchst bedeutsames Signal. Zum ersten Mal hatte ich den Eindruck, dass der Bundeskanzler jetzt ganz gezielt auf eine Wiedervereinigung hinarbeitete.

Egon Krenz, der neue SED-Generalsekretär, beharrte demgegenüber auf der Existenz zweier voneinander unabhängiger Staaten. Auf der Leipziger Montagsdemonstration am 11. Dezember spitzten sich die Auseinandersetzungen zwischen Befürwortern und Gegnern der deutschen Einheit weiter zu. Ein Teil der Demonstranten forderte jetzt: »Wir sind ein Volk«, andere skandierten wie bisher: »Wir sind das Volk«.

Anfang Januar 1990 fuhren Hilla und ich von Bayern aus, wo wir Urlaub machten, nach Berlin. Wir hatten ein unwiderstehliches Bedürfnis, die Stadt nach dem Fall der Mauer wiederzusehen. Es war spät am Abend, als wir in Ost-Berlin ankamen, doch wir gingen noch um Mitternacht zum Brandenburger Tor. Es gab keine Absperrung mehr und auch keine Kontrollen. Wir gingen einfach durch das Tor. Ein unbeschreibliches Gefühl der Freude überkam uns. Wir fühlten uns von einer drückenden Last befreit, unter der so viele Menschen in Ost und West gelitten hatten. Dann erreichten wir die Mauer, wir berührten sie mit den Händen, als wollten wir sie wegräumen, und überall sahen wir kleine Öffnungen, wo die »Mauerspechte« schon tätig gewesen waren.

In den nächsten Tagen trafen wir uns mit Freunden und Bekannten in Ost-Berlin. Vor allem konservativ oder liberal eingestellte DDR-Bürger befürworteten mehr oder weniger eindeutig die deutsche Einheit. Einer ihrer Wortführer war der neue (Ost-)CDU-Vorsitzende Lothar de Maizière. Auch die neugegründete Sozialdemokratische Partei (SDP) bekannte sich zur Wiedervereinigung. Bei den andauernden Montagsdemonstrationen in Leipzig und anderen Städten traten die Anhänger einer »Eigenständigkeit« der DDR immer weniger in Erscheinung. Das Bild bestimmten jetzt die Demonstranten, die schwarz-rot-goldene Fahnen mit sich führten, als Symbol für ihre Forderung »Deutschland, einig Vaterland«. Viele sahen jetzt in der Wiedervereinigung den einzig realistischen Ausweg aus der tiefen Krise der DDR.

Am 18. März 1990 fanden Volkskammerwahlen statt, die ersten freien Wahlen seit der Gründung der DDR. Das Ergebnis war eine große Überraschung. Bei einer sehr hohen Wahlbeteiligung erhielt die »Allianz für Deutschland«, ein konservatives Wahlbündnis unter Führung der (Ost-)CDU, 48 Prozent der Stimmen. Die SDP landete mit 21 Prozent weit abgeschlagen. Die aus der SED hervorgegangene PDS erreichte 16,4 Prozent. Diese Abstimmung war ein überwältigendes Votum für die deutsche Einheit. Unter Führung von Lothar de Maizière wurde eine große Koalition gebildet, die in der Volkskammer über die verfassungsändernde Mehrheit verfügte, die für den Vollzug der deutschen Einheit notwendig war. In seiner ersten Regierungserklärung sagte der neue Ministerpräsident: »Das Ja zur Einheit ist gesprochen. Die Einheit muss so schnell wie möglich kommen. Über den Weg dorthin werden wir ein entscheidendes Wort mitzureden haben, die Rahmenbedingungen müssen so gut, so vernünftig und so zukunftsträchtig wie nötig sein.« Damit hatte sich die neue Regierung auf eine Vereinigung durch den Beitritt der DDR zur Bundesrepublik Deutschland festgelegt, wie er in Artikel 23 des Grundgesetzes vorgesehen war.

Unter allergrößtem Zeitdruck wurde in den folgenden Monaten über vier Staatsverträge verhandelt. Der erste – über eine Wirtschafts-, Währungs- und Sozialunion – trat bereits am 1. Juli in Kraft. Damit wurde die D-Mark alleiniges Zahlungsmittel in der DDR, und die Löhne, Gehälter, Renten und Spargeuthaben wurden auf die neue Währung umgestellt. Der zweite Staatsvertrag regelte das Wahlverfahren für die gesamtdeutschen Wahlen. Am 23. August verabschiedete die Volkskammer mit großer Mehrheit eine Erklärung über den Beitritt der DDR zur Bundesrepublik, der am 3. Oktober 1990 wirksam werden sollte. Inzwischen waren auch die Verhandlungen über den Einigungsvertrag weit gediehen, trotz einer Koalitionskrise der Regierung de Maizière, in der die Liberalen und dann auch die SPD aus der Regierung austraten. Dieser Vertrag, in dem die rechtlichen Rahmenbedingungen für die Vereinigung im Einzelnen festgelegt sind, wurde am 31. August in Ost-Berlin unterzeichnet. Er hatte mit etwa tausend Seiten einen gewaltigen Umfang. Nicht alle Regelungen haben sich in der Praxis bewährt. Doch insgesamt hat der Einigungsvertrag seinen Zweck erfüllt.

In New York sprach ich in dieser atemberaubenden Zeit nahezu täglich mit meinen westlichen Kollegen über den Einigungsprozess. Schon bald war nicht mehr zu übersehen, dass die Wiedervereinigung in Europa auf eine zwiespältige Reaktion traf. Vor allem Frankreich und die britische Premierministerin Thatcher hatten starke Vorbehalte gegen den Zusammenschluss. Auch andere europäische Staaten fürchteten, Europa werde künftig von der großen Wirtschaftsmacht Deutschland mit über 80 Millionen Einwohnern dominiert. Außerdem war die Bündnisfrage zu klären. Sollte das vereinte Deutschland weiterhin der NATO angehören oder etwa beiden Bündnissen, also auch dem Warschauer Pakt, oder vielleicht gar keinem Bündnis? Die Antwort auf diese Frage war von entscheidender Bedeutung für die künftige Sicherheitsstruktur in Europa.

Diese und andere Statusfragen wurden in Verhandlungen zwischen den vier Siegermächten und den beiden deutschen Staaten eingehend diskutiert und schließlich einvernehmlich geregelt. Dabei spielten der amerikanische Präsident George Bush und der sowjetische Generalsekretär Michail Gorbatschow eine entscheidende Rolle. Der sogenannte Zwei-plus-Vier-Vertrag, der am 12. September 1990 in Moskau unterzeichnet wurde, enthielt die folgenden Eckpunkte: Die Rechte und Verantwortlichkeiten der vier Siegermächte für Deutschland als Ganzes und Berlin wurden mit Wirkung vom 3. Oktober 1990 beendet. Das vereinte Deutschland blieb Mitglied der NATO, doch sollten auf dem Gebiet der ehemaligen DDR nach dem Abzug der sowjetischen Streitkräfte keine ausländischen Truppen mehr stationiert werden. Deutschland verzichtete auf atomare, biologische und chemische Waffen, und die Personalstärke der Bundeswehr wurde auf 370 000 Mann begrenzt. Schließlich wurde die bestehende deutsch-polnische Grenze als endgültig bestätigt. Mit der Unterzeichnung der Staatsverträge und der Beitrittserklärung der Volkskammer waren alle rechtlichen und politischen Voraussetzungen für die Herstellung der deutschen Einheit gegeben. Sie wurde am 3. Oktober 1990 feierlich vollzogen. Eine historische Leistung der deutschen Politik.

Am Vorabend der Vereinigung fand in Ost-Berlin ein Festakt der Volkskammer statt, zu der Ministerpräsident de Maizière auch mich als ehemaligen Ständigen Vertreter eingeladen hatte. Es war für mich

Rede zur deutschen Einheit am 3. Oktober 1990 vor der Generalversammlung der Vereinten Nationen in New York

eine große Versuchung, daran teilzunehmen und dann in der Nacht vom 2. auf den 3. Oktober den Beginn der deutschen Einheit mitzuerleben. Doch leider war ich an diesem Tag in New York unabkömmlich, denn es fiel mir zu, am 3. Oktober in der Generalversammlung eine Erklärung zur deutschen Einheit abzugeben.

Ebenso wie es schon der Bundesaußenminister einige Tage zuvor getan hatte, gedachte ich an diesem historischen Tag der Opfer der Nazi-Diktatur und derjenigen, denen im deutschen Namen schweres Unrecht zugefügt worden war. »Wir sind uns unserer Verantwortung bewusst«, erklärte ich und fuhr dann fort: »Für die Deutschen ist der 3. Oktober ein Tag der Freude, ein Tag der Besinnung und tiefer Empfindungen. Wir danken allen, die die legitimen Rechte des deutschen Volkes unterstützt und ihm Vertrauen entgegengebracht haben.« Bei einem Empfang des deutschen Generalkonsuls in New York ergriff ich noch einmal das Wort. »Heute haben die Deutschen ihr Ziel, die Einheit in Freiheit, erreicht. Dass die Deutschen in der DDR von ihrem Recht auf Selbstbestimmung erst in Demonstrationen, dann in freien Wahlen so mutig und besonnen, ohne Aggressivität oder nationalistische Überheblichkeit Gebrauch gemacht haben, verdient unsere Bewunderung. Das gehört zu den großen Augenblicken in unserer Geschichte.«

Zuvor hatte sich die DDR in den Vereinten Nationen sang- und klanglos verabschiedet. Ich hatte Botschafter Zachmann angeboten, einen Empfang für ihn und seine Mitarbeiter zu geben und dabei ihre konstruktive Arbeit in den Vereinten Nationen zu würdigen. Doch dazu kam es nicht. Als ich Ende August aus dem Urlaub zurückkam, hatte Botschafter Zachmann seinen Posten bei den Vereinten Nationen bereits verlassen. Nach der Vereinigung am 3. Oktober wurde uns das Gebäude der Ständigen Vertretung der DDR in New York übergeben. Dort erwartete uns der Hausmeister, der uns wortlos die Schlüssel überreichte.

Mitte Oktober wurde in Potsdam Manfred Stolpe, der Konsistorialpräsident der evangelischen Kirche Berlin-Brandenburg, zum ersten Ministerpräsidenten des Landes Brandenburg gewählt. Einige Tage später rief er mich an und fragte, ob ich bereit wäre, in der künftigen Regierung das Amt des Justizministers und des Beauftragten bei der Bundesregierung zu übernehmen. Ich sprach mit Hilla darüber und sagte dann kurz entschlossen zu. Ich hatte mich zwanzig Jahre lang mit den Problemen der deutschen Teilung befasst und nicht zu hoffen gewagt, dass ich die Wiedervereinigung noch erleben würde. Jetzt war sie wie ein Wunder doch zustande gekommen. An dem, wie ich annahm, äußerst schwierigen Einigungsprozess mitzuwirken, empfand ich als eine selbstverständliche Pflicht.

Anfang November verabschiedete ich mich von meinen Botschafterkollegen aus allen Teilen der Welt. In einer kurzen Ansprache erklärte ich ihnen die Gründe, die mich veranlassten, eine politische Aufgabe im vereinten Deutschland zu übernehmen. Als ich zum Schluss sagte: »You understand, I go back to my village«, lachten sie und klatschten Beifall. Am nächsten Tag machte ich mich auf den Weg nach Potsdam.

Zeittafel

1965

19. September Bundestagwahlen: CDU/CSU 47,6 Prozent, SPD 39,3 Prozent, FDP 9,5 Prozent
Fortsetzung der konservativ-liberalen Koalition unter Bundeskanzler Ludwig Erhard; Bundesaußenminister: Gerhard Schröder

8. Oktober Zulassung von zwei deutschen Mannschaften zur Olympiade 1968

16. Oktober Denkschrift der EKD: »Die Lage der Vertriebenen und das Verhältnis des deutschen Volkes zu seinen östlichen Nachbarn«

1966

Februar – April Briefwechsel zwischen SED und SPD über Aspekte der deutschen Fragen

25. März Friedensnote der Bundesregierung

26. Mai Einigung der SPD/SED über einen Redneraustausch im Juli 1966

29. Juni Absage des Redneraustausches durch die SED

1. Dezember Bildung einer Großen Koalition unter Bundeskanzler Kiesinger; Bundesaußenminister: Willy Brandt

1967

20. Februar Die Volkskammer verabschiedet das Gesetz über die Staatsbürgerschaft der DDR

Mai – September Briefwechsel Stoph/Kiesinger zum Verhältnis der beiden deutschen Staaten

1968

9. April Die neue »sozialistische Verfassung« der DDR tritt in Kraft

11.–17. April Studentenunruhen nach dem Anschlag auf Rudi Dutschke in West-Berlin

30. Mai Der Bundestag verabschiedet die Notstandsverfassung

11. Juni Einführung der Pass- und Visumspflicht im Reiseverkehr in die DDR und durch die DDR

20. Juni Erhöhung des Mindestumtausches für alle westlichen DDR-Besucher

21. August Besetzung der CSSR durch sowjetische Truppen; Ende des »Prager Frühlings«

12. November Verkündung der Breschnew-Doktrin (Androhung einer militärischen Intervention bei drohender Abspaltung vom sozialistischen Staatensystem)

1969

5. März Die Bundesversammlung wählt in West-Berlin Gustav Heinemann zum neuen Bundespräsidenten; der Kandidat der CDU/CSU Gerhard Schröder unterliegt

17. März Vorschlag der Warschauer-Pakt-Staaten für eine Konferenz über Sicherheit und Zusammenarbeit in Europa

10. Juni Gründung des Bundes der Evangelischen Kirchen in der DDR

28. September Bundestagswahlen: CDU 46,1 Prozent, SPD 42,7 Prozent, FDP 5,8 Prozent; Bildung einer sozialliberalen Koalition unter Bundeskanzler Willy Brandt; Bundesaußenminister: Walter Scheel

17. Dezember Schreiben des DDR-Staatsratsvorsitzenden Walter Ulbricht an Bundespräsident Gustav Heinemann mit einem Vertragsentwurf für die Aufnahme gleichberechtigter Beziehungen zwischen der DDR und der Bundesrepublik Deutschland

1970

30. Januar Beginn der Gespräche Bahr/Gromyko in Moskau

5. Februar Beginn der Gespräche mit Polen in Warschau

19. März Treffen Willy Brandt/Willi Stoph in Erfurt

26. März Beginn der Viermächteverhandlungen über Berlin

21. Mai Treffen Willy Brandt/Willi Stoph in Kassel; Zwanzigpunkte-programm der Bundesregierung

12. August Unterzeichnung des Moskauer Vertrages; Brief zur deutschen Einheit

27. November Beginn der Gespräche Bahr/Kohl über das Verhältnis der beiden deutschen Staaten

7. Dezember Unterzeichnung des Warschauer Vertrages

1971

3. Mai Ablösung Walter Ulbrichts und Wahl Erich Honeckers zum Ersten Sekretär der SED

3. September Unterzeichnung des Viermächteabkommens über Berlin

30. September Post- und Fernmeldeabkommen der beiden deutschen Regierungen

17. Dezember Unterzeichnung des Transitabkommens Bundesrepublik/DDR

20. Dezember Vereinbarung über den Reise- und Besucherverkehr und einen Gebietsaustausch West-Berlin/DDR

1972

27. April Das konstruktive Misstrauensvotum gegen Willy Brandt scheitert

17. Mai Zustimmung des Deutschen Bundestages zum Moskauer und Warschauer Vertrag; Gemeinsame Entschließung des Bundestages

26. Mai Unterzeichnung des Verkehrsvertrages Bundesrepublik/DDR

30. Mai Unterzeichnung des SALT-I-Abkommens in Moskau

3. Juni Inkrafttreten des Viermächteabkommens, des Transitabkommens und der Vereinbarungen West-Berlin/DDR

16. August Beginn der Verhandlungen über einen Grundlagenvertrag der beiden deutschen Staaten

8. November Paraphierung des Grundlagenvertrags in Bonn

19. November Bundestagswahlen: SPD 45,8 Prozent, CDU/CSU 44,9 Prozent, FDP 8,4 Prozent. Fortsetzung der sozialliberalen Koalition unter Bundeskanzler Willy Brandt; Bundesaußenminister: Walter Scheel

21. Dezember Unterzeichnung des Grundlagenvertrags in Ost-Berlin

1973

11. Mai Zustimmung des Bundestags zum Grundlagenvertrag und zum UN-Beitritt der beiden deutschen Staaten

31. Mai Gespräche Honeckers mit Wehner und Mischnick

13. Juni Zustimmung der DDR-Volkskammer zum Grundlagenvertrag und UN-Beitritt

21. Juni Inkrafttreten des Grundlagenvertrags

3. Juli Beginn der KSZE-Konferenz in Helsinki

31. Juli Urteil des Bundesverfassungsgerichts zum Grundlagenvertrag

18. September Aufnahme der Bundesrepublik Deutschland und der DDR in die Vereinten Nationen

25. September Beginn der SALT-II-Verhandlungen zwischen den USA und der Sowjetunion

30. Oktober Beginn der MBFR-Verhandlungen in Wien über eine Reduzierung der konventionellen Streitkräfte in Europa

5. November Die DDR verdoppelt die Mindestumtauschsätze bei Einreisen in die DDR

12. Dezember Unterzeichnung des Vertrages Bundesrepublik Deutschland/ ČSSR in Prag

1974

2. Mai Errichtung der Ständigen Vertretungen in Ost-Berlin und Bonn

6. Mai Rücktritt von Bundeskanzler Willy Brandt (Guillaume-Affäre)

16. Mai Wahl Helmut Schmidts zum Bundeskanzler; Bundesaußenminister: Hans-Dietrich Genscher

1. Juli Walter Scheel wird Bundespräsident

12. Dezember Swing-Vereinbarung der beiden deutschen Regierungen

1975

30. Juli/1. August Abschluss der KSZE-Konferenz in Helsinki und Unterzeichnung der KSZE-Schlussakte

7. Oktober Vertrag über Freundschaft, Zusammenarbeit und gegenseitigen Beistand zwischen der DDR und der Sowjetunion

19. Dezember Deutsch-deutsche Vereinbarungen über die Grunderneuerung der Autobahn Berliner Ring bis Marienborn und der Autobahn Berliner Ring bis Abzweig Leipzig sowie über die Neufestsetzung der Transitpauschale

1976

30. März Deutsch-deutsches Abkommen über den Post- und Fernmeldeverkehr

Mai IX. SED-Parteitag

3. Oktober Bundestagswahlen: CDU/CSU 48,6 Prozent, SPD 42,6 Prozent, FDP 7,9 Prozent; Fortsetzung der sozialliberalen Koalition unter Bundeskanzler Helmut Schmidt

17. Oktober Volkskammerwahlen in der DDR

16. November Ausbürgerung des Liedersängers Wolf Biermann aus der DDR

1977

19. Oktober Vereinbarung über Pauschalzahlungen der Bundesregierung für den Post- und Fernmeldeverkehr mit der DDR (1977–1982)

1978

4.–7. Mai Besuch des sowjetischen Generalsekretärs Leonid Breschnew in Bonn

16. November Deutsch-deutsche Vereinbarungen über den Bau der Autobahn Berlin–Hamburg, die Verbesserung der Wasserstraßen, die Transitpauschale und den nichtkommerziellen Zahlungsverkehr

29. November Protokoll über die Überprüfung, Erneuerung und Markierung der bestehenden Grenze zwischen der Bundesrepublik Deutschland und der DDR

1979

5./6. Januar Gipfeltreffen der NATO-Partner USA, Großbritannien, Frankreich und der Bundesrepublik Deutschland in Guadeloupe

18. Juni Unterzeichnung des SALT-II-Abkommens zwischen den USA und der Sowjetunion in Wien

1. Juli Karl Carstens wird Bundespräsident

1. September Zehn Thesen Robert Havemanns zum 30. Jahrestag der DDR

14. Dezember NATO-Doppelbeschluss zur Stationierung atomarer Mittelstreckenraketen in Europa

21. Dezember Deutsch-deutsches Regierungsabkommen auf dem Gebiet des Veterinärwesens

27. Dezember Militärische Intervention der Sowjetunion in Afghanistan

1980

4. Januar Präsident Carter kündigt Sanktionen gegen die Sowjetunion an und setzt die Ratifizierung des SALT-II-Abkommens aus

8. Mai Gespräch Helmut Schmidt/Erich Honecker am Rande der Trauer-feierlichkeiten für Präsident Tito in Belgrad

30. Juni/1. Juli Besuch von Bundeskanzler Helmut Schmidt und Bundesaußenminister Hans-Dietrich Genscher in Moskau

22. August Bundeskanzler Helmut Schmidt sagt seinen Besuch in der DDR ab

5. Oktober Bundestagswahlen: CDU/CSU 44,5 Prozent, SPD 42,6 Prozent, FDP 10,6 Prozent; Fortsetzung der sozialliberalen Koalition unter Bundes-kanzler Helmut Schmidt

9. Oktober Erhöhung der Mindestumtauschsätze im Reise- und Besucher-verkehr mit der DDR

13. Oktober »Geraer Forderungen« Erich Honeckers

1981

20. Januar Amtsantritt von US-Präsident Ronald Reagan

1. Februar Klaus Bölling übernimmt die Leitung der Ständigen Vertretung in Ost-Berlin

22.–25. November Besuch des sowjetischen Generalsekretärs Breschnew in Bonn

30. November Wiederaufnahme der Verhandlungen über atomare Mittel-streckenraketen in Europa

11.–13. Dezember Gipfeltreffen Helmut Schmidt/Erich Honecker am Werbellinsee

13. Dezember Verhängung des »Kriegsrechts« in Polen

1982

15. Februar Erweiterung der Westreisen von DDR-Bürgern in dringenden Familienangelegenheiten

10. Mai Hans Otto Bräutigam übernimmt die Leitung der Ständigen Vertretung in Ost-Berlin

18. Juni Deutsch-deutsche Vereinbarungen über den Swing, den nicht-kommerziellen Zahlungsverkehr und die Dauer von Tagesaufenthalten in Ost-Berlin

1. Oktober Koalitionswechsel in Bonn: Helmut Kohl wird mit den Stimmen der CDU/CSU und der FDP zum Bundeskanzler gewählt

14. November Gespräch von Bundespräsident Carstens und Bundesaußenminister Genscher mit Generalsekretär Honecker in Moskau

1983

6. März Vorgezogene Bundestagswahlen: CDU/CSU 48,8 Prozent, SPD 38,2 Prozent, FDP 7 Prozent, Grüne 5,6 Prozent

29. Juni Bundesbürgschaft für den (ersten) Milliardenkredit an die DDR

10. November Festakt zum fünfhundertsten Geburtstag Martin Luthers in Ost-Berlin

22. November Der Bundestag stimmt der Stationierung atomarer Mittelstreckenraketen auf dem Gebiet der Bundesrepublik zu; die sowjetische Regierung bricht die Verhandlungen über den Abbau atomarer Mittelstreckenraketen in Europa ab

1984

13. Februar Gespräch Helmut Kohl/Erich Honecker in Moskau

1. Juli Richard von Weizsäcker wird Bundespräsident

2./3. Juli Erste Sitzung einer Arbeitsgruppe SPD/SED über eine chemiewaffenfreie Zone in Europa

25. Juli Bundesbürgschaft für einen Kredit in Höhe von 950 Millionen D-Mark an die DDR (zweiter Milliardenkredit)

4. September Absage des geplanten Honecker-Besuchs in der Bundesrepublik

1985

11. März Wahl Michail Gorbatschows zum Generalsekretär der KPdSU

12. März Gespräch Helmut Kohl/Erich Honecker in Moskau (»Moskauer Erklärung«)

13./15. November Erstes Gipfeltreffen Ronald Reagan/Michail Gorbatschow

1986

25. April Vereinbarung der ersten deutsch-deutschen Städtepartnerschaft (Saarlouis – Eisenhüttenstadt)

6. Mai Unterzeichnung des deutsch-deutschen Kulturabkommens in Ost-Berlin

11./12. Oktober Zweites Gipfeltreffen Ronald Reagan/Michail Gorbatschow in Reykjavik

21. Oktober Vorschläge der Arbeitsgruppe SPD/SED für eine atomwaffen-freie Zone in Europa

1987

25. Januar Bundestagswahlen: CDU/CSU 44,3 Prozent, SPD 37 Prozent, FDP 9,1 Prozent, Grüne 8,3 Prozent; Fortsetzung der CDU/CSU/FDP-Koalition unter Bundeskanzler Kohl

27. August Veröffentlichung des SPD/SED-Papiers »Der Streit der Ideologien und die gemeinsame Sicherheit«

7.–11. September Offizieller Besuch Erich Honeckers in der Bundesrepublik

24. November Maßnahmen des Staatssicherheitsdienstes gegen die Umwelt-bibliothek in Ost-Berlin

8. Dezember Abkommen der USA/Sowjetunion über den Abbau der Mittelstreckenraketen längerer und kürzerer Reichweite

1988

17. Januar Gegendemonstration bei der »Kampfdemonstration zu Ehren von Karl Liebknecht und Rosa Luxemburg«

23. Juni Thesen von Pfarrer Friedrich Schorlemmer in Wittenberg zur »Erneuerung der DDR«

14. September Vereinbarung über die Transitpauschale für die Zeit von 1990 bis 1999

2. Februar Franz Bertele übernimmt die Leitung der Ständigen Vertretung in Ost-Berlin

6. Februar Beginn der Gespräche am runden Tisch in Polen

7. Mai Kommunalwahlen in der DDR (Verdacht von Wahlfälschungen)

4. Juni Massaker auf dem Tian'anmen-Platz in Peking

12./15. Juni Besuch Michail Gorbatschows in der Bundesrepublik

27. Juni Öffnung der ungarischen Grenze zu Österreich für DDR-Flüchtlinge

7. Juli Die Warschauer-Pakt-Staaten widerrufen die Breschnew-Doktrin

11. September Gründung des »Neuen Forums« in der DDR

30. September Die Bundesminister Genscher und Seiters kündigen in Prag die Ausreise der DDR-Flüchtlinge in der Botschaft der Bundesrepublik mit Sonderzügen über DDR-Gebiet an

7. Oktober Vierzigster Jahrestag der DDR; Teilnahme Gorbatschows an den Feiern in Ost-Berlin

9. Oktober Großdemonstration in Leipzig

18. Oktober Rücktritt Honeckers als SED-Generalsekretär und Vorsitzender des Staatsrats; Wahl von Egon Krenz zum SED-Generalsekretär

4. November Massendemonstration in Ost-Berlin mit Reden auf dem Alexanderplatz

9. November Öffnung der Berliner Mauer

13. November Wahl von Hans Modrow zum Vorsitzenden des Ministerrats der DDR

17. November Modrow schlägt eine »Vertragsgemeinschaft« der beiden deutschen Staaten vor

28. November Zehnpunkteprogramm Helmut Kohls zu einer deutsch-deutschen Konföderation

3. Dezember Rücktritt von Egon Krenz als SED-Generalsekretär und Vorsitzender des Staatsrats

9./17. Dezember Außerordentlicher SED-Parteitag; Wahl von Gregor Gysi zum Parteivorsitzenden

19./20. Dezember Besuch Helmut Kohls in Dresden; Gespräch mit Hans Modrow

10./11. Februar Gespräch Helmut Kohl/Hans-Dietrich Genscher mit Michail Gorbatschow/Eduard Schewardnadse in Moskau

13./14. Februar Gespräch einer DDR-Regierungsdelegation unter Leitung Hans Modrows mit der Bundesregierung in Bonn

18. März (Freie) Volkskammerwahlen in der DDR: Allianz für Deutschland 48 Prozent, SPD 21,9 Prozent, PDS 16,3 Prozent; Wahl von Lothar de Maizière zum Ministerpräsidenten der DDR; Außenminister: Markus Meckel

5. Mai Beginn der Zwei-plus-Vier-Verhandlungen

18. Mai Unterzeichnung des deutsch-deutschen Staatsvertrags über eine Wirtschafts-, Währungs- und Sozialunion (Inkrafttreten am 1. Juli 1990)

30. Mai Gipfeltreffen zwischen US-Präsident George Bush und Generalsekretär Michail Gorbatschow in den USA

15./16. Juli Gespräche Helmut Kohl/Hans-Dietrich Genscher mit Michail Gorbatschow in Moskau und im Kaukasus

23. August Die Volkskammer beschließt den Beitritt der DDR zur Bundesrepublik Deutschland zum 3. Oktober 1990

31. August Unterzeichnung des Einigungsvertrags der beiden deutschen Staaten durch Wolfgang Schäuble und Günter Krause

12. September Unterzeichnung des Zwei-plus-Vier-Vertrags über Regelungen in Bezug auf Deutschland

3. Oktober Beitritt der DDR zur Bundesrepublik Deutschland (»Vereinigung«)

Literatur

Akten zur Auswärtigen Politik der Bundesrepublik Deutschland, hrsg. im Auftrag des Auswärtigen Amts vom Institut für Zeitgeschichte

Egon Bahr, Zu meiner Zeit, München 1996

Rudolf Bahro, Die Alternative. Zur Kritik des real existierenden Sozialismus, Köln 1977

Arnulf Baring, Machtwechsel, Stuttgart 1982

Peter Bender, Die »Neue Ostpolitik« und ihre Folgen, München, 3. Auflage 1995

Peter Bender, Episode oder Epoche. Zur Geschichte des geteilten Deutschland, München 1996

Peter Bender, Fall und Aufstieg. Deutschland zwischen Kriegsende, Teilung und Vereinigung, Halle 2002

Peter Bender, Deutschlands Wiederkehr, Stuttgart 2007

Klaus Bölling, Die fernen Nachbarn. Erfahrungen in der DDR, *Stern*-Buch 1983

Dokumente zur Deutschlandpolitik, hrsg. vom Bundesministerium für gesamtdeutsche Fragen (später: für innerdeutsche Beziehungen), Frankfurt am Main und Berlin 1961

DDR Handbuch, hrsg. vom Bundesministerium für innerdeutsche Beziehungen, 2 Bände, 3. Auflage, Köln 1985

Adolf Dresen, Wieviel Freiheit braucht die Kunst? Theater der Zeit. Literaturforum im Brecht-Haus Berlin, Recherchen 3, 2000

Günter Gaus, Wo Deutschland liegt. Eine Ortsbestimmung, Hamburg 1983

Günter Gaus, Deutschland im Juni, Köln 1988

Gisela Helwig (Hg.), Rückblick auf die DDR. Festschrift für Ilse Spittmann-Rühle, Edition Deutschland Archiv, Köln 1995

Reinhard Henkys (Hg.), Die evangelische Kirche in der DDR, München 1982

Rolf Henrich, Der vormundschaftliche Staat. Vom Versagen des real existierenden Sozialismus, Reinbek 1989

Karl-Rudolf Korte, Deutschlandpolitik in Helmut Kohls Kanzlerschaft, Stuttgart 1998

Wolfgang Knauft, Die katholische Kirche in der DDR. Gemeinden in der Bewährung 1945–1980, Mainz 1980

Michael Kruse, Politik und deutsch-deutsche Wirtschaftsbeziehungen von 1945 bis 1989, Berlin 2005

Daniel Küchenmeister (Hg.), Honecker – Gorbatschow Vieraugengespräche, Berlin 1993

Gerhard Lange u.a. (Hg.), Katholische Kirche – Sozialistischer Staat DDR. Dokumente und öffentliche Äußerungen 1945–1990, Leipzig 1992

Lothar Loewe, Abends kommt der Klassenfeind, Frankfurt am Main, Berlin, Wien 1977

Peter C. Ludz, Die DDR zwischen Ost und West. Politische Analysen 1961 bis 1976, München 1977

Charles S. Maier, Das Verschwinden der DDR, Frankfurt 1999

Dieter Mahnke, Berlin im geteilten Deutschland, München und Wien 1973

Hans Heinrich Mahnke (Hg.), Dokumente zur Berlin-Frage 1967–1986, München und Wien 1987

Markus Meckel/Martin Gutzeit, Opposition in der DDR. Zehn Jahre kirchliche Friedensarbeit, Köln 1994

Detlev Nakath, Deutsche-deutsche Grundlagen, Schkeuditz 2002

Detlef Nakath/Gerd-Rüdiger Stephan, Von Hubertusstock nach Bonn. Eine dokumentierte Geschichte der deutsch-deutschen Beziehungen auf höchster Ebene 1980–1987, Berlin 1995

Detlef Nakath/Gerd-Rüdiger Stephan, Countdown zur deutschen Einheit. Eine dokumentierte Geschichte der deutsch-deutschen Beziehungen 1987–1990, Berlin 1996

Detlef Nakath/Gerd-Rüdiger Stephan, Die Häber-Protokolle. Schlaglichter der SED-Westpolitik 1973–1985, Berlin 1999

Ehrhardt Neubert, Geschichte der Opposition in der DDR 1949–1989, Berlin 1998

Norbert F. Pötzl, Erich Honecker, Stuttgart 2002

Heinrich Potthoff, Die »Koalition der Vernunft«. Deutschlandpolitik in den 80er Jahren, München 1995

Heinrich Potthoff, Im Schatten der Mauer 1961–1990, Berlin 1999

Rolf Reißig, Dialog durch die Mauer. Die umstrittene Annäherung von SPD und SED, Frankfurt am Main 2002

Ulrich Sahm, Diplomaten taugen nichts, Düsseldorf 1994

Alexander Schalck-Golodkowski, Deutsch-deutsche Erinnerungen, Reinbek 2000

Klaus Schroeder, Der SED-Staat. Geschichte und Strukturen der DDR, München 1998

Karl Seidel, Berlin-Bonner Balance, Berlin 2002

Karl Seidel, Nachtrag, Berlin 2006

Gerd-Rüdiger Stephan (Hg.), »Vorwärts immer, rückwärts nimmer«. Eine dokumentierte Geschichte zum Zerfall von SED und DDR 1989/1990, Berlin 1994

Heinrich August Winkler, Der lange Weg nach Westen, 2 Bände, München 2000

Hans-Jürgen Wischnewski, In Mogadischu und anderswo, München 1989

Stefan Wolle, Die heile Welt der Diktatur, Bundeszentrale für politische Bildung 1998

Benno Zündorf, Die Ostverträge, München 1979

Personenregister

Abrassimow, Pjotr 38, 43, 50, 303
Ackermann, Eduard 299
Adenauer, Konrad 16, 297
Albrecht, Ernst 369f., 405
Allardt, Helmut 32f.
Altenbourg, Gerhard 145, 284, 442
Amerongen, Otto Wolff von 411
Andropow, Juri 324
Arafat, Jassir 225, 438
Aragon, Louis 130
Ardenne, Manfred von 381ff.
Arendt, Erich 169
Aris, Helmut 127
Arndt, Gerda 387ff.
Audland, Christopher 26, 44
Axen, Hermann 217, 312, 380f., 399, 425, 431

Baader, Andreas 203
Bach, Johann Sebastian 322, 334
Bahl, Holger 287
Bahr, Egon 27, 29, 33–38, 41, 44–50, 52–74, 75, 76, 78–81, 83–86, 94, 140, 170, 184, 206, 260, 311f., 384, 399f., 461
Bahro, Rudolf 193ff.
Baring, Arnulf 27
Barlach, Ernst 249
Barzel, Rainer 61f., 291–295, 295, 298
Bastian, Gerd 360
Becher, Johannes 278
Becker, Jurek 169, 190
Beethoven, Ludwig van 146

Beil, Gerhard 406
Beitz, Berthold 369, 412
Bengsch, Alfred Kardinal 210
Berghofer, Wolfgang 397
Bertele, Franz 441, 468
Biermann, Wolf 165–170, 172f., 190–192, 357, 428, 444, 463
Bohley, Bärbel 359, 429
Böll, Heinrich 125, 193
Bölling, Klaus 229f., 232, 245, 253f., 255, 274, 465
Brandt, Willy 16, 27f., 31, 34f., 36, 39, 42, 48, 61f., 64f., 76, 91, 94, 97, 184, 208, 246, 258, 383–387, 400, 410, 459–463
Brasch, Thomas 190
Braun, Volker 169
Braune, Werner 343
Brüsewitz, Oskar 163f.
Bräutigam, Claudia 24, 101, 103, 106
Bräutigam, Greta, geb. Sauerwald 11f.
Bräutigam, Henry 101, 103, 106f., 114, 131, 376–379, 398
Bräutigam, Hilla, geb. Becker 15, 21, 22, 83, 100, 106f., 114, 127f., 131, 173, 191, 199, 232, 253, 257, 259, 333f., 369f., 371, 377, 379, 383, 387, 394, 434f., 442, 445ff., 450, 453, 457
Bräutigam, Ingeborg 12
Bräutigam, Max 11
Bräutigam, Robert 24, 101, 103, 106, 254, 332
Brecht, Bertold 144

Breitbarth, Gerhard 140
Breschnew, Leonid 55, 71, 111, 222, 224, 226, 231f., 237f., 300, 358, 460, 464f.
Bronfman, Edgar 438
Brzezinski, Zbigniew 221
Bubbers, Willi 161f.
Bülow, Victor von (Loriot) 370, *371*, 372
Burkert, Rudolf 307f.
Bush, George 455, 469

Callaghan, James 222
Capote, Truman 171
Carstens, Karl 225, 256, 301, 464, 466
Carter, Jimmy 221, 223, 226, 464
Charles, Prinz von Wales 224
Cheysson, Claude 328
Chruschtschow, Nikita 14
Clement, Wolfgang 384
Corghi, Benito 162
Cremer, Fritz 169
Criel, Adolf 100
Cuellar, Perez de 449
Cyrankiewicz, Józef 42
Czyrek, Jozef 236

Dean, Jonathan 26, 44, 50
Demke, Christoph 334
Diepgen, Eberhard 390, 392f.
Dietschi, Urs 261
Dobrozielski, Marian 234
Dobrynin, Anatoli 49
Domröse, Angelika 190
Dregger, Alfred 354
Dresen, Adolf 190ff.
Dresen, Andreas 191
Dserschinski, Felix 99, 130, 239, *266, 267*

Duckwitz, Ferdinand 41
Dutschke, Rudi 17, 460

Eichler, Heinz 267, 444
Eitel, Tono 58
Elisabeth II., Königin von England 393
Engels, Friedrich 412
Engholm, Björn 405
Ensslin, Gudrun 203
Eppelmann, Rainer 358f., 361, 365
Eppler, Erhard 360, 400
Erhard, Ludwig 28, 459

Falcke, Heino 363f., 396
Falin, Valentin 37, 50, 63f., 67
Felfe, Werner 431
Fischer, Oskar 257, 264, 287, 302, 312, 406, 408, 418, 445, 450
Fischer, Werner 429
Forck, Gottfried 317, 359, 361, 380, 385, 429
Frank, Paul 21, 70, 73
Franke, Egon 244
Friedrich, Caspar David 322
Friedrich der Große, König von Preußen 322
Friedrich Wilhelm IV., König von Preußen 240
Fritsche, Hans 287
Fühmann, Franz 169

Galinski, Heinz 437, 439
Gandhi, Indira 224
Gartenschläger, Michael 161
Gaulle, Charles de 15
Gaus, Erika *189, 198*, 199
Gaus, Günter 83, 85, 87, 92ff., 96–99, *98*, 110, 114, 116–123, 126, 128, 141, 146, 166, 170, 175, 177, 180, 182–185,

187ff., *189*, 196f., *198*, 199, 204, 207, 209, 216, 218, 224, 228ff., 265, 272, 274, 383ff., 400f.

Genscher, Hans-Dietrich 67, 81, 226, 254, 257, 315, 409, 441, 450, 463, 465f., 468f.

Gerhardt, Paul 190

Gierek, Edward 224, 231

Gille, Sighard 278

Giscard d'Estaing, Valéry 222

Goethe, Johann Wolfgang von 112, 322, 443

Goppel, Alfons 121

Gorbatschow, Michail 364, 390, 393, 395, 403, 422, 424, 431, 451, 455, 466–469

Göring, Hermann 240

Görner, Gunter 52, 77, 140

Götting, Gerald 320

Grashoff, Eberhard 260, *299*

Grass, Günter 199

Gromyko, Andrej 32–39, 41, 44, 63f., 71, 84, 219

Grotewohl, Otto 132

Guillaume, Christel 231

Guillaume, Günter 91f., 95, 97, 231, 258, 383, 386, 463

Guofeng, Hua 225

Gysi, Gregor 359, 468

Gysi, Klaus 359, 371, 388

Häber, Herbert 265, 286f., 293f., 309, 313, 345–351, *346*, 354

Habermas, Jürgen 199

Hager, Kurt 380f., 403, 425, 431f.

Hahn, Erich 400

Hahn, Otto 382

Händel, Georg Friedrich 322

Harich, Wolfgang 147f., 357

Hauptmann, Gerhart 435

Havemann, Robert 167f., 357ff., 464

Hein, Christoph 426

Heine, Heinrich 112

Heinemann, Gustav 32, 370, 460

Heisig, Bernhard 284, 442

Hempel, Johannes 356, 367, 424

Henkes, Klaus 138f.

Henselmann, Hermann 261

Hermann, Frank-Joachim 406

Hermann, Joachim 313

Hermlin, Stephan 169

Heym, Stefan 169, 451

Hilbrecht, Uwe 190

Himmler, Heinrich 121

Hindenburg, Paul von 151

Hirsch, Ralf 429

Hitler, Adolf 11, 133, 151, 240

Hoesch, Ingrid 336

Hoffmann, Hans-Joachim 126

Honecker, Erich 55, 64, 80, 108–112, 114, 117, 119, 125, 130, 145, 158f., 162, 167, 185–189, 197, 205, 209f., 213f., 217f., 222–226, 228f., 231f., 238ff., 242f., 247f., 265, 268f., *268*, 278, 280, *281*, 282, 287f., 290, 297–303, 306–309, 312, 316f., 322–325, 328, 335, 339f., 348ff., 353–356, 360f., 367, 369, 371, 384, 386, 390ff., 399–402, 404–408, *407*, *409*, *410*, 411–419, *413*, *417*, 425, 431–434, 436, 438, 440, 444, 451, 462, 465–468

Höpker, Thomas 144

Huchel, Peter 125

Huonker, Gunter 205, 223, 227, 239

Jahn, Gerhard 439

Jahn, Roland 359

Jahnowski, Franz 249, 260, *266*, 384

Jaruzelski, Wojciech 231, 233, 237, 244f.
Jenninger, Philipp 291ff., 299–303, 310, 324f., 333, 338f., 405
Johannes Paul II., Papst 397
Junker, Wolfgang 369

Kania, Stanislaw 237
Kant, Hermann 381
Karajan, Herbert von 394
Karlstadt, Liesl 153
Keller, Inge 261
Kelly, Petra 360
Kennedy, John F. 15
Kienbaum, Gerhard 61
Kiep, Walter Leisler 345
Kiesinger, Kurt Georg 16, 27, 459
Kirchner, Peter 436, 439
Kirsch, Sarah 169, 190
Kissinger, Henry 49f.
Klär, Karl-Heinz 384
Kleist, Heinrich von 150
Klier, Freya 429
Koeppel, Matthias 144
Kohl, Helmut 257, 270, 291, 293, 296–299, 301ff., 305, 312, 314, 316, 322f., 326, 345, 352, 356, 391, 407, 410, 440, 452, 466, 468
Kohl, Michael 45f., 48, 52–55, 58–62, 65–74, 75, 76, 79f., 84ff., 94, 98, 121, 189, 197, 461
Koptelzew, Valentin 323
Kotschemassow, Wjatscheslaw 382
Krack, Erhard 393
Krawczyk, Stefan 428f.
Krenz, Egon 112, 392, 434, 451, 453, 468
Krolikowski, Werner 386f.
Krätschell, Annegret 190, 200, 362

Krätschell, Werner 190, 192f., 200, 362
Krug, Manfred 190
Krusche, Werner 212
Küchenmeister, Claus 143f.
Küchenmeister, Walter 143
Küchenmeister, Wera 143ff.
Kühlmann-Stumm, Knut von 61
Kultscher, Karl 371
Kunert, Günter 169, 190
Kunze, Elisabeth 126f., 172ff.
Kunze, Reiner 123–128, 171–174
Kwizinski, Julij 44, 51, 219

Lafontaine, Oskar 306, 400, 413, 415
Lahnstein, Manfred 231
Lambach, Frank 148, 152f.
Lamberz, Werner 405
Lambsdorff, Otto Graf 218, 288, 324
Laurien, Hanna Renata 398
Lehmann, Jürgen 140
Lehmann, Karl 398
Leich, Werner 318
Leonhard, Wolfgang 412
Lessing, Gotthold Ephraim 112
Liebknecht, Karl 112, 428, 467
Löffler (Leiter des Dienstleistungs- amtes) 93, 97
Loewe, Hannelore 178
Loewe, Lothar 92f., 122, 175–179, 181
Löwenthal, Richard 400
Lohse, Eduard 321
Lücking, Wilhelm 17, 23
Lustig, René 26, 44
Luther, Martin 318, 320ff., 466
Luxemburg, Rosa 112, 428, 467

März, Josef 310
Maizière, Lothar de 121, 453ff.
Marcks, Marie 387ff.

Markstein (DDR-Außenministerium) 281

Marx, Karl 192, 220, 412

Masur, Kurt 278, 451

Mattheuer, Wolfgang 283, 284

May, Gisela 147

Meckel, Markus 469

Meehan, Frank 382

Meichsner, Günther 207, 299, 301

Meisner, Joachim Kardinal 210, 397

Mende, Erich 31

Merseburger, Peter 394

Mettke, Jörg 121

Metzkes, Harald 284

Meyer, Thomas 400

Meyer, Wolfgang 175, 178

Mielke, Erich 181, 386f., 431

Mies, Herbert 405

Miller, Israel 436

Mischnick, Wolfgang 80, 462

Misselwitz, Hans 362

Misselwitz, Ruth 362

Mittag, Günter 118, 218, 243, 280, 286f., 289, 302, 325f., 406

Mitterrand, François 393

Modrow, Hans 434, 452, 468f.

Moldt, Ewald 227, 355

Moltke, Maria von 134f., 260, 447

Mondale, Walter 224

Mosler, Hermann 14

Müller, Heiner 169

Müntzer, Thomas 320

Nakonz, Christian 145

Neubert, Harald 401

Neuffer, Martin 175

Nier, Kurt 86f., 92, 116f., 119, 122f., 175, 182, 216, 264f., 267, 406

Nitschke, Karl-Heinz 176

Oelschlegel, Vera 157

Opitz, Rolf 135ff.

Palach, Jan 164

Passauer, Michael 364

Pieck, Wilhelm 143

Podewils, Clemens Graf von 126, 128

Pöhl, Karl Otto 109

Poppe, Ulrike 359

Prokop, Otto 308

Rapoport, Samuel Mitja 261

Raspe, Jan-Carl 203

Rathke, Heinrich 210, 247f.

Rau, Johannes 321, 400

Reagan, Ronald 226, 237, 390, 393, 465, 467

Rehlinger, Ludwig 330, 333, 339–343

Reichelt, Hans 380

Reinhold, Otto 355, 400, 403

Reißig, Rolf 401

Richthofen, Hermann von 52, 140, 301

Ridgeway, Rozanne 326, 328

Rieger, Johannes 180

Rilling, Hellmuth 334

Rotstein, Siegmund 437, 439

Rottenburg, Irmgard von 140

Rühe, Volker 313, 354

Rush, Richard 49f.

Sahm, Ulrich 21

Sanne, Carl Werner 61, 70, 110, 119

Schabowski, Günter 452

Schaffran, Gerhard 367

Schalck-Golodkowski, Alexander 109, 117ff., 141, 216, 218, 224, 232, 272, 274ff., 285, 300, 309f., 312, 316, 324, 333, 339, 348, 355, 406

Schäuble, Wolfgang 299, 300, 316, 346, 348, 404, 406, 410, 441
Scheel, Walter 27f., 30, 33, 39, 61, 64f., 70, 76, 460, 462f.
Schenck, Dedo von 73
Schewardnadse, Eduard 450
Schiller, Friedrich von 112, 322
Schily, Otto 360
Schindler, Hans 122
Schinkel, Karl Friedrich 384
Schirnding, Joachim Graf 26
Schleyer, Hanns Martin 203
Schmidt, Helmut 27, 67, 96, 109, 117, 177, 188ff., 197, 204, 206, 208ff., 217, 221f., 225, 227f., 231, 237ff., 241f., 244f., 247ff., 255, 256, 259, 288, 291f., 294, 300, 313, 313, 369, 385, 463, 465
Schneider, Dirk 360
Schneider, Rolf 169
Schnur, Wolfgang 427
Schönfelder, Gerd 369
Schönherr, Albrecht 114, 210, 212, 214, 371, 371
Scholz, Rupert 444
Schoof, Manfred 146
Schorlemmer, Friedrich 320, 396, 434, 436, 467
Schröder, Gerhard 15f., 62, 256, 459f.
Schüler, Manfred 208
Schulz, Gisela 283
Schulz, Hans-Peter 283f.
Schulz, Max Walter 124
Schulze-Boysen, Harro 143
Schürer, Gerhard 421
Schwabe, Ernst-Otto 347, 355f., 404, 431
Sczepanski (Warschau) 235
Seebacher-Brandt, Brigitte 384, 386f.

Seidel, Karl 46, 52, 95, 118, 140–143, 170, 175, 180f., 219, 265, 267, 298, 304, 314, 353, 375, 392, 406, 444f., 447
Seidel, Lieselotte 447
Seiters, Rudolf 450, 468
Sindermann, Horst 278
Singer, Israel 438
Sitte, Willi 284
Späth, Lothar 405
Staab, Jürgen 342, 374
Stange, Jürgen 121
Starkulla (Rechtsanwalt) 328
Sternberg, Sigmund 439f.
Stolpe, Manfred 210f., 214, 313, 313, 319, 343, 355f., 366, 385, 388f., 396, 434, 457, 469
Stoltenberg, Gerhard 317
Stoph, Willi 31, 33ff., 36, 98f., 181, 278, 330, 406, 425, 431, 445, 452, 459, 461
Strasser, Johano 400
Strauß, Franz Josef 199, 276, 309–312, 315, 317, 324, 416ff., 417
Strauß, Marianne 312
Surrer, Reimar 95
Süß, Herbert 84

Teichmann (Pfarrer in Halbe) 134
Teller, Johanna 283f.
Teller, Jürgen 284
Templin, Lotte 429
Templin, Wolfgang 429
Terechow, Wladislaw 237
Thalbach, Katharina 190
Thatcher, Margaret 224, 440, 455
Thate, Hilmar 190
Tiessen, Hans-Jakob 260
Tito, Josip Broz 224, 256, 465

deau, Pierre 328
hernenko, Konstantin 325, 348, 353, 355
ibke, Werner 284

Uhlig, Max 284
Ulbricht, Walter 32, 44, 64f., 112, 132, 143, 147, 412, 460f.

Valentin, Karl 153
Verner, Paul 214
Vogel, Bernhard 412, *413*
Vogel, Friedrich 321
Vogel, Hans-Jochen 259, 399, 409
Vogel, Helga 270, 410
Vogel, Wolfgang 80, 108, 113, 123, 172, 188f., *189*, 197, 199, 205, 224, 227, 230f., 239, 269f., 286f., 289, 309, 328ff., 332ff., 339–343, 348, 355, 375, 385, 425, 429
Vollmer, Antje 360

Wagner, Jutta 144, 260, 447
Waldheim, Kurt 225
Wallenstein, Albrecht von 245
Warnke, Herbert 129
Weber, Carl Maria von 369

Wehner, Greta 410
Wehner, Herbert 27, 61, 79f., 96, 108ff., 113, 184, 188f., 197, 199, 205, 258, 287, 345, 410, 462
Weichert, Jürgen 70f., 93, 206f.
Weinhold, Werner 161
Weißkirchen, Gert 360
Weizsäcker, Carl Friedrich von 379–382
Weizsäcker, Richard von 258f., 294, 314, 319, 391, 409, *409*, 440, 466
Well, Günter van 21, 23, 26, 70
Wienand, Karl 287
Wiesner, Hans-Jürgen 122, 175f.
Wilms, Dorothee 408
Windmöller, Eva 144
Winters, Peter Jochen 349
Wischnewski, Hans-Jürgen 184, 188f., 196f., 203ff., 253f., 286–291, 344
Wischniewski, Michael 285
Wolf, Christa 169, 451
Wolf, Gerhard 169
Wuschtschetitsch, Jewgenij 358

Zachmann, Siegfried 449, 457
Zia ul Haq, Mohammed 225

Bildnachweis